中央财经大学民泰金融研究所系列报告

本报告受国家自然科学基金项目“中小企业金融服务与金融体系变革
——国际比较与中国实践”(批准号：71173247)资助出版

China MSME Finance Report 2014

中国中小微企业金融服务发展报告(2014)

史建平　主编

中国金融出版社

责任编辑：张　超
责任校对：张志文
责任印制：毛春明

图书在版编目（CIP）数据

中国中小微企业金融服务发展报告．2014（Zhongguo Zhongxiaowei Qiye Jinrong Fuwu Fazhan Baogao. 2014）/史建平主编．—北京：中国金融出版社，2014. 8
ISBN 978－7－5049－7601－7

Ⅰ.①中…　Ⅱ.①史…　Ⅲ.①中小企业—金融—商业服务—研究报告—中国—2014　Ⅳ.①F279. 243

中国版本图书馆 CIP 数据核字（2014）第 163008 号

出版发行　中国金融出版社
社址　北京市丰台区益泽路 2 号
市场开发部　(010)63266347，63805472，63439533（传真）
网上书店　http：//www. chinafph. com　(010)63286832，63365686（传真）
读者服务部　(010)66070833，62568380
邮编　100071
经销　新华书店
印刷　北京侨友印刷公司
尺寸　210 毫米×285 毫米
印张　27
字数　676 千
版次　2014 年 8 月第 1 版
印次　2014 年 8 月第 1 次印刷
定价　126. 00 元
ISBN 978－7－5049－7601－7/F. 7161

编辑部邮箱：jiaocaiyibu@ 126. com

编委会

Editorial Board

主　编：史建平

副主编：杨如冰　王婉婷

编委会成员：（按姓氏拼音排序）

方伊奇　贺毅轩　胡　皓　黄　震　计　元

李德峰　李　梦　李怡雯　廖新华　刘　菲

史秀红　宋　珂　田冰慧　王　健　王胜春

王汀汀　王　威　魏　敏　武玉婷　夏祖扬

杨银洁　印小川　曾恋云　郑　岩　周　欣

报告各部分分工如下：

第 1 章　王婉婷

第 2 章　王婉婷　杨如冰

第 3 章　郑　岩　夏祖扬　田冰慧　王婉婷

第 4 章　夏祖扬　王婉婷

第 5 章　印小川　刘　菲　李德峰

第 6 章　李怡雯　李　梦

第 7 章　杨银洁　贺毅轩　史秀红

第 8 章　胡　皓　王胜春

第 9 章　计　元　王　威

第 10 章　魏　敏　王　威

第 11 章　方伊奇

第 12 章　武玉婷　宋　珂　王汀汀

第 13 章　廖新华　周　欣

第 14 章　曾恋云　计　元　黄　震

第 15 章　史建平　杨如冰

第 16 章　史建平　杨如冰

调查与统计支持　王　健

图文总校　李怡雯　史秀红

序

Preface

2013 年，世界经济复苏缓慢，国内经济增速继续回落，在“三期”叠加的作用下，经济发展面临巨大的挑战。行业、区域发展的不均衡，金融领域潜在风险积聚引起广泛关注。特别是产能过剩行业、房地产和钢贸等领域的风险已经在商业银行不良贷款急剧上升、民间借贷案件频发中得到体现。在经济结构调整过程中，没有能力越过“转型坎”的企业将面临被淘汰的风险，中小微企业信贷风险再一次引起金融机构的普遍担忧。

值得肯定的是，中小微金融服务发展政策在 2013 年取得了长足进步，尤其是差异化监管政策内容可圈可点。与此同时，正如我们在去年报告中所预期的，来自市场的力量对推动中小微金融服务起到了越来越重要的作用。贷款利率管制全面放开，余额宝引发商业银行争相推出各类“宝”以争夺被蚕食的活期存款市场份额，推动存款利率进一步市场化。虽然因股市 IPO 停闸和债市熊市的影响，资本市场带来的金融脱媒效应在 2013 年并不显著，但直接融资发展的趋势不可逆转。

有危机感的商业银行已经加快了应对战略的实施，其中，包括小微金融在内的零售银行战略受到前所未有的重视。民生银行和招商银行在独立小企业专营机构落幕的同时，掀开了小微金融融入“大零售”发展的新篇章，商业银行客户结构重心下沉的步伐将进一步加快，小微金融领域的竞争日益白热化。而作为目前体量最大的金融服务主体，商业银行“俯身”做小微还引发了一系列的连锁反应。2013 年，我们走访的小贷、典当、担保等机构都不约而同地反映感受到了来自商业银行的竞争压力，不少机构选择进一步差异化的竞争策略，或继续下沉客户重心，或探索在更为细分的市场通过产品和服务创新作出特色。这对深化和丰富中小微企业金融服务都大有裨益。

受IPO融资颗粒无收的拖累，中小企业2013年通过股权交易市场的融资额较2012年腰斩，但新三板的正式扩容带动多层次资本市场纵深发展让中小企业看到了一线希望。由于国内IPO退出渠道迟迟未能打开，创业投资机构的募资与投资额持续下降，但TMT等新兴领域的投资极度活跃，新生代创业者和投资人的崛起以及产业资本的加入对创投服务中小微企业的格局将产生深远的影响。债市方面，中小企业私募债保持了2012年的发展势头，成为中小企业债券融资唯一增长的品种；商业银行小微企业专项金融债发展势头不减，成为中小商业银行做大负债业务的重要渠道。在经济增速放缓和结构转型的影响下，民间金融规模在保持增长的同时风险也在不断积聚和暴露；依托互联网技术的P2P、众筹等民间金融新形式爆发式增长，而"倒闭"、"跑路"的消息也不绝于耳，随着认识的加深和监管的介入，这些民间金融与互联网金融交会领域的金融活动发展热潮将在市场检验中逐渐回归理性。我们已经看到，在小微企业金融服务方面，运作规范的P2P借贷平台与传统金融机构形成了差异化的市场定位，在一定程度上填补了部分小微企业金融服务市场空白。

2013年，我们还特别注意到，代际更替已经在经济社会的各个层面发生，而且，其影响比以往任何时候都来得强烈。随着80后和90后新生代逐渐成为社会劳动力主体和消费主体，作为金融服务的主体和客体都将发生重大更替，而金融服务的内容、形式和渠道等也都将随之改变。尤其是在小微金融领域，这种变化已经在2013年初现端倪。互联网"草根"金融逆袭、创投行业"年轻"基金崛起以及零售银行渠道和营销大尺度的创新都在宣告着一个新时代的到来，中国的金融业也将迎来前所未有的变革挑战。

从2009年我们推出第一份年度报告起，不知不觉中已经走过了六载春秋，在这六年中，横跨主要机构和市场的研究，帮助我们全面了解中国中小微企业金融服务的整体状况，进而触摸到以中小微企业为主体的民营经济跳动的脉搏。2013年，我们从中小微金融服务的变化中看到了行业兴衰的更替和地区经济冷暖的更替，庞大经济体转型的步伐虽然不那么快，但确确实实已经在"经济神经末梢"——中小微企业领域时刻发生着。这也让我们深刻体会到年复一年跟踪记录的意义，也因此更增添了一份责任。

也正是因为这份责任，"客观、中立、严谨"已经成为研究团队每一位成员最基本的自我约束，除了一如既往地在纷繁复杂的资料和数据中整理出市场发展的脉络，今年的报告显著加大了分析的深度，而且在一手数据的调研方面投入了更多的精力。课题组与新浪财经合作开展了"商业银行小微金融经理人问卷调查"和"商业银行中小微企业金融服务情况调查"；在中国小额信贷机构联席会的支持下，开展了"全国百家小贷公司抽样调查"；并且还对主流的两家P2P平台进行了"P2P小微金融服务数据调查"。此外，课题组成员还走访了各类代表性机构，对其开展小微企业金融服务开展了实地调研。这些调研使我们的研究因为更接地气而更有底气。借此机会，向合作单位以及一直以来支持我们研究的中小微企业金融服务领域的实践者和专家学者表示深深的感谢！

除了内容更加丰富，在报告的表现形式上，年轻的研究团队在去年的基础上又对图表呈现方式进行了全面的升级，无论是图例的创新还是配色调整都力求完美。与此同时，为了给读者带来最佳的视觉体验，中国金融出版社王效端主任和她的团队在极其紧张的出版日程里，加班加点对报告进行了全面的改版，以最好的效果和质量呈现给大家。在此一并表示感谢！

最后，特别感谢亲爱的读者们，是你们长期的关注和鼓励让我们的研究得以坚持到今天，随着报告受众面的扩大，我们倍感欣慰的同时也日益如履薄冰，唯有继续做好研究才能不负大家的信任。希望今年我们的努力能够继续得到大家的认可，也期待着大家宝贵的意见和建议！

中央财经大学民泰金融研究所所长

2014 年 6 月

中财民泰金融研究所
微信号：mintaijinrong

目 录
CONTENTS

图

表

专题

附表

1 中小微企业金融服务发展环境

1.1 经济环境

2013 年，世界经济呈现缓慢复苏态势，但复苏基础比较脆弱，经济增速较上一年持续回落 0.1 个百分点至 3.0%①。国际经济金融形势依旧复杂多变，跨境资本流动日益频繁，全球金融市场、大宗商品价格持续波动，对国内市场流动性、商品价格、资产价格等产生不同程度的扰动。在外需稳定面临较大挑战的情况下，国内经济内生增长动力尚待增强，结构调整和转变发展方式的任务艰巨。同时，经济结构调整下行期内行业、区域发展的不均衡，金融领域潜在风险的积聚特征也引起了广泛关注。当前国内结构调整和转型升级的发展困境，仍需要稳定适宜的货币财政环境予以支撑和调整。2013 年管理当局继续实施稳健的货币政策和积极的财政政策，坚持"总量稳定、结构优化"的取向，保持了政策的连续性和稳定性。

1.1.1 经济增速平稳放缓

2013 年，中国经济增速仍延续了结构调整和转变发展方式下的回落态势，全年实现国内生产总值（GDP）56.9 万亿元，同比增长 7.7%，较 2012 年回落 0.1 个百分点，但与 2012 年增速回落 1.4 个百分点相比，2013 年的经济增速在经历了 2011 年、2012 年的大幅下跌后放缓趋于平稳。整体而言，国内内需增长不够稳固。消费方面，居民收入增长有所放缓，2013 年最终消费支出对 GDP 增长的贡献率为 50%，同比下降 1.8 个百分点；投资方面，2013 年新开工项目计划总投资增长 14.2%，增速同比下降 14.4 个百分点；同时，外需对经济增长的拉动作用有所减弱，出口同比增长 4.3%，与 2012 年相比，增速回落 3.6 个百分点，经常项目顺差占 GDP 的比重为 2.1%，较 2012 年下降 0.5 个百分点，为 9 年来的最低水平；居民消费价格（CPI）同比上涨 2.6%，价格形势基本稳定，需继续引导、稳定好通胀预期②。此外，经济结构调整的长期过程往往伴随着行业、区域发展的不均衡，

① 国际货币基金组织（IMF）发布的数据。

② 资料来源：国家统计局：《2013 年国民经济和社会发展统计公报》。

在2013年我国经济延续平稳放缓的大环境下，不同行业、区域发展表现不尽相同。具体表现为，2013年传统制造业委靡不振但服务业尤其是互联网、电信、传媒和科技行业发展极其活跃；受外向型经济转型的影响和产业“空心化”的拖累，长三角地区不良贷款高发导致新增小微贷款投放下降，但得益于产业承接及城镇化进程，中西部经济活力初显、贷款增速上升。经济发展冷暖不均的现象对金融资源的调剂匹配、宏观政策的引导支撑提出了更多挑战。

1.1.2 财政货币政策调控保持稳定

财政货币环境的基本稳定有助于中国经济在结构调整和转型升级中持续平稳发展。2013年继续实施积极的财政政策和稳健的货币政策，坚持“总量稳定、结构优化”的取向，保持政策的连续性和稳定性，统筹稳增长和调结构、促改革和防风险。2013年全国财政收入12.91万亿元，较上年增长10.1%，财政支出人民币13.97万亿元，较上年增长10.9%，赤字规模约1.2万亿元，较2012年8000亿元的赤字规模进一步的扩大①；坚持稳中求进的总基调，综合运用数量、价格等多种货币政策工具组合实施稳健货币政策，保持适度流动性，实现货币信贷及社会融资规模合理增长，稳定通胀的趋势。

金融改革取得阶段性进展，利率市场化改革迈出新步伐，人民币跨境使用进一步扩大。2013年末，广义货币供应量 M_2 同比增长13.6%②，人民币贷款余额同比增长14.1%；社会融资规模为17.29万亿元，比上年多1.53万亿元。从结构上看，主要有四个特点：一是人民币贷款占全年社会融资规模的51.4%，为历史最低水平，比上年低0.6个百分点；二是外币贷款比上年少增较多，主要是下半年同比少增6340亿元③；三是企业债券融资增速由正转负，股票融资继续处于较低水平；四是委托贷款和信托贷款增加较多，拉动表外融资占比显著上升。

1.1.3 中小微企业仍在困境中徘徊

经济内生增长动力不足，外需对经济增长拉动作用有所减弱，原材料、用工以及资金成本上涨等内外部的多重压力，使自2011年以来陷于生存和发展困境的中小微企业经营状况仍不容乐观。中国中小企业协会发布的中小企业发展指数显示，中小微企业生存和发展的困境自2010年以来不断恶化，尽管2013年该发展指数有所回调，但仍处于景气临界值100以下；从2013年渣打银行公布的各季度中小企业信心指数④的数据表现来看，2013年自第一季度开始扭转了2012年第三、第四季度中小企业信息指数持续下跌并跌破一般水平（50）的困境，各季度均回调至50以上，但总体而言，2013年四个季度的中小企业信息指数在波动中下行，徘徊于一般水平（50），并没有突破性的增长。

总体而言，中国经济转型的迫切压力意味着新的细分行业以及市场的形成，这给力图在新经济模式下有所作为的中小微企业经营带来了一丝曙光，但值得注意的是，更多的中小微企业仍在充分竞争的传统行业领域中艰难生存，国内经济结构调整下经济增速持续下行的预期、国外经济复苏基础的薄弱都压缩了传统行业的生存空间，人口红利拐点来临、利率市场化又增加了中小微企业的费

① 资料来源：国家统计局：《2013年国民经济和社会发展统计公报》。

② 中国人民银行：《2012年货币统计概览》。

③ 中国人民银行：《社会融资规模统计表》。

④ 渣打银行自2011年10月推出“中国中小企业信心指数”，每期通过对不同行业、不同区域、多个城市1000家中小企业实地调研获得中国中小企业的信心指数。

用和成本，银行体系和债券市场中信用风险的积聚和爆发，受冲击最大的也是抗风险能力弱的中小微企业，从而使中小微企业仍在生存和发展的困境中徘徊。

图 1－1　中国中小企业发展指数对比（2010—2013 年）

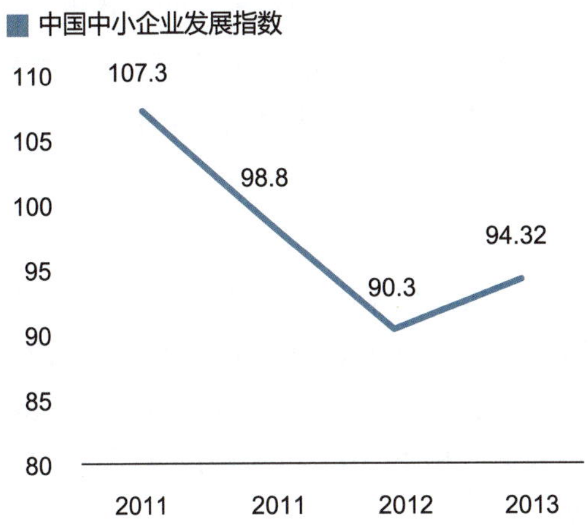

资料来源：渣打银行：《中国中小企业信心指数报告》。

图 1－2　中国中小企业信心指数对比（2012—2013 年）

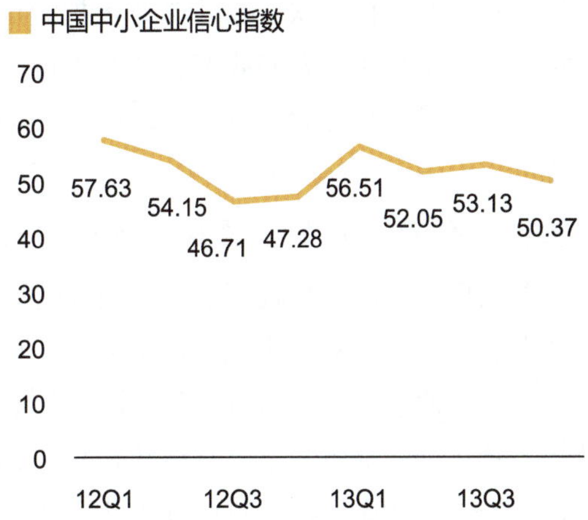

资料来源：中国中小企业协会：《中国中小企业发展指数》。

1.2　政策环境

与 2012 年政策数量相对较少且缺乏亮点的政策环境相比，2013 年中小微企业及中小微金融服务发展政策取得了长足的进步，尤其在利率市场化以及中小微企业金融服务差异化监管方面的政策进展值得圈点。

1.2.1　利率市场化改革迈出新步伐

我们在去年的报告中提出，利率市场化和金融脱媒这两只市场之手已经成为推动中小微企业金融服务的重要力量，尤其是利率市场化的影响尤为显著。自 2012 年以来，我国加快推进利率市场化改革。2012 年 6 月和 7 月，金融机构存款利率浮动区间上限调整为基准利率的 1.1 倍，贷款利率下限从基准利率的 0.9 倍调整至 0.7 倍。

2013 年，利率市场化改革迈出新步伐，金融机构贷款利率管制全面放开。中国人民银行自 2013 年 7 月 20 日起全面放开金融机构贷款利率管制。取消金融机构贷款利率 0.7 倍的下限，由金融机构根据商业原则自主确定贷款利率水平；取消贴现利率管制，由在再贴现利率基础上加点确定改为由金融机构自主确定；对农村信用社贷款利率不再设上限。10 月，贷款基础利率集中报价和发布机制开始运行。

贷款利率管制全面放开后，金融机构与客户协商定价的空间进一步扩大，有利于促进金融机构不断提高自主定价能力，并采取差异化的定价策略，加大对实体经济的金融支持力度，更有力地支持经济结构调整和转型升级。由于中小微企业具有风险定价优势，利率市场化进程的推进将在一定程度上提高中小微企业获取贷款的可得性。

1.2.2 差异化监管政策更加丰富

差异化的金融服务监管激励是我们过往报告一贯提倡并连续跟踪进展及执行情况的重要政策内容。2013 年，对小微金融服务的差异化监管政策的内容更加丰富，主要体现在人民银行综合运用差别存款准备金率、再贷款、再贴现等多种货币政策工具，鼓励金融机构增加小微企业信贷供给；从中小银行及分支机构准入的放宽、商业银行小微企业不良贷款处置的宽松以及小微金融服务考核指标体系的完善等多个方面可以看出，监管层通过差异化监管促进中小微企业金融供给增长的手法更加熟练。

■差别化存款准备金率覆盖范围扩大

在差别化存款准备金政策上，中国人民银行印发《关于扩大深化中国农业银行“三农金融事业部”改革试点范围等有关事项的通知》（银发〔2013〕263 号），将农业银行江苏、浙江、湖南、云南、江西、陕西、广东 7 个省、538 个县的县域支行纳入到深化“三农金融事业部”改革试点范围，并延续差别化存款准备金率、监管费和营业税减免等扶持政策。相比 2012 年覆盖范围新增 4 个省、379 家县支行，2013 年新增的省份和县域支行数量显著增加。

虽然在 2013 年，对深度涉农的金融机构实施差别化存款准备金政策这种积极的做法仍未能推广至主要从事小微企业金融服务的中小金融机构。但值得注意的是，2014 年 6 月的对特定类别的商业银行定向下调存款准备金的政策①首次将上年新增小微贷款占全部新增贷款比例超过 50%，且上年末小微贷款余额占全部贷款余额比例超过 30% 的商业银行包括在了定向降准的银行之列。

■支小再贷款定向性进一步明确

2013 年，人民银行为贯彻落实国务院办公厅《关于金融支持经济结构调整和转型升级的指导意见》，支持金融机构扩大小微企业贷款投放，在分类调整的基础上，进一步优化再贷款管理。将中小金融机构再贷款更名为“支小再贷款”②。支小再贷款发放对象由现行的城市商业银行调整为小型城市商业银行（按人民银行统计标准确定）、农村商业银行、农村合作银行和村镇银行四类金融机构，用途由支持扩大中小企业贷款和消费信贷调整为支持以上金融机构发放小微企业贷款。贷款条件设定为小微企业贷款增速和增量“两个不低于”，即上季度末小微企业贷款增速不低于同期各项贷款平均增速、贷款增量不低于上年同期水平。

2014 年 3 月 20 日，中国人民银行印发《关于开办支小再贷款支持扩大小微企业信贷投放的通知》（银发〔2014〕90 号），在信贷政策支持再贷款类别下创设支小再贷款，专门用于支持金融机构扩大小微企业信贷投放，同时下达全国支小再贷款额度共 500 亿元。

■再贴现定向提供流动性支持

2013 年 6 月，中国人民银行对部分分支行安排增加再贴现额度 120 亿元，向符合宏观审慎要

---

① 中国人民银行决定从 2014 年 6 月 16 日起，对符合审慎经营要求且“三农”和小微企业贷款达到一定比例的商业银行（不含 2014 年 4 月 25 日已下调过准备金率的机构）下调人民币存款准备金率 0.5 个百分点。“三农”和小微企业贷款达到一定比例是指：上年新增涉农贷款占全部新增贷款比例超过 50%，且上年末涉农贷款余额占全部贷款余额比例超过 30%；或者，上年新增小微贷款占全部新增贷款比例超过 50%，且上年末小微贷款余额占全部贷款余额比例超过 30%。按此标准，此次定向降准覆盖大约 2/3 的城商行、80% 的非县域农商行和 90% 的非县域农合行。

② 《人民银行 2013 年第四季度货币政策执行报告》。

求的金融机构提供流动性支持，支持金融机构扩大对小微企业和“三农”的信贷投放。要求通过票据选择明确再贴现支持的重点，对涉农票据，小微企业签发、收受的票据和中小金融机构承兑、持有的票据优先办理再贴现，办理再贴现票据的票面金额原则上应在500万元以下。截至目前，全国再贴现额度为1620亿元，再贴现总量中，小微企业票据占比为45%、涉农票据占比为27%①。总体看，再贴现政策的实施对支持金融机构扩大对小微企业和“三农”信贷投放发挥了作用。

■中小银行及分支机构市场准入放宽

2013年，监管层放宽了以中小微企业为主要服务对象的中小银行及分支机构的准入门槛。一方面，允许民间资本设立中小银行，引导民间资本和民营企业更直接有效地服务于中小微企业的金融需求；另一方面，监管层对中小商业银行社区分支、小微支行牌照范围和审批流程上的鼓励。

具体而言，在鼓励民间资本设立中小银行方面，《中共中央关于全面深化改革若干重大问题的决定》（中国共产党第十八届中央委员会第三次全体会议通过）、国务院《关于金融支持经济结构调整和转型升级的指导意见》（俗称“金十条”）和《国务院办公厅关于金融支持小微企业发展的实施意见》（国办发〔2013〕87号）均提出，允许具备条件的民间资本依法发起设立中小型银行等金融机构②。并且，首批5家民营银行已分别在天津、上海、浙江和广东开展试点，但试点银行具体业务范围及业务开展、支持小微企业金融服务的力度均有待进一步的跟踪分析。

在放宽中小商业银行小微支行准入流程方面，银监会出台了《关于中小商业银行设立社区支行、小微支行有关事项的通知》，简化了中小商业银行社区支行、小微支行行政审批流程，通过取消社区支行和小微支行单次申请数量限制、取消高管任职审批、筹建开业一次审核等方式简政放权，鼓励中小商业银行明确定位、发挥比较优势，实现差异化经营和特色化发展。

此外，2014年《中国银监会农村中小金融机构行政许可事项实施办法》（中国银监会令2014年第4号）放宽了村镇银行在乡镇设立支行的条件，将设立支行的年限要求由开业后2年调整为半年，加快完善农村金融服务网络，提高金融服务均等化水平。

■商业银行小微企业不良贷款差异化监管及处置政策落到实处

在小微企业不良贷款管理上，早在2008年《关于认真落实“有保有压”政策进一步改进小企业金融服务的通知》（银监发〔2008〕62号）中就明确提出了“科学考核和及时处置小企业不良贷款，在科学测算的基础上合理制定小企业不良贷款控制指标和不良贷款比例，对小企业不良贷款实行单独考核”。此后，2011年《关于支持商业银行进一步改进小企业金融服务的通知》（银监发〔2011〕59号）和《关于支持商业银行进一步改进小型微型企业金融服务的补充通知》（银监发〔2011〕94号）均规定“要对小企业不良贷款比率实行差异化考核，适当提高小企业不良贷款比率容忍度；制定不良贷款处理专项政策，对满足核销条件的小微企业不良贷款建立快速核销通道”。但是，由于缺乏具体可操作的小微企业不良贷款监管政策，而且小微企业不良贷款快速核销机制在实际操作中仍难落实，“提高小微企业不良贷款的容忍度”对大部分商业银行而言仍停留在口号阶段。

① 《中国人民银行增加再贴现额度120亿》，载《人民日报》，2013-07-03。

② 包括民营银行、金融租赁公司和消费金融公司等金融机构。

2013 年，无论是小微企业不良贷款率容忍度的具体规定，还是快速核销政策均有突破性的具体政策出台。《中国银监会关于进一步做好小微企业金融服务工作的指导意见》（银监发〔2013〕37 号）提出适度提高对小微企业不良贷款的容忍度，对小微企业贷款不良率高出全辖各项贷款不良率 2 个百分点以内的银行业金融机构，该项指标不影响当年的监管评级。同时，《金融企业呆账核销管理办法（2013 年修订版）》对 2010 年的核销办法做了适度调整，使金融机构对小微企业贷款拥有更为宽松的自主核销权限。小企业贷款自主核销金额由 500 万元上调至 1000 万元，首次允许对 500 万元以下的个人经营贷款自主核销。金融企业对单户贷款余额在 1000 万元及以下的，经追索 1 年以上，仍无法收回的中小企业贷款和涉农贷款，可按照账销案存原则自主核销。

■小微企业金融服务考核与政策导向效果监督显著加强

2013 年，监管部门进一步完善商业银行监管考核体系指标，《中国银监会关于进一步做好小微企业金融服务工作的指导意见》（银监发〔2013〕37 号）首次将小微企业贷款覆盖率、小微企业综合金融服务覆盖率和小微企业申贷获得率 3 项指标纳入监测指标体系，并按月进行监测、考核和通报，以此增强对商业银行小微金融服务的激励和约束作用。

与此同时，监管层还进一步加强对小微企业金融服务政策导向效果评估，引导金融机构认真落实已出台的各项政策。2013 年，中国人民银行发布《关于金融债券专项用于小微企业贷款后续监督管理有关事宜的通知》，明确了发行前和存续期间对发行人、主承销等机构在内控制度、报告报送等方面的要求，并提出了中国人民银行及其分支机构对商业银行发行金融债券专项用于小微企业贷款进行后续监督的内容，确保商业银行发行金融债券所募集资金用于小微企业贷款。2014 年 2 月，《中国人民银行办公厅关于做好 2013 年度涉农和小微企业信贷政策导向效果评估有关事项的通知》（银办发〔2014〕36 号）明确要求从中小企业信贷政策导向效果评估平稳过渡到小微企业信贷政策导向效果评估，加强了评估工作的有效性和针对性，鼓励和引导金融机构着力改进和完善“三农”、小微企业金融服务。

1.2.3 财税激励政策

2013 年的财税激励政策暂免征收部分小微企业增值税和营业税，2014 年拓宽了享受减半征收所得税的小微企业受益范围、明确了小微企业外贸综合服务类公司退税主体的地位，较比 2012 年，2013 年和 2014 年上半年的财税激励政策内容更具实用性。

《关于暂免征收部分小微企业增值税和营业税的通知》（财税〔2013〕52 号）规定，自 2013 年 8 月 1 日起，对增值税小规模纳税人中月销售额不超过 2 万元的企业或非企业性单位，暂免征收增值税；对营业税纳税人中月营业额不超过 2 万元的企业或非企业性单位，暂免征收营业税。

《关于小型微利企业所得税优惠政策有关问题的通知》（财税〔2014〕34 号）自 2014 年 1 月 1 日起，将享受减半征收企业所得税优惠政策的小型微利企业范围由年应纳税所得额低于 6 万元（含 6 万元）扩大到年应纳税所得额低于 10 万元（含 10 万元），执行期限截至 2016 年 12 月 31 日，即：自 2014 年 1 月 1 日至 2016 年 12 月 31 日，对年应纳税所得额低于 10 万元（含 10 万元）的小型微利企业，其所得减按 50% 计入应纳税所得额，按 20% 的税率缴纳企业所得税。体现了国家继续加大对中小微企业的扶持力度，进一步降低了小微企业的税收负担。

《国家税务总局关于外贸综合服务企业出口货物退（免）税有关问题的公告》（国家税务总局公告2014年第13号）首次明确了为国内中小微生产企业出口提供物流、报关、信保、融资、收汇、退税等服务的外贸综合服务企业可以作为退税主体。外贸综合服务企业帮助更多的中小微企业享受到便利通关、减少行政性收费、简化商检等服务，降低了进出口小微企业的外贸运营成本。

1.3 金融基础设施建设

1.3.1 征信立法配套制度完善中

自我国首部征信法规《征信业管理条例》2013年3月正式开始实施后，各项配套制度也在不断完善中。《征信机构管理办法》（以下简称《办法》）已经制定完成并于2013年12月20日正式实施，《办法》的出台和实施对于推动征信市场发展、促进征信机构规范运行、保护信息主体合法权益具有重要意义。

《办法》遵循了个人征信机构从严、企业征信机构从宽，征信机构市场化运作与监督管理并重，征信机构的行政监管和社会监督兼顾的监管思路，进一步细化了《征信业管理条例》涉及征信机构管理的条款，规范征信机构的设立、变更和终止程序，社会单位及个人申请设立和运营征信机构将有章可循。

在监管措施方面，《办法》在明确征信机构报告要求的基础上，建立了重点监管制度。规定在征信机构出现严重违法违规行为、可能发生信息泄露、出现财务状况异常或严重亏损以及被大量投诉等情形时，人民银行可以将其列为重点监管对象，酌情缩短业务开展情况报告周期、信息系统安全测评周期，并采取相应的监管措施。

其他各项配套制度也在不断完善之中，特别是规范征信机构运行、个人征信业务、企业征信业务等方面的配套制度，将与《征信业管理条例》一道，共同构成征信业法律法规体系，推动我国征信业步入有法可依阶段。此外，在此基础上应推动信用信息在行业间、地区间的交换和共享，建立健全守信激励机制和失信惩戒机制，形成有效的市场约束。

1.3.2 征信系统建设进行中

2013年，人民银行金融信用信息基础数据库接口查询服务范围扩大，征信产品和服务日益丰富，新版企业信用报告实现上线服务，信用报告互联网查询服务试点效果良好。截至2013年末，金融信用信息基础数据库收录近8.4亿自然人和1919.3万户企业及其他组织的信息；个人、企业信息全年查询量分别达3.5亿次和1.04亿次。全国累计补充完善小微企业信息近243万户，累计已有35万户小微企业获得银行贷款，贷款余额72318.90亿元；全国共为1.51亿农户建立了信用档案，对10143万农户进行了信用评定，8746万农户获得信贷支持，贷款余额2万亿元①。我们重点关注的中小企业信用体系建设也正在稳步推进。人民银行协调相关部门，通过建设中小企业信用体系试验区、建立中小企业信用档案、搭建中小企业信用信息共享平台、开展中小企业信用评价等方式推进中小企业信用体系建设。

---

① 资料来源：《中国人民银行年报（2013）》。

在金融信用信息基础数据库接入机构的管理方面，2013 年由征信管理局牵头、人民银行总行相关司局参加成立了金融信用信息基础数据库接入机构审核小组，从申请接入机构接入方案、内控机制、技术保障等方面对各类机构的新接入申请进行审核。《中国人民银行办公厅关于小额贷款公司和融资性担保公司接入金融信用信息基础数据库有关事宜的通知》（银办发〔2013〕45 号），要求小额贷款公司和融资性担保公司分批有序接入金融信用信息基础数据库，进一步完善中小金融机构的金融服务基础设施建设。《中小企业信用体系建设基本数据项指引》和《农村信用体系建设基本数据指引》进一步对小微企业、农户等经济主体的信用档案建设进行了规范。

此外，为减少小微企业在与小额贷款公司、融资性担保公司等中小准金融机构合作中的信息不对称，2013 年的《中国人民银行办公厅关于开展小额贷款公司和融资性担保公司信用评级试点工作的通知》（银办发〔2013〕43 号）决定率先在上海市、辽宁省、山东省、湖北省、四川省和浙江省开展两类机构信用评级试点工作，并在条件成熟后逐步向全国其他地区进行推广。对准金融机构信用评级工作的开展将有助于中小金融机构的良性发展，健全小微企业金融服务机构体系。

1.3.3 动产融资登记公示系统升级①

经过 2012 年的改造升级将两个登记公示系统整合到动产融资统一登记公示系统（以下简称统一登记系统）一年来，平台功能进一步完善，注册用户数持续增加，登记和查询量等各项主要业务指标持续增长，截至 2013 年 12 月末，系统中累计发生应收账款质押和转让登记超过 102 万笔，查询达 163 万余笔。除原有应收账款和融资租赁两项动产项目登记和查询数量持续增长外，2013 年，在保证统一登记系统安全、稳定运行的基础上，积极拓展新登记业务，于 2013 年 6 月在系统中增加了业界有需求、但目前无法确定登记机关的所有权保留、租购、留置权以及其他登记 4 类登记业务，部分系统用户已陆续将本机构发生的所有权保留等其他动产融资业务在系统中登记公示。

图 1－3　统一登记系统年度登记及查询数量（2007—2013 年）

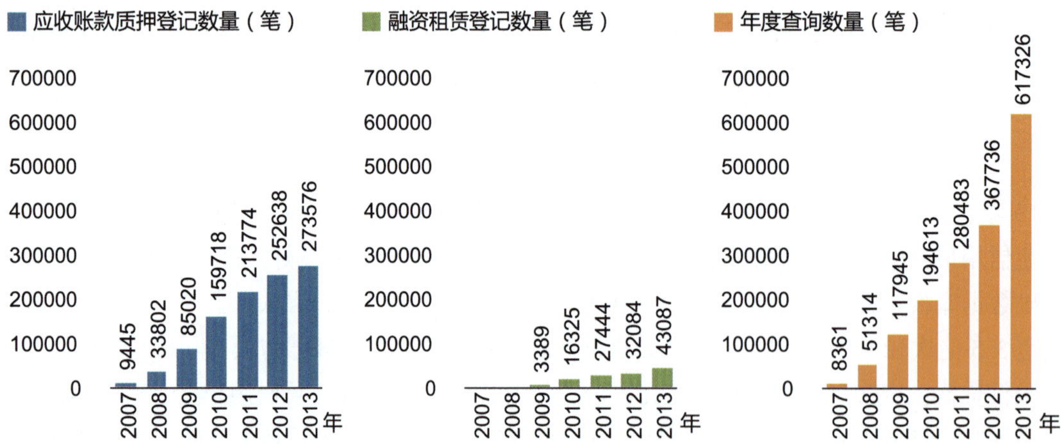

注：应收账款质押登记公示系统始于 2007 年 10 月；融资租赁登记公示系统始于 2009 年 7 月。
资料来源：中国人民银行征信中心：《动产融资登记公示系统专题报告》（第 64 期）。

① 本部分除特殊标记外，资料均来源于中国人民银行征信中心：《动产融资登记公示系统专题报告》，第 64 期。

■应收账款和融资租赁动产登记、查询数量持续增长

2013 年，应收账款质押和融资租赁等动产融资业务登记量和查询量稳步增长，为中小微企业融资和信用增进提供了较好的基础服务，促进了应收账款流转在缓解中小微企业融资难问题中的作用。截至 2013 年末，统一登记系统中累计发生应收账款质押和转让登记 1028021 笔，其中，2013 年发生的应收账款质押和转让登记 273576 笔；统一登记系统中累计发生租赁登记 122342 笔，其中 2013 年发生租赁登记 43087 笔，较 2012 年增长 34.3%。此外，包括应收账款质押和融资租赁在内的统一登记系统 2013 年发生查询 617326 笔，较 2012 年增长 67.9%。

统一登记系统为中小微企业金融服务提供了良好的金融基础设施。应收账款登记公示系统中，出质人为中小微企业的累计初始登记约 67 万笔，约占初始登记总数的 84%，共有约 14.6 万家中小微企业通过应收账款质押或转让获得融资，据不完全统计，累计融资金额约 17.5 万亿人民币，占登记的融资总额的 49.6%；融资租赁公示系统中承租人为中小微企业的累计初始登记约 3.8 万笔，约占初始登记总数的 33%，涉及中小微企业承租人约 2 万家，累计融资金额约 0.5 万亿人民币，占登记的融资总额的 40.2%。

■四类新增业务登记情况

2013 年 6 月所有权保留、留置权、租购及其他共四类新登记业务上线以来，系统中每天发生的登记业务量稳中有升。截至 2013 年 12 月底，统一登记系统累计发生新业务登记 318 笔，包括所有权保留登记 3 笔、留置权登记 19 笔、租购登记 22 笔、其他登记 274 笔。其中，其他类登记涉及的担保财产主要包括理财产品、各类收费权、房产使用权、存货、经营收入、保证金等。进行新业务登记的用户主要是商业银行、信托公司、担保公司、小贷公司等。

1.3.4　动产融资登记公示制度建设正在进行

为了更好地提供动产融资登记公示服务，保护当事人的权利和交易安全，应注重对动产融资公示系统相关制度的建设工作。2013 年，征信中心与人民银行相关司局牵头成立了“动产权属登记规范研究小组”，开展《应收账款质押登记办法》修订工作，但具体修订内容有待进一步关注；此外，推进租赁登记制度法律效力的确认，为配合最高人民法院出台融资租赁司法解释，人民银行征信中心起草《关于使用租赁登记系统进行融资租赁登记与查询的指导意见》等有关文件。

2014 年，最高人民法院关于融资租赁合同的司法解释工作取得突破性进展，《关于审理融资租赁合同纠纷案件适用法律问题的解释》正式发布，并于 3 月 1 日开始实施。该司法解释针对融资租赁经营实践和审判实务中反映突出、争议较多的法律问题作出了规定，重点解决了融资租赁合同的认定及效力、履行和租赁物的公示、解除、违约责任以及案件的诉讼当事人、诉讼时效等问题。实际执行效果以及在全国范围内确立动产融资登记司法效力的目标实现程度仍有待进一步跟踪。

1.3.5　金融信息化工作稳步推进

随着以互联网为代表的信息技术的迅猛发展，科技对金融的影响愈发深远，在金融基础设施建设进程中，金融信息化工作的重要性日益凸现。具体到小微企业金融服务领域，关系较为紧密的有以下两个方面：

2013 年，中国人民银行修订了《人民银行金融城域网入网管理办法》，新接入 1366 家小型微型金融机构，面向小微金融机构提供更广泛的服务，提高金融普惠服务水平。移动金融基础设施建设加快速度，移动金融公共服务平台上线试运行，已接入中国建设银行、中信银行等 7 家机构。

我们认为，未来 3 年，金融基础设施建设的进程将在市场机制倒逼和科技力量的推动下进一步加速，这将为小微企业金融服务的创新发展带来更多的机遇。

2

中小微企业金融服务发展现状概述

2.1 中小微企业金融服务体系

本报告将中小微企业金融服务体系①分为银行业金融机构、其他准金融机构、金融市场和民间金融四个大类（见图2－1）。

图2－1 中小微企业金融服务体系图

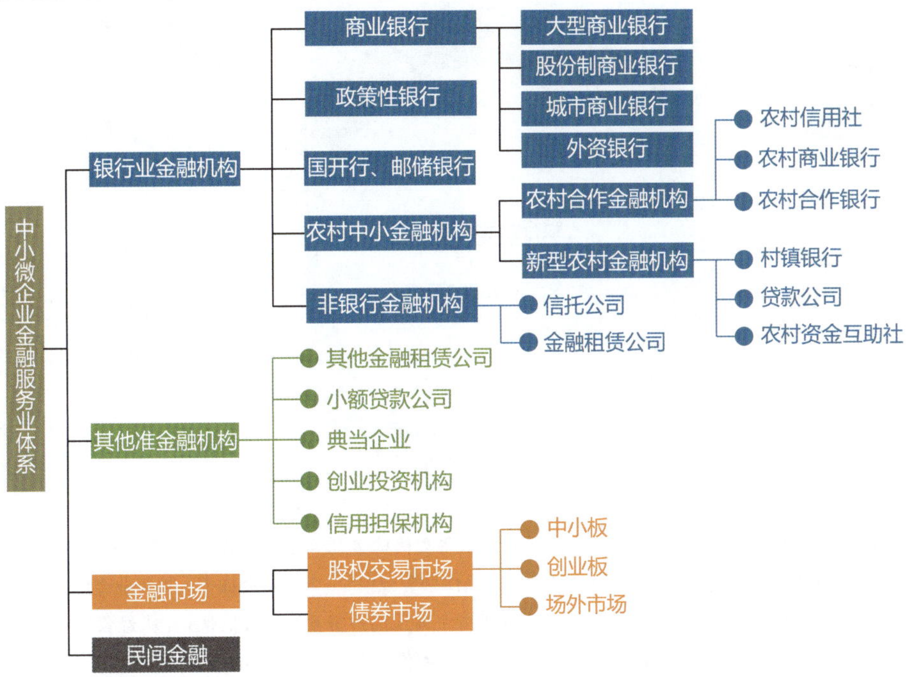

① 广义的中小微企业金融服务体系不仅包括服务机构和市场，还应包括其他服务中介以及服务环境，为了突出本报告的重点，这里的体系只包括主要服务机构和市场。此外，报告重点关注提供融资服务的金融服务机构，由于保险机构的业务特殊性，本报告暂未将其列入。

银行业金融机构中，涉足中小企业金融服务领域的机构包括政策性银行及国家开发银行、邮政储蓄银行、大型商业银行、股份制商业银行、城市商业银行、外资银行、农村中小金融机构和非银行金融机构。其中，农村中小金融机构可进一步分为农村合作金融机构和新型农村金融机构两类，农村合作金融机构包括农村信用社、农村合作银行和农村商业银行；新型农村金融机构则包括村镇银行、贷款公司和农村资金互助社。非银行金融机构中，涉足中小企业金融服务领域的机构主要有信托公司和金融租赁公司。

除了银行业金融机构外，涉足中小企业金融服务领域的其他准金融机构①包括小额贷款公司、典当企业、创业投资机构和信用担保机构以及其他金融租赁公司。在金融市场方面，有股权交易市场和债券市场，其中，股权交易市场包括了创业板、中小板和场外市场。此外，还有民间金融，包括正式金融之外的金融服务形态。

2.2 中小微企业金融服务概况

图2－2展示了中小微金融服务体系中的主要市场主体提供的中小微金融服务规模。我们可以看到，银行业金融机构仍然是中小微企业最大的资金供给方，提供了万亿元级别的融资规模；而提供千亿元级别融资规模的只有小额贷款公司和融资租赁；中小微企业典当余额未过千亿元。相比之下，

图2－2 中小微企业金融服务概况（2013年）

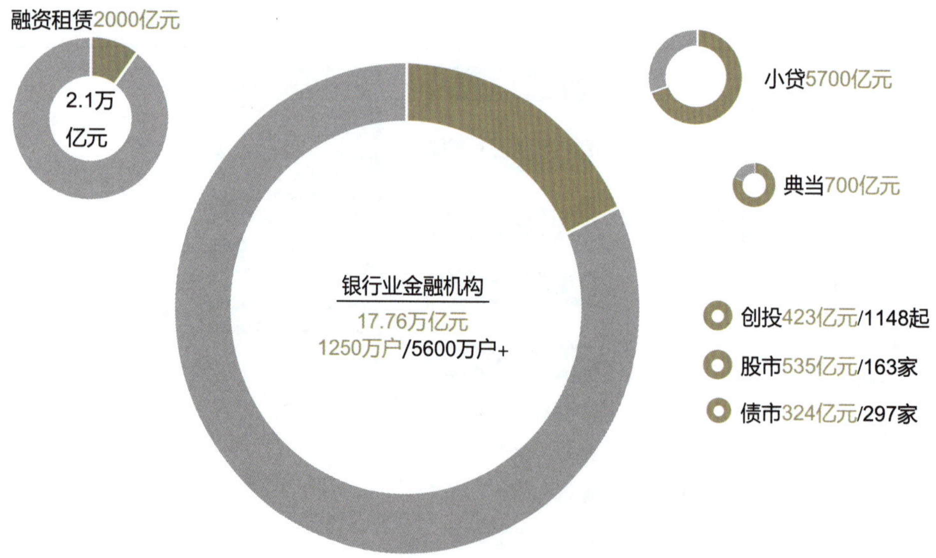

注：①银行业金融机构、融资租赁、小贷和典当的圆圈代表各类机构2013年提供的融资规模（圆圈中灰色数字是具体融资规模），其中黄色部分代表中小微企业融资规模（黄色数字是具体融资规模），具体口径如下：银行业金融机构和小贷的统计/估算口径是广义的小微企业贷款余额（包括小型企业、微型企业、个体工商户贷款和小微企业主个人经营性贷款）；融资租赁和典当的估算口径是中小微企业业务余额；创投、股市、债市的黄色圆圈代表中小微企业2013年融资增量。

②2013年末，银行业金融机构小微企业贷款服务1250万户小微企业，约占全国5600万户小微企业的22%。

① 这些机构虽然没有明确的法律或部门规章将其界定为金融机构，但鉴于其所从事业务的金融属性，我们称其为准金融机构。

创业投资、股权交易市场和债券市场2013年为中小微企业提供的融资规模仅有数百亿元的水平。本节将对各类主体服务中小微企业的情况进行简要的总结概述。

2.2.1 银行业金融机构

2013年，世界经济复苏基础依旧薄弱、国内经济结构调整中持续下行，中小微企业仍难以摆脱生存和经营的困境，经济大环境不景气下中小微企业对金融的支持更为渴望。处于利率市场化转型下的中国银行业，对中小微企业这一新目标客户群体金融服务的投放持续引人关注。2013年，银行业小微企业融资规模在整体小微企业贷款余额及其增速、主要银行业金融机构小微企业贷款分布特征上均有新的变化。

■银行业金融机构小微企业贷款规模情况

根据中国银监会披露数据显示，截至2012年底，全国广义小微企业贷款余额①达17.76万亿元，比2012年的14.77万亿元②增加了2.99万亿元，增速达20.24%，高出银行业机构全部贷款余额增速5.6个百分点。全国小微企业贷款户数达1249.77万户，约占5606万户小微企业（含1170户小型微型企业和4436万户体工商户）的22.29%。此外，在小微企业贷款零售化趋势的演进下，小微企业金融服务规模披露中的“广义小微企业贷款余额”口径在2013年官方信息披露中得到进一步的强化，2013年中国银监会公开披露的小微金融服务数据均为包含了个体工商户和小微企业主贷款在内的广义口径，多家商业银行也将广义小微企业贷款规模作为衡量自身小微企业金融服务的最重要指标。以信息披露的连续性和统一性为基本原则，以广义小微企业贷款余额作为银行业整体小微企业金融服务规模信息披露的主要口径，将更有利于多方参与主体对小微企业金融服务的跟踪研究和监督管理。

■银行业金融机构小微企业贷款占比情况

2013年，银行业金融机构小微企业贷款余额占全部贷款余额的比例为23.20%，相比2012年度21.59%的占比有所上升。在2013年监管政策的外部激励、利率市场化加剧的内部推动下，银行业金融机构转战小微企业的步伐进一步加快，小微企业贷款余额的增速高出全部贷款余额增速5.6个百分点，使得小微企业贷款余额占全部贷款余额的比例回升至23.20%（见图2-3）。

■主要银行业金融机构小微企业贷款分布情况

以银行业金融机构中占主体地位的商业银行为观察对象，分析不同类型商业银行小微企业贷款的分布特征。在广义小微企业贷款余额方面，2013年五家国有大型商业银行仍凭借资金规模和网点优势，在小微企业贷款规模绝对量上以4.97万亿元小微贷款余额持续占据领先优势，但占银行业金融机构小微企业贷款余额的比例已由2012年的34.09%下降为2013年的27.98%；2013年股份制商业银行小微企业贷款余额增至3.05万亿元，仍保持第二位，但股份制商业银行小微企业贷款余额占银行业整体的比例略有所下降至17.17%；虽然城市商业银行受其经营规模的影响，小微企业贷款余额绝对量和占银行业整体规模的比例均处于第三位，但在2013年城市商业银行实现了

---

① 狭义小微企业贷款指小型企业和微型企业贷款（法人企业贷款），广义小微企业贷款包括小型企业和微型企业贷款（法人企业贷款）以及个体工商户贷款和小微企业主贷款。

② 2012年统计口径开始向“广义小微企业贷款余额”转化，使2012年小微企业贷款余额与2011年缺乏可比性。

图2－3 银行业金融机构小微企业贷款余额及其占全部贷款余额比例（2009—2013年）

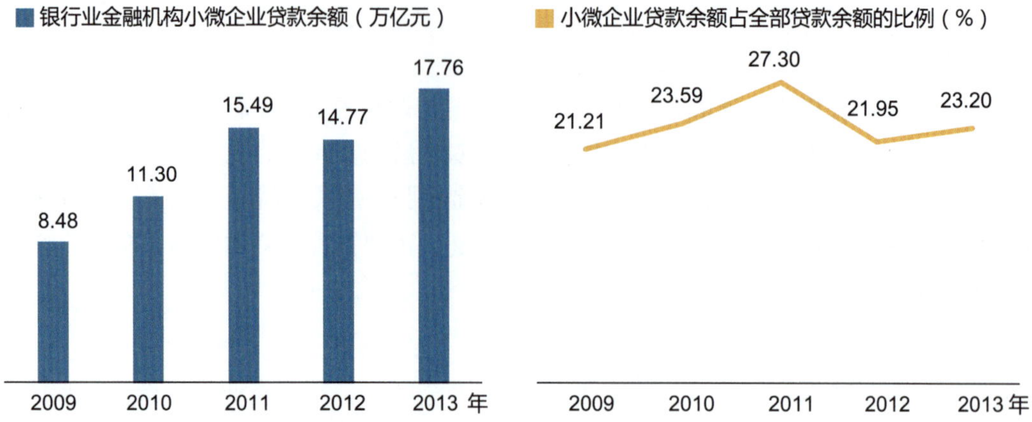

注：①2009年和2010年银监会并未直接披露小微企业贷款余额，其值由当年银监会披露的小企业贷款余额与个人经营性贷款余额相加计算得到，当年的小微企业贷款余额占全部贷款余额比例也系计算得到。

②2011年、2012年、2013年的小微企业贷款余额及其占全部贷款余额比例直接来自当年银监会年报披露。

资料来源：中国银行业监督管理委员会年报（2009—2013年）。

此两项指标的双增长，小微企业贷款余额增长至2.42万亿元，小微企业贷款余额占银行业金融机构小微企业贷款余额的比例也略有上升，充分体现了城市商业银行在小微金融服务上的增长潜力。此外，2013年三类商业银行广义小微企业贷款余额合计10.44万亿元，比2012年增长了0.77万亿元，但三类商业银行占银行业金融机构小微企业贷款余额的比例却由2012年的65.47%下降至2013年的58.78%（见图2－4）。

图2－4 主要银行业金融机构广义小微企业贷款情况（2013年）

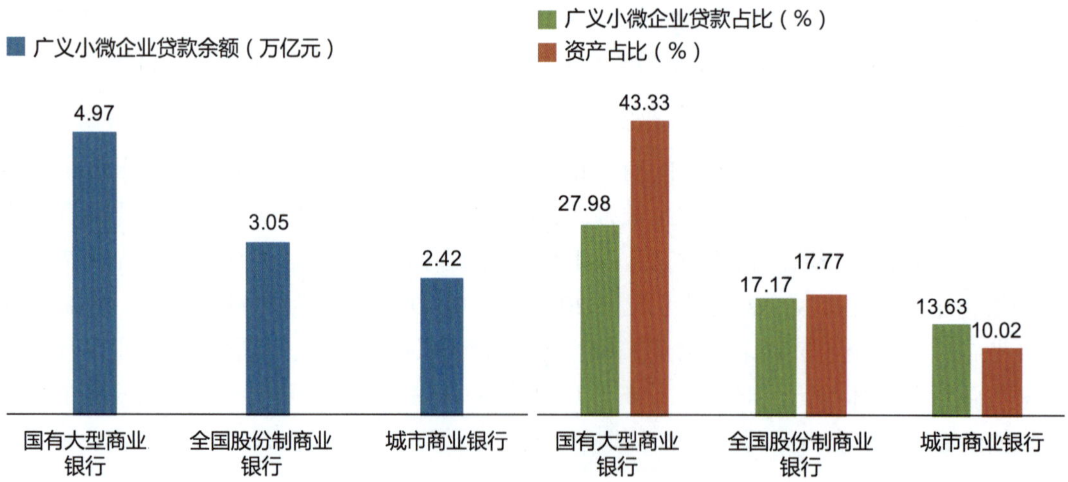

注："广义小微企业贷款占比"指各类银行广义小微企业贷款余额在银行业金融机构2013年小微企业贷款余额总额17.76万亿元中的占比。"资产占比"指各类银行资产规模在银行业金融机构2013年总资产规模151.40万亿元中的占比。

资料来源：2013年数据来自银监会相关数据。

我们进一步将上述提及的各类商业银行小微企业贷款余额占银行业整体小微企业贷款余额的比例与其各自在银行业中的资产占比进行比较，以观察各类银行在小微企业金融服务上的贡献度是否与其在银行业整体资产占比相匹配。总统而言，三类商业银行以占银行业70%的资产规模提供了整个银行业60%的小微企业贷款。具体而言，2013年，国有大型商业银行的小微企业贷款余额占比仍小于其资产占比，小微企业客户对于大型银行的重要性、大型银行对小微企业金融服务规模的贡献度上仍不及其他两类中小型银行；股份制商业银行2013年小微企业贷款占比转为略低于资产的占比，但总体来看两个比例数值上相差不大，基本持平；与前两类银行相比，城市商业银行成为2013年小微企业贷款余额占比高于其资产占比的唯一一类商业银行，凭借服务小微企业的传统优势，在整个银行业中利用较少的资产占比贡献了较大比例的小微企业金融服务。

以上分析了不同类型商业银行小微企业贷款余额与整个银行业小微企业贷款余额占比的横向比较，下面我们进一步纵向观察三类商业银行广义小微企业贷款占其各自全部贷款的比例。以2013年银行业小微企业贷款余额与银行业全部贷款占比的平均水平23.20%为参照，国有大型商业银行和股份制商业银行小微企业贷款余额与各自全部贷款余额的占比分别为16.51%和19.75%，低于23.20%的平均水平，城市商业银行依旧保持小微企业贷款余额的占比优势，该比例高出平均水平15个百分点，达38.72%；与2012年相比，国有大型商业银行信贷规模增长的适度收缩使得小微企业贷款余额占全部贷款余额的比例略有上升，而股份制商业银行和城市商业银行该项比例均有不同程度的下降，尤其是股份制商业银行下降了3.88个百分点。

图2－5 主要银行业金融机构广义小微企业贷款占全部贷款比例（2012—2013年）

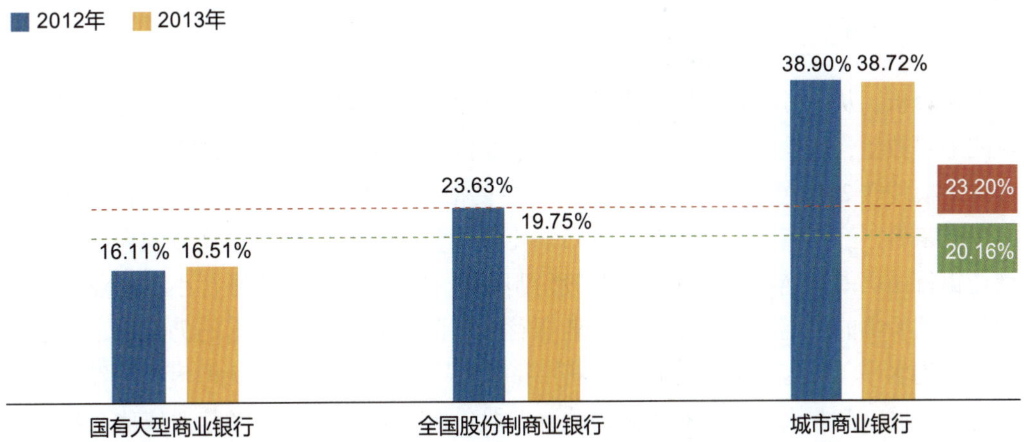

注：图中红色虚线表示2013年银行业小微企业贷款余额占全部贷款余额比例23.20%；绿色虚线为2013年三类商业银行小微企业贷款余额合计占三类银行全部贷款余额的比例20.16%。

资料来源：三类银行广义小微企业贷款余额使用图2－4中的数据；三类银行的全部贷款余额来自中国银监会。

继分析银行业金融机构广义小微企业贷款余额之后，我们观察广义小微企业贷款余额的两部分构成，即狭义小微企业贷款余额（法人企业贷款）和个人经营性贷款余额。2013年，大型商业银行在狭义口径小微企业贷款余额上仍占据绝对优势，但原本广义小微企业贷款余额居于第二位的股份制商业银行，在狭义小微企业贷款余额上却低于城市商业银行。换角度观察，即股份制商业银行在个人经营性贷款余额上表现突出，远高于其他两类银行个人经营性贷款的规模。从占比上看，股份制商业银行个人经营性贷款占广义口径小微企业贷款的比例高达37.38%，而其他两类商业银行该项占比均低于三类银行的平均值20.69%。随着以招商银行、民生银行为代表的股份制商业银行小微企业金融服务零售化趋势的进一步明朗和强化，股份制商业银行对个人经营性贷款的投放成为拓展小微业务的重要突破口。

图2-6　主要银行业金融机构狭义小微企业贷款余额和个人经营性贷款余额（2012—2013年）

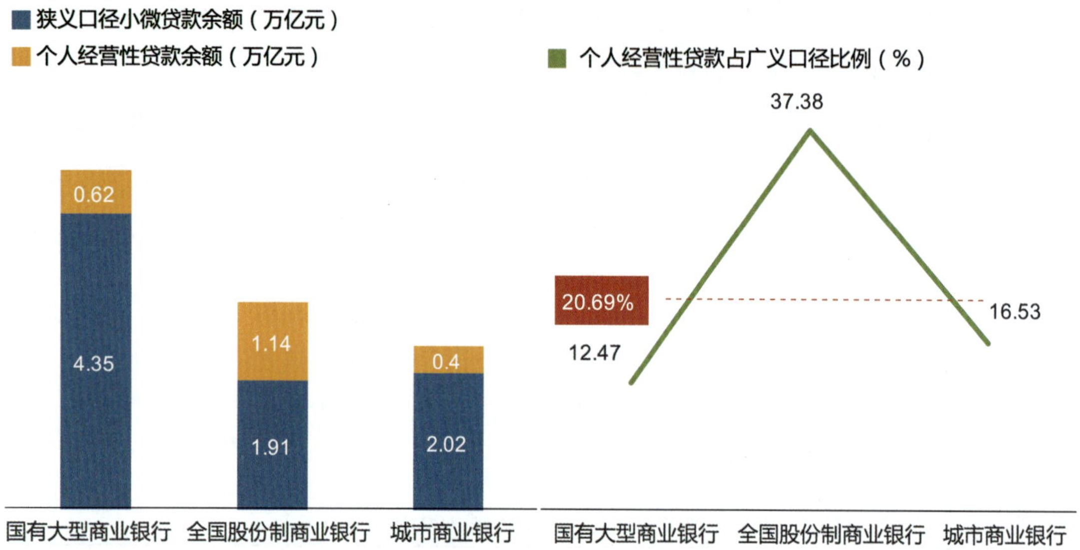

注：图中红色虚线表示2013年三类商业银行个人经营性贷款余额合计占其广义口径小微企业贷款余额合计的比例20.69%。
资料来源：2013年数据来自银监会官方公布数据。

综合上述分析，从银行业金融机构小微企业贷款余额整体增长情况上看，无论是广义小微企业贷款余额的绝对数量，还是小微企业贷款余额占全部贷款余额的比例上，2013年银行业小微企业金融服务整体规模均较2012年有进一步的提高。从主要银行业金融机构中三类典型商业银行小微企业贷款分布情况来看，三类商业银行仍坚持各自的比较优势，在广义小微企业贷款余额绝对量上，大型国有商业银行虽仍占据绝对数量优势，但股份制商业银行和城市商业银行小微企业贷款余额占各自全部银行贷款余额的占比显著高于大型商业银行，该比例表现最为突出的仍是城市商业银行，远高于银行业平均水平。但与2012年相比，股份制商业银行该项占比出现大幅度的下跌并跌至银行业平均水平之下，城市商业银行也略有下降。此外，股份制商业银行个人经营性贷款余额的增长较其他两类商业银行表现突出，进一步印证了股份制商业银行小微金融服务零售化的发展趋势。

商业银行小微金融经理人问卷调查①结果显示，2013年商业银行对小微金融重视程度继续提升，进而带动小微企业金融服务市场竞争程度呈增加态势。对于2013年商业银行小微企业金融服务的表现，大多数受访者们都给出了“竞争激烈”、“稳步增长”、“有所改善”的概括。受访者普遍认为，小微企业金融服务蓬勃发展，创新频出，呈现出百花齐放的特点，但仍存在同质化竞争加剧、部分银行缺乏进步等问题。

① 调查详情参见附录：商业银行小微企业金融服务经理人调查报告（2014）。

图 2－7 商业银行小微金融经理人对 2013 年小微企业金融服务发展的评价

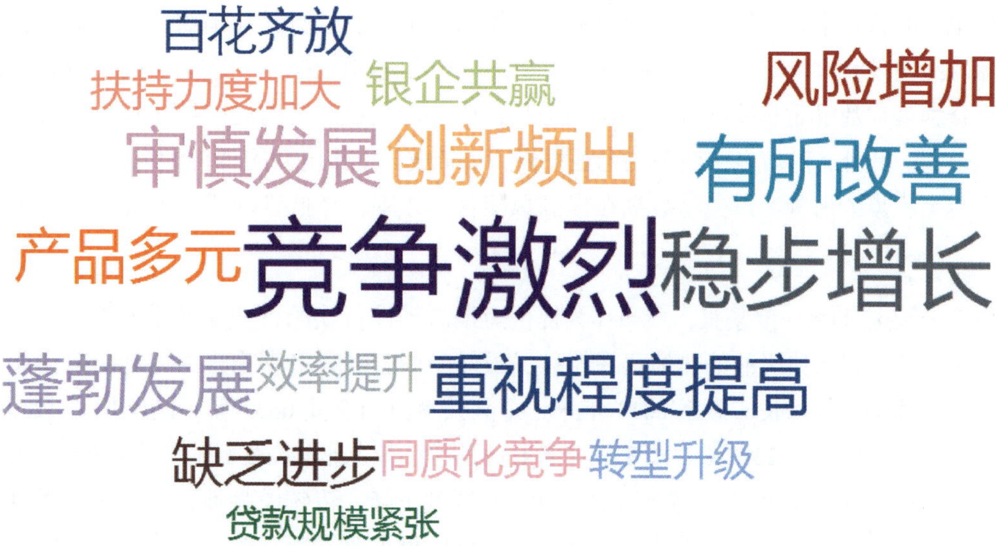

与此同时，尤其需要关注的是小微金融快速发展的过程中产生的风险，部分地区小微企业信贷风险的凸现已经从 2013 年多家银行不良贷款上升中得到体现。8 成以上的受访者认为 2013 年小微企业贷款风险高于 2012 年，超过 5 成的受访者反映所在行小微企业贷款不良率增加。调查结果显示不同地区的小微企业贷款风险分化明显，其中，长三角的受访者最为悲观，100% 的受访者均认为小微企业贷款风险增加。

面对 2013 年我国利率市场化实质性推进、小微金融市场竞争加剧以及互联网金融的全面进军，商业银行小微金融服务也从信贷规模的高速增长转入服务范围和质量的全面提升，力求通过组织与流程改革、提升信息技术等措施全面迎战小微金融市场多元化的竞争。越来越多的银行从单纯地追求“贷款余额”增长转变为追求“金额”与“户数”双增长；专营机构建设在继续推进中面临组织模式的新变革，民生银行和招商银行在独立小企业专营机构落幕的同时，掀开了小微金融融入“大零售”发展的新篇章，商业银行客户结构重心下沉的步伐将进一步加快；“商圈＋产业链”的模式借助信息技术以更高效便捷的“平台”化手段得以不断升级；互联网信息技术的变革对 2013 年商业银行小微金融服务的升级产生了关键性的影响，商业银行显著加大了对信息技术的投入，优化服务内容渠道以提升客户体验，迎接互联网金融的“逆袭”。

2.2.2 其他准金融机构

2013 年，小额贷款行业规模继续保持增长态势，但相比 2012 年，主要规模指标的增幅均有所回落。截至 2013 年末，全国共有小额贷款公司 7839 家，贷款余额 8191 亿元，同比分别增长 28.93% 和 38.33%，增幅均回落 13 个百分点。按小贷公司七成贷款流向小微企业估算①，约有 5700 亿元的贷款余额是小微企业贷款。在经济增速放缓的背景下，小贷公司的经营风险凸显，行业增长疲态初现。小贷公司的评级和接入央行征信系统工作正稳步推进，行业发展正逐步走向正轨。总体上，小

① 估算依据详见本报告第 8 章小贷公司中的“全国百家小贷公司抽样调查”。

贷公司在贷款行业、贷款对象、贷款利率方面已经体现出与商业银行等传统金融机构显著不同的特征，但在贷款期限、贷款额度、贷款担保方式上差异并不十分明显，在传统金融机构不断下沉贷款客户结构重心的背景下，小贷公司普遍面临着直接的竞争。在经历近几年的高速发展后，小贷公司这个群体已经出现分化，部分具有前瞻性的小贷公司开始脱颖而出，真正坚持小而分散的经营原则，高度注重贷款客户数量而非单纯贷款金额的增长，在与传统金融机构的差异化竞争中打开市场，形成核心竞争力。此外，随着电子商务的迅猛发展，小贷成为主流电商的“标配”，电商利用其交易平台以及平台上积累的海量客户交易数据在提高风险管理效率，降低管理成本方面有着得天独厚的优势。

2013 年市场流动性一度紧张，典当作为提供短期流动性贷款的行业受到中小微企业及普通民众的青睐，民间资金进入典当业的热情仍在持续，虽然受到宏观经济影响，部分地区典当业务出现萎缩，但行业整体仍保持增长。截至 2013 年末，全国共有典当企业 6833 家，同比增长 12.3%；典当余额 866 亿元，同比增长 22.7%。按 8 成典当业务是中小微企业典当估算①，约有 700 亿元的典当余额流向了中小微企业。2013 年，随着房地产行业景气度下降，传统民品典当业务受到重视。值得注意的是，由于现代典当业法律尚不健全，典当的传统优势正在逐渐减弱，导致在中小微金融服务领域与银行、小贷公司同质化发展。因此，应尽快改善典当行业发展环境，还原“典”与“当”传统业务的优势，使其能够通过差异化的服务丰富中小微企业的金融服务选择。

作为产融结合的最佳纽带之一，融资租赁延续了 2012 年的良好态势，2013 年表现依旧十分抢眼，保持高速增长。截至 2013 年末，融资租赁公司突破 1000 家，达到 1026 家，增长 83.2%；全年融资租赁合同余额达 2.1 万亿元，同比增长 35.5%。尽管融资租赁行业整体规模扩张迅速，但中小企业融资租赁的业务规模有限的局面并没有得到明显改善，据估算，2013 年中小企业融资租赁合同余额约在 2000 亿元以内。随着融资租赁社会认知程度的逐渐提高，各类融资租赁公司纷纷发力拓展中小企业融资租赁服务，为中小企业更新设备、改造技术以及缓解资金压力等起到了重要作用。目前，厂商系的融资租赁公司仍是中小企业融资租赁的主要提供方，独立第三方融资租赁公司在中小企业融资租赁领域也有积极探索。尽管金融系融资租赁公司已经开始谨慎涉足中小企业融资租赁业务，但对中小企业客户群的资源配置最低，短期内仍难以成为中小企业融资租赁的主要渠道。

2013 年，担保行业在政府大力清理整顿过后，逐渐走出“中担”等风险事件的阴霾，恢复增长。截至 2013 年末，全国共有融资性担保机构 8185 家，业务规模增长较快，担保放大倍数较前三年有所提升。全国中小微企业融资性担保贷款余额 1.28 万亿元，较上年末增长 13.9%，中小微企业融资性担保贷款占融资性担保贷款余额的 75.8%。与此同时，受国内经济增速放缓，部分行业风险暴露影响，担保机构代偿事件屡有发生，部分民营担保机构处境艰难，多家担保机构开始尝试多角度创新，探求新增长点。在利率市场化改革逐步深化，金融脱媒的压力下，银行业加大了对中小微企业的金融服务，随着银行在中小微企业信用风险管理方面的经验积累和能力提高，担保业需要进一步提高风险管理能力并积极探索新的业务领域和品种以获得生存空间，担保客户结构重心下沉的现象已初露端倪。与此同时，再担保机构业务的扩张与担保品管理行业的兴起，为缓解中小企业融资

① 课题组根据我国典当业以生产性用途为主的特点以及对部分典当行实际调研获得的客户结构数据作出粗略的估算，由于缺乏细分的客户结构数据，与小贷估算小微企业贷款略有不同的是，典当估算的是中小微企业典当。

难困境提供了重要的支持。由于中小企业对动产质押贷款有着强烈需求，而缺乏担保品独立管理能力的金融机构又迫切希望拓展客户动产融资，金融仓储业务得到迅速发展，目前在我国形成了传统物流仓储公司和专业金融仓储公司共同发展的态势。2013 年末，《仓单要素与格式规范》经批准并正式发布，仓储业的标准化建设将有效促进中国担保存货行业的规范健康发展，为金融仓储带来新的发展契机。

2013 年，创业投资行业发展在理性中回暖。创业投资机构的募资与投资表现出增减相反的态势。募资方面，2013 年新募集基金数下降至 199 只，较 2012 年减少 21.03%；新增资本量连续两年呈负增长，由 2012 年的 93.11 亿美元下滑到 2013 年的 69.19 亿美元，下降 25.69%。创投投资总额从 2012 年的 73.20 亿美元下降到 66.01 亿美元。但是与投资金额持续下滑形成反差的是，2013 年，投资案例数比 2012 年却有所增加，共发生投资 1148 起，增加了 77 起。行业的新特征在 2013 年集中体现，投资方向集中于新经济行业，私募股权二级市场初步发展。值得注意的是，随着 70 后、80 后甚至 90 后创业者开始接掌大旗，年轻的投资人也开始活跃在创投领域。新兴产业资本的加入不仅从供给端增加了可投资金量，而且从需求端改变了创业生态。创业投资机构逐步理性回归创业投资的本质的趋势日渐明显。

2.2.3　金融市场

2013 年，中国股权交易市场一波三折，呈现新的格局：主板、中小板和创业板不再齐涨齐跌，而是走出冰火两重天的行情；各行业板块之间的分化加剧，政策冲击特色明显；全年没有新股发行，IPO 重启从数次传闻到年末方尘埃落定。在 2013 年特殊的形势下，中小企业通过股市获取金融服务的形式由往年的 IPO 融资为主转变为增发、配股为主，全年在中小企业板、创业板和新三板通过增发再融资的中小企业共有 163 家，募资总额为 534.58 亿元，虽然再融资规模比 2012 年增长 35.15%，但受 IPO 融资颗粒未收的拖累，中小企业 2013 年通过股权交易市场的融资额较 2012 年大幅下降 51.65%。多层次资本市场在 2013 年得到纵深发展，新三板成为为数不多的亮点，借助政策东风，新三板正式扩容，迎来跨越式发展。此外，一些地方产权交易所的打包金融服务也开始出现，为拓展中小企业金融服务进行了探索。

2013 年，债券市场跌宕起伏，创新与变革不断出现，中小微企业债务融资仍在探索。在为中小微企业提供直接融资方面，中小企业私募债继续快速发展，成为中小微企业直接债券融资工具中最活跃也是唯一增长的板块；中小企业集合票据未能延续 2012 年的发展态势，发行规模骤减；中小企业集合债发行继续萎缩，作为中小企业直接融资工具的功能几近名存实亡。得益于中小企业私募债的快速增长，2013 年中小微企业通过债券市场直接融资规模达到 324.04 亿元（中小企业私募债 259.65 亿元，中小企业集合票据 60.39 亿元以及中小企业集合债 4.00 亿元），比 2012 年增长了 46.33%，占当年工商企业债券融资总额的比重也由 2012 年的 0.83% 提升至 1.47%。在为中小金融机构提供债券融资渠道进而扩大中小微企业金融供给方面，2013 年商业银行小微企业专项金融债发展势头不减，并且一统商业银行金融债江湖，共有 33 只小微企业专项金融债发行，为 22 家商业银行募集了 1115 亿元资金。虽然融资规模有所下降，但作为发行主体的商业银行数量由 2012 年的 12 家增加至 22 家，而且中小区域性商业银行发行人的数量和融资规模明显增多。此外，工商企业债券融资在 2013 年，尤其是下半年受到了融资成本的冲击，拖累了社会融资规模，但我们认为企业债券融资占比下滑的现象不会成为趋势。在促进金融脱媒、推动商业银行下沉客户结构重心方面，债券市场的发展已经对商业银行产生了促进作用，这将是不可阻挡的趋势。

2.2.4 民间金融

2013年，民间金融在规范化发展的道路上高歌猛进。在经济增长放缓、银行信用收缩和贷款投向限制、互联网金融发展的共同作用下，2013年民间借贷规模继续增大，截至2013年末，我国民间借贷规模达到7.4万亿元。合会、地下钱庄等传统民间借贷活动继续活跃在正规金融体系“不经济”的领域，合会自改革开放以来首次在大陆地区被地方法律明确界定为民间借贷的一种形式，地下钱庄阳光化转型期待政策突破。

以互联网技术为依托的民间金融迅猛发展，P2P和众筹成为民间金融与互联网金融交会领域的主要金融活动。虽然年内P2P借贷行业经历了“倒闭潮”、“跑路潮”等行业清出整合的波动，但在公众互联网金融思维觉醒的助推下，依旧保持了爆发式增长的态势。2013年，P2P借贷行业总成交金额1058亿元，年末借款余额268亿元，较2012年规模增长近4倍，平台数量也增至800家平台。与此同时，随着市场各类主体对P2P认识的加深和监管层关注的加强，P2P借贷平台的发展热潮在市场的检验中逐渐回归理性。在小微企业金融服务方面，运作规范的P2P借贷平台与传统商业银行和小额贷款公司形成了差异化的市场定位，填补了部分小微企业金融服务市场空白。与此同时，众筹融资平台开始起步，为中小微企业提供了一种全新的直接融资渠道。我们注意到，不仅仅是以互联网为代表的信息技术本身，更重要的是代际更替的力量在推动着民间金融形式的创新和发展。

此外，地方金融改革从温州辐射全国各大城市，地方民间金融基础设施建设进展空前，中国第一部民间借贷的地方法律也于2013年出台。正如历史上各类金融机构、产品、市场出现的逻辑规律一样，民间智慧不断地在不同领域探索资金活动中信息不对称问题更有效的解决方法，当在风险、成本、效率管理等方面取得一定成果时，新的金融活动形式出现了，这种新的金融活动形式会通过时间的考验或发展壮大或走向消亡。

3 商业银行：全面迎战多元化竞争

面对2013年我国利率市场化实质性推进、小微金融市场竞争加剧以及互联网金融的全面进军，商业银行小微金融服务也从信贷规模的高速增长转入服务范围和质量的全面提升，力求通过组织与流程改革、提升信息技术等措施全面迎战小微金融市场多元化的竞争。与此同时，部分地区小微企业信贷风险的凸现也从2013年多家银行不良贷款上升中得到体现。从2013年多家银行小微金融服务的表现来看，小微企业贷款规模已由高速增长转为趋于稳定的增长；越来越多的银行从单纯地追求“贷款余额”增长转变为追求“金额”与“户数”双增长；专营机构建设在继续推进中面临组织模式的新变革，民生银行和招商银行在独立小企业专营机构落幕的同时，掀开了小微金融融入“大零售”发展的新篇章，商业银行客户结构重心下沉的步伐将进一步加快；“商圈+产业链”的模式借助信息技术以更高效便捷的“平台”化手段得以不断升级；互联网信息技术的变革对2013年商业银行小微金融服务的升级产生了关键性的影响，商业银行显著加大了对信息技术的投入，优化服务内容渠道以提升客户体验，迎接互联网金融的“逆袭”。

3.1 增长态势趋于稳定

中小微企业金融服务规模经历了多年的高速增长后，自2012年起，部分商业银行中小微贷款余额增速有所回落，这一增速回落的现象在2013年得到了进一步延续。2013年中小微贷款规模进一步扩大的同时，逐步回归稳定的增长。为力求直观、全面、真实地反映我国商业银行2013年中小微企业金融服务领域的最新动态，我们选取了5家大型商业银行、11家全国股份制商业银行和28家城市商业银行（含3家上市的城商行和25家未上市的城商行①）作为研究样本，分类剖析国有大型商业银行、股份制商业银行和城市商业银行在小微金融服务领域的供给状况。

---

① 25家未上市的城市商业银行样本包括：上海银行、杭州银行、重庆银行、南昌银行、北部湾银行、浙江民泰商业银行、哈尔滨银行、宁夏银行、青岛银行、贵阳银行、沧州银行、大连银行、河北银行、攀枝花市商业银行、郑州银行、福建海峡银行、汉口银行、绍兴银行、吉林银行、盛京银行、莱商银行、长沙银行、成都银行、泰隆银行、德阳银行。

3.1.1 大型商业银行小微企业贷款余额及变化

■小微企业贷款余额情况

五家大型商业银行小微企业贷款余额“量”上的突破总能给我们带来震撼和欣喜，2013 年也是如此。2013 年，五家大型商业银行的小微企业贷款余额均突破 8000 亿元，其中，工商银行以超过 18600 亿元的绝对优势持续多年稳居小微企业贷款余额榜首；建设银行和中国银行紧随其后，小微企业贷款余额均突破 9000 亿元；农业银行的小微企业贷款余额规模也突破了 8000 亿元。此外，交通银行的中小微企业贷款余额规模接近 12500 亿元。

图 3－1 大型商业银行小微企业贷款余额（2012—2013 年）

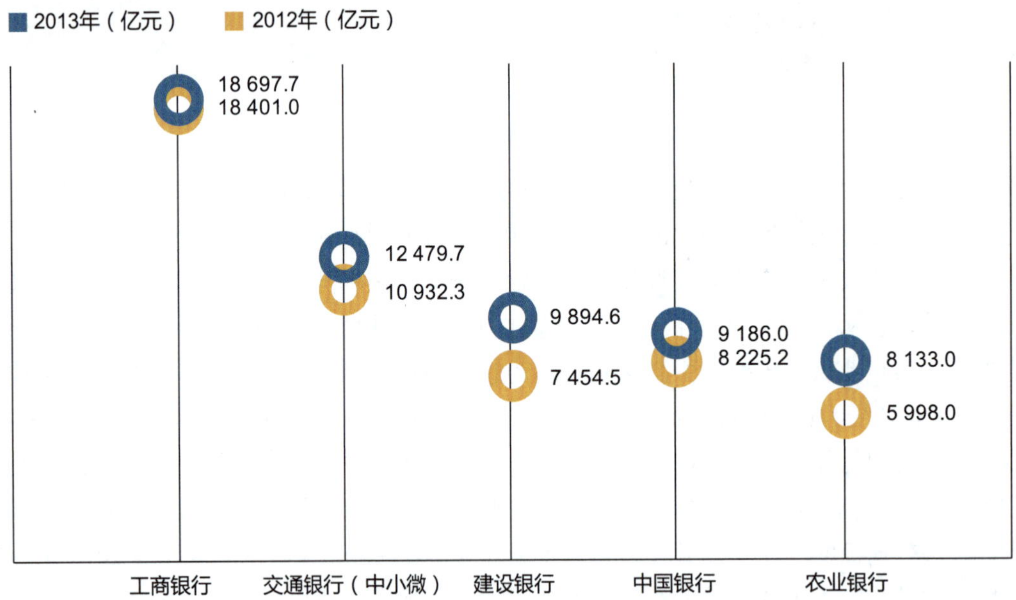

注：①由于交通银行未披露小微企业贷款余额，此图中交通银行的数据选取的是“中小微企业贷款余额”的口径。

②中国银行此处披露的数据为小企业贷款余额，但其年报中的口径说明为：“小企业贷款统计标准按照工业和信息化部等四部委《关于印发中小企业划型标准规定的通知》（工信部联企业〔2011〕300 号）执行，包括小型企业、微型企业和个人经营性贷款”，根据其口径说明，此处将其等同为小微企业贷款余额。

③根据《中国银监会关于深化小微企业金融服务的意见》（银监发〔2013〕7 号），农业银行对小微企业贷款统计口径进行了调整，将个体工商户贷款和小微企业主贷款纳入小微企业贷款统计口径。

④工商银行和建设银行小微企业统计口径按照工业和信息化部等四部委《关于印发中小企业划型标准规定的通知》（工信部联企业〔2011〕300 号）界定标准执行。

资料来源：2013 年数据摘自各大银行 2013 年年报和企业社会责任报告，2012 年数据摘自《中国中小企业金融服务发展报告（2013）》。

■小微企业贷款余额增幅情况

2013 年，在小微企业贷款余额增幅方面，农业银行以 23.90% 的增幅继续保持增幅榜首位，其次是建设银行和中国银行分别以 15.89% 和 11.68% 列第二和第三，工商银行增幅最低，仅为

1.61%。与银行业金融机构2013年小微企业贷款余额增幅20.24%相比，五大行中仅有农业银行的增幅超过了总体水平。与2012年相比，中国银行成为2013年唯一一家小微企业贷款余额增幅上升的大型商业银行，上升了1.24个百分点。除中国银行外，其他四家大型商业银行的增幅均出现了不同程度的回落，其中，增幅降低最为明显的工商银行增幅下降超过7个百分点,；此外，交通银行的中小微企业贷款余额增幅也由2012年的18.5%降低至14.15%。

图3-2 大型商业银行小微企业贷款增幅（2012—2013年）

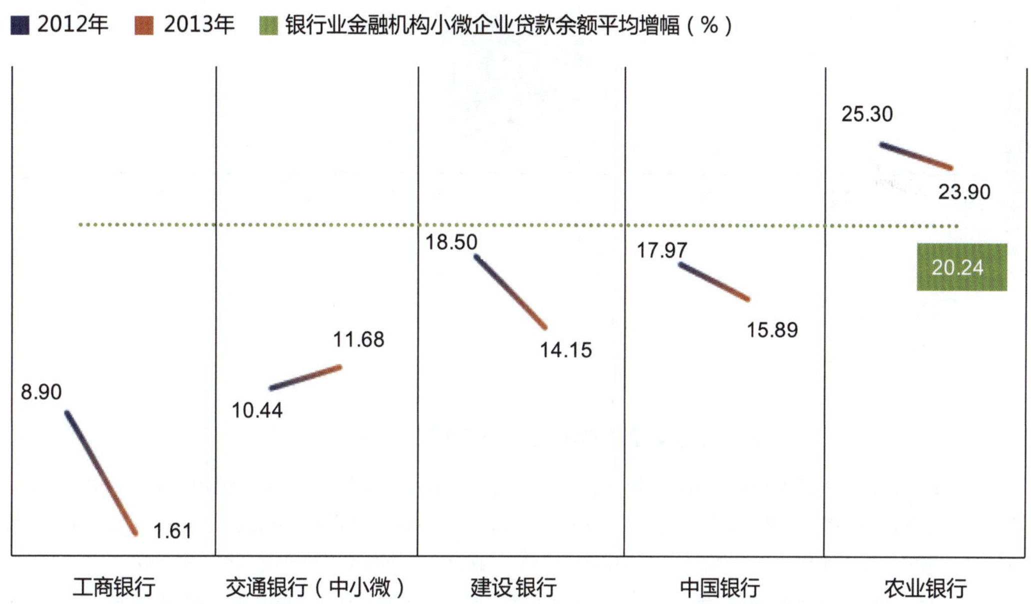

注：①由于未披露小微企业贷款余额增幅，此图中交通银行的增幅为“中小微企业贷款增幅”。

②农业银行于2013年对小微企业贷款统计口径进行了调整，将个体工商户贷款和小微企业主贷款纳入小微企业贷款统计口径，故与以往年度报告中的小企业统计口径不一致，不具可比性，因此此处直接选取农业银行年报中披露的增幅数据。

③建设银行2013年小微企业贷款余额统计数据采用新的小微企业划型标准，故与以往年度报告中的小企业统计口径不一致，不具可比性，故此处直接选取建设银行年报中披露的增幅数据。

④图中绿色虚线表示银行业金融机构小微企业贷款余额的平均增速20.24%。

资料来源：除了以下特殊说明外，所示商业银行小微企业贷款余额增幅是通过各行2011—2013年的年报和企业社会责任报告计算所得。

与公司贷款和全部贷款增幅比较来看，工商银行2013年小微企业贷款增幅较2012年出现了大幅下滑，致使其小微企业贷款余额增幅不及全部贷款余额和公司贷款余额的增幅，分别低了11.09个百分点和9.66个百分点。除工商银行外，其他四家大型商业银行小微企业贷款余额增幅均高于本行全部贷款和公司贷款增幅。中国银行分别高出2.99和4.82个百分点；建设银行分别高出1.54和7.09个百分点；农业银行的小微企业贷款余额虽然最小，但是其增幅远超其他大型商业银行，比全部贷款及公司贷款的增幅分别高出11.6和17.1个百分点。

图 3－3　大型商业银行小微企业贷款余额增幅与全部贷款及公司贷款增幅的比较（2013 年）

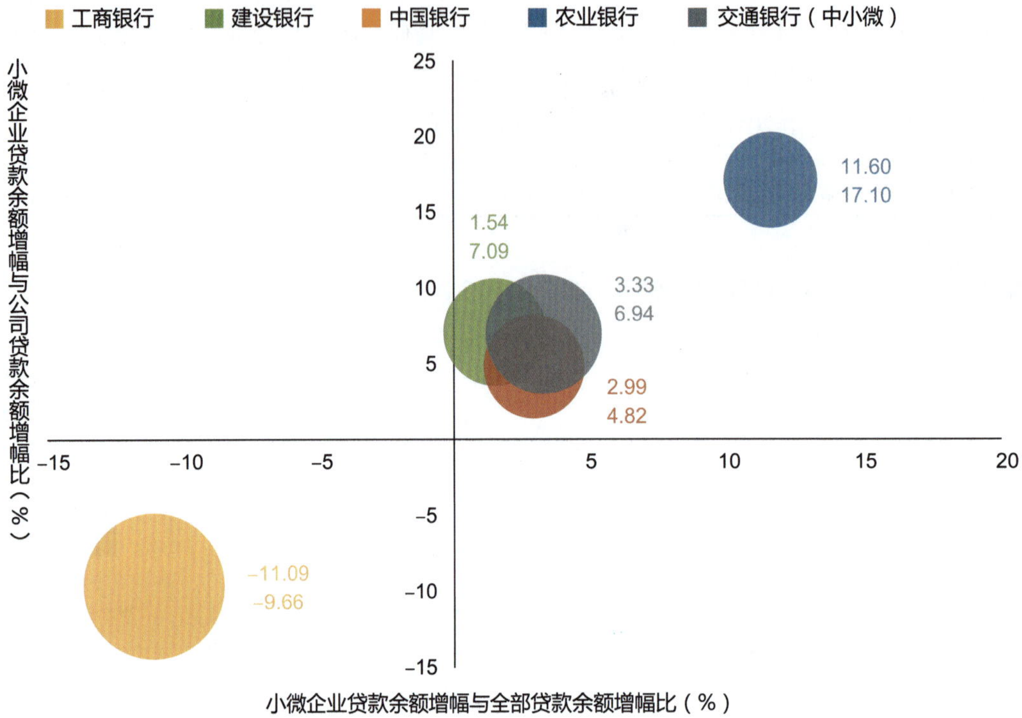

注：①图中圆圈大小表示银行 2013 年小微企业贷款余额的大小，x 轴表示银行小微企业贷款余额增幅与全部贷款余额增幅的比较，y 轴表示银行小微企业贷款余额增幅与公司贷款余额增幅的比较；圆圈附近的数字上方表示 x 轴值，下方表示 y 轴值。

②由于未披露小微企业贷款余额增幅，此图中用做计算的交通银行的增幅为“中小微企业贷款增幅”。

③农业银行于 2013 年对小微企业贷款统计口径进行了调整，将个体工商户贷款和小微企业主贷款纳入小微企业贷款统计口径，故与以往年度报告中的小企业统计口径不一致，不具可比性，因此此处直接选取农业银行年报中披露的增幅数据。

④建设银行 2013 年小微企业贷款余额统计数据采用新的小微企业划型标准，故与以往年度报告中的小企业统计口径不一致，不具可比性，故此处直接选取建设银行年报中披露的增幅数据。

资料来源：除了以下特殊说明外，所示商业银行小微企业贷款余额增幅比较是通过各行 2013 年、2012 年和 2011 年年报和企业社会责任报告计算所得。

■小微企业贷款余额占比情况

2013 年，在小微企业贷款余额占全部贷款余额比例方面，工商银行的小微企业贷款余额占全部贷款余额比例为 18.84%，居于首位；中国银行这一比例为 17.15% 次之；建设银行和农业银行这一比例分别为 11.52% 和 11.26%。此外，交通银行的中小微企业贷款余额占全部贷款余额比例为 38.21%。根据银监会相关数据，2013 年大型商业银行小微企业贷款余额占其全部贷款余额比例的平均值为 16.51%，工商银行和中国银行该项占比高于五大行平均水平，而建设银行和农业银行不及此平均水平。

在小微企业贷款余额与公司贷款余额比值[①]方面，工商银行和中国银行均超过 20%，分别为

① 由于大部分商业银行披露的小微企业贷款采用了广义的口径，即包含小型微型企业贷款，也包含通常不属于公司贷款范畴的小微企业主个人经营性贷款，为准确起见，将往年报告中“小微企业贷款占公司贷款余额比例”改为“小微企业贷款余额与国内公司贷款余额比值”。

26. 53%和24. 90%；建设银行和农业银行这一比例分别为18. 32%和17. 20%。此外，交通银行的中小微企业贷款余额与公司贷款余额比值为49. 62%，接近但未突破五成。

对比五家大型商业银行2013年和2012年小微贷款余额占比变化情况，虽然工商银行小微企业贷款余额占全部贷款余额比例以及与公司贷款余额的比值均处于领先地位，但2013年，工商银行一改2012年此两项占比约10个百分点的强势增长，小微企业贷款余额增幅的大幅下滑致使其2013年小微企业贷款与全部贷款和公司贷款的比值均有所降低，分别下降2. 06和4. 95个百分点；除工商银行外，其他四家商业银行的小微企业贷款余额占全部贷款余额比例以及与公司贷款余额比值均有所上升，但上升幅度均不明显，均没有超过5个百分点。

图3－4 大型商业银行小微企业贷款余额与其全部贷款和公司贷款比值（2012—2013年）

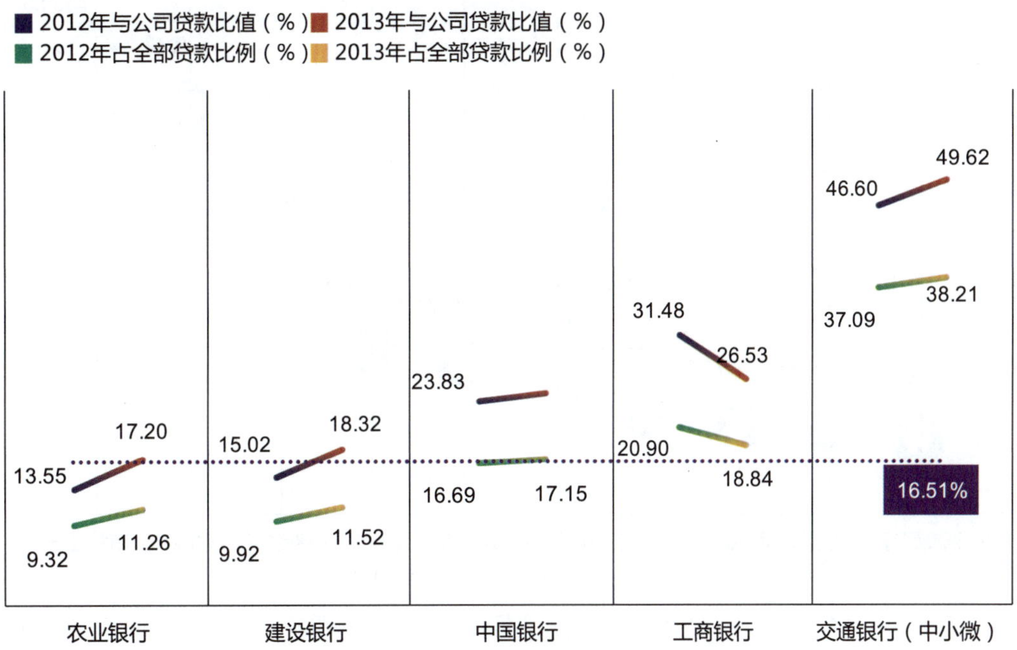

注：①图中紫色虚线表示16. 51%的大型商业银行小微企业贷款余额占全部贷款余额的平均比例。

②由于未披露小微企业贷款余额，此图中交通银行的占比为“中小微企业贷款余额与公司贷款比值”及“中小微企业贷款余额占全部贷款比例”。

资料来源：所示商业银行小微企业贷款余额占全部贷款及公司贷款比例是通过各行2012—2013年年报和企业社会责任报告计算所得。

综合上述分析，五家大型商业银行仍凭借自身的资产规模和网点优势，“量”上的积累及进一步增长令人惊喜，但受经济增速放缓、小微企业信贷风险上升的影响，2013年大部分大型商业银行小微贷款余额增速出现回落。尽管2013年工商银行小微企业贷款余额增幅、占比的增长均有所下滑，但工商银行在小微企业贷款余额和占比的绝对优势不可撼动，仍均居于首位；中国银行的小微贷款余额绝对量虽然与工商银行有较大差距，但2013年中国银行成为唯一一家小微企业贷款余额增速没有回落的大型银行，中国银行小微企业贷款余额增速上的良好表现，使其在小微企业贷款余额占比的指标上有进一步赶超之势；农业银行和建设银行在余额和占比上表现相近。

3.1.2 股份制商业银行小微企业贷款余额及变化

■小微企业贷款余额情况

2013年，披露小微企业贷款余额数据的股份制商业银行中，浦发银行以4630.50亿元居于首位，民生银行以4047.22亿元紧随其后，招商银行以3154.53亿元居于第三位，光大银行这一数据为1473.20亿元，广发银行、平安银行和浙商银行的小微企业贷款余额规模相对较小，没有超过1000亿元。此外，华夏银行、中信银行和兴业银行仅公布了“小企业贷款余额”口径的数据，这三家银行小企业贷款余额分别为1640.80亿元、1171.53亿元和836.56亿元。

图3-5 全国性股份制商业银行小微企业贷款余额（2013年）

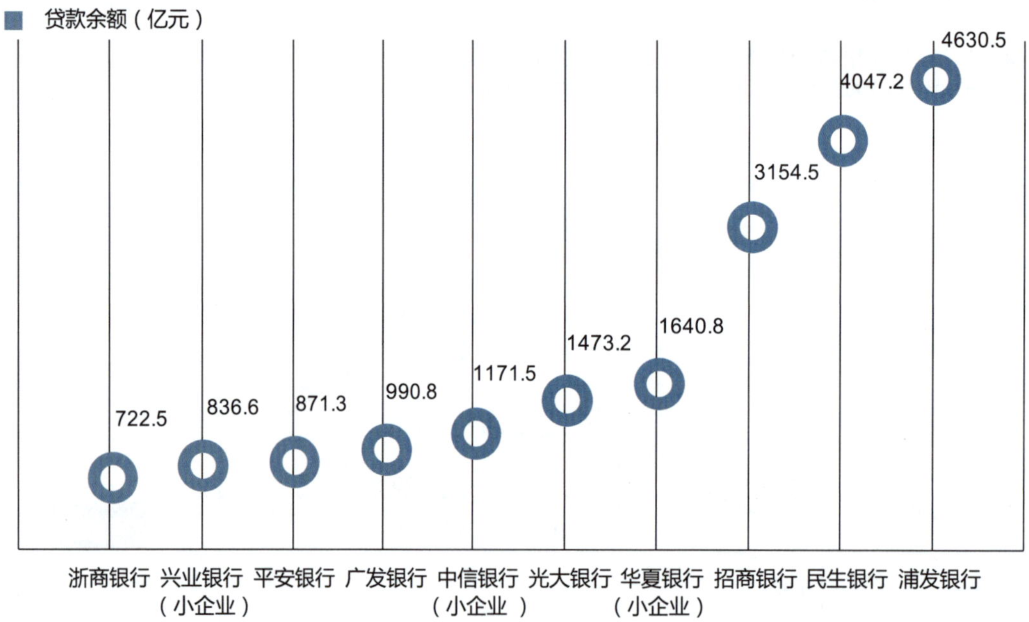

注：①由于未披露小微企业贷款余额，此图中华夏银行、中信银行和兴业银行选取的是“小企业贷款余额”的口径。

②光大银行2013年报告期小微贷款（小微客户）指零售个体工商户和小微企业主贷款，统计口径包括助业贷款、商用房贷款、经营性物业贷款、小微设备贷和小微渠道类贷款，不包含个人经营性贷款中的工程机械贷款、营运车辆和非营运车辆贷款。

③招商银行2013年将企业客户划型标准由“年销售额+贷款余额”调整为“年销售额+授信敞口金额”，其小微企业贷款按调整后的招商银行内部“行标”口径统计。截至2013年12月31日，小企业贷款余额为3000.14亿元，小微企业贷款余额为3154.53亿元，个人经营性贷款3197.22亿元。

④中信银行的小企业统计口径发生变化，2013年小企业贷款包含小于500万元的小微企业及个人经营贷款。

⑤兴业银行的小企业贷款为兴业银行内部“行标”口径，兴业银行2013年小微企业贷款口径有调整：定义总资产6000万元以下的企业为小微企业。

⑥民生银行4047.22亿元的小微企业贷款余额包括向小微企业、个体商户等经营商提供的贷款。

资料来源：摘自各银行2013年年报和企业社会责任报告。

■小微企业贷款余额增幅情况

2013年，在小微企业贷款余额增幅方面，总体而言，股份制商业银行小微企业贷款余额增幅均高于银行业小微企业贷款余额的平均增速20.24%。具体来看，招商银行和平安银行小微企业贷款余额增幅超过了50%，其中招商银行以78.08%居于首位，平安银行次之；光大银行、民生银行和浦发银行该项增幅也都超过了25%；增幅相对较低的浙商银行、广发银行小微企业贷款余额增幅未超过25%，分别为23.24%和21.38%。此外，兴业银行、中信银行和华夏银行的2013年小企业贷款余额增幅分别为67.42%、52.98%和21.80%。

就小微企业贷款余额增幅的年度纵向比较来看，就图中可比数据①而言，与2012年相比，2013年平安银行小微企业贷款余额增幅提高最多，接近40个百分点；此外，光大银行和浦发银行的增幅也提高了近10个百分点；广发银行近两年增幅几乎保持不变；而民生银行小微企业贷款余额增幅出现回落，增速由36.33%下降到27.69%。在公布小企业贷款口径的股份制商业银行中，华夏银行小企业贷款余额增幅也回落6.58个百分点，由于中信银行和兴业银行的小企业贷款口径进行了调整，两年度选取的均是各年年报披露的当年口径下的增幅数据，数值本身缺乏可比性。

图3-6 全国性股份制商业银行小微企业贷款余额增幅（2012—2013年）

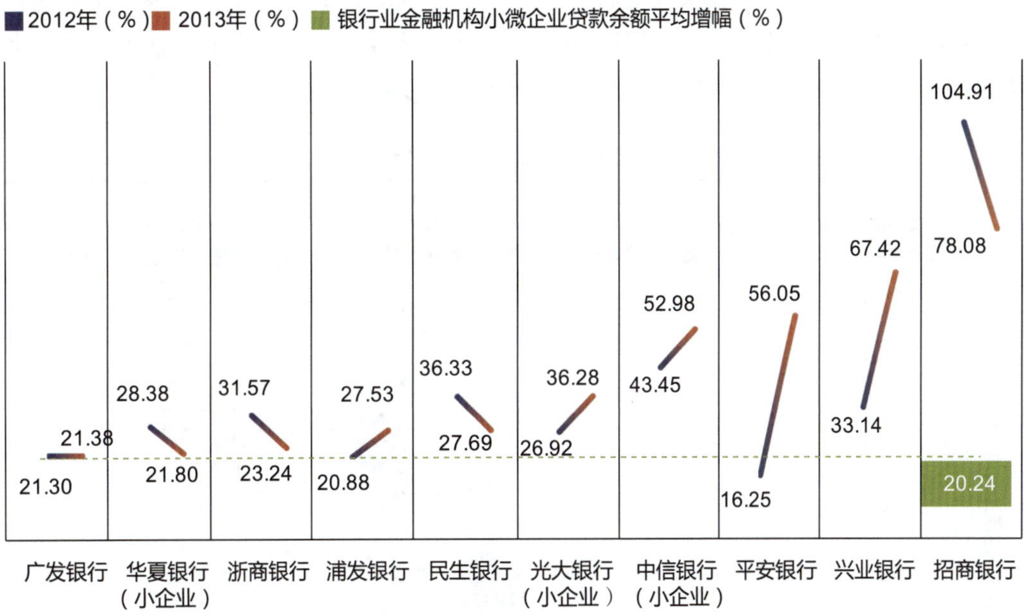

注：①由于未披露小企业贷款余额，此图中兴业银行、中信银行和华夏银行的2013年数据选取的是“小企业贷款余额”的口径。

②浙商银行2012年小微企业的口径为单户贷款规模500万元以下的小企业，2013年调整为按照2011年工业和信息化部等四部门联合下发的中小企业划型标准和银监会最新监管要求统计数据。

③中信银行的小企业统计口径发生变化，2013年小企业贷款包含小于500万元的小微企业及个人经营贷款。由于2013年口径发生变化，与直接用2012年和2013年年报披露的小企业贷款余额计算的增幅不一致，图中小企业贷款余额增幅数据直接摘自当年年报。

③兴业银行2013年小微企业贷款口径有调整：定义总资产6000万元以下的企业为小微企业。图中小企业贷款余额增幅数据直接摘自当年年报。

④图中绿色虚线表示20.24%的银行业小微企业贷款余额的平均增速。

资料来源：浦发银行和光大银行小微企业贷款余额增幅是通过银行2011—2013年年报和企业社会责任报告计算所得，其他银行小微企业贷款余额增幅数据为2013年年报或企业社会责任报告披露。

① 招商银行2013年统计口径变化导致连续两年增幅数据无可比性。

将股份制商业银行小微企业贷款余额增幅与公司贷款余额增幅、全部贷款余额增幅进行比较，并将小微企业贷款余额绝对量纳入考量，可以看出2013年股份制商业银行小微企业贷款余额增幅均超过公司贷款余额和全部贷款余额增幅。具体而言，招商银行无论在小微贷款余额绝对量还是在增幅比较上都具有优势，其小微企业贷款余额增幅比全部贷款和公司贷款余额增幅均高出超过60个百分点，分别为62.71和63.08个百分点。但我们同时需要注意的是，招商银行小微企业贷款统计口径的变化，会对连续几年小微企业贷款余额绝对量和增幅的可比性产生影响；平安银行的小微企业贷款余额绝对量虽然较小，但其增幅比全部贷款和公司贷款增幅分别高出38.5和50.66个百分点，仅次于招商银行；光大银行的小微企业贷款余额增幅比全部贷款和公司贷款分别高出22.29和27.35个百分点；民生银行分别高出13.99和24.41个百分点；浦发银行分别高出13.1和14.01个百分点；而广发银行和浙商银行在贷款余额规模及占全部贷款余额比例上均落后于其他几家股份制商业银行。

在公布小企业贷款口径的商业银行中，兴业银行虽然在小企业贷款余额绝对量上较小，但其增幅比全部贷款余额增幅和公司贷款余额增幅别分高出47.24和59.02个百分点，领先于其他几家股份制商业银行；中信银行该项指标均高出超过30个百分点；华夏银行的小企业贷款余额增幅比全部贷款余额增幅高出10.84个百分点，比公司贷款余额增幅高出16.17个百分点。

图3-7　股份制商业银行小微企业贷款余额增幅比较（2013年）

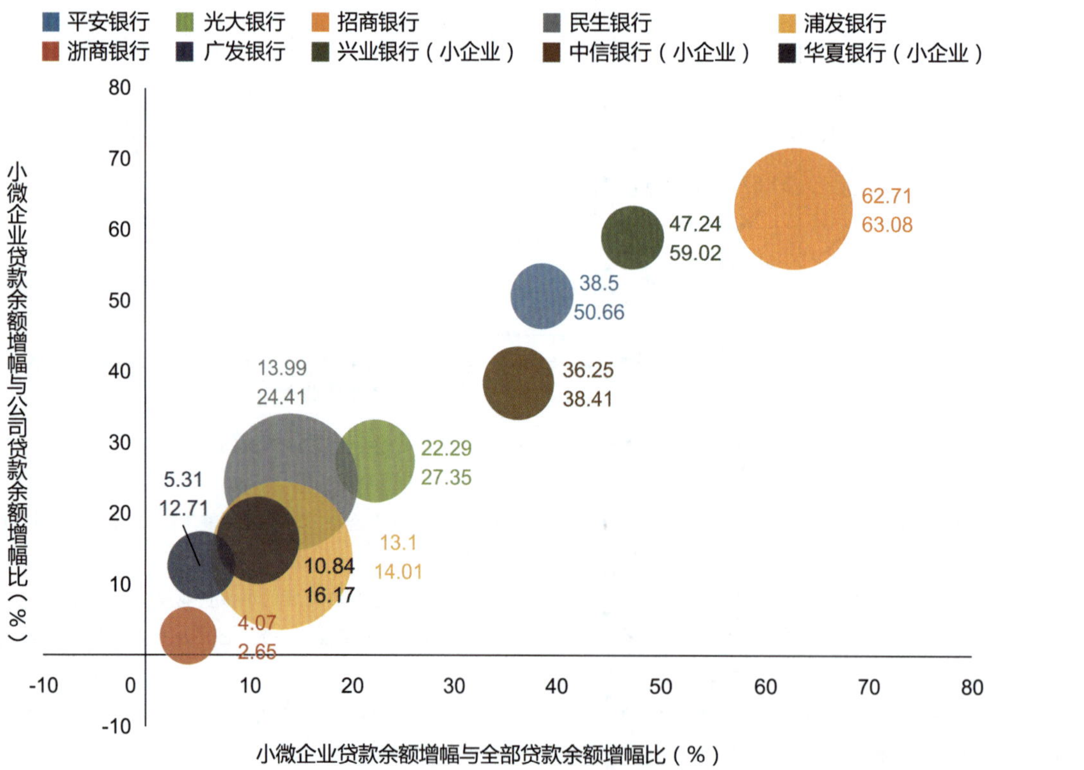

注：①图中圆圈大小表示银行2013年小企业贷款余额的大小，x轴表示银行小企业贷款余额增幅与全部贷款余额增幅的比较，y轴表示银行小企业贷款余额增幅与公司贷款余额增幅的比较；圆圈附近的数字上方表示x轴值，下方表示y轴值。

②由于未披露小企业贷款余额，此图中兴业银行、中信银行和华夏银行的2013年数据选取的是“小企业贷款余额”的口径。

资料来源：所示商业银行小微企业贷款余额增幅比较是通过各行2011—2013年年报和企业社会责任报告计算所得。

■小微企业贷款余额占比情况

2013 年，在小微企业贷款余额占全部贷款余额比例方面，居于前两名的浙商银行和浦发银行该占比分别为 33.69% 和 26.2%；民生银行以 25.71% 居于第三位；招商银行、广发银行和光大银行这一占比分别为 14.36%、13.86% 和 12.63%；平安银行仍以 10.28% 的占比居后。以 2013 年股份制商业银行小微企业贷款余额占全部贷款余额的平均比例 19.75% 为参照，居于前三位的浙商银行、浦发银行、民生银行领先于此平均水平，其他几家商业银行则相对落后。

在小微企业贷款余额与公司贷款余额的比值方面，此比值超过 40% 的有民生银行和浙商银行，分别为 44.89% 和 43.09%，浦发银行以 34.56% 居于第三位；招商银行、广发银行和光大银行均在 20% 左右，分别为 23.79%、21.55% 和 19.35%；平安银行居后，此比值为 16.7%。此外，华夏银行的小企业贷款余额与公司贷款余额比值为 25.18%，占全部贷款余额比例为 19.93%，兴业银行和中信银行这两个比例均低于 10%。

图 3-8　股份制商业银行小微企业贷款余额与全部贷款及公司贷款比值（2012—2013 年）

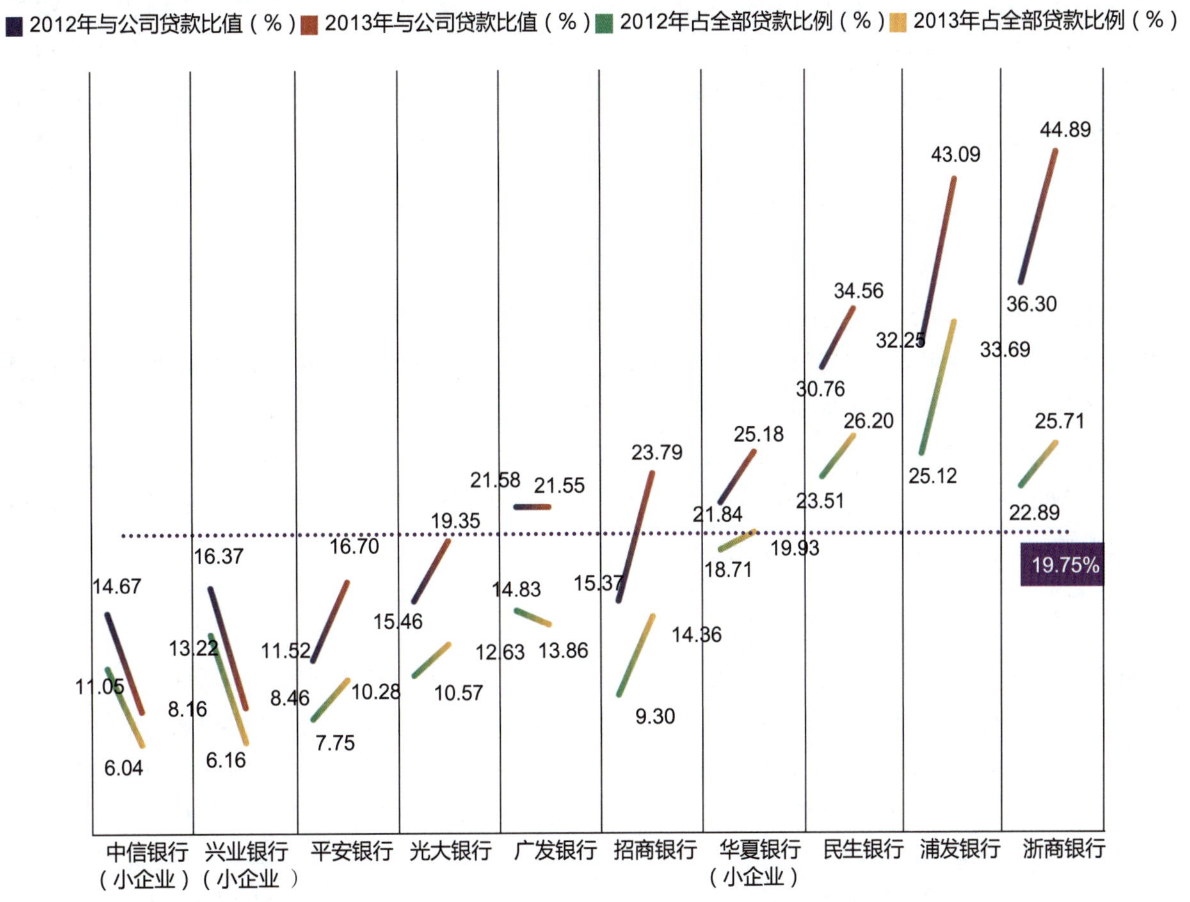

注：①由于未披露小企业贷款余额，此图中兴业银行、中信银行和华夏银行的 2013 年数据选取的是“小企业贷款余额”的口径。

②图中紫色虚线表示 19.75% 的股份制商业银行小微企业贷款余额占全部贷款余额的平均比例。

资料来源：所示商业银行小微企业贷款余额占全部贷款比例是通过各行 2012—2013 年年报和企业社会责任报告计算所得。

相比于2012年，除广发银行外，其他各家股份制商业银行小微企业贷款余额占全部贷款的比例、与公司贷款余额的比值均有所上升。在小微企业贷款余额占全部贷款余额的比例变化方面，上升幅度最大的是浙商银行，占比上升超过10个百分点；其次是招商银行，占比由9.30%升至14.36%，增长超过5个百分点，而其余几家股份制银行该项占比的增长均未超过3个百分点；广发银行该项占比与2012年基本持平。在小微企业贷款余额与公司贷款之比上，浙商银行该比值上升超过10个百分点；民生银行和招商银行均上升超过8个百分点；平安银行该比值由11.52%上升至16.7%；浦发银行和光大银行上升约4个百分点；而广发银行略下降。

3.1.3 城市商业银行小微企业贷款余额及变化

■小微企业贷款余额情况

2013年，在小微企业贷款余额方面，上市城商行占有明显优势，北京银行以1601亿元规模的绝对优势领先于其他城市商业银行；杭州银行和宁波银行超过了600亿元；南京银行以460.7亿元排在第四位；大部分商业银行的小微企业贷款余额规模均介于170亿元和400亿元之间；而沧州银行、德阳银行和莱商银行三家银行的小微企业贷款规模较小，约100亿元左右。此外，上海银行、哈尔滨银行、大连银行和青岛银行仅公布了“小企业贷款余额”口径，但四家银行规模差距较大，前三家银行小企业贷款余额在200亿元以上，而青岛银行仅72.25亿元；攀枝花市商业银行的中小企业贷款余额为175.4亿元。

■小微企业贷款余额增幅情况

2013年，在小企业和小微企业贷款余额增幅方面，有三家银行表现最为突出，青岛银行、河北银行和长沙银行，增幅均超过50%；有9家城市商业银行的小企业和小微企业贷款余额增幅介于30%~40%之间；有9家城商行的小企业和小微企业贷款余额增幅超过10%，但不足30%；绍兴银行在小微企业贷款余额增幅上落后于其他银行为1.9%。以2013年银行业金融机构小微企业贷款余额增幅的平均值20.24%为参照，除部分银行公布的非年度数据外，仅有4家城商行（宁波银行、盛京银行、南京银行、郑州银行）小微企业贷款余额增幅小于银行业平均增幅，大多数城商业增速超过平均水平。

■小微企业贷款余额占比情况

2013年，在小微企业贷款余额占全部贷款比例方面，浙江民泰商业银行和泰隆银行以91.09%和87.01%的比例远远领先于其他城市商业银行；绍兴银行、南昌银行、长沙银行和莱商银行也表现突出，这一比例在60%左右；占比超过50%的还有贵阳银行和德阳银行；介于40%~50%之间的城商行有2家；超过30%但不足40%的有5家；还有5家银行这一比例超过20%；以2013年城市商业银行小微企业贷款余额占全部贷款的平均比例38.72%为参照，浙江民泰商业银行等12家城商行该项占比高于城市商业银行的平均水平。而青岛银行和上海银行的小企业贷款余额占全部贷款比例不足20%，分别为12.99%和9.23%。

图3－9 部分城市商业银行小微企业贷款余额（2013年）

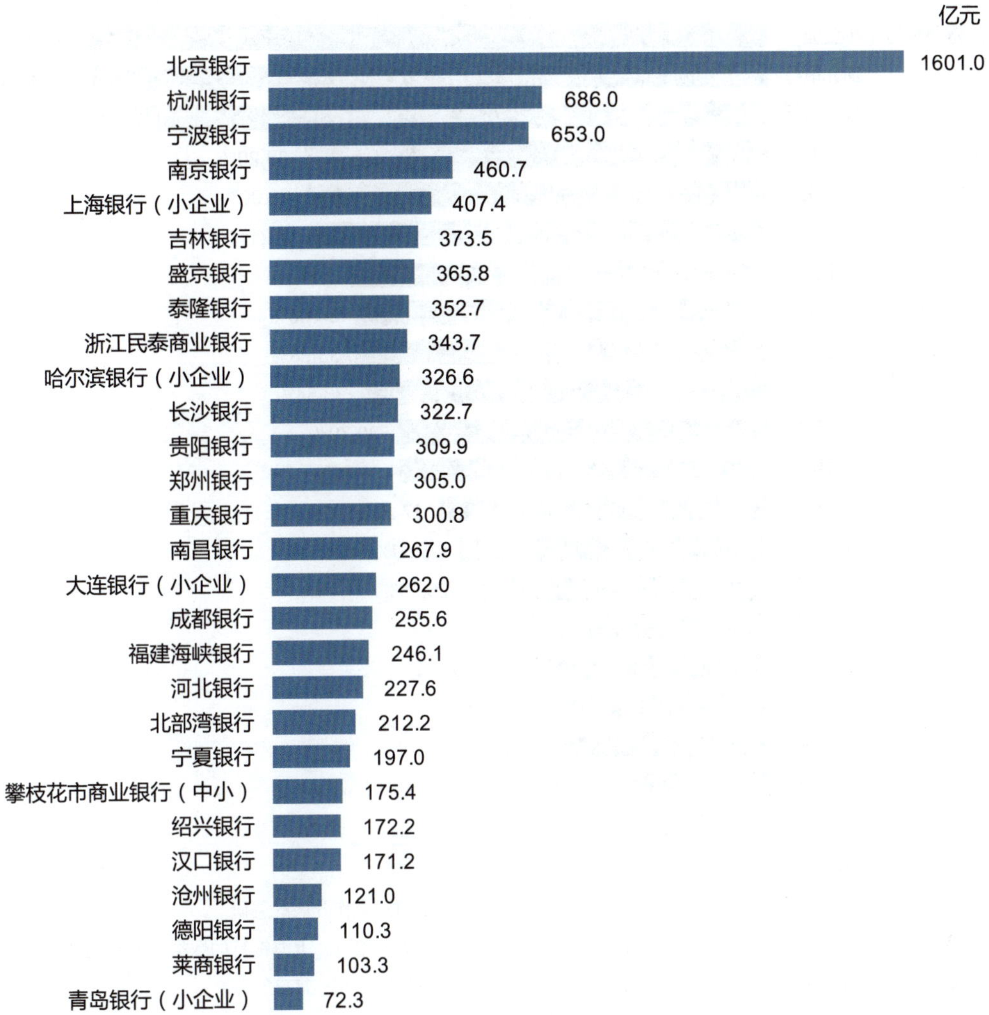

注：①汉口银行2013年报披露的是小企业及个人经营性贷款数据，本文将其作为小微口径。

②浙江民泰商业银行、泰隆银行、德阳银行小微企业贷款数据为小型企业、微型企业及个人经营性贷款数据之和计算得到。

③杭州银行数据来自《小微贷款不良率接近1% 杭州银行不良高发地的信贷游泳术》，21世纪经济报道，2014－03－09。

④吉林银行为截至2014年2月末省内小微企业贷款数据，来自《吉林银行强力支持小微企业发展信贷投放创新高》，吉林银行网站，2014－03－20。

⑤长沙银行为截至2013年11月末的数据，来自《长沙银行无抵押小微贷模式助推老板圆梦》，安贷客贷款资讯，2013－12－13。

⑥福建海峡银行为截至2013年9月末数据，来自《福建海峡银行小微企业金融践行差异化道路》，载《金融时报》，2013－11－04。

⑦河北银行为截至2014年3月末数据，来自《河北银行推广"信用贷"为小微企业贷款解围》，中国新闻网，2014－04－11。

⑧北部湾银行为截至2014年4月末数据，来自《北部湾银行积极推进小微金融业务健康持续发展》，广西国资委，2014－05－12。

⑨绍兴银行为截至2013年6月末数据，来自《2013年第一期绍兴银行股份有限公司金融债券发行公告》。

⑩沧州银行数据来自《新增贷款47亿元近七成投向小微企业沧州银行抢占信贷市场战略制高点》，沧州新闻网，2014－01－14。

⑪莱商银行为截至2013年8月末数据，来自《莱商银行小微企业贷款突破100亿元》，载《金融时报》，2013－09－11。

⑫宁夏银行为截至2013年11月20日数据，来自《宁夏银行多措施支持小微企业发展》，载《证券日报》，2013－12－17。

⑬南昌银行为截至2013年5月末数据，来自《"三个保证"助南昌银行小微信贷服务再升级》，载《南昌日报》，2013－06－25。

⑭攀枝花市商业银行数据来自《金融杠杆撬动地方经济转型》，载《金融时报》，2014－04－14.

资料来源：浙江民泰商业银行、泰隆银行、德阳银行数据来自中央财经大学民泰金融研究所与新浪财经合作开展的调研；除以下特殊标注外，其余银行数据摘自各城市商业银行2013年年报；除以下特殊标注外，数据截至2013年12月31日。

图3－10 部分城市商业银行小微企业贷款增幅（2013年）

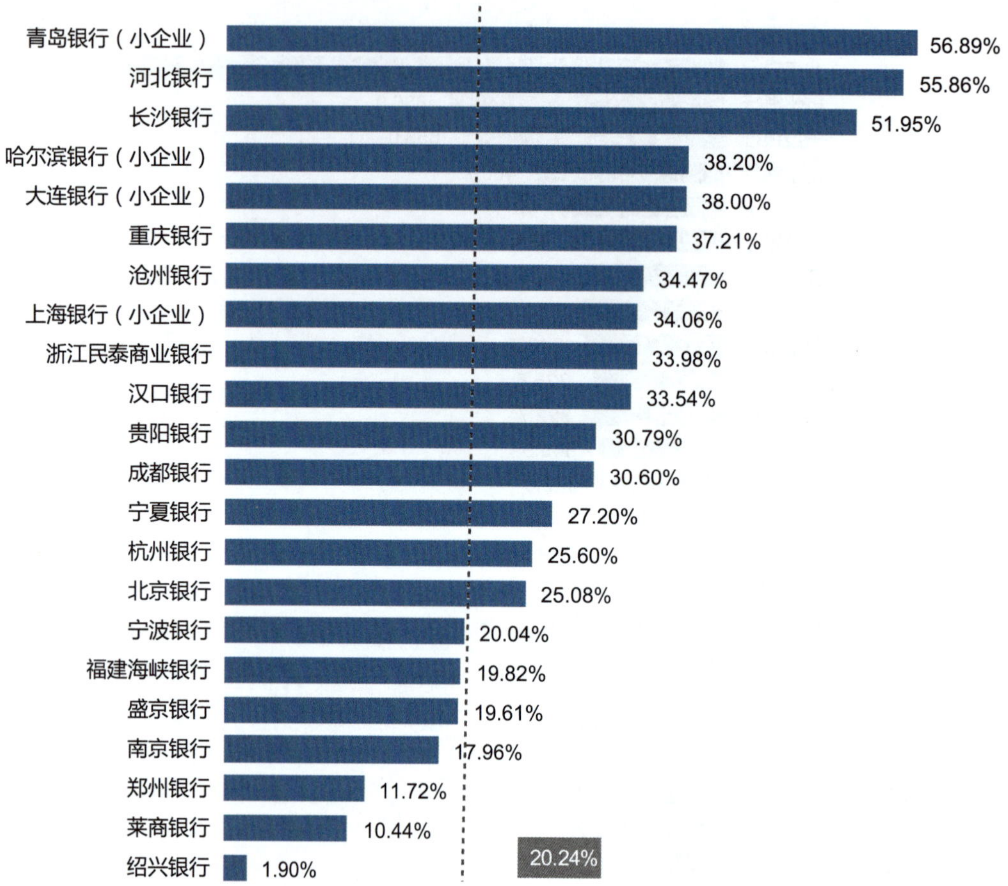

注：①浙江民泰商业银行数据来自中央财经大学民泰金融研究所与新浪财经合作开展的调研。

②由于未披露小微企业贷款余额，此图中青岛银行、哈尔滨银行、大连银行、上海银行的数据选取的是“小企业贷款余额”的口径。汉口银行2013年报披露的是小企业及个人经营性贷款数据，本文将其作为小微口径。

③杭州银行数据来自《小微贷款不良率接近1% 杭州银行不良高发地的信贷游泳术》，载《21世纪经济报道》，2014－03－09。

④长沙银行为截至2013年11月末的数据，来自《长沙银行无抵押小微贷模式助推老板圆梦》，安贷客贷款资讯，2013－12－13。

⑤福建海峡银行为截至2013年9月末数据，来自《福建海峡银行小微企业金融践行差异化道路》，载《金融时报》，2013－11－04。

⑥河北银行为截至2014年3月末的小微贷款余额与2013年3月末同期比较的数据，来自《河北银行推广“信用贷”为小微企业贷款解围》，中国新闻网，2014－04－11。

⑦绍兴银行为截至2013年6月末数据，来自《2013年第一期绍兴银行股份有限公司金融债券发行公告》。

⑧沧州银行数据来自《新增贷款47亿元近七成投向小微企业沧州银行抢占信贷市场战略制高点》，沧州新闻网，2014－01－14。

⑨莱商银行为截至2013年8月末数据，来自《莱商银行小微企业贷款突破100亿元》，载《金融时报》，2013－09－11。

⑩宁夏银行为截至2013年11月20日数据，来自《宁夏银行多措施支持小微企业发展》，载《证券日报》，2013－12－17。

⑪图中灰色虚线表示20.24%的银行业小微企业贷款余额的平均增速。

资料来源：北京银行、宁波银行及郑州银行的贷款增幅根据2012年及2013年贷款余额计算而得，除以下特殊标注外，其他各城市商业银行的数据均摘自各城市商业银行2013年年报；除以下特殊标注外，其他各城商行小微企业贷款增幅为与2012年12月31日相比较的数据。

图 3－11 部分城市商业银行小微企业贷款余额占全部贷款比例（2013 年）

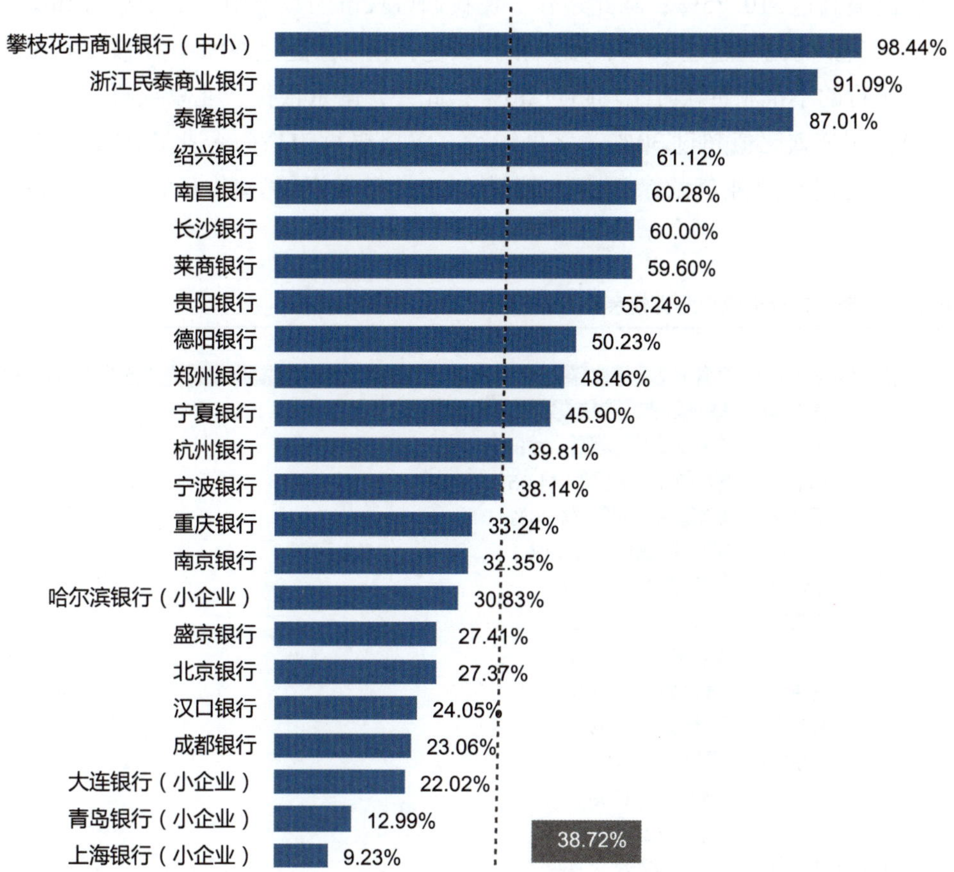

注：①由于未披露小微企业贷款余额，此图中用于计算的攀枝花市商业银行选取的是“中小企业贷款余额”口径；哈尔滨银行、大连银行、青岛银行、上海银行的数据选取的是“小企业贷款余额”的口径。

②浙江民泰商业银行、泰隆银行、德阳银行小微企业贷款数据为小型企业、微型企业及个人经营性贷款数据之和计算得到。

③汉口银行 2013 年报披露的是小企业及个人经营性贷款数据，本文将其作为小微口径。

④杭州银行数据来自《小微贷款不良率接近 1%　杭州银行不良高发地的信贷游泳术》，载《21 世纪经济报道》，2014－03－09。

⑤长沙银行为截至 2013 年 11 月末的数据，来自《长沙银行无抵押小微贷模式助推老板圆梦》，安贷客贷款资讯，2013－12－13。

⑥绍兴银行为截至 2013 年 6 月末数据，来自《2013 年第一期绍兴银行股份有限公司金融债券发行公告》。

⑦莱商银行为截至 2013 年 8 月末数据，来自《莱商银行小微企业贷款突破 100 亿元》，载《金融时报》，2013－09－11。

⑧宁夏银行为截至 2013 年 11 月 20 日数据，来自《宁夏银行多措施支持小微企业发展》，载《证券日报》，2013－12－17。

⑨南昌银行为截至 2013 年 5 月末数据，来自《“三个保证”助南昌银行小微信贷服务再升级》，载《南昌日报》，2013－06－25。

⑩图中灰色虚线表示 38.72% 的城市商业银行小微企业贷款余额占全部贷款余额的平均比例。

资料来源：占比通过小微企业贷款余额和全部贷款余额计算而得，浙江民泰商业银行、德阳银行、泰隆银行数据来自中央财经大学民泰金融研究所与新浪财经合作开展的调研；除以下特殊标注外，其他银行数据摘自各城市商业银行 2013 年年报。

2013 年，在小微企业贷款余额与公司贷款比值方面，由于个人经营性贷款纳入统计口径，浙江民泰商业银行和泰隆银行的这一比例超过了 100%，其中浙江民泰商业银行的小微企业贷款余额与公司贷款比值高达 310.75%；除此之外，在我们可获得的数据中，贵阳银行和德阳银行小微企业贷款与公司贷款的比值超过 70%；绍兴银行次之，该比值超过 60%；宁波银行和重庆银行的比值及哈尔滨银行的小企业贷款占比均超过 50%；此外，南京银行、北京银行、成都银行小微企业贷款余额与公司贷款比值超过 30%；盛京银行、汉口银行的小微企业贷款余额与公司贷款比值，以及大连银行的小企业贷款余额占比超过 20%；仅上海银行的小企业贷款余额占比不足 20%，为 12.64%。

图 3－12　部分城市商业银行小微企业贷款余额与公司贷款比值（2013 年）

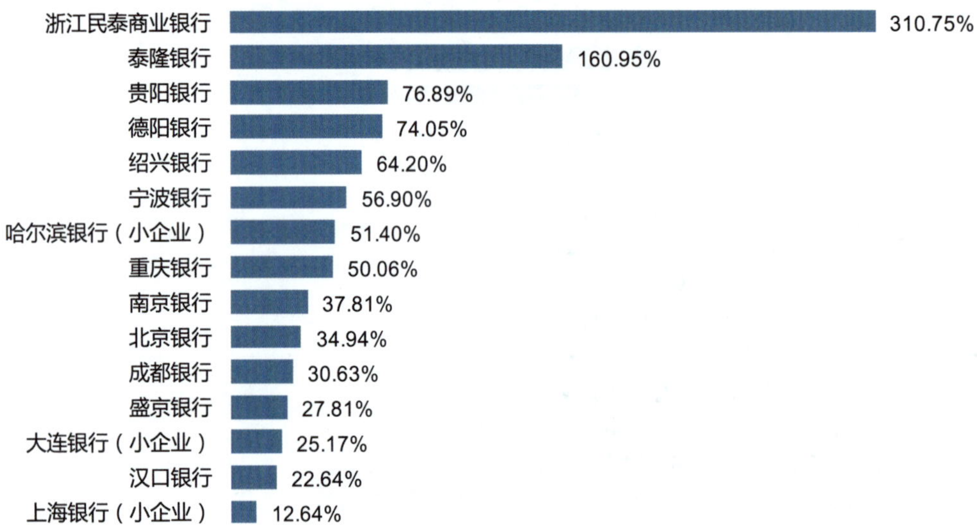

注：①由于未披露小微企业贷款余额，此图中用于计算的哈尔滨银行、大连银行和上海银行的数据选取的是“小企业贷款余额”的口径。

②浙江民泰商业银行、泰隆银行、德阳银行小微企业贷款数据为小型企业、微型企业及个人经营性贷款数据之和计算得到。

③绍兴银行为截至 2013 年 6 月末数据，来自《2013 年第一期绍兴银行股份有限公司金融债券发行公告》。

资料来源：占比通过小微企业贷款余额和公司贷款余额计算而得，浙江民泰商业银行、德阳银行、泰隆银行数据来自中央财经大学民泰金融研究所与新浪财经合作开展的调研；除以下特殊标注外，其他银行数据摘自各城市商业银行 2013 年年报。

3.1.4　大中小银行保持各自比较优势

在本节中，我们将大中小型商业银行的中小微企业金融服务进行横向综合对比分析，比较不同规模类型的商业银行在小微企业贷款余额规模、小微企业贷款余额增长、小微企业贷款与公司贷款和全部贷款的比值、网均贷款及户均贷款等方面的差异化特点。

■大中小银行比较优势的整体分析

2013 年大中小银行继续保持自身在小微企业金融服务上的比较优势，由 2013 年各类商业银行主要指标分布区间可见，大型银行依靠其雄厚的资金优势、庞大的网络渠道和自身的品牌效应依然在中小企业金融服务绝对量上遥遥领先；而利率市场化下竞争的加剧进一步强化了中小银行“服务中小”的差异化战略，凭借专业化的小微金融服务模式，继续在小微企业金融服务增速、小微企业贷款余额在公司贷款余额和全部贷款余额中的占比、单位网点小微企业金融服务效率上占有比较优势。同时，城市商业银行较低的户均贷款规模降低了小微金融的服务门槛，真正服务于更多以小商户、小业主为主体的小微金融受益群体。总体而言，城市商业银行户均贷款多在100万元以下，股份制商业银行户均贷款多数处于百万元量级，而大型商业银行户均贷款仍超过千万元以上（如表3－1所示）。利率市场化下商业银行客户结构的下沉使商业银行整体户均贷款的规模下移，大部分的商业银行从之前单纯地追求“贷款余额”增长转变为追求“金额”与“户数”双增长。比如，2013年，民生银行小微客户数达到190.49万户，比2012年末增长91.97%①；招商银行小微客户数达95.91万户，较2012年末增长387.86%②。

表3－1　各类商业银行主要指标区间分布（2013年）

	大型商业银行	股份制商业银行	城市商业银行
小微企业贷款余额	接近或超万亿元	千亿元（高不过5000亿元，低不足千亿元）	百亿元（高度分散，高超千亿元，低不足百亿元）
小微企业贷款增幅	10%～15%	20%～50%	20%～50%
小微企业贷款余额占全部贷款比例	平均16.51%（均不超20%）	平均19.75%（高超30%，低不足10%）	平均38.72%（高度分散，高超90%，低不足10%）
网均贷款	1亿元左右（低不足0.5亿元）	1亿～5亿元	2亿～6亿元
户均贷款	千万元	数百万元（个别超千万元）	数十万元（个别超千万元，少数数百万元）

注：①本表格数据根据课题组44家商业银行研究样本的各类指标汇总整理。

②由于极少数商业银行公布了小微企业贷款户数，表中户均贷款仅根据少数商业银行整理，所以户均贷款的区间分布缺乏代表性。

虽然2013年各类商业银行在小微企业贷款余额绝对量、占比等方面的比较优势仍较为明显，但较之2012年，大中小银行各自的部分比较优势有所减弱。首先，股份制商业银行和城市商业银行在贷款增速上的爆发力使小微企业贷款余额增长幅度大于大型银行，三者在贷款规模绝对量上的差距有进一步缩小的趋势；其次，随着大型商业银行在资产规模、全部贷款规模扩张上的放缓，中小商业银行拓展整体业务规模的驱动犹存，使得2013年股份制商业银行和城市商业银行小微企业贷款余额占全部贷款余额的比例均出现不同程度的下滑，尤其是股份制银行下降幅度近4个百分点，与此同时大型银行此项占比略有上升，中小银行在占全部贷款比例上的领先优势有所减弱。

① 民生银行2013年年报。

② 招商银行2013年年报。

图 3－13　银行类金融机构小微企业贷款余额及其在全部贷款余额中占比（2012—2013 年）

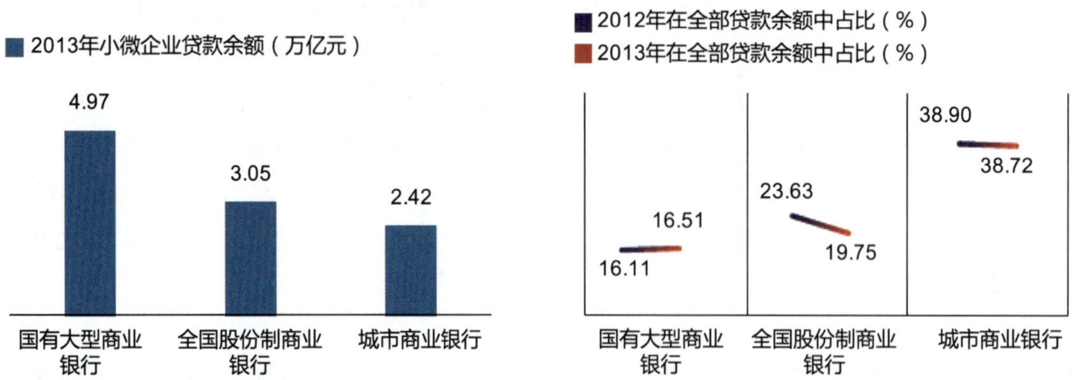

资料来源：根据银监会相关数据计算得到。

■大中小银行比较优势的典型银行分析

2013 年，在小微企业贷款余额方面，五家大型商业银行仍然占有规模上的绝对优势，工商银行以超过 1. 86 万亿元的规模占据首位；交通银行的中小微企业贷款余额超过 1. 24 万亿元；建设银行，中国银行和农业银行也都超过 8000 亿元，远远领先于其他商业银行。股份制商业银行中，浦发银行和民生银行以超过 4000 亿元的规模领先；其他股份制商业银行小微企业贷款余额规模多集中在 700 亿到 3000 亿元之间。城市商业银行的小微企业贷款余额规模相对较小，多数不足 1000 亿元，表现最为突出的仍为北京银行，小微企业贷款余额超过了 1600 亿元。

在小微企业贷款余额增幅方面，小微企业贷款余额绝对量处于劣势地位的股份制商业银行和城市商业银行业务拓展的爆发力较强，小微企业贷款余额增幅的表现明显优于大型商业银行。就图中可获得的商业银行数据而言，2013 年招商银行小微企业增速以 78. 08% 居于榜首；兴业银行的小企业贷款余额增幅达 67. 42%，居于次位；还有五家增幅超过 50% 的商业银行，分别为青岛银行（小企业），平安银行，河北银行，中信银行（小企业），长沙银行。总体而言，股份制商业银行的小微企业贷款余额增幅均超过 20%；城市商业银行中，除绍兴银行呈现的是 2013 年前 6 个月的增幅外，其他城商行的小微企业贷款余额增幅都超过 10%；而五家大型商业银行在小微企业贷款余额增幅方面相对落后，只有农业银行增幅超过 20%，工商银行以 1. 61% 的增幅居于末位。

2013 年，在小微企业贷款余额占全部贷款比例方面，城市商业银行表现仍优于五大行和股份制商业银行，图中排名前 11 位的均为城市商业银行，表现最为突出的是攀枝花市商业银行（中小企业）、浙江民泰商业银行和泰隆银行，三家银行的占比均超过或接近 90%。绍兴银行、南昌银行、长沙银行、莱商银行、贵阳银行、德阳银行这六家城市商业银行小微企业贷款占全部贷款比例均超过了 50%；在股份商业银行中，浙商银行、浦发银行和民生银行较其他股份制银行相比表现较好，该项占比超过了 20%；在这一比例上，除交通银行中小微企业贷款余额占全部贷款比例为 38. 31% 外，其他四家大型银行小微企业贷款占全部贷款的比例均低于 20%。

图 3－14 主要商业银行小微企业贷款余额（2013 年）

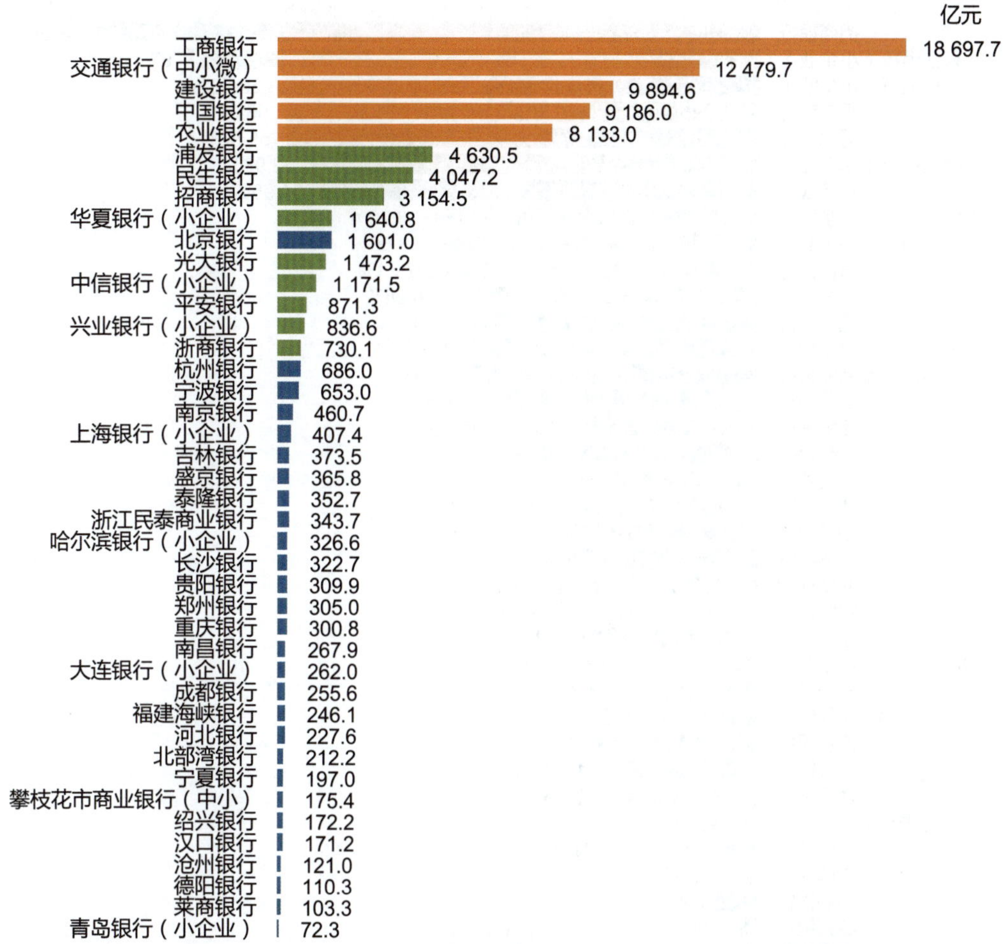

注：①由于交通银行未披露小微企业贷款余额，此图中交通银行的数据选取的是“中小微企业贷款余额”的口径，兴业银行、中信银行、华夏银行、青岛银行、哈尔滨银行、上海银行的数据选取的是“小企业贷款余额”的口径。

②中国银行此处披露的数据为小企业贷款余额，但其年报中的口径说明为：“小企业贷款统计标准按照工业和信息化部等四部委《关于印发中小企业划型标准规定的通知》（工信部联企业〔2011〕300 号）执行，包括小型企业、微型企业和个人经营性贷款”，根据其口径说明，此处将其等同为小微企业贷款余额。

③根据《中国银监会关于深化小微企业金融服务的意见》（银监发〔2013〕7 号），农业银行对小微企业贷款统计口径进行了调整，将个体工商户贷款和小微企业主贷款纳入小微企业贷款统计口径。

④光大银行 2013 年报告期小微贷款（小微客户）指零售个体工商户和小微企业主贷款，统计口径包括助业贷款、商用房贷款、经营性物业贷款、小微设备贷和小微渠道类贷款，不包含个人经营性贷款中的工程机械贷款、营运车辆和非营运车辆贷款。

⑤招商银行 2013 年将企业客户划型标准由“年销售额＋贷款余额”调整为“年销售额＋授信敞口金额”，其小微企业贷款按调整后的招商银行内部“行标”口径统计。

⑥汉口银行 2013 年报披露的是小企业及个人经营性贷款数据，本文将其作为小微口径。

⑦泰隆银行、德阳银行小微企业贷款数据为小型企业、微型企业及个人经营性贷款数据之和计算得到。

⑧攀枝花市商业银行数据来自《金融杠杆撬动地方经济转型》，载《金融时报》，2014－04－14。

⑨杭州银行数据来自《小微贷款不良率接近 1%　杭州银行不良高发地的信贷游泳术》，载《21 世纪经济报道》，2014－03－09。

⑩吉林银行为截至 2014 年 2 月末的省内小微企业贷款数据，来自《吉林银行强力支持小微企业发展信贷投放创新高》，吉林银行网站，2014－03－20。

⑪长沙银行为截至 2013 年 11 月末的数据，来自《长沙银行无抵押小微贷模式助推老板圆梦》，安贷客贷款资讯，2013－12－13。

⑫福建海峡银行为截至 2013 年 9 月末数据，来自《福建海峡银行小微企业金融践行差异化道路》，载《金融时报》，2013－11－04。

⑬河北银行为截至 2014 年 3 月末数据，来自《河北银行推广“信用贷”为小微企业贷款解围》，中国新闻网，2014－04－11。

⑭北部湾银行为截至 2014 年 4 月末数据，来自《北部湾银行积极推进小微金融业务健康持续发展》，广西国资委，2014－05－12。

⑮绍兴银行为截至 2013 年 6 月末数据，来自《2013 年第一期绍兴银行股份有限公司金融债券发行公告》。

⑯沧州银行数据来自《新增贷款 47 亿元近七成投向小微企业沧州银行抢占信贷市场战略制高点》，沧州新闻网，2014－01－14。

⑰莱商银行为截至 2013 年 8 月末数据，来自《莱商银行小微企业贷款突破 100 亿元》，载《金融时报》，2013－09－11。

⑱宁夏银行为截至 2013 年 11 月 20 日数据，来自《宁夏银行多措施支持小微企业发展》，载《证券日报》，2013－12－17。

⑲南昌银行为截至 2013 年 5 月末数据，来自《“三个保证”助南昌银行小微信贷服务再升级》，载《南昌日报》，2013－06－25。

资料来源：泰隆银行、德阳银行数据来自中央财经大学民泰金融研究所与新浪财经合作开展的调研；其余银行数据摘自各城市商业银行 2013 年年报和企业社会责任报告。

图3－15　主要商业银行小微企业贷款增幅（2013 年）

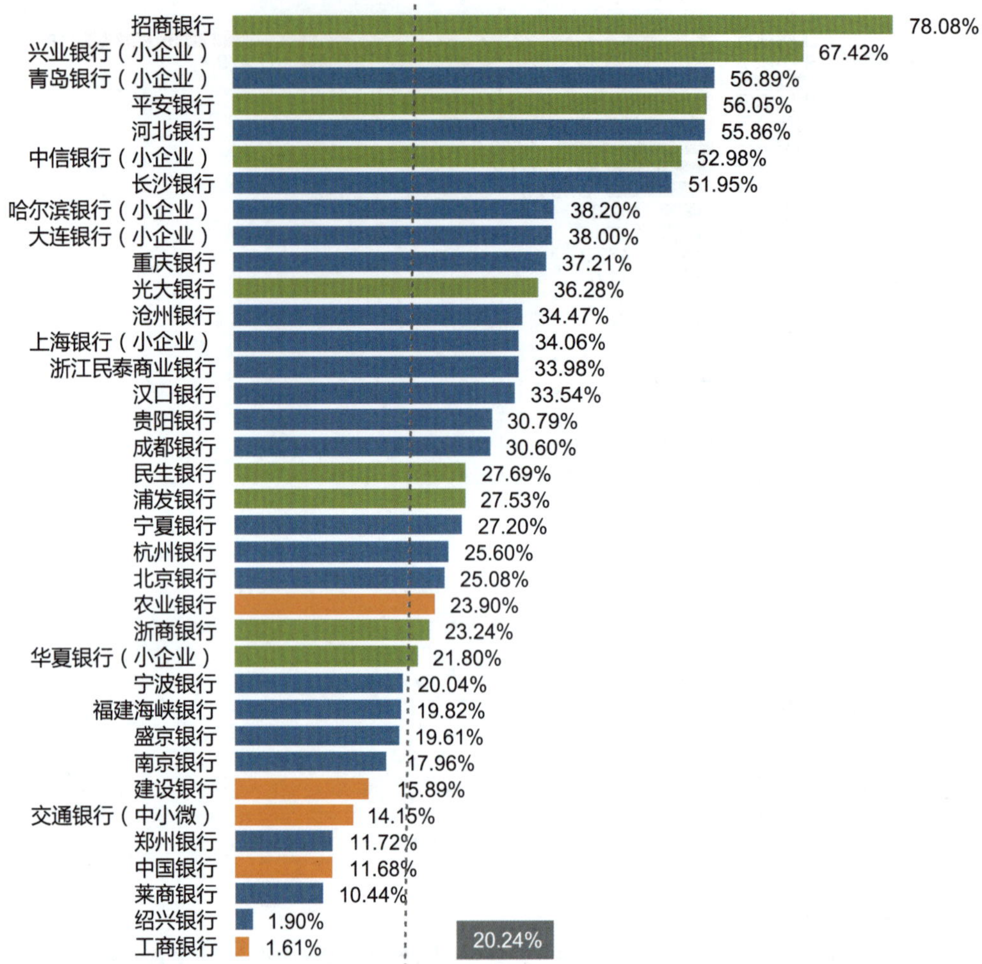

注：①由于未披露小微企业贷款余额增幅，此图中交通银行的增幅为“中小微企业贷款增幅”，兴业银行、中信银行、华夏银行、青岛银行、哈尔滨银行、上海银行的数据选取的是“小企业贷款余额”的口径。

②建设银行 2013 年小微企业贷款余额统计数据采用新的小微企业划型标准，故与以往年度报告中的小企业统计口径不一致，不具可比性，故此处直接选取建设银行年报中披露的增幅数据。

③农业银行于 2013 年对小微企业贷款统计口径进行了调整，将个体工商户贷款和小微企业主贷款纳入小微企业贷款统计口径，故与以往年度报告中的小企业统计口径不一致，不具可比性，因此此处直接选取农业银行年报中披露的增幅数据。

④中信银行的小企业统计口径发生变化，2013 年小企业贷款包含小于 500 万元的小微企业及个人经营贷款。由于 2013 年口径发生变化，与直接用 2012 年和 2013 年年报披露的小企业贷款余额计算的增幅不一致，图中小企业贷款余额增幅数据直接摘自当年年报。

⑤兴业银行 2013 年小微企业贷款口径有调整：定义总资产 6000 万元以下的企业为小微企业。图中小企业贷款余额增幅数据直接摘自当年年报。

⑥浙商银行 2012 年小微企业的口径为单户贷款规模 500 万元以下的小企业，2013 年调整为按照 2011 年工业和信息化部等四部门联合下发的中小企业划型标准和银监会最新监管要求统计数据。

⑦汉口银行 2013 年报披露的是小企业及个人经营性贷款数据，本文将其作为小微口径。

⑧杭州银行数据来自《小微贷款不良率接近 1%　杭州银行不良高发地的信贷游泳术》，载《21 世纪经济报道》，2014－03－09。

⑨长沙银行为截至 2013 年 11 月末的数据，来自《长沙银行无抵押小微贷模式助推老板圆梦》，安贷客贷款资讯，2013－12－13。

⑩福建海峡银行为截至 2013 年 9 月末数据，来自《福建海峡银行小微企业金融践行差异化道路》，载《金融时报》，2013－11－04。

⑪河北银行为截至 2014 年 3 月末数据，来自《河北银行推广“信用贷”为小微企业贷款解围》，中国新闻网，2014－04－11。

⑫绍兴银行为截至 2013 年 6 月末数据，来自《2013 年第一期绍兴银行股份有限公司金融债券发行公告》。

⑬沧州银行数据来自《新增贷款 47 亿元近七成投向小微企业沧州银行抢占信贷市场战略制高点》，沧州新闻网，2014－01－14。

⑭莱商银行为截至 2013 年 8 月末数据，来自《莱商银行小微企业贷款突破 100 亿元》，载《金融时报》，2013－09－11。

⑮宁夏银行为截至 2013 年 11 月 20 日数据，来自《宁夏银行多措施支持小微企业发展》，载《证券日报》，2013－12－17。

⑯图中灰色虚线表示 20.24% 的银行业小微企业贷款余额的平均增速。

资料来源：除农业银行、中国银行、建设银行、招商银行、平安银行、民生银行、浙商银行、青岛银行、哈尔滨银行、重庆银行、上海银行、浙江民泰商业银行、汉口银行、贵阳银行、南京银行的小微企业或小企业贷款余额增幅数据为 2013 年年报或企业社会责任报告披露及以下特殊批注外，其他银行小微企业贷款余额增幅是通过银行 2013 年和 2012 年报和企业社会责任报告计算所得。除以下特殊标注外，其他各城商行小微企业贷款增幅为与 2012 年 12 月 31 日相比较的数据。

图3－16 主要商业银行小微企业贷款余额占全部贷款比例（2013年）

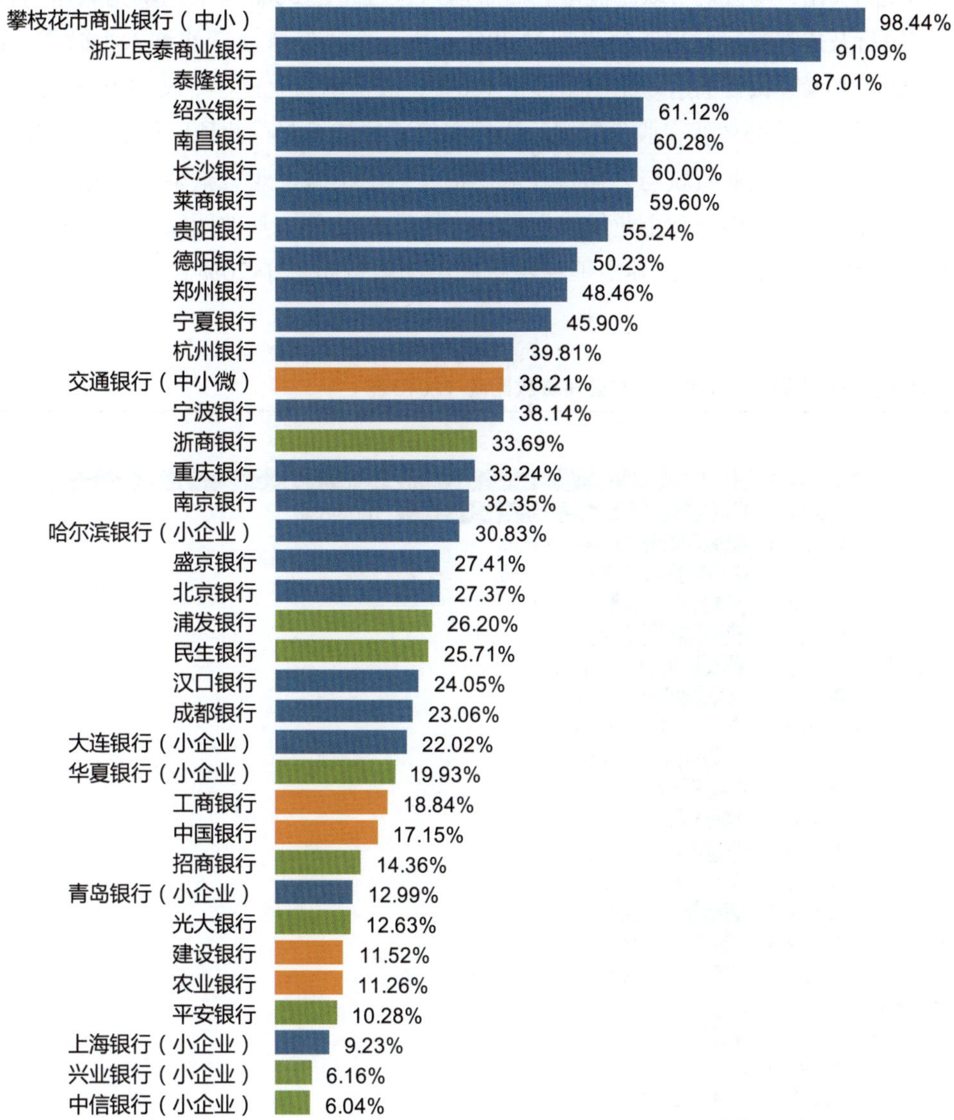

注：①由于未披露小微企业贷款相关数据，此图中交通银行的占比为“中小微企业贷款余额占全部贷款比例”；攀枝花市商业银行选取的是“中小企业贷款余额”口径；此图中用于计算的哈尔滨银行、青岛银行、上海银行、大连银行、华夏银行的数据选取的是“小企业贷款余额”的口径。

②泰隆银行、德阳银行小微企业贷款数据为小型企业、微型企业及个人经营性贷款数据之和计算得到。

③汉口银行2013年报披露的是小企业及个人经营性贷款数据，本文将其作为小微口径。

④杭州银行数据来自《小微贷款不良率接近1%　杭州银行不良高发地的信贷游泳术》，载《21世纪经济报道》，2014－03－09。

⑤长沙银行为截至2013年11月末的数据，来自《长沙银行无抵押小微贷模式助推老板圆梦》，安贷客贷款资讯，2013－12－13。

⑥绍兴银行为截至2013年6月末数据，来自《2013年第一期绍兴银行股份有限公司金融债券发行公告》。

⑦莱商银行为截至2013年8月末数据，来自《莱商银行小微企业贷款突破100亿元》，载《金融时报》，2013－09－11。

⑧宁夏银行为截至2013年11月20日数据，来自《宁夏银行多措施支持小微企业发展》，载《证券日报》，2013－12－17。

⑨南昌银行为截至2013年5月末数据，来自《“三个保证”助南昌银行小微信贷服务再升级》，载《南昌日报》，2013－06－25。

资料来源：占比通过小微企业贷款余额和全部贷款余额计算而得，德阳银行、泰隆银行数据来自中央财经大学民泰金融研究所与新浪财经合作开展的调研；除以下特殊标注外，其他银行数据摘自各城市商业银行2013年年报。

2013 年，在小微企业贷款余额与公司贷款比值方面，以专注中小微企业作为战略定位的城市商业银行表现仍尤为突出，与公司贷款比值排名居于前八位且超过 50% 以上的均为城市商业银行。南京银行、北京银行及成都银行此项比值也超过 30%。由于个人经营性贷款纳入小微企业统计口径，浙江民泰商业银行和泰隆银行的这一比例超过了 100%；股份制商业银行中民生银行、浙商银行小微企业比值居于前列，接近 45%。在股份制银行中排名第三位浦发银行此项比值也几近 35%，高于图中四家大型商业银行小微企业贷款与公司贷款的比值；对于小微企业贷款余额绝对量有巨大优势的大型商业银行，除交通银行中小微企业贷款余额比值接近 50% 外，其他四家小微企业贷款口径的余额比值总体处于 20% 左右的水平，其中工商银行和中国银行超过了 20%，建设银行和农业银行约 18% 左右。

图 3－17　主要商业银行小微企业贷款余额与公司贷款比值（2013 年）

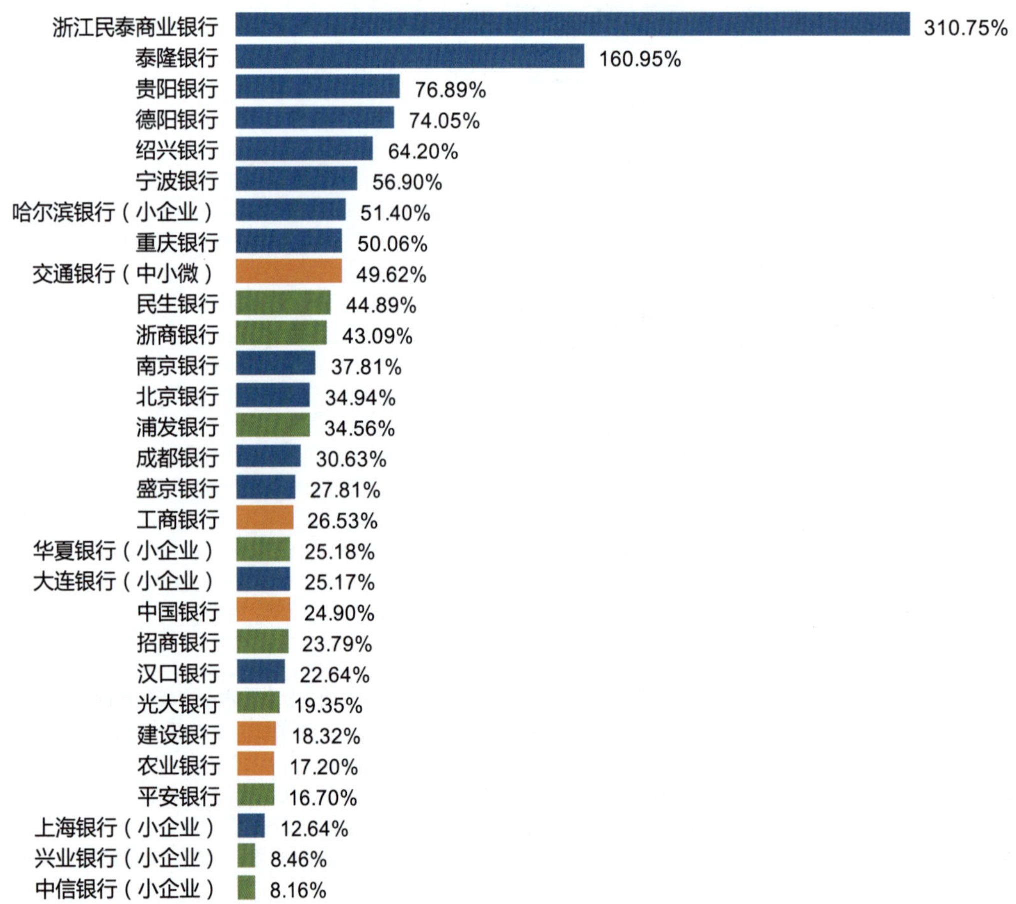

注：①由于未披露小微企业贷款相关数据，此图中交通银行的占比为“中小微企业贷款余额占公司贷款比例”；用于计算的哈尔滨银行和上海银行的数据选取的是“小企业贷款余额”的口径。

②泰隆银行、德阳银行小微企业贷款数据为小型企业、微型企业及个人经营性贷款数据之和计算得到。

③绍兴银行为截至 2013 年 6 月末数据，来自《2013 年第一期绍兴银行股份有限公司金融债券发行公告》。

资料来源：占比通过小微企业贷款余额和公司贷款余额计算而得，德阳银行、泰隆银行数据来自中央财经大学民泰金融研究所与新浪财经合作开展的调研；除以下特殊标注外，其他银行数据摘自各城市商业银行 2013 年年报和企业社会责任报告。

用网均贷款来衡量小微企业金融服务效率，中小商业银行尤其是城市商业银行在这一指标上表现突出。2013 年，北京银行网均小微企业贷款为 6 亿元，领先于其他商业银行，沧州银行、浙江民泰商业银行网均贷款均超过了 4 亿元；股份制商业银行中表现突出的有浦发银行和民生银行，网均

图 3－18 主要商业银行小微企业网均贷款（2012—2013 年）

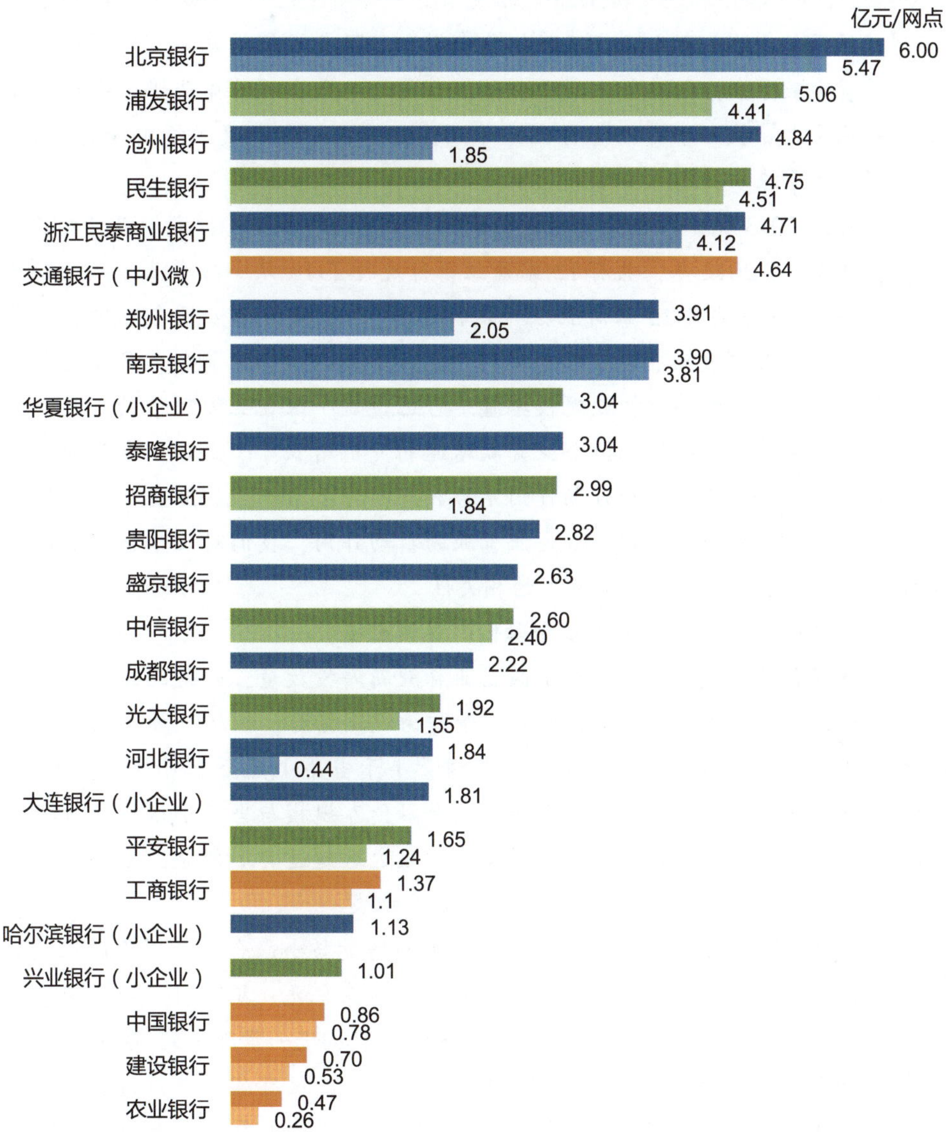

注：①由于未披露小微企业贷款相关数据，此图中华夏银行、中信银行、兴业银行、大连银行的数据选取的是“小企业贷款余额”的口径。交通银行数据选取的是“中小微贷款余额”的口径。

②农业银行和建设银行 2013 年网点数据来自《中国金融年鉴 2013》。

③大连银行、泰隆银行、贵阳银行、沧州银行、河北银行 2013 年网点数据来自银行官方网站。

资料来源：2013 年网均贷款根据小微贷款余额与网点数量计算而得，除下列特殊说明外，数据摘自各银行 2013 年年报和企业社会责任报告；2012 年网均贷款数据来自《中国中小企业金融服务发展报告（2013）》；每家银行对应上面一行为 2013 年数据，下面一行为 2012 年数据。

小微企业贷款余额超过5亿元，其他几家股份制商业银行的网均小微企业贷款余额均不足4亿元；大型商业银行的小微企业在小微企业金融服务效率上显著低于中小商业银行，工商银行以网均1.37亿元居于首位，最低的农业银行网均仅有0.47亿元。与2012年相比，各家商业银行的网均贷款均有所增长，但增长幅度不一，同类银行没有呈现有相近的特征，中小银行网均贷款的效率依旧明显。

专题3－1　小微企业贷款投放与小微企业专项金融债

广泛而持续的资金来源是商业银行不断拓展小微金融服务规模的基础，在吸收存款、同业拆借等诸多形式的资金来源中，小微企业专项金融债券是近年来出现的商业银行小微企业贷款的负债来源，由于对应小微贷款可不计入贷存比分子项，能够在一定程度上缓解贷存比指标的压力，从而受到商业银行的青睐。

与2012年相比，2013年小微企业专项金融债券总额虽有所下降，但发债银行数量和发债数量均有所增加。具体而言，2012年，共有12家商业银行发行了18只小微企业专项金融债券，发行总额为1565亿元；2013年共有22家商业银行发行了33只小微企业专项金融债券，发行总额为1115亿元。小微企业专项债发行初衷在于全部用于发放小型微型企业贷款，那么发行了小微企业专项债的商业银行当年的小微企业贷款规模增量是否已覆盖小微企业专项债的规模？小微企业专项金融债的发行是否会带动该银行小微企业贷款增速的突出增长？小微企业专项金融债对于不同规模商业银行小微金融服务的引导和激励作用是否相同？为了从小微企业金融服务的现实状况分析入手，跟踪小微企业专项金融债对小微企业贷款的拉动作用，我们对比分析了小微企业专项债发行与发行银行小微企业贷款投放在数量上的相关性。

1. 小微企业贷款增量与小微企业专项金融债的规模比较

由于绝大多数银行没有直接公布当年小微企业贷款新增投放量，此处的比较分析采用连续两年小微贷款余额计算得到的小微企业贷款余额增量作为观测指标，但从数量关系上，若存在2013年到期的小微企业贷款，那么小微企业贷款余额增量小于当年小微企业贷款新增量。尽管如此，我们从图中数据可见，将发债银行的小微企业专项金融债券规模与当年小微企业贷款余额增量进行对比，绝大多数小微企业贷款规模增长已覆盖、甚至远远超过其小微企业专项债的规模，发债商业银行小微企业专项金融债的投向符合该债券筹资的初衷。

2013年，除青岛银行和浙商银行是小企业贷款余额增量与小微企业专项债的比较外，只有郑州银行小微企业贷款余额增量低于小微企业专项债规模18余亿元；2012年，也只有光大银行存在这种情况。为排除发债时间对当年小微企业贷款的影响，我们进一步观察到2013年发行的1115亿元小微企业专项金融债中有785亿元是在上半年发行完成的，仅有滨海农商行和中信银行为第四季度发行，可以排除发债时间对郑州银行小微企业贷款余额增量小于小微专项债规模的影响（见图3－19、图3－20）。

2. 小微企业贷款余额增速与小微企业专项金融债的发放

从小微企业专项债发行银行与其他商业银行的小微企业贷款余额增速比较来看，并没有发现2013年和2012年发债银行小微企业贷款增速显著高于其他银行。2013年，在发行了小微企业专项金融债券的商业银行中，除了第四季度才完成发行的中信银行外，青岛银行小企业贷款余额增幅名列前茅，均超过了50%，但却远低于招商银行和兴业银行；重庆银行、浙江民泰商业银行、北京银行、浙商银行、宁波银行、福建海峡银行的小微企业贷款余额增幅在各商业银行中处于中等地位；交通银行、郑州银行和莱商银行则在增速方面比较落后，均在15%以下，低于2013年银行业小微企业贷款余额的平均增速。2012年，小微企业专项债发行银行的小微企业贷款增速均超过20%，其中，招商银行和汉口银行还超过50%，表现相对突出（见图3-21，图3-22）。

图3-19 商业银行小微企业专项金融债券规模与小微企业贷款余额增量（2013年）

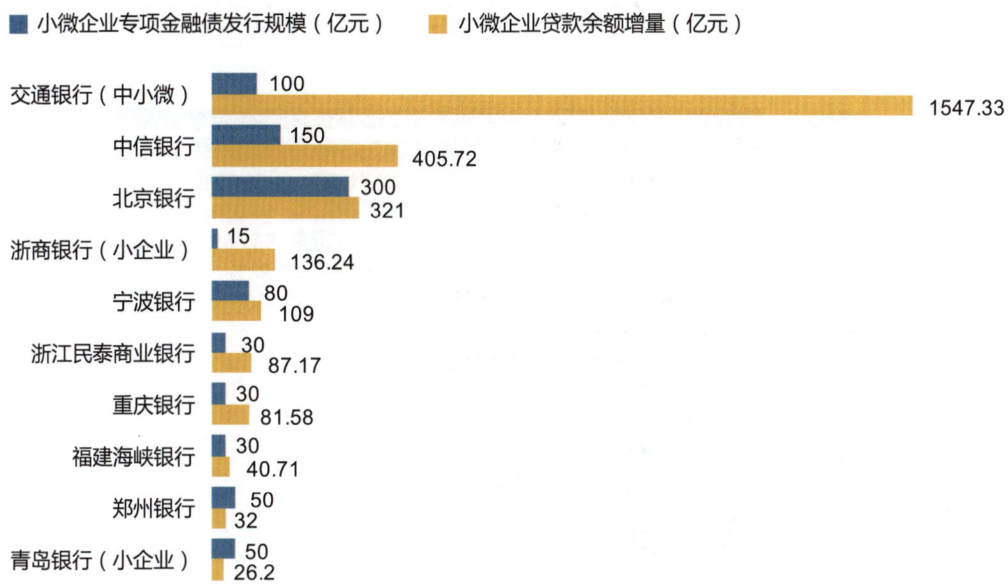

资料来源：小微企业专项金融债券发行规模来自各商业银行相应债券发行公告；小微企业贷款余额增量数据由各商业银行2013年和2012年年报计算所得。

图3-20 商业银行小微企业专项金融债券规模与小微企业贷款余额增量（2012年）

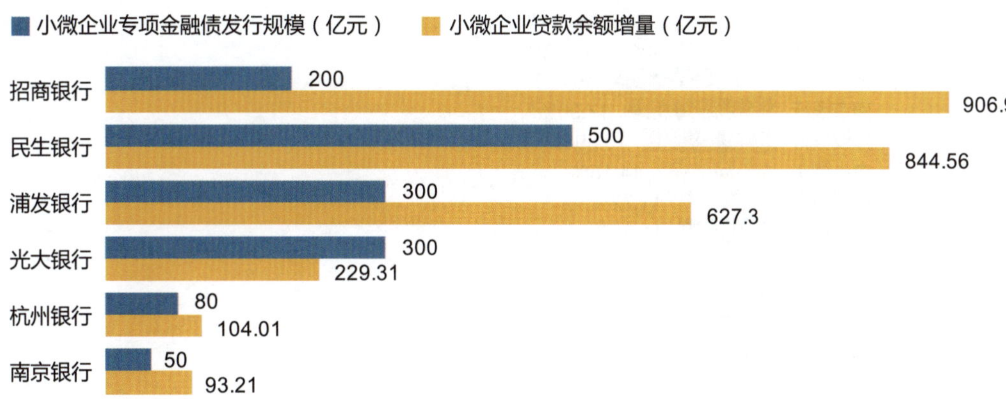

资料来源：小微企业专项金融债券发行规模来自各商业银行相应债券发行公告，小微企业贷款余额增幅数据根据各商业银行2012年和2011年年报计算所得。

从纵向来比较，2013年小微企业专项债的发行是否会带来该行2013年小微企业贷款增速较2012年的显著增长呢？答案是两者没有显著的相关关系。图3－21中11家标黄色的小微企业专项债的发债银行中，与2012年数据可比较的银行中，2013年小微企业贷款增速较2012年有所增长的仅有中信银行；浙江民泰银行、北京银行、福建海峡银行、交通银行（中小微）这几家2013年发债的银行当年小微企业贷款增速均较2012年有所回落。

图3－21　主要商业银行小微企业贷款增幅（2013年）

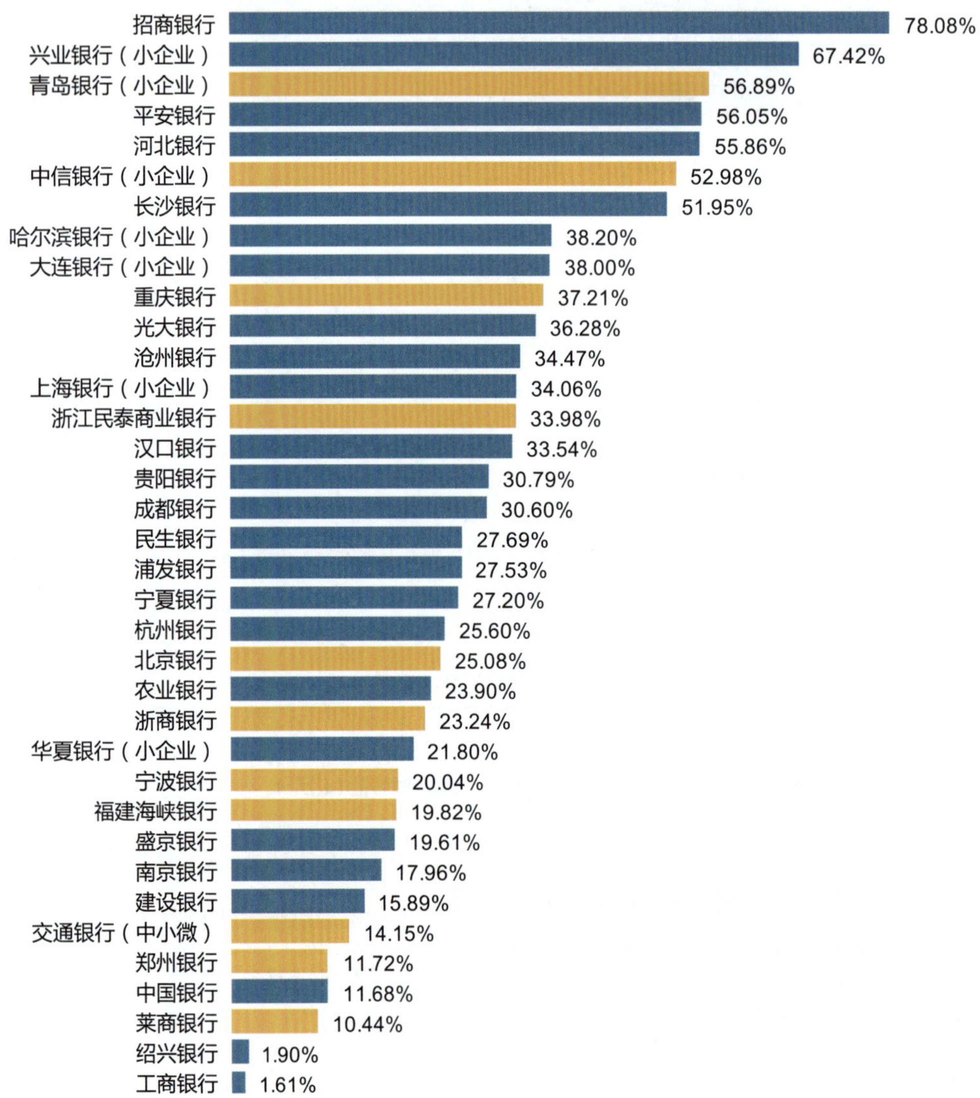

注：其中标黄色的为当年发行小微企业专项债的银行。

资料来源：同图3－15。

图 3－22 主要商业银行小微企业贷款增幅（2012 年）

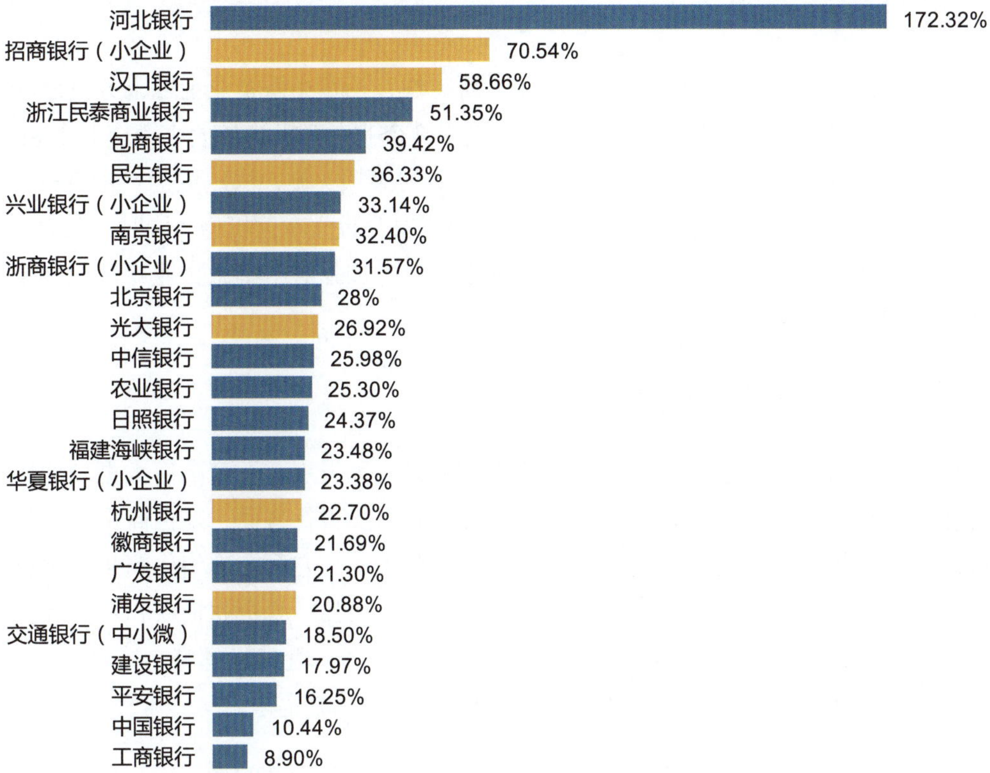

注：其中标黄色的为当年发行小微企业专项债的银行。

资料来源：河北银行、浙江民泰商业银行、杭州银行及徽商银行的小微企业贷款增幅直接摘自各银行 2012 年年报；其他商业银行小微企业贷款余额增幅是通过各行 2012 年、2011 年年报和企业社会责任报告计算所得。

以不同类型商业银行作为研究对象分类分析，在日趋激烈的利率市场化竞争格局下，不同类型商业银行将小微企业客户作为新的目标客户群体已是一种自发的战略转型需要，但小微企业专项金融债对不同类型商业银行的实际意义和使用目的不尽相同。首先，对于负债来源较为充足、小微贷款占全部贷款比例较小的大型商业银行和部分规模较大的股份制商业银行而言，小微企业贷款投放量与发债规模间较大的差距（以 2013 年发债的交通银行、中信银行为例）表明小微企业专项金融债作为小微贷款资金来源的补充作用微弱，而大银行更看重的是小微企业专项债不占存贷比考核额度这一监管激励方式，以缓解当前几近 75% 监管红线的存贷比指标①。然而，对于战略定位于小微企业、负债来源并不十分充足的城市商业银行，尤其是区域性小银行而言，小微企业贷款投放量与发债规模间的差距较小（以 2013 年发债的北京银行、宁波银行、福建海峡银行和 2012 年发债的杭州银行为例），小微企业专项金融债对小微企业贷款的资金补充作用较为明显，而存贷比监管优惠对于自身存贷比指标仍距 75% 监管水平有一定差距的小银行②的监管激励不足。当然，我们有待进一步观察小银行在发行小微企业专项金融债上的连续性和规模变化，以更好地判断小银行对小微企业专项金融债在融资上的依赖。

① 根据交通银行和中信银行 2013 年年报，两家银行 2013 年存贷比指标分别为 73.40% 和 74.12%。

② 根据北京银行和宁波银行 2013 年年报，两家银行 2013 年存贷比指标分别为 68.74% 和 67.06%。

3.2 专营机构发展新变革

2013 年，银监会继续以“提高小微企业贷款可获得性，拓宽小微企业金融服务覆盖面”作为推动小微企业金融工作的目标，鼓励商业银行通过增设小微企业专营机构加大小微企业金融服务供给。如 2013 年最新修订的《中国银监会中资商业银行行政许可事项实施办法》取消“中资行一个城市一次只能申请 1 个支行”的规定，鼓励针对小微企业、“三农”设立专营机构。同时，利率市场化下商业银行对小微企业客户重视程度的提高，促进商业银行自身加强对中小微企业专营机构发展，并在发展中不断探索专营机构新的定位和转型方向。

3.2.1 专营机构建设继续推进

2013 年，各商业银行继续推进中小企业专营机构的设立和发展。五家国有大型商业银行在专营机构覆盖范围和贷款规模增长两方面进一步扩大。股份制商业银行方面，以招商银行和民生银行为代表的标准事业部制中小企业专营机构逐步转型为行内模式。一方面在零售化趋势下进行部分小微业务与个人贷款、个人及家庭理财深度结合的零售化管理，加强小微企业贷款和其实际控制人的个人贷款联动管理；另一方面对于非零售化部分的小微企业业务，继续发挥特色专业支行的专属性，更倾向于通过设立特色专营支行开发和满足特定行业小微企业客户需求。

表 3－2　　主要商业银行中小企业专营机构发展情况概述（截至 2013 年末）

银行名称	专营机构在全国覆盖情况
工商银行[①]	截至 2013 年 7 月，共设立小微企业金融业务专营机构 1443 家，发放全行 60% 以上的小微企业贷款
农业银行	建立各类小企业金融服务专营机构一千余家，形成了网络覆盖全国、服务遍及城乡的专业化经营管理体系
中国银行	“中银信贷工厂”服务模式已完成境内 34 家分行的全覆盖，并向海外分支机构推广。“中银信贷工厂”模式授信客户突破 5.5 万户，比上年增长 26%，授信余额 3100 亿元，比上年增长 32%
建设银行	累计组建 286 家“信贷工厂”模式的小企业经营中心，辐射覆盖 236 个地级行政区
交通银行[②]	共设立 335 家小企业金融服务专营机构。创新“科技支行”模式，在苏州、上海、北京等分行设立为科技型小微企业提供专属服务的科技支行
招商银行	小企业信贷中心的业务统一到各分行，小企业信贷中心总部和总行小企业金融部合并；打造了一支 3000 人的小企业专业队伍
民生银行	撤销了中小企业金融事业部，转为新成立的健康产业金融事业部；民生银行总行认证的小微金融专业支行已经达到 100 家，专业支行按照“规模领先、特色突出、链式开发、技术先进”的经营原则，重点围绕特定区域、行业、商圈服务小微企业客户
兴业银行[③]	截至 2013 年 9 月，兴业银行上海分行已在徐汇、淮海、虹口、张江等地区设立了四家小企业业务部
中信银行[④]	在全国 15 家分行建立了特色专业支行；中信银行的零售旗舰店模式成为小微企业金融服务的新载体
华夏银行	已有 33 家一级分行、14 家二级分行成立了中小企业信贷部地区分部，小企业专营服务网络基本覆盖全行

续表

银行名称	专营机构在全国覆盖情况
平安银行	于2013年3月成立了平安银行全国第一家专注于服务小微企业的小微金融业务专营支行——上海曹安路支行
光大银行	成立小微金融事业部，推进专业支行建设。截至2013年末，全行共组建专业支行119家，专家团队47人
广发银行⑤	在小企业相对密集的区域设立“小企业金融中心”，并将若干支行转型为小企业专业支行。截至2013年6月末，广发银行在全行30家分行设立106家“小企业金融中心”，初步实现全行小微企业专业化、规模化经营目标；成立“小企业金融准事业部”
浦发银行	共35家分行、400家支行开展信贷工厂业务，拓展准入客户6088户，发生授信业务11215笔，授信余额达113.63亿元，户均余额300万元
浙商银行⑥	截至2013年4月末，共设立小企业专营机构70余家，遍布全国11个省市，占其全部分支机构的70%
北京银行⑦	在北京地区设立文化创意专营机构已经达到6家。北京银行致力于将中关村分行打造成为科技金融特色分行，中关村地区有专营支行6家
南京银行⑧	南京银行在总行成立独立的小企业金融部，按照准事业部制的管理思路进行组织架构和体制机制调整，分支机构的相关改革同步推进
宁波银行⑨	截至2013年4月，宁波银行已在上海、杭州、南京、深圳、苏州、温州、北京、无锡等地设立了143个小企业专业服务团队，全行从事小企业金融的人员达500余人，已设立6家小企业服务特色支行

注：①工商银行：《工行小微企业贷款余额超1.8万亿》，工商银行网站，2013-07-26。
②交通银行：《持续产品服务创新切实满足中小微企业融资需求》，交通银行网站，2013-08-30。
③兴业银行：《兴业银行上海分行设多个小企业专营团队》，上海金融报，2013-09-27。
④中信银行：《中信银行力推小微金融布局零售战略》，中国行业研究网，2013-10-22。
⑤广发银行：《广发银行启动小企业金融服务模式改革》，新华网，2013-09-26。
《广发行小企业信贷艰难突围风控紧箍咒》，载《21世纪经济报道》，2013-09-02。
⑥浙商银行：《浙商银行小企业专营机构占全部分支机构七成》，新华网，2013-05-28。
⑦北京银行：《北京银行推出全新“小微贷”六举措“触网”助力企业融资》，载《华夏时报》，2014-03-28。
⑧南京银行：《南京银行：全面提供小微金融综合化服务》，中国行业研究网，2013-09-24。
⑨宁波银行：《80亿金融债专供小微宁波银行升级金色池塘》，载《投资者报》，2013-04-15。
资料来源：表中除上述注明数据来源的银行外，其他银行信息摘自各行2013年年报和企业社会责任报告。

3.2.2 专营机构组织模式变革

过往两年的报告中，我们跟踪描述了标准事业部制中小企业专营机构连续下行的经营表现，并做出“完全与分支行独立的传统专营机构或将退出历史舞台”的预判①，2013年这一判断得到了验证。同在2013年，招商银行决定将全国三十多家小企业信贷分中心回归对应的区域分行，而民生银行中小企业事业部翻牌成健康产业金融事业部，这正式宣告国内主要的两家银行对小企业业务实行人财物独立的专营模式成为了历史。

① 具体内容参见《中国中小企业金融服务发展报告（2013）》中的第3章。

图 3－23　招商银行和民生银行中小企业专营机构发展变更历程

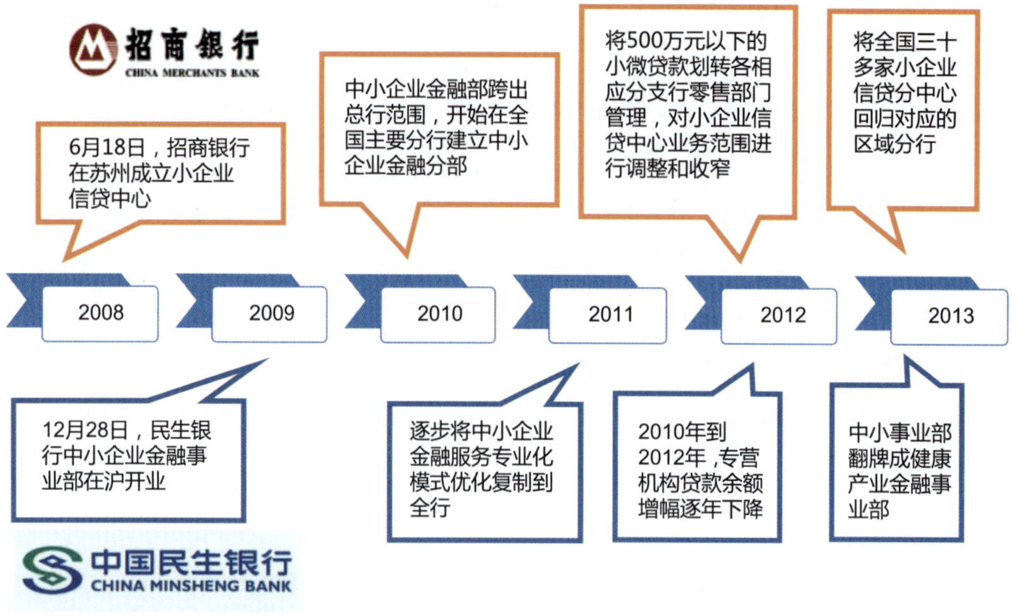

纵观独立专营机构的兴衰历程和全行内小微企业业务的持续发展，应充分肯定独立专营机构作为先行者在中小企业金融服务模式和机制上的探索，今日的“谢幕”也可视为将小微企业服务模式拓展至全行基层分支机构后的“功成身退”。仔细剖析标准事业部制专营机构近 6 年的变革历程，伴随着内外部多种因素的作用。从内部看，独立专营机构与分支行合作矛盾导致专营机构经营面临掣肘。同时，小微业务零售化的趋势下，部分小微业务也无法回避与行内的个人贷款、个人及家庭理财业务相结合的大零售管理。从外部看，监管机构政策引导、利率市场化下的全行客户结构重心下沉，使独立专营机构存在的必要性大大削弱。

具体而言，正如我们在去年报告中所作分析，标准事业部的中小企业专营机构在与分支行业务合作中多方面的利益冲突限制着专营机构的业务拓展。尽管为减少专营机构与分支行的利益冲突作出了很多努力，以招商银行为例，自 2012 年起招行提出将 500 万元以下的小微贷款划转各相应分支行零售部门管理，但不同规模贷款的分开业绩考核的举措在缩小小企业信贷中心业务范围的同时，并没有缓解双方的利益矛盾，反而进一步削弱了分行在辅助小企业中心进行客户结算等业务上的动力，仍存在贷款界限不明确、分行和小企业信贷中心为考核争抢客户的情况。

内部机制尚未理顺，外部环境已悄然变化。监管机构对小微金融的差异化扶持政策引导商业银行加大对小微企业的资金配置，利率市场化下商业银行客户争夺的加剧使商业银行自发的倾向于小微企业客户的拓展。监管政策引导及市场环境变革下全行范围内将小微金融列入重点，分行和独立专营机构的竞争更为激烈，独立专营机构在促进小微企业金融服务上的“过渡”属性更加明显。这种“过渡”性质在我们过去两年跟踪报告的具体数据中也有所体现，自 2010 年至 2012 年，民生银行和招商银行的专营机构贷款增幅逐年下降，且专营机构贷款新增量占全行小微企业贷款余额新增量的比例也出现锐减，而2013年更是自两家银行中报开始就未披露中小企业专营机构的数据情况。

3.2.3 专营机构战略定位思考

随着以招商银行和民生银行为代表的标准事业部制独立专营机构的落幕，业内将更多目光转移至“行内管理模式”的小企业专营机构，即接受总行中小企业业务管理部门管理、协助分行来做客户服务和产品研发。标准事业部制的专营机构在将小企业信贷模式和经验移植至分行、最终与分行小企业业务合并后，似乎也归结为“行内管理模式”的小企业专营机构形式。面对“行内管理模式”和“标准事业部制”两种模式的中小企业专营机构分别与分行的附属和合并，除了部分小微业务与个人业务深度结合进行零售化管理外，非零售化部分的小微业务如何借助专营机构更好地实现专业化、针对性管理，中小企业专营机构的重新定位成为决定其未来发展的关键。若中小企业专营机构仅仅转化为分行的信贷机构，那么其几乎没有太多存在的必要。专营机构需继续秉承其“创新性、实验性”的成立初衷，但专营机构的实验创新主体应从业务职能不完备、分支网点有限的“独立机构”转化为专门进行小微企业建设的“专业分支行”。充分发挥分支行在中小微企业产业链、商圈金融上信息和服务优势，全面推进零售化、专业化新型专业分支行的建设。

我们在2012年的报告中已提及，2012年专营机构已开始从规模上“横切”划分企业，向行业“竖切”划分企业转化，而且，以民生银行为代表的特定领域和行业的小微企业特色分支行建设取得突出成绩。2013年，民生银行在特色优势行业挖掘的基础上，加大对特定商业圈的关注，针对特定商业圈的特色专营支行建设取得进步。如，民生银行于2013年6月在居于全国电子商业界的龙头地位华强北商业区成立了“民生华强北小微专营支行”，开业三个月已发放80多笔小微贷款，笔均约40万元，总额超过3000万元，均为纯信用贷款，贷款年利率12%，基准利率上浮近100%①；2013年4月民生银行在深圳东门商圈成立了“服装小微企业专营支行”。建立小微专营支行，打造专业化、批量化的银行中后台服务平台，创新推出针对特定区域、行业、商圈特色小微企业信贷，渐成为中小企业专营机构发展的方向，也成为商业银行开展精细化小微金融服务的重点。

3.3 组织架构变革助力小微金融

在利率市场化逼近、互联网金融冲击、金融脱媒加剧等多重考验下，商业银行整体客户结构重心“下沉”已在信贷规模分布、金融产品创新等方面得到具体体现。与当前客户结构的调整相适应，2013年末至2014年初，多家商业银行纷纷启动酝酿已久的组织架构调整，撤并重组多个部门以提高管理效率的同时，定向服务于小微企业等零售客户部门在此轮组织变革中备受关注，建立以客户结构和业务形式为导向的机构布局势在必行。

---

① 资料来源：《小微专营支行样本民生信用微贷利率上浮100%》，载《21世纪经济报道》，2013-09-31。

3.3.1 组织架构变革起航

随着市场竞争程度加剧，商业银行在利润增长、资产质量、金融产品及服务模式严重同质化等方面压力激增。商业银行转型在即，组织结构变革必然首当其冲。长久以来我国商业银行的组织架构以“总—分—支”式为主，部门繁杂冗余，因此，更具激励机制、部门业务定位明晰、简洁扁平化的组织框架是商业银行突破新形势考验、实现顺利转型的必然选择。表3－3显示了我国多家商业银行当前已启动的新一轮组织架构变革的主要方向。

其一，大幅精简冗余机构，以工、农、中、建、交大型国有商业银行为代表。带有国家行政性色彩的大型商业银行长期以来习惯于粗放且效率较低的经营模式，这种模式下众多部门全而不专。此次机构改革，对众多部门进行了大刀阔斧的调整，精简或重组一级部、释放部分部门减少管理层级、建立利润中心增强激励机制，这些改革可减少过多的管理环节，整合人才资源，加强多元化团队建设以优化业务操作、创造新型盈利模式。

其二，加强事业部制建设，以民生银行和平安银行等股份制银行为代表。通过“集中决策、授权经营”的运行机制，最大限度地发挥经营管理的积极性和主动性，实现专业化经营。2013年，民生银行再次升级事业部制度，启动事业部改革2.0版本，按照“准法人、专业化、金融资源整合、金融管家团队”四大原则，对行内金融事业部运行模式进行了全面的创新和改革，推动事业部逐步从传统的存贷款模式向专业化投行方向发展转型①。利用事业部历经多年的专业能力、丰富经验以及金融资源提供更为综合化的金融服务，以此提高中间业务收入等非息利润，进一步调整业务结构和利润点。与此同时，事业部经营制度的先进性得到进一步认可，掀起包括大型国有银行在内的商业银行事业部改革的热潮。交通银行于2014年伊始正式宣布推进“5＋5＋5”事业部改革，新增包括信用卡、供应链金融、私人银行等利润中心，打响了国有银行事业部改革的第一枪。

其三，建立针对特定客户群的新兴部门。银行业产品及服务的同质化竞争日趋激烈，如何寻求差异化、特色化服务成为银行经营的必然选择。2013年，商业银行纷纷成立针对小企业客户、高端客户、网络客户等特定客户群体的新兴部门。农业银行推出包括农村产业与城镇化金融部、网络金融部、资产管理部、小微企业金融部等多个新兴业务部门，进一步理清部门职能边界，清晰发展定位；民生银行、平安银行、兴业银行结合事业部改革，进一步实现客户结构细分，围绕行业分类新增行业事业部或利润中心；同时，为进一步推进小微业务专业化发展，提高服务效率，各家银行纷纷推出围绕小微业务单设的运营机构，如中国银行从原公司金融总部拆分出中小企业金融部门，浦发银行在原公司业务总部撤销重组之下保留了独立的中小企业专营机构。

其四，增设资产管理部作为一级部门。利差收入在利率市场化下缩水，加强了商业银行对开展中间业务的重视程度。2013年，兴业、招行、交行、光大、民生资产管理部一级部门正式成立②，且多被设为总行一级部门、准事业部。一级资产管理部门的成立，向客户呈现了更为专业化的资产管理团队，凸显商业银行资产保值增值的运作能力，成为商业银行吸引客户群体的有效手段以及撬动资金来源的有力杠杆。

---

① 《民生银行启动“2.0版事业部改革”》，银行业监督管理委员会网站，2014－04－10。

② 《十家上市行率先成立资管部事业部路径渐明》，和讯网，2014－03－25。

表 3－3　　2013—2014 年部分商业银行新一轮组织机构调整主要内容

银行名称	组织结构调整
工商银行[①]	• 工行总行将形成营销管理、风险管理、综合管理和支持保障四大板块 • 原来的近 47 个部门机构调整至 26 个一级部、5 个二级部以及 3 个部门管理中心。利润中心将增至 11 个，视时机成熟增设电子银行部和银行卡业务部两个利润中心 • 增设“渠道管理部”一级部，主要吸收合并了原来分散在总行个金部、人力资源部等物理网点、自主机具的管理职能 • “授信部”和“审批部”合并为“授信审批部”，未来还将接纳来自利润中心改革后剥离的部分信用风险审批职能 • 不良资产处置等部分职能划归信贷与投资管理部 • 将合并法律事务部和消费者权益保护办公室，实行“一套人马，两块牌子”
农业银行[②]	• 总行将形成直接经营、营销及产品、风险与内控、战略资源管理、运营与保障、公司治理支持等六大类职能部门 • 撤并重组了 5 个一级部、8 个二级部、增设了 4 个一级部门，包括农村产业与城镇化金融部、网络金融部、资产管理部、小微企业金融部多个新兴业务部门 • 在原运营管理部清算中心和运营中心基础上组建了运营中心作为总行的集中运营平台，并将电子银行、信用卡中心、个人金融部等前台部门承担的客服、单证中心等职能统一划转后台，由“大后台”集中运行 • 新组建农村产业与城镇化金融部，专司城镇化金融、农业产业化、农村商贸流通、新型农业经营主体等对公业务和大中型企业的营销管理及产品研发职能 • 资产管理部一级部门正式成立
中国银行[③]	• 中国银行撤销了包括公司金融总部、个人金融总部、金融市场总部、风险管理总部、运营服务总部等 5 大总部，调整为 36 个一级部门，6 个直属机构；而其利润中心由 9 个将增至 11 个 • 公司金融总部直接拆分为公司金融部，并成立了相关的贸易金融部和中小企业部。原有的个人金融总部被分成了个人金融部、财富管理与私人银行部。金融市场总部拆分出来的部门最多，有投行部、全球市场部、托管业务部、金融机构部以及债券投资部门等 • 中国银行上海人民币交易业务总部也变为了一级部门，下辖 3 个二级部门，分别是综合管理部、金融市场部和金融机构部 • 成立网络金融部
交通银行[④]	• 推进“5＋5＋5”事业部制改革，设立信用卡、金融市场、贵金属、离岸业务、票据业务等五个利润中心事业部制，其中金融市场、贵金属、离岸金融、票据中心四个事业部已经正式挂牌 • 设立包括理财、投行、托管、期货，以及私人银行业务的五个准事业部 • 探索包括北京大客户和集团客户、分行级大客户和民营客户、汽车供应链、便民服务中心以及互联网金融等五项事业部制改革 • 资产管理部一级部门正式成立

续表

银行名称	组织结构调整
民生银行⑤	• 在已经成立的地产、能源、交通、冶金、农业、文化等行业金融事业部，以及金融市场、贸易金融等产品事业部上进行改革与升级，向专业化投行方向转型 • 资产管理部一级部门正式成立 • 改中小企业信贷部门为健康产业金融事业部，中小企业业务回归分行 • 推进事业部改革2.0版，启动以服务小微为目标的“做强分行、做大支行”的分支行转型，今后由分行负责小微业务规划、集中营销策划、集中销售管理等，支行负责做好小微客户落地提升和售后服务
招商银行⑥	• 布局事业部改革，改变传统的“总—分—支”金字塔式的组织架构 • 资产管理部一级部门正式成立 • 回撤小企业信贷部门，小企业业务及员工回归分行
兴业银行	• 成立企业金融总部、零售银行总部和金融市场总部 • 在保持总分行架构基础上，强化了“准事业部”矩阵式管理，在业务条线中纳入单独的风险管理机构，授信审批进一步专业化和市场化 • 资产管理部一级部门正式成立
平安银行⑦	• 总行一级部门由原来的79个精简至52个，其中，总行管理部门压缩至38个 • 新建或整合形成了贸易金融部、离岸业务部、资产托管部、投资银行部、金融同业部、票据业务部、机构金融部等9个产品事业部（准利润中心）以及房地产、能源矿产、金融市场、信用卡及消费金融、私人银行等5个行业事业部（利润中心）
光大银行	• 资产管理部一级部门正式成立
浦发银行⑧	• 取消公司及投资银行业务总部、个人银行业务总部、风险管理总部、资金业务总部四大业务总部 • 将原有的公司业务总部下属的十几个二级部门整合为5个一级部门以及中小企业专营机构。5个一级部门大致包括投资银行部、现金管理与贸易融资部、离岸金融部、托管以及养老金部以及大客户部；而调整后的个人银行业务板块将包括私人银行部、信用卡部、客服中心等4个一级部门。此外，风险管理部门由此前的二级部门整合成4个一级部门。资金部调整为一级部门
北京银行	• 资产管理部一级部门正式成立

注：①《工行变阵：总行启动组织架构大规模整合》，新浪财经，2014-01-27。

②《农行新一轮组织架构调整亮相》，中国经营报，2014-03-29。

③《专业化变阵撤销五大总部：中行启动架构改革》，载《经济观察报》，2014-03-29。

④《五大行中交行率先推出“5+5+5”事业部制改革》，中国证券网，2014-03-31。

⑤《民生银行2.0版事业部探秘》，载《华夏时报》，2014-01-08。

⑥《招行小贷中心全面回归分行5年落幕》，财经网，2013-09-16。

⑦《平安银行组织架构调整启幕跑步进入发展时代整合成立9个产品事业部5个行业事业部》，平安银行网站，2013-05-29。

⑧《浦发总行组织架构“微手术”取消四大业务总部设置》，载《21世纪经济报道》，2013-05-14。

资料来源：表中除上述注明数据来源的银行外，其他银行信息摘自各行2013年年报和企业社会责任报告。其中画线内容为与中小微企业金融服务密切相关的组织结构变革内容。

3.3.2 机构变革关注小微金融

下沉客户结构、推进中小微企业金融服务是银行着眼未来的一项重要布局，为配合这一战略布局，商业银行组织结构必将从业务流程、营销结构、组织机构等方面改革以适应中小企业服务模式。在上述列出的主要商业银行新一轮变革中，有益于小微企业金融服务的机构变革可概况为以下三个方面。

一是以农业银行、中国银行为代表的大型银行，将中小企业金融部门单独增设为一级部门，分别成立小微企业金融部和中小企业部。在大型商业银行“精简机构、压缩重组冗余部门以提高运行效率”的机构变革思想下，仍能进一步增设中小企业金融部门，这更加凸显了大型商业银行对中小微客户的重视程度，小微企业客户已不再唯中小银行所热宠，机构改革引导下的大型银行将更倾向于小微企业客户金融服务的拓展，成为中小银行小微客户金融服务的竞争对手。二是以民生银行、平安银行为代表，结合事业部改革，利用综合资源优势，进一步向小微企业综合服务商转型。三是以民生银行、招商银行为代表，回撤标准事业部制的中小企业专营机构，将中小业务全线回归分行，这一变革将有助于利用分行的人员与地域等优势深入市场开发客户，并有效避免专营机构与分支行员工的利益冲突。

诚然，对于绝大部分商业银行来说，以现在的风险管理能力转型小微业务需要投入大量的成本，比如对财务制度并不完善、经营风险较高的小企业的经营前景判断和市场信息捕捉的敏锐度尚显不足。在这种情况下，若要推进中小微业务发展，一方面需要足够的盈利驱动，如足够的信贷额度和绩效奖励；另一方面更重要的是配给专业的部门和团队进行业务拓展、产品创新和风险控制。此轮组织结构变革，大型银行中小微业务部门级别的晋升、股份制银行事业部制的改革完善、中小企业专营机构的变革转型，势必将促进商业银行在未来小微金融服务模式上愈发精细化、专业化，更好地配合商业银行下沉客户结构重心、适应市场化条件下服务小微企业的战略布局。

3.4 “商圈 + 产业链” 模式平台化趋势显现

“商圈 + 产业链”模式以产业链为载体进行整体开发，为上下游同一商圈小微企业提供全面批量的金融服务，这一服务小微企业的金融生态链条近年来一直备受商业银行的青睐，在一定程度上解决针对单个小微企业贷款时出现的信息不对称、风险控制难和贷款成本高等问题。但随着中小微金融服务竞争的加剧，互联网电商金融和非银行金融机构不断争夺商业银行商圈、产业链上的客户群体，这就要求商业银行“商圈 + 产业链”的模式不断升级，借助信息科技力量以更高效便捷的“平台”化手段呈现“商圈 + 产业链”模式。

3.4.1 “商圈 + 产业链”模式继续推广

2013 年，商业银行继续发挥“商圈 + 产业链”模式在开发和服务小微企业客户上的优势，大力推广基于此种模式的小微企业批量集中授信，打通核心企业同一产业链、商圈内的相关小微企业，在有效锁定相关小微企业授信风险的前提下，为目标客户提供融资、结算服务等一体化的综合金融服务。

大型股份制商业银行凭借信息流及风控技术优势继续拓展“商圈＋产业链”模式。2013 年工商银行围绕 1300 多家大型企业，大力发展供应链融资业务，拓展了 1 万多家上下游中小微型企业客户，实现了 1:8 的拉动效应①；交通银行不断完善“一家分行做全国”业务模式，截至 2013 年末，交通银行境内行累计拓展产业链网络 1. 5 万个，拓展链属企业超过 9 万户②。

股份制商业银行不断为“商圈＋产业链”模式注入新活力。2013 年，华夏银行推出专门面向中国轻纺城商户的“商圈贷”一揽子金融服务方案，以小型企业的联保联贷产品、市场商铺承租权质押担保贷款，以及与浙江中轻担保有限公司合伙的担保贷款业务为主要贷款方式，重点发展授信 500 万元以下小企业客户，创新开发了商圈贷业务。截至 2013 年 10 月末，已投放商圈贷融资 14. 63 亿元，商圈贷客户 347 户③；民生银行通过一圈一链批量化地开展小微金融业务，截至 2013 年 7 月，民生银行“一圈一链”批量授信项目近 3000 个，重点支持特色产业链 178 个，贷款余额超过 3800 亿元，不良率始终控制在 0. 5% 以内④。特别值得一提的是，去年我们以专题形式介绍了民生银行的特色产业链金融，截至 2013 年末，民生海洋渔业和茶业产业链有效客户数分别达到 5613 户和 1270 户，比上年末分别增长 127. 15% 和 248. 90% ，一般性贷款余额分别为 132. 58 亿元和 20. 92 亿元，比上年末分别增长 108. 86% 和 137. 71% ⑤。

业务规模不及大型和股份制商业银行的中小银行，“商圈＋产业链”金融模式上得到拓展。2013 年 11 月 22 日，北京银行发布其网络供应链品牌“网络链”，并成立“上海分行网络供应链金融中心”，与快钱等第三方支付签署了战略合作协议。北京银行“网络链”方案包括第三方支付线上供应链融资、供应链上下游线上融资、小微企业流动资金贷款线上融资等，是北京银行供应链金融业务的互联网金融子品牌⑥。另外，北京银行通过“商户贷”特色产品，重点支持市场商圈类、批发零售类等小微企业发展。截至 2013 年末，已累计为全国 40 多个重点商圈的小微企业发放贷款超过 100 亿元⑦。

3. 4. 2 “商圈＋产业链”模式平台化

近年来，商业银行“商圈＋产业链”模式的不断推广，使该模式拓展下的客户数量和信贷规模持续增长，但传统线下“商圈＋产业链”的模式需要大量的人力进行信贷复核，单笔业务成本无法降低使得“商圈＋产业链”模式面对的小微客户结构无法进一步下沉。“量”上的增长需要“质”上的升级予以保证。2013 年，以华夏银行为典型代表的商业银行，将网络技术的便捷与传统“商圈＋产业链”模式在客户拓展和产品服务上的优势相结合，借助信息科技力量以更高效便捷的“平台”化手段呈现“商圈＋产业链”模式，这一“平台”融合了核心企业上下游产业链、商圈客户的财务系统、交易系统、物流等多项信息源，提高授信审批效率、降低授信成本的同时，商业银行可基于此平台信息源创新推出符合特定商圈、产业链客户群体的全方位综合化的金融服务。

---

① 《工行逾万亿“网贷通”惠及 5 万多小微企业》，工行网站，2013－10－22。

② 《交通银行 2013 年年报》。

③ 《华夏银行小微模式初探》，中国网，2013－11－27。

④ 《民生银行：围绕“一圈一链”做实小微》，新华网，2013－07－15。

⑤ 《民生银行 2013 年年报》。

⑥ 《北京银行网络供应链品牌发布》，一财网，2013－11－22。

⑦ 《北京银行 2013 年年报》。

华夏银行于2013年在同业率先打造出“平台金融”业务模式，即以华夏银行自主研发的资金支付管理系统为平台，对接核心企业、大宗商品交易市场、市场商圈、电商、物流平台等各类平台客户的财务管理或销售管理系统、电子交易平台，真正掌握平台客户与上下游、周边小企业日常交易中的资金流、信息流、物流，为企业提供在线融资、现金管理、跨行支付、资金结算、资金监管等服务。由于掌握了真实贸易背景，加之平台客户的合作支持，有效地突破了“信息不对称、担保不充分”难题，因此众多小企业客户从中享受到了信用贷款服务。截至2013年10月末，华夏银行“平台金融”上线运行的平台客户已近200个，服务小微企业客户达到7500余户，累计发放贷款近1.4万笔，贷款余额35亿余元。并且超过85%的贷款期限在三个月内，每笔贷款的平均使用实际时间在52天左右，充分显示出“平台金融”所具有的符合小微企业融资需求的“小、快、灵”优势①，做到“一点切入，全国覆盖”。

光大银行推出的供应链金融平台依托自主研发平台（POIN）技术架构进行构建，充分运用信息化技术，以产业链中小微客户需求为中心，通过多方合作共同构筑“N+1+N”产业链电子化流程化的互联网服务生态环境，重塑智能化供应链业务，实现端到端的直连通道和实时的交易处理，对内打通对公业务所涉及的全部服务类型，如融资服务、资金监管、结算支付、现金管理等，对外对接供应链中包括核心厂商、电商平台、物流企业以及第三方平台在内各主体的企业内部信息系统，构建出全程直通、高效处理的网络化服务体系②。

平安银行推进小企业线上融资平台搭建。2012年12月19日，平安银行发布供应链金融2.0品牌，逐步实现“1+N”供应链企业、银行、第三方物流监管方等合作伙伴于同一平台在线作业③。借助“供应链金融综合服务平台”，平安银行将产品研发、平台建设与新业务拓展融为一体，开辟新的利润增长点。2013年内，新增客户10049户、新增日均存款741亿元、新增日均贷款21亿元，实现非利息净收入6.37亿元、总收入36.28亿元④。同时，2014年初，平安供应链金融版企业手机银行产品全新上线。实现了供应链中核心企业及上下游授信客户可通过手机终端完成相关业务操作及信息查询。

除股份制商业银行外，大型股份制银行“商圈+产业链”网络平台化的建设也早已有所进展。工商银行与宝钢集团合作共同研发跨系统、跨区域的中小企业产业链网络融资平台。通过该系统宝钢遍布全国各地3万余家供应商企业均可通过网络平台在线申请工行上海分行的融资服务，其中80%以上的单位为中小企业。中国银行深圳分行也与阿里控股的深圳市一达通企业服务有限公司合作，建立贸易融资平台。一达通在多年为中小企业提供进出口与金融服务的实践中创造了独特的一达通融资平台模式，该行以一达通作为“1”，将其国内客户与国外客户进行整合，形成完整的贸易体系，即“N+1+N”模式，使之成为银行批量拓展和服务中小企业的平台。2013年全年该行向一达通发放贸易融资（包括退税融资、融信达、出口押汇、关税保函、远期结售汇等）合计已经超过22亿元，业务品种丰富，间接受惠的中小微型企业接近5000家⑤。

---

① 《解决小微企业信息不对称华夏银行力推“平台金融”》，和讯网，2013-12-25。

② 《光大银行创新谋变，供应链金融平台上线》，光大银行网站，2013-11-15。

③ 《平安银行发力供应链金融从1+N到2.0》，载《中国经济周刊》，2012-12-25。

④ 《平安银行2013年年报》。

⑤ 《中行深圳分行——积极研发产品，助力中小企业健康发展》，载《金融时报》，2013-08-09。

专题3－2 渠道拓展之华夏银行平台金融

为进一步提高市场竞争力，寻求客户链式开发机会，实现互联网技术与中小企业金融服务有效融合，华夏银行历时三年成功研发“资金支付管理系统”（CPM），即平台金融，创新性地通过技术公司与平台企业联网，依托核心客户、大宗商品交易市场、电商等平台客户的交易信息和数据，将支付系统与供应链核心企业等平台客户的交易系统和经营管理系统打通，并对接了小企业授信系统、网银系统、大额支付系统、国际结算系统，并与第三方机构（融信通等）合作，有效整合资金流、信息流和物流，真正地实现互联网和中企业金融服务深度结合。

资金支付管理系统（CPM），简称平台金融，指华夏银行在其存量对公客户中，以资质较好对公客户为圆心，进行“链式开发”，通过将系统与核心企业的财务、销售等各类系统对接，整合该核心企业从采购、生产、销售的全过程的信息流、资金流和物流，为该客户的上下游的小微企业提供服务，具有资金支付、资金结算、资金监管、在线融资、现金管理等五大功能，满足循环使用、自助操作、节约成本、担保多样、审批快捷等企业需求。

具体来看，华夏银行平台金融的优势主要有以下几点。（1）解决小微企业信息不对称问题。利用平台金融可以帮助银行充分掌握该核心企业及其上下游小微企业资金流、信息流和物流情况，便于了解该企业财务经营等状况，核实贸易真实性，控制风险，有效解决担保信息不对称问题。（2）先进技术促进服务效率。平台金融是借助专业的第三方技术力量在银行平台客户之间建立起专业、高效的连接路径，实现银行系统与企业系统之间的对接，极大提升了金融服务的精准性和效率。（3）降低融资成本。平台金融采取的是“按日计息法”，很多企业主在资金周转顺畅时能随借随还，这种低成本高效率的在线融资方式可以使平均融资利率低至6%。（4）客户资料丰富。华夏银行目前127个核心平台客户主要集中在“大宗商品交易平台”、“供应链金融”和“市场商圈”三个领域，华夏银行平台金融通过核心客户拓展并绑定其上下游小微企业，可以让目标客户批量增加，具有“一点切入，全国覆盖”的特点。（5）风险可控。华夏银行要求核心企业为其上下游提供担保，并要求被担保企业只有与平台企业发生业务往来时才能支取授信额度，既能够解决中小企业担保难问题也可预防了中小企业挪用信贷资金难题。

3.4.3 商业银行“商圈＋产业链”模式遭遇劲敌

“商圈＋产业链”模式凭借其在客户寻找、信息收集、批量审批等多方面的优势成为众多银行争相开展的业务模式。然而，金融服务模式的同质化竞争已不仅体现在商业银行之间，由于“商圈＋产业链”模式对于信息挖掘的依赖，掌握大量小微企业交易信息的电商平台企业凭借自身的数据优势开始涉足于金融领域，成为商业银行“商圈＋产业链”模式下有力的客户争夺对象；此外，拥有集团内部信息数据而占有先天优势的大型集团下属财务公司，也即将成为商业银行小微金融竞争的另一有力对手。

■电商涉足金融领域服务小微企业融资

到目前为止，多家电商利用自己的优势，利用电子商务平台的运营收集商家大量的交易信息，通过进行数据分析提供服务商家小额贷款，实现了商家与平台双赢。相对于传统银行，电商的放贷优势体现为一是以数据分析为基础的全流程风险管理模式，二是以自动化、批量化操作模式降低成本。尽管当前电商平台在一定程度上仍是传统银行供应链金融的互补者，但未来可能会成为商业银行有力的客户争夺对手。典型的代表要数阿里、京东、苏宁、腾讯等电商在金融业务上的拓展。

以阿里小贷为例，截至2013年12月末，阿里小贷累计客户数超过65万家，累计投放贷款超过1600亿元，户均贷款余额不足4万元，户均授信13万元，不良贷款率在1%以内。此外，阿里还有一套客户定价模式，利用计算出的违约概率，结合客户利率敏感度模型，对每个客户制定“最优定价”。

与阿里小贷主要面向淘宝商户小额信用贷款相比，京东推出的供应链金融服务对商业银行更具冲击力。2012年11月17日，京东启动供应链金融服务，主要向其自营平台的供应商提供订单融资、应收账款融资、委托贷款融资、入库单融资等融资服务。2013年1月京东将隶属于财务体系的金融部门升级为一级部门，即成立了金融发展部全权负责公司金融供应链业务。2013年12月6日，京东“京保贝”业务上线，“京保贝”运用京东自有资金，京东供应商可以凭借采购、销售等财务数据直接获得融资，放款周期最短只需要3分钟。“京保贝”通过对京东平台上采购、销售、财务等数据进行集成和处理，自动化审批和风险控制在线进行放款，融资期限长达90天，融资金额和还款时间还可由供应商自主决定。2014年1月，京保贝贷款规模达到10亿元，最小一笔贷款几万元，最大的一笔2000多万元，根据每个供应商的特点和需求来提供适当的贷款额度。

■其他非银行金融机构涉足“商圈+产业链”模式

财务公司在产业链金融中有先天优势，既了解核心企业信息又熟悉产业链上企业情况，对集团产业链提供全方位的金融服务，解决长期困扰着产业链条的中小企业的融资难题，同时开辟了财务公司新的利润增长点，实现多方共赢。截至2013年10月底，全国共有174家财务公司，截至2013年12月末，财务公司服务的企业集团成员单位超过3.5万家①。虽然当前财务公司针对供应链上非本集团成员单位无法给予融资服务，尚未对银行产业链造成很大的冲击，但随着银监会监管政策的放宽，“允许财务公司向集团业务产业链的上下游适当延伸金融服务、大力支持财务公司业务创新、适时启动财务公司金融债发行工作②”的政策出台将指日可待，这一潜在供应链客户的争夺者值得引起商业银行的关注。

以TCL集团为例，关联的几万家上下游企业行业广泛、遍布全国。TCL财务公司推进产业链金融产品，主要包括支持上游供应商发行的商业汇票承兑与贴现、电子票据，支持下游经销商发展的买方信贷、厂商银、商务通。借助核心企业的信用与交易背景，为供应商提供了强有力的资金保障。TCL集团所属成员企业于2009—2013年期间累计开立商票173亿元，供应商使用商票的家数共计324家，开立商票张数9027张，商票背书次数长达5次。仅2013年全年TCL财务公司携手成员企业累计为359家供应商提供了融资服务，商票与银票贴现金额累计近40亿元③。

海尔集团财务公司针对小微型的海尔产品专卖店，基于海尔“企业资源计划系统（ERP）”营销信息，设计了以个人信用和家庭财产为依托、资深专卖店为担保的超小微企业融资产品，针对海尔专卖店的伞下店即乡镇店的需求，将融资额控制在10万—30万元之间，可同海尔的季节性产品销售相匹配，解决小规模高成长性客户融资难困境，形成海尔集团的综合差异化竞争优势。

由于资金来源限制及资金成本偏高，各大集团的财务公司仍未深入产业链金融。但伴随监管层

---

① 《银监会：将适时启动财务公司金融债发行》，中国证券网，2013-11-29。

② 《银监会：将适时启动财务公司金融债发行》，中国证券网，2013-11-29。

③ 《TCL财务公司：立足行业特点实践金融创新——产业链金融促集团转型升级》，载《金融时报》，2014-03-31。

政策支持下的业务范围和资金来源的许可，越来越多的财务公司将依靠自身信息优势深入产业链金融环节，优化产业链上下游小微企业的融资环境，为小微企业提供了另一条可行的融资途径。

3.5 科技、文化、绿色小微金融热度不减

3.5.1 科技型小微企业金融服务

■科技银行创新发展

在上一年度的报告中我们提到，2012 年 8 月 15 日，浦发硅谷银行在上海正式成立，这是中国首家拥有独立法人地位、致力于服务科技创新型企业的银行，也是自 1997 年以来第一家获得中国监管部门批准的合资银行。

2013 年 6 月，浦发硅谷银行携手上海闵行区政府、浦发银行上海分行、上海市再担保有限公司联合推出的“3 + 1”创新金融模式服务计划，上海宜瓷龙新材料科技有限公司成为首家获得此项创新金融服务项目下贷款的科技企业。浦发银行则据此为该公司发放低于基准利率 10% 的贷款，再由再担保公司为贷款出具担保，同时闵行区政府也则向企业提供保费补贴。实事求是地说，该项服务并没有太多的创新性，引入再担保和政府补贴的做法表面上是信贷风险管理所需，但在一定程度上也反映出浦发硅谷银行推行股东方——硅谷银行在美国成熟的科技信贷模式方面并不如预想的那样顺利。作为中国第一家“科技银行”，浦发硅谷银行的业务种类和规模目前都十分有限，发展仍待检验。

■“科技支行”模式继续推进

2013 年，商业银行继续借助“科技支行”这类专营机构模式服务科技型中小企业。其中，中关村国家自主创新示范区一直是多家银行服务科技型小微企业的必争之地。截至 2013 年 12 月末，北京市高新技术产业贷款余额达到 1658. 9 亿元，同比增长 19. 5%；中关村高新技术企业贷款余额达到 1082. 9 亿元，同比增长 7. 6%，占全市高新技术产业贷款的 65. 3%①。2013 年，华夏银行北京中关村支行通过举办“龙舟计划闪耀科技金融”、“百家新起点”等银企对接活动向中关村推出了信用贷、投保贷等特色化“园区贷”组合产品，支持中关村“瞪羚计划”企业及新三板上市企业的发展；北京银行于 2013 年 12 月启动“中关村零信贷小微金融服务计划”，北京银行中关村分行力争协助 600 家零信贷企业办理贷款卡，将为超过千家科技型小微企业提供融资支持；在北京银行之后，中国银行也于 2014 年 1 月启动中关村零信贷小微企业金融服务，中国银行将携手中关村管委会，以“中银信贷工厂”和“中关村模式”为依托，拓展小微企业金融服务。

此外，2013 年多家商业银行继续在多个地区推进“科技支行”模式。交通银行在苏州、上海、北京等分行设立为科技型小微企业提供专属服务的科技支行。以交通银行深圳分行为例，截至 2013 年末，该分行科技型小微企业授信总额度近 20 亿元，贷款余额 6. 5 亿元，服务客户数超过 100 户②；农业银行无锡科技支行是江苏省和全国农行系统的第一家科技银行，成立以来，累计发放贷款 22 亿元，贷款余

① 《2013 年 12 月份本市高新技术产业贷款情况》，人民银行网站北京市中小企业金融服务平台，2014 - 04 - 03。

② 《2013 年交通银行深圳分行小微企业授信额近 20 亿元》，深圳新闻网，2014 - 03 - 14。

额超过10亿元，截至2014年4月，已服务科技型中小微企业508家，向223家科技型中小微企业发放了贷款，其中贷款余额500万元以下的产业化初期企业占76%，通过知识产权质押、股权质押、信用方式或政银合作创新产品获得贷款的小微企业客户占比达67%[①]。南京银行在南京市区设立科技型支行8家，截至2013年5月末，南京银行科技支行的初创期、成长期科技企业贷款余额已达11.5亿元，占该行南京市贷款份额的48%；当年贷款企业户126户，占该行南京市份额的60.6%[②]。

■科技型小微企业金融服务产品创新

与过往几年科技型小微企业金融产品层出不穷的创新相比，2013年商业银行对科技型小微企业金融的服务更多侧重于对原有优秀创新产品的推广和完善，全新的科技型小微企业金融服务模式和品牌的创新相对较少。尽管如此，2013年商业银行科技型中小企业产品创新方面仍有可圈点之处。

2013年农业银行无锡科技支行与无锡知谷网络科技有限公司（以下简称知谷网络）达成了业内开创性的"无偿受让股权贷投合作"期权协议。与之前银行的"选择权贷款"借贷双方事先约好一个认股价格的"选择权贷款"、银行选择恰当价格时点购入不同，"无偿受让股权贷投合作"期权协议中的"无偿"即不出钱拿到小微企业股权[③]，但作为对价，无锡农行科技支行以最优的定价方式给予知谷网络贷款支持，让渡利益的同时与企业共同承担一定的风险。这种针对具发展潜力的科技型中小企业设计的附带权益的债务融资方式在美国硅谷银行已经有相当长的历史，尽管在我国现行的银行管理体制下仍存在一些问题，但对科技型小微企业这样一个特殊群体的金融服务不能仅仅停留在信贷层面已经成为越来越多商业银行的共识。此外，将科技型小微企业金融服务延伸至企业主也是近年来商业银行的发展方向。2013年，北京银行针对创业型企业的法人、主要股东及其管理人员，推出国内首张针对创业人群推出的信用卡。

表3-4　　科技型中小企业的创新产品统计（截至2013年末）

银行	产　品	描　述
中国银行	中关村模式	根据"中关村模式"需要以及科技型中小企业的金融需求，通过资源整合与研发创新，设计推出了"创新、科技、供应链、全球化"四大系列金融产品平台：其中"创新金融系列"是以"投保贷"业务为代表的，突破传统金融服务，整合中银集团整体资源，为中关村高新技术企业提供的一体化金融解决方案；"助力科技金融系列"是以知识产权为核心的，结合高科技术企业特点的业务产品；"供应链金融系列"是以优质大中型企业为核心，通过打通上下游融资瓶颈，解决中小企业融资问题的产品；"全球化金融系列"则主要支持中关村"走出去"战略，集合中国银行全球化资源，帮助科技企业向海外发展
	张江模式	由中行上海市分行和张江高新技术产业开发区管委会共同推出的金融服务品牌，通过对张江高新区内科技型中小企业经营模式相关的重要"非财务信息"进行审核，对有成长性的优质企业给予融资支持

① 《农行无锡科技支行支持科技型小微企业发展》，载《中国高新技术产业导报》，2014-04-13。

② 《2012年度南京银行科技金融表彰大会召开》，南京银行网站，2013-07-01。

③ 为遵守银行业监管规定，虽然"无偿受让股权贷投合作"期权协议与之前的"选择权贷款"均需通过第三方进行代持，但"无偿受让股权贷投合作"期权协议可以避免贷款行在"选择权贷款"方式中认股价格时点选择难、小微企业及监管部门对贷后低价认股的阻挠等诸多后续障碍。

续表

银行	产　品	描　述
农业银行	科技园小企业贷款	指科技园区小企业客户在落实全额有效抵（质）押担保或专业担保公司保证担保的前提下，不单独进行评级和统一授信，直接以抵（质）押物价值和保证担保额度办理贷款业务的金融产品
建设银行	“翱翔金融计划”	包括专为小微企业打造的“梦想之路”系列，为中小企业打造的“翱翔蓝天”系列；以及为中关村园区以及入园企业提供园区建设固定资产项目融资的“坚强后盾”系列。“翱翔金融计划”以融资产品为核心，涵盖资金结算、投资银行、财富顾问等其他金融产品，为科技型中小企业客户提供全产品线的金融解决方案。旨在满足科技企业初创期、成长期、发展期以及园区建设等各个阶段、各个类别的金融服务需求
	信用贷	该产品为无法提供抵押或担保的小微企业主提供信用贷款。建设银行在综合评价企业及企业主信用的基础上，对资信好的小微型企业发放小额的、用于短期生产经营周转的纯信用贷款业务。该业务具有无须抵押、无须担保、流程简单、审批快捷的特点，最高贷款金额可达1000万元，贷款期限最长9个月
交通银行	智融通	针对多数高科技小微企业缺乏实物资产抵押的现状，创新推出商标权、专利权、文化创意版权质押的体系
	科贷通	为科技型小微企业发展量身定做金融服务方案
	科灵通	通过“税融通”、“版权通”、“智权融资”、“订单融资”等系列产品，充分发挥科技型企业“高智商”的特点，不断优化金融服务科技产业的新手段
	“科技金融网”	具备网上预申请功能，科技型企业按照要求提供完整资料并提交数据，进行网上预申请。客户经理在线下完成对企业资料的初审和调查，直至最后完成或终止该项业务
浦发银行	“科技小巨人”信用贷款	针对上海市科委认定的科技小巨人企业或科技小巨人培育企业，如在银行信用评级达到A－级（含）以上，就可通过无抵押、无担保的方式获得最高1000万元的信用贷款。科技“小巨人”企业最高融资额为1000万元，科技“小巨人”培育企业最高贷款额为500万元
	投贷宝	专门面对中小企业，特别是符合国家产业导向的七大新兴产业中的科技型中小企业的投融资需求，以“一并联、二独立、三共享”为核心特色，按照一定的股权投资和银行贷款配置比例，为客户提供“投资＋贷款＋担保”的一揽子解决方案
	“浦发科技金融α模式”	针对高科技小微企业初创期、快速成长期及成熟发展期的不同需求和科技型小微企业普遍存在的技术风险、市场风险和财务风险等特点，集科技专营机构、科技专营机制、科技专属产品和流程、专业的风险防范体系于一体，旨在为高科技小微企业提供一站式、全覆盖的金融服务
招商银行	“展翼通”产品系列	涵盖科技补贴贷款业务、科技成果转化贷业务、上市贷融资业务及投联贷业务四大类产品，采用灵活的抵押担保方式，满足不同发展阶段的科技型中小企业融资需求
华夏银行	“园区贷”产品系列	以“龙舟计划闪耀科技金融”创新产品理念为依据，以科技创新质押贷、宽限期还本付息贷、循环贷、房抵贷、网络自助贷、信用贷等多种特色融资组合方案解决中关村示范区高科技企业中短期融资需求

续表

<table>
<tr><th>银行</th><th>产品</th><th>描述</th></tr>
<tr><td rowspan="5">北京银行</td><td>“高科技类”
特色融资方案</td><td>融资服务对象包括经认定的“集成电路设计”企业，经认定的“瞪羚”企业，留学人员创业的高科技中小企业，经认定的“软件外包绿色通道”企业，以及符合中关村科技园区管委会制定的申请条件的“融信宝”中小企业信用贷款</td></tr>
<tr><td>“软件贷”</td><td>为推动从2012年起未来3年内向软件类企业提供150亿元意向性融资授信额度计划实施，主要针对软件企业资金缺口，结合软件细分行业特点、软件企业资质及产品销售情况，采取差异化额度设定，最高可给予5000万元融资支持</td></tr>
<tr><td>“小瞪保”</td><td>该产品是北京银行与北京市中关村科技担保有限公司合作开发，专为首次融资的“瞪羚计划”小型企业提供无抵押贷款绿色通道</td></tr>
<tr><td>“增千户”计划</td><td>采取六项举措提升中关村科技型中小微企业的信贷服务规模，并推出“科技贷”、“小额信用贷”等创新产品及业务，计划在未来三年内，每年新增科技型中小微企业贷款1000户，探索1＋N中小企业贷款新模式</td></tr>
<tr><td><u>创业卡</u></td><td>国内首张针对创业人群推出的信用卡。主要针对创业型企业的法人、主要股东及其管理人员，信用卡额度纳入企业贷款额度统一授信管理，一般为贷款总额度20%以内</td></tr>
<tr><td rowspan="3">光大银行</td><td>“科技创新型”
阳光套餐</td><td>为科技型中小企业提供从项目融资、财务顾问、战略咨询、融资培训、现金管理和上市辅导等一系列综合性服务</td></tr>
<tr><td>“阳光创值计划”
选择权模式</td><td>与国家级高新技术产业园区搭建融资合作平台，为区内企业发放认股权贷款，由指定PE或VC在一定条件下行使认股权，并由园区提供认股权贷款风险补偿的一种融资模式</td></tr>
<tr><td>科技孵化模式</td><td>以国家级高新技术产业园区或国家级科技孵化器等为目标市场，通过嫁接地方政府风险补偿资金、创投基金或引入第三方风险分担者等风险缓释手段</td></tr>
<tr><td>广发银行</td><td><u>科技企业信用贷</u></td><td>最高贷款额度3000万元，优先支持“新三板”企业、瞪羚重点培育企业、中关村百家最具影响力信用企业、中关村百家最具发展潜力信用企业、中关村信用星级企业、拟上市准上市企业，不需要资产抵质押，是纯信用贷款</td></tr>
<tr><td>兴业银行</td><td>“芝麻开花”中小企业
成长上市计划</td><td>重点服务“三高六新”，即具备新经济、新服务、新农村、新能源、新材料、新商业模式和高成长、高技术、高增值性等特点的中小企业，综合应用传统银行和投资银行两大门类金融服务工具，提供“债权＋股权＋上市”三位一体的一站式综合金融服务解决方案</td></tr>
<tr><td>宁波银行</td><td>“科贷融”</td><td>是该行“金色池塘”小企业全面金融服务品牌的新成员，由政府出资成立小额贷款科技信贷风险补偿专项资金提供信贷保证，由科技创业园经过初审，向银行批量推荐创业园内有融资需求的科技型企业；银行独立开展信贷审查后，向符合条件的科技型企业发放单笔不超过50万元的流动资金贷款，用于企业生产经营周转资金需求</td></tr>
<tr><td>南京银行</td><td>“鑫智力”
产品系列</td><td>根据不同科技型企业的不同发展阶段为客户量身定制差别化的金融产品和全方位金融服务的系列产品，主要包括知识产权质押贷、应收账款质押贷、联合贷、投联贷、税联贷、保联贷、倍增贷、政府采购贷等近20个科技企业专属产品</td></tr>
<tr><td>杭州银行</td><td>瞪羚诚信贷</td><td>中关村示范区“瞪羚重点培育企业”的专属信贷产品和方案，采用无抵押无担保的信用贷款方式，贷款额度最高1000万元</td></tr>
</table>

资料来源：根据各银行年报、网站和媒体公开报道的不完全统计。下划线字体为2013年新增品牌或产品。（截至2013年12月31日）。

3.5.2 文化创意类小微企业金融服务

近年来，国务院多项政策、法规助力文化产业发展。据统计数据显示，全国133万家文化产业企业中85%是中小微企业①，作为国务院支持中小企业部际联席会议成员单位，文化部会同人民银行、财政部等相关金融部门，在2014年3月17日印发了《关于深入推进文化金融合作的意见》，在江苏无锡召开全国文化金融合作会议，会同各省市文化厅、人民银行分行、各大银行、文化企业等，第一次把文化产业同金融的合作放到了前所未有的重要位置。在文化产业、中小微企业两者均受到当前国家政策扶持的环境下，文化创业类小微企业受到诸多商业银行的追崇。

截至2013年末，工行对文化产业的融资余额为1442亿元，当年新增约330亿元，增幅达30%，是全行融资增长最快的市场领域之一。其中，工行大力实施中小文化企业扶持战略，对中小企业密集的产业园区和产业基地，通过创新金融产品和服务，推动文化创意产业集群发展。工行提供融资支持的中小文化企业达到约4000家，融资余额超过文化产业融资余额的八成②；中国银行在2013年分别推出专门针对影视文化类中小企业的知识产权质押融资产品“影视通宝”。

北京银行在京地区共设立了6家文化创意专营支行，围绕北京文化创意产业布局，建立了以包括“文化创意专营支行”和特色服务团队在内的覆盖全市的文化创意服务网络；北京银行携手文化部建设投融资服务平台，推进与北京市文资办、北京市文化创意产业促进中心全面战略合作，创办文化创意金融服务专营机构，服务文化创意产业集聚区发展。与1000余户文创企业建立合作关系，贷款余额超过160亿元、累计发放贷款500亿元③。民生银行成立文化产业金融事业部，截至2013年末，文化产业金融事业部各项金融资产余额36.41亿元④。南京银行于2013年12月设立文化支行，专注拓展文化金融业务。中信银行推出专门针对文化创意类企业（含个体工商户）的贷款产品“酷酷贷”。

3.5.3 绿色小微企业金融服务

■绿色信贷规模不断增长

十八届三中全会提出紧紧围绕建设美丽中国深化生态文明体制改革，为绿色金融发展之路指明了方向。2013年8月国务院印发《关于加快发展节能环保产业的意见》，提出要把环保产业建设成为国民经济新的支柱产业。从目前银行仍然处于发展期的绿色金融业务规模来看，绿色金融将成为银行业未来差异化竞争与转型核心业务。银监会数据显示，截至2013年6月末，国内21家主要银行机构绿色信贷余额为4.9万亿元，在全部68.1万亿元贷款余额中，绿色贷款占7.1%⑤。

作为率先开辟绿色金融市场和采纳“赤道原则”的兴业银行，绿色金融业务不断升级，品牌影响力进一步扩大，截至2013年末，绿色金融融资余额1780.97亿元，节能减排等绿色租赁项目64

---

① 《文化产业的跨界融合》，载《上海证券报》，2014-04-01。

② 《工行文化产业融资余额超1400亿》，工商银行网站，2014-02-24。

③ 《改革创新打造中小银行特色品牌》，载《金融时报》，2014-03-08。

④ 《民生银行2013年年报》。

⑤ 《中国主要银行绿色信贷余额达4.9万亿元》，中国新闻网，2013-11-04。

笔，租赁余额165.49亿元①。兴业银行总行可持续金融部于2013年更名为环境金融部。该行环境金融部已组建了项目融资、碳金融、市场研究、技术服务、赤道原则审查五个专业团队，形成集中产品创设、技术支持、资产管理、营销组织、交易服务、业务合作等六项职能于一体的资产运营平台。

图3－24 兴业银行绿色金融融资余额（2011—2013年）

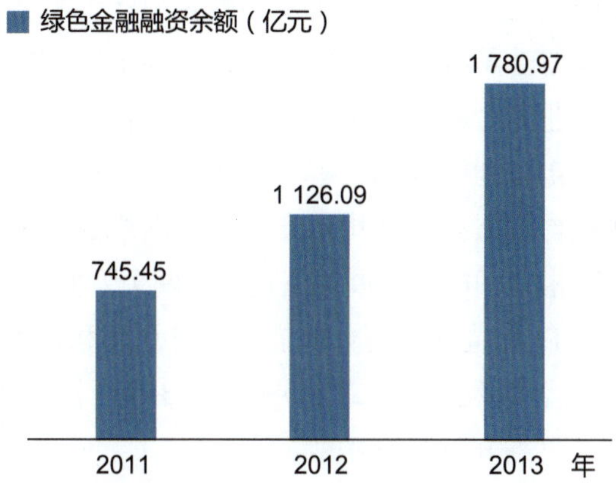

资料来源：兴业银行年报（2011—2013年）。

截至2013年6月末，浦发银行对节能环保服务产业贷款余额超过80亿元，截至2013年9月末，北京银行对小微企业的“绿色信贷”放款金额近50亿元，发放数量近300笔。截至2013年底，建设银行绿色信贷余额4883.90亿元；招商银行绿色信贷余额1163.72亿元，同口径比上年末增加68.25亿元，占招行公司企业贷款总额的10.01%②。

■绿色信贷服务模式不断创新

浦发银行与国际金融公司及法国开发署合作，为国内53个绿色信贷项目提供了超过33亿元贷款。浦发银行在总分行组建专职绿色信贷团队，专业化运作、垂直化管理，形成总行—分行—支行联动，支撑绿色信贷业务的快速发展，并于2013年推出绿色金融整体服务方案——《绿创未来——绿色金融综合服务方案》2.0版③。

光大银行推出低碳金融模式，结合中小企业低碳融资需求热点，选择相对成熟的合同能源管理项目、清洁发展机制项目和森林碳汇项目三大领域，作为低碳金融业务的目标市场和融资试验田。

北京银行推出了以未来收益权为质押方式的“节能贷”、采取政府奖励资金账户质押方式的“节能补贴贷”以及与国际金融公司（IFC）合作推出损失分担等业务模式，积极完善节能贷款产品体系。2013年3月，北京银行与国际金融公司（IFC）合作推出旨在重点支持中小节能企业的“中国中小企业节能减排融资项目（CHUEE SME项目）”，涵盖能效领域、节水领域项目融资及绿色信贷培训等内容，北京银行也成为在节水领域与IFC开展合作的第一家商业银行。

① 《兴业银行2013年年报》。
② 《中小银行绿色战略深度推进》，载《金融时报》，2013－12－27。
③ 《浦发银行2013年企业社会责任报告》。

3.6 信息技术优化传统小微金融服务

2013 年，信息技术进一步影响并改变着传统的金融业态和格局。与传统金融服务内容和形式相比，金融服务与信息技术的结合降低了小微企业贷款成本和门槛，丰富了小微企业理财等综合性服务内容，拓宽了小微企业金融服务的渠道，为零售及小微客户资金配置效率、交易成本、服务渠道和数据信息来源等方面带来了颠覆性的改进。具体而言，金融服务与信息技术的结合主要表现在金融机构的信息科技化、互联网企业的金融化两个方面，即：前者是传统金融机构通过自建或合作的方式，利用互联网思想和技术创新盈利模式和改善客户体验；后者是一些有资质的互联网企业通过申请金融牌照、收购中小金融机构等方式，利用信息优势和网络的便捷进军金融领域。鉴于此，本报告对商业银行与信息技术之间相辅相成的发展关系也从这两个方面进行探讨，一是本节（3.6）基于商业银行自身的角度，跟踪 2013 年商业银行如何借助信息思想和技术变革丰富和改善传统业务的服务内容和服务形式，增强小微客户吸引力；二是下一节（3.7）梳理 2013 年商业银行如何迎战多种互联网金融形式在客户分流、业务争夺上的挑战。

本节的关注点在于信息技术变革倒逼商业银行不断将传统服务内容和服务模式与信息技术相结合。传统小微企业金融服务获得信息技术的优化主要表现为对小微金融产品服务内容的丰富、对小微企业金融服务渠道的拓展两大方面。具体而言，商业银行依托信息技术的网络化推出多样的综合性金融服务；同时，利用信息技术打造网络服务平台、手机移动银行、微信金融服务平台等“电子化、智能化、移动化”的创新服务渠道，以更好地适应中小企业业务小额化和零售化、周转快且服务要求高的常态特征。

3.6.1 网络服务规模继续增长

网络银行的应用情况是商业银行开展网络服务的一项重要表现。2013 年我国商业银行传统的网上支付业务 236.74 亿笔，金额 1060.78 万亿元，同比分别增长 23.06% 和 28.89%[①]。多家商业银行 2013 年网银客户数量及全年交易额增速均高达 10% 以上。具体而言，从网银客户数量来看，大型商业银行凭借自身的客户数量优势，在网银客户数量上远远超过股份制商业银行和城市商业银行：个人网银用户已超过 1 亿户，企业网银用户在 200 万户以上，而中小银行个人网银用户数量多数在 1000 万元以下，但中小银行网银客户的平均增幅大于大型银行；从网银交易额来看，商业银行普遍保持着 20% 以上增速的增长：其中，大型商业银行网络交易额达 150 万亿元以上，股份制商业银行和城市商业银行网络交易额约 40 万亿元左右，但两类中小银行交易额增长势头较大型商业银行更为迅猛。

同时，各家商业银行的网络贷款规模逐步增长。例如，工商银行于 2009 年底根据小微企业实际融资需求而量身打造的小企业网络循环贷款——“网贷通”，截至 2013 年 9 月末，“网贷通”已为 5.3 万户小微企业提供了 1.07 万亿元的信贷支持[②]，并上线“法人贷款在线申请”、“个人贷款在线

---

① 《2013 年支付体系总体运行情况》，中国人民银行。

② 《工行逾万亿“网贷通”惠及 5 万多小微企业》，工商银行网站，2013－10－28。

图 3－25 部分商业银行网银使用概况

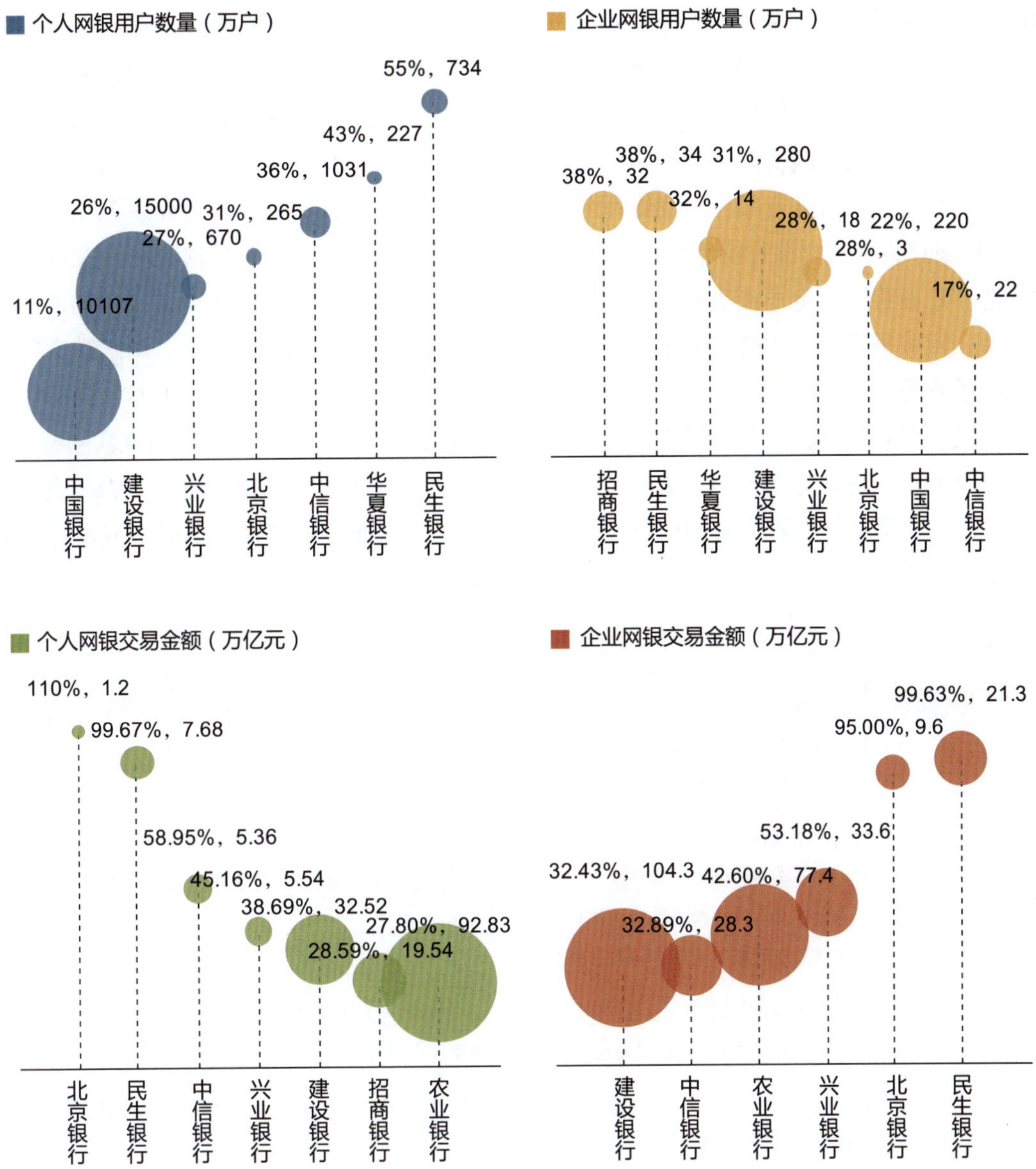

注：图中气泡大小代表相应指标的规模大小，气泡高度代表相应指标的增长率。数据标签第一个数字为相应指标的增长率，第二个数字为相应指标的规模大小。如“11%，10107”表示中国银行个人网银用户数量为 10107 万户，增长率为 11%。其他数据含义以此类推。

资料来源：上述四图数据均摘自各家商业银行 2013 年年报。

申请”等功能；建设银行网络贷款自 2008 年以来累计投放 1162.60 亿元，累放客户超过 1.64 万户；2013 年 5 月，中信银行完成了网络信贷业务平台系统研发，实现了贷款申请、审批、放款和还款等业务环节的全线上管理。

3.6.2 信息技术丰富服务内容

2013 年，商业银行继续发挥网络金融服务快捷便利的优势，丰富网络科技金融服务产品和服务模式，更好地满足小微企业“短、少、频、急”的金融服务需求特征。一是以民生银行、招商银行、光大银行为代表，与银联合作创新开发 POS 网络贷款业务，小企业主可凭 POS 机刷卡流水数据向银行申请纯信用贷款；二是以工商银行、中国银行、招商银行、中信银行为代表，积极搭建网络投融资平台，提供综合金融服务方案。工商银行针对广大网商的资金需求特征，开发了网络平台融资产品系列“易融通”，并结合该行特色小微品牌“逸贷”，开通网上银行自助贷款服务。农业银行 2013 年全力打造“E 商管家”电子商务服务平台，为企业提供集供应链管理、多渠道支付结算、线上线下协同发展、云服务等于一体的定制化商务金融综合服务。中国银行通过中银“网络通宝”业务向在第三方电子商务平台上经营的中小企业提供综合金融服务方案。招商银行推出专门面向中小企业客户的开放式、综合化互联网金融创新平台——“小企业 E 家”。北京银行推出与互联网技术充分结合、基于账单流水实现融资的信用贷款产品——“小微贷”，还推出“现金 e 通”产品，为客户提供在线账户管理、结算管理、资金集中管理、增值管理、融资管理、风险管理等多项功能，满足不同类型客户的现金管理需求。

表 3－5　　2013 年部分商业银行网络贷款产品及服务的拓展情况

银行名称	网络贷款产品及服务
工商银行	• 推出 B2C 逸贷分期付款、闪酷线上支付、企业代签本票等产品 • 结合该行特色小微品牌“逸贷”，开通网上银行小企业自助贷款服务
农业银行[①]	• 推出“个人网上贷款平台系统”并上线“法人贷款在线申请” • 推出了小企业自助可循环贷款、个人自助循环贷款、“卡捷贷”、“智动贷”和上海宝钢供应链融资产品等多项具有网络融资特征的信贷产品 • 推出“E 商管家”电子商务服务平台
中国银行	• 推出“中银网络通宝”业务，向在第三方电子商务平台上经营的中小企业提供综合金融服务方案。 • 推出“中银 E 社区”，提供便民支付、民生缴费、小微贷款等金融服务
招商银行[②]	• 推出“小企业 E 家”，开发了企业在线信用评级、网贷易、惠结算、我要理财等互联网金融产品 • 上线“e＋稳健融资项目”的网络投融资平台 • 推出 POS 商户网络贷款
民生银行[③]	• 联手中网推出“民生—中网新 e 贷” • 推出 POS 商户网络贷款
兴业银行	• 推出“e 家财富”服务
中信银行	• 推出“POS 商户网络贷款”产品 • 推出动产质押模式的 B2B 电子商务在线融资产品
华夏银行	• 推出“平台金融”，为核心对公客户的上下游供应商、经销商、代理商提供分阶段、不同比例、随借随还的“网络贷款”
平安银行	• 推出“贷贷平安商务卡”，并开通网上银行服务渠道 • 推出 POS 商户网络贷款产品

续表

银行名称	网络贷款产品及服务
光大银行[④]	• 推出"阳光融e贷"质押贷款业务 • 推出POS商户网络贷款产品
浦发银行	• 推出小微专属服务电子银行
浙商银行[⑤]	• 推出B2B电子商务金融综合服务"企业e购销"，包括购销e网（信息发布平台）和购销通（资金管理平台），并提供商圈服务、双向或远期信息发布、交易速配等特色服务
江苏银行[⑥]	• 创新推出7×24小时的"小快灵、网上贷"业务
民泰银行[⑦]	• 推出为小微企业定制的特色产品"随贷通"，自助循环贷款，提供24小时网络操作通道。

注：①《农行智动贷（小企业自助可循环贷款）》，人民网，2013-06-15。

②《招商银行率先推出E+互联网融资项目》，新华网，2014-02-13。

③《民生银行联手中网推"民生—中网新e贷"服务》，网易财经，2013-12-23。

④《光大银行"阳光融e贷"突破10亿元》，和讯网，2013-11-20。

⑤《浙商银行打造购销e网、购销通B2B服务平台》，浙商银行网站，2014-2-28。

⑥《江苏银行"小快灵·网上贷"入选创新好事大事》，载《新华日报》，2014-03-19。

⑦《民泰银行推出"随贷通"自助循环贷款满足小微企业贷款》，载《每日商报》，2013-10-12。

资料来源：表中除上述注明数据来源的银行外，其他银行信息摘自各行2013年年报和企业社会责任报告。其中画线内容为与中小微金融服务密切相关的网络产品服务发展。

3.6.3 移动技术拓宽服务渠道

信息技术优化小微金融服务发展的另一表现是"电子化、智能化、移动化"的创新服务渠道对小微金融服务获取方式便捷性的提高。具体表现为：2013年，以工商银行、农业银行、杭州银行为代表的商业银行，结合小微贷款特色产品，开通7×24小时的网络自助融资通道；除网络对商业银行传统业务的贡献外，以手机服务尤其是微信服务为亮点的移动技术成为2013年商业银行吸引客户群体的另一有力的技术支撑，2013年最令人眼前一亮的移动支付业务总计达16.74亿笔，金额9.64万亿元，同比分别增长212.86%和317.56%；此外，直销银行这一崭新的以信息科技为依托的营销模式闯入众多商业银行的视野。

■手机银行：小企业主的随身好帮手

2013年，随着智能手机的进一步广泛普及，手机银行已成为各家商业银行在"指尖"时代抢夺的新战场，手机银行的语音识别技术、手机网点排号、二维码支付、理财及贵金属行情推送等服务得到客户的认可，手机银行的使用规模显著提高。截至2013年12月31日，国有商业银行手机银行客户数量仍然占据半壁江山，并保持高速增长；股份制银行推出智能化、便捷化的掌上银行服务则进一步推进了手机银行用户群、交易量方面的迅猛发展，促使客户活跃度得到了大幅提升。以部分代表性股份制商业银行为例，截至2013年12月31日，平安银行新增手机银行用户数量较2012年同比增长836%，招商银行同比增长216.16%，光大银行同比增长112%，浦发银行手机银行新增客户数为前四年总和的1.6倍。我们相信，手机银行使用的快速增长仍有广阔的发展空间。

图 3－26　2013 年部分商业银行手机银行使用情况概述（截至 2013 年 12 月 31 日）

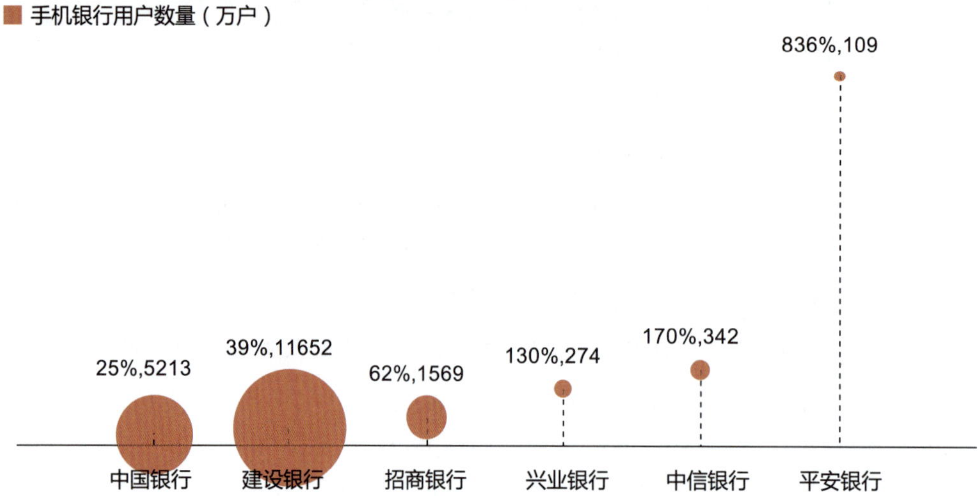

注：图中气泡大小代表手机银行用户数量，气泡高度代表手机银行用户数量的增长率。数据标签第一个数字为手机银行用户数量的增长率，第二个数字为手机银行用户数量，如“25%，5213”表示中国银行手机银行用户数量为 5213 万户，增长率为 25%，其他数据含义以此类推。

资料来源：各家商业银行 2013 年年报。

为方便小企业主对个人账户、家人账户、公司账户等多个账户的集中管理，提高小微企业主的银行忠诚度，各家银行在前期发展零售手机银行的基础上，争相推出小微企业专属移动金融服务，具体可概括如下：一是以工商银行、农业银行、建设银行、招商银行、中信银行、平安银行等为代表，结合自身小微贷款品牌，开通集存贷款、支付、投资理财等综合化增值业务在内的手机服务平台；二是以民生银行、浦发银行、光大银行、宁波银行、浙江民泰银行为代表，专设“小微手机银行”，针对小微金融量身打造产品及服务，增强商业银行小微金融服务的专属性。

表 3－6　部分银行手机银行业务及其小微专属服务（截至 2013 年 12 月 31 日）

银行名称	手机银行功能
工商银行[①]	• 升级手机银行服务，结合语音识别技术应用，推出手机网点排号及二维码应用功能新增并优化账户贵金属、账户外汇、分行特色等服务 • 结合该行特色小微品牌“逸贷”，开通手机银行自助贷款服务
农业银行	• 扩大手机银行覆盖客户端，新增 ipad 版及 WP 版 • 上线“法人贷款”、“个人贷款在线申请”功能，新增上线彩票、网点查询、银医直通等增值服务
中国银行	• 推出“中银易付”手机应用，具有二维码转账以及更为便捷的登录和签约方式
建设银行	• 新增“网点排队取号”、“摇一摇转账”、“i 分享”、“建行优惠簿”等场景应用 • 启动新版手机银行客户端 UI 设计
交通银行	• 推出业内首个采用“云＋端”技术、智能化功能、最大金额任意账户安全转账和非接式 IC 卡充值的第二代手机银行 • 上线智慧网盾、TSM 发卡圈存等移动支付创新产品
招商银行[②]	• 新增手机银行网点预约功能、电子填单一卡通开户和手机银行一卡通无卡取款功能 • 推出手机钱包，提出了“移动金融生活一站式开放平台”的手机银行设计理念
民生银行[③]	• 新增无卡取现功能 • 推出新版小微手机银行，并新增“自助提款”和“自助还款”两项服务

续表

银行名称	手机银行功能
兴业银行	• 升级手机银行客户端，新增二维码收付款、摇一摇查看及播报贵金属行情等功能
中信银行	• 推出“异度支付”品牌，开发了二维码支付、NFC手机近场支付和跨行全网收单等子产品 • 上线“友钱·壹钱包”
平安银行	• 升级手机银行（平安口袋银行），实现手机号转账、摇一摇转账、无卡取现、手机IC发卡、贷贷平安、语音识别、微信银行、支付宝服务营销平台和客户定制画面等重点新功能
光大银行④	• 推出“阳光e付”手机支付业务、“瑶瑶缴费”手机客户端 • 推出企业家手机银行，无论是向光大付款还是向他行付款，均免手续费
浦发银行	• 推出了“NFC手机钱包联名卡”创新产品 • 推出小微手机银行及配套产品，提供企业账户和企业主个人账户信息查询、支付结算、投资理财、在线融资等服务
北京银行	• 上线投资理财功能 • 携手小米开发基于近距离无线通信技术（NFC）的手机/互联网终端
宁波银行⑤	• 推出个人版移动银行，可为小微企业主提供理财、转账、自助贷款、支付缴费、无卡取现、信用卡服务、复核授权、电子对账等功能
民泰银行⑥	• 推出“随意行”，提供“金融IC卡”、“手机银行”、“自助循环小额贷款”等功能

注：①《工行电子银行客户数近四亿》，新华网，2014－03－28。

②《招行新增电子填单一卡通开户及手机银行一卡通无卡取款功能》，载《厦门日报》，2013－11－28。

③《民生银行推出手机银行无卡取现预约服务》，和讯网，2013－05－10。

④《光大银行推出企业家手机银行》，中国网，2013－02－21。

⑤《宁波银行设10亿信用贷款专注小微企业特色金融》，中新网，2013－04－11。

⑥《温州晚报：“民泰”到温州就是“实打实”做“小”服务小微企业支持实体经济》，民泰银行网站，2013－12－27。

资料来源：表中除上述注明数据来源的银行外，其他银行信息摘自各行2013年年报和企业社会责任报告。其中画线内容为与中小微金融服务密切相关的手机银行发展。

■微信银行：井喷式增长

互联网时代，掌握互联网入口的主体将拥有巨大的话语权，截至2013年底，已经突破6亿用户的微信无疑牢牢掌握互联网话语权，银行要想融入互联网大潮中，就必须很好地利用这样的互联网平台。伴随微信用户量的爆炸式增长以及微信平台的开放性，越来越多的银行与腾讯合作开展微信银行业务，截至2013年12月31日，五大行、部分股份制商业银行和城市商业银行已开通微信银行。作为以人为本的社会化、全民性的交流工具，微信可以提升银行社会形象，增加客户亲切感和认可度。目前，许多银行的微信平台正在逐渐从“订阅号”转战“服务号”，从单纯的信息推送转型兼具金融服务和在线客服功能的掌上金融服务。不可否认的是，微信银行已成为继网上银行、电话银行、手机银行之后的又一种为银行用户提供金融服务的信息科技渠道。

目前商业银行微信银行或微信公共号提供的服务内容和形式可概括为：

一是集存贷业务、信息查询、理财咨询及购买等多种金融服务于一体的综合化金融服务平台，如工商银行、农业银行、建设银行等。

二是将微信视为理财销售及服务平台。许多银行推出了微信专属理财产品，还陆续推出了基金、外汇、黄金等全方位的投资理财服务。如浦发微信银行2013年推出的微信银行专属理财产品，通常在上线1分钟后即告售罄，瞬间交易金额达3亿元以上。同时，浦发银行也推出微信银行闪电理财功能，用户只需1秒钟即可完成资金在活期账户和该行开放式理财产品“天添盈”之间的转入或转出，获取远高于活期利息的收益。

三是信用卡服务平台。众多商业银行以微信为切入点，方便用户进行信用卡申请，查询账单信息、账单分期，信用卡还款，查询信用卡额度和积分等。如平安银行推出专为小微企业服务的“贷贷平安商务卡”微信服务平台，受到广泛关注，截至2013年12月31日，该平台客户数已突破180万人①。

四是基于微信的生活类服务服务，包括便捷缴费、购票、为游戏点卡充值，查询网点等，中国银行甚至推出了微信在线申请签证办理服务。

图3－27　商业银行微信银行或微信公共号的服务内容和服务形式（截至2013年末）

① 资料来源：《平安银行2013年年报》。

表 3 - 7　　部分银行微信银行业务及其小微专属服务（截至 2013 年末）

银行名称	微信银行
工商银行①	• 设立微信银行，提供包括 7×24 小时人工咨询、自助查询和信息推送等服务
农业银行②	• 推出信用卡微信营销平台 • 设立微信银行，开通了微信客服渠道，提供包括"智慧 e 站"、"金融 e 站"以及"生活 e 站"在内的三大功能板块
中国银行③	• 推出信用卡微信服务平台，包括"互动惊喜"、"悦享生活"、"每日理财"三大板块，并开通了微信客服渠道 • 在北京、上海等地推出"中银签证通"，提供微信在线申请办理签证服务
建设银行④	• 设立"微信银行"，兼具金融服务和在线客服功能，提供便利缴费等生活类、信用卡类以及其他金融业务的服务
交通银行	• 设立微信银行，定期推送最新的用卡优惠、特色活动、实物黄金、理财资讯、市场信息等
招商银行	• 推出信用卡微信客服 • 设立"微信银行"，提供借记卡账户查询、转账汇款、信用卡账单查询、信用卡还款、积分查询等卡类业务，还可以实现网点查询、贷款申请、办卡申请、手机充值、生活缴费、预约办理专业版和跨行资金归集、网点地图和排队人数查询等多种便捷服务
民生银行	• 推出微信银行，提供借记卡、信用卡和增值服务于一体的综合金融服务
兴业银行	• 推出微信银行，开通微信客服通道，服务范围主要针对借记卡和信用卡等卡类业务，以及推送最新理财等金融时讯
中信银行	• 推出信用卡官网公共关注账号
平安银行	• 推出微信版客服机器人 • 成立"平安交易员"微信平台 • 推出专门服务小微企业客户的"贷贷平安商务卡"微信服务平台，以小额信用循环贷款为核心，集融资、结算、增值服务等功能
光大银行	• 推出信用卡公共关注账号 • 推出微信银行，业务范围包括借记卡和信用卡，具有购买理财、信用卡还款、账户查询、网点位置及排队情况查询等功能
浦发银行	• 推出了微信银行，提供理财、支付、融资、取款等服务，推出微信专属理财产品
广发银行⑤	• 推出微信公众平台，提供理财通、信用卡、金融服务三大块服务
江苏银行⑥	• 推出微信银行，提供 7×24 小时的全天候金融服务，包括信用卡账单、积分、额度信息查询，借记卡余额信息查询以及账户变动通知，以及推送最新的优惠活动、产品资讯等信息

注：①《工商银行推出微信银行服务》，网易财经，2013 - 08 - 30。

②《农行再推便民举措微信银行一站式服务》，中国财经网，2014 - 03 - 14。

③《中国银行推出微信办签证业务》，人民网，2014 - 04 - 04。

④《建设银行升级微信银行提供微金融信用卡等业务》，金融界网站，2013 - 11 - 15。

⑤《微信银行这么"玩"，小伙伴们都知道了吗?》，载《温州日报》，2014 - 05 - 01。

⑥《强势来袭江苏银行推出微信银行》，中国电子银行网，2013 - 09 - 25。

资料来源：表中除上述注明数据来源的银行外，其他银行信息摘自各行 2013 年年报和企业社会责任报告。其中画线内容为与中小微金融服务密切相关的微信银行服务。

■直销银行服务模式引关注

直销银行诞生于 20 世纪 90 年代末北美及欧洲等经济发达国家，是互联网时代应运而生的一种集约型银行运作模式，其业务拓展不以实体网点和物理柜台为基础，客户主要通过电脑、电子邮件、手机等远程渠道而非实体网点获取银行产品和服务，省去了传统网点高昂的成本，因此可以提供更有竞争力的存贷款价格及更低的手续费率，具有“超便捷、机构少、成本低、更灵活”等显著特点，这一特点十分契合小微企业的金融需求特征。目前，直销银行在各国银行业的市场份额已达9%至10%，且占比不断扩大①。2013年，民生银行再次掀起技术革命，联手阿里小微金融服务集团，首创国内直销银行模式，引起家银行广泛关注与追随。直销银行模式是拥抱互联网金融大潮的大胆创新，更是应对利率市场化、节约成本、加速业务结构转型及精细化管理的突破性尝试。

直销银行在国内尚属于起步阶段，从目前已经运营的几家直销银行的经营模式来看，其业务板块主要围绕长期存款、特供理财销售及代销基金等。据民生直销银行部的人士介绍称，“小额贷款、贵金属等产品也进入筹备和开发期，之后将择机推出。”② 而纵观ING直销银行产品推出历程，也是从简单的储蓄账户起步，最终扩展到储蓄账户、按揭贷款、股票账户、养老金账户和企业储蓄账户五类，其中企业储蓄账户即定位于服务小微企业客户。

但是，当前直销银行的发展仍面临诸多瓶颈。一是严格的监管。《商业银行理财产品销售管理办法》中“商业银行应当在客户首次购买理财产品前在本行网点进行风险承受能力评估”的监管规定，即是脱离营业网点的直销银行目前发展最大的障碍之一。二是专业化的团队建设。为帮助客户迅速接受这一新兴服务形式，宣传指导、营销答疑、技术维护等工作的开展均需要一个网络客服部门作为资源支持，这是目前我国直销银行模式所缺失的。

表3-8　　部分商业银行开通直销银行情况（截至2013年12月31日）

银行名称	直销银行产品及服务
民生银行②	主打两款产品，一是“如意宝”余额理财产品，这款产品对接货币基金，具有购买门槛低、申购无限制、单日最高赎回500万元、实时支取、日日复利的特点；二是“随心存”储蓄产品，1000元起存、随用随取、利息收益最大化 推出“轻松汇”业务，客户在绑定电子账户后可任意归集资金，在500万元限额内转入、转出资金
北京银行①	采用“线上互联网平台”和“线下直销门店”结合的模式。线上服务由互联网综合营销平台、网上银行、手机银行等多种渠道构成；线下模式是建立便民直销店，设置远程签约机、存取款机、自助缴费终端等
兴业银行	提供两种登录方式，即电脑版和客户端手机银行版。目前上线业务有三种，分别为理财产品、代销基金和定期与通知存款等。理财产品方面，除囊括目前兴业银行总行发售的理财产品外，部分一级分行也会上线一些理财产品，主推“万利宝”系列理财产品、“现金宝”、“天天万汇通”等。此外，还有部分夜市版理财产品

注：①《部分银行开推直销银行模式积极布局互联网金融》，新华网，2014-04-06。

②《民生银行直销银行28日正式面市》，中国资本证券网，2014-02-28。

资料来源：表中除上述注明数据来源的银行外，其他银行信息摘自各行2013年年报和企业社会责任报告。

3.7　全面迎战互联网小微金融挑战

除上一节我们提及的信息技术优化传统小微金融服务外，金融与信息科技结合全面争夺小微金

① 《阿里巴巴牵手民生试水直销银行》，中国行业研究网，2013-09-28。

② 《利润新宝：小微金融和直销银行》，载《理财周报》，2014-03-03。

融市场的另一方式即为互联网企业的金融化。2013 年互联网金融的规模增长和形式创新引起了商业银行的重视。凭借大数据优势，电商平台系小贷公司涉足供应链金融收获颇丰，截至 2013 年 12 月末，阿里小贷累计客户数超过 65 万家，累计投放贷款超过 1600 亿元。京东商城供应链金融产品“京保贝”上市不到两个月贷款规模达到 10 亿元；P2P 网贷市场井喷增长的同时行业鱼目混珠；余额宝的横空出世和火暴增长，对于银行活期存款迅速大量分流，侵蚀了银行的利益。

面对互联网金融的火暴来袭，2013 年商业银行对互联网金融的态度由过去的观望、重视转为全面迎战。互联网金融带给银行的危机感促使其主动研究、迅速发力互联网金融市场。具体而言，2013 年商业银行进一步加快自建电子商务平台的脚步并结合自身优势重点发力电商 B2B 平台，接入电商平台供应链融资等金融服务；在 P2P 网贷市场上，继 2011 年平安集团陆金所涉足 P2P 之后，第一个商业银行内部发起的 P2P 网贷平台“招行小企业 e 家”也于 2013 年 9 月上线；同时银行系“宝宝类”理财产品迅速推出，多元化吸引小微企业客户。

3.7.1 涉入电子商务仍任重道远

截至 2013 年底，我国网络购物用户规模达到 3.02 亿户，较上年增加 5987 万户，增长率为 24.7%；网络购物市场交易金额达到 1.85 万亿元，较 2012 年增长 40.9%，网络零售市场交易总额占社会消费品零售总额的比例从 6.1% 提升至 7.9%[①]。随着以电商平台为载体的网购市场的快速扩张，形成了稳定的网商企业群体，积累了大量真实的交易信息。“信息”是商业银行业务经营的基础，面对诸多电商企业凭借客户信息优势大举涉足金融业务、争夺商业银行中小企业的客户来源，商业银行自 2012 年开始试水电子商务业务，力图通过开展“网上商城 + 网络融资 + 创新平台”的综合化电商平台，掌握网商交易企业的信息，争夺并筛选优质中小企业客户以提供网络授信，在对以小微客户为主的网商企业的金融服务中，发挥商业银行这一传统金融中介机构的主动性。

图 3-28 中国网购交易金额及增长率（2006—2013 年）

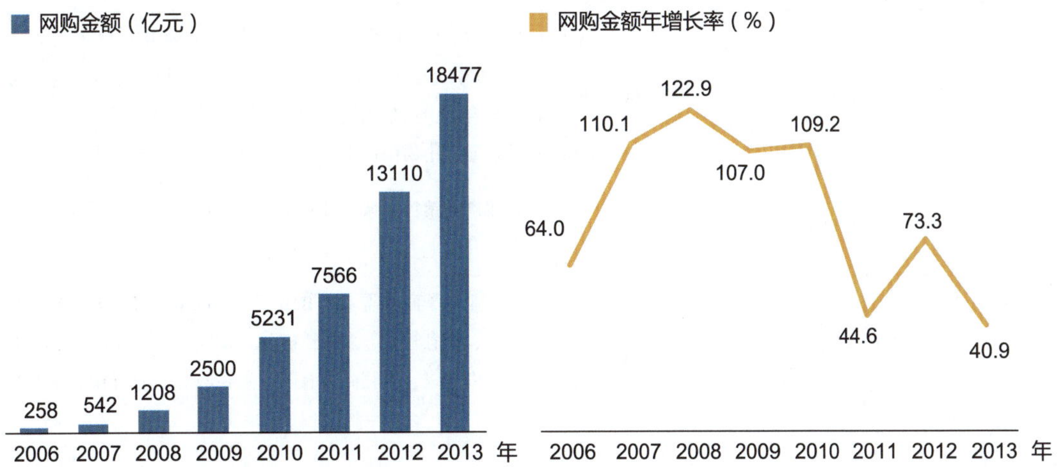

资料来源：《2013 年中国网络购物市场研究报告》。

① 《2013 年中国网络购物市场研究报告》。

■上市银行电商平台全面开花

截至2014年4月底，沪深交易所上市的16家商业银行中均已不同程度涉足电商平台。一类是已打造了自己独立的面对社会公众开放运营的电商平台，共有5家，包括建设银行、交通银行、中信银行、宁波银行和农业银行。另一类是工商银行、建设银行、交通银行、农业银行这四家银行在搭建电商平台的同时，着重嵌入或联通自身的金融服务产品，直接将平台积累的真实信息与银行服务无缝连接，亲自打造资金、数据、平台三大布局的电商金融。其他商业银行电商平台的搭建，仍处于仅面向本行客户的信用卡中心积分商城服务的形式，尚未进一步拓展为面向社会公众的独立运行平台。2013年8月31日兴业银行正式关闭兴业信用卡网上分期商城，传统商城的平台模式受规模有限、特色不鲜明等因素的影响面临经营困境，信用卡积分商城形式的电商平台未来的转型之路仍有待观察。

表3-9　　16家上市商业银行电子商务平台铺设情况介绍（截至2013年12月31日）

	银行	名称	上线时间	特　点
综合型，且面对所有客户	建设银行	善融商务	2012-06-28	分为“善融商务个人平台”和“善融商务企业平台”及房E通房屋中介三大板块，业务涵盖B2B、B2C支付结算、托管、担保、融资及房地产金融线上服务。个人平台类似天猫，提供综合化的产品，并提供个人小额贷款、个人权利质押贷款；企业平台针对企业提供多种贷款甚至基于网络信用记录作为评级的重要依据的e贷款和基于产业链的e点通
	交通银行	交博汇“商品馆”		分生活、商品、金融、企业四个部分，通过四馆的业务联动，全面覆盖企业及个人电子商务的综合需求。生活馆主打便民缴费，订票，充值，交通罚款；商品馆类似天猫，进行各类B2C业务；金融馆提供各类金融产品服务；企业馆为B2B提供信息交流平台。2014年3月24日已公布将交博汇商品馆与积分乐园整合成新的“交博汇·积分乐园（商品馆）”平台。原商品馆于5月31日关闭
	中信银行	e中信	2013-06-16	e中信集合了中信集团金融服务与非金融B2C电子商务（中信商城）。其中金融服务包括基金、证券、信托人寿等金融服务；中信商城整合了中信集团旗下中信医疗、大昌行、尼雅红酒、机票、中信乐益通、中信信用卡分期购物商城、中信出版社等资源
	宁波银行	汇通商城		综合化产品销售商城，针对宁波银行汇通信用卡可分期，也对其他银联卡开放
	农业银行	E商管家	2013-11-19	围绕企业电子商务需求的B2B平台，为入驻商户和交易客户提供商品展示、信息管理、多渠道支付、在线融资等全方位优质服务；目前系统刚升级，入驻商家有限，主要服务于农行核心企业及其下游经销商
综合型，但仅对本银行客户开放	工商银行	融e购商城	2014-01-12	类似天猫，提供综合化的产品；针对个人消费提供“逸贷”贷款服务，预计将不断嵌入更多的消费贷款、订单融资、供应链融资等重要的金融工具。但仅对本银行用户开放

续表

	银行	名称	上线时间	特　点
传统的积分商城，仅对本银行用户开放	农业银行	生活e站	2011-08-08	提供机票预订、充值缴费、网上购物、电影票预定，其中网上购买目前仅限于珠宝类和数码家电类产品；仅针对农业银行客户开通支付
	光大银行	光大信用卡网上商城		隶属于信用卡中心，仅对光大银行客户开放，可分期支付
	华夏银行	华夏银行信用卡商城	2012-08-28	隶属于信用卡中心，仅对华夏银行信用卡用户开通支付，可分期支付
	民生银行	中国民生银行信用卡商城		隶属于信用卡中心，仅对民生银行信用卡用户开通支付，可分期支付
	招商银行	非常e购网上商城	2013-07-01	隶属于信用卡中心，仅对招行信用卡、招行一卡通开通支付，可分期支付
	浦发银行	浦发银行信用卡网上商城		隶属于信用卡中心，仅对浦发银行信用卡用户开通支付，可分期支付
	平安银行	平安银行信用卡商城		隶属于信用卡中心，仅对平安银行信用卡用户开通支付，可分期支付
	南京银行	南京银行积分商城、信用卡商城		隶属于信用卡中心，仅对南京银行信用卡用户开通支付，可分期支付
	北京银行	北京银行信用卡商城		隶属于信用卡中心，仅对北京银行信用卡用户开通支付，可分期支付
	兴业银行	兴业信用卡网上分期商城		已于2013年8月31日关闭
其他平台	中国银行①	中银易商		推出"中银易商"布局网络银行，包括易金融、泛金融、非金融、自金融四个维度。易金融主要是利用互联网的工具和手段，解决传统金融服务"贵"、"烦"、"慢"的问题；泛金融是通过广泛合作建立大联盟，以O2O的模式拓展电子商务领域；非金融是介入非金融服务领域，实现金融与相关产业结合的深度融合；自金融是建立平台、机制与规则，在开放平台进行个性化定制产品和服务等。截至2014年4月13日还未完全对普通客户展开服务

注：①《中行推出"中银易商"布局网络银行》，载《第一财经》，2013-10-25。

资料来源：表中除上述注明数据来源的银行外，其他银行信息直接摘自各商业银行相应电商平台的网站。

由表3-9可见，虽都是银行系的电商平台，但是各家电商平台差异较大。以电商布局中表现突出的工商银行"融e购"、建设银行"善融商务"、交通银行"交博汇"三家为例，在域名设定、支付手段、招商方式和融资条件上均呈现出一定的差异。

在域名设定上，建行“善融商务”分为“个人商城、企业商城、房 E 通”三个不同的独立域名；交行“交博汇”分为“企业馆、商品馆、生活馆、金融馆”四个不同的独立域名；工行“融 e 购”则以 B2C 为主，并没有针对企业客户开设独立的板块。

在支付手段上，建行“善融商务”支持包括其他十几家银行网银在内的网银支付方式；交行“交博汇”网站也显示其支持约 10 家银行的网银支付；工行“融 e 购”有积分支付、电子券支付、网银支付、闪酷卡支付等多种方式，不过网银支付目前仅支持工行网银用户。

在招商方式上，建行“善融商务”正式对外招商时，推出了一系列的优惠措施，包括免平台费、免年费、免技术维护费、免交易佣金费等；与建行的“善融商务”不同，入驻工行“融 e 购”商城的商家，均是由工行选择邀请入驻，暂不接受商家报名。针对首次合作的商家，可享受“融 e 购”商城减免支付结算手续费和宣传推广服务费两项优惠①。

在融资条件上，建行“善融商务”个人小额贷款预授信额度最低 1000 元，最高 30 万元，但必须是建行个人网银盾客户，并且已成功注册为“善融商务”会员和开通商城账户；通过工行“融 e 购”申请逸贷分期付款，除了满足逸贷的申请条件，还必须是工行的代发工资客户，此外，只有部分指定商户的商品能使用逸贷分期付款②。

■上市银行电商平台仍未拨云见日

多家银行铺设电商平台已经打开了银行涉入电子商务的序幕，但经过几近一年的发展，在平台建设、客户拓展和客户融资上取得了一定成绩，但与淘宝、京东等大型电商平台相比，普遍存在类似的问题：缺乏“高性价比”的商品、销售供应链未成形、平台封闭，客源有限、缺乏流量，商户难以经营。这直接导致银行系平台知名度仍欠缺，客户反应寥寥，已运行平台效果不佳，甚至呈现“鸡肋”化的趋势。

以银行系电商平台中的领先者“建设银行—善融商务”为例。2013 年，建设银行“善融商务”电子商务平台取得爆发式的增长，截至 2013 年 12 月 31 日，累计成交金额 277.82 亿元，其中个人商城成交金额（B2C）10.35 亿元，企业商城（B2B）267.47 亿元，2013 年企业商城累计成交额年化增长率约为 167%；2013 年全年融资贷款累计发放 110 亿元，年化增长率约为 210%③。大幅度增长的数据似乎足以令人赞叹，但与传统电商平台的横向比较让我们慨叹银行系电商平台的未来仍有长足的发展之路。在 B2C 领域，相较 2013 年电商平台老大天猫全年交易额 2238.14 亿元、老二京东 2013 年的 1000.68 亿元，老三苏宁线上业务销售额的 218.9 亿元（含税）④，建行“善融商务”个人商城 10.35 亿元的成交金额仅依次为这三位电商巨头的 0.5%、1% 和 4.7%。银行系电商平台 B2C 板块经营仍较为“清淡”的原因，一是缺乏“高性价比”的商品，缺乏市场的敏感度；二是销售供应链未成形，缺乏物流和仓储的支撑；三是平台封闭，客源有限，同时缺乏创新性产品及服务。

① 《工行融 e 购招商协议曝光：三年免佣金推广费》，亿邦动力网，2014－01－16。

② 《“逐鹿”互联网金融五大行电商全部亮相》，载《金融时报》，2014－01－27。

③ 《建设银行 2013 年年报》。

④ 《2013 年度中国网络零售市场数据监测报告》，中国电子商务研究中心。

图3-29 2013年银行系电商平台与传统电商平台B2C交易量比较

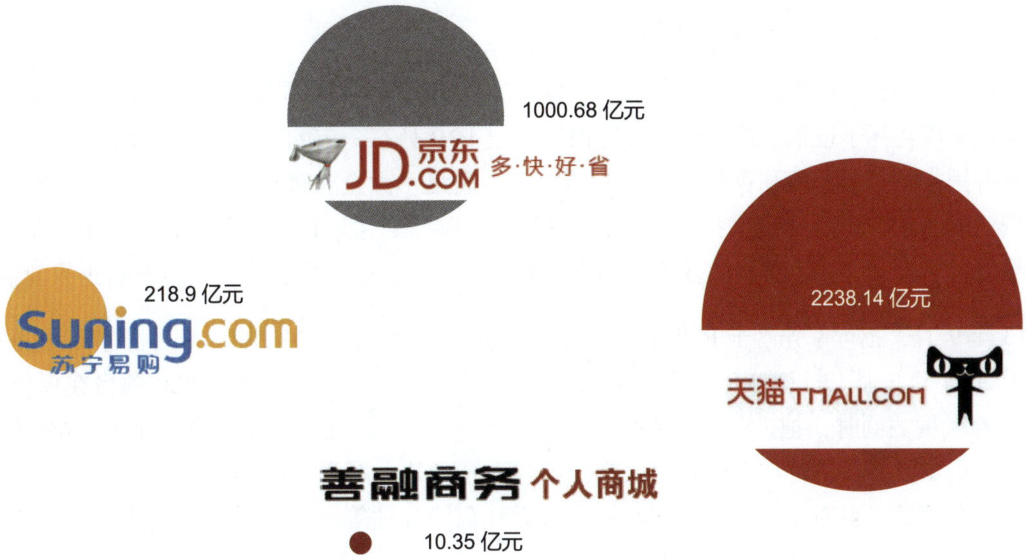

注：图中圆圈大小代表相应平台交易量的大小。

但与B2C业务相比，建行"善融商务"B2B领域的交易额成为亮点，2013年"善融商务"企业商城267.47亿元的交易额，已达到成立了15年之久的行业老大阿里巴巴（约1000亿元①）的26.7%左右，凭借商业银行自身企业客户优势和融资渠道便利，建设银行"善融商务"呈现出B2B领域快速追赶。面对银行系电商平台在发展初期的众多困境，各商业银行也在不断探索大力推广、创新式发展电商平台的思路，寻找与已成熟的电商企业相比的核心竞争力。当前，一些银行模仿建设银行，尝试避开竞争激烈的B2C商城，而转攻融资需求更加渴切的B2B商城，如交通银行"交博汇"将B2C（商家对顾客）业务逐渐向信用卡商城整合，并重点发力企业馆B2B（商户之间）及金融商城等银行相关业务②。虽然交博汇《关于"交博汇·商品馆"停止运营的告知书》③中声明的是商城整合升级，且相关新闻也提到升级版的"交博汇商品馆"体现出四大优势④，但从其支付手段的变化就可以看出，原来针对其他银行用户开通的平台将回归到传统模式，即仅对本行用户开通，从这一点便可以看出交博汇的战略变化。2014年3月1日起，浙商银行在国内首推B2B电子商务金融综合服务特色平台，包括购销e网（信息发布平台）和购销通（资金管理平台），并同步推出B2B电子商务金融综合服务品牌"企业e购销"⑤。

3.7.2 涉足P2P网贷平台新进展

自从2007年国内第一家P2P网贷平台成立以来，行业发展已过7年时间，从2011年开始行业井喷，大量的P2P网贷平台上线。据不完全统计，截至2013年底，全国P2P网贷平台已800余家，促

① 《阿里副总裁张建峰：2013年B2B业务将突破1000亿元》，TechWeb，2013-12-27。
② 《变局之下银行拆招》，载《证券时报》，2013-12-25。
③ 《有关"交博汇·商品馆"停止运营的告知书》，交博汇商品馆网站，2014-03-24。
④ 《交通银行"交博汇"全新升级 引领银行系电商变革浪潮》人民网，2014-04-28，
⑤ 《浙商银行打造购销e网、购销通B2B服务平台》，浙商银行网站，2014-02-28。

成民间借贷金融多达1058亿元，贷款存量268亿元，出借人数超过20万人①。但自2012年12月以来，以优易网为代表的网贷平台恶意倒闭，2013年超70家P2P平台倒闭或跑路涉资12亿元②，让人们认识到风险控制才是互联网金融的关键。

银行拥有风险管控模型、风险评估系统、良好的信用度等优势，同时掌握大量客户的信用信息、企业贷款记录等可用于征信的信息，这使得银行涉足P2P具有一定的基础。凭借P2P平台，银行还可以在不占用本行信贷额度和存贷比指标的情况下，满足小微企业客户的信贷需求。一方面，可以规避信贷额度管控和银行存贷比指标的制约，尽可能满足其中小企业客户的信贷需求；另一方面，通过产品发行和创设，银行亦可收获不菲的中间业务收入，这是一种表内资产出表的业务创新尝试。

2013年9月，招行率先落子P2P平台“小企业e家”。但是于2013年11月暂停该业务平台③。而后又于2014年2月13日重启，与暂停前发行的产品相比，重启后的招行P2P项目在保留P2P特有的“众筹”模式同时，把投资门槛从原来的1万元提高至5万元，收益率也较此前的6%左右有所提高。招行重申，招商银行作为信息提供方，不对融资项目、融资人归还资金本息承担担保或保证责任，但所有项目只有通过了招商银行的尽职调查和风险评估等程序才会展示给投资人。也就是说招行P2P项目审核口径等同自身贷款④。

相比较民间P2P低门槛，由银行搭建P2P平台在融资安全性和风险控制方面略显优势。与高达20%年化收益率的小型新P2P公司项目，银行P2P平台给出的收益率水平相对保守，以2014年4月为例，招行的小企业E家投资收益率在6%～7%、平安陆金所投资收益率在7.5%～8.6%，相较于人民银行金融机构人民币贷款基准利率的6%处于较稳健水平。收益率需求和风险偏好的差异，使银行系P2P将与草根P2P形成错位竞争之势，可服务于不同类型的小微企业融资需求。

3.7.3 推出网络理财吸引小微企业

互联网金融理财产品余额宝自2013年6月13日上线以来，2014年2月14日余额宝规模已跻身全球十大基金之列，为中国第一大基金、全球第七大基金和第三大货币基金⑤，截至2014年3月31日，其资金规模已爆发式地达到5412.75亿元。除了余额宝之外，互联网公司推出多项余额宝类网络理财产品，如微信理财通、百度百赚、京东小金库、苏宁零钱宝和网易现金宝。以余额宝为首的互联网理财产品对银行的冲击一方面表现在对银行低成本资金——活期存款的分流；另一方面，支付便捷、收益较高的互联网理财吸引了众多的个体经营者和小微企业客户群，银行试图通过除传统存贷款业务外的综合化金融服务吸引更多中小微企业的做法受到互联网理财的强大冲击。

鉴于此，商业银行们也加入了这场争夺战中，狙击网络公司系“宝宝”。截至2014年4月30日，已有工商银行、中国银行、交通银行、民生银行、中信银行、平安银行、浦发银行、兴业银行、广发银行在内的9家银行和银联推出了类似余额宝的产品。相较基金公司传统的货币基金，它们的优势在于可快速赎回和低认购起点；相较于目前余额宝快速赎回金额被限制、赎回到账时间延长，

① “网贷之家”网站。

② 《P2P春节或进溃堤期，投资者回归理性》，载《南方都市报》，2013－12－26。

③ 《传招行P2P平台遭监管叫停银行称正进行系统升级》，财经网，2014－01－15。

④ 《招行P2P“二次上线”被秒杀——首只产品年化收益率7.2%，投资门槛提高至5万》，载《南方都市报》，2014－02－14。

⑤ 《余额宝规模已跻身全球十大基金》，载《证券时报》，2014－3－11。

银行新推出的“宝宝”产品无疑拥有了非常大的先天优势。在银行客户中，广大的“屌丝”阶层及中小微企业由于自身规模不大，长期只能忍受近乎0的活期存款利率。经过梳理2013年下半年以来“宝宝”们功能的不断更新与发展，可以看出银行在追随余额宝的同时，也在反思自己如何运用自身优势更方便地服务于“屌丝”客户及小微企业。

平安银行就于2013年10月中旬率先试水“平安盈”；浦发银行也于2014年1月22日结合微信取款和微信支付，推出了基于微信服务号平台的微信银行闪电理财“天添盈”；2014年2月，工商银行和中国银行也相继推出了工商银行“薪金宝”和中国银行“活期宝”；2014年2月28日，民生银行创新推出“如意宝”，这是第一家向其他银行用户开放，同时实现本行用户活期存款自动转买的货币基金①；兴业银行于3月10日和4月10日相继推出“掌柜钱包”和“兴业宝”两款产品，除了已有的低起购额，快速“T+0”赎回到账，多家银行卡可直接购买之外，还实现了用“宝宝”余额购买其他理财产品，水电煤缴费；中信银行推出的“薪金宝”，在中信银行卡上设定一个最低限额之后，系统会自动将多出的金额实时划入货币基金，完全成为了一张享受货币基金收益的活期储蓄卡；除了银行，银联也积极加入“宝宝军团”的竞争中，针对小微POS用户推出对公产品“天天富”，每天自动将银行卡中的余额划入理财产品，省去了商户手动划转的操作，满足小微企业短期理财的需求。

对于没有存款议价能力小微企业而言，“宝宝”类产品给它们提供了一个低成本、快捷方便的资金管理手段。将原本几乎没有利息收入的经营性资金存款买入“宝宝”类产品，进行短期理财，降低企业自身总成本。商业银行应对互联网理财之下推出的众多便捷、收益较高的理财产品，是利率市场化进程下通过综合化金融服务的理念争夺小微客户的重要手段之一。

表3-10　部分银行网络理财产品推出情况介绍（按照产品推出的先后顺序）

银行	产品名称	上线日期	赎回到账	赎回限额	认购起点	是否接他行客户	创新性思路	对接基金名称及号码	2014年4月收益年化额
广发银行	智能金	2013-07	T+2			否	广发银行与易方达基金合作推出的“智能金”。通过广发银行借记卡自动申购货币基金，享受高于活期存款的收益。在广发银行信用卡透支消费后在账单还款日前自动赎回货币基金偿还信用卡账单，享受货币基金自动还款的便利	易方达天天理财货币A（000009）	5.03%
交通银行	快溢通	2013-07	T+0			否	交通银行与易方达基金合作推出的“快溢通”，原理与广发银行“智能金”相同	交银货币A（519588）	4.53%
平安银行	平安赢	2013-11	T+0		1分	否	银行中第一个实现1分起购的真正意义的“宝宝”类产品	南方现金增利货币A（202301）	5.16%

① 《银行扎堆推出类余额宝产品》，载《新京报》，2014-02-27。

续表

银行	产品名称	上线日期	赎回到账	赎回限额	认购起点	是否接他行客户	创新性思路	对接基金名称及号码	2014年4月收益年化额
浦发银行	天添盈	2014-01	T+0		5万元	否	借助闪电理财和微取款、微支付功能的无缝对接，为客户建立起资金调度的第一个闭环，让客户既可自由支配资金，也可坐享较高理财收益①		
工商银行	薪金宝	2014-02	T+1		100元	否	由工银瑞信管理的货币型基金	工银薪金货币（000528）	4.53%
中国银行	活期宝	2014-02	T+0	30万元	1元	否	由中银基金管理有限公司管理的货币型基金	中银活期宝货币（000539）	5.16%
民生银行	如意宝	2014-02	T+0	500万元	1分	是	民生直销银行的“如意宝”并非仅限于民生银行客户，用户绑定任意行的银行卡均可进行申购	民生加银现金宝货币（000371）	5.03%
兴业银行	掌柜钱包	2014-03	T+0	3000万元	1分	是	页面内同时显现多种理财产品信息	兴全添利宝货币（000575）	5.79%
兴业银行	兴业宝	2014-04	T+0		1分	是	对接的是大成基金旗下的大成现金增利基金，支持通过多家银行卡购买。支持货币基金消费支付、多家银行信用卡跨行免费还款以及水电煤缴费功能、还提供货币基金ATM无卡取现服务	大成现金增利货币A（090022）	4.53%
中信银行②	薪金宝	2014-04	T+0	单日不超过总基金规模的10%，单户50万	1分	否	中信银行活期存款卡，设定一个最低金额，当卡上的钱超出这个最低金额时，就会自动转化为“薪金宝货币基金”，享受货币基金的年化收益。当你需要钱时，可通过ATM直接取款或直接刷卡消费，而中信银行的后台则会自动实现货币基金的快速赎回，无需像传统货基那样赎回③	信诚薪金宝货币（000599）	
银联	天天富		T+1				每天可以自动进行余额理财，自动转入“天天富”，这瞄准了企业短期闲置资金的收益需求，因而被称为“企业版余额宝”		

注：①《浦发银行首推微信银行闪电理财》，载《新京报》，2014-03-25。

②《银行“宝宝”升级中信推“薪金宝”可直接ATM取现》，一财网，2014-04-23。

③《“薪金宝”打通银行借记卡货币基金进入3.0时代》，载《中国经营报》，2014-04-26。

资料来源：理财产品对接基金名称、号码及年化收益率来自和讯网基金频道。表中除上述注明数据来源的外，其他信息直接摘自各商业银行相应理财产品宣传。

3.8 产品和服务完善过程另有亮点

3.8.1 明星品牌更新升级

2013年，招商银行和宁波银行对其传统明星品牌“生意贷”和“金色池塘”进行了升级。通过升级换代可以为客户提供满足其个性化需求的融资、结算和信息咨询等综合化金融服务；不断通过客户细分和差异化服务产品，满足不同类型及群体的客户需求。

招商银行在2013年推出新版“生意贷”，其内容包括三大产品和三项配套，三大产品：抵押加成贷、小额信用贷款、供销流量贷款；三项配套：生意一卡通、超级网银、周转易。“抵押加成贷”贷款金额最高可以达到抵押物的10成，也就是最高可以直接贷到抵押物的全部价值；而“小额信用贷款”和“供销流量贷款”均无需抵押物。“三项配套”针对客户的资金管理，使其更加轻松便捷。“生意一卡通”集融资、结算和生活等功能为一体；“超级网银”可进行跨行资金归集，即可将本人其他银行账户的资金通过客户自己想要的方式，免费自动归集到招行“生意一卡通”中进行统一管理；“周转易”可以使客户随时随地通过网络进行借款和提前还款，而且贷款利息也可根据使用贷款天数进行计算。新版“生意贷”产品组合进一步优化了贷款产品的灵活性，以充分适应小微企业“短、频、快”的用款特点，通过人性化的结算服务，帮助小微企业全面提升资金管理水平。

宁波银行自2007年起推出以“贷易融”等产品为代表的“‘金色池塘’小企业全面金融服务”品牌，并形成了一定的社会影响力。为了更好地满足小微企业客户的金融需求，宁波银行于2013年推出升级版“金色池塘”，在保留“一次授信三年有效、额度内循环使用、随借随还”等特点的基础上，将最高抵押率提高到100%，最长授信期延长到八年，同时结合打分卡自动审批，将其审批期限缩短为2天，其中的特色产品“贷易融”也进行了升级。新版贷易融具备三大亮点：一是额度高，抵押率最高可达到100%，实现抵押物价值最大化；二是期限长，授信期限最长可达8年；三是审批快，单笔500万元以下贷款可通过打分卡自动审批，系统审批2小时完成。

3.8.2 贷款担保方式推陈出新

在小微金融服务探索实践中，对小微企业贷款担保方式的拓宽、抵质押担保物种类的丰富大大提高了小微企业融资的可获得性。随着银行业自身信贷风险管理理念和技术上取得的重要进步，银行对小微企业融资担保物的要求已从传统的固定资产抵押、存货等实物动产质押，逐步创新性地向多种权益类凭证、无形资产等动产质押方式转变。为了保证小微企业贷款抵质押担保方式在规范化中创新发展，商业银行一方面要加强多元化抵押品的创新挖掘，寻找更可靠且可行的小微贷款风险缓释手段；另一方面，更应注重对传统且成熟的存货等质押物品科学规范化的管理，保证明晰的担保物权属和严格的担保物监管。

传统的存货质押贷款指将小微企业原材料、半成品、产成品等库存货物转移至担保品管理公司并在货物接受监管的情况下银行予以发放的贷款。这种存货质押的方式下小微企业生产过程中获得的资金与可用原材料、半成品分离，不能同时服务于产品的生产。2013 年，广发银行杭州支行对江苏圆通汽车零部件有限公司创新推出了“‘现代 + 未来’的浮动抵押融资”。具体而言，江苏圆通汽车零部件有限公司把现有的原材料、半成品、产成品及即将生产的产品进行整体打包，企业的原材料被一次加工、二次加工，最后变成产成品，生产过程中所有物品都抵押给了银行以获得贷款。产品销售收入的一部分补充原材料并再次进入抵押范围，另一部分收入归还银行贷款。如果抵押范围下所有动产的价值损耗超过一定程度，银行作为这些所有动产的控制者就停止企业生产并对所有的动产进行处理，以回收贷款。这种存货的“浮动抵押融资”形式将传统的存货“质押”转化为存货的“抵押”贷款，小微企业对担保存货的使用权得以保留，保证了小微企业库存动产作为担保物申请贷款的同时，仍不妨碍库存担保物投入生产使用。

存货担保贷款“抵”押式的创新值得称道，但对存货担保贷款传统“质”押方式的全国过程管理需进一步加强。商业银行拓展客户动产融资下管理能力的缺位催生了商业银行与担保品管理公司的合作。商业银行与担保品管理公司的合作使双方共赢，担保品管理公司专注于担保品管理业务、监控担保物全流程的存放及物流服务、有效降低银行的贷款风险。但随着商业银行与担保品管理公司合作广度和深度的扩展，担保品管理公司对担保品管理过程中诸多的风险点不断显现，导致银行风险敞口加大。具体而言，一方面由于担保管理公司监管管理能力有限，不能安全保管担保品的数量及质量，发生问题时担保品管理公司不能及时采取有效措施，及时通知银行导致银行担保品损失；另一方面由于担保管理公司监管人员存在道德风险，与客户串通未经银行同意私自放货，导致客户或第三方发生抢货行为。鉴于目前商业银行与担保品管理公司在存货质押贷款合作中因信息不对称存在的潜在风险，为完善对传统且成熟的存货等质押物品科学规范化的管理，商业银行需要加强对担保品管理公司的评估和管理，选择信用良好、有较强监管实力、与银行合作良好的监管机构开展合作，实现对商品的有效监管，确保质权的完整有效。

在动产质押贷款创新方面，中国银行青田支行首创银行玉石质押贷款业务，以青田石作为质押物，对客户发放质押率为30%以内的质押贷款。建设银行还推出了定向支持小微企业的“股贷通”业务。小微企业“股贷通”业务在股票质押融资服务系统的支持保障下，拓宽了小微企业融资渠道，提高了融资效率和便捷度。

专题 3－3 银行点“石”成金

青田石产于浙江青田县，与巴林石、寿山石和昌化石被称为中国“四大名石”。浙江省青田县也是青田原石开采、石雕制作、交易的发达地区。近十年来青田石价格上涨至少 1000 倍，且未来仍有升值空间，受到市场追捧。2008 年金融危机到来使得很多企业或个人资金紧张，房地产市场出现销售困难，青田县民间最先开始进行“以石换房”的交易方式。浙江省青田瑞德房地产开发公司接受青田石原石或石雕，为客户提供与其相应价值的房款减免或车库赠送，价值多出部分甚至还返现。由于交易双方一般长期跟踪玉石市场，并对该品类的玉石有一定了解，所以价格的商定非常迅速，定出价格直接看房，效率极高。

由于玉石经营者大多有良好的信用，在风险可控的情况下，中国银行青田支行首创银行玉石质押贷款业务。玉石经过石雕行业协会中三个省级鉴定专家确定价格，存货质押率为30%以内。通过质押合同和公证来约束双方义务，玉石占有权归贷款人所有，银行会定期对玉石检查以确保其价值。同时，银行还为国家级工艺美术大师提供高额度的信用贷款以吸引玉石行业高端人才，促使其与银行合作，为银行高端客户提供玉石投资机会。银行为客户承诺，玉石可退还给银行，并根据客户投资额提供年利率5%的利息。

担保公司也在开展玉石抵押贷款的业务。由石雕城专业人员作出评估，按照评估价格的50%左右为客户提供贷款。为控制风险，其经营范围主要是担保公司人员较了解的玉石种类。客户的担保用途也与典当类似，以资金周转和仓储为主。

特别值得一提的是，2013年以来，除了担保方式的创新，商业银行更加重视基于数据的贷款创新，继续挖掘和完善以小微企业交易流水为基础的贷款产品。兴业银行推出“交易贷”，根据小微企业或小微企业主的从业经验、经营能力等情况，改进担保方式，以企业或相关个人有效结算账户银行业务结算量、结算存款沉淀量作为主要考量指标，为小微企业提供生产经营中的短期贷款；中信银行开发了以刷卡流量为依据的“POS贷”产品，针对POS机收单商户，依据其一定期限内的POS入账金额，给予其一定金额贷款的业务，贷款额度一般为客户月均POS流水量的3倍。

3.8.3 小微专属银行卡备受推崇

2013年，多家商业银行推出多款针对小微企业的银行卡，通过专门的银行卡实现对小微企业的贷款、结算、理财等综合金融服务。小微卡不同于普通信用卡，通过小微卡发放的是经营类贷款而非消费类贷款，可以更加方便快捷的满足小微企业的融资需要。

具体而言，2013年北京银行针对中关村创业、成长、成熟、腾飞四个阶段的企业，率先发布推出创业者专属信用卡——“创业卡”，北京银行“创业卡”致力于满足创业人员在创业初期日常消费的资金需求。工商银行推出小微商户逸贷公司卡。依托大数据技术，基于交易数据分析，以商户通过工行收单结算的实际刷卡销售记录作为授信依据，无担保、无抵押的小额信用贷款，企业可在授信额度内循环使用。工行针对市场经营户、中小型私营企业主、民营企业股东和管理人员等工银商友俱乐部会员推出商友卡。商友卡除具有储蓄卡传统的储蓄、结算、消费及投资理财功能外，还享有汇款结算套餐，“卡贷通”、“网贷通”、“循环贷”等融资服务。平安银行推出借贷合一的“贷贷平安商务卡”，为小商户提供无抵押、无担保的贷款服务，随借随还。产品定位于衣食住行等民生相关行业的小微商户，户均授信额度在100万元以内。为小微客户量身定制的以小额信用循环贷款为核心，集融资、结算、增值服务等功能于一体。

商业银行通过发放专属银行卡为小微企业提供贷款、结算、理财等综合金融服务，尽管此类专属银行卡真实的使用价值有待商榷，但商业银行试图通过个性化、差异化的产品形式吸引更多中小微客户的营销理念值得肯定。

3.9 民生、平安、招商——新一轮小微金融竞赛

在去年的报告中，我们梳理总结了民生银行与招商银行在小微金融服务领域创新发展的历程。

而在2013年，平安银行的小微金融业务异军突起，充分利用平安集团多元化的综合金融服务优势，迅速完善组织架构，加速产品和服务模式创新，平安银行小微服务逐渐得到市场认可，被视为小微金融业务有力竞争者之一。因此，为力求更为客观、全面地展现商业银行在小微金融竞争日趋激烈的大环境下各自的业务特色和发展启示，在今年的报告中，我们引入对平安银行2013年小微业务发展情况的思考，对比分析民生银行、招商银行、平安银行三家股份制银行全面参与2013年小微金融服务竞争的战略战术。民生银行、平安银行及招商银行在2013年小微企业金融服务发展进程中的重要事件如图3－30所示。

图3－30　民生银行、平安银行、招商银行2013年小微金融发展大事记

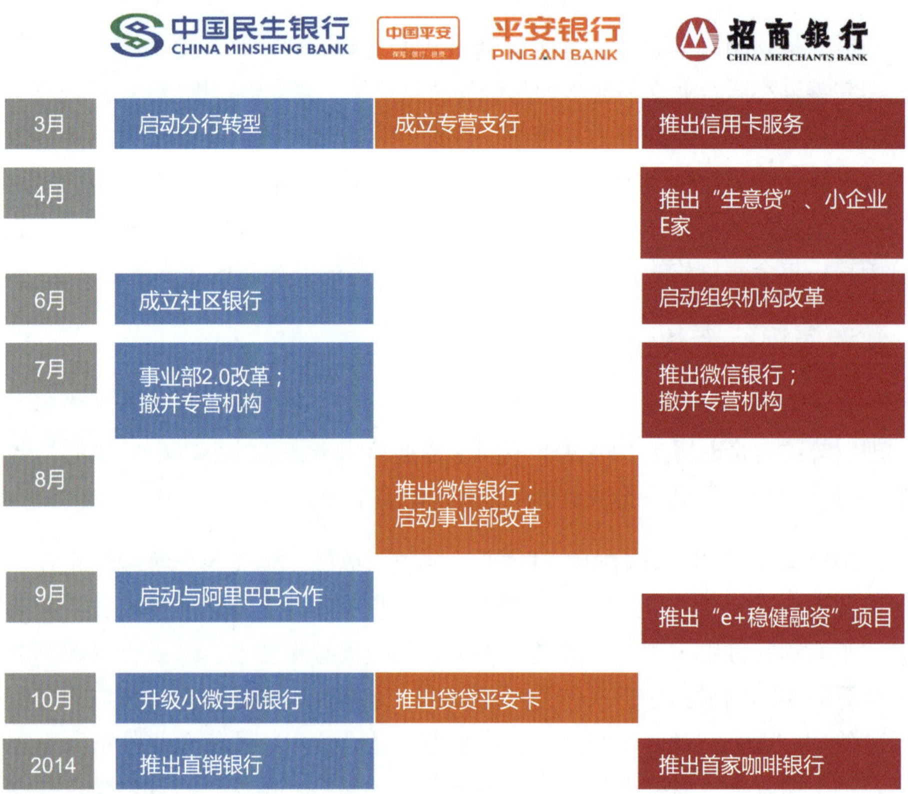

3.9.1　民生银行——“多驾马车”拉动小微金融进入大零售发展阶段

自2008年以来，民生银行全面推进小微金融业务的战略布局，在小微金融领域既有先发优势，又坚持积极的经营作风，保持高度敏感的竞争意识。在过去的一年内，民生银行面对利率市场化、金融脱媒加剧以及银行同业竞争日益激烈的环境，继续推进一系列业务及结构调整，坚持“做民营企业的银行、小微企业的银行、高端客户的银行”的战略定位，稳步推进战略实施，在小微金融领域继续保持领先态势。截至2013年12月31日，小微企业贷款余额达到4047.22亿元，比上年末增长27.69%；小微客户总数达到190.49万户，比上年末增长91.97%①。

---

①《民生银行2013年年报》。

■升级打造全新的2.0版事业部

民生银行2013年8月初正式启动“2.0版事业部改革”项目，并于2013年12月开始全面启动2.0版事业部改革方案。按照“准法人、专业化、金融资源整合、金融管家团队”的原则，逐渐将事业部业务转向利润率更高的中间业务——比如“综合服务类”，利用事业部历经多年锤炼的专业能力、丰富经验以及金融资源提供包括现金管理、投资咨询、资金托管等甚至是债券发行、承销的偏向投资银行方向的、综合类管家式服务，进一步扩大事业部制度的领先优势。在新的事业部制版图下，小微金融将成为民生银行发展“大零售”的重要棋子，对小微金融来说，此次转型能够通过规划、营销、数据的同步，逐渐实现大、中、小微及零售一体化的服务生态体系，实现“两小”、“两链”的融合。

■继续拓展小微专业支行发展模式

2013年，结合事业部制改革，民生银行继续推进“做强分行，做大支行”策略，把地产、能源、交通等公司业务上收总行，分行承担起业务规划、销售策划、集中营销等职能。而支行不再做公司业务，而是作为服务小微及零售业务的前端，全面向专业支行转型，重点围绕所在区域的特色经济服务小微企业客户。专业支行的建设能够对小微企业进行深度开发，不断加强小微金融专业化水平。

民生银行专业支行对小微企业的类别划分以“商圈+产业链”为标准，这类模式的小微企业群的违约概率被认为相对更低。截至2013年12月31日，民生银行总行认证的小微金融专业支行已经达到104家，贷款余额超过1000亿元，不良率远低全行平均水平①。

■利用信息科技提高小微金融服务综合性

2013年，民生银行加快小微2.0版等重要改革成果的实施步伐，按照“模块化、标准化、规模化”的原则，继续以信息技术强化小微服务特色银行的标签。围绕小微金融的需求特点，建立互联网环境下的小微金融服务载体，主要革新包括围绕小微客户的支付结算和金融服务需求专门打造的专属移动金融平台——小微手机银行、首创国内直销银行模式等。

总体来看，民生银行小微金融服务技术目前依然领跑国内银行，除升级已有线上产品功能外，更携手阿里巴巴达成战略合作，打造金融开放平台，在理财、直销银行、互联网终端金融、IT科技等方面着重为小微企业和草根消费者提供综合性服务。

■继续推进小微城市合作社模式

小微城市合作社是民生银行实现小微客户批量开发的重要战略模式，基于小微企业具有地域、行业集中、企业主抱团发展的特点，民生银行利用小微城市合作社为小微企业主提供会员制的信息沟通、经验交流、资源共享服务的平台。资质较好的“合作社”目前具有互助合作基金、还贷周转基金、政府支持平台、集体团购平台、交易撮合平台和信息共享平台六大功能。城市合作社模式使得原本无组织、松散的小微企业逐步整合为有组织、紧密的专业集体，而民生银行作为平台最初搭建者，因此达到了批量开发优质的客户资源的目的。

自2012年民生银行第一家城市商业合作社成立，经过近两年的发展，截至2013年11月底，民生银行已建立合作社3000余家，互助基金担保贷款超过320亿元②。有效提高了民生银行在全国性

---

① 《小微金融发展报告2014》，民生银行小微金融课题组。

② 《民生银行小微战略“渐入佳境”》，载《中国经营报》，2013-11-09。

大型商圈内、重点产业链条上的市场渗透率。

■试水社区银行打造新型亲民形象

2013年，民生银行继续引领创新，引入社区银行发展模式，这类新型网店模式很快收到广泛关注，并掀起了股份制银行建设社区银行的热潮。比起传统银行，围绕社区普通百姓生活搭建的社区银行更加类似金融便利店，小型、智能、便利。目前，民生银行社区银行主要提供缴费、理财等基本服务，并为前来咨询小微业务的客户联系所属支行专属小微客户经理，搭建社区与支行的业务往来的平台。

对于以小微金融为重要发展战略的民生银行来说，社区银行无疑也承载着开发小微客户资源，拓展小微金融的梦想。显而易见，社区银行先比大型网店可以更好地服务于社区、服务于小微企业，网点深入社区，很好地拉近了小企业主与银行的距离，业务咨询不再烦琐且充满距离感。而对银行来说，了解客户需求也变得如此简单，“量身定做”金融产品更为便捷。截至2013年12月31日，已建成3305家社区支行及自助服务网点并投产①。

3.9.2 平安银行——着力打造综合金融平台

在经历与深发展银行合并后的磨合期后，2013年平安银行在新的领导层带领下，逐渐清晰定位，明确发展战略，其小微金融业务渐入佳境。截至2013年12月31日，平安银行小微贷款余额871.28亿元，较年初增加312.94亿元，增幅56.05%；期末不良率为0.60%，较年初下降0.64个百分点②。在小微企业贷款增速超过民生银行（27.69%）的同时，平安银行稳步推进事业部改革，奠定服务小微的组织基础，并利用信息科技和集团优势推出兼顾综合化和个性化的小微金融服务及产品。平安银行在小微金融服务“量”与“质”上双重推进，大有后来者居上之势。

■发力小微，迈入事业部改革

为了拓展小微业务市场，2013年8月平安银行宣告进行组织结构调整，以“减少成本中心，增加利润中心”为原则，将总行一级部门数由原来的79个精简至52个③，成立3个行业事业部、11个产品事业部和1个平台事业部。其中，小企业金融事业部位列11个产品事业部之中，把中小企业业务作为五大业务板块之一重点发展。新成立的小企业金融事业部是平安银行服务小企业的专业化、集约化平台，该事业部将依托集团优势向客户提供综合金融服务，以满足小企业客户全方位的金融需求。

■瞄准年轻人，推出个性化小微移动金融服务

相较于其他银行类移动金融产品，平安银行明显将目光瞄准了年轻一代消费群体，其打造的口袋银行、微信银行画面化繁为简，极力打造趣味化、定制化、个性化的移动支付工具。功能上可以为客户提供金融业务介绍、实时账户余额和当日账户明细查询。公司客户还能在微信平台上查询周边网点信息，与平安银行的客户经理进行亲密互动。而“贷贷平安商务卡”是平安银行为小微客户量身定制的以小额信用循环贷款为核心，集融资、结算、增值服务等功能于一体的创新金融产品，充分结合了小微企业需求与互联网技术，提升市场影响力和客户渗透率。截至2013年末，贷贷平安商务卡客户已达347782户，已批准授信额度109亿元，授信客户数35042户，在用贷款余额60亿元④。

① 《民生银行2013年年报》。

② 《平安银行2013年年报》。

③ 《聚焦专业化、集约化：平安银行全面实施事业部制》，东方财富网，2013-10-29。

④ 《平安银行2013年年报》。

■依托集团优势，发力综合金融服务平台

已涉足银行、保险、信托、证券、互联网金融、独立第三方支付等多个领域的平安金融集团，将为高净值客户提供全面的、一站式综合金融产品服务。借助平安集团的综合金融平台，平安银行做小微业务有得天独厚客户群体和销售渠道的优势。比如，平安银行 P2P 网贷平台——陆金所的客户来源于集团的“财富 E”、“一账通”、“万里通”以及平安付第三方支付公司，且官方表示未来三家公司将进一步实现资源共享和业务联动，其中陆金所负责理财产品的交易与转让，平安银行则负责托管账户与清算，平安付则负责抢占支付的市场①。结合平安集团强大的资金优势，以及数十年综合金融的经验，行业领先的风险管控能力与先进、安全的互联网平台，平安银行小微金融的发展“底气”十足。

3.9.3 招商银行——扩大零售业务优势

与民生银行齐头并进布局小微金融的招商银行，为进一步巩固其零售业务优势，2013 年继续力推小微业务拓展，积极搭建与“两小”业务②发展相适应的专业化经营管理体系，重点提高“两小”业务的市场规划能力、营销开发能力、客户服务能力、产品创新能力、风险经营能力，并取得良好成效。截至 2013 年 12 月 31 日，招商银行“两小”贷款余额合计 6154.67 亿元，增幅 63.02%，占全部公司贷款的比重为 23.79%，其中：小企业贷款余额为 3000.14 亿元，同口径下较年初增长 49.70%；小微企业贷款余额为 3154.53 亿元，较年初增长 78.08%，小微企业贷款占零售贷款比重达到 40.16%，较年初提高 13.80 个百分点③。

■零售业务条线下“小微信贷工厂”模式再造

招商银行发展小微金融的重要突破与特色在于，充分利用零售业务规模优势，增加小微企业潜在客户、改造“信贷工厂”模式的小微金融业务条线及流程。鉴于零售业务客户与小微企业客户的相互重叠，招商银行将金葵花客户与私人银行客户等作为潜在小微金融客户群体进行交叉营销。同时，2013 年招商银行“小微信贷工厂”模式的一项重要变动是全面撤并小微专营机构并将小微金融业务回归分行，此次小微金融管理体制和业务流程的重新规划，标志着招商银行的小微金融之路重拾零售概念。其实，招商银行小微企业金融服务零售化趋势早在 2012 年有所显现，招行 2012 年就把 500 万元以下的小微贷款划归零售条线，成立专门的团队以零售条线个人经营性贷款的方式做小微贷款后，并推出面向全国广大小微企业主、个体工商户的小微企业贷款产品“生意一卡通”，并以此作为标准化信贷流程的载体。招商银行较为成熟的零售业务作业模式，将带动重新回归分行后的小微金融服务再现零售优势、再造“小微信贷工厂”模式。

■率先试水银行 P2P 产品

2013 年 9 月，招商银行正式推出类似网络“P2P”贷款平台的“小企业 e 家”，“小企业 e 家”投融资平台是传统银行在互联网金融领域的尝试和探索。投融资平台基于招商银行的项目审核能力，借助互联网，利用社会资金为小企业提供融资。

---

① 《马明哲综合金融新构想银行陆金所平安付再定位》，载《21 世纪经济报道》，2013－12－26。

② “两小”业务指小企业业务和小微企业业务。

③ 《招商银行 2013 年年报》。

受到业界好评的“e+稳健融资项目”第一期产品总共发出6个项目，推出十天融资金额就已高达1.29亿元。该平台自上线后始终未进行大肆宣传，但凭借其较高的收益率和多样的投资支付方式，满标的速度非常快，以发行规模最大的“e+稳健融资项目CS20130001”为例，融资金额5000万元，仅经过两天就已经投满①。需要注意的是，招商银行“小企业e家”目前的人气主要来自投资人对其信贷风险管理能力的信任，尽管招商银行明确表示不承担项目违约的风险，但潜在“信用背书”的可能性被投资人高估。招行对P2P的敏感触觉和率先尝试值得肯定，但更需要思考的是，在互联网金融领域，拥有高效且持续的项目生产能力是竞争的关键，这意味着踏上这条船的机构都需要在不同程度上打破路径依赖性，对过往成熟的包括信贷管理在内的经营模式进行变革。而事实会证明，只有为数不多的能真正做到位的机构才可能达到新大陆。

■加强小微金融产品的升级创新

招商银行于2009年在全国范围内面向广大中小企业主、个体工商户推出的个人经营贷款产品“生意贷”社会反响良好，为进一步适应小微客户群体金融需求的多样性和综合性，2013年招商银行升级推出全新版“生意贷”。全新版“生意贷”内容包括三大产品和三项配套，三大产品：抵押加成贷、小额信用贷款、供销流量贷款；三项配套：生意一卡通、超级网银、周转易。新版“生意贷”产品组合进一步优化了贷款产品的灵活性，以充分适应小微企业“短、频、快”的用款特点，通过人性化的结算服务，帮助小微企业全面提升资金管理水平。

同时，2013年，随着智能手机的进一步广泛普及，手机银行已成为各家商业银行在“指尖”时代抢夺的新战场。招商银行新增手机银行网点预约功能、电子填单一卡通开户和手机银行一卡通无卡取款功能；设立“微信银行”，提供借记卡账户查询、转账汇款、信用卡账单查询、信用卡还款、积分查询等卡类业务，还可以实现招行网点查询、贷款申请、办卡申请、手机充值、生活缴费、预约办理专业版和跨行资金归集、网点地图和排队人数查询等多种便捷服务。

3.9.4 共性与差异并存

综合来看，2013年，民生银行、招商银行、平安银行在小微金融服务上主动出击，迎接利率市场化加速、金融脱媒加剧及互联网金融异军突起的挑战。三家商业银行为撬动小微金融市场、打造新利润增长点，逐步进行的组织结构调整、产品服务模式创新升级所采取的具体策略有所相同，但也各有侧重。

具体而言，民生银行、平安银行及招商银行参与小微金融竞争措施中的共同点主要体现在组织架构调整、社区银行部署、智能移动支付平台搭建等方面。首先，2013年三家银行围绕小微金融部署在组织结构上都进行了较大幅调整，如民生银行、招商银行撤并小微专营机构，转向成立小微特色专业支行，强化分支行层面的标准化操作，完善和优化小微业务流程。民生银行和平安银行均进一步加强事业部制转型和升级，为小微金融提供更具激励机制的发展平台。其次，三家银行在社区金融建设方面均有所突破，民生银行、平安银行以金融便利店为蓝本已搭建并投产社区银行，招商银行则另辟蹊径，携手咖啡品牌成立首家咖啡银行，形式多变不离其宗。最后，面对互联网下消费者生活方式移动化、指尖化的转变，三家银行不约而同地对现有手机银行等产品进行升级、改造，

---

① 《招商银行重启P2P平台业务》，和讯网，2014-02-05。

在科技平台和移动金融方面全面发力，如民生银行为小微企业主的资金管理量身打造“小微手机银行”、上线“直销银行”，平安银行推出“口袋银行”、招商银行的“微信银行”等。

然而，民生银行、平安银行及招商银行小微金融业务的经营思路虽有所相同，但也各有侧重。对比而言，民生银行除紧抓互联网金融布局外，在线下的批量客户开发上也下足工夫，不断挑战以往营销模式，创新开发“小微城市合作社”、“社区银行”等模式，并迅速引起业内争相模仿。民生银行深知银行线下服务小微企业的核心竞争力，线下服务与线上最直接的区别就是“以人为本”，民生银行在小微企业客户批量开发上以“一圈一贷”为原则，并配套专业的小微客户经理队伍，提高对小微企业的服务和效率。标准化的开发模式加之专业性的团队有非常明显的优势，客户资源的开发方式简单、明确、可行，客户经理走访经过研究细分过的目标商圈和小微商户，可以为特定的小微客户提供有针对性的专业化服务，提高商户对客户经理及民生银行的认知度和信赖感，这也是民生银行始终领跑小微金融业务的重要原因之一。

相对来说，平安银行则主要依赖集团优势搭建大零售协同经营平台，有组织地实施“一个客户、一个账户、多个产品、一站式服务”的综合经营策略。平安集团可以为平安银行提供大量潜在的个人、企业客户资源，需要注意的是，这些客户资源是已满足平安信用审核的存量客户，这类客户资源的共享在提供对平安集团、平安银行的综合贡献度之外，几乎不会耗费太多信用成本。以保险类客户为例，这类客户甚至在平安集团系统内已提供优质的担保品——保单。借助这一得天独厚的优势，平安银行凭借鲜明的综合金融特色将在业内占有特殊地位。

长久以来，招商银行一直是国内零售银行的标杆，相对民生银行、平安银行大刀阔斧似的改革，2013 年，招商银行的小微金融经营策略相对低调，以丰富小微金融信贷产品为重心，突破小微企业贷款过于依赖抵押物的传统业务模式，推出了“生意贷”、“POS 贷款”等集合信用、担保、抵押、质押多种担保方式的贷款产品，并试水互联网金融的 P2P 网络贷款模式。总体来看，招商银行在小微金融业务表现稳健，客户资源的开发与维护主要依靠已有的零售客户规模优势，然而，在小微金融业务竞争日趋激烈的现实状况下，招商银行经营思路显得有些稳健有余，动力不足。

3.10 小微企业信贷风险引关注

自 2008 年起，小微企业金融服务经历了近 6 年的全面高速拓展，在整体宏观经济下行阶段，存量小微贷款余额的累积伴随潜在违约风险的增加。当前，经济内生增长动力不足，外需对经济增长拉动作用有所减弱，原材料、用工以及资金成本上涨等内外部的多重压力，使自 2011 年以来陷于生存和发展困境的中小微企业经营状况仍不容乐观。加强小微企业信贷违约风险管理和防范更应该成为当前优化升级服务中必不可少的重要一环，是商业银行小微金融服务未来得以良性健康稳定发展的基础。

■小微信贷风险日益凸显

自 2008 年以来，小微企业贷款余额经历了多年增速高达 20% 及以上、超过全部贷款余额增速的高速增长，使 2013 年末的小微贷款余额是 2009 年末数据的 2 倍有余。商业银行资金投放为小微企业注入活力、实现自身盈利的同时，必将面对小微企业风险敞口不断增大的考验。追溯小微企业贷款是否获得偿还的根本，在于小微企业实体经营的投资回报能否覆盖融资成本，即小微企业实际经营状况决定了商业银行小微信贷风险。但不容乐观的是，小微企业贷款余额持续高速增长的同时，小微企业的经营状况却受到宏观经济下行、出口贸易恶化、原材料及用工成本上涨等大环境的影响持续进入困境，由中小企业协会发布的中小企业发展指数下跌可见，中小微企业生存和发展的困境自2010年以来不断恶化，尽管2013年该发展指数有所回调，但仍处于景气临界值100以下，而且，我国经济结构调整下增速的放缓，对小微企业困境的影响将在较长时间内持续。小微企业当前尚未能摆脱可能长久持续的经营困境是对小微贷款信用风险最强的警示，是小微企业违约风险爆发的根源，增加了未来小微企业不良贷款率进一步上升的可能。

图3－31　小微企业贷款余额变化与中小企业发展指数对比

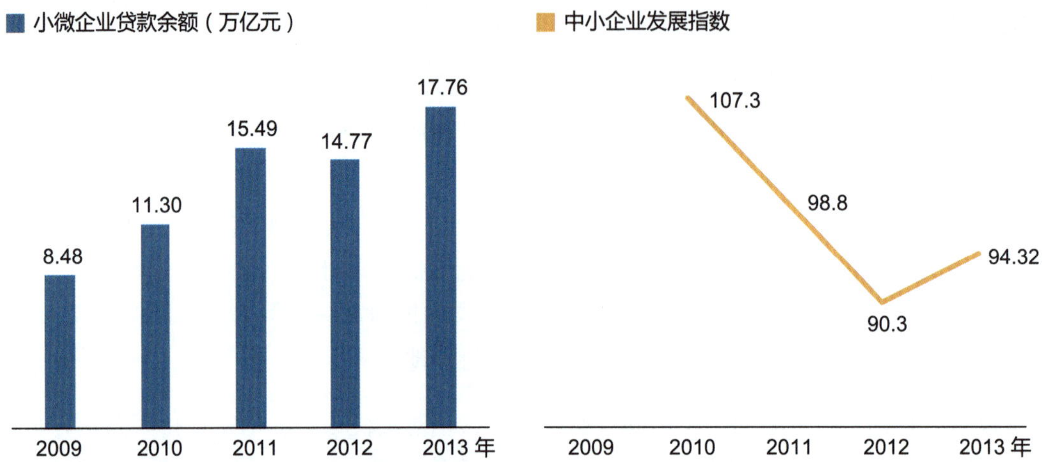

资料来源：小微企业贷款余额数据来自银行业监督管理委员会各年年报；中小企业发展指数来自中国中小企业协会网站发布的《中国中小企业发展指数》。

图3－32　小微企业贷款余额增幅变化与全部贷款余额增幅、GDP及贸易进出口额增幅对比

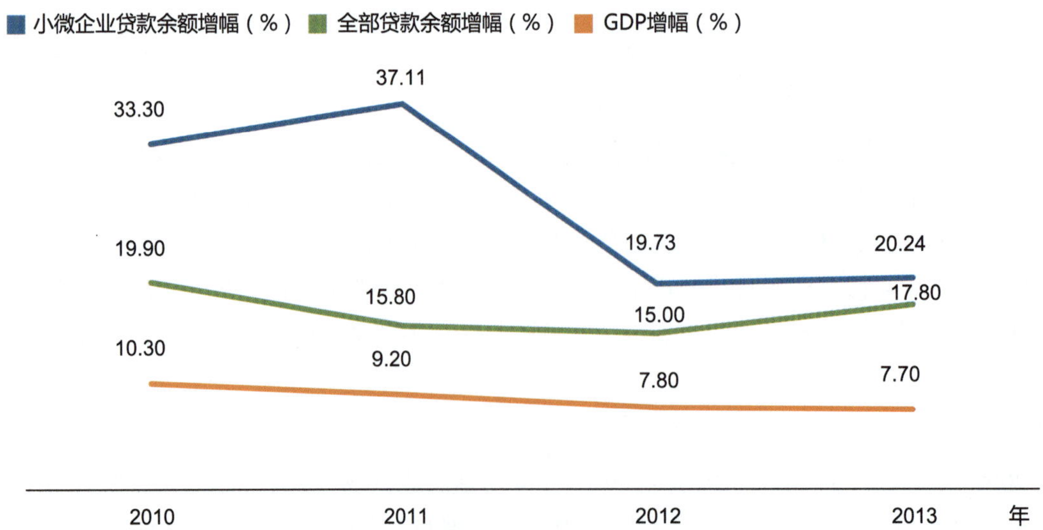

资料来源：小微企业贷款余额增幅和全部贷款余额增幅数据来自银行业监督管理委员会各年年报；GDP增幅和贸易进出口增幅来自国家统计局网站公布数据。

同时，2013 年银行业整体信用风险状况恶化的苗头已经显现，截至 2013 年 12 月末银行业贷款整体不良贷款率比年初上升 0.05 个百分点、增长至 1.0%。在整体信用状况下滑的大环境下，占全部贷款比例 23.20% 的小微企业贷款的不良率高达 2.02%[①]，高于银行业贷款整体水平 1 个百分点。具有相对高风险特征的小微企业贷款成为银行业整体不良贷款的重要来源之一。尤其是长三角地区部分中小微民营制造业企业、钢铁贸易类企业出现经营停顿、资金链断裂，导致该地区贷款质量下降，该地区风险持续暴露是导致多家银行 2013 年不良贷款上升的主要原因。2013 年中信银行长三角地区不良贷款占全行比重超过一半，高达 52.9%；建设银行和招商银行也相对较高，分别达到 48.0% 和 45.1%[②]。

当然，提及小微企业贷款的信贷风险，乐观者也许会从 2013 年末的数据中得到一丝欣喜，与银行业整体不良贷款反弹上升 0.05 个百分点不同，小微企业不良贷款率没有上升却反而下降了 0.23 个百分点至 2.02%。然而，且不讨论小微企业不良贷款率是全部贷款不良贷款率的 2 倍有余这一事实，单就小微企业贷款不良率的下跌这一看似乐观的数据也值得进一步的剖析。小微企业不良贷款率的下降却伴随着小微企业不良贷款绝对余额的上升，换言之，不良贷款比率的下跌并不是得益于小微企业不良贷款余额这一“分子”的下降，而是归功于小微企业整体贷款余额这一“分母”的继续高速增长。小微信贷业务扩张掩盖了小微企业不良贷款率的变化，但小微企业不良贷款余额的增长已为小微企业信贷风险敲响了警钟，是小微企业贷款风险凸现的重要标志。

图 3－33　小微企业贷款和全部贷款不良率比较

资料来源：银行业监督管理委员会网站公布数据。

而且，小微企业信贷风险的凸现也从 2013 年多家银行的实际经营表现中得到印证。以资产规模雄踞第一的工商银行为例，2013 年工商银行以 18600 亿元的小微企业贷款余额居于榜首，但 2013 年的小微企业贷款余额增幅却从 2012 年的 8.90% 下滑至 1.60%，占全部公司贷款的比例下降了近 5 个百分点，紧缩小微贷款增长是处于存量贷款信用风险考虑下的必然之举。大型商业银行尚且如此，小微贷款占比更大的中小银行也加大了对小微企业贷款风险的关注，根据课题组实地调研中了解的情况，多家小型银行面对大量存量贷款出现的信用违约开始加大着手贷款的催收工作，降低甚至停止了小微企业贷款新增量的发放。

① 银行业监督管理委员会网站公布的 2013 年相关数据。

② 各家商业银行 2013 年年报。

概括而言，无论从国内经济的下行、出口的放缓、银行业整体信用风险的提升等宏观、行业因素来看，还是从小微企业自身发展经营的现实困境来看，小微企业信用风险问题不容乐观。

■小微信贷风险分布特征

防范和管理小微企业信贷风险的关键在于抓住小微企业信贷风险的分布特征。多家商业银行年报数据显示，从银行业信贷风险的行业分布上，制造业、批发和零售业是银行不良贷款的“重灾区”，多家银行不良贷款约一半源于此，其中招行、农行、光大、中信、平安、建行、民生等多家银行制造业、批发和零售业占2013年不良贷款总额超过50%，中信银行上述两个行业占不良贷款比重高达88.46%；除此之外，一些信贷投放量较小的行业如信息传输、软件和信息技术服务业也暴露出较大风险，建设银行信息传输、软件和信息技术服务业的不良贷款率高达3.21%。以银行业整体信贷风险行业分布为基础，我们结合中小企业发展指数对不同行业中小企业经营状况的预判，分析小微企业信贷风险行业的集中点。根据中小企业协会2013年第四季度末公布的8个行业中小企业发展指数，工业、交通运输邮政仓储业、批发零售业和社会服务业指数继续上升态势；建筑业和房地产业指数由升转降；而信息传输计算机服务软件业和住宿餐饮业指数持续下降，分别下降2.4和3.1个点①。在参照银行业整体风险行业分布特征的同时，更应紧密关注小微企业中经营状况持续低迷的信息传输计算机服务软件业、住宿餐饮业小微企业信贷风险爆发的可能。此外，我们在2012年报告中提及的钢贸、光伏和航运等行业，预计仍将推动不良资产反弹，应被列为商业银行短期风险管理的重中之重。

从地域分布来看，长江三角洲的不良贷款仍在释放，上升最为明显，江浙地区风险持续暴露是导致银行2013年不良贷款上升的主要原因，珠江三角洲和环渤海地区亦有增长势头。但有一点需要关注的是，在2013年我国经济延续平稳放缓、不良贷款率上升的大环境下，不同区域发展表现不尽相同，受外向型经济转型的影响和产业“空心化”的拖累，长三角地区不良贷款高发导致新增小微贷款投放下降，但得益于产业承接及城镇化进程，中西部经济活力初显、贷款增速上升。

此外，根据2014年4月中央财经大学民泰金融研究所开展的“商业银行小微企业金融服务经理人问卷调查”统计结果显示，受访者对于2013年小微企业贷款风险的评价普遍呈负面，接近8成受访者认为风险增加。其中，长三角的受访者更为悲观，100%的长三角受访者认为小微企业贷款风险增加；受访者对自己所在银行小微企业贷款不良率水平的判断整体上移；同时，受访者对2014年小微企业贷款风险的预期普遍偏负面，接近9成的受访者预期小微企业贷款风险将会增加。在保持小微企业信贷投放稳定增长的同时，小微企业贷款风险的防范和管理将是商业银行未来一段时期小微金融服务健康稳定发展必须面对的重要挑战。

---

① 《中国中小企业发展指数》，中小企业协会网站。

附表 3－1 **上市银行中小微企业贷款信息披露情况对比表（2013 年）**

银行名称	中小企业				小企业				小微企业				选择性披露	小微企业口径
	贷款余额		贷款户数		贷款余额		贷款户数		贷款余额		贷款户数			
	绝对值	占比	绝对值	占比	绝对值	占比	绝对值	占比	绝对值	占比	绝对值	占比		
工商银行	✓	✓							✓◎	✓			个人经营性贷款余额； 绿色信贷余额	✓◎
建设银行									✓◎		✓◎		绿色信贷余额	✓◎
中国银行									✓◎				绿色信贷余额	✓◎
农业银行									✓◎		✓◎		个人经营性贷款余额； 文化及相关产业贷款余额	✓◎
交通银行	✓◎	✓											支持节能减排授信余额	
浦发银行	✓◎	◎	✓◎						✓◎		◎		个人经营性贷款余额； 节能环保类贷款余额； 文化、体育和娱乐业贷款余额	✓◎
招商银行	✓	✓			✓◎	✓◎			✓◎	✓◎			个人经营性贷款余额； 绿色信贷余额；	✓◎
民生银行									✓◎					✓
中信银行					✓◎				◎				文化产业贷款余额； 绿色信贷余额	◎
兴业银行					✓								个人经营性贷款余额； 文化、体育和娱乐业贷款余额； 绿色信贷余额	
平安银行									✓◎				绿色信贷余额	✓◎
华夏银行					✓◎		✓						绿色信贷余额	
光大银行	✓◎		✓						✓◎				绿色信贷余额	✓◎

续表

银行名称	中小企业				小企业				小微企业				选择性披露	小微企业口径
	贷款余额		贷款户数		贷款余额		贷款户数		贷款余额		贷款户数			
	绝对值	占比	绝对值	占比	绝对值	占比	绝对值	占比	绝对值	占比	绝对值	占比		
北京银行	✓◎								✓◎				科技创新企业贷款余额；文化创意产业贷款余额；绿色信贷余额	✓◎
宁波银行									◎				文化、体育和娱乐业贷款额	◎
南京银行									✓◎				科技贷款余额；文化贷款余额	✓◎

注：①表中显示2013年上市银行年报和企业社会责任报告对中小企业贷款信息的披露情况，“✓”表示年报披露，“◎”表示企业社会责任报告披露，“✓◎”表示年报和企业社会责任报告均披露。

②工商银行年报披露的“小微企业贷款余额占比”为小微企业贷款余额占境内分行贷款的比重。工商银行披露的是“中小（微）企业贷款”情况，“中小（微）企业贷款”分为“中型企业贷款”和“小微企业贷款”，小微企业贷款包含了个人经营性贷款。

③建设银行的统计口径是“按照2011年工业和信息化部等四部门联合下发的中小企业划型标准和银监会最新监管要求统计数据，2013年小微企业贷款余额与以往年度社会责任报告中的数据不可比”。建设银行“2013年依据中国银行业监督管理委员会规定的相关口径统计绿色信贷数据，2013年绿色信贷余额与以往年度社会责任报告中的绿色信贷余额数据不可比”。

④中国银行小企业贷款统计标准按照工业和信息化部等四部委《关于印发中小企业划型标准规定的通知》（工信部联企业〔2011〕300号）执行，包括小型企业、微型企业和个人经营性贷款。

⑤中国农业银行的统计口径根据《中国银监会关于深化小微企业金融服务的意见》（银监发〔2013〕7号），对小微企业贷款统计口径进行了调整，将个体工商户贷款和小微企业主贷款纳入小微企业贷款统计口径。

⑥交通银行“支持节能减排授信余额”为以低碳经济、环境保护、资源综合利用等为显著特征的绿色一类客户授信余额。

⑦招商银行2013年将企业客户划型标准由“年销售额＋贷款余额”调整为“年销售额＋授信敞口金额”，招商银行年报披露的“中小企业贷款余额占比”为中小企业贷款余额占境内企业贷款的比重；“小企业贷款余额占比”为小企业贷款余额占境内企业贷款的比重；“小微企业贷款余额占比”为小微企业贷款余额占零售贷款余额的比重。

⑧中信银行小企业客户范围包括小微企业法人客户及个人经营贷客户（不含商用房、商用车业务）。其中，小微企业法人客户指符合“四部委标准”且单户授信金额1000万元（含）以下的小型、微型企业。

⑨兴业银行2013年小微企业贷款口径有调整：定义总资产6000万元以下的企业为小微企业，披露的小企业贷款数据为自定义的小企业。

⑩光大银行2013年小微贷款（小微客户）指零售个体工商户和小微企业主贷款，统计口径包括助业贷款、商用房贷款、经营性物业贷款、小微设备贷和小微渠道类贷款，不包含个人经营性贷款中的工程机械贷款、营运车辆和非营运车辆贷款；小微客户统计口径同上。

⑪北京银行统计口径为“依据《中小企业划型标准规定》（工信部联企业〔2011〕300）中的划型标准”。

⑫南京银行小微企业贷款数据按照银监会2013年7号文规定进行统计。

⑬表中“贷款余额占比”未作说明的均指占该行公司贷款余额的比重。

附表 3 - 2　　主要商业银行中小微企业服务规模对比（2013 年）

银行名称	客户类型	余额（亿元）	占公司贷款比例	增长变化情况		
				余额增幅	增幅与公司贷款增幅比（百分点）	增幅与全部贷款增幅比（百分点）
工商银行	中小微企业	43865.81	62.25%	3.67%	-7.60	-9.03
	小微企业	18697.69	26.53%	1.61%	-9.66	-11.09
建设银行	小微企业	9894.60	18.32%	15.89%	7.09	1.54
中国银行	小微企业	9186.04	24.90%	11.68%	4.82	2.99
农业银行	小微企业	8133.01	17.20%	23.90%	17.10	11.60
交通银行	中小微企业	12479.66	49.62%	14.15%	6.94	3.33
浦发银行	中小企业	9512.65	71.00%	16.23%	2.72	1.80
	小微企业	4630.50	34.56%	27.53%	14.01	13.10
招商银行	中小企业	7179.20	54.15%	21.16%	6.16	5.79
	小企业	3000.14	22.63%	49.70%	34.70	34.33
	小微企业	3154.53	23.79%	78.08%	63.08	62.71
民生银行	小微企业	4047.22	44.89%	27.69%	24.41	13.99
中信银行	小企业	1171.53	8.16%	52.98%	38.41	36.25
兴业银行	小企业	836.56	8.46%	67.42%	59.02	47.24
平安银行	小微企业	871.28	16.70%	56.05%	50.66	38.50
华夏银行	小企业	1640.80	25.18%	21.80%	16.17	10.84
光大银行	中小企业	2529.74	33.22%	18.05%	9.13	4.07
	小微企业	1473.20	19.35%	36.28%	27.35	22.29
广发银行	小微企业	990.83	21.55%	21.38%	12.71	5.31
宁波银行	小微企业	653	56.90%	20.04%	9.35	2.48
浙商银行	小微企业	722.47	42.33%	23.24%	2.65	4.13
北京银行	中小企业	2383	52.00%	24.90%	9.32	6.90
	小微企业	1601	37.00%	25.08%	9.51	7.08
南京银行	小微企业	460.70	37.81%	17.96%	2.67	1.07

注：①此表中黑色字体的数据直接摘自各银行 2013 年年报和 2013 年企业社会责任报告；具体来源参见如下的注释；蓝色字体数据根据查得数据计算得出。

②建设银行：小微企业客户为按照 2011 年工业和信息化部等四部门联合下发的中小企业划型标准和银监会最新监管要求统计数据，2013 年小微企业贷款余额与以往年度社会责任报告中的数据不可比。

③中国银行：中国银行披露的数据为小企业贷款余额，但其年报中的口径说明为："小企业贷款统计标准按照工业和信息化部等四部委《关于印发中小企业划型标准规定的通知》（工信部联企业〔2011〕300 号）执行，包括小型企业、微型企业和个人经营性贷款"，根据其口径说明，此处将其等同为小微企业贷款余额。

④农业银行：根据《中国银监会关于深化小微企业金融服务的意见》（银监发〔2013〕7 号），本行对小微企业贷款统计口径进行了调整，将个体工商户贷款和小微企业主贷款纳入小微企业贷款统计口径。

⑤招商银行：2013 年将企业客户划型标准由"年销售额 + 贷款余额"调整为"年销售额 + 授信敞口金额"，其小企业和小微企业贷款按调整后的行标口径统计。

⑥光大银行：本报告期小微贷款（小微客户）指零售个体工商户和小微企业主贷款，统计口径包括助业贷款、商用房贷款、经营性物业贷款、小微设备贷和小微渠道类贷款，不包含个人经营性贷款中的工程机械贷款、营运车辆和非营运车辆贷款；小微客户统计口径同上。

⑦中信银行：2013 年小企业贷款包含 <500 万元的小微企业及个人经营贷款，余额增幅因口径发生变化，按照年报所示，以 2013 年口径为标准，则增幅为 52.98%。

⑧兴业银行：2013 年小微企业贷款口径有调整：定义总资产 6000 万元以下的企业为小微企业，披露的小企业贷款数据为自定义的小企业。

附表 3－3　　主要商业银行中小微企业金融服务品牌和产品一览表

品　牌	产 品 支 持
工商银行 小企业金融 财智融通	• 小企业金融业务——全方位、多角度的为小企业客户提供高效和专业的融资服务。该业务以融资产品为核心，辐射结算、理财、投资银行、电子银行、国际业务和银行卡业务，以及信托、证券、基金等其他各类金融产品。融资方式灵活，业务流程高效便捷 • 特色融资产品包括小企业周转贷款、小企业循环贷款、小企业网络融资、小企业贸易融资、经营型物业贷款、标准厂房按揭贷款六大类 • “小企业周转贷款”额度最高可达 3000 万元，即可作为企业经营周转所需流动资金，也可用于小规模扩大再生产。融资期限最长可达 5 年 • “小企业循环贷款”客户与工商银行一次性签订循环贷款借款合同，在合同约定的期限和额度内，客户可以多次提款、逐笔归还，循环使用授信额度 • “小企业网络融资”包含“网贷通”和“易融通”两类产品。“网贷通”是企业网络循环贷款。一次性签订循环贷款借款合同，在合同规定的有效期内，企业可通过网上银行自助进行提款和还款申请，贷款最高额度可达 3000 万元。“易融通”是电子商务领域网络融资产品系列，涵盖了信用贷款、联保贷款、保证贷款和抵质押贷款等融资产品，形成了阶梯式的融资体系，能够满足不同层次中小网商的融资需求 • “标准厂房按揭贷款”用于购买开发（工业园）区内标准厂房，贷款金额最高可达 2000 万元，期限最高可达 7 年 • 小额便利贷专门针对微型企业的信用贷款产品，企业无须提供任何担保，办理效率更高，最快一个工作日内就可完成贷款审批；单户贷款额度不高于 200 万元、期限不超过 7 个月 • “网上商品交易市场融资”指工商银行与网上商品交易市场合作，以交易商品现货等作保障，开发计算机辅助评价和利率定价模型，为市场交易商提供自助申贷、提款和还款等服务的短期融资业务 • “电子供应链融资业务”以核心企业为依托，供应链上下游客户与核心企业通过电子商务网站或 E－ERP 平台进行电子在线交易，由工商银行凭借电子在线交易信息、商业资信记录，并依托核心企业信用，通过电子化渠道为核心企业上下游提供的在线供应链融资服务 • “小微商户逸贷公司卡”依托大数据技术，基于交易数据分析，以商户通过工行收单结算的实际刷卡销售记录作为授信依据，无担保、无抵押的小额信用贷款，企业可在授信额度内循环使用 • “商友卡”针对市场经营户、中小型私营企业主、民营企业股东和管理人员等商人群体，是工银商友俱乐部会员享受工商银行专属产品及特色服务的身份标识。除具有储蓄卡传统的储蓄、结算、消费及投资理财功能外，还享有汇款结算套餐，“卡贷通”、“网贷通”、“循环贷”等融资服务

续表

品　牌	产 品 支 持
建设银行 “成长之路” “网络 E 贷款”	• “速贷通” 业务对象是因财务信息不充分而难以达到银行信用评级和授信要求，但对信贷需求迫切的小企业。优势表现为其业务流程及融资条件的方便快捷，不设门槛，在落实足额有效抵质押的情况下，可以不进行评级授信，采取高效快捷的 “柜面式” 操作，实行限时服务 • “成长之路” 已形成了包括 “联贷联保、诚贷通、租贷通” 等 30 余项产品在内的综合性产品体系，其业务对象是信用记录较好、持续发展能力较强的成长型小企业。虽然需要评级授信，但授信额度确定后可以循环使用。在企业不同发展阶段，还针对性地提供配套产品和服务支持，如成长型小企业额度贷款、小企业联贷联保贷款、小企业贸易链融资贷款、小企业法人账户透支、小企业保理业务等多项产品 • “小额贷” 向能够提供符合建设银行质押财产标准的企业、个体工商户和自然人，办理发放小额短期流动资金贷款，当天就可完成审批和放款工作，流程简单快捷，效率比传统产品大大提高，单户贷款金额最高为 1000 万元 • “信用贷” 可为无法提供抵押或担保的小微企业主提供信用贷款。建设银行在综合评价企业及企业主信用的基础上，对资信好的小微型企业发放小额的、用于短期生产经营周转的纯信用贷款业务。该业务具有无需抵押、无需担保、流程简单、审批快捷的特点，最高贷款金额可达 1000 万元，贷款期限最长 9 个月 • 对公网络银行信贷业务专门为网络交易平台上的电子商务客户提供融资服务。e 商通电子商务信贷产品包括 “网络联贷联保”、“网络速贷通”、“网络供应商融资”。网络银行 “e 贷款” 系列产品包括 “e 贷通”、“e 单通”、“e 保通”、“e 商通”、“e 点通”、“e 棉通” • “小企业网银循环贷” 是向提供合格抵（质）押物的小企业客户发放，可通过企业网上银行进行自助支用和还款的循环额度贷款 • 推出小微企业 “信用贷—善融贷” 可循环的人民币信用贷款业务，依据小微企业交易结算及结算账户活跃程度，对结算稳定并形成一定资金沉淀的小微企业发放，用于其短期生产经营周转 • 推出 “善融商务” 电子商务金融服务平台，除涵盖传统的 B2B 采购批发业务和 B2C 零售网购业务外，还具有融资贷款功能 • 建设银行福建省分行推出 “助保贷” 业务，联合福建省政府共同设立 “小微企业池”，由政府助保金管理机构和建设银行共同认定的优质小微企业组成。获得贷款的企业按其在建设银行获得贷款额度的规定比例自愿缴纳的资金即为助保金 • “股贷通” 利用专业模型对证券抵质押品进行价值评估和动态监控，将证券质押作为缓释风险的主要手段，通过简化信贷流程，拓宽了小微企业融资渠道

续表

品牌	产品支持
农业银行 “简式贷”	• 打造了融资融信、理财增值、支付结算、电子银行、代理业务和综合服务等六大系列的小企业金融服务产品 • “智动贷”小企业自助可循环贷款，满足小企业客户正常生产经营过程中周转性流动资金需要 • “简式贷”业务采取了灵活的授信和信用评级模式，实现了信用等级评定、授信、用信“三合一”办理，简化了业务流程，大大提高了小企业贷款的审批效率 • “厂房贷”，是指农业银行向购买园区内工业厂房的小企业客户发放的，以其购买的工业厂房作为抵押，以借款人的经营收入和其他收入作为还款来源的贷款业务。该产品为小企业客户购置经营用的工业厂房量身定做，为满足小企业客户购买生产经营类用房的融资需求
中国银行 “中关村模式” “中银信贷工厂” “中小企业周期性产品系列”	• “中关村模式”充分考虑科技型中小企业的发展规律和特点，为科技型中小企业提供覆盖其初创期、快速成长期和稳定发展期的全产品体系，综合解决科技型中小企业的融资难题 • “中银信贷工厂”是中行专门为中小企业客户打造的服务品牌，通过“端对端”的工厂式“流水线”运作和专业化分工，有效提高贷款审批发放效率 • “中小企业周期性产品系列”是中国银行整合商业银行、保险、证券、基金、投资、租赁、资产管理等金融产品，向客户提供覆盖其不同发展期的全面金融解决方案，包含面向初创期企业的“中银创业通宝”、面向快速成长期企业的“中银助业通宝”和面向稳定发展期企业的“中银展业通宝” • “张江模式”是由中行上海市分行和张江高新技术产业开发区管委会共同推出的金融服务品牌，通过对张江高新区内科技型中小企业经营模式相关的重要“非财务信息”进行审核，对有成长性的优质企业给予融资支持
交通银行 “蕴通财富·鲲鹏计划”	• 包括6个产品组合套餐：生产经营一站通、贸易融资一站通、工程建设一站通、结算理财一站通、厂商联动一站通和个人投资一站通。包括17个系列产品组合。另有针对小额贷款授信需求的信贷产品“展业通快车”和知识产权质押贷款和文化创意企业贷款特色产品 • “网上应收账款质押贷款”为大中型企业上游供应商提供网银自助申请应收账款质押贷款，并实现贷款流程全程电子化，银行自动审批通过后客户即可自助申请放款，随借随还 • “蕴通电子供应链”是交通银行依托自身IT基础，在同业率先创新推出的以“电子化、信息化”为核心特色的电子供应链服务 • 推出“小企业e贷在线”，为小企业客户提供了一个通过互联网自主进行贷款申请、贷款审批状态查询的渠道，具有服务效率高、成本低、互动性强等特点 • 推出的“鲲鹏计划”服务方案全面地涵盖了“融资计划”、“结算计划”、“投资计划”、“理财计划”和“个人财富计划”五项子计划及数十项特色产品组合，致力于为中型企业客户群体降低融资成本、提升结算效率

续表

品　牌	产 品 支 持
招商银行 “U－BANK 中小企业专属服务” “小贷通” 点金 GoFortune 中小企业融资 SME Financing 助力贷	• “U－BANK 中小企业专属服务”品牌包含专门面向中小企业的现金管理、电子供应链、商贷融资、电子商务四大类近 30 项产品，以及在线客服、电子账单、手机银行、主动追踪等十项中小企业专属增值服务，充分体现供应链金融的特点。且此品牌分为三个阶段：伴您成长方案、高级财务筹划、全面领先行动，根据各个阶段的显著特点以及对银行电子金融服务的需求特征提供不同服务 • “千鹰展翼”计划，该计划于 2010 年开启，包含“投融通”、“股权管家服务”等产品。其中“投融通”是实现企业 PE 股权投资资金的提前进入和无缝转换，促成企业、PE 和银行“三赢”的融资产品；“股权管家服务”是借助招行建立的私募股权合作平台，企业引入私募股权融资的服务 • 推出“助力贷”，针对广大中小企业各类融资需求，精心设计了一整套符合中小企业特征的特色化融资产品，有效解决中小企业融资实际问题。囊括自主贷、订单贷、置业贷、收款易、担保贷与集群贷六大产品体系 • 推出“生意贷”，针对经营稳定、信用记录良好、能提供房产抵押或其他符合条件的担保的中小企业主、个体工商户推出的个人经营性贷款产品 • “生意一卡通”是国内首创，集融资、结算和生活于一体的小微企业主专属金融服务工具。客户可享受更便捷、省息的贷款服务；同时还享有汇款、结算、理财等金融增值服务的一站式体验 • 推出重点为小企业服务的资金收付管理产品“记账宝”，企业可通过网上企业银行在一个公司结算账户下自助开立多个子账户，用分别记账的方式提高资金运作效率 • 推出国内首个创新成长企业专属融资服务品牌“展翼通”，包含四大系列近 30 项融资产品，通过“鹰眼系统”和“脸谱识别模型”等风险识别新技术，有效控制信贷风险 • “小企业 E 家”专门面向中小企业客户的开放式、综合化互联网金融创新平台。围绕中小企业“存、贷、汇”等基本金融需求，创新开发了企业在线信用评级、网贷易、惠结算、我要理财等互联网金融产品，并实现了与银行中后台系统的对接，初步形成了从客户接触、跟进营销，商机发掘、产品销售到在线业务办理的全链条“O2O”（online to offline）经营模式。同时，通过与广泛的第三方机构开展异业合作，小企业 E 家整合研发了 E＋账户、商机平台、企业云服务、企业商城、在线财务管理、投融资平台等创新的互联网应用，打通和融合了企业在结算融资、投资理财、商机拓展、办公自动化、财务管理、供应链运营等多方面的行为，沉淀了传统银行难以获得的“大数据” • 2013 版“生意贷”内容包括三大产品和三项配套。三大产品：抵押加成贷、小额信用贷款、供销流量贷款；三项配套：生意一卡通、超级网银、周转易 • 推出小贷通，子产品包括易速贷系列、信用贷系列、供应链融资列、中长期贷系列和特色贷系列

续表

品　牌	产 品 支 持
兴业银行 “兴业财智星” 金芝麻 中小企业金融服务方案	• “兴业财智星”企业金融服务品牌汇集七大类基础产品，根据不同客户对金融服务的多样需求，提供了“金芝麻——中小企业金融服务方案”、“金立方——现金管理解决方案”、“节能减排——企业可持续金融服务方案”等，全面满足企业的发展需求 • “金芝麻”品牌针对生产、采购、销售三个财务需求环节，以一站式解决之道，解决中小企业八大资金难题。与小企业现金流、物流紧密结合，提供低成本采购、融资采购、扩大采购、快速回笼、扩大销售、避免坏账、资金临时短缺、创业投资在内的八大金融服务方案，依托动产（仓单）质押、厂房贷款、商票保贴、票易票、T/T 押汇、保理融资等便利性产品 • “节能减排”项目贷款是国内首个绿色信贷产品，用于借款人在中国境内提高能源利用效率、促进新能源和可再生能源的开发和利用、推广节能设备的应用、减少主要污染物（包括温室气体、二氧化硫、工业和生活污水、固体废弃物）排放等 • “兴业增级贷”，该产品面向合作关系良好、信誉优良、有发展前景的中小企业客户，通过盘活企业各类资产，放大资产担保的抵押率，根据企业在兴业银行的结算情况、客户分层等级、内部授信评级等情况，给予不同的授信额度调增，其抵押率最高可约达 150% • “兴业芝麻开花”中小企业成长上市计划。除了能够为企业提供贷款之外，还能够为企业的直接融资提供专业的顾问服务和技术指导。比如，针对初创期企业，兴业银行与风险投资机构合作，为企业提供创业投资支持，帮助企业尽快进入稳定期；针对成长期企业，该行与私募股权投资机构、信托公司合作，为企业引入私募基金、提供多种直接融资服务和财务顾问服务，帮助企业规范发展，争取尽快达到上市条件；针对成熟期企业，该行与券商、战略投资者、专业投资机构、上市中介服务机构等合作，筹划、辅导企业上市，加快企业公开上市进程 • 小企业“三剑客”：“易速贷”、“连连贷”、“交易贷”。“易速贷”主要依托小企业优质抵押品，为小企业客户提供便捷快速的融资业务；“连连贷”为配套业务品种，当小企业借款客户结算量达到一定标准后，在贷款到期日无需偿还本金，通过放款与还款的无缝对接，延长还款期限；“交易贷”业务主要以结算交易为抓手，对于将兴业银行作为主要结算银行的小企业客户，无需提供抵质押担保，通过信用方式，为企业提供信贷资金支持，从而深化双方合作
平安银行 	• 推出“小微企业金融”综合服务，包含房易贷、组合贷、营运车辆／机械设备贷、助赢贷、融赢贷、共同基金担保和收银宝七类产品，提供灵活的贷款、支付结算方式，极大地提高了资金运作效率 • 推出“供应链金融 2.0”，涵盖了预付线上融资、存货线上融资、线上反向保理、电子仓单质押线上融资、核心企业协同、增值信息服务、公司金卫士等七大产品与服务，在线整合与衔接各方流程，共享银行、核心企业与上下游企业，以及物流伙伴之间的分散信息 • “贷贷平安商务卡”借贷合一卡，为小商户提供无抵押无担保的贷款服务，随借随还。产品定位于衣食住行等民生相关行业的小微商户，户均授信额度在 100 万元以内。为小微客户量身定制的以小额信用循环贷款为核心，集融资、结算、增值服务等功能于一体 • “口袋银行 2.0”是平安银行推出的移动金融服务平台，全新 2.0 版进一步优化功能架构和用户体验，可个性化定制首页；并在转账汇款、资产管理、投资理财的等功能的基础上，新增了二维码应用、手机充值、优惠商户、电影票购买等创新功能；7×24 小时全天候的服务，转账、汇款资金实时到账

续表

品　牌	产 品 支 持
中信银行 “中信·小企业成长伴侣”	• “中信小企业成长伴侣”涵盖了“基础融资产品”、“集群服务方案”和“特色增值服务”三大类24项产品，满足不同行业、不同类型、不同成长周期中小企业的金融需求 • “成长贷”是中信银行“小企业成长伴侣”品牌下的特色金融产品，是针对“一链两圈三集群”（一链指供应链上下游，两圈指商贸集聚圈和制造集聚圈，三集群指市场、商会、园区集群）内优质小企业客户量身定制的金融产品，具有产品组合专业、审批流程高效和担保方式灵活三大特点，为小企业的不同发展阶段提供充足的成长动力 • 针对“一链两圈三集群”内优质小企业客户推出了供应贷、销售贷、市场贷、园区贷和商会贷、组合贷等创新性特色金融产品 • “信捷贷”、“种子贷”、“商户贷”、“POS贷”。“信捷贷”系列：主要适用于经营情况及信用情况良好、有固定营业场所的小企业、个体工商户和小企业主，最高授信额度可达1000万元。“种子贷”系列：以政府、园区、供应链核心企业等第三方合作机构或多个借款人自身提供资金形成的种子基金为主要担保方式。“商户贷”系列：针对批发、零售商贸市场内的个体工商户及企业主，以商户经营情况或经营所用的商铺租售价值为授信依据。“POS贷”系列：以POS机刷卡流量为授信依据 • “快快贷”系列产品，该系列产品囊括了商贸、流通、餐饮、生产制造、科技文化等六大行业领域11款特色产品，分别是刷刷贷、存存贷、酷酷贷、联联贷、急急贷、光光贷、棒棒贷、串串贷、火火贷、秀秀贷、点点贷
民生银行	• 传承和延续“财富罗盘”品牌，赋予“金融管家”核心服务内涵，具体包括融资结算、投资银行、财富罗盘、价值提升等四方面服务 • “财富罗盘”包括生产经营、国内贸易、物流融资、票据产品、国际贸易、便利和零售7个金融套餐，易捷贷、组合贷、联保贷、循环贷、供应商融资和法人按揭6个标准化产品 • “商贷通”专门针对小微企业主进行个人贷款的服务，其担保方式灵活、申办程序精简 • “4008695568”小微金融服务专线 • “乐收银”专为批发贸易类小微企业定制的新型支付结算服务产品，支持使用个人借记卡和企业结算账户进行相关支付结算，集合了传统POS和许多第三方电话支付终端产品的优点，刷卡收款、转账付款、缴费、信用卡还款等常见功能 • “小微金融2.0提升版”，商户融资在“商贷通”原有的11种担保方式贷款的基础上，有了“超短贷”、“存易贷”等新的贷款产品；商户结算相继有了商户卡、伙伴账户和乐收银等产品；小微企业融资包括了小微企业法人授信和小微企业票据融资；电子银行在小微服务专线的基础上，又增加了商户版网银

续表

品　牌	产　品　支　持
浦发银行 “助推器”	• “助推器”品牌包括成长型企业金融服务方案及十大特色产品。分为助推器“第一档”——企业生产经营过程的金融服务方案；助推器“第二档”——企业扩大再生产过程的金融服务方案；助推器“第三档”——企业经营升级过程的金融服务方案 • “成长型企业金融服务方案”针对小企业成长初期、快速发展期、成熟期等各阶段提供完整的金融服务方案，包括“政府采购贷”、“循环融资易”、“共赢联盟”、“黄金水道”、“玲珑透”等特色金融产品 • “供应链融资”结合互联网媒介和电子信息技术，为企业提供信用服务、采购支付、存货周转、账款回收支持；包含在线供应链、绿色供应链、1+N供应链、跨境供应链、供应链金融平台五大类支持方案 • 推出“吉祥三宝”中小企业批量开发模式和服务品牌，重点主要包括服务于开发园区、工业园区的“银元宝”，专业交易市场的“银通宝”，核心企业供应链上下游的“银链宝”。联合基金、风投、信托、担保等多方机构，为小微企业提供从创业顾问、银行贷款到集合融资、上市服务等全程一揽子金融服务 • 联合上海国际集团创业投资有限公司（“国际创投”）、上海市再担保有限公司（“市再担保公司”）共同推出标准化投融资创新产品——“投贷宝”，为科技型中小企业提供“投资+贷款+担保”的一揽子解决方案 • 推出“浦发科技金融α模式”，针对高科技小微企业初创期、快速成长期及成熟发展期的不同需求和科技型小微企业普遍存在的技术风险、市场风险和财务风险等特点，集科技专营机构、科技专营机制、科技专属产品和流程、专业的风险防范体系于一体，旨在为高科技小微企业提供一站式、全覆盖的金融服务 • “微小宝”是浦发银行针对小微企业设计的一套以小额、信用、灵活为主要特征的创新授信产品系列，旗下包括网络循环贷、积分贷、组合贷和小额信用贷四个子产品。“微小宝”系列产品通过弱化抵押担保、有针对性的服务、多维度的评价标准和标准化的业务流程，着力解决小微企业“短、频、急”的融资需求
光大银行  	• “阳光创值服务”品牌以“配套型、集聚型和科技创新型”三类中小企业为目标市场。包含6种12款阳光套餐，为中小企业提供从项目融资、财务顾问、战略咨询、融资培训、现金管理和上市辅导等一系列综合性服务 • 阳光创值计划是包括传统融资、特色融资和增值服务等在内的一系列金融服务方案。包括政府采购模式、银租通模式、联保模式、电子商务模式、选择权模式、光合动力低碳金融服务套餐、阳光设备融易贷、抵押融易贷 • “阳光创值计划”选择权模式，与国家级高新技术产业园区搭建融资合作平台，为区内企业发放认股权贷款，由指定PE或VC在一定条件下行使认股权，并由园区提供认股权贷款风险补偿的一种融资模式 • 国内首推“企业家手机银行”，提供账户管理、收付款、贷款、商户管理、投资理财、金阳光俱乐部等服务，及代发工资、银企对账、循环贷提款、POS贷等特色功能 • 推出“易快发”——小微采购卡业务，由供应链的上游挑选优质的下游企业，当天审批，当天放款，隔日到账 • 光大银行上海分行创新推出“企业法人保证保险贷款”，引入平安财产保险股份有限公司小微型企业贷款保证保险担保方式，无须客户提供抵、质押物或第三方保证担保

续表

品　牌	产　品　支　持
华夏银行	• 根据小企业发展的不同阶段特征及需求，分别推出华夏银行“龙舟计划”之创业通舟、卓业龙舟、展业神舟，针对各阶段实际需求提供不同种类的系列服务。包含快捷贷、循环贷、联贷联保、增值贷、接力贷、网络自助贷、法人按揭贷等15个产品 • “商圈贷”作为“龙舟计划”的创新产品，由华夏银行于2010年7月首家推出，立足营销模式创新、在传统单一客户开发的基础上研发，主要针对交易市场内小企业客户，依托交易市场、商场等商圈的小企业金融服务产品，实现批量解决小企业融资问题 • “助力贷”，针对小型企业、个体工商户和小企业主，借款人在贷款发放前自愿与该行及第三方合作公司签订《三方业务合作协议》，约定在信贷资产满足协议约定的信贷资产转让条件时转让信贷资产，该行在此基础上向借款人提供融资服务的产品 • “卖断型接力贷”，与小贷公司共同为小微企业提供贷款服务，对于双方认可的小微企业客户，贷款分为两个阶段，第一阶段由银行发放贷款；第一阶段到期后，根据协议约定条件转入第二阶段，由小贷公司承接贷款 • “买断型接力贷”，与第三方合作机构分两个融资时段共同向借款人发放的自营信贷资产业务。借款人、担保人在贷款发放前与华夏银行、第三方机构签订《买断型接力贷四方业务合作协议》第一融资时段，由第三方合作机构向借款人发放贷款；第二融资时段华夏银行依照该协议约定受让第三方合作机构信贷资产
北京银行	• “小巨人”产品体系经过进一步的整合，成为包括“创融通”、“及时予”、“腾飞宝”三大核心基本产品包和“高科技类”、“文化创意类”、“节能减排类”三大行业特色附加产品包的融资方案。同时，重点针对文化创意、高科技、节能减排、再就业工程等领域的中小企业开发了“创意贷”、“融信宝”、知识产权质押贷款、中国节能减排融资项目贷款及小额担保贷款等特色产品 • 推出个人经营性贷款专属产品“短贷宝”，定位于为中小企业主和个体工商户量身打造紧急融资平台。北京银行“短贷宝”产品具有五大特点与优势：贷款申请简易快、担保方式多样化、一次授信循环用、授信额度有保证和资金到账讲速度 • “小微贷”是为小微企业量身定制的、基于账单流水实现融资的信用贷款产品。除了支付贷款利息外，企业无需支付评估、抵押、担保等其他费用；适用线上模式，通过与互联网公司的合作，打造集线上数据整合与线下金融服务于一体的服务模式 • “现金e通”为客户提供在线账户管理、结算管理、资金集中管理、增值管理、融资管理、风险管理等多项功能，满足不同类型客户专业化、个性化、便捷化的现金管理需求

续表

品　牌	产　品　支　持
宁波银行	• “金色池塘”具有三大特色：资金融通新渠道、零成本财务顾问、现金流增值新方式，能很好地契合了中小企业发展的需求 • “金色池塘”旗下产品包括信用类产品：诚信融、透易融；抵押类产品：贷易融、便捷融、定期融；保证类产品：友保融、专保融、联保融；贸易融资类产品：业链融；区域特色产品：文贷融、订单融、租金融、退税融、农贷融、设备融、科贷融等十九种标准化特色融资产品（另有押余融、互助融、小额贷）以及即时灵账户信息服务和特色积分增值服务。其中，子产品“透易融”是内地首个为小企业定制的免担保、免抵押、按日计息、随借随还的账户透支产品 • “金色池塘”小企业资讯通计划，定期给小企业直投个性化电子杂志，电子杂志内容不仅涉及最新经济金融政策、重点行业政府最新优惠政策、同期银行推荐的信贷产品或理财产品，还包括了相关行业招标采购信息等商机 • “金色池塘”小企业大讲堂计划，以“与广大中小企业共成长”为出发点，为小企业提供多维度的专业知识，方便客户不断提高资金管理能力和企业营运能力 • “银企沙龙”，针对中小企业管理“短板”专门开展的活动，通过各种形式的培训、交流，帮助中小企业管理人员进一步了解金融知识，提升财务管理能力，并通过运用金融产品规避金融风险、实现企业增值 • 推出“宁行 E 家人”中小企业金融商务网络社区，企业通过“E 家人”申请的贷款，可在 3 天内获得银行人员回复；当小企业在融资、国际业务、理财产品等方面遇到困惑时，可直接在“E 家人”上联系各类银行业务专家，解决问题 • 升级版“金色池塘”保留“一次授信三年有效、额度内循环使用、随借随还”等特点，将最高抵押率提高到 100%，最长授信期延长到 8 年，同时结合打分卡自动审批，将其审批期限缩短为 2 天
南京银行    	• “鑫动力”，已经推出了包括“订单融资业务”、“知识产权质押贷款”、“应收账款质押”、“法人账户透支业务”四大特色产品在内的 40 多个产品满足不同类型、不同规模的小企业需求，为企业提供个性化的金融服务方案 • “鑫智力”，专属于科技型企业的特色产品，根据不同科技型企业的不同发展阶段为客户量身定制差别化的金融产品和全方位金融服务的系列产品，项下主要包括知识产权质押贷、应收账款质押贷、联合贷、投联贷、税联贷、保联贷、倍增贷、政府采购贷等近 20 个科技企业专属产品 • “鑫微力”，专属于微型企业、个体工商户和个人的纯信用信贷产品系列，无需抵押担保，审批速度快，3—5 个工作日资金即可到账 • “福鑫卡”，专为微型企业、个体工商户量身定制，具有一次授信、循环使用，自助操作，随借随还的特点，最高授信 100 万元，客户可通过 ATM、网上银行、电话银行，实现自助放款、自助还款，手续简便

续表

品 牌	产 品 支 持
宁夏银行 “如意”系列 	• “如意”系列特色业务，包含如意百货贷、如意农资通、如意机电通、如意循环贷和如意农金宝五项产品，运用创新开发的提货权质押、商标权质押、存货质押、应收账款质押等担保方式，满足中小企业融资需求 • “成长之星”金融服务，通过向“成长之星”企业提供快速审批通道、下浮利率和承兑保证金、减免结算手续费等优惠措施支持中小微企业发展，是一项覆盖全区的长期性系统工程
青岛银行	• “青易贷”业务，向符合条件的企业法人、个人独资企业、个体工商户等发放的小额贷款业务，无需抵押，以两名自然人家庭连带责任担保即可 • “科易贷”业务，联合青岛市科技局、青岛市担保中心共同发起建立“青岛市科技信贷风险准备金池”，向科技创新型中小企业发放贷款，解决其在经营过程中面临的资金瓶颈问题
哈尔滨银行	• 乾道嘉小微企业“商全通”贷款产品，围绕核心企业或大型交易市场展开，创新运用12种担保方式，通过“铁三角”平行作业模式，批量开发，提高贷款效率 • 乾道嘉“供应链”小微企业融资产品组，包括商超通、医保通、政采通及佳易通四种产品，突破了传统抵押、保证担保方式，以借款人稳定的销售回款作为还款保障，通过封闭现金流控制资金回行防范风险，信用贷款额度最高达到500万元 • 乾道嘉小微企业粮煤仓单质押贷款，专为粮食煤炭经销或加工型小微企业量身打造，用于粮食收购或煤炭储备，以企业自有的存货质押，无需提供其他担保，贷款额度最高可达1000万元

4 国家开发银行、邮政储蓄银行及政策性银行：服务中小微企业各有特色

2013 年，国家开发银行、邮政储蓄银行和两家政策性银行仍延续了各自一贯的战略定位和优势特色，在合作与创新中助力中小微企业发展。其中，国家开发银行继续凭借其庞大的资金优势和与多方组织机构的合作关系，运用批量融资模式服务小微企业；邮政储蓄银行依托覆盖城乡的网点数量和分布优势，努力践行普惠金融；进出口银行和农业发展银行仍然发挥其在出口贸易、农业领域的特有政策优势，一方面扶持与出口贸易相关的中小微企业和涉农中小微企业，另一方面通过改善进出口贸易环境、农村基础设施建设间接使中小微企业受益。

4.1 国家开发银行开发性金融服务中小微企业

国家开发银行秉承开发性金融“将国家信用与市场原理有机结合”的理念，对中小微企业的金融服务也兼顾政策的直接引导和市场的灵活覆盖。2013 年，国家开发银行继续依靠统贷、转贷、直贷三种模式扩大自身中小微企业贷款规模，结合自身的资金优势和其他多方组织机构的渠道信息优势，不断地探索创新性的融资合作模式，批量助力中小微企业发展。

4.1.1 中小企业贷款余额平稳增长

2013 年，国家开发银行积极推进业务创新，探索中小微企业批发贷款新领域、新路径和新产品，不断推进小微企业融资网建设。截至 2013 年末，中小企业贷款余额人民币 2.08 万亿元，较 2012 年新增 0.27 万亿元，同比增幅 15.05%，惠及中小企业、个体经营户 195 万家，创造就业岗位超过 508 万个①。较比前两年，2013 年中小企业贷款余额增幅有所回落，国家开发银行中小企业贷款规模增长趋于平稳。

---

① 资料来源：《国家开发银行 2013 年年报》。

图 4－1 国家开发银行中小企业贷款余额及增幅（2009—2013 年）

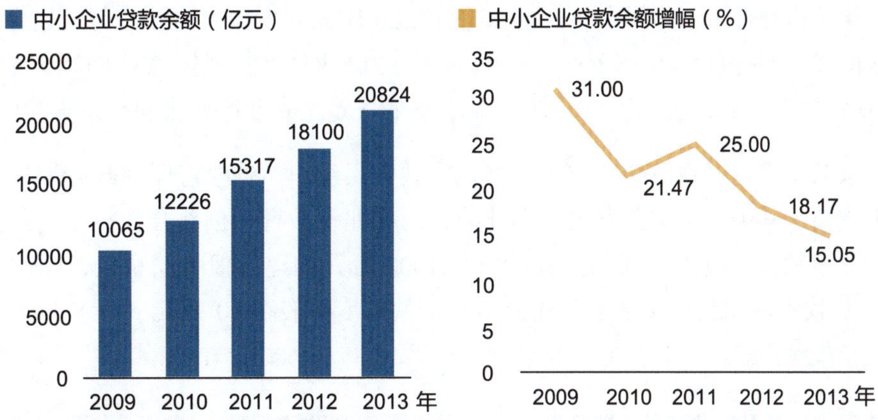

资料来源：《国家开发银行年报》，2009—2013 年。

4.1.2 批量融资模式助力小微企业发展

2013 年，国家开发银行继续沿用“国家开发银行—机构合作伙伴—中小企业”的合作式小微金融扶持链条，将资金不断输入到小微实体经济。这一链条中与“机构合作伙伴”的合作可包括银政合作、银银合作、银担合作、银贷合作等。国家开发银行即利用这种多元化的合作方式批发性开展零售业务，在中小企业贷款方面形成了一套独具特色的融资体系。

概括而言，为了让更多小微企业受益，实现金融的社会效益性原则，同时又保证信贷资金的安全，国家开发银行在实践中摸索出了统贷、转贷和直贷三种模式①，向最终的中小企业客户提供资金。统贷模式指国家开发银行向有借款资格和承贷能力的经济组织（以下简称统贷平台）提供授信，统贷平台再以委托贷款等方式，向国家开发银行指定的小企业客户提供资金支持；转贷模式是国家开发银行向具备贷款经营资格并评审认可的中小银行金融机构、小额贷款公司（以下简称转贷人）等机构提供授信，转贷人按与国家开发银行的约定向最终的小企业客户发放贷款的业务模式；直贷模式是由国家开发银行与小企业客户签订借款合同，直接发生债权债务关系向小企业提供授信的业务模式。

从不同地区分行批量扶持小微企业的规模来看，自 2011 年 7 月成立以来至 2013 年底，国家开发银行苏州分行通过统贷、转贷等模式已累计发放贷款 32 亿元②支持各类小微企业发展；截至 2013 年 7 月末，国家开发银行江西省分行与江西省中小企业担保有限公司合作累计额度约有 6 亿元，并已累计向近 40 家小额贷款公司发放逾 14 亿元转贷款③；截至 2013 年 9 月底，国家开发银行河南省分行与泌阳市城乡信用协会合作，共为会员企业融资 5.6 亿元④，拉动会员企业新增销售收入 16 亿元、新增就业 1560 人；国家开发银行天津分行 2013 年底在天津市武清区通过“1＋1＋N”（国开行＋武

① 《小贷款做出大文章——国开行 1.8 万亿元融资“贷”动 500 万人就业》，载《人民政协报》，2013－03－06。
② 《国开行苏州分行携手小贷公司支持“三农”发展》，载《金融时报》，2014－01－07。
③ 《国开行江西省分行探索中小企业融资新模式》，载《金融时报》，2013－07－30。
④ 《小企业“攀上”了大银行》，载《金融时报》，2013－10－08。

清城乡担保中心＋N个基于产业园区或乡镇的统贷平台）的统贷模式集中化、批量化、基地化支持武清区中小企业发展；国家开发银行贵州分行推动各金融扶贫合作县成立开发性金融支持农业产业化工作领导小组，搭建金融合作平台，截至2013年底，国家开发银行贵州分行通过合作平台，为贵州省特困地区的22个县授信42.8亿元，累计发放贷款12.3亿元，直接惠及8525户农户、122家合作社和91家扶贫龙头企业，带动近28万户贫困山区农民走上农业产业化脱贫致富的道路①。

此外，国家开发银行多省市分行继续与当地的共青团组织、省教育厅等政府部门合作为创业大学生提供资金支持。其中，国家开发银行湖北分行与湖北省教育厅创新合作机制，共同搭建创业融资平台，由湖北省教育厅投入专项创业补助资金1000万元构建偿债补偿机制，国家开发银行投入5000万元创业贷款服务湖北省大学生创业，单户贷款额度一般在10万元（含）以内，由湖北省教育厅提供全额贷款贴息。

专题4－1　国家开发银行开发性金融支持扶贫开发

2011年11月，国务院批复了《武陵山片区区域发展与扶贫攻坚规划（2011—2020年）》，其中贵州涉及16个县（区、市）。为落实相关精神，2011年11月底，国开行贵州分行与贵州省扶贫办签订《开发性金融支持贵州省开发扶贫实施方案》。国开行贵州分行推动各金融扶贫合作县成立开发性金融支持农业产业化工作领导小组、搭建金融合作平台、建立健全金融扶贫工作机制和制度，有效地调动社会资源，发挥市场机制的作用，形成多方参与、共同受益的开发式扶贫的格局。

贵州省铜仁市茶产业重点县——石阡县，被国开行贵州分行和贵州省扶贫办纳入双方扶贫攻坚的合作项目，全面启动茶产业开发扶贫。在“开行小额农贷”的“石阡模式”中，地方政府是组织推动者，国开行贵州分行是贷款人，石阡县国资公司是借款人，石阡县泉都担保公司是担保人，农户、合作社及茶产业链上的中小企业是用款人，石阡县茶叶管理局和国资公司是贷款业务的管理人，贵州省扶贫办对国开行贵州分行茶叶贷款贴息。

自2012年4月项目启动以来，国开行贵州分行授信2.5亿元，目前已申报贷款21722万元，其中茶农贷款2593户，金额15362万元；企业贷款9户，金额3020万元；茶叶专业合作社11家，贷款3340万元。经国开行贵州分行和省扶贫办联合行文批复确认的贷款金额12444万元，其中茶农贷款1805户，金额9614万元；企业2户，金额660万元；茶叶专业合作社11户，金额2170万元，其余资金正在审核中。通过国开行贵州分行贷款，保障了石阡县茶产业发展资金，茶叶面积从2007年的3万亩发展到现在的32.5万亩，2013年全县茶叶产量和产值与去年同期相比增长了9倍②。

贵州分行通过融资融智支持，增强了农民依靠资源优势，参与市场的发展意识和能力，使贫困地区的百姓成为与农业产业化的主动参与者，实现了扶贫工作由“输血”式向“造血”式的转变，提升了贫困地区人民群众的发展自信。国务院扶贫办将这种“银政企农”合作共赢，推动农业产业开发扶贫的工作模式称为金融支持扶贫开发的“贵州模式”③。

---

① 《贵州：“小额农贷”闯新路》，载《中国财经报》，2014－03－06。

② 《“开行小额农贷”探索开发式扶贫》，中国经济新闻网，2013－11－14。

③ 《国开行创新金融开发扶贫“贵州模式”》，新华网贵州频道，2014－01－12。

4.1.3 “开鑫贷”严控风险稳定运行

2012年12月，由国家开发银行全资子公司——国开金融联合江苏金农股份有限公司联合打造的“开鑫贷”社会融资平台正式上线运行。“开鑫贷”P2P网贷平台自上线以来运行平稳，根据“开鑫贷”官方数据，该平台2013年总交易量为23.43亿元，共计完成交易笔数1533笔，但高达150万元的单笔平均金额表明其业务下沉度仍不足。“开鑫贷”2013年总计到期还款7.6亿元，尚未出现一笔逾期或担保代偿。在饱受质疑、鱼龙混杂的P2P网贷行业中，成为为数不多的称得上“十分安全”P2P网贷平台。

作为一个社会融资平台，“开鑫贷”P2P网贷平台“政府支持、市场运作、平台增信、IT支持和社会共建”的操作运营模式、引入合格的小额贷款公司承担线下调查和担保的风险防控手段，保证了其低风险的平稳运营。由于依靠合作方小贷公司做线下审核，整个平台交易撮合过程风险防控的关键在于对小额贷款公司审核和遴选。在“开鑫贷”平台融资的借款人，必须由能够办理“开鑫贷”业务的小贷公司审核推荐，而有资格推荐借款人的小贷公司，必须是江苏省金融办评级的A级以上评级单位。实际上，目前入围“开鑫贷”业务资格的小贷公司，基本评级都在2A级以上，江苏省600家小贷中入围“开鑫贷”合作单位仅仅只有53家①。小贷公司尽职做好贷前调查、贷后管理，优中选优地推荐优质借款人并为他们全额本息担保，并要缴纳一定的风险准备金。同时，“开鑫贷”通过江苏省小贷综合服务系统对合作小贷公司的经营情况进行实时非现场监控，严控小贷公司风险。

除了率先推出的主打产品“苏鑫贷”外，2013年“开鑫贷”平台还推出了公益性金融服务产品“惠农贷”。“惠农贷”为支持“三农”发展、解决农户融资难题，以公益运作为原则呼吁和鼓励社会资金参与到支农助农的行列中，力求帮助广大农户以相对较低的成本获取资金。该产品确保农户最终融资成本不超过8%的年化利率，并由优质合作担保机构提供担保。“惠农贷”作为公益惠农产品，平台不收任何服务费，以达到真正的助农、惠农。

4.1.4 国开村镇银行因地制宜服务“三农”

村镇银行是国家开发银行贯彻落实普惠金融的重要窗口，在发展农村经济、增加农民收入、推动小微企业发展方面发挥着重要作用。截至2013年末，国家开发银行控股村镇银行13家，参股2家，总资产119.7亿元，贷款余额60.9亿元，其中，涉农贷款余额人民币41.2亿元，小微贷款余额人民币42.6亿元，不良贷款率0.28%②，为消除贫困、支持农户和小微企业发展发挥了积极作用，有效改善了农村金融环境。

---

① 《开鑫贷破解P2P风控难题》，载《大众证券报》，2014-04-18。

② 《国家开发银行2013年年报》。

图4－2　国开村镇银行贷款余额及涉农贷款余额（2009—2013年）

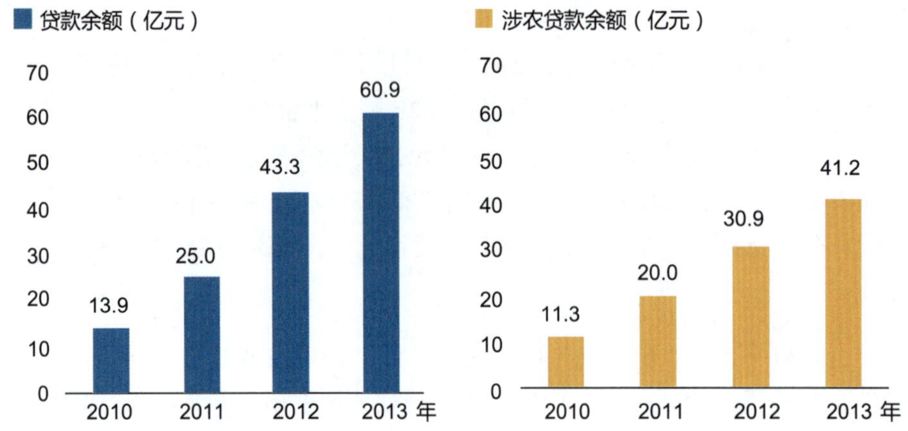

资料来源：国家开发银行年报，2009—2013年。

村镇银行利用贴近县域、贴近客户的优势以及灵活的审批机制，在较短时间内为企业提供小额快捷的融资支持。国家开发银行四川分行与郫县国开村镇银行，牵手成都中小企业融资担保有限公司共同推出的一款旨在解决小微企业“需求急、求稳定、低成本”的金融产品——“县域小微直贷通”。通过使用县域小微直贷通，企业只需要向村镇银行提出申请，由村镇银行协调国家开发银行四川分行及成都中小企业融资担保有限公司开展尽职调查，节省企业跑银行、跑担保所耗费的人力和物力①。自2008年以来，宜城国开村镇银行通过“银政农”联保贷款模式及“双基双赢合作贷款”，累计向300户农户发放贷款近亿元②，覆盖宜城全辖所有乡镇、办事处及工业园区，涉及种养殖、粮棉油生产加工等涉农产业，有效解决了农户因资产规模小、地域分散、缺乏合适抵押物而无法融资的难题。

4.2　邮政储蓄银行加快践行普惠金融

邮政储蓄银行坚持服务“三农”、服务社区、服务中小企业的战略定位，充分依托覆盖城乡的网络优势，填补城乡金融空白，自觉承担“普之城乡、惠之于民”的社会责任，形成了多层次、广覆盖的小微企业金融服务体系。

4.2.1　普惠金融服务体系进一步发展

截至2013年12月底，邮储银行网点数量已经达到39707个，有28302个分布在县及县以下农村地区，占全行网点总数的71.28%。在网点区域分布上，邮储银行东部地区网点13513个，占比达34%，中西部地区网点21738个，占比超过54%。其中，中西部地区更强调网点进入县域及县城以下，中部地区县域及县城以下网点占中部地区网点比例为77.71%，西部地区县域及县城以下网点占西部地区网点比例为74.39%，均高出邮储银行此项指标71.28%的全国平均水平。

① 《国开行四川分行创新产品满足小微企业金融诉求》，载《金融时报》，2013－08－09。

② 《湖北省襄阳市农委关于“双基双赢合作贷款”支农信贷服务的调查报告》，中国农经信息网，2013－07－30。

图 4－3　中国邮政储蓄银行各区域网点数目及分布占比情况（2009—2013 年）

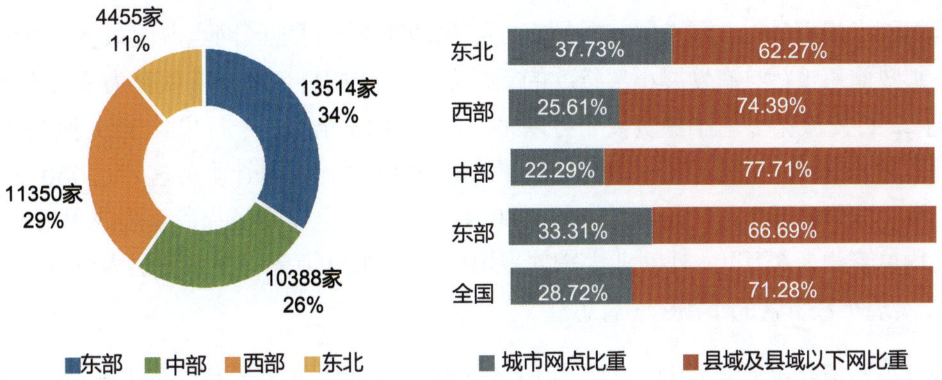

资料来源：《中国邮政储蓄银行普惠金融报告（2013）》。

在小微企业金融服务方面，截至 2013 年 12 月底，邮政储蓄银行已经建立了 337 个小企业信贷中心，专门负责小企业信贷业务营销、受理、调查、贷后检查等日常经营和管理工作。邮政储蓄银行小企业信贷中心已覆盖全国超过 98% 的地级市，实现近 6000 个网点覆盖、拥有 3 万人的专业信贷队伍为小微企业提供专业金融服务。

截至 2013 年 12 月底，邮储银行小微企业贷款余额 5375 亿元①，2013 年净增 1096 亿元，增速虽进一步回落，但仍达 63%。自 2007 年起至 2013 年底，累计发放小额贷款笔数超过 1313.67 万笔，累计金额 8116.89 亿元，累计服务客户超过 750.99 万户，户均贷款约 10.81 万元/户。

在小微企业贷款区域分布方面，县及县以下地区和中西部地区成为邮储银行小微企业贷款业务的重点发展区域，60% 的小微企业信贷业务投放在县及县以下地区接近，中西部地区发放小微企业贷款占比近超过 40%②。

图 4－4　中国邮政储蓄银行小微企业贷款余额及净增长率（2009—2013 年）

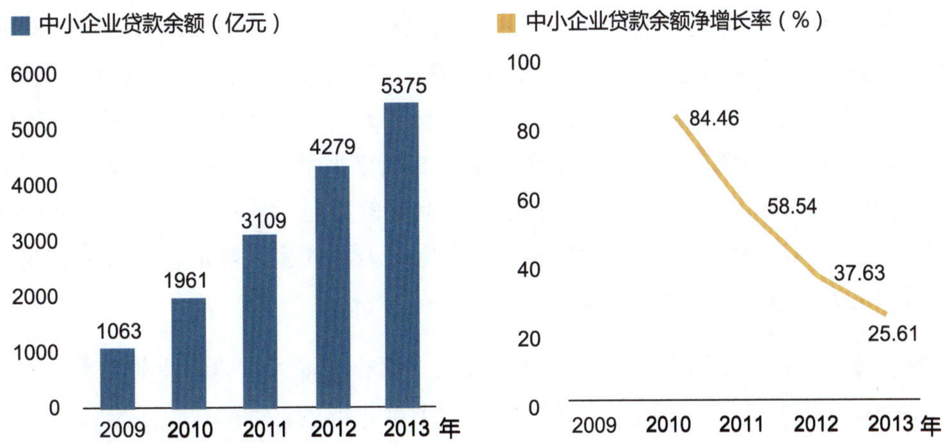

资料来源：《中国邮政储蓄银行普惠金融报告（2013）》。

---

① 统计口径：包括小企业法人贷款、小额贷款和个人商务贷款、小微型企业贷款、个体工商户和小微企业主贷款。

② 《小微金融发力高效输血实体经济》，载《金融时报》，2013－12－28。

4.2.2 特色小额贷款产品实践普惠金融

作为国内网点规模最大、网点覆盖面最广、县及县以下农村地区网点占比最多、客户最多的银行业机构，邮政储蓄银行具有发展小额贷款的天然优势，依托特色小额贷款努力实现普惠金融。自2007年6月22日发放第一笔小额贷款业务以来，截至2013年底，全行累计发放小额贷款1313.67万笔，累计金额8116.89亿元，其中涉农贷款累计达6119亿元，累计服务客户达750.99万农户①，累计发放小微企业贷款近2万亿元，支持了1200多万户小微企业的经营资金短缺困难②。邮储银行小额贷款平均单笔约为6万元，小企业主贷款平均单笔不到30万元，小企业法人贷款平均单笔不到230万元③，实现小额贷款的小额化、普惠性。

邮储银行小额贷款业务努力由“点”式服务逐渐转变为“链式开发、面式推广”，形成了多维度、广覆盖的产品体系。截至2013年末，邮储银行已开发甘蔗种植业、茶叶收购小额贷款等数十个特色行业小额贷款产品；建成小额贷款专业村1435个，支持的领域涉及特色经济作物的种植、加工和销售，以及家畜的养殖，贷款投放达85亿元；四川省分行对当地茶叶行业投放小额贷款累计近2.18亿元，惠及超过1900家农户。

4.2.3 组织变革倾斜小微企业和“三农”领域

2013年开始，邮储银行开始加快组织结构改革的步伐，以客户为中心改造前端，形成零售板块、公司板块以及银行同业板块。在零售板块下，成立了三农金融部，专门服务“三农”；在公司板块下，成立了小企业金融部，着力服务小企业④。

小微企业融资的特殊性呼唤银行金融产品与服务的多元化。为了进一步迎合小微企业的需求。邮储银行在2013年进行的机构改革中，从总行划拨人员专设小企业金融部，单列部门、单列资源为小微企业提供量身定制产品和服务。截至2013年底，该行一级分行全部完成机构调整，二级分行设立337家小企业金融服务机构，覆盖全国超过98%的地级市。

此外，特色支行的建立也是2013年邮储银行深化改革的一大亮点。2013年8月，邮储银行公布了第一批10家总行级小企业特色支行名单，拉开了特色支行建设的大幕。通过4个月的建设推动，截至2013年底，10家总行级小企业特色支行深耕石材、家具、泵及电机、中药材、机械制造、纺织、高科技、花炮等8个特色行业，累计为超过1200户新增小企业客户提供6.78亿元信贷支持。其中，68.59%的信贷资源投向特色支行目标行业，69.34%的特色行业小企业客户来自政府部门、行业协会、核心企业等的推介，满足了客户在结算、理财等方面的金融需求，在为小企业客户提供批量化综合金融服务方面取得了阶段性突破。

小企业特色支行将成为邮储银行未来2—3年服务小微企业最为重要的业务渠道。在一些行业比较集中、形成产业集群的地区，邮储银行已全面启动小企业特色支行的建设工作，确立了181家总

① 《中国邮政储蓄银行普惠金融报告（2013）》。

② 《从“三农”到小微邮储普惠金融再发力》，载《每日经济新闻》，2014-03-06。

③ 《做好中国的普惠金融》，中国经济周刊，2013-05-06。

④ 《打造邮储银行“升级版”》，载《中国金融家》，2013-08-13。

行级小企业特色支行，囊括30个行业大类64个细分行业小类，并拟用3年时间建设600家小企业特色支行，为区域特色行业、产业链、商圈、园区小企业提供量身定制金融服务①。

4.2.4　担保方式变革完善小微、"三农"金融产品

针对单个客户利润小，贷款成本高的问题，邮储银行小企业金融部将小微企业产品研发方向从"重抵押"调整到"弱担保"，由原来的"不动产抵押贷款"向"非不动产抵押贷款"升级。2013年，针对小企业客户普遍缺乏抵押物的特点，邮储银行以客户为中心，研发了弱担保类互惠贷产品，客户仅需缴纳部分保证金并承担连带保证责任，即可获得单笔最高500万元的融资支持。互惠贷产品已在邮储银行北京、河北、福建、广东多家分行辖内小企业特色支行实现放款，6个月的时间为150户小企业客户提供超过3.65亿元的融资支持。

同时，针对客户担保物不标准的现象，邮储银行将以前的"点"式服务逐渐转变为群链开发，立足于商业集群和供应链，以优质零售撬动批发。2013年，邮储银行进一步推进商圈开发、产业链连锁贷等模式。例如，与1号店携手推出"1保贷"产品，该产品是邮储银行基于供应商与1号店之间的应收账款提供的一种融资服务。该产品的上线将满足供应商特别是融资能力不足的小微供应商快速资金周转的需求，实现供求资金零压力。

此外，在针对"三农"贷款的抵押物创新上，邮储银行紧跟国家政策②，探索"三权"抵押类产品。大力推进林权抵押贷款业务，探索灵活的、与林业抵押贷款相匹配的产品要素；针对依法取得农村土地承包经营权证或农村土地承包经营权流转合同且农村土地承包经营权产权关系清晰的客户，试点推进农村土地承包经营权抵押贷款；跟踪政府配套政策的落实情况，在法律政策明确、市场条件适宜的地区，审慎探索农房抵押贷款。例如，2013年邮储银行吉林分行开办土地收益保证贷款试点，范围覆盖吉林省5个地区11个县市，贷款发放达1798.5万元，贷款笔数314笔，惠及农民314户，重点支持农户、专业合作社社员和专业农场从事种植、养殖、棚膜经济、农副产品加工等；此外，截至2013年末，临安市支行累计发放林权抵押贷款1483笔，发放金额1.84亿元，结余贷款795笔，金额10797.58万元③，贷款群遍及临安主要山核桃产区。

2014年中央一号文件将金融提升到农村工作的前台，其中明确提出"鼓励邮政储蓄银行拓展农村金融业务"。按照中央一号文件的要求，将允许土地经营权向金融机构抵押融资，推进农民住房财产权的抵押、担保，这既是解决农民"贷款难"问题的突破口，也是金融机构开拓"三农"金融市场的巨大机遇。邮储银行如何凭借政策东风和网点优势、创新产品服务"三农"，我们拭目以待。

4.3　进出口银行、农业发展银行政策性扶持中小企业

进出口银行和农业发展银行一如既往地将贯彻国家政策放在首位，分别进一步发挥政策性金融

---

① 《推动小微服务转型升级邮储银行力推小企业特色支行》，邮储银行网站，2014-04-25。

② 2013年国家提出土地流转制度改革，国务院一号文强调"创新符合农村特点的抵（质）押担保方式和融资工具，建立多层次、多形式的农业信用担保体系。扩大林权抵押贷款规模，完善林业贷款贴息政策"。

③ 《2013年中国邮政储蓄银行社会责任报告》。

在外贸经济支持体系、“三农”问题领域的职能作用。2013 年，这两家银行继续凭借各自在进出口贸易、农业领域的丰富实践经验和政策优势，通过金融支持促进外贸型中小企业、“三农”领域中小企业的成长。

4.3.1 进出口银行服务中小企业

2013 年，进出口银行通过持续的贷款规模扩张、扶贫金融合作项目的开展推进中小企业金融服务工作。截至 2013 年 6 月末，中国进出口银行小微企业贷款余额达 676.80 亿元，占该行表内贷款比重 4.90%，小微企业贷款年平均增速超过 50%，增速高于该行同期表内贷款增速 20 个百分点①。

进出口银行在开展扶贫金融合作中，将扶贫金融合作试点项目纳入到该行“中小企业信贷成长计划”之中，推出针对中小扶贫企业尤其是进出口型中小企业的创新产品和服务模式。截至 2013 年末，进出口银行开发了 5 批共 172 个扶贫金融合作项目，涉及养殖、种植、农产品深加工、农产品进出口、新能源、新材料等片区特色优势产业，覆盖 26 个省区和 14 个集中连片特困地区，累计为 74 个扶贫金融合作项目提供了融资支持，批贷金额 48 亿元②。

4.3.2 农业发展银行助力农业中小企业

2013 年，农业发展银行严格履行政策性银行职能，全力支持农业小企业、农村流通体系建设、新农村建设、水利建设、农村基础设施建设等“三农”领域贷款业务。但农发行小企业贷款发放额自 2009 年开始出现逐年递减，2013 年全年累计发放贷款 54.66 亿元，同比减少 18.65 亿元（如图 4-5 所示）。由于农发行 2013 年全年累计全部贷款额实现了增长，使该年农业小企业贷款发放额占全部贷款发放额的比例由 2012 年的 0.58% 下降至 0.41%。

图 4-5 农业发展银行向农业小企业发放贷款金额及增幅（2007—2013 年）

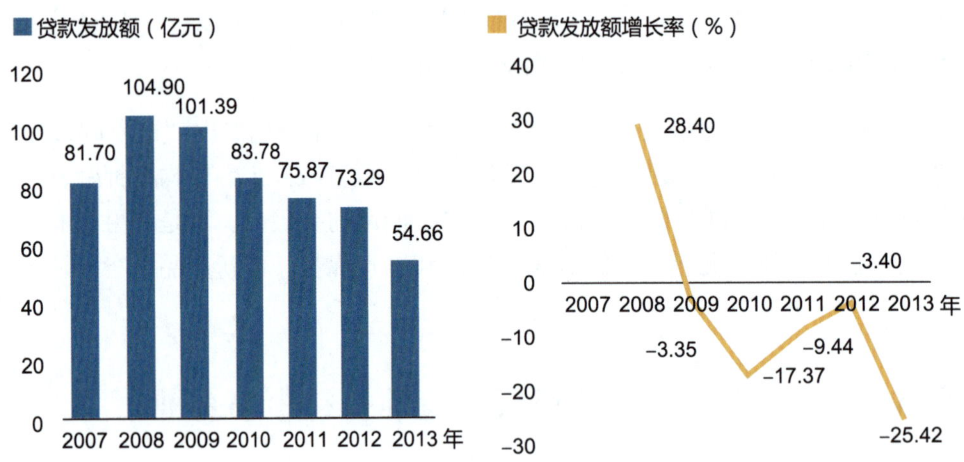

资料来源：中国农业发展银行年报，2007—2013 年。

① 《进出口银行小微企业贷款年平均增速超 50%》，载《金融时报》，2013-07-03。

② 《中国进出口银行 2013 年年报》。

相对于对涉农小企业的直接贷款支持，农业发展银行在新农村建设、农村基础设施及农业龙头企业及农村流通体系建设中的投入规模更为可观，使农村中小微企业和农户从中间接受益。2013 年新农村建设贷款 1669. 14 亿元；水利建设贷款 647. 19 亿元；农村路网、农村公共设施、农业生态等农业农村基础设施贷款 213. 37 亿元；林业、水果、中药材、园艺、茶等产业化龙头企业贷款 293. 05 亿元；农业生产资料贷款 258. 68 亿元；糖丝麻烟毛绒产业化龙头企业贷款 162. 31 亿元；农村流通体系建设贷款 102. 10 亿元①。与 2012 年相比，在农业小企业贷款投放量减小的同时，上述多数类型贷款的投放量也出现下滑，而其中水利建设贷款投放量增长近 178 亿元，凸显了农发行在农村基础设施建设领域的关键作用。

① 《中国农业发展银行 2013 年年报》。

5 农村金融：任重道远

“三农”问题一直是政府工作的重中之重，2013年召开的十八届三中全会正式提出“发展普惠金融，鼓励金融创新”，在经济转型、改革深入的关键时刻，加强和改进农村金融服务工作，加大力度发展农村普惠金融以及正确引导涉农资金投向等问题，已成为各省、各地区农村工作的重要内容。2013年，我国农村中小金融机构[①]持续发展，继续发挥“支农支小”的重要作用，为适应新时期农村金融发展的要求，积极创新体制、完善信贷机制以及通过推出新型金融产品和服务来改善当前农村金融市场的现状。涉农贷款和小微贷款均保持了稳定的增长态势，基于农副产品订单、保单、仓单等权利以及农用生产设备、机械、林权等财产的抵质押贷款以及基于农村土地承包经营权、宅基地使用权、农民住房财产权等的抵押贷款业务创新活跃，农村金融服务的覆盖面进一步扩大。但是，农村金融机构发展不均衡，尤其是内生型农村金融机构发展滞后的现状仍未得到根本扭转；农村信贷结构不平衡，局部供求矛盾突出的现象依然存在；农村金融功能配置不健全、缺位、错位等问题并存；各类金融业态发展不协调，协同效应发挥不充分，难以满足新型城镇化进程中出现的农村金融新需求。农村金融仍然是整个金融改革发展最为薄弱的环节。

5.1 农村中小金融机构持续发展

5.1.1 农村中小金融机构整体增长概况

2013年，农村中小金融机构保持稳步发展，继续发挥“支农支小”的重要作用。2013年农村中小金融机构资产总额达189901亿元[②]，较2012年末增加了18.96%，较2012年22.46%的增速下降

① 农村中小金融机构包括农村合作金融机构和新型农村金融机构，其中农村合作金融机构包括农村信用社、农村商业银行和农村合作银行；新型农村金融机构包括村镇银行、贷款公司和农村资金互助社。

② 据《中国银行业监督管理委员会年报2012》披露，截至2012年末，农村合作金融机构资产总额合计为155121亿元，新型农村金融机构和邮政储蓄银行资产合计为53511亿元；另外，据邮政储蓄银行官网新闻披露，截至2012年底，全行资产规模达到4.9万亿元。据此，推算出2012年末农村中小金融机构资产总量159632亿元。

3.5 个百分点，但相比银行业 13.27% 的增长幅度高 5.69 个百分点。图 5-1 展示了农村中小金融机构资产总额在银行业金融机构资产总额中的占比变化，尽管 2009 年至 2013 年这一比例变化幅度很小，但保持逐年上升的态势。从农村中小金融机构资产内部占比图（图 5-2）中可以看到，农村合作金融机构资产占农村中小金融机构的比例由 2012 年的 97.17% 降至 96.62%，而新型农村金融机构虽然占比仍然较低，但占比逐年在提高，由 2009 年的 0.33% 逐年提升到 2013 年的 3.38%。

图 5-1　农村中小金融机构资产总额及在银行业金融机构资产总额中占比（2009—2013 年）

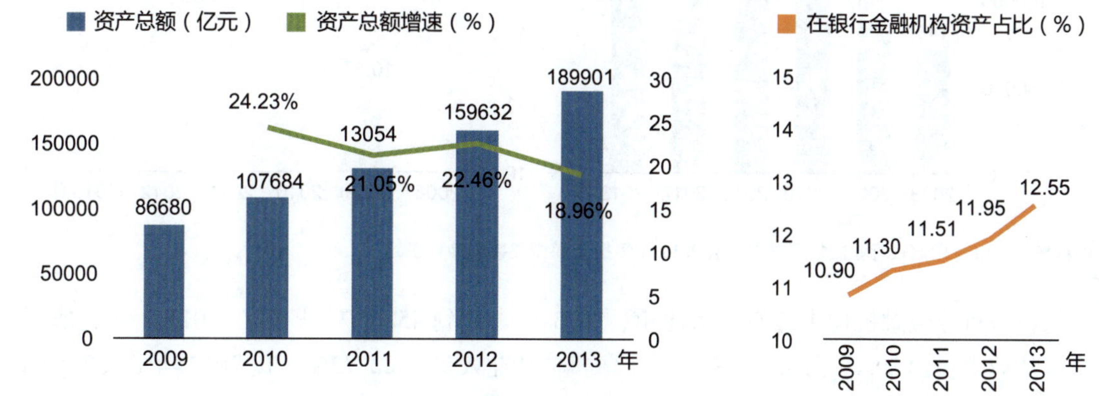

资料来源：据《中国银行业监督管理委员会年报 2013》及相关数据推算得到。

图 5-2　农村中小金融机构资产结构（2009—2013 年）

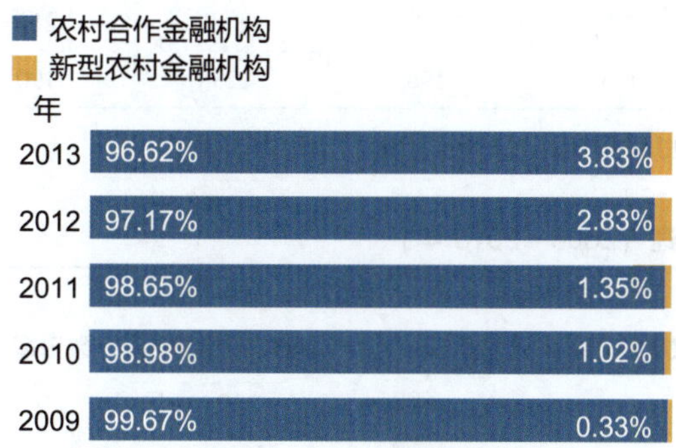

资料来源：由《中国银行业监督管理委员会 2013 年年报》和相关数据计算得到。

5.1.2　农村合作金融机构改革继续推进

2013 年农村合作金融机构呈持续发展态势，为更好地服务“三农”打下坚实的基础。截至 2013 年末，农村合作金融机构资产总额为 183491 亿元，较 2012 年增加了 15.46%。2013 年末，银行业金融机构资产总额达 1513547 亿元，其中，农村合作金融机构占比为 12.12%（见图 5-3），比 2012 年增长 4 个百分比。如图 5-3 显示，自 2009 年开始，农村合作金融机构资产总额在银行业金融资产中比重正在逐年增加。

2013 年，农村合作金融机构改革工作仍稳步进行，农村信用社和农村合作银行的数量逐步减少，下降幅度分别为 6.88% 和 20.49%，而农村商业银行增长速度却稳步上升，从 2012 年的 337 家增长到 2013 年的 468 家（见表 5-1），增长幅度达 38.87%。虽然农村商业银行增长势头强劲，但农村

图 5-3　农村合作金融机构资产及在银行占比情况（2008—2013 年）

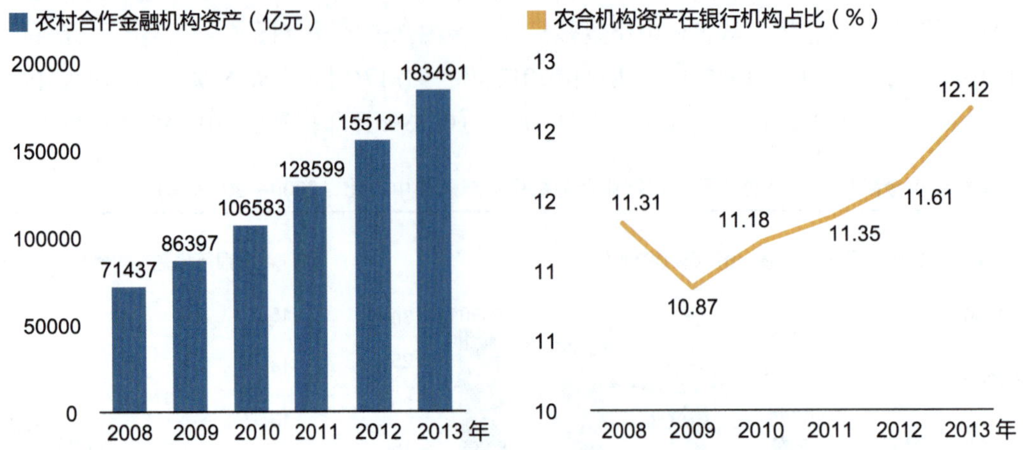

资料来源：由《中国银行业监督管理委员会 2013 年年报》和相关数据计算得到。

信用社仍在银行业金融机构中占有较大比重，2013 年末达到 45.66%。[①] 截至 2013 年末，农村合作金融机构从业人员达 80.67 万人[②]，占银行金融机构从业人员的 22.72%，比 2012 年增长 3.57%。

表 5-1　　农村合作类金融机构数量变化

年份	2008	2009	2010	2011	2012	2013
农村信用社	4965	3056	2646	2265	1927	1803
农村商业银行	22	43	85	212	337	468
农村合作银行	163	196	223	190	147	122

资料来源：中国银监会 2008—2013 年年报。

图 5-4　农村商业银行数量及增速（2008—2013 年）

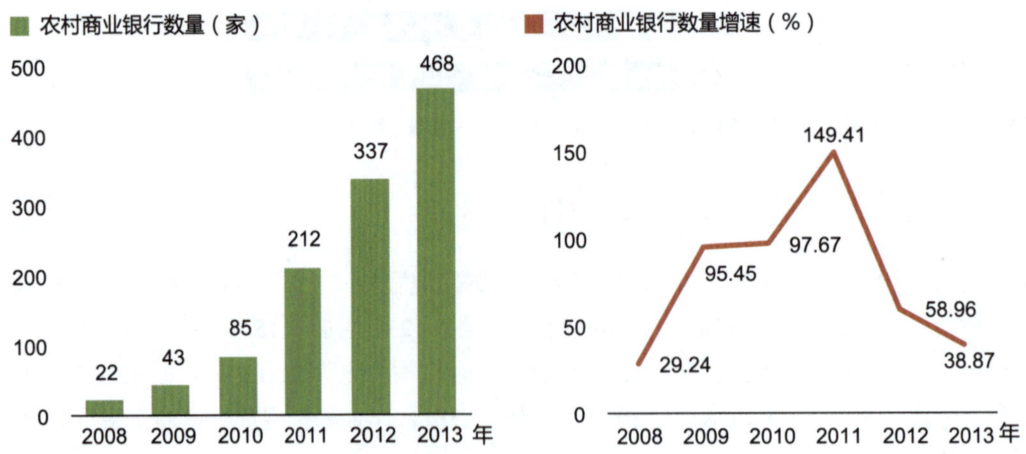

资料来源：中国银监会 2008—2013 年年报。

① 由《中国银行业监督管理委员会年报 2013》相关数据计算得到。

② 资料来源：《中国银行业监督管理委员会 2013 年年报》。

从机构数量上看，农村信用社在农村合作金融机构中的数量占比仍在逐年降低，截至2013年末为75.34%，农村合作银行占比由2012年的6.10%降低到5.10%（见图5－5）；农村商业银行数量占比在逐年增加，特别是从2011年起，增长幅度最为明显，截至2013年占比达到19.56%。从地区分布上看，省级直辖市农商行数量较低，增长趋势缓慢，其他省份虽在数量上有所差异，但均保持稳定增长。其中，江苏省农商行数量仍稳居第一位，截至2013年末，共成立57家；安徽省紧随其后，数量达到50家。西部少数地区数量虽滞后，但较2012年相比，发展较为迅速，其中新疆实现零突破，成立了4家农村商业银行。

从资产占比来看，虽然农村信用社的资产比重仍占据农村合作金融机构的较大份额，但是却呈逐年递减的趋势，而农村商业银行资产比重在逐年增加，从2008年的13.01%增长到2013年的46.44%（见图5－5），增长达33个百分比。

图5－5　农村合作金融机构数量及资产占比情况（2008—2013年）

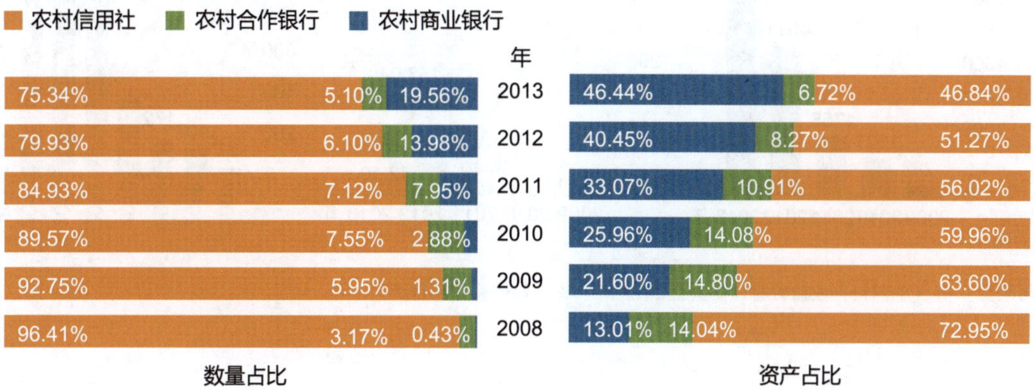

资料来源：由《中国银行业监督管理委员会2013年年报》和相关计算得到。

值得注意的是，农村合作金融机构改革的步伐不断加速，实力较强的农村合作金融机构纷纷改制为农村商业银行，同质化发展的现象随之出现。由于评价标准都向着城市商业银行或者更大的银行“看齐”，农村商业银行纷纷加大在城市的布局和信贷资源配置，在一定程度上削弱了机构支农支小的特色。与此同时，现代商业银行治理机制尚未完全建立起来，而过往紧贴乡土灵活经营的优势又在减弱。这种情况需要引起反思。

5.1.3　新型农村金融机构冷热不均

截至2013年末，全国银行业金融机构共发起设立1134家新型农村金融机构①，其中村镇银行1071家（已开业987家），贷款公司14家，农村资金互助社49家（见图5－6）。全国新型农村金融机构营业性网点达2249个（村镇银行2186个，贷款公司14个，农村资金互助社49个），其中，农村资金互助社和贷款公司在2013年发展停滞，村镇银行成了新型农村金融机构中唯一增长的机构类型，2013年新增195家村镇银行，增速达22.26%，比2012年增速高出1.6个百分点。

---

① 机构性质决定了新型农村金融机构发放的贷款基本上是涉农贷款和中小微贷款。

截至2013年末，新型农村金融机构总资产达6410亿元[①]，比2012年末的4511亿元增加了1899亿元（见图5－6），增长幅度为42.10%，增幅显著下降。贷款公司自身组织成本过高，导致其缺乏生命力。农村资金互助社作为互助性质的内生性合作金融，本应是对商业性的金融机构有益的补充，尤其在满足社会弱势群体资金需求方面有自己的优势，但由于自身机制以及监管等原因而发展停滞。

图5－6 新型农村金融机构资产及数量规模（2009—2013年）

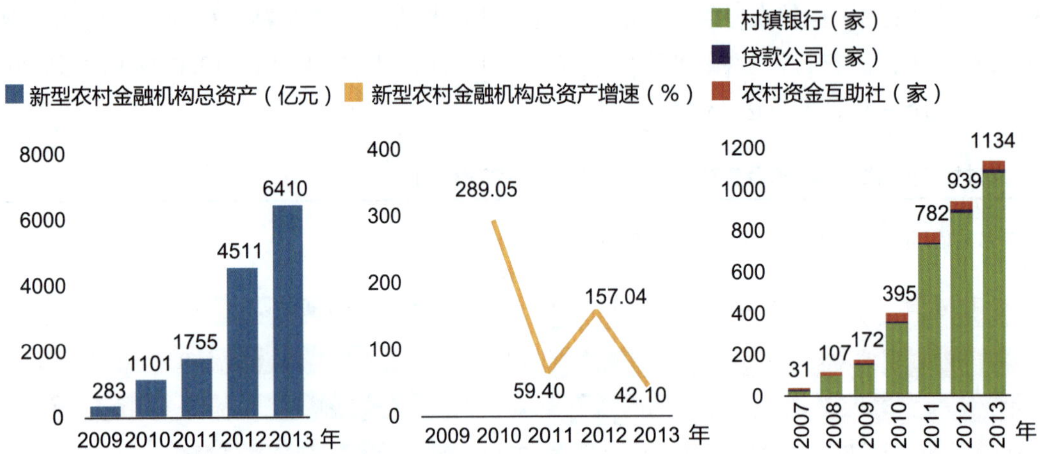

资料来源：由《中国银行业监督管理委员会2013年年报》和相关计算得到。

5.2 涉农贷款与小微企业贷款持续增长

5.2.1 涉农与小微企业贷款增长 正规金融可得性仍待提高

2013年2月，银监会发布《关于做好2013年农村金融服务工作的通知》，通知强调2013年涉农贷款增速不低于各项贷款平均增速，同时指出要加强贷款投向监管，从源头上控制涉农信贷资金被挪用风险，明确要将有限的信贷资源重点投放到“三农”领域，加大涉农信贷投放，继续坚持“有保有压”、“有扶有控”、“区别对待”原则，从而推动实体经济的发展。截至2013年末，银行业金融机构涉农贷款[②]余额为20.9万亿元，比年初增加3.4万亿元，同比增长18.5%，高于各项贷款平均增速4个百分点，继续保持涉农信贷投入持续增长的良好态势[③]。

---

① 据《中国银行业监督管理委员会年报2013》披露，截至2013年末，农村合作金融机构资产总额合计为183491亿元，新型农村金融机构和邮政储蓄银行资产合计为62110亿元；另外，据邮政储蓄银行官网新闻披露，截至2013年底，全行资产规模达到5.57万亿元。据此，推算出2013年末农村中小金融机构资产总量189901亿元。

② 涉农贷款按承贷主体划分包括个人涉农贷款、企业涉农贷款和各项非企业组织涉农贷款三个部分。其中，个人涉农贷款包括农户贷款和非农户个人农林牧副渔贷款。

③ 资料来源：《中国银监会2013年年报》。

农户贷款[①]在涉农贷款中一直占有较大比重，2013 年 1 月 1 日银监会正式实施《农户贷款管理办法》[②]，这是银监会在支持“三农”方面的又一项有力举措。截至 2013 年，农户贷款额达 45000 亿元，比 2012 年增长 24.3%（见图 5-7），农村经济的发展和城乡一体化进程的不断加快是推动农户贷款增长的主要因素。与此同时，农村金融机构的小微企业贷款也在增长。2013 年农村金融机构加大了对小微企业的信贷支持力度。以村镇银行为例，2013 年，村镇银行农户和小微企业贷款余额合计 3280 亿元，占各项贷款余额的 90%，累计向 129 万农户发放贷款 3808 亿元，累计向 35 万户小微企业发放贷款 6427 亿元[③]。

图 5-7　农户贷款及在涉农贷款中所占比重（2013 年）

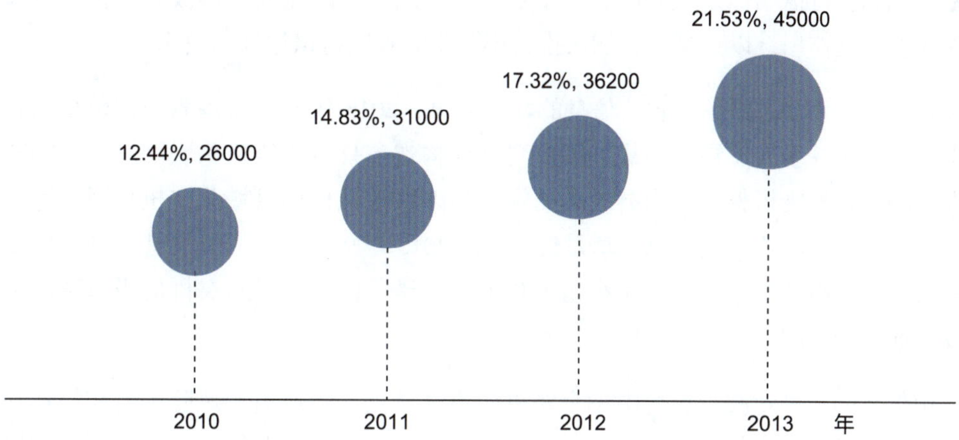

注：①图中气泡大小代表农户贷款规模，气泡高度代表农户贷款在涉农贷款中所占比重。

②“12.44%，26000”表示 2010 年农户贷款规模为 26000 亿元，在涉农贷款中所占的比重为 12.44%。

资料来源：由 Wind 数据库数据及相关计算得到。

值得关注的是，《中国农村家庭金融发展报告 2014》[④] 中指出，农村家庭信贷规模与需求呈上升趋势，2013 年 CHFS[⑤] 调查结果显示，农村正规信贷需求十分旺盛，有借贷需求的家庭比例达到 19.6%。其中，低收入农业家庭有农业生产信贷需求的比例达到 52%。农村家庭的正规信贷可得性约为 27.6%，低于 40.5% 的全国平均水平。2013 年全国有 34.7% 的家庭参与了民间借贷，农村民间借贷参与率高达 43.8%，这也反映出体系内的正规农村金融供给不足。民间借贷仍然是农村家庭一项重要的贷款渠道。由于农村家庭的低收入水平制约其还债能力，导致农村家庭的债务负担严重，有债务的家庭中已有 10.5% 出现资不抵债的情况，因此在高增长的背后，也应该同时关注农村家庭信贷风险防范。

---

① 这里农户贷款指银行业金融机构农户贷款。

② 中国银行业监督管理委员会于 2012 年印发《农户贷款管理办法》（银监发〔2012〕50 号），2013 年 1 月 1 日正式实施。

③ 资料来源：《中国人民银行 2013 年年报》。

④ 《中国农村家庭金融发展报告 2014》由西南财经大学中国家庭金融调查与研究中心与中国农业银行战略规划部联合主办，该报告数据覆盖全国 25 个省市、320 个社区、8438 个随机家庭样本的调查报告，探讨并分析应对复杂大环境的金融良策。

⑤ 中国家庭金融调查（China Household Finance Survey，CHFS）是西南财经大学中国家庭金融调查与研究中心进行的一项全国性的调查。

5.2.2 信用体系助推发展 阳光信贷普惠“三农”

信用是市场经济运行的基石，小微企业和农户信用体系的健康发展，是发展“普惠三农”工作的重要举措。2006 年以来，中国人民银行开展了小微企业和农村信用体系建设工作，经过多渠道探索，逐步开展了小微企业信用评价和“信用户”、“信用村”、“信用乡（镇）”建设，推动地方政府、金融机构等制定激励措施，并积极尝试试验区建设。截至 2013 年底，人民银行共为 243 万户小微企业和 1.51 亿农户建立了信用档案①。同时，为进一步调动地方政府部门、金融机构、小微企业和农户等各方参与的积极性，按照试点、试验先行的思路，在小微企业和农村信用体系建设的整体规划下，根据“公平、公开、公正”的原则，人民银行选取了 31 个地市（工业园区）、32 个县（市）作为全国小微企业和农村信用体系试验区，鼓励自下而上的探索与创新，形成有特色、有成效的工作模式，发挥典型示范作用，以点带面，加快推进小微企业和农村信用体系建设。

以云南省为例，为促进系统中农户信息的共建共享，2013 年 8 月云南省农户信用信息系统纵向实现昆明中支与昆明县级人民银行两级、涉农金融机构省市县乡四级机构联网运行，横向实现昆明中支与涉农金融机构省级机构、昆明县级人民银行与涉农金融机构县域分支机构联网运行，构建了横向到边、纵向到底的农户信用信息共享系统。截至 2013 年 9 月末，全市组建工作小组 13 个，设立农户信用等级评价小组及农户信息采集小组 310 个，构建了自上而下的农村信用体系建设人力资源保障体系及沟通协作机制。

农村信用体系的建设对减少农村中小金融机构不良贷款、防范道德风险都有积极作用，也带动了农村中小微企业及农户贷款的发展。如山东省寿光农信社 2013 年开展了“诚富通”农民信用联盟工程，由农业生产经营大户牵头，按照地域、行业、上下游关系筛选符合条件的农户组成农村自治性信用组织，组建“诚富通”农民信用联盟 351 个，发展会员 4935 人，授信金额 7.04 亿元。枣庄市推出了“宜社则社、宜户则户”的灵活信贷策略，对规范运作且直接与市场对接的农民专业化合作社，采取“4 + 1”模式（即农业产业化龙头企业、担保公司、农民专业合作社、农村商业银行 + 农户）支持，依托农业产业化龙头企业，在农民专业合作社监督、担保公司提供担保的条件下，向农户发放用于生产经营活动的流动性贷款。

5.2.3 抵押贷款形式多样 小微企业融资有道

抵押品不足一直是制约农村小微企业及农户贷款的主要因素之一，对此，监管层鼓励创新的方向主要有两个方面。一是利用信用共同体提升客户信用评级，探索扩大农户、农民专业合作社和龙头企业等借款人可用于担保的财产范围，创新各类符合实际需要的农副产品订单、保单、仓单等权利以及农用生产设备、机械、林权、水域滩涂使用权等财产抵质押贷款品种。二是支持在法律关系明确的地区探索开展农村土地承包经营权、宅基地使用权、农民住房财产权等抵押贷款业务。抵质押品创新成为大部分农村金融机构服务小微企业的努力方向。

2013 年 7 月，中国银监会与国家林业局联合印发《关于林权抵押贷款的实施意见》（银监发〔2013〕32 号），明确提出林农和林业生产经营者可以用承包经营的商品林作抵押，实现林业资源变

① 资料来源：中国经济网、财经网。

资本的历史性突破。农村土地承包经营权和宅基地使用权抵押融资同时在重庆、黑龙江、浙江、湖北、四川、安徽等地顺利试点。

2013年，各省农村中小机构积极推出“三权”抵押贷款①，支持“三农”发展。重庆作为统筹城乡改革的试验区，开展了土地承包经营权、宅基地使用权和林权抵押改革，贷款对象主要为农民专业合作社、农业大户和家庭农场主等。截至2013年末重庆已实现农村产权抵押融资超过400亿元，带动了一大批农户增收致富。云南丘北县为进一步拓展农村融资渠道，积极盘活农村资本。2013年以来，丘北县在开展农村土地承包经营权、居民房地产权和林权抵押贷款工作中，以全面推进农村金融产品和服务创新为着力点，深化农村金融改革，满足多层次、多元化的“三农”发展需求，努力促进农业农村发展和农民增收。安徽利辛县农村信用合作联社首创推出机器设备抵押贷款，主要为拟购买或已购买通用型生产机器设备、能提供机器设备抵押的生产型中小企业发放的贷款，具有期限长、额度高、利率优惠的特点。重庆农商行推出“农家乐经营贷款产品”丰富抵押贷款的形式，并创新推出“公司+基地+农户”、“公司+经济组织+农户”等贷款模式，重点扶持一大批规模型、科技型、特色型农业产业化项目。

另一方面，各地农村中小金融机构积极创新贷款形式，简化贷款流程，提高贷款效率。潍坊农商行于2013年1月创新推出“免评估”抵押贷款，农商行向借款人发放额度在1000万元（含）以内的房地产抵押贷款。在该模式下，实行抵押价值由潍坊农商行与抵押人协商议定的方式，并提供确定土地、房产抵押价值的书面协议，不再提供由专业评估机构出具的评估报告，提高了工作效率并有效降低成本。浙江柯城农商行在全市创新推出土地流转收益权质押贷款业务，以其依法流转出的土地收益权作为债权担保而发放的贷款，形成“产权”向“收益”过渡模式。江苏射阳农商行为创新支农信贷产品，推出“五朵金花”系列产品，分别用土地使用权、农户住房抵押等形式方便小微企业贷款。

专题5-1　农户联保贷款曲折之路

农户联保贷款是指社区居民依照中国银行业监督管理委员会发布的《农村信用合作社农户联保贷款指引》（银监发〔2004〕68号）组成联保小组，贷款人对联保小组成员发放的，并由联保小组成员相互承担连带保证责任的贷款。联保制度是一种特殊的贷款形式，无须抵押，以联保的形式保证了贷款的安全性，为农村经济发展提供了一种新的模式。联保贷款使得农户之间相互监督，降低金融机构的信息成本，并通过联保的形式正向激励机制防范道德风险，从而解决农村金融中信息不对称的问题，促进信贷增长，其根本目的是降低风险，促进信贷模式朝向健康方向发展。但是最近几年，联保贷款呈现出不同程度的问题，业务量也在逐年萎缩。

农户联保贷款具有自动瞄准、互相监督、还款共生和培训互助等独特的运行机制。然而，农户联保贷款在我国还存在着排除最贫困农户、小组组建困难、道德风险大和贷款手续繁杂等缺陷。首先，在现代农业发展模式下，自给自足的“庭院经济”逐渐向反季节、长周期发展，并且随着农业产业结构的调整，立体式、效益型的种养大户越来越多，集约化、专业化、科技化、企业化

① “三权”抵押贷款是指农户可以依靠农村居民房屋产权、林权和土地承包经营权等“三权”来抵押进行融资的方式。

的大农业格局对贷款授信、期限提出了更高要求，通过联保解决农户大额贷款难的设计初衷已经很难实现。并且，与其他创新型农村金融产品相比，农户联保贷款竞争力不足，目前，我国农村普遍出现“空心村”现象，农户相互监督的社会条件逐步解体。各个领域以及身边的不诚信现象对农民产生了消极影响，农民的诚信意识下降，熟人社会逐渐演变成互相袒护，集体逃债，加大了联保贷款的清收难度，在一定程度上也挫伤了信贷员发放农户联保贷款的积极性。

此外，联保规则的负面效应不容忽视，由于联保制度，一家农户未能及时归还贷款时，而其他四户又无力替他偿还，直接导致该小组其他四户即使还上各自承贷的贷款，第二年也不能再次获得信用社贷款支持。有时甚至会出现极端的情况，即一个联保小组当中有一户未归还贷款，其他四户有偿还能力的也不归还贷款。这种连带效应造成农户巨额欠款，且没有有效政策监督，就像滚雪球一样越来越大。首先，国家政策支持不够细化。中国银监会自2005年以来，先后下发《银行开展小企业贷款业务指导意见》等10余项政策文件，分别从授信、统计制度、服务机构等各个方面支持小企业信贷业务，相比较，农户联保贷款的政策支持没有如此细化。其次，国家政策支持不够全面。因为缺少相关操作意见的支撑，没有实际推行，国家在税收、费用补贴以及风险补偿等方面的支持还有待加强。此外，某些地方政府行为时有偏颇，个别领导好大喜功，脱离“庭院经济”兴建高档小区，背离“因地制宜”原则大上快上项目，对农户联保贷款的健康发展造成了伤害①。

5.2.4 金融产品稳增长　创新服务惠“三农”

2013年，各地农村金融机构积极创新服务模式，打破传统服务模式，为广大农户提供更加快捷、高效、优质的服务。电子化服务渠道的拓宽为金融服务节省了时间成本，创新多样的抵押贷款形式为农户提供了更便捷的融资渠道，收益权、应收账款、股权、仓单、订单等抵质押贷以及偏远地区大幅增长的ATM、POS机覆盖率，更进一步提升了金融服务平台建设。

针对筹资渠道难、筹资成本高等问题，张家口市农村信用社一是打造“农贷宝”支农新产品，借助信通卡、EPOS机、电话银行、自助机具等载体，按照“一次核定，随用随贷，周转使用，余额控制”的原则，二是简化小额贷款手续，创新小额信贷模式。以怀来联社为试点通过成立小额信贷中心，重点以农村个体工商户、微型企业以及农户为信贷服务对象，实行“统一管理、封闭运行、单独考核、盈亏联责”的管理经营模式，采取批量营销、批量授信的信贷方式走村入户加大信贷支农惠农服务力度。湖南沅陵县被确定为全国农村金融服务体系改革试点县后，不断推进金融服务改革工作，搭建金融服务网络体系，调查了解信贷需求，参与评级授信，贷款管理由原来银行独自管理转变为银行与金融服务中心共同管理的新模式。浙江岱山农信联社打通金融“最后一公里”，为让贷款手续更便利，服务更迅速，岱山联社推出了农户贷款“一站式”、小微企业贷款“工厂式”、产业贷款“链条式”等一系列“快、爽、便”的特色农信信贷产品，让当地村民“足不出村”就享受到基础金融服务。山东省农村信用社还探索了“企业+农民专业合作社+农户”、“企业+专业大户”、“企业+家庭农场”等农业产业链金融服务模式，产生了良好的带动效果。广西南宁农信社

① 资料来源：《农户联保贷款创新风险带来的思考》，中国金融网，2013-10-28。

2013 年在全区范围大力推进桂盛通村村通工程，让广大农民在家门口即可享受到安全、方便、快捷的金融服务。同时，把农村支付服务渠道建设作为提升农村金融基础服务的着力点，搭建快捷安全、覆盖全区的支付结算平台。

新疆石河子国民村镇银行先后推出“兴农贷”、“兴企贷”、“兴商贷”、“兴会贷”、“兴科贷”等一系列“兴”字信贷产品。江苏盱眙珠江村镇银行积极尝试“公司＋农户”贷款模式，开发了“智能账户通 A、B 款”、“存贷双赢”、“顺薪贷”、“养殖致富贷”、“快速贷”等产品，植入微小贷技术，积极推广网银、电话银行、手机银行，2013 年成功申请并发行借记卡。淮安光大村镇银行切实发挥了服务“三农”、小微和县域经济的职能，针对当地小微企业“融资难”的情况，推出了小企业互助金联保贷款服务。浙江温岭联合村镇银行 2013 年大力推出“三乐”系列信贷产品，即“兴农乐”、“创业乐”和“扶泵乐”贷款；开拓首贷户，开办“连连贷”业务。松原宁江惠民村镇银行针对农户和小微企业开展服务品牌的延伸和创新，推出了“惠农宝”贷款、“青年创业”贷款、小油田及其配套企业“行业宝”贷款。赣州银座村镇银行创新开发“互助担保基金授信”业务，2013 年下半年又与赣州市财政局、民企局联合推出“小微信贷通”业务。科源村镇银行水湖支行创新了一种“信贷＋保险”的金融产品，拓宽了农民的贷款渠道，增加了防范自然灾害的方法。

表 5－2　　代表性农村中小金融机构创新金融产品与服务

银　行	产　品	主　要　内　容
上海农商行	“鑫易贷”小微企业贷款	小微企业专属贷款“鑫易贷”组合产品，贷款以便捷的服务、灵活的操作、快捷的流程，为本市小微企业解决融资难问题。该产品的推出不仅能满足小微企业不同的融资需求，更能减少小微企业贷款的资金成本
厦门农商行	“担保易”系列融资	将仓单、船舶、商标专用权、工业集中区厂房、高校学生公寓收费权纳入担保品，其中仓单质押贷款、商标专用权质押贷款、经营性抵押贷款等产品为中小企业提供了很好的融资工具
成都农商行	“速捷贷”系列融资产品	针对小微企业的不同情况，提供不同的融资选择。例如，“合力速捷贷”可以让没有抵押物的小微企业仅靠担保就可以融资，如果贷款人是需要资金进行创业，还能申请专门的“创业速捷贷”，无需担保、无需抵押。还款方式上，充分考虑借款人现金流特征和资金回笼周期，为借款人量身定制还款计划
张家港农商行	“金智方”科技金融产品	着眼于科技型企业不同的发展阶段，开发了“创业助力”、“成长助力”、“卓越助力”、“政策助力”四大系列共 27 项科技金融产品，按科技型企业在不同阶段面临的问题，量身定做不同的解决方案，并将政府政策性贷款单列，以满足科技型企业的融资需求
黄海农商行	“汇金通”	“汇金通”助农取款服务是为辖内持有圆鼎系列借记卡、折的农户提供查询、消费、转账、取现等服务的电话终端，是一种金融便民的服务工具。其主要功能包括查询卡余额、交易明细，系统内卡卡（折）转账功能等，产品特点包括：交易时间不再受银行营业时间和网点设置限制；不收取机具租金；交易无任何手续费

续表

<table>
<tr><th>银　行</th><th>产　品</th><th colspan="2">主 要 内 容</th></tr>
<tr><td>广州农商行</td><td>“好易贷”</td><td colspan="2">“好易贷”产品系列包括“物业抵押贷款系列”、“特色担保系列”、“特色用途系列”、“专业市场贷系列”等，专为本地区中小企业提供全方位的资金支持和金融服务</td></tr>
<tr><td>伊川农商行</td><td>“富农宝”</td><td colspan="2">“富农宝”贷款产品分为“惠农通”、“富民通”、“商务通”、“微贷通”、“抵贷通”、“兴业通”、“金卡通”等7种信贷产品。每种产品“锁定”一类客户群体，贷款金额小到2000元，大到四五百万元；贷款时限短则3个月，长达24个月；担保方式包括农户联保、股东担保、土地抵押、房产抵押、设备抵押及房产质押等</td></tr>
<tr><td rowspan="2">义乌联合村镇银行</td><td>联保贷款</td><td colspan="2">个人单户贷款额度最高200万元，企业单户贷款额度最高500万元。联保小组在一定范围内自愿组合，无需抵押物，互相保证，分别贷款，共担风险</td></tr>
<tr><td>抵押易贷通</td><td colspan="2">对提供该行认可的自有房产作抵押的借款人发放的经营性贷款，对贷款申请实行当天受理、当天审批、当天发放。“当天审批”指受理面谈结束后一个工作日内审批，“当天放款”指办妥抵押登记手续后一个工作日完成贷款资金入账。产品主要适用于小企业、小企业主、个体经营户。单户贷款额度最高200万元</td></tr>
<tr><td rowspan="6">鄂温克旗
包商村镇银行</td><td>塔拉授信</td><td colspan="2">贷款金额为10万~150万元。授信期限为24个月；单笔资金使用期限3~12个月。按月等额还本付息，或根据客户的实际经营情况采取灵活多变的还款方式</td></tr>
<tr><td rowspan="3">塔拉联保</td><td>产业链商户联保</td><td>由处于同一产业链下的，经营满一年的小微企业或个体工商户组成三至五户的联保小组，采用“商户联保+龙头商户负责制”的担保方式。单户额度最高30万，贷款期限为3~12个月，每户期限保持一致</td></tr>
<tr><td>管理方商户联保</td><td>由统一管理方管理下的，经营满一年的小微企业或个体工商户组成三至十户的联保小组，采用“商户联保+市场管理方担保”的担保方式</td></tr>
<tr><td>普通商户联保</td><td>由经营满一年的小微企业或个体工商户组成三至五户的联保小组，实行商户联保的担保方式</td></tr>
<tr><td>塔拉出租车贷</td><td colspan="2">适用于具备完整的出租车营运手续，自有车辆、自主经营的出租车所有人。配偶无工作的一年期最高贷款金额4万元，两年期最高8万元；配偶有工作的一年期最高可贷5万元，两年期最高10万元。贷款期限为3~24个月，由保证人担保，按月等额还本付息</td></tr>
<tr><td>塔拉旅游贷</td><td colspan="2">适用于经营满一年的从事旅游行业的客户，以保证人担保为主，不动产抵押担保为辅。最高可贷100万元</td></tr>
</table>

续表

银　行	产　品	主 要 内 容
乐清联合村镇银行	系列创业贷款	对立志自主创业的客户发放流动资金贷款，包括农村党员创业贷款、复员退伍军人创业贷款、青年团员创业贷款、巾帼创业贷款、下岗人员创业贷款、残疾人创业贷款等。借款人为自然人或个体经营户的，单户贷款金额一般不超过200万元；借款人为企业法人的，单户贷款金额一般不超过500万元；贷款期限根据其用途、生产经营周期、还款的资金来源等因素综合考虑确定，最长不超过1年；存贷挂钩，利率优惠
	在外乐商贷款	向在外地经商，并有融资需求的乐清本地人提供的经营用途的贷款
	“分期乐”贷款	业务适用于从事培育期较长的农林牧渔业生产经营者、自有资金用于投资固定资产导致流动资金缺口的小微企业、一次性购入原材料，分批生产、销售的小微企业或个体工商户等客户。还款期限最长为3年，采用等额本金还款法和净息还款法两种方式
	“连贷乐”贷款	指在流动资金贷款到期前15日，该行根据借款人申请，对符合“连贷乐”贷款要求的客户授予其临时还贷额度（额度不超过原授信金额），资金用于偿还其原贷款。业务优点是企业无须自筹资金还款，在签订新的借款合同及落实相关担保手续后，该行为其提供一笔新贷款，实现新贷与旧贷之间的无缝对接
	“再抵乐”贷款	该行（或与该行建立业务合作关系的融资性担保公司）作为第二顺位抵押权人向借款人提供的表内外授信业务，包括贷款、承兑、保函等业务。适用于抵押物市场评估价值与该抵押物项下已设定的他项权利金额（或贷款余额）之间尚有差额的抵押方式融资业务
嘉善联合村镇银行	“全额通”	该行采取不动产抵押与追加担保公司或保证单位保证担保相结合的模式，为客户提供的贷款组合。贷款最高限额可达抵押物评估价值的全额，以抵押的不动产对贷款全额作担保，担保公司或保证单位在约定的保证额度内对贷款承担连带保证责任
	工会创业小额贷款	用于对户籍在嘉善县范围内的下岗失业人员和农民工创办各类企业、兴办各类专业合作组织，或从事种养殖业、农副产品加工、现代服务业等个体经营中所需的资金，包括购置生产用机具设备、化肥原料、农产品采购、服务场所的装修装潢等各类支出。采用“一次授信、按需使用、循环周转”的用信方式
	兴农贷	对“三农”客户发放的用于解决生产及经营资金需求的流动资金贷款；包括农家乐贷款、现代农户家庭工业贷款、特色农业贷款、农业龙头企业贷款等

续表

银行	产品	主要内容
中银富登村镇银行	轻松贷	为中小型企业提供最高贷款期限为2年的贷款，每月应付还款本金额很低，缓解了企资金压力
	无忧贷	企业的生产经营流水额或将成为银行考察中小型企业贷款额度及等级的重要依据
	成长贷（固定资产/流动资金）	为中小企业提供最长期限高达5年的固定资产成长贷，解决企业经营发展中的设备改造以及扩大生产所需的新机器购置而需要的中长期固定资产贷款；同时也为中小企业提供3年期流动资金成长贷，既免除企业后2年办理抵押登记的手续，又满足企业经营发展中面临的中期流动资金贷款需求
	快活贷	为广大个体工商户、微小型企业和农户提供的一种中短期、多用途的经营性贷款
	多享贷	为广大个体工商户、微小型企业和农户提供的固定资产贷款，用于扩大经营规模的中长期贷款
	随需贷	为广大个体工商户、微小型企业和农户提供的用于日常资金周转，一次授信多次使用的循环贷款
	好乐贷	为在该行开立活期账户满一年，信用记录良好的个体工商户，微小型企业和农户提供的无抵押信用贷
	旺铺贷	为广大微型企业主和工薪族提供的，用于一手或二手商铺购买（自营或投资）的按揭贷款产品
	定存贷	可用于个人经营，如扩大经营购买设备、增加存货、提高周转、创业投资的贷款产品

5.2.5 村镇银行扶微支农　草根金融亦有大市场

在服务小微方面，相对于商业银行而言，村镇银行大多与小微企业有较强的地缘关系，都是主要分布于社区、县域集镇等基层领域，遵从同样的乡土文化与习俗，彼此更容易建立起互相信任的关系，征信成本低①，能够满足小微企业独特的诸如融资期限短、融资额度小、融资需求多样性、融资时效急而又缺乏抵押物的独特的资金需求。村镇银行在信贷流程上，突出“短、快”的授信优势，简化手续，建立高效的审贷体系，开辟服务快速通道，对企业的贷款需求一般在7个工作日内能够做出反应，解决企业一时之需。

① 齐延生：《对村镇银行服务小微企业的思考》，载《牡丹江大学学报》，2012（11）。

表 5 -3 代表性村镇银行经营情况（2013 年）①

机构名称	开业时间	存款余额（亿元）	贷款余额（亿元）	涉农贷款、中小微企业贷款占比
张家港渝农商村镇银行	2012 - 11 - 08	—	10.45	小微企业和农户贷款占比 98.28%；农户贷款金额占比 13.49%
江苏邗江民泰村镇银行	2009 - 11 - 18	—	10.02	小微企业和“三农”客户贷款 97237 万元，占比 97.01%
江苏盱眙珠江村镇银行	2011 - 06 - 30	3.81	2.97	中小微企业贷款占比 69.10%
江苏金湖民泰村镇银行	2012 - 06 - 26	4.30	4.49	小微贷款比例为 82%，涉农贷款比例为 89%
太仓民生村镇银行	2011 - 09 - 13	12.2	9.8	涉农贷款占比 97%
丽江古城富滇村镇银行	2010 - 10 - 15	14.88	8.24	小企业贷款余额占比 42.14%；涉农贷款余额占比 60.31%
浙江温岭联合村镇银行	2011 - 10 - 26	20.51	21.79	涉农贷款占比 98.90%

资料来源：根据各村镇银行 2013 年网站相关数据整理得到。

值得肯定的是，一些真正定位与“支农支小”的村镇银行在这几年的发展中已经取得了不俗的成绩，尤其在为农村地区提供无担保的信用融资，增加“三农”金融供给方面表现突出。中银富登村镇银行作为国内规模最大、业务范围最广的村镇银行，安守“立足县域，服务社区”的自我定位，坚持深耕县域经济，致力于中小企业、微型企业、工薪阶层和“三农”群体的金融服务，以实际行动优化县域金融市场。截至 2013 年 11 月末，中银富登村镇银行欣农贷产品已推广到全国 29 个县域，服务农户 264 户，贷款余额接近 5000 万元。自 2012 年 3 月投入市场以来，乐家贷产品已经推广到 17 个县域，为 200 多个农户提供了约 1000 万元的贷款。

专题 5 -2 中银富登村镇银行——“最懂农村的村镇银行”

鉴于目前农村符合贷款的抵押物品种较少，只能通过相互担保的方式才能取得贷款的情况，山东青州中银富登村镇银行提供了批量欣农贷（棚菜）产品，急需贷款建大棚的农民可以先拿到贷款，待大棚建设完成后再前往农经局办理大棚产权证书和抵押的他项权利证书。银行把棚菜贷款营销重点放在批量营销上，通过建立优质客户群，以青州市家家富果蔬专业合作社作为担保主体，积极为农户批量发放贷款。

通过与合作社联系，青州中银富登银行员工多次走访村委、农户，并参考了当地农村商业银行为村民建立的授信资质情况，青州中银富登银行选择了该社的 80 户优质客户，建立优质客户群体，多方面收集信息源，及时为客户提供资金和项目支持。通过分析研判青州市政府《青州市农村土地、旅游景点承包经营权收益及住房、大棚、果园、山林等地上附属物产权抵押贷款暂行办法》与中银富登村镇银行产品政策的有效对接，与其他银行推出的蔬菜大棚抵押贷款进行比较，制定出了适应村镇银行特点和菜农融资需求的产品条款②。青州地区 2013 年 11 月单月，欣农贷（棚菜）新增放款 21 户，放款金额 525 万元，支持了当地棚菜种植户的良性发展。

① 以下村镇银行选自由全国地方金融论坛办公室联合金融时报社、金融界网站、中国地方金融研究院等研究机构和媒体开展的“2013 年度中国地方金融十佳最具成长性村镇银行”候选单位。

② 《中银富登：将在更多省份设立村镇银行》，中银富登村镇银行官网新闻，2014 - 01 - 10。

在涉农贷款方面，该行有专门的欣农贷系列（蛋鸡、水稻、棚菜、生猪），根据不同农业产业周期特征为种植户、养殖户量身定制。总部筛选国民经济重要农业行业进行细分研究，通过深入的市场调查和严格的产品开发流程，因地制宜，严格按照行业周期设计产品，风险管控措施、运营流程充分考虑行业特性。

除此之外，中银富登村镇银行的IT系统也是其一大竞争优势。在中银富登村镇银行是没有存折的，而是在客户开户及交易时用电子指模器识别他的身份，这样就方便了县域里一些不识字的老年客户。针对客户每次存取款，填的信息除金额数和日期外，姓名、账号、地址等90%的信息都是相同的情况，中银富登村镇银行也不设存、取款单，同样用电子指模进行认证，并且电脑会自动打出银监会所需凭证，不需要客户填写烦琐的单据。中银富登村镇银行这种端对端设计的信息系统，在提高效率、降低成本的同时又让客户觉得方便可靠。

5.3 新型农村金融机构发展喜忧参半

为有效解决我国农村地区金融供给不足、竞争不充分等问题，银监会于2006年底调整放宽农村地区银行业金融机构准入政策，积极培育发展村镇银行、贷款公司和农村资金互助社三类新型农村金融机构。2009年，银监会还发布了《新型农村金融机构2009年—2011年工作安排》，计划于2009—2011年在全国35个省设立1294家新型农村金融机构，其中村镇银行1027家，贷款公司106家，农村资金互助社161家。截至2013年末，全国只有贷款公司14家，农村资金互助社49家，与2012年相比都没有新的发展。相比之下，村镇银行的发展速度遥遥领先。

5.3.1 村镇银行方兴未艾

村镇银行在机构数量、存贷规模等方面一直都是新型农村金融机构的主力军，在2013年更是新型农村金融机构中唯一有所增长的机构类型。截至2013年末，村镇银行在全国范围内共设立了2186个营业网点①，较2012年末的1433个营业网点新增753个，增速为52.55%。虽然增长速度稍有放缓，但营业网点数量达到去年的1.53倍，发展态势良好。

村镇银行经过七年的培育和发展，已遍及全国31个省份，覆盖1083个县（市），占县（市）总数的57.6%②；覆盖固定贫困县182个，占国定贫困县总数的31%③，支持“三农”和小微企业的生力军作用进一步凸显。虽然村镇银行的营业网点覆盖面不断扩大，但相对于全国40446④个乡镇级区来说，2186个网点仍是杯水车薪⑤。此外，村镇银行在各省份的发展也并不平衡，河南、浙江等七个省份的村镇银行网点数均已过百，而青海省只有一家，西藏也刚刚突破零网点数，于2013年11月成立第一家村镇银行。

① 相关数据根据中国银监会网站金融许可证查询系统统计而得，此次“营业网点”包括村镇银行总行、支行、办事处和管理站等。

② 资料来源：《一号文件解读：村镇银行将逐步实现县市全覆盖》，新华网，2014-02-02。

③ 资料来源：《中国银行业监督管理委员会年报2013》。

④ 该数据引自《中国统计年鉴2013》。

⑤ 与前述57.6%的县（市）覆盖率相差甚远的原因在于，前述覆盖率是按有无计算，即一个县即使只有一家村镇银行也算是全覆盖，并非真正意义上的村镇覆盖率。

图 5－8 村镇银行营业网点数（2007—2013 年）

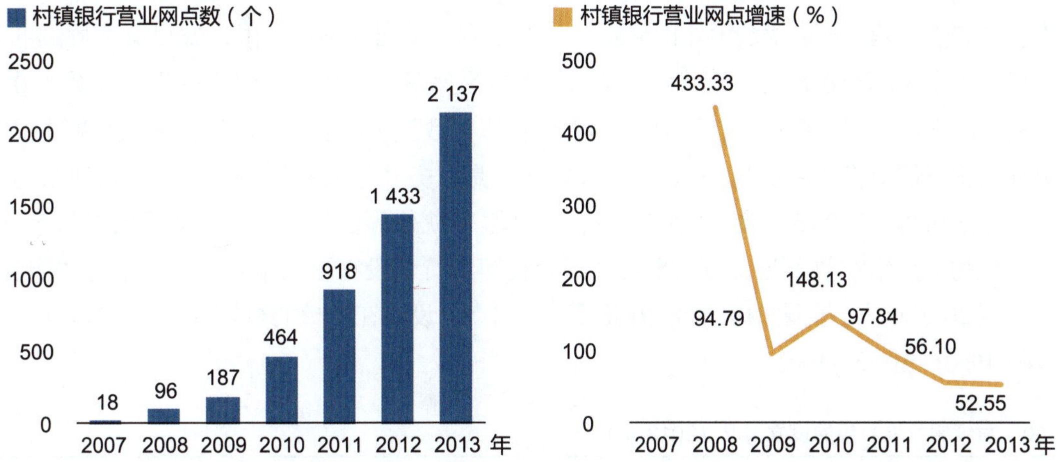

资料来源：根据中国银监会网站金融许可证查询系统统计得出。

截至 2013 年末，从机构数上看，在全国组建的 1071 家村镇银中，中西部省份达 665 家[①]，占比 62. 1%。从全国村镇银行营业网点来看，中部、西部和东部地区设立的村镇银行营业网点的数量都呈绝对增长之势[②]（见图 5－9），分别为 646 个、697 个和 843 个，占比分别为 29. 55%、31. 88% 和 38. 56%（见图 5－9），比例与去年持平。

图 5－9 全国三大地区村镇银行营业网点数量及占比情况（2013 年）

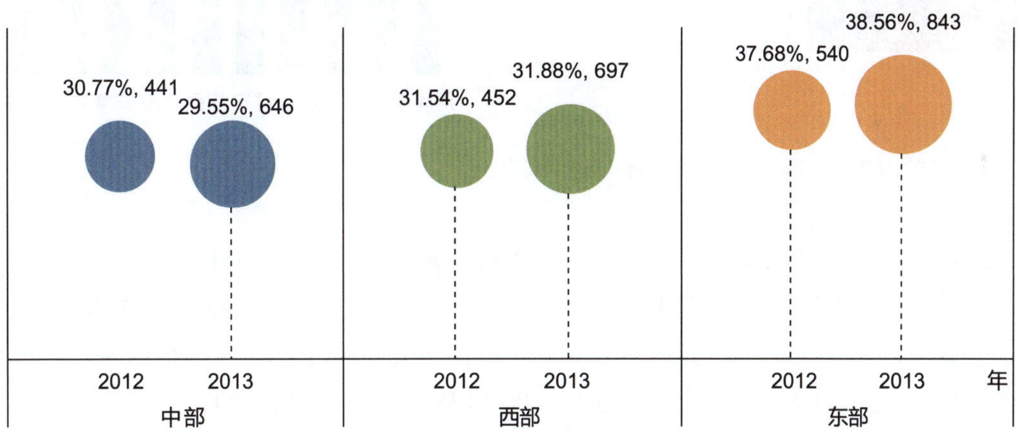

注：①西部地区包括省级行政区共 12 个，分别是四川、重庆、贵州、云南、西藏、陕西、甘肃、青海、宁夏、新疆、广西、内蒙古；中部地区包括 8 个省级行政区，分别是山西、吉林、黑龙江、安徽、江西、河南、湖北、湖南；东部地区包括北京、天津、河北、辽宁、上海、江苏、浙江、福建、山东、广东和海南等 11 个省（市）。

②图中气泡大小代表各大地区村镇银行营业网点数量，气泡高度代表各地区村镇银行营业网点数量的占比。

③“30. 77，%，441”表示 2012 年中部地区村镇银行营业网点数量为 441 个，占比 30. 77%。

资料来源：根据中国银监会网站金融许可证查询系统统计得出。

---

① 资料来源：根据中国银监会网站金融许可证查询系统统计得到。

② 银监会对村镇银行在机构准入上实施“东西挂钩”政策，优先支持布局中西部、老少边穷地区和小微企业集中等重点区域，支持申请人在西部省份集中发起设立多家村镇银行。在省份布局上，如在东部省份设立村镇银行，则西部省份个数应不少于东部。在地点布局上，至少应按照全国百强县与国定贫困县 1:2 比例挂钩，或与西部地区一般县（市）1:4 比例挂钩执行；东部地区一般县（市）与国定贫困县 1:1 比例挂钩，或与西部地区一般县（市）1:2 比例挂钩执行。

5.3.2 村镇银行“脱农进城”

农村家庭选择银行所考虑的主要因素就是位置便利，受居住地域所限，农村家庭周围的银行网点数量仍与城市家庭有着较大差距。数据显示，农村家庭所在村周围的银行网点平均数为0.77个，与城市家庭所在小区周围银行网点平均数2.63个相比，数量上明显偏低，这在很大程度上制约了农村家庭通过银行解决贷款需求[①]。设立村镇银行初衷是服务“三农”和小微企业，解决现有农村地区银行业金融机构覆盖率低、金融供给不足、金融服务缺位等问题。但是，从目前发展现状来看，村镇银行机构网点绝对数不足，而且相当一部分村镇银行都设在地级市和县域，出现“脱农进城”现象。截至2013年末，全国2186个村镇银行营业网点，设立在村镇的村镇银行为1048个，仅占总数的47.94%（见图5-10）。

图5-10 村镇银行在村镇的设立情况（2013年）

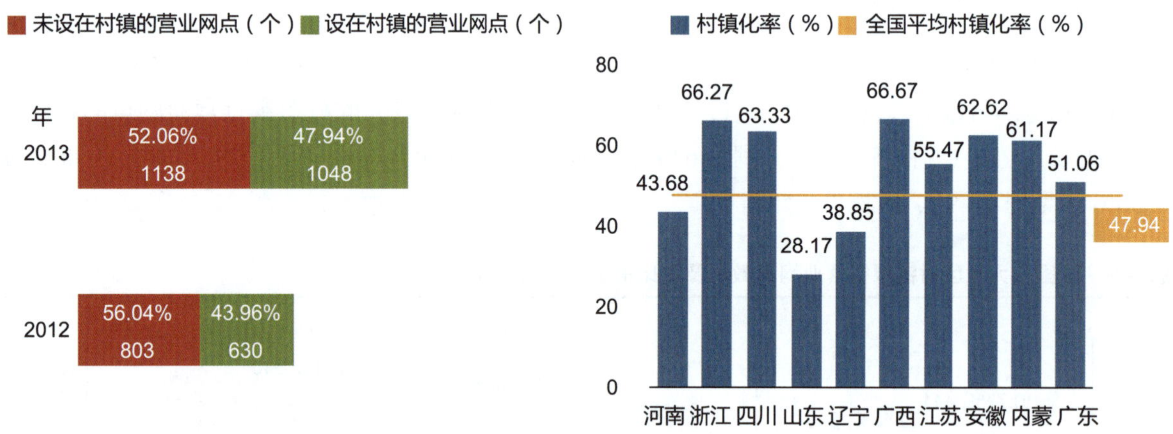

资料来源：根据中国银监会网站金融许可证查询系统统计得出。

从村镇银行营业网点数排名在前十名的省份来看，各省份村镇银行的村镇化率[②]差异较大。浙江、四川、广西、安徽四个省份的村镇化率位于前列，分别为66.27%、63.33%、66.67%和62.62%。而营业网点数排在一位的河南省，村镇化率仅为43.68%，低于全国平均水平；排在第四、第五位的山东、辽宁省两大省，该比率仅为28.17%和38.85%（见图5-11）。

从地区分布来看，三大地区村镇银行的村镇化率也有所差异，中部地区最低，仅为45.98%，西部地区最高，达50.22%，东部地区居中，为47.57%。

整体来看，全国村镇银行的村镇化率均不高，“村镇银行不村镇”的现象在2013年没有得到根本改观。但就总体趋势而言，自2010年开始，村镇银行的村镇化率呈增长之势，2013年末，村镇化率进一步提高到47.94%，较2010年的40.09%上升了7.85个百分点。

---

① 资料来源：西南财经大学中国家庭金融调查与研究中心与中国农业银行战略规划部联合发布的2014年《中国农村家庭金融发展报告》。

② 我们将某省份“村镇化率”定义为在该省份中机构所在地位于村镇的村镇银行家数占全省份村镇银行总数的比率。

图 5－11 全国三大地区村镇银行的村镇化率（2012—2013 年）

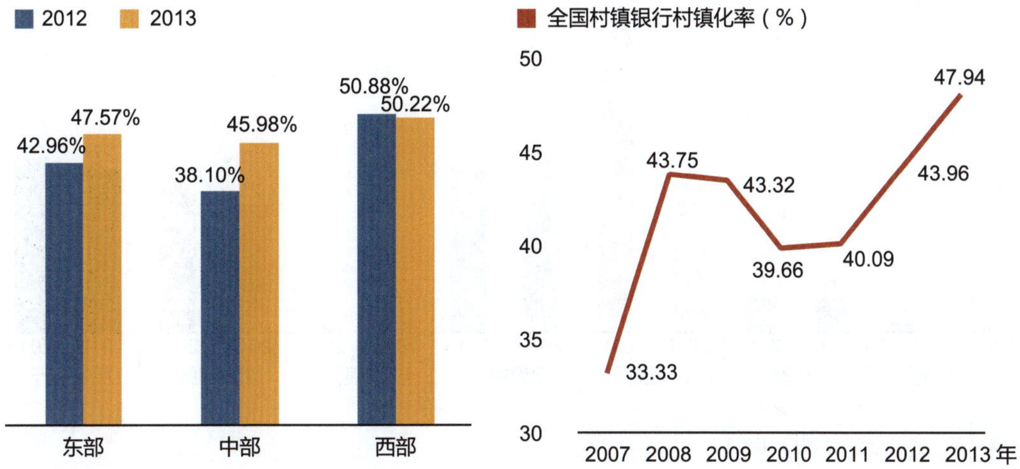

注：西部地区包括省级行政区共 12 个，分别是四川、重庆、贵州、云南、西藏、陕西、甘肃、青海、宁夏、新疆、广西、内蒙古；中部地区包括 8 个省级行政区，分别是山西、吉林、黑龙江、安徽、江西、河南、湖北、湖南；东部地区包括北京、天津、河北、辽宁、上海、江苏、浙江、福建、山东、广东和海南等 11 个省（市）。

资料来源：根据中国银监会网站金融许可证查询系统统计得出。

村镇银行是独立法人，各发起行必然会把实现利润最大化作为自身最终的追求目标，当其在面对服务对象是弱势群体的农民、弱质经济的农业和农村时，商业性和政策性的矛盾将日益凸显，在发起设立村镇银行的过程中背离支持“三农”的初衷，导致村镇银行“不进村不入镇”。且村镇银行成立的时间较短，营业网点普遍较少，客户基础相对薄弱，在资金实力、社会知名度等方面与农信社、农业银行等传统涉农金融机构有较大差距，在一定程度上制约了其市场开拓。此外，在信贷业务之外的支付结算等金融服务方面不具有竞争优势，也限制了村镇银行在农村地区的发展。

5.3.3 村镇银行发起人瓶颈

2007 年 1 月银监会发布的《村镇银行管理暂行规定》对村镇银行的发起人作出了限制，要求村镇银行最大的股东必须是银行业金融机构，其持股比例不得低于总股本的 20%，单一自然人持股比例、单一其他非银行企业法人及其关联方合计持股比例不得超过 10%。在村镇银行发展初期，由银行作为主要发起人主要考虑到保护存款人利益，保证农村金融服务的质量和水平。

从五大国有商业银行发起组建村镇银行的情况来看，工农中建交五大行截至 2013 年末共发起设立了 89 家村镇银行（占全国已开业村镇银行总数 9.02%），2013 年新增 33 家。2013 年最为积极的是中国银行，其与淡马锡旗下的富登金融控股公司携手合作成立的中银富登村镇银行，目前已设立 50 家村镇银行和 16 家支行，比上年末分别增加 32 和 12 家，成为国内规模最大、业务范围最广的村镇银行。而中国建设银行 2013 年仅增设一家村镇银行，中国建设银行、中国工商银行与去年相比没有变化，热情不高。民生银行组建了 29 家村镇银行，2013 年新增两家。上海浦发银行今年在云南、宁波、新疆、天津新建 4 家村镇银行。

图5－12 部分国有大型商业银行发起设立村镇银行情况（2012—2013年）

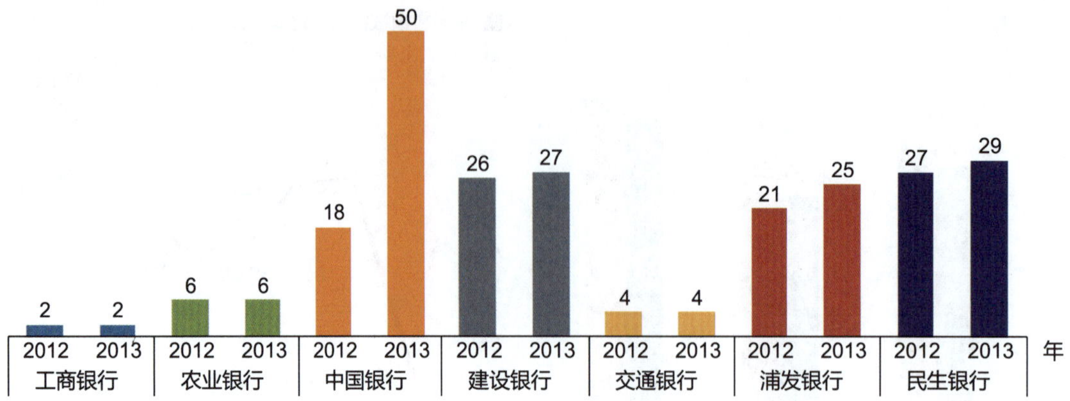

资料来源：各商业银行2013年年报。

截至2013年9月末，村镇银行的发起人仍旧以中小银行为主。就作为村镇银行发起行的积极性而言，一些大型银行远不及中小银行。造成这一现象的原因主要是经过多年的发展，在具备金融可持续发展潜力的地区基本已形成既定格局，机构网点的布局比较完善，尤其是在发达地区的县域不少大中型银行已经设立了分支机构，缺乏在当地设立村镇银行的动力。从发起人机构类型看，主要是由城市商业银行（373家）和农村商业银行（246家）两类机构发起，分别占全国村镇银行总数的42.3%和27.9%①。

截至2013年末，直接和间接入股村镇银行的民间资本为472亿元，占股本总额的71%②。2014年第一季度，主发起人入股金额平均占村镇银行注册资本的46%，其中，重庆市的村镇银行主发起人入股金额占注册资本的比重最高，为71.2%，辽宁则最低，占25.9%③。由于银监会未对发起行股权上限作界定，造成主发起行处于绝对控股地位。在大部分村镇银行中，发起行的持股比例都超过了50%，有的甚至高达80%~90%，发起行通过绝对控股来保证控制权，导致村镇银行沦为发起银行的分支机构或营业网点的倾向加大，其自身独立性受到影响，这在一定程度上也影响到村镇银行“支小服农”的定位。

5.3.4 资金互助社良莠不齐

农村资金互助社是由乡镇、行政村农民和农村中小企业资源入股组成，为社员提供存款、贷款、结算等业务的社区型金融机构。由于基于密切的地缘、血缘关系，借贷双方相互间的资信状况、道德品质、还款能力等信息掌握都比较充分，与其他农村金融机构相比，具有贴近农户、信息对称的天然优势。

目前资金互助社主要有四类，一是由银监会批准成立、正式发放牌照的，全国仅49家；二是扶贫办“贫困资金扶助项目”所设立的金融互助组织；三是地方农工办或农工委在专业合作社里办的

① 资料来源：《新时期我国村镇银行改革与发展策略》，载《甘肃金融》，2014－3。
② 资料来源：中国城乡金融报，2014－2－12。
③ 资料来源：金融混业观察，2014－5－19。

资金互助部，农业部相关政策对此予以鼓励；四是民间自发成立的资金互助组织①。第一类银监会审批成立的互助社，由银监会负责管理监督。第二类则由对口的扶贫办、财政部负责，这两类都有明确的监管主体，出现问题较少。而后两类资金互助组织因地方政府缺乏积极性及多头管理等原因，几乎得不到任何有效监管，基本是“民不告，官不究”，成为风险之源。

银监会对农村资金互助社过于严格的监管限制了合作金融的发展。在资金来源方面，农村资金互助社融资渠道不畅。根据《农村资金互助社管理暂行规定》，农村资金互助社以吸收社员存款、接受社会捐赠资金和向其他银行业金融机构融入资金作为资金来源。互助社内部成员大都本身是资金需求者，社员内部存款有限。虽然银监会允许资金规模达到500万元以上的农村资金互助社按商业原则从银行业金融机构融入资金，但从实际运行情况来看，农村资金互助社一般规模较小、社会认知度低，难以通过这一渠道获得资金。在风险监管方面，银监会要求互助社的资本充足率不得低于8%，高于同一时期人民银行对农村信用社资本充足率不低于4%的要求。这都造成农村资金互助社正规军发展严重不足。

第二类由扶贫办发起设立的扶贫互助社，目前以四川仪陇和安徽霍山为代表，发展良好。在这种机制下，政府通过注入资金搭建互助社这一平台，将政府财政资金交由农户按照互助合作、有偿使用的方式用于发展生产，财政扶贫资金的真正决定权、使用权则在农民手中，由农民通过社员大会等组织主导政府扶贫资金的具体管理和借贷工作，社员参与到包括决策、设计、实施、收益分配及日常管理等环节的全过程，促进农户自我发展能力。

与正规军发展停滞不同的是，游离于法律规范和监管之外的资金互助组织大量出现。地方资金互助组织之所以迅猛增长，其深层原因在于在中国银行业准入门槛较高、存在严格金融抑制的前提下，资金互助是民间资本成本较低的出口之一②。未经审批的资金互助社不必遵循银监会只准吸收社员内部存款及向正规商业性金融机构融资的规则，可向社会进行融资，资金来源渠道相对扩宽。但其极强烈的逐利动机往往使得资金互助社扭曲变形，一些资金互助组织变为高息揽储放贷的“山寨银行”，本应服务“三农”的资金互助社成了农村资金的“抽水机”③，也在一定程度上影响了我国农村资金互助组织的总体声誉。

专题5－3　扶贫互助社：授民以“渔”

以贴息扶贫贷款和非政府小额贷款为代表的扶贫方式是由政府主导的自上而下的外生性资金供给机制。在这种模式下，扶贫项目的实际决策与控制权掌握在基层政府及其职能部门手中，作为扶贫对象的农户尤其是贫困农户没有表达自身真实需求的渠道。扶贫资金到达农户家庭之后，很多并不是用于生产目的，而是用来解决消费性或是临时急需性的需求，扶贫资金使用效率低下，且不具有可持续性。鉴于此，中国的扶贫不论从国家到地方，都提出要由过去单纯向贫困户“输血”改为提高贫困群体的“造血功能”。

① 《监管——隔行如隔山　政府部门很纠结》，大众网—农村大众，2014－03－31。

② 王曙光：《普惠金融视角下新型农民合作金融的挑战与应对》，载《中国农民合作社》，2014－05－11。

③ 《农民资金互助社成山寨银行　频现倒闭挤兑风波》，载《经济参考报》，2013－07－04。

扶贫互助社正是为了解决这一问题而进行的制度创新。互助资金内生于农村社区，是一种真正符合农民需要的长效发展机制。其中最具代表性的是村级扶贫组织形式，即“村级发展互助资金”。其基本做法是以贫困村为单位，通过财政扶贫资金与农户入股资金相结合形成滚动基金的方式，向农户提供手续简便的小额信贷，以解决农户特别是贫困农户在发展生产时所遇到的资金短缺问题，帮助农户实现增收①。这种扶贫方式不是把上级扶贫资金一次性平分到各家各户，而是将资金同农户的配套资金相结合，实行有贷有还的循环使用模式，授民以“渔”而非授民以“鱼”。这就避免了过去把扶贫贷款当“唐僧肉”，扶贫资金下发用完之后继续贫困的局面。村级发展互助资金将贫困人口瞄准对象设定在村和户之间的扶贫互助社这一中间层上，并采取了政府扶贫部门按照政策标准确定贫困户的比例，由村民按比例民主评定贫困户的做法②，提高了扶贫资金瞄准度与使用效率。

以四川省仪陇县为例来看扶贫互助资金的具体运作。仪陇县将财政扶贫资金委托给非政府组织建立试点，非政府组织将建立起来的扶贫互助资金按股份量化到每个参与的农户，其特点是允许扶贫互助资金按股份进行收益分红及组织开展联合购销等合作经营活动。在组织结构方面，互助社由社员大会、互助社管理委员会、农民活动中心及农民小组构成。其中，社员大会负责讨论、协商如组织制度、收益分配、分红数量等所有重大问题。互助社管理委员会设主任、会计、出纳3个岗位，负责日常管理工作，互助社下设农民活动中心若干，各活动中心下设小组若干，一个中心一般由就近的30～40户农户组成，一般分为3～5个小组。在所有权结构方面，仪陇资金互助社的资金来源包括两部分：财政投入资金和个人入股资金。它采取“贫困户赠股、一般户配股、富裕户入股”的方式，用政府投入资金作引子，把农户个体的资金聚集起来，建立扶贫互助基金。富裕户自愿入股的，按每股1000元缴纳；一般农户自愿入股的，按每股500元缴纳，政府按1:1配股，原则上政府配股每户最多不超过2股，即不超过1000元；特困户在自愿入社的前提下由政府赠股1000元，每个村以总户数10%为限确定特困户，特困户的评定由村民民主评选并张榜公示。在分配权结构方面，仪陇资金互助组织则规定，互助资金的盈利在扣除必要的积累外，均按照个人所拥有的股份（包括赠股所形成股份）进行红利分配。

村级发展互助资金社充分利用农村地区的“熟人社会”特征，实现交易成本内部化。首先，“村”这一行政区划一般规模较小，社员居住紧凑，活动半径小，彼此之间知根知底，可根据贷款申请人的信用状况及品行决定是否放贷，有效解决“信息不对称”的问题。其次，由于放贷的资金来源包括社员出资的部分，是一种参与式扶贫，借款人贷到的资金不仅仅是国家的钱，而是人人有份，这种“民管民用”的运行方式就形成一种监督借款人合理使用资金的激励机制。最后，多户联保的贷款机制，借款人不还，即由担保人归还，保证资金安全。并且资金管理实行阳光操作，资金的发放、回收、使用情况要在社区定期张榜公布，乡规民约、人情关系等因素在这一过程中发挥积极作用，形成有效的群体压力。如果有人故意拖欠贷款，那么便会引起公愤，在村内再难以立足。由于互助基金提供的是小额贷款，借到资金数额较小，而违约成本是其声誉的破坏，过高的代价也对借款人的行为形成强有力的约束激励，从而促使其有强烈的按期还款的动机。

① 宁夏、何家伟：《扶贫互助资金“仪陇模式”异地复制的效果——基于比较的分析》，载《中国农村观察》，2010（4）。

② 曹洪民、陆汉文：《扶贫互助社与基层社区发展——四川省仪陇县试点案例研究》，载《广西大学学报》，2008（12）。

> 村级发展互助资金表达的是一种注资赋权式新型扶贫理念①。在这种机制下，政府通过注入资金搭建互助社这个平台，将政府财政资金交由农户按照互助合作、有偿使用的方式用于发展生产，财政扶贫资金的真正决定权、使用权则在农民手中，由农民通过社员大会等组织主导政府扶贫资金的具体管理和借贷工作，社员参与到包括决策、设计、实施、收益分配及日常管理等环节的全过程。互助基金把政府扶持和群众互助有机结合起来，力图以最低成本通过注入外部启动资金建立内生性的周转使用，既发挥了政府在筹资方面有较低交易成本的优势，又发挥了社区向农户提供所需资金方面成本较低的优势，使投入的财政扶贫资金的作用得到了显著放大，大大提高了扶贫资金的利用效率。

5.4 政策利好农村金融发展

5.4.1 支农支小优惠政策定向性增强

2013年中央强调要加强对农村金融改革发展的扶持和引导，切实加大商业金融支农支小力度，充分发挥政策性金融和合作性金融作用，确保持续加大涉农和小微企业信贷投放。为贯彻落实国务院办公厅《关于金融支持经济结构调整和转型升级的指导意见》，支持金融机构扩大小微企业贷款投放，2013年，人民银行将中小金融机构再贷款更名为“支小再贷款”。支小再贷款发放对象由现行的城市商业银行调整为小型城市商业银行（按人民银行统计标准确定）、农村商业银行、农村合作银行和村镇银行等四类金融机构，用途由支持扩大中小企业贷款和消费信贷调整为支持以上金融机构发放小微企业贷款。贷款条件设定为小微企业贷款增速和增量“两个不低于”，即上季度末小微企业贷款增速不低于同期各项贷款平均增速、贷款增量不低于上年同期水平。支农再贷款管理不变。此外，人民银行还通过适当调整差别准备金动态调整机制有关参数，加强信贷政策与产业政策协调配合，加大支农再贷款和再贴现支持，引导金融机构加大对“三农”、小微企业等重点领域和薄弱环节的金融支持。

2013年，监管层还通过财税扶持政策，落实县域金融机构涉农贷款增量奖励与补贴，着力引导和鼓励各类金融机构加大对涉农及小微企业金融服务力度。2013年12月31日到期的所得税优惠政策包括：准予金融企业涉农贷款和中小企业贷款中的损失类贷款等按会计规定全额税前扣除贷款损失准备金。对金融机构农户小额贷款的利息收入，对保险公司为种植业、养殖业提供保险业务取得的保费收入，在计算应纳税所得额时，按90%比例减计收入。

2013年10月，银监会发布《农村中小金融机构行政许可事项实施办法（征求意见稿）》，对于民资参股村镇银行有了更进一步的优惠措施以增加农村金融供给。银监会表示将坚持合理布局、适度竞争、增强活力和改进服务的发展目标，积极稳妥推进村镇银行培育发展，优先支持布局中西部、老少边穷地区和小微企业集中等重点区域，鼓励实施集中连片开发，引导提高民间资本参与程度，

① 陆汉文，钟玲：《组织创新与贫困地区“村级发展互助”的运行》，载《农村经济》，2008（10）。

强化市场定位监管，有效防控化解各类风险，努力把村镇银行培育成面向农户和小微企业的专业化、特色化小微银行。

5.4.2 服务创新鼓励政策进一步出台

2013 年初中央一号文件《中共中央、国务院关于加快发展现代农业，进一步增强农村发展活力的若干意见》发布。连续第十年聚焦“三农”，包括保供增收惠民生、改革创新经营体制、农业社会化服务新机制、农村集体产权制度、农村公共服务等方面。随后出台的《中国人民银行关于加大金融创新力度支持现代农业加快发展的指导意见》(银发〔2013〕78 号)，要求各银行业金融机构加大金融创新力度，有效满足现代农业发展尤其是专业大户、家庭农场、农民合作社等新型生产经营主体的合理金融需求，改进和提升“三农”金融服务水平。

2013 年 2 月，为促进涉农银行业机构体制改革，促进农业生产经营集约化规模化转变，以及加快提高薄弱地区金融服务水平，促进金融资源配置城乡均衡化等多方面的问题，2013 年银监会发布《关于做好 2013 年农村金融服务工作通知》(银发〔2013〕51 号)，针对农村金融机构建设与发展作出细致规划。通知指出，在有效防范风险的前提下，银行业金融机构要积极创新完善小城镇建设金融服务功能，创新小城镇系列信贷产品，设计符合小城镇建设的金融服务产品。农村中小金融机构要不断拓宽支持小城镇建设的业务范围，支持有特色产业的乡镇建设和农村新居工程建设，积极发展各类个人贷款业务，为农民居民化创造条件。

2013 年 4 月，银监会发布《关于持续深入推进支农服务“三大工程”的通知》，要求农村各中小金融机构持续深入推进金融服务工作，进一步扩大“金融服务进社区”、“阳光信贷”和“富民惠农金融创新”三大工程的覆盖面，稳步增加社区网点，重点提升城乡和城市社区网点综合服务能力，同时注意强化垫款过程的公开与透明化，为农户提供完善便捷的信贷服务，有效缓解农村资金供需不均衡的局面。

2013 年 7 月，中国银监会与国家林业局联合印发《关于林权抵押贷款的实施意见》(银监发〔2013〕32 号) 就改善农村金融服务，支持林业发展，规范林权抵押贷款业务，完善林权登记管理和服务，有效防范信贷风险等方面提出明确意见。该意见明确提出林农和林业生产经营者可以用承包经营的商品林作抵押，实现林业资源变资本的历史性突破。

5.5 农村小微金融发展展望

我国农业农村发展水平相对滞后，推进现代农业体系和新农村建设，农村金融任重道远。随着城镇化进程的推进，农村经济发展和农户生活水平的提高，农村金融服务需求将进一步增长并趋于多元，农村金融服务发展将迎来良好的发展机遇。我国农业生产模式及格局的变化也将对农村金融服务的专业化和综合化水平提出更高的要求。

城镇化推进所带来的农业产业格局正在改变，“三农”的内涵和外延都会发生改变①。伴随着技

① 张宏斌：《新型城镇化与农村金融服务再设计》，载《金融时报》，2013－11－28。

术的进步，尤其是互联网电子商务的发展，农业生产流通都将发生巨大的变化，农村金融服务的对象也将更为多元，农村金融服务机构要能够提供相应的金融产品以适应其发展需要。

在加大农村金融服务供给方面，促进内生型金融服务机构发展始终是重中之重，随着“让市场在资源配置中起关键作用”的理念的落实，放宽农村金融机构，尤其是新型农村金融机构准入门槛的趋势不会改变。2014 年，《中国银监会农村中小金融机构行政许可事项实施办法》（中国银监会令 2014 年第 4 号）正式出台，放宽了村镇银行在乡镇设立支行的条件，将设立支行的年限要求由开业后 2 年调整为半年，加快完善农村金融服务网络，提高金融服务均等化水平。同时，2014 年中央“一号文件”提出坚持社员制、封闭性原则，在不对外吸储放贷、不支付固定回报的前提下，推动社区性农村资金互助组织发展。这为农村资金互助社的规范发展定下了基调。与此同时，在目前农村金融的主力军——农村合作金融机构的发展方面，深入推进农村金融机构体制机制改革仍将是主旋律，但对如何发挥合作金融的“合作性”优势将引发更为广泛的思考。

此外，需要特别关注的是技术的力量对农村小微金融发展的推动作用。依托发展互联网支付、移动支付改善农村金融服务环境，弥补金融基础设施不足、替代传统物理网点将成为业界共识，这将为农村金融，尤其是农村小微金融贷款带来巨大的创新空间。与此同时，电子商务的发展将为农村小微企业和农户的生产经营带来变革的契机，农村金融机构需要充分把握机遇，通过产品与服务的创新满足日益增加的农村金融服务需求，通过金融资源的优化配置引导农村新产业的发展，带动农村整体发展水平的提高。

6 信托：转型中深化服务

在成为仅次于银行业的第二大金融行业后，2013 年信托业的受托管理资产规模继续攀升至近 11 万亿元的新高峰，但增长初现疲态。信托业在转型之路上的探索，也逐渐显现在信托公司业务结构的变化之中。行业规模和地位急剧上升的同时，信托业发展面临的诸多瓶颈与挑战也愈发突出。在制度红利消退和弱经济周期背景下，行业风险积聚和竞争加剧使信托业亟须发掘自身的制度优势，重新甄选增长引擎。

2013 年中小企业集合信托产品依旧活跃，信托公司已经逐渐摸索出了中小企业融资与信托机制的契合模式，其系列化、基金化和结构化的运作特点日渐明晰。与此同时，中小企业集合信托产品运用中，融资模式、期限结构单一，资金运用地区失衡，差异化定位不明确等问题也在一定程度上阻碍了信托公司对中小企业融资支持服务的进一步深化和推广。

6.1 规模增长 业务分化初现端倪

6.1.1 资产规模破十 社会融资作用增强

受宏观经济下行及市场经营环境变化带来的影响，2013 年信托业整体发展初现疲态，呈现出“一增一减”的趋势：信托资产总规模继续增长，年增长率出现回落。具体来看，2013 年信托业全年管理的资产规模冲破 10 万亿元大关，达到 10.91 万亿元，再创历史新高。虽然资产规模持续攀升，但就年增长率而言，2013 年信托资产总量规模同比增长 46%，较 2012 年 55.27% 的增速下降了近 9 个百分点。这也是信托业自 2009 年进入快速发展阶段以来年增长率的最低点（见图 6－1）。

此外，从信托业务的其他各项指标来看，除信托固有资产规模年度增速有小幅增长外，包括净资产规模、营业收入、净利润、行业从业人员在内等其他业务指标，年度同比增速节奏均出现不同程度的回落。在经历快速成长的“黄金五年”后，信托业发展已经面临瓶颈，信托资产规模已进入增速放缓通道。

图 6－1 信托资产规模与年增长率（2008—2013 年）

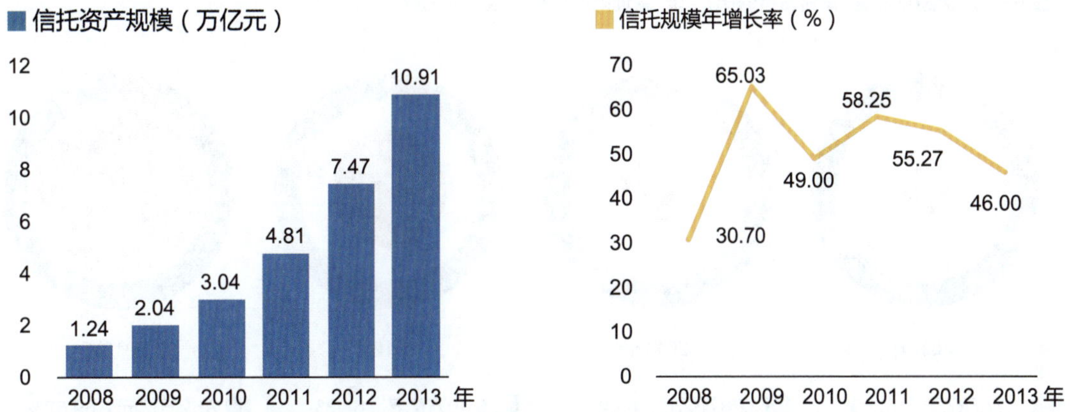

资料来源：2008—2013 年资产总量数据来自中国信托业协会网站，年增长率为计算所得。

长期以来，我国经济体结构一直是以银行间接融资为主，信托公司对实体经济的融资支持相当有限。2006 年全年新增信托贷款规模仅为 825 亿元，占社会融资总量的比重仅为 2%。随着信托行业规模的剧增，信托贷款作为企业融资的一个途径，已经成为支撑我国经济发展的重要融资渠道。数据显示，2013 年全年新增信托贷款已达 1.84 万亿元，占社会融资规模比达 11%，成为仅次于人民币贷款、委托贷款之后的第三大社会融资渠道（见图 6－2），信托在为实体经济提供融资服务方面的重要性正日益凸显。

图 6－2 信托资产季度规模与季度环比增长率（2010—2013 年）

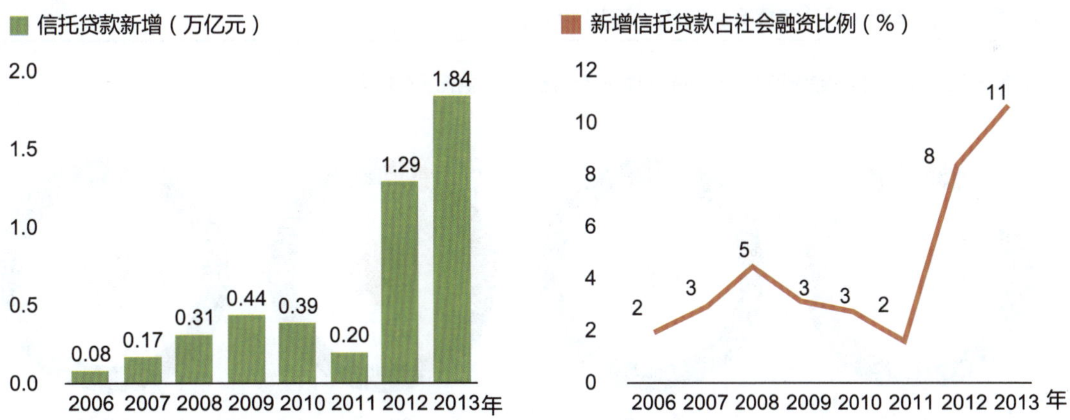

资料来源：2010—2013 年信托资产季度规模数据来自中国信托业协会网站，年增长率为计算所得。

6.1.2 单一资金信托仍是主力

从受托的财产来源看，2013 年各类信托财产规模都保持平稳增长，比重基本与去年持平。其中，单一资金信托仍是信托财产来源的主力军，管理的资产金额达 7.59 万亿元，占比为 69.62%；集合资金信托作为信托财产的第二大来源，2013 年受托资产 2.72 万亿元，占比 24.90%；2013 年管理财产信托总规模为 0.60 亿元，占比 5.49%（见图 6－3）。

图 6－3　信托资产来源分布情况（2010—2013 年）

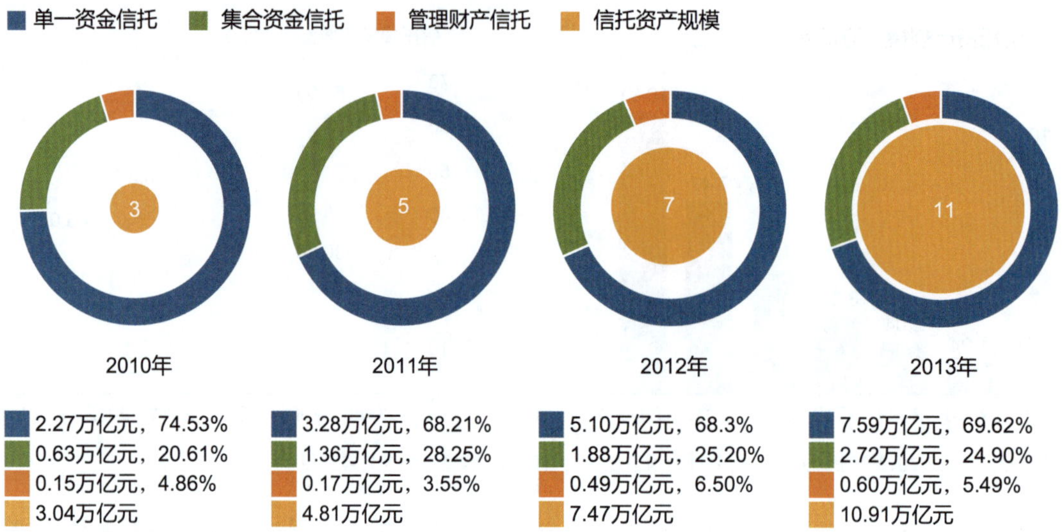

注：①图中黄色圆圈大小代表信托资产规模大小，圆圈中的数字为当年信托资产规模，单位为万亿元。

②“2.27 万亿元，74.53%”表示 2010 年单一资金信托规模 2.27 万亿元，占比 74.53%；“3.04 万亿元”表示 2010 年信托资产规模为 3.04 万亿元。其他数据含义以此类推。

资料来源：2010—2013 年信托财产来源情况数据来自中国信托业协会网站。

从增量角度来看，新增规模占比的分化较为显著。全年新增集合资金信托规模较 2012 年增加 28%，规模占比继续保持在 22%的水平；而单一资金信托增长迅猛，不仅同比增速达到 41%，远超集合资金信托水平，其规模占比也达到 74%，较上年增长了 5 个百分点（见图 6－4）。

图 6－4　新增信托资产来源分布情况（2010—2013 年）

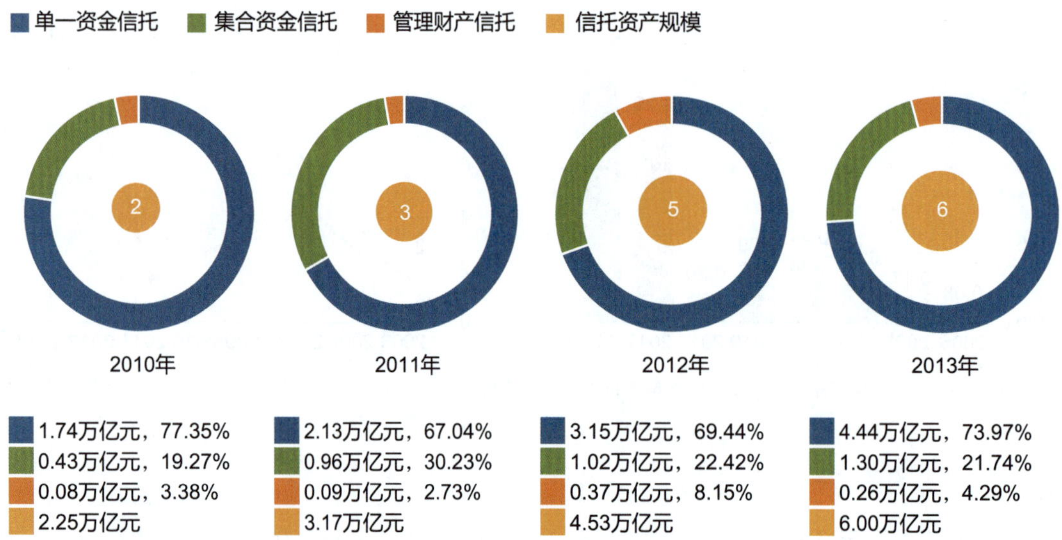

注：①图中黄色圆圈大小代表新增信托资产规模大小，圆圈中的数字为当年新增信托资产规模，单位为万亿元。

②“1.74 万亿元，77.35%”表示 2010 年新增单一资金信托规模 1.74 万亿元，占比 77.35%；“2.25 万亿元”表示 2010 年新增信托资产规模为 3.04 万亿元。其他数据含义以此类推。

资料来源：2010—2013 年新增信托财产来源情况数据来自中国信托业协会网站。

究其原因，从市场角度来看，泛资管时代削弱了信托公司的制度红利，市场机构相继推出资管计划，进一步加剧了集合理财市场的竞争。从信托公司角度来看，一方面，受限于净资本限制①，信托公司发行集合信托产品的资本支持不足，导致集合资金信托规模增速明显低于单一资金信托；另一方面，由于单一资金信托监管报备和内部审批要求相对宽松、操作时间相对较短、更容易贡献资管规模和利润，因此信托公司的业务部门更倾向于从事单一资金信托业务或者从单一的角度包装产品②。

伴随着增速节奏的放缓，信托业内的分化趋势也日益显现。正如我们在去年指出的一样，以高端机构投资者驱动的“非银信理财合作单一资金信托”正日渐成为信托业发展的重要引擎。2013 年这一趋势再次得到市场验证，非银信合作单一资金信托的规模由 2012 年的 3.07 万亿元迅速增长到 2013 年的 5.41 万亿元，占单一资金信托的 71.28%，占全部资金信托③之比进一步提升至 52.46%（见图 6－5）。

图 6－5 资金信托分布情况（2010—2013 年）

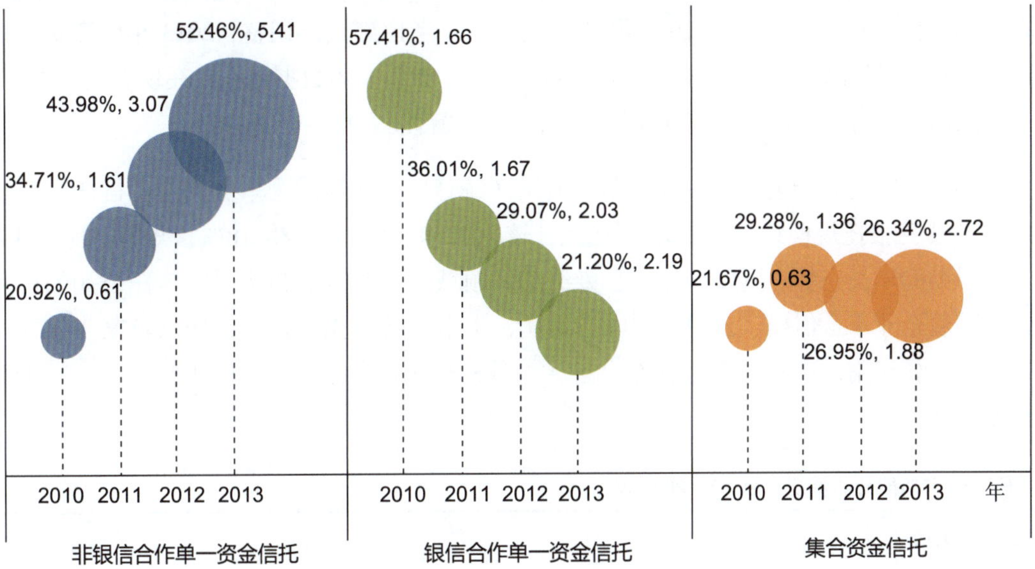

注：①图中气泡大小代表相应类别信托规模大小，气泡高度代表相应占比。

②“20.92%，0.61”表示 2010 年非银信合作单一资金信托 0.61 万亿元，占比 20.92%。其他数据含义以此类推。

资料来源：2010—2013 年资金信托分布情况数据来自中国信托业协会网站。

此前，因信托制度的灵活为银行表外业需求提供了最为便捷的通道，直接促成了信托规模的迅速膨胀。2013 年，这种广受市场诟病的“虚假繁荣”得到进一步的改善。年初银监会 8 号文④再次重申监管态度，对银信理财合作予以规范，强化了通道业务不可持续的市场预期。同时，银监会在今年相继推出债权直接融资工具和银行发行资产管理计划两项试点，进一步加剧了银信理财通道业

① 根据信托公司净资本管理办法要求，信托公司的净资本不得低于各项风险资本之和的 100%，且净资本不得低于净资产的 40%，由于单一信托对净资本要求较低，不需作计提准备，因此主要影响的是集合信托。

② 比如在交易结构中嵌套进证券或基金资管计划作为单个委托人，从而将集合资金计划在统计口径上处理成单一资金信托计划。

③ 信托财产可以划分为资金信托和财产信托两类，其中资金信托对应单一资金信托和集合资金信托，财产管理信托对应管理财产信托。

④ 2013 年 3 月，银监会下发《中国银监会关于规范商业银行理财业务投资运作有关问题的通知》（银监发〔2013〕8 号），要求理财资金投资非标债权的余额在任何时候均不得超过理财产品余额的 35% 与上一年度总资产的 4% 之间孰低者，此项规定对非标的银信合作造成一定冲击。

务的萎缩。数据显示，2013 年银信理财合作单一资金信托占比继续下降，较 2012 年下降 7.87 个百分点，并首次退居末位，仅占 21.2%。

6.1.3 理财信托增长减速　服务信托发展抢眼

从信托功能来看，信托公司的“代客理财”业务目前仍以理财信托为主（统计口径上表现为融资类信托和投资类信托）。2013 年，理财信托规模继续保持平稳增加，但相较于信托总资产 46% 的年增长率，其增速偏低，规模占比也进一步下降至 80.3%。其中，融资类信托资产规模为 5.21 万亿元，占信托总资产 47.76%，同比减少 1.11 个百分点；投资类信托管理资产 3.55 万亿元，占比 32.54%，同比减少 3.3 个百分点。

值得注意的是，就理财信托内部结构而言，信托业务占比情况并不十分乐观。从资金信托运用方式口径的统计看，投资类信托中，以可供出售及持有至到期投资、买入返售两种方式运用的信托资金，在实际操作层面基本上可以归口为融资信托资产。考虑到上述调整，2013 年融资类信托资金规模将达到 6.96 万亿元，占信托总资产的比例则高达 63.79%。该数据显示，在现有的商业模式中，信托公司依然以与银行同质的债权贷款业务为主，主动资管能力有待提高。

受益于层出不穷的市场创新，2013 年服务信托（统计口径上表现为事务管理类信托）表现十分抢眼：2013 年服务信托规模跃升至 2.15 万亿元，较 2012 年大幅增长 88.18%，规模占比达 19.7%，延续了去年强劲的增长态势。可以预见，在传统业务领域竞争加剧的趋势下，信托公司的产品创新动力更足。随着企业年金信托、公司管理服务信托、土地流转信托、公益信托以及家族信托业务模式的进一步成熟和应用，信托的市场服务功能将得到更充分地发挥，服务信托的发展空间仍值得期待（见图 6-6）。

图 6-6　信托资产功能分布情况（2010—2013 年）

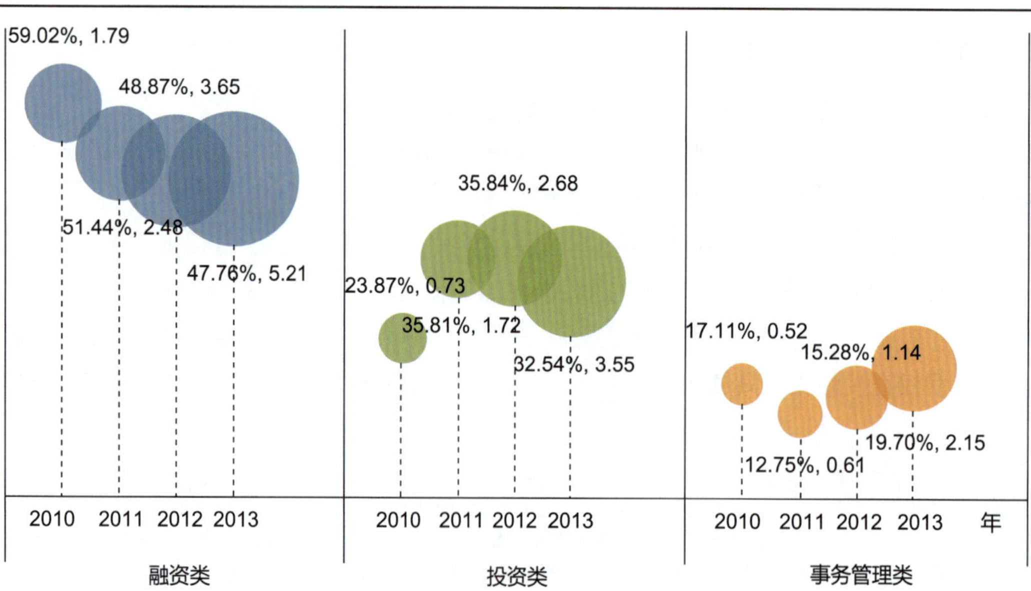

注：①图中气泡大小代表相应资产规模大小，气泡高度代表相应规模占比。

②“59.02%，1.79”表示 2010 年融资类信托规模 1.79 万亿元，占比 59.02%。其他数据含义以此类推。

资料来源：2010—2013 年信托财产功能情况数据来自中国信托业协会网站。

6.2 竞争加剧 信托行业转型在即

2012 年下半年，保监会、证监会分别出台了一系列涉及保险、券商和基金的资产管理的规定，容许券商资管、基金子公司进入实业投资领域，开展与信托公司同质化的资管业务，并再度扩大了券商、基金和保险资金的投资领域，信托跨市场配置的牌照优势逐步削弱。

2013 年，这种泛资管竞争格局进一步加速。首先，券商和基金子公司的定向、专项资管计划不论是在投资范围、资金来源都与信托的区别甚微，在产品发行上与信托公司构成直接竞争；其次，作为新入市者，券商与基金子公司面临政策限制更小，其投资风格也更为激进，在房地产、基建和通道合作等领域投资较信托“有过之而无不及”；最后，银行资管业务试点的低调推出，通过发行债权直接融资工具，银行理财由金融投资扩展为直接投资实业，银信通道业务再度受限。

从今年市场运行情况来看，虽然短期内信托业务已受到竞争性挤压，但是泛资管给信托带来的机遇大于挑战：券商资管、基金子公司初入资管领域，专业化的经验、人才、资源和运转顺畅的业务平台都非一时可以成型，在追求利益的冲动下，券商资管和基金子公司抢食的多是高风险或通道类业务，这给信托带来了转型的动力，并转嫁部分风险；保险机构本身缺乏实业投资经验，保险资金的介入，更多的是以投资信托产品的方式进行投资，这种优势互补的合作方式为信托提供了更多的优质资金；银行资管的推出暂局限于银信合作领域，而减少通道类业务已经成为信托业的共识。

竞争加剧的同时，2013 年关于行业转型的讨论一直未停止。转型似成共识，但方向让人眼花缭乱。仔细梳理信托业未来发展方向，不难发现，无论是私募投行业务的优化，还是定位于资产管理与财富管理领域，对信托公司来说，主动调整业务结构，加强产品设计创新和项目风险控制，深化融资类业务，拓展投资类和事务管理类业务，由被动管理向主动管理转变，将是其建立差异化核心竞争力所面临的现实选择。未来，凭借其灵活创新的优势，信托仍有可能在资管市场的激烈竞争中脱颖而出。

6.3 风险频发 刚性兑付隐忧升级

信托业井喷式的发展引起了社会各界对该行业风险的种种担忧。2013 年信托行业各领域的个案项目风险事件时有发生，尤其以房地产和矿产类项目居多。相较于上年，2013 年发生风险事件的信托项目总金额有所上升，但相对于十万亿元的规模而言，信托行业不良率仍是较低的。尽管经济下行通道中包括信托资产在内的金融资产不良率会有所提升，但是就目前信托市场整体而言，行业系统性、区域性风险的大规模爆发仍是小概率事件。

然而，不容忽视的是，风险事件持续涌现背后的原因发人深思，接连发生的个案风险事件，暴露出信托展业中众多不规范、不尽如人意的地方：一是全面尽职调查能力不足，一些信托投资项目的风险在项目成立之前已经显现，但信托公司在尽职调查时却未能发现，如“温州泰宇花苑”项目的民间借贷在当地早有传闻，并且其抵押的两块土地估价被抬高了近两倍，而安信信托在尽调时却未能识别出相关风险；二是信托公司管理重心过于集中于项目本身，缺乏基于行业和区域的总体研判能力，导致行业发展周期风险管理能力的缺失，这在近几年的房地产和矿产信托领域可见一斑；三是风控措施对风险抵御的不足，虽然信托产品的增信措施愈发多元化，但是某些增信措施的风险缓释作用极为有限，如新华信托的“上海录润置业股权投资集合资金信托计划”，虽采取了第三方担保措施，但由于融资方与担保方关联度较大，不仅担保措施无效，融资方还受到担保方诉讼事件的牵连。

从危机的解决结果来看，2013 年市场上并未出现投资者未得到兑付的案例，信托公司或以自有资金先行兑付，或通过司法手段保全资产，或第三方接盘，但最终都并未打破刚性兑付这一潜规则。

不可否认，刚性兑付制度重构后的信托业起了重要的支撑作用，并客观上成为过去几年行业快速发展的助推器。但是这一潜规则背后隐含的风险也愈发严峻，隐性的兑付约束异化了信托业务的本质，使信托公司承担的实质风险超越了净资本约束的范围，信托行业的广义杠杆（考虑刚性兑付）远大于实际公司财务报表所呈现的数据。根据信托业协会数据显示，截至 2013 年底，信托行业自有净资产 2555.18 亿元，倘若考虑到为 10.9 万亿元信托资产承担的刚性兑付责任，信托业的广义杠杆将放大至约 43 倍，较 2012 年底的 37 倍杠杆率明显提升。随着行业资产的继续增长，广义杠杆的上升恐难以支撑刚性兑付。而更为现实的是，2011—2013 年是信托产品发行的高峰且平均存续期限在 1—2 年左右，2014 年将迎来信托产品兑付洪峰，整个行业积聚的信用风险有待进一步释放。

外困内忧的形势下，信托业过去数年得以扩张的众多驱动因素正逐渐瓦解。尽管短期内行业刚性兑付难以打破，但从长远时期和市场发展规律角度来看，刚性兑付更多是特定历史时期下，市场各方博弈选择的结果，实质性违约风险的出现将渐行渐近。刚性兑付的打破将对信托业乃至整个资管市场格局产生深远影响，短期内不可避免地对行业造成冲击，但我们相信，这种桎梏的消除将有利于信托业健康、可持续发展，并在优化信用风险定价、提升产品透明度、强化风险控制等方面促进形成更加市场化的资源配置机制。

6.4 顺应市场 工商企业蝉联资产配置榜首

6.4.1 存量与增量配比均拔得头筹

自 2008 年大规模的经济刺激政策起，地方基建和房地产行业的庞大融资需求使信托资金过度集中于这两个领域。随着市场对投资失衡问题的逐渐认识，以及对实体经济重视程度的不断加深，信托资金倾向于工商企业的再分配趋势进一步强化。

2013 年，创出历史新高的 10.9 万亿元信托资金投向略有小幅改道，各领域资金配比出现微调，反映出信托公司在市场与政策之间相调适的结果。其中，工商企业和基础产业仍是资金配置的主要领域，房地产领域投资有所回温，但仍未现大规模增长态势。

从存量资金投向看，尽管 2013 年经济指标并不十分乐观，但是信托资金投向实业领域的占比不降反增。2013 年工商企业类信托资金规模达 2.90 万亿元，占比达 28.14%，分别较上年末 1.86 万亿元的规模和 26.65% 的占比，增长了 55.91% 和 1.49 个百分点，蝉联信托资金配置榜首（见图 6 -

7）。从增量资金投向看，2013 年工商企业领域新增资金 2.05 万亿元，增量占比达 36%，较上年提升 2 个百分点，并继续大幅领先于其他行业（见图 6－8）①。

图 6－7 资金信托投向分布情况（2010—2013 年）

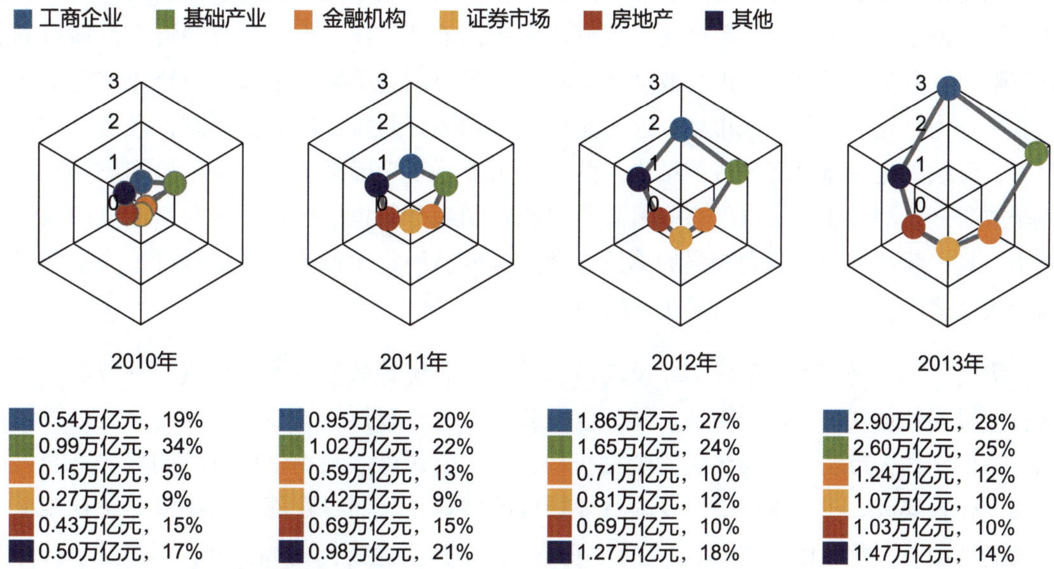

注：①雷达图中为各投向的规模数据，单位为万亿元。

②“0.54 万亿元，19%”表示 2010 年投向工商企业的资金信托 0.54 万亿元，占比 19%。其他数据含义以此类推。

资料来源：2010—2013 年资金信托投向分布情况数据来自中国信托业协会网站。

图 6－8 新增资金信托投向分布情况（2010—2013 年）

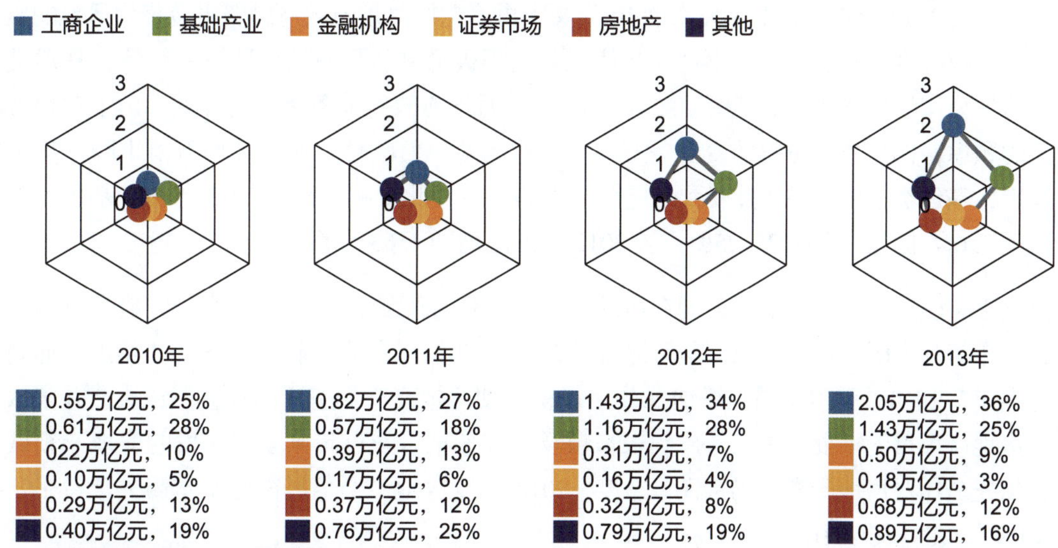

注：①雷达图中为各投向的规模数据，单位为万亿元。

②“0.55 万亿元，25%”表示 2010 年投向工商企业的新增资金信托 0.55 万亿元，占比 25%。其他数据含义以此类推。

资料来源：2010—2013 年新增资金信托投向分布情况数据来自中国信托业协会网站。

---

① 据信托业协会相关数据显示，目前新增工商企业信托产品仍以单一类资金信托为主，该领域全年新增规模中，集合类资金规模新增 2879.48 亿元，占比为 14.07%，单一类资金规模新增 17583.39 亿元，占比高达 85.93%。

2013 年，在企业、信托公司以及投资者多方市场因素共同促进下，工商企业领域不论在存量规模还是增量规模上均蝉联信托资金配置榜首。从工商企业来看，在经济下行的宏观经济背景下，企业的经营环境不容乐观，加之目前资本市场委靡不振、传统的银行信贷渠道受阻，信托灵活、便捷、多样的融资渠道逐渐为工商企业所青睐。而信托公司在工商领域配比的持续加码，是因为信托公司的传统业务如票据信托、银信合作等被逐步限制或叫停，地产信托、地方政府融资平台项目的业务增长空间有限，证券类信托极易受市场波动性影响，信托公司亟须拓展诸如工商企业信托这样可持续发展的业务作为补充来激活信托市场。这也是信托公司顺应监管层的业务导向，在当前经济结构调整环境下，继续深化实体经济投资的结果。此外，由于近年来屡次传出兑付危机的信托产品多集中于房地产或矿产能源行业，相对于这些风险积聚和管制趋严的投资领域，工商企业信托面临的政策风险更小，且一般都有担保能力较强的第三方做担保或有一定比例的资产作抵押，为投资者提供了一种风险收益适中、相对稳健的信托业务品种。

但是，需要注意的是，信托市场实际投向情况可能并非统计数据显示的乐观。一方面，由于监管部门对行业投向数据划分得过于粗糙，部分信托公司在业务数据统计中可能存在分类口径模糊的问题；另一方面，作为市场上最为灵活的金融机构，信托公司可以利用信托制度的优势，通过产品创新、融资主体置换等安排来规避受对受限行业投放的监管，从而导致部分信托资金统计规模与实际流向不符的情况。因此，虽然 2013 年工商企业领域的信托资金配比持续提升，但是并不排除基于上述原因的资金分流，真正进入工商企业实业经营的资金可能会存在部分“被挤出”。而获得信托融资的工商企业中，中小企业的占比亦相当有限。

基建①领域方面，在银行新增地方平台贷款遭限制之后，信托公司发行地方政府主导的信政合作项目日渐成为信托公司的展业重点方向。虽然 2012 年底四部委联发的 463 号文对地方政府融资行为作出规范，加上 2013 年 4 月银监会发布的 10 号文中再度重申对地方政府融资平台贷款风险的监管提示，但受地方政府庞大的融资需求驱动以及信托公司积极抢滩新型城镇化建设的热情，基建类项目依然成为信托公司的投资热点。然而，随着 2013 年 8 月地方政府债务审计的开展，出于对地方融资平台风险的顾虑，信托公司纷纷转变业务方向以规避风险，信政合作业务开始有所下降。从全年发行情况来看，基建类信托产品依然受到信托公司的热捧，受此影响，截至 2013 年末，基础产业信托资金金额达 2. 6 万亿元，占比 25. 25%，较 2012 年占比增加 1. 63 个百分点。

相比之下，受政策影响，信托公司在房地产领域的资金配置依然维持谨慎。房地产市场的宏观调控政策在今年并无明显松动迹象，虽然得益于 2013 年 2 月出台的“新国五条”，“增加普通商品住房及用地供应”和“二手房交易须缴纳 20% 所得税”使房地产市场有所回暖，但银监会并未放松对信托公司房地产项目的审批要求，考虑到未来市场调控预期以及近年来多次爆发的房地产领域的风险危机，信托公司对房地产领域仍持谨慎态度，2013 年度房地产类信托占比基本与去年持平，继续维持在 10% 左右的规模占比。

---

① 基础产业包括基建、矿产能源、教育文化等国家基础领域的投资。其中，基建是基础产业的最主要构成，一般市场分析都是把“基建”等同于“基础产业”。

6.4.2 融资客户结构[①]重心有望下沉

据用益信托工作室不完全统计，2013 年共成立了 1021 款工商企业类集合信托产品，其中融资主体为大型企业的有 510 款，占成立总数量的 49.95%，融资规模约为 931.48 亿元，占总融资规模的 66.42%；为中小型企业融资的产品有 458 款，占总量的 44.86%，融资规模约为 384.78 亿元，占总规模的 27.44%；另外由于信息披露原因，有 53 款产品的融资主体信息未公开披露[②]（见图 6－9、图6－10）。

图 6－9 工商企业类信托产品占比（2013 年）

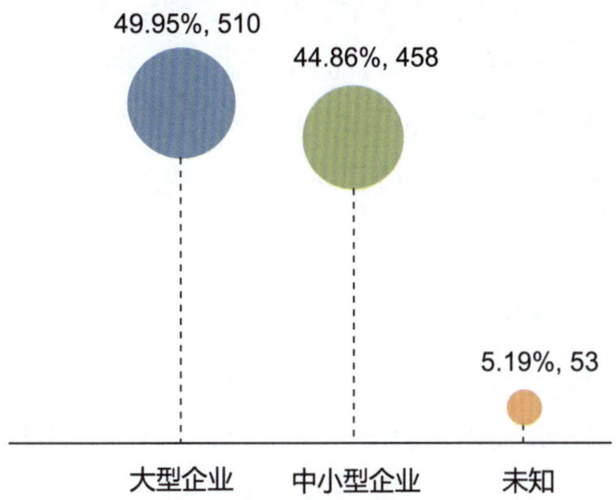

注：①气泡大小表示工商企业类信托产品数量，气泡高度代表相应企业产品数量占比。

②“49.95%，510”表示投向大型企业的工商企业类信托 510 只，占比 49.95%。其他数据含义以此类推。

资料来源：用益信托工作室。

图 6－10 工商企业类信托规模占比（2013 年）

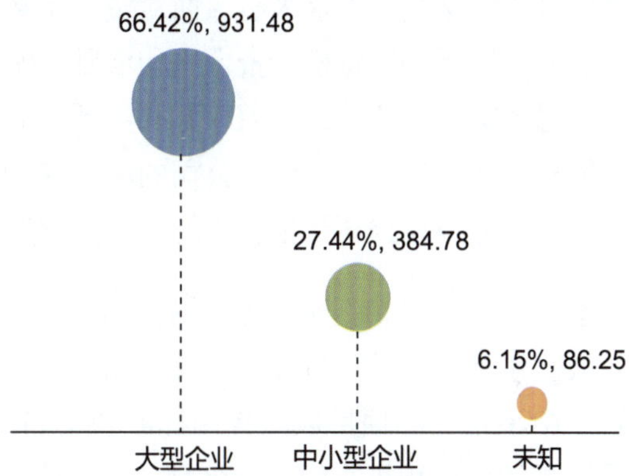

注：①气泡大小表示工商企业类信托规模，气泡高度代表相应企业产品规模占比。

②“66.42%，931.48”表示投向大型企业的工商企业类信托 931.48 亿元，占比 66.42%。其他数据含义以此类推。

资料来源：用益信托工作室。

用益信托工作室的数据显示，虽然在集合信托产品数量上，大型企业与中小企业占比相近，但二者融资规模占比颇为悬殊，相差 38.98 个百分点，大型企业与中小企业融资规模之比约为 2.4∶1，信托市场对中小企业的融资支持领域还有相当大的成长空间。

信托公司更偏爱大型企业，主要归因于以下几个因素：首先，中小企业治理结构不完善、财务制度不健全、信息披露不透明以及缺少可供担保抵押的资产等因素导致企业自身资质不高、抗风险能力差，在信托公司对中小企业风险控制措施和运作模式并未取得有效突破的情况下，信托公司在项目选择上会尽可能地倾向于能够提供充足担保抵押措施、运作风险更小的大企业以提高项目安全性；其次，中小企业的融资需求具有“期限短、额度小、频率高”的特点，同等规模的信托资金运用中，相对于大型企业，信托公司往往需要付出更多的人力、物力去管理中小企业信托项目，传统信托模式的收益很难覆盖信托公司所承担的成本，降低了信托公司发行中小企业信托产品的热情。

① 由于信息披露原因，单一资金信托的信息难以获取，因此本节以集合资金信托的客户结构为例进行分析。

② 资料来源：用益信托工作室《2013 年工商企业集合信托市场年度发展报告》。由于信息披露等原因，用益信托工作室的统计数据并不完全，只统计了工商企业类集合信托产品规模，且统计结果小于中国信托业协会公布的 2013 年新增工商企业类集合信托 2879.48 亿元的规模。

虽然，目前信托公司私募投行业务①的企业客户群仍以大型企业为主，但是伴随着金融自由化进程加快以及泛资管市场格局的进一步加剧，我们认为未来，信托公司的融资客户结构重心有望下沉，并逐步倾向中小企业。

从信托供给来看，2012 年下半年资管通道的打开，银行资管、券商资管和基金子公司接踵介入，各种类信托业务层出不穷，信托资管一支独大的垄断局面出现松动。同时，随着金融自由化、利率市场化进程的加快，金融抑制逐步被改善，优质企业和项目融资渐次回归成本更为经济的主流融资渠道，信托市场进一步受到冲击。政策取向的调整和经营环境的变化，使得优质项目资源的竞争必将日益激烈，较高的信托融资成本并不具备市场竞争力，信托公司在大型企业融资领域的盈利空间将遭到挤压。从企业需求来看，面对资本市场、银行体系苛刻的融资要求，信托这种运作模式更加灵活、融资资质相对宽松、资金端和项目端衔接紧密的融资渠道，为中小企业提供了一种更加便捷、现实的融资渠道。此外，随着改革的不断深化，中小企业金融服务的生态环境将日益改善。因此，在供需双方共同作用下，信托公司的融资客户结构重心有望下沉，积极谋求中小企业产品条线的拓展，可能成为信托公司开拓疆土的新“蓝海”。

事实上，部分信托公司已经有所行动。2013 年 5 月，渤海信托在原有的七个信托业务部门外，成立了专门的中小企业信托业务部，把中小企业培育作为未来重点业务方向，并逐步建立专门针对中小企业的项目风险控制标准和交易结构模型，探索更为成熟的中小企业信托业务的经营模式。外贸信托积极布局小微金融领域，成立资产管理三部，专门从事小微金融服务，在已有的消费信贷业务基础上，积极调整发展策略，拓宽业务渠道，丰富产品种类，并逐渐形成针对不同客户群体的多条成熟的业务线，全面覆盖了消费信用贷款、小额抵押贷款、中小企业贷款等领域（详见专题 6－1）。

专题 6－1　外贸信托小微金融业务实践

外贸信托于 2007 年开始进入小微金融领域，目前小微金融业务已发展成为外贸信托的主营业务之一。随着市场的发展，外贸信托提供的服务也逐渐深化，既提供融资服务，也提供清算分配等运营管理服务；业务种类逐步丰富，除消费信贷外，逐渐进入小额经营性贷款、按揭抵押贷款等领域。为配合业务的发展，外贸信托于 2013 年成立事业部，专门从事小微金融服务，成为公司重要的战略业务单元。

结合目前公司的风控特点、网点数量和人数限制等条件，外贸信托主要采取与优秀的小微融资机构合作的模式开展服务。业务类型主要有直接助贷和批发贷款两种。

从合作客户来看，目前外贸信托的合作方包括消费金融公司、小贷公司、保险公司、担保公司等；从终端客户来看，贷款人主要包括广大中低收入的个人、工薪阶层、农民工、个体户、小微企业等。

从贷款金额上来看，外贸信托小微金融从事单笔金额在 3000～5 万元之间的个人消费贷款、单笔金融在 5 万～50 万元之间的个人小额信用贷款、单笔规模在 50 万～500 万元之间的个人抵押贷款，以及单笔规模在 500 万～3000 万元的小微企业贷款。

① 私募投行业务，即撮合有融资需求的较高风险企业客户，和有投资需求的高净值个人客户及企业、机构投资者。

从产品类型设计看，外贸信托与合作方的交易结构在主体上采用了结构化阳光私募的设计原理。具体而言，外贸信托以单一资金，或采用结构化设计募资资金并成立信托计划，并聘请合作方提供集中审贷和贷后管理服务，在资金运用和回收上则借鉴融资类信托的交易模式，直接向终端客户发放和回收贷款，同时要求合作方或第三方担保公司对还款提供担保。

由于外贸信托各个产品的目标群体、交易对手的业务结构均有较大差异，在实际业务开展中，不同产品会有不同的设计来满足业务发展、风险控制的要求。以风控为例，外贸信托通常要求掌握资金账户，形成资金闭环保障资金安全，但有的合作方由于业务特点无法做到资金流的完全封闭，外贸信托则引入多元化的运营手段，实现对其归集户的控制和强制划款的权利，实现间接的资金闭环和风险控制。

为推动业务的进一步下沉，培养自身的主动管理能力，外贸信托还开创了“信用保证保险 + 信托”创新模式，通过提升批量放款、数据管理、合同管理等运营能力，实现对终端客户的直接放款，进而掌握自主的风控和运营实力，构建可持续的核心竞争力。

未来，外贸信托将自身定位于成为具备股权与债权、线上与线下多方位管理方式的小微金融综合服务商，着力培育客户服务能力、产品创新能力以及系统运营能力等核心竞争力。随着主动管理能力的逐步形成，外贸信托还将进一步打通资金募集、市场开拓、信用评估、贷款发放、贷后管理等整条业务链，通过不断降低融资成本、风险补偿及运营成本，实现降低消费信贷、中小额贷款的综合资金成本，推动实现真正的普惠金融。①

6.5 中小企业集合信托多元化服务层现迭出

尽管目前在整个信托资产中占比较小，但2013年中小企业集合信托产品的表现依旧活跃。更多的信托公司开始涉足中小企业领域，把握普惠金融发展趋势，积极探索建立中小微金融服务体系，深化信托公司服务实体经济的作用。

6.5.1 中小企业集合信托发展概况

据公开披露的不完全统计，2013年全年共有19家信托公司发行了带有“中小企业”或“小微企业”字样的集合信托产品100只②，累计融资49.76亿元。与2012年公开披露的数据相比，发行信托公司数量再增3家，集合信托产品数量与去年持平，但累计融资余额下降11.17亿元（见图6－11）。

从单只集合信托产品的规模来看，2013年全年披露产品规模的中小企业集合信托产品平均融资额为5183.26万元，与2012年相比下降23.44%。相较于大型企业平均1.83亿元的融资规模③，中小企业集合信托产品规模偏小。

---

① 刘洪明、唐开元：《信托公司拓展小微金融业务的研究与实践》。

② 由于单一资金信托因其私密性极少披露，难以从公开渠道获得相关信息，故本节统计数据并未涵盖单一类中小企业信托产品，此外，根据用益工作室统计数据，2013年共成立了458款中小型企业融资类集合信托产品，但受披露信息不充分的限制，本报告只统计了在集合资金信托计划中带有“中小企业”或“小微企业”字样的信托计划，部分信托计划名称上没有显示“中小企业”或“小微企业”，但其投向是中小微企业的信托计划并未纳入统计，所以，本节对中小企业信托的统计并不能全面反映市场真实的规模。

③ 资料来源：用益工作室。

图 6-11　公开披露中小企业集合信托产品融资情况（2009—2013 年）

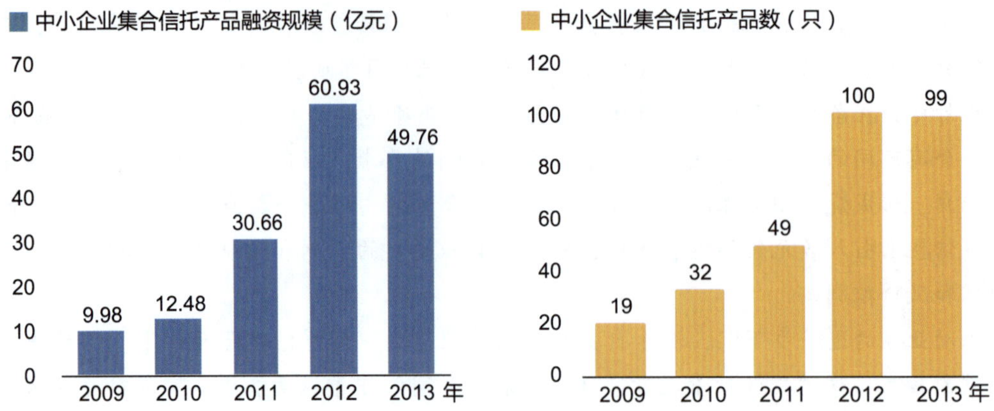

资料来源：2013 年中小企业信托产品数据根据网站、报纸等媒体公开信息整理。2012 年数据、2011 年数据、2010 年数据分别来自《中国中小企业金融服务发展报告》、2009 年数据由 2010 年数据计算所得。

受 2013 年市场资金行情影响，全年披露的中小企业集合信托产品收益率继续走高，预期收益率集中在 8.5% 附近，最高达 12.5%，平均收益率为 8.28%，同比增加 0.75 个百分点①，这与中小企业集合信托产品风险收益的特征相吻合。考虑到信托公司 1% ~2% 的受托报酬率、0.5% ~2% 投资顾问、担保机构、银行等参与方的费用，中小企业实际平均承担的融资利率或将超过 10%，大幅高于银行贷款基准利率。

2013 年中小企业集合信托产品的信息披露情况依旧不理想，全年披露的中小企业集合信托产品中，明确说明产品的期限的共有 80 只。公开披露期限的产品中，期限在 1 年以上的有 30 只，1 年及以下的有 50 只，平均产品期限为 1.49 年，中小企业信托集合信托产品短期化和灵活性的特征依然明显。

在投向地区分布上，2013 年我国东部、中部和西部地区中小企业均得到信托资金的融资支持，但信托资金的分布并不均衡，主要集中在东部和中部省份地区（见图 6-12 和图 6-13）。公开披露产品投向的 79 只中小企业集合信托产品中，在产品数量上，71% 的产品投向东部地区，21% 的产品投向中部地区，西部地区仅得到 8% 的产品支持；在资金规模上，67% 的资金投向东部地区，26% 的资金投向中部地区，西部地区仅得到 7% 的资金支持。

进一步细分资金投向城市，目前中小企业集合信托资金主要集中在东部经济发达城市和中西部省会城市。这种城市分布情况除了受各地区经济发展因素影响外，也与中小企业信托产品设计中的政府增信行为有关。过去几年，依赖政府增信方式发行中小企业信托产品的方式仍是业内主流，对政府过度的依赖使中小企业集合信托产品的发行局限于经济条件较好、财政实力较强的地区。

与中小企业集合信托产品活跃升温同行的是，经过不断的实践和创新，信托公司已经逐渐摸索出了中小企业融资与信托机制的契合模式，在资金募集、运用安排，产品设计、风险控制等环节上更加得心应手，并在近年来的市场发展中呈现出许多值得关注的亮点。

① 此处平均值的计算原则是将所有披露数据的总和除以总的披露个数，未披露相关数据的信托产品不纳入平均值的计算范围。

图6－12 中小企业集合信托投向地区数量占比（2013年）

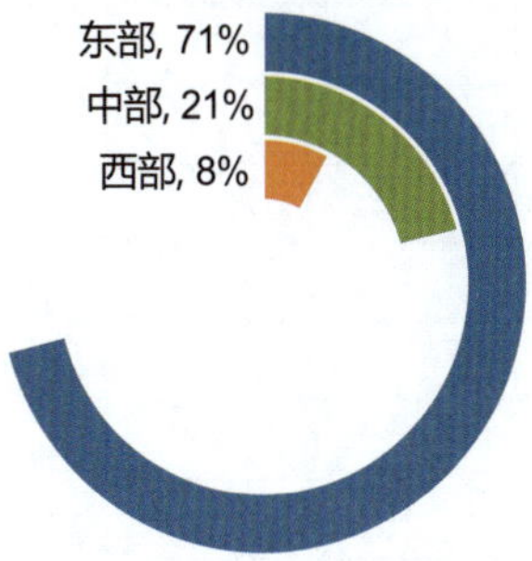

图6－13 中小企业集合信托投向地区规模占比（2013年）

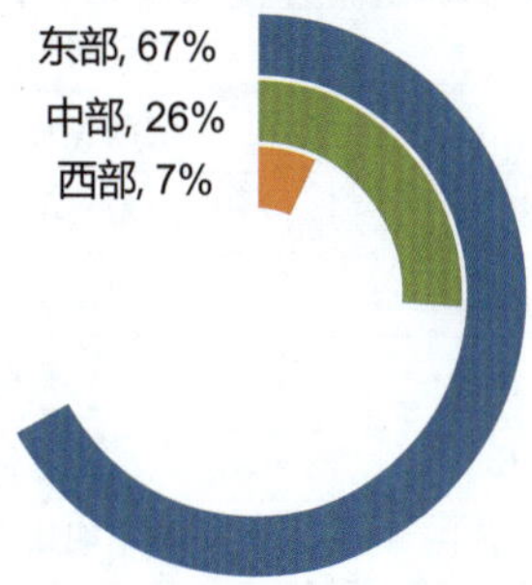

资料来源：2013年中小企业信托产品数据根据网站、报纸等媒体公开信息整理。

6.5.2 系列化破规模与期限困境

在资金募集方面，由于中小企业单笔融资需求较低，为降低融资成本，避免资金占用，信托公司往往采用连续多期，滚动发行的系列化方式成立中小企业集合资金信托。2013年，几乎所有公开披露的中小企业集合信托产品都选择了系列化发行，共有17家信托公司发行了30种系列产品（见表6－1）。其中系列化发行程度最高的是华澳信托，2013年共披露发行了4个系列共32只中小企业集合信托产品，累计募集资金11.34亿元。除此之外，2013年全年金谷信托向日葵系列披露发行9只，累计募集资金7.44亿元，为佛山、石家庄、成都等地信用良好、资金用途合法明确、还款来源可靠的中小企业提供融资服务；安徽国元信托的“滨湖春晓”系列披露发行了4只，累计募集资金2.10亿元，主要投向安徽合肥市周边地区；长安信托的天骄系列2013年共披露发行了2只，为鄂尔多斯的8家企业发放了7600万元的流动资金贷款。

表6－1 2013年公开披露的系列化发行中小企业信托产品一览

信托公司名称	系列化产品名称	公开披露发行数量（只）	公开披露发行金额（万元）
安徽国元信托	“滨湖春晓”中小企业贷款集合信托计划	4	21000
大业信托	增城市中小企业贷款项目系列集合资金信托计划	1	8500
甘肃省信托	黄河中小企业发展集合资金信托计划	5	NA
广东粤财信托	中小企业贷款项目集合资金信托计划	2	8000
华澳国际信托	中小企业优选基金集合信托计划	23	88310
	中小企业发展基金集合资金信托计划	3	15700
	中小企业投资发展基金集合信托计划	4	4550
	中小企业风险投资基金集合信托计划	3	4990
华鑫国际信托	鑫汇中小企业发展集合资金信托计划	1	7890

续表

信托公司名称	系列化产品名称	公开披露发行数量（只）	公开披露发行金额（万元）
建信信托	北京朝阳中小企业贷款集合资金信托计划	1	9500
	滨湖春晓中小企业贷款集合资金信托计划	3	23000
	泰兴中小企业发展集合资金信托计划	3	19850
	镇江中小企业发展集合资金信托计划	1	10000
厦门国际信托	锦绣鹭岛中小企业贷款信托	4	18050
山西信托	信裕集合资金信托计划	6	13800
陕西省国际信托	塞上明珠小微企业发展基金集合信托计划	3	12000
西部信托	中小企业集合资金信托计划	2	13000
新华信托	启明星中小企业发展基金资金信托计划	11	50117
兴业国际信托	中小企业精选投资基金集合资金信托计划	4	15280
英大国际信托	英大成长·中小企业集合资金信托计划	2	1500
长安国际信托	天骄中小企业发展集合资金信托计划	2	7600
中国金谷国际信托	向日葵中小企业发展基金信托计划	9	74427.5
重庆国际信托	中小企业集合资金信托计划	1	2400

资料来源：根据网站等媒体公开信息整理。

相较于传统的点对点的募资方式，中小企业集合信托系列化发行已成主流趋势。一方面，信托公司根据地区、股东、项目挖掘和产品设计等资源禀赋不同，开发出带有自身特色的拳头产品，并将这些带有鲜明特征的中小企业信托产品系列化发行，形成一定的品牌效应。另一方面，系列化的产品可以化解中小企业单只信托产品募集资金规模过小，产品存续期限短，无法获得后续资金的难题，间接延长了信托资金的使用期限和稳定性。此外，滚动系列化的发行也有助于信托公司提高融资效率，实现规模效益，为公司带来持续收益。

6.5.3 基金化引多方竞合

为契合中小企业融资特点，在资金使用方面，部分中小企业集合信托产品呈现出基金化特点，运用集合投资方式，将数家不同领域、不同规模的中小企业打包，并将资金运用于中小企业集群中去。业务实践中，这类信托产品往往会有相应的资金池和项目池，通过从项目池中筛选具体的企业进行组合投资，化解资金供需双方在时间和金额上的错位，从而使信托资金投放的涉及面广、覆盖面宽，有效分散投资风险。

相较于传统信托业务的投放标的在产品成立之初就已明确，派生的运营管理也比较简单，从项目投放、风险控制、合规审查、估值清算等一系列环节都相对单一、静态，确定性很强①，基金化运作中，项目投放资产类别和期限多样化的组合特点对信托公司的项目挖掘和贷后管理提出更高要求。因此，信托公司在产品设计中往往会引入产业园区、担保机构、资产管理公司、小贷公司等机构参与合作。

---

① 华融信托：《信托基金化模式研究》，载《2012 年信托行业专题研究报告》，2012。

2013年，中小企业集合信托市场上呈现出不少合作案例。如金谷信托充分利用了控股股东信达资产管理公司的优势，其发行的向日葵系列产品，在管理模式上，聘请当地合作企业和信达广东分公司进行项目推荐、筛选，贷款审核及贷后跟进，并选择当地专业化的担保公司为贷款提供逐笔担保。此外，部分向日葵产品还采用了合作方（小额贷款公司）按贷款规模一定比例（通常为10%）配比放贷、回购承诺和差额补足等措施，进一步增强了项目的安全性（详见专题6－2）。

专题6－2 金谷信托·向日葵——中小企业发展信托基金（计划）

"向日葵系列"中小企业发展基金信托产品是能够充分利用控股股东——中国信达资产管理股份有限公司集团协同优势的、具备可复制特点的基金化产品，具有"一次募集、批量放贷"的基金模式特点。收益率一般为8.5%~9%，期限以1年居多。其交易结构如图6－14所示。

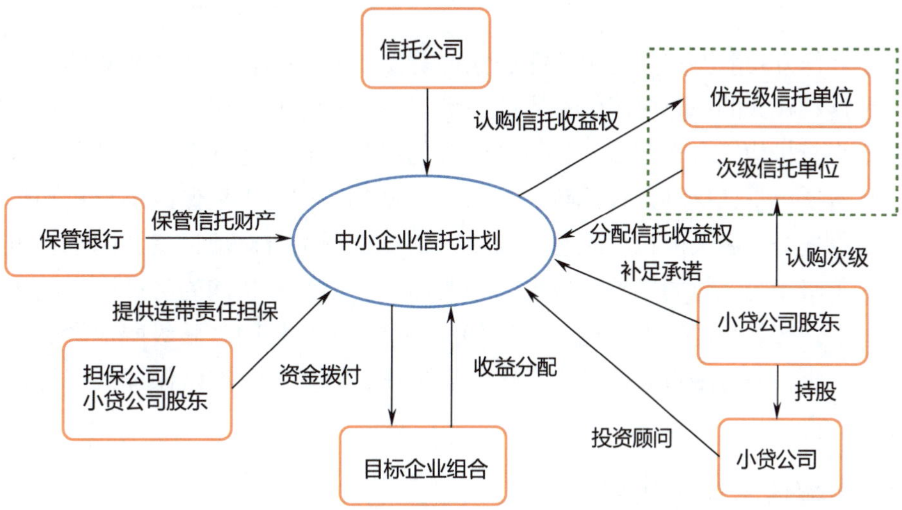

图6－14 "向日葵系列"中小企业发展基金信托产品交易结构图

以金谷信托·向日葵1号——广东佛山中小企业发展信托基金（计划）第4期为例，通过该信托基金投资顾问集成小额贷款公司及信达广东分公司的筛选与推荐，此信托产品为佛山市辖区内信用良好、资金用途合法明确、还款来源可靠的中小企业提供融资服务。

在结构化设计方面，次级受益人以其投入的不低于1:5比例的次级信托资金保障优先级受益人的预期投资收益。

在管理模式方面，选择集成小额贷款公司作为投资顾问，凭借其在佛山市地区丰富的客户资源及自身较强的风险控制能力，可将该信托计划推荐给生产经营情况正常、信用记录良好、负债情况良好且第一还款来源充足的中小企业。另外，通过配比放款方式，即受托人与集成小额贷款公司按约定比例9:1对融资客户进行放款，集成小额贷款公司可对借款企业的经营情况、财务情况进行后续跟踪，协助受托人对借款企业进行后续跟踪，以保证信托贷款的安全性。信达广东分公司将协助受托人对集成小额贷款公司推荐的融资备选企业进行筛选和审查，并协助受托人对信托贷款进行期间管理。针对单笔贷款担保，由广东集成融资担保有限公司提供连带责任担保。

此外，集成小额贷款公司还提供回购和补足承诺，承诺在本信托计划存续期间内，如出现任一笔信托贷款债务人逾期违约未能按时偿付贷款本息，则其或其指定的第三方以不良贷款本息合并价格收购该笔不良贷款资产，以保证信托计划受益人预期收益。如各期优先级信托期限届满时，信托利益不足以支付当期优先级受益人预期收益及信托资金的，集成金融集团承诺对本信托计划追加次级信托资金，直至当期优先级受益人预期收益及当期信托本金得以足额分配。

在这一模式下，小贷公司扮演者投资顾问和劣后级委托人的双重角色，不仅负责向信托计划推荐优质借款人、负责审核和贷后管理，还需提供回购和补足承诺。而每笔贷款的连带责任担保则由担保公司来提供。由此看来，金谷信托作为信托计划的发起人，借助小贷公司渠道寻找目标借款人并进行贷前贷后管理，只投入了很低的成本做小额贷款，风险却主要由小贷公司承担。因此，小贷公司是否能够满足目前的收益风险共担状态是该信托模式的潜在风险因素。

虽然上述合作方式能够充分利用信托公司的募资优势与担保或小贷机构的客户优势，形成资源互补，但是这种模式的成熟应用仍有待进一步观察。一方面，在实际业务操作中，部分信托公司引入担保或小贷机构等合作方后，会将融资方的筛选、管理等环节完全外包，只负责资金的募集和放款。从本质上看，这种方式偏向“半通道”结构，相当于担保或小贷机构借道信托平台募集资金，并以信托公司名义向自己的客户放款，信托公司本身对项目资源的掌控度并不高。另一方面，该模式下暗藏的风险同样不容忽视。一般而言，合作方认购的劣后资金的比例会高于行业平均4:1的水平，部分结构化比例甚至高至10:1，这种高杠杆的劣后级所提供的安全垫并不全然有效。这种情况下，一旦融资客户发生违约，信托资金的安全性难以保证，参与方之间的利益纠纷也很难厘清。

6.5.4　结构增信更加市场化

在增信措施上，除了由担保公司为中小企业提供担保这种普遍的做法外，采用结构化设计①为信托产品提供隐性增信正渐成潮流。正如我们在去年报告中提出的观点，虽然中小企业信托产品多由政府牵头，以财政资金充当劣后受益人来引导社会资本，但是无政府背景、更加市场化的中小企业信托产品将有更广阔的发展空间。

2013年，层出不穷的结构化中小企业集合信托产品中涌现出不少市场化行为（见表6－2）。如华澳信托发行的中小企业发展基金V号集合资金信托计划，由特定机构投资人中食聚信认购次级资金1350万元，保证特定优先和次级信托单位的规模比例不超过3:1；在华鑫信托的鑫汇1号中小企业发展集合资金信托计划中，京达恒盈不仅作为贷款投资管理公司，向该信托计划推荐备选中小企业，协助对借款企业的经营情况、财务情况进行后续跟踪，还作为次级投资人，保证信托计划存续期间，优先级与次级比例均不超过8:2，保障优先级受益人的收益。

① 结构化信托是指在信托计划的设计上采用多层级信托受益权的一种产品模式。不同层级受益权获得信托利益的权利不同，享有信托利益的顺序也有区别。在风险承担上，特定层级的受益人以其初始信托资金承担有限风险在先，而相应其他层级受益人承担相对较低的风险在后；在收益分配上，其他层级受益人优先于特定层级受益人。

表 6－2　　2013 年部分结构化中小企业集合信托产品一览

信托公司名称	信托产品名称	产品结构化特点
安徽国元信托有限公司	合肥市“滨湖春晓”——合肥市区中小企业贷款集合信托计划	一般委托人认购本信托计划规模的 75%，特定委托人认购本信托计划规模的 25%（其中合肥市财政认购 12.5%，瑶海区、新站区、经开区财政认购各自辖区范围内企业融资规模的 12.5%），不参与信托收益分配
	合肥市“滨湖春晓”——肥东县中小企业贷款集合信托计划	一般委托人认购本信托计划规模的 75%，特定委托人认购本信托计划规模的 25%（其中合肥市财政、肥东县财政各认购 12.5%），不参与信托收益分配
	合肥市“滨湖春晓”——肥西县中小企业贷款集合信托计划	一般委托人认购本信托计划规模的 75%，特定委托人认购本信托计划规模的 25%（其中合肥市财政、肥西县财政各认购 12.5%），不参与信托收益分配
	合肥市“滨湖春晓”——长丰县中小企业贷款集合信托计划	一般委托人认购本信托计划规模的 75%，特定委托人认购本信托计划规模的 25%（其中合肥市财政、长丰县财政各认购 12.5%），不参与信托收益分配
华澳国际信托有限公司	中小企业发展基金 V 号集合资金信托计划	优先和次级信托单位的规模比例不超过 3:1；优先级信托单位由合格投资人认购，次级信托单位由特定机构投资人（中食聚信）认购，次级信托利益的分配将劣后于优先级信托利益
华鑫国际信托有限公司	鑫汇 1 号中小企业发展集合资金信托计划	京达恒盈为次级投资人，保证本信托计划存续期间，优先级与次级比例均不超过 8:2。通过结构化设计，保障优先级受益人收益
建信信托有限公司	滨湖春晓中小企业贷款集合资金信托计划（2013 年第一期）	A 类受益权 6000 万元、B 类受益权 4000 万元。A 类受益权向合格投资人发行；B 类受益权由合肥市财政局和合肥市庐阳区财政局分别以现金 2000 万元认购，其信托本金的受偿顺序次于 A 类信托单位的受益人且不收取信托收益
中国金谷国际信托有限公司	向日葵 1 号——广东佛山中小企业发展信托基金（计划）第 4 期	通过分层设计，信托受益分配时次级受益人将劣后于优先级受益人，通过这样的增级设计，次级受益人以其投入的不低于 1:5 比例的次级信托资金保障优先级受益人的预期投资收益
	向日葵 6 号——石家庄金泰中小企业发展信托基金（计划）Ⅱ期	通过分层设计，信托计划成立后 12 个月内，优先级信托资金发行规模与次级信托资金的初始比例不超过 4:1，信托受益分配时次级受益人将劣后于优先级受益人，通过增级设计，次级受益人以其投入的次级信托资金保障优先级受益人的预期投资收益
	向日葵 9 号——中小企业发展信托（第 3 期）	优先级信托资金发行规模与次级信托资金的初始比例不超过 4:1，信托收益分配时次级受益人将劣后于优先级受益人，通过增级设计，次级受益人以其投入的次级信托资金保障优先级受益人的预期投资收益

资料来源：根据网站等媒体公开信息整理。

结构化的信托产品可以通过重构权利和风险，在风险较高的中小企业集合信托产品中剥离出风险收益相对适中的优先级部分，实现风险收益的再分配，满足不同风险偏好投资者的需求，扩大了产品的融资能力。更为重要的是，当劣后受益人是信托产品投资标的企业、关联方或母公司时，该受益人通常会愿意承担更多的风险，甚至完全放弃对等的收益回报，此时该受益人就发挥了隐性的增信作用，弱化了优先级投资者所承担风险。

结构化信托产品的多层级受益权设置在丰富信托种类的同时，鼓励了投资者购买风险较高的中小企业集合信托产品。这种隐性担保的设计，能够将社会投资者与专业投资机构的利益进行有效捆绑，为解决中小企业融资风险高提供了一个灵活可行的方案。

6.5.5 产品发行优势渐现

中小企业集合信托产品持续活跃，为缓解中小企业融资难问题再拓通道，并开始为越来越多的有融资需求的中小企业所接受。随着产品设计、业务流程、贷后管理等逐渐走向成熟，相较于其他中小企业债权融资工具，中小企业集合信托产品的市场特点使其在发行周期、企业资质要求和募资范围方面更具优势。

■发行流程更加便捷

虽然中小企业集合信托产品和债权融资工具的推出均需经过尽调、发审过会、备案等过程，但是由于债券的推出要求承销商、会计师事务所、第三方评级公司等市场中介机构的参与，而信托公司作为信托产品的唯一发行主体，无论在发行速度还是主动性上的掌控度更强。一般情况下，集合信托计划从融资方接触信托公司到资金放款大约需要2~3个月，而以市场化程度较高的中小企业私募债对比，整个发行过程也至少需要3~4个月的发行时间。

■监管更加宽松

中小企业集合债的行政审批制严重拖累了债券的发行效率，即使是近年来交易商协会主导的中小企业集合票据和交易所主导的中小企业私募债通过注册发行和报备制有所进步，但是脱胎于公募市场的债权融资工具无论是在报备材料、信息披露、融资主体资质要求等方面的规定均显著高于信托产品的监管要求。如中小企业私募债的备案时间为10天，且只有交易所出具备案通知书才可通过，而中小企业集合信托产品不属于银监会要求事前报告的信托类型，只需事后向监管报备业务数据即可。这种监管差异也促使很多资质不高、财务制度不健全、信息透明度不高的中小企业转向信托融资。

■募资效率更高

中小企业集合信托产品的募资效率会相对高于中小企业债权工具，一方面，债权工具主要面向机构投资者，个人投资者无法参与，信托产品在机构之外，通过结构化设计可以广泛地匹配合格个人投资者的需求；另一方面，由于承销商并不对债券的最终兑付负实质性责任，但是受制于刚性兑付，信托公司一般会对信托产品的兑付做隐性担保，所以，在采取同等担保、抵押等风险措施情况下，对投资者来说，认购中小企业集合信托产品的风险更低。

不过，在融资成本方面，中小企业集合信托产品的市场竞争力明显逊色于中小企业债权融资工具。2013年中小企业集合信托产品平均发行收益率达8.28%，企业实际承担融资利率或达10%。该利率水平明显高于中小企业债权融资工具①，也使信托融资对部分资质较高，具备在债市融资条件的中小企业缺乏吸引力。

---

① 2013年中小企业集合票据平均发行利率6.16%，中小企业集合债平均发行利率7.6%，中小企业私募债平均发行利率约9.23%。

6.5.6 未来发展任重道远

2013 年，信托公司通过发行信托产品直接支持中小企业融资力度继续，但中小企业集合信托产品的未来发展依然面临诸多问题。融资模式、期限结构单一，资金运用地区失衡，信托公司差异化定位不明确等问题都在一定程度上阻碍了信托公司对中小企业融资支持服务的进一步深化和推广。

■信托融资模式有待丰富

一直以来，作为商业银行信贷投放的补充渠道，信托公司的商业模式仍停留在获取信贷利差层面。从 2013 年公开披露情况来看，中小企业集合信托产品中贷款融资类信托仍占绝大多数，63 只披露信托类型的产品中有 58 只产品通过贷款方式为企业补充流动资金，占比达 92%。

这种单一的融资方式不利于信托公司对中小企业提供全方位支持，中小企业信托融资类型亟须丰富。从行业转型角度看，由融资类业务向投资类业务转变，深耕主动管理将是信托业的发展方向，这就意味着信托公司应摆脱惯性银行信贷模式的束缚，在贷款融资方式之外，综合运用多样化金融工具和交易结构，为企业量身定做融资方案，以满足企业深层次的融资需求。

■产品期限结构有待多元化

作为非标准化工具，信托产品严重缺乏市场流动性，短期化特征明显。从 2013 年公开披露情况来看，中小企业集合信托产品主要集中在 1 ~2 年之间，占比达 87.5%。虽然信托公司通过系列化滚动发行方式间接延长了企业实际用款时间，但是阶段性的回款和放款方式在增加企业资金来源不确定性的同时，也限制了信托公司在融资模式上的创新，难以开发期限较长的权益性投资工具。

期限结构的多元化有赖于产品设计的创新和行业市场机制的完善。在内部层面，信托公司可考虑借鉴结构化措施，在设计较长期限的信托产品时，析离出不同期限结构的多层次受益权类别，同时引入相应的开放期申购、赎回等机制，匹配不同期限的投融资需求；在外部层面，加强行业标准化建设，探索建立一个集中统一的信托产品二级流通市场，完善投资者的退出渠道，将是促进信托产品期限结构多元化的重要措施。

■资金投放地区有待平衡

目前中小企业集合信托产品投向地区分布不均衡，多数信托公司区域覆盖仍然有限，大部分信托资金集中在东部经济发达城市和中部省会城市，虽然部分西部城市已经陆续发行中小企业集合信托产品，但是同东部地区相比，不论是在信托产品数量还是在资金规模上还有很大差距。

未来，市场竞争加剧导致信托公司融资企业客户结构下沉的同时，企业融资区域也将出现由大型中心城市向外辐射的趋势。信托公司需要进一步提高其深度区域的项目资源获取能力，扩大融资企业地域覆盖范围，并选择性地向更多二三线城市延伸，更好地服务不同区域中小企业的融资需求。

■差异化服务体系有待明晰

2013 年，在系列化发行的中小企业集合信托产品中，部分信托公司的差异化建设已经初现端倪，并开始成立带有自身特色的产品品牌系列。但是，整体而言，在行业粗放式经营、受关系渠道驱动的大背景下，信托公司所提供的中小企业融资服务依然同质化严重，以短期流动资金贷款为主的运作模式使各信托公司之间的业务特色并不明显。

信托行业增长趋缓已不可避免，信托公司原先由高速增长的市场所能包容的同质化竞争模式也不可持续。依据公司自身的天然禀赋或在长期经营中形成的经验积淀，建立差异化的服务定位和价值主张，在细分市场上占取较大市场份额，将是信托公司发展的趋势之一。如对于集团系信托公司，有充裕且成本较低的资金来源，可以定位于低风险项目、资质较高的中小企业；对于银行系信托公司，可以借助银行项目、客户、渠道网络的优势，实现融资企业的风险掌控和贷后管理，进行多行业、多层次的业务布局；对于政府背景的信托公司，发挥财政资金引导作用，也是服务中小企业切实有效的发展路径；对于市场化程度较高的信托公司，与其他机构合作，整合不同金融工具和资源，也会对中小企业融资支持提供新的思路。

6.6 助攻中小金融机构　间接发力中小企业

作为市场上最为灵活的金融机构，信托公司具有整合性强和兼容性好的制度优势，能够以更加市场化的方式调动社会资本和金融工具，多方位匹配中小企业融资需求。但是，受制于不能设立异地分支机构，信托公司一直无法拥有人员、网点、数据、系统等方面的资源优势，这也使信托公司服务中小企业的人员支持有限、渠道能力较弱、末端经营成本较高，难以深度覆盖服务地域范围。

与信托公司相比，主要服务于中小企业的担保、小贷公司等中小金融机构或准金融机构在从事中小金融服务方面更具地区、信息等资源优势，金融服务覆盖效率也较高。但是，这些机构与大型金融机构相比，获得外部融资的能力相对有限，比如，小贷公司只能来自股东出资、社会捐赠以及不超过两个银行业金融机构融入的、不超过注册资本金50%的银行资金。

因此，对信托公司来说，助力中小金融机构、间接服务中小企业，可能是支持中小企业融资的一种更为现实的选择。从市场实践来看，信托公司在与中小金融机构的业务合作中主要有两种路径：一是直接为其融资，提高中小金融机构的资金实力；二是采取中小微贷款资产证券化方式，通过盘活金融机构的存量资金，为中小微金融服务提供增量资金。

此前因担心市场信贷风险传导至信托市场，银监会于2011年向各信托公司下发通知，禁止信托公司“与小额贷款公司、担保公司、典当行等机构进行业务合作”①。因此上述第一种合作路径已经很少为信托公司采用了。为规避该通知对信托公司直接融资小贷、担保等机构的严格限制，2013年信托市场上，部分信托公司开始借鉴资产证券化的产品操作模式，通过购买特定资产收益权的做法，以受让信贷资产、盘活存量的方式为担保或小贷公司的提供融资支持，间接为中小企业提供增量资金。

2013年1月，国元信托成立“枞阳县担保投资有限公司债权投资集合信托计划”，融资规模8000万元，期限2年，募集资金按照与债权1∶1.2433的比例购买该担保公司的应收账款，通过盘活担保机构存量资产的方式为枞阳县担保公司提供了资金支持。同月，国元信托又成立“宣城市振宣中小企业融资担保有限责任公司股权受益权集合信托计划”，融资规模1亿元，期限2年，将信托资金集合起来用于受让该担保公司的股权受益权，通过提高担保机构的担保能力，间接地支持中小企业发展。2013年10月，天津信托与融鑫小贷合作发行规模为1亿元的“特定资产［融鑫小贷特定资

① 该通知仅限制信托公司将信托资金直接用于为小额贷款公司、担保公司、典当行等机构融资，对于在信托产品设计中，引入上述机构担当财务顾问或劣后级受益人的业务合作模式，监管并未禁止。

产收益权转让（回购）项目］集合资金信托计划”，通过买入返售的方式受让融鑫小贷的存量信贷资产，使其能够腾出资金为更多的中小企业提供融资服务。2013 年 11 月，华澳信托与嘉华基金合作，通过设立中小企业投资发展基金 I 号集合资金信托计划，分四期将 4550 万元用于投资认购嘉华基金有限合伙份额，并由嘉华基金向符合条件的中小企业发放委托贷款。

专题 6－3　国元信托·宣城市振宣中小企业融资担保有限责任公司股权受益权集合信托计划

安徽国元信托有限责任公司近年来一直把建立支持中小企业发展的长效机制作为业务工作的重要内容，注重以基金、类基金等方式，大力发展服务中小企业的信托项目。截至目前，国元信托已连续滚动发行了包括“滨湖春晓”、“合肥市中小企业”和“光伏产业中小企业”等一系列信托计划，共计为 140 余家中小企业提供了融资服务，涵盖了汽车服务业、农业食品业、生产制造业、矿产开采和新能源开发等多个行业领域，为中小企业的发展发挥了积极作用。

国元信托通过一系列手段，积极开展中小企业信托业务。第一，由于财政专项资金额度、直接投放的范围和效果都比较有限，国元信托通过设计集合信托产品，将财政专项资金作为劣后受益人或特定受益人（不参与收益分配）认购一定份额，既发挥了财政专项资金的杠杆作用，又直接降低了企业的融资成本，并在一定程度上对优先投资者提供了安全保障，实现一举多得。第二，与政府控股或主导的担保公司合作，一方面由担保公司为中小企业类的信托产品提供担保，甚至参与备选企业的挑选、后期监管等工作，直接服务中小企业；另一方面信托公司通过发行信托计划为担保公司募集资金，提高其担保、放贷能力，间接支持中小企业发展。第三，开发股权投资、债权投资、受益权投资等多种贷款替代性产品，支持中小企业快速发展。第四，以产业园区为依托和重点对象，搜集有发展潜力的科技型中小企业信息，对重点企业开展实地调研，建立项目基础信息库，积极开展业务合作，包括发行集合计划对接和寻找相匹配的单一资金对接等。此外，国元信托还积极与地方企业、政府部门加强联系与合作。①

2010 年 12 月，国元信托发行的“宣城市振宣中小企业担保有限责任公司股权投资集合资金信托计划”，采用结构化设计，分别向宣州区财政局和普通社会投资者募集资金各 5000 万元，用于对宣城市振宣中小企业担保有限责任公司进行增资扩股。信托期满宣城市宣州区财政局将受让受托人持有的振宣担保的全部股权，宣城市宣州区国资公司提供担保。增资后，该担保公司在保余额由增资前的 2.51 亿元上升为 7.37 亿元，增长了 194%，切实增强了对中小企业的支持、扶持力度，效果十分显著。

2013 年 1 月国元信托成立“宣城市振宣中小企业融资担保有限责任公司股权受益权集合信托计划”，融资规模 1 亿元，期限 2 年，将信托资金集合起来用于受让宣城市宣州区国有资产运营有限公司（以下简称股权受益权转让方/回购方）持有的宣城市振宣中小企业融资担保有限责任公司（以下简称目标公司）10000 万元股权的股权受益权。信托计划期满，股权受益权回购方无条件溢价回购本信托计划项下的股权受益权并支付回购款，以使信托资金在承担较低风险的情况下获取较为稳定的收益，实现受益人利益的最大化。通过对该担保公司服务，间接地支持中小企业。

① 《国元信托：努力探索支持中小企业发展》，第一信托网，http://www.dyxtw.com/html/news/20120517130.html。

信托业的快速崛起受到社会太多的关注与质疑，名利陡至后，行业发展面临的诸多瓶颈与挑战也愈发突出，既有外部金融政策及市场环境变化带来的冲击和影响，也有信托业自身需要解决的发展战略和经营模式等问题。如何发力主动投资类信托业务、深耕核心资产管理能力、培育项目挖掘和风险控制能力，将是信托业寻找增长动力的重要突破方向之一。而纵览 2013 年信托市场对中小企业融资支持服务的发展，我们既看到了市场的创新与亮点，也认识到中小企业信托融资服务进一步深化和推广所存在的问题。虽然这些问题的解决并非一蹴而就，但是我们相信，金融自由化进程和泛资产格局的加速形成为信托行业的转型提供了良好的契机，未来信托融资企业结构重心下移以及融资区域由中心大型城市向外围辐射的趋势将进一步明晰。随着信托业务覆盖的广度和深度不断加强，信托公司在拓宽和深化中小企业的融资通道上也将迎来更广阔的发展空间。

7 融资租赁：持续升温

作为产融结合的最佳纽带之一，融资租赁延续2012年的良好态势，在过去一年中的表现依旧十分抢眼，保持着高速增长。随着融资租赁社会认知程度的逐渐提高，各类融资租赁公司纷纷发力拓展中小企业融资租赁服务，为中小企业更新设备、改造技术以及缓解资金压力等起到了重要作用。

7.1 行业规模迅速扩张

2013年，融资租赁行业的发展颇为曲折，"营改增"的不确定性一度使融资租赁在第三季度的发展处于停滞状态，但随着税收问题的解决，融资租赁重回高速发展轨道。截至2013年底，全国在册运营的各类融资租赁公司突破1000家，达到1026家，比年初的560家增加466家，增长83.2%（见图7-1）；行业注册资金突破3000亿元人民币大关，达到3060亿元人民币，比上年的1890亿元增加了61.9%（见图7-2）；全年融资租赁合同余额达2.1万亿元，同比增长35.5%。

7.1.1 机构数量和业务量快速增长

随着融资租赁业在经济转型过程中的积极作用凸显，受益于消费升级和自贸区建设红利，越来越多的机构和公司正在积极踏进融资租赁领域。截至2013年底，全国在册运营的各类融资租赁公司[①]从年初的560家增加到1026家，增长率高达83.2%，增幅与上年持平。其中，中国银监会监管在册的金融租赁公司23家，增加3家；商务部和国税总局联合批准设立的内资试点租赁公司123家，增加43家；外资租赁公司增加最多，从460家增加到880家，几近翻番。

① 不含单一项目融资租赁公司。

图7－1 三类融资租赁公司数量（2009—2013年）

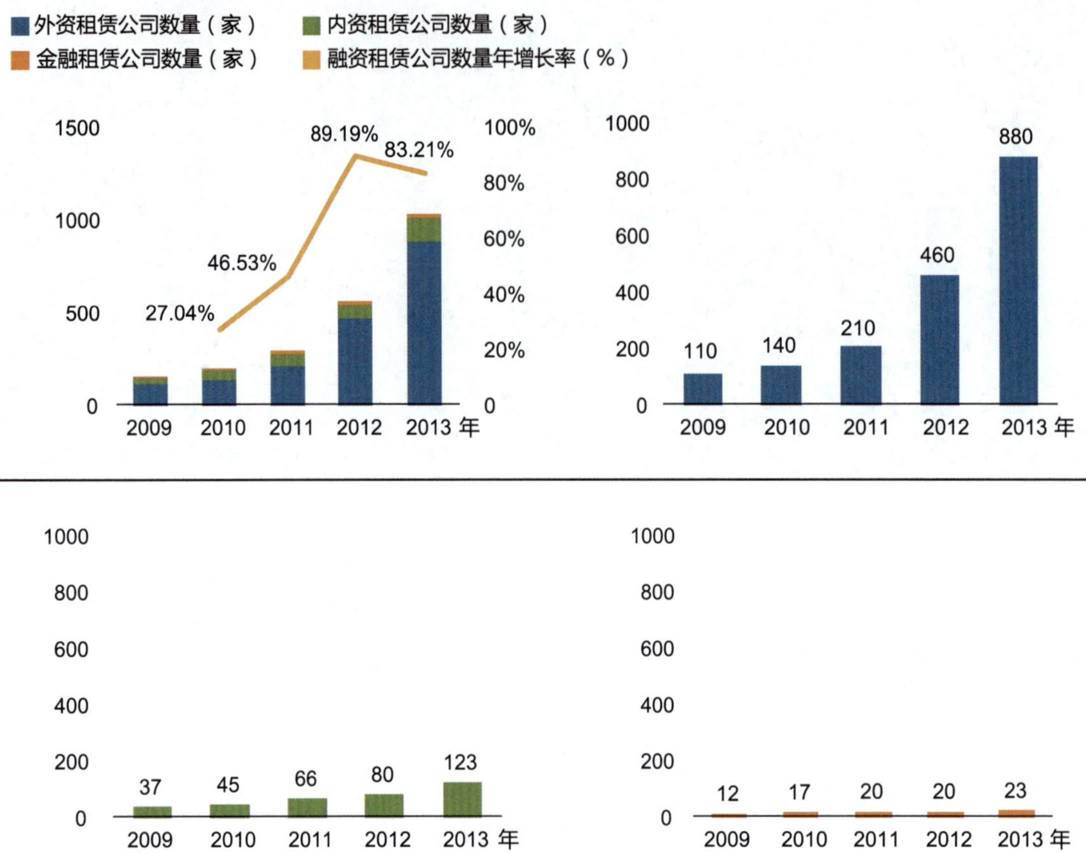

资料来源：①2011—2013年数据来源：各年度《中国融资租赁业发展报告》；中国融资租赁联盟，http://www.zgzllm.com。

②2010年数据来源：《中国银行业监督管理委员会2010年年报》；《2010年中国融资租赁年会在京召开》，中国外商投资企业协会租赁业工作委员会网站，2010－12－03。

③2009年数据来源：《中国银行业监督管理委员会2009年年报》；《2009年中国融资租赁年会在京召开》，恒信金融租赁有限公司网站，2009－12－09。

融资租赁行业的注册资金达到3060亿元，增幅为61.9%，显著高于上年39.18%的增幅。其中，外资租赁公司注册资金高达1740亿元，增速尤为显著，比上年增加92.48%，其注册资本总额已经远远超过金融租赁公司和内资租赁公司的注册资金之和（见图7－2），需要注意的是，外资租赁公司的迅猛增长与境外热钱涌入不乏关系。由于境外资金成本较低，而外商投资融资租赁公司具有外债额度相对较高的优势，根据规定，外资融资租赁公司对外借款时，根据租赁公司提供的上年度经审计的财务报表，公司上年末净资产的10倍减去风险资产总额的差额可以作为新的年度中公司可新借外债余额的最高限额，这一高杠杆吸引了不少机构借助融资租赁的合规业务获得境外资金①。

① 据《21世纪经济报道》披露，具体的操作流程是，境内银行向境外银行（或其他出资机构）出具保函，为境外银行给融资租赁公司贷款提供担保，然后境外银行向融资租赁公司发放贷款，最后融资租赁公司获得资金后通过售后回租的方式流向企业。而这些资金投向没有明确的限制，在实际操作中，有的用于购买理财产品，有的用来放贷流向房地产等领域。

图 7－2 三类融资租赁公司的注册资本（2011—2013 年）

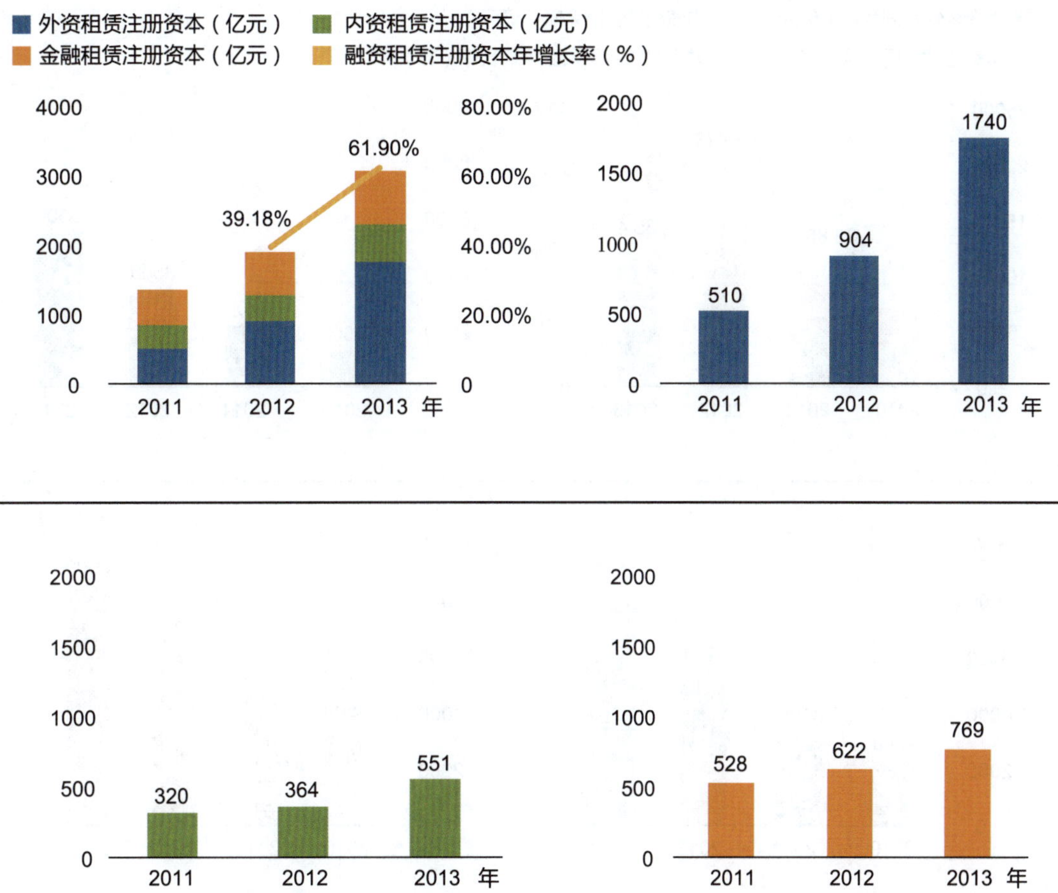

资料来源：各年度《中国融资租赁业发展报告》；中国融资租赁联盟，http://www.zgzllm.com。

融资租赁合同余额约为 2.1 万亿元，增幅为 35.48%，与 2012 年 66.67% 的增幅相比，出现了大幅下滑，这与行业注册资本和公司数量的高歌猛进形成了鲜明的对比。这与 2013 年“营改增”税收改革中，融资租赁售后回租业务税收政策调整造成这一目前主流业务税负大幅上升影响下半年业务增长有直接关系。观察三类公司合同余额的增长情况，我们会发现，外资租赁合同余额增长最快，增加了 57.1%，保持了上年的增速；金融租赁合同余额的增速次之，增加了 30.3%，内资租赁合同余额增长最慢，仅增加了 27.8%。除外资租赁公司之外，其他两类租赁公司的合同余额增幅均出现了不同程度的下滑（见图 7－3）。

截至 2013 年末，从我国融资租赁行业三类公司的结构来看，外资租赁公司的数量和注册资本最多，占比分别为 86% 和 57%，但这类公司的合同余额却最少，只占 26%。金融租赁公司仅占全部租赁公司数量的 2%，却提供了 41% 的合同余额。内资租赁公司居于二者之间，数量、注册资本和合同余额分别占 12%、18%、33%（见图 7－4）。

图7－3　三类融资租赁公司的租赁合同余额（2010—2013年）

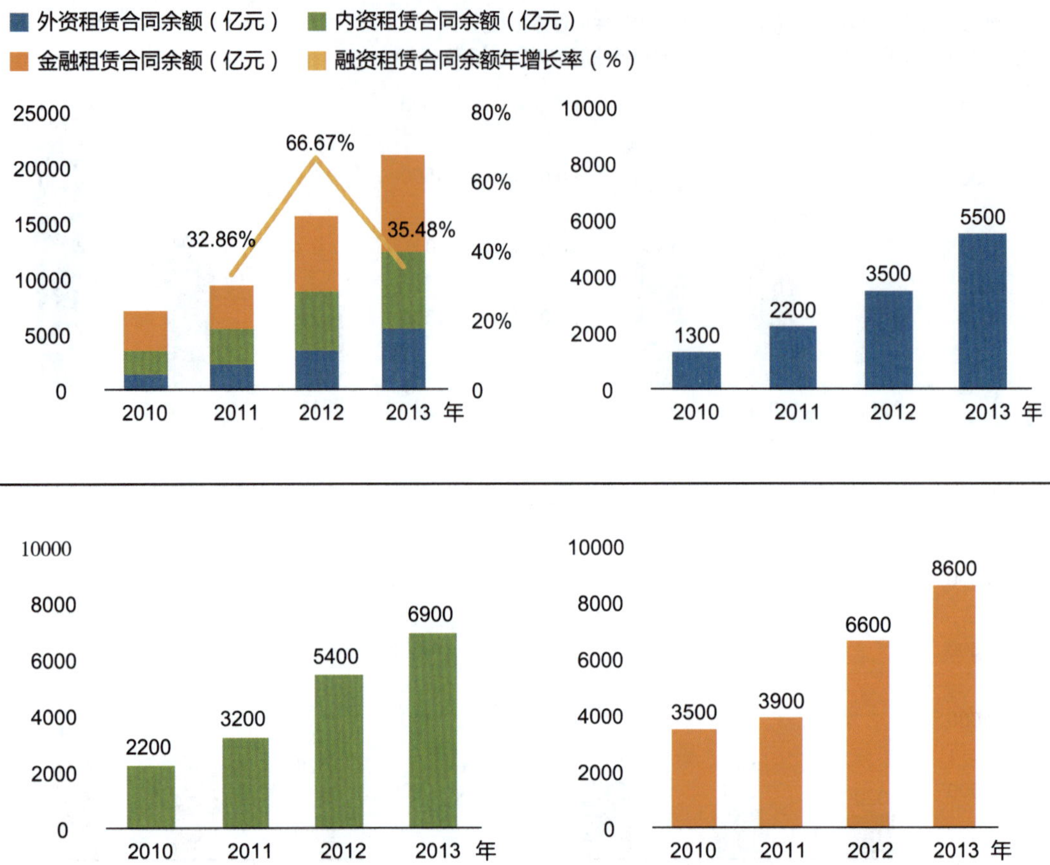

资料来源：①2011—2013年数据来源：各年度《中国融资租赁业发展报告》；中国融资租赁联盟，http://www.zgzllm.com。

②2010年数据来源：《2009中国融资租赁年会在北京顺利召开》，恒信金融租赁有限公司网站，2009－12－09。

图7－4　三类公司数量、注册资本、合同余额占比对比（2013年）

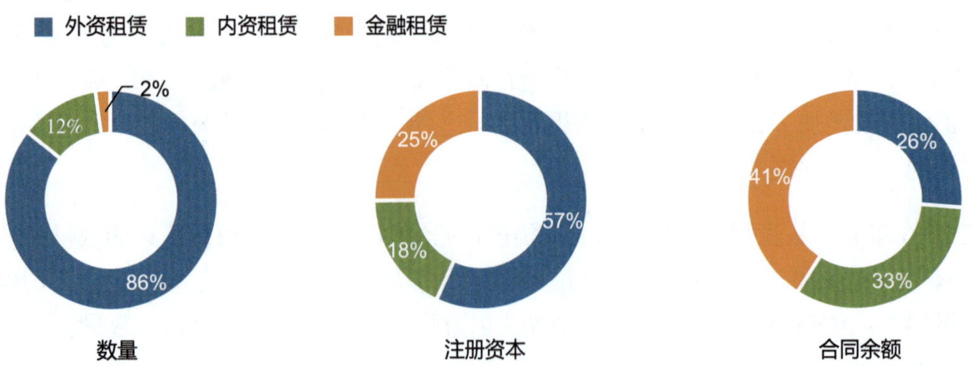

资料来源：《2013年度中国融资租赁业发展报告》；中国融资租赁联盟，http://www.zgzllm.com。

7.1.2 融资租赁政策利好不断

在我国经济转型过程中，融资租赁业的积极作用越来越受到重视，2013 年，国家和地方政府相继出台政策扶持融资租赁的发展。商务部先后发布了《关于加强和改善外商投资融资租赁公司审批与管理工作的通知》和《融资租赁企业监督管理办法》，进一步加强了对融资租赁活动的规范和引导。2013 年 12 月 13 日，财政部发布《关于将铁路运输和邮政业纳入营业税改征增值税试点的通知》（“106 号文”），月底又发布对“106 号文”的补充通知，两个通知均涉及融资租赁业，对融资租赁业务的表述、计税依据、扣除凭证等方面的规定趋于合理。2013 年 12 月 20 日，国务院办公厅发布了《国务院办公厅关于加快飞机租赁业发展的意见》（“108 号文”）。其中最引人关注的一条政策是，支持符合条件的飞机租赁企业拓宽融资渠道，通过发行金融债券、企业债券、短期融资债券、中期票据以及资产证券化等措施筹集资金，鼓励股权投资基金、创业投资基金和保险资金等各类资金进入飞机租赁业。

经过近两年的研究和调研，最高人民法院关于融资租赁合同的司法解释工作取得突破性进展。2014 年，最高人民法院《关于审理融资租赁合同纠纷案件适用法律问题的解释》正式发布，并于 3 月 1 日开始实施。该司法解释针对融资租赁经营实践和审判实务中反映突出、争议较多的法律问题作出了规定，重点解决了融资租赁合同的认定及效力、履行和租赁物的公示、解除、违约责任以及案件的诉讼当事人、诉讼时效等问题。

2013 年，上海自贸区的设立对于促进融资租赁行业的发展发挥了积极作用。自贸试验区总体方案中明确将区内注册的融资租赁企业或金融租赁公司在区内设立的项目子公司纳入融资租赁出口退税试点范围。同时，融资租赁公司在自贸试验区内设立的单机、单船子公司不设最低注册资本限制，并允许融资租赁公司兼营与主营业务相关的商业保理业务。截至 2013 年 12 月底，上海自贸区已经引进各类融资租赁母公司 57 家、项目子公司 241 个，租赁标的物涵盖民航客机、飞机发动机、远洋船舶、挖掘机、医疗器械等大型设备，租赁资产总值已超过 55 亿美元①。

与此同时，深圳前海在推动融资租赁产业发展方面频频发力。2014 年 1 月，深圳出台《关于推进前海湾保税港区开展融资租赁业务的试点意见》，从市场准入、海关政策、跨境融资等三个方面推进前海融资租赁业发展。目前，已有 70 多家融资租赁公司在前海注册。前海航空航运交易中心获准筹备，前海首家飞机融资租赁项目公司（SPV）也顺利完成工商注册登记手续，正式落户前海保税港区。

7.1.3 融资渠道多元化

融资租赁行业是一个高杠杆经营的行业，按照规定，商务部监管的租赁公司资产规模上限为净资产的 10 倍②，而银监会监管的金融租赁公司资本充足率不得低于 8%，即其资产规模上限为净资产的 12.5 倍。融资租赁公司对外部融资的依赖程度普遍较高，融资渠道对公司发展至关重要。近年来，各家融资租赁公司纷纷尝试开辟新的融资渠道，包括发行金融债、境外融资、资产证券化等方

① 《50 余家融资租赁公司已入驻上海自贸区资产总额超 55 亿美元》，载《上海证券报》，2014－01－20。

② 《融资租赁企业监督管理办法》（商流通发〔2013〕337 号）第二十二条规定。

式。华融金融租赁股份有限公司、交银金融租赁有限责任公司、江苏金融租赁有限公司与招银金融租赁有限公司自2010年以来曾先后分别成功发行了金融债。2013年6月26日，招银金融租赁有限公司第一期20亿元人民币金融债以公开招标方式成功发行，这是银行系金融租赁公司首只通过招标方式公开发行的非政策性金融债①。

上海自贸区和前海深港服务区设立后，引进跨境贷款作为降低融资租赁资金成本的渠道，普遍受到业界关注。2013年9月，国银金融租赁股份有限公司顺利完成一笔五年期境内美元银团贷款，总额1.3亿美元，开创了境内金融租赁公司五年期美元信用银团贷款的先河②。12月，国泰世华银行为中信富通融资租赁有限公司启动5亿元人民币（8240万美元）三年期境外定期贷款③。交银金融租赁有限责任公司通过自贸区子公司与交通银行新加坡分行签署了总计7亿元的跨境人民币境外借款融资合作协议，成为首家成功签约跨境人民币境外借款的非银行金融机构④。

租赁资产证券化在2013年成为融资租赁行业的关注焦点。作为有望降低融资成本、缓解融资压力的新“通道”，业内将其视为帮助融资租赁公司有效降低负债率和解决期限错配问题的良方。在券商资产证券化尚处试点期间，远东租赁就分别于2006年4月和2011年8月发行了两期租赁资产支持收益专项资产管理计划，分别募资4.86亿元和12.8亿元。2013年初，资产证券化业务转为券商常规业务，11月，“广发恒进1号”正式在深交所挂牌交易，规模5.33亿元，成为首只登陆深交所的融资租赁类集合资产管理计划。12月，由新疆广汇租赁公司作为项目发起人、中信建投股份公司担任计划管理人的“汇元一期专项资产管理计划”优先级A档资产支持证券在上海证券交易所挂牌，总规模达11.1354亿元⑤。

7.2 四类融资租赁公司各有千秋

目前，我国市场上主要有四类融资租赁公司：厂商系融资租赁公司、金融系融资租赁公司、产业系融资租赁公司和独立第三方融资租赁公司。厂商系融资租赁公司主要集中在工程机械行业，同时工程机械也是厂商系融资租赁公司中最早涉猎的行业。由于厂商系融资租赁公司经营模式的特殊性，以直租其母公司生产的设备为主要经营模式，尽管在客户群中存在售后回租的业务需求，但是真正承接并实现的很少。金融系融资租赁公司一般为银行等金融机构的全资或控股子公司，注册资本较为雄厚，能以较低的成本获得资金，以为银行客户的固定资产盘活以及其他新项目建设为重点，飞机、船舶、基础设施等大型资产是其主要的融资租赁业务，以售后回租为主。如工银租赁、国银租赁以及民生租赁都已经逐步形成规模化的飞机、船舶租赁的资产群。产业系融资租赁公司通常具有附属于大型企业集团，主要为集团内部企业购买设备提供融资租赁服务，服务于集团的发展需要。独立第三方融资租赁公司数量众多，但规模普遍偏小，特点是市场化程度高，经营灵活。

---

① 《招银金融租赁发行20亿金融债》，载《中国证券报》，2013-06-28。

② 《国银金融租赁公司完成1.3亿美元五年期境内美元银团贷款》，中国租赁资源网，2013-10-17。

③ 《中信富通融资租赁公司启动5亿元人民币三年期境外贷款案》，路透社，2013-12-12。

④ 《上海自贸区首单金融租赁跨境人民币借款完成》，载《金融时报》，2014-02-28。

⑤ 《资产证券化难成租赁融资主流四大“类贷款”模式渐成气候》，载《21世纪经济报道》，2014-01-22。

表 7－1 四类代表性融资租赁公司

厂商系融资租赁公司	中联重科融资租赁有限公司 同鑫融资租赁有限公司 中恒国际租赁有限公司 江苏徐工工程机械租赁有限公司
金融系融资租赁公司	工银金融租赁有限公司 招银金融租赁有限公司 民生金融租赁有限公司 国银金融租赁有限公司
产业系融资租赁公司	昆仑金融租赁有限责任公司 中航国际租赁有限公司 国泰租赁有限公司 天津渤海租赁有限公司
独立第三方融资租赁公司	远东国际租赁有限公司 恒信金融租赁有限公司 美联信金融租赁有限公司 江苏金融租赁有限公司

图 7－5 四类融资租赁公司的数量、注册资本和规模占比比较（2013 年）

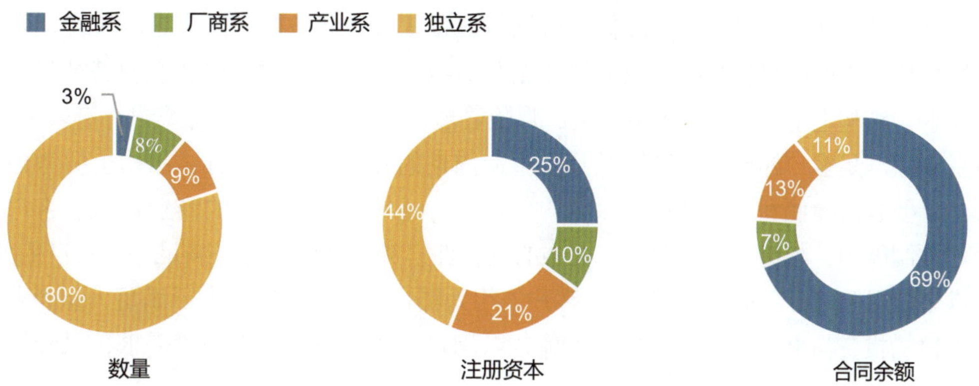

资料来源：《2013 中国融资租赁市场的发展现状、国际比较和前景展望》，博厚方略网站，2013－09－24。

四类融资租赁公司在资金来源、业务来源、业务类型、风险控制方面的特点比较参见表 7－2。

表 7－2 四类融资租赁公司特点比较

	资金来源	业务来源	业务类型	风险控制
厂商系	厂商优质的资产负债表和银行信用衍生出融资优势，厂商租赁业务优势带来融资优势	与其设备销售业务相伴而生，业务来源充足	以直租为主，占 9 成以上	熟悉行业及客户，依靠厂家进行再制造、二手设备销售等方式退出，风险控制能力较强
金融系	母行和关系银行带来资金来源优势，同时具备资本市场融资优势	与银行其他业务产生交叉销售机会，主要为银行客户固定资产盘活和新建工程项目提供服务	以售后回租为主，占 7 成以上	具有客户诚信系统，风险控制能力较强
产业系	通常具有国有资本背景，附属于大型企业集团，资金一般由母公司提供	主要为集团内部企业购买设备提供融资租赁服务	售后回租为主，占 8 成以上	对客户熟悉，风险控制能力较强
独立第三方	主要通过银团贷款或资本市场融资	对行业和客户的了解不如厂商系，但因为其独立性，重视市场研究，主动选择客户	直租相对较多，占 6 成，近年售后回租明显增加	业务选择的独立性使其在风险控制上具有优势

7.3　中小企业融资租赁持续升温

融资租赁是集融资与融物、贸易与技术更新于一体的新型金融产业，其融资与融物相结合的特点，对于缓解中小企业资金压力能够发挥积极的作用。融资租赁在发达国家已经成为设备投资仅次于银行信贷的第二大中小企业融资方式。虽然我国中小企业融资租赁的市场份额较低，但是随着经济社会的发展和有力的政策支持，特别是在利率市场化、金融脱媒等大趋势下，中小企业逐渐成为各金融机构的主力客户群，各路资金正在加速涌入融资租赁业，致使近年来我国的中小企业融资租赁服务呈现出持续增长的趋势。

7.3.1　中小企业融资租赁服务整体占比仍有限

按照资产相关度和融资复杂度的高低，可以将融资租赁的业务模式区分为四种类型：理财式租赁、服务性租赁、资产级租赁和结构型租赁（如图7-6所示）。理财式租赁主要特征是能够满足客户的资金需求，结构上主要考虑现金流匹配，风险管理依赖客户信用，与传统银行有较大的同质性；服务性租赁则以满足客户的设备资产以及其全生命周期的服务需求为目标，结构上要考虑整个产业链条，操作上要求快捷便利，风险管理除客户信用外，还依赖合作对象的商业模式、客户关系管理能力和管理控制能力，与传统银行业务有很强的互补性；资产级租赁可以满足特定资产的使用需求，风险管理以余值风险/资产管理能力为主，客户信用为辅；结构型租赁致力于满足大型企业对特定资产或相关项目的投资需求，经常要求单设主体，以满足企业税务、风险隔离需求，风险管理依赖资产和资金结构。

图7-6　融资租赁四种业务模式

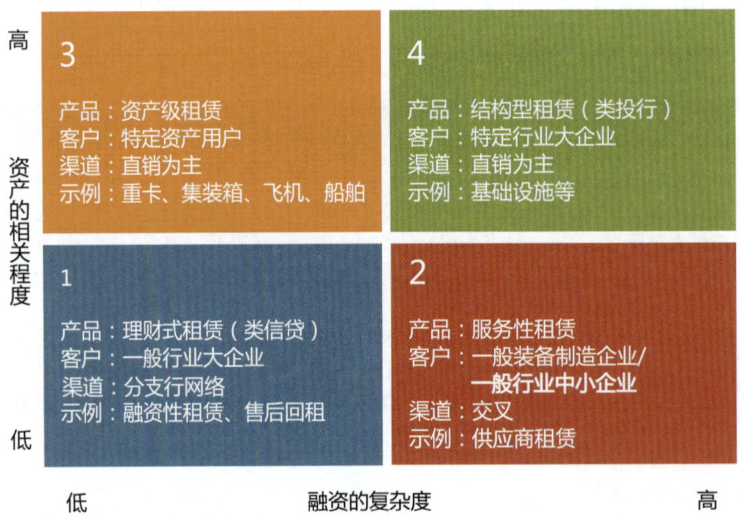

注：①资产相关程度：从资产的角度看风险管理和客户需求。

②融资的复杂度：产品/交易设计结构的复杂程度。

资料来源：《2013中国融资租赁市场的发展现状、国际比较和前景展望》，博厚方略官方网站，2013-09-24。

从客户群来看，服务性和资产级租赁的服务对象中包含了一般行业的中小企业和特定行业的中小企业，这两类业务模式的资产占比在25%左右，按此估算，以中小企业客户群为主要对象的融资租赁业务模式的资产占比不会高于25%，即使按占一半乐观估计，不过略高于10%。照此粗略推算，中小企业融资租赁合同余额约在2000亿元以内。

尽管在融资租赁行业整体规模扩张迅速的情况下，中小企业融资租赁的业务规模有限的局面并没有得到明显改善，实际情况依旧不容乐观。从国际经验来看，融资租赁业务仅次于银行信贷，已经成为中小企业融资的主要工具。在日本，中小企业业务占全部承租企业的60%；在美国这一比例达80%；在我国台湾地区更是高达85%以上①。显然，目前国内的中小企业融资租赁规模与这些发达国家和地区相比还有一定距离。

不同类型的融资租赁公司在业务模式上也有显著的差异，我们可以看到，厂商系的融资租赁公司全部都是服务型业务，也是中小企业融资租赁的主要提供方。此外，独立第三方融资租赁公司在中小企业融资租赁领域也有积极探索。尽管金融系融资租赁公司已经开始谨慎涉足中小企业融资租赁业务，但是由于其自身融资租赁业务的大资本和租赁资产固定化的特点的存在，对中小企业客户群的资源配置最低，仍不能成为中小企业融资租赁的主要渠道。

图7－7　四类融资租赁公司按业务模式的资产分布（2013年）

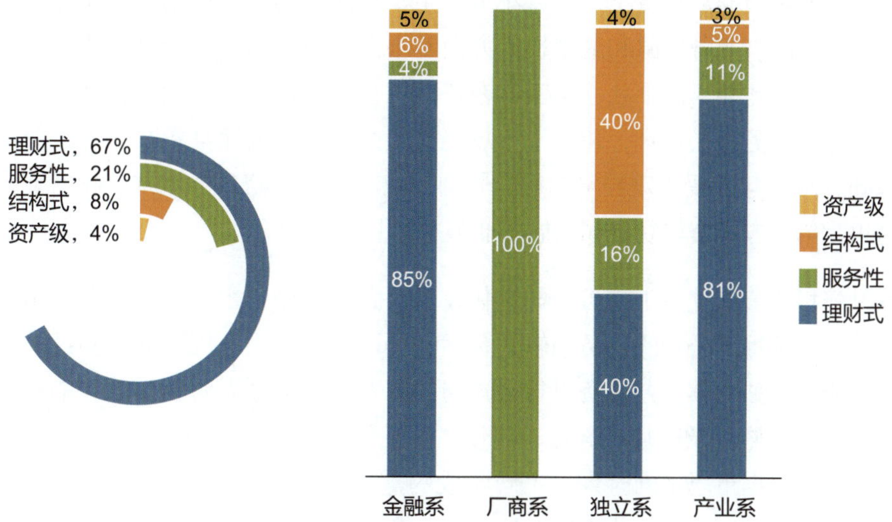

资料来源：《2013中国融资租赁市场的发展现状、国际比较和前景展望》，博厚方略官方网站，2013－09－24。

7.3.2　厂商系融资租赁公司专业服务有的放矢

厂商系融资租赁公司主要为设备制造商的子公司，按照母公司的意图，为提升销售业绩而向客户提供金融服务，通常母公司庞大的客户群即是融资租赁公司的主要服务对象，这其中大量是中小微企业以及个体经营的自然人。厂商系融资租赁的最大优点是其具有银行等金融机构所欠缺的专业

① 《中小企业融资租赁问题研究》，载《金融会计》，2013（5）。

知识，能够为承租人融资租赁提供增值服务。我国的厂商系融资租赁公司以工程机械类居多，且成立时间长于全行业平均成立时间①。

我国工程机械行业中开展融资租赁业务的公司以中联重科、三一重工、徐工集团、柳工股份等为代表。中联重科融资租赁公司作为一家有着厂商背景的租赁公司，不但在融资上大大节省了客户获得设备的时间和成本，而且其母公司——中联重科是一家专业的大型机械设备生产商，在客户选择设备时可以为其提供专业指导，帮助客户选择最符合其生产要求的设备。中联重科融资租赁公司还可以根据客户生产的时间特点，为客户量身定制还款计划，使之与预计的未来现金流相适应，在一定程度上起到了资产管理的作用。

柳工融资租赁公司则从用户实际需求出发，创新出了一种新的还租方式，在总还款额不变的前提下，施工企业可以将一年内的还款次数由 12 次降低为 8 次，这样可以错开停工期，仅在资金充足的 8 个月进行还款。这种还款方式改变了施工企业不得不为没有收入的 4 个月提前准备相应资金的情况，降低了企业的资金压力，增加了施工企业资金流通的次数，有利于施工企业施工的顺利进行，从而支持了中小企业的发展。

7.3.3 独立第三方融资租赁公司灵活服务见长

独立第三方融资租赁公司数量众多，但规模普遍偏小，90% 的公司资产规模小于 10 亿元。受资产规模所限，服务的客户群从数量上以中型小型为主。与前两类融资租赁公司相比，独立第三方融资租赁公司在资金来源、业务来源和退出机制方面都不占优势，但是它所具有的独立性使其能对市场进行更深入的研究。此外，由于独立第三方融资租赁公司普遍重视前端队伍建设，有清晰并明确到的授权机制，重视业务人员培训，建立了市场化的激励机制，因而具备在深入细分市场拓展中小企业客户的基础。2013 年，受宏观经济下行的影响，中小企业信贷风险增加，银行业金融机构放款趋于谨慎，这也为第三方融资租赁公司拓展了业务空间。

与厂商系融资租赁公司立足于为母公司销售设备，金融系融资租赁公司主要从事大型设备行业相比，独立第三方融资租赁公司的业务则较为灵活，可以在其能力范围内为众多经济主体提供更为全面的融资租赁服务。独立第三方融资租赁公司与厂商系和金融系融资租赁公司的租赁物区别也很大，主要集中在基础设施以及医疗、教育、建设、电子信息、工装、包装、交通、纺织等方面，比较全面，并且，可以根据市场不同时期、不同阶段的需求进一步确定自己的融资租赁业务，因此，独立第三方融资租赁公司在中小企业市场上具有较大优势。

作为独立系的“领头羊”，远东国际租赁有限公司（简称远东租赁）成立于 1991 年，现注册资本 10.12 亿美元，是远东宏信金融服务领域的核心企业。远东租赁在医疗、印刷、航运、建设、工业装备、教育等多个产业形成突出优势。2013 年，远东租赁持续专注于医疗、包装、教育、建设、交通、工业装备、房地产、电子信息等国民经济基础产业，扩大发展潜力大、安全性好、资质优良的目标客户群基础，优化面向各产业的布局。同时积极开拓产业链上下游新细分市场，如公交、水务等公用事业领域。例如，2013 年，远东租赁为近 1800 家医疗机构提供了包括资金服务、医用工

① 《2013 中国融资租赁市场的发展现状、国际比较和前景展望》，博厚方略官方网站，2013－09－24。

程、设备服务等在内的产业综合运营服务；帮助20余个中小型的城市污水处理企业、排水企业提供了7.8亿元的资金①，帮助完善城市污水收集系统，提升污水处理能力及标准。

同为独立第三方融资租赁公司的华融金融租赁股份有限公司成立二十多年以来，一直立足融资租赁主业，致力于支持实体经济，已在企业技改、公共交通、教育、工程机械、环保能源、医疗设备、船舶等领域为4500多家企业提供融资租赁服务。截至2013年10月底，华融金融租赁投放的中小企业项目达到181亿元，项目占比66.51%，而最小的投资项目仅21.88万元，其中，浙江占总投放的比例约40%②，为众多中小企业转型升级提供了多元化的金融服务。另一家老牌独立第三方融资租赁公司——江苏金融租赁有限公司，成立于1985年，专注于服务中小企业，2008—2012年江苏租赁中小企业新增项目共有2364个，占五年增加项目总数的95.94%；累计向中小企业投放213.63亿元，占五年投放总量的80%③。

7.3.4 金融系融资租赁公司稳步探索

随着中小企业对我国经济的贡献越来越大，以及中央和地方政府对中小企业的政策倾斜，金融系融资租赁公司意识到中小企业融资租赁服务未来将成为其利润来源中不可或缺的一部分，并逐渐开始与其他机构合作拓展这项业务。

2013年，在支持中小企业发展，服务实体经济的过程中，金融系融资租赁公司的作用不容小觑。如招银租赁率先在同业中开创了服务中小企业的“供应商租赁”业务板块，目前已经先后与近30家装备制造企业合作，包括南车集团、北车集团、沃尔沃机械、凯斯机械、宇通重工、宇通客车、厦门金龙等国内知名企业，设备品种涵盖铁路机车、工程机械、采矿机械、重卡及商务车等，累计投放中小微企业客户项目350亿元，占全部租赁业务的35%，累计服务中小微企业承租户超过万家，租赁物设备从以工程机械为主，逐步延伸扩展到重卡、采矿机械、铁路机车、乘用车等领域④。

与此同时，金融系融资租赁公司与其他机构合作共同服务中小企业的步伐也在不断推进中，如2013年，深圳国银金融租赁有限公司与海口担保公司合作开创了融资租赁担保首笔业务——中小微企业有设备租赁需求时，通过租赁公司、担保机构的评审后，可以融资租赁的方式获得所需要设备等固定资产的使用权。承租企业按照租赁合同的约定，按期支付租赁费，担保机构为承租企业提供履约担保。承租期满后，按照合同约定确定租赁设备的所有权。承租期内，如承租企业未按照租赁合同的约定按期支付租赁费，担保机构需按合同约定进行代偿。截至2013年底，其业务领域已涉及16个行业，为海南省上千家中小微企业提供了融资服务⑤。

总体而言，金融系融资租赁公司的重心依然放在航空、船舶、电力、矿产等大型设备行业，但是，面对悄然兴起的中小企业融资租赁市场，各家金融系融资租赁公司已经开始和厂商系融资租赁公司以及其他类型金融机构合作，发挥资金来源优势，共同拓展市场。

---

① 《远东宏信2013年度报告》。
② 《创新融资模式助力浙江中小企业“脱困”》，浙商网，2013-10-29。
③ 《熊先根：探索多元化交易模式专注中小企业融资租赁》，凤凰财经，2013-09-13。
④ 《支持中小微企业金融租赁大有作为》，载《金融时报》，2013-08-05。
⑤ 《“信贷+租赁”试水融资租赁担保模式》，上海市租赁行业协会网站，2014-04-08。

7.4 中小企业融资租赁阳光风雨同行

2013 年的融资租赁业在经历了诸多波折的同时取得了显著的进步，整个行业的规模呈现出明显地增长，但是中小企业融资租赁业务规模很有限，诸多的难题依旧不能被忽视。

7.4.1 中小企业融资租赁受经济增速放缓影响明显

融资租赁是一种资金回收期较长、融资租赁公司固定资产占比较高、风险集中度较高的融资模式。我国的融资租赁业兴起相对较晚，经验相对不足，与风险防范和风险控制的相关配套政策还不完善。这就使得融资租赁公司特别是针对中小企业业务发展方面面临阻碍与风险。

2013 年，宏观经济增速放缓，中小企业自身风险抵抗能力较差，因此更加容易受到宏观经济波动的影响。尤其是 2008 年全球金融危机以来，国内外经济形势复杂、生产经营环境恶化，这些因素都对中小企业的生存现状产生了一定程度的冲击，中小企业生产经营持续不景气，部分行业出现了中小企业倒闭以及生产经营规模缩小的情况。出于风险的考虑，金融机构向中小企业放款趋于谨慎，更倾向于向大型稳健且声誉和信贷记录良好的企业授信，这使得中小企业经营上更加雪上加霜。作为替代性融资，融资租赁固然能从商业银行惜贷中获取更多的商业机会，但同时也需要面临业务风险上升的挑战。2013 年融资租赁公司主要经营板块的不良资产规模扩大，融资租赁公司为避免过多的成本消耗以及控制金融、贸易等风险，在一定程度上收缩部分行业的经营规模。以远东宏信为例，胶印板块集中了大量的中小民营企业，这些企业风险抵抗能力较弱，受宏观经济影响较为明显，包装板块不良资产占总不良资产比例上升至 30.73%；建设板块子板块如基础、吊装、钢构受行业政策和市场环境影响明显，不良资产占 13.76%；机械板块中的工程机械、机床工具和通用零部件等子板块客户收入和利润下滑明显。与此同时，公司将更多属于这些板块的资产分类为次级类及可疑类资产，谨慎推进对这些板块的资金投放。

7.4.2 融资租赁基础设施与法律不健全

融资租赁业在我国发展相对不成熟，相关机制建设还不完善，融资租赁基础设施与相关法律存在明显的缺位现象。近年来，我国融资租赁呈现高速发展态势，但融资租赁登记制度的缺失，使得融资租赁权属关系难以得到有效保障，限制了租赁业的发展。根据最高人民法院提供的数据显示，租赁合同纠纷案件从 2007 年的 880 件上升到 2013 年 8563 件，其中 80% 的案件涉及因租赁物公示问题而造成租赁物权利归属纠纷。

首先，我国融资租赁基础设施不健全主要表现在融资租赁呈现高速发展态势的同时，融资租赁登记制度特别是融资租赁交易登记查询系统建设缓慢。基于此问题，我国已经建设两个融资租赁交易登记查询系统，一个是由中国人民银行批准建设的，由中国人民银行征信中心开发运行的融资租赁登记公示系统，于 2007 年 7 月 20 日上线运行，为租赁公司提供租赁登记服务；第二个是由商务部开发建设的融资租赁业务登记系统，于 2013 年 10 月开始运行，主要针非金融系的融资租赁公司。目前，中国人民银行征信中心的融资租赁登记系统承担了主要的租赁物登记查询功能。尽管此系统的登记查询已经成为租赁公司保障其租赁物物权的重要支撑，但实践中缺乏相应的法律规定以及相应司法解释的支持。

其次，我国融资租赁相关法律不健全主要表现在租赁物的权属登记在立法上存在缺位，同时在短期内出台《融资租赁法》的可能性较小。因此，以司法解释说明出租人对租赁物所有权的保护就成为了融资租赁行业发展的期待。2014 年 2 月 27 日最高人民法院出台了《关于审理融资租赁合同纠纷案件使用法律问题的解释》。主要对融资租赁经营实践和审判实务中反映突出、争议较多的法律问题作出了规定。特别强调了出租人授权承租人将租赁物抵押给出租人并在登记机关依法办理抵押权的登记效力，解决了融资租赁业债权债务关系。在有关融资租赁交易中租赁物的登记和公示问题缺乏明确法律规定的背景下，最高人民法院的融资租赁合同司法解释及中国人民银行发布的银发〔2014〕93 号文件①、天津市金融办等机构发布的津金融办〔2011〕87 号文件②为融资租赁交易中的租赁物权属登记问题作出了必要的探索。但要全面解决租赁物的登记和公示问题还须依赖于立法机关就此问题从法律上作出更为明确的规定。

尽管近两年来出台了许多关于融资租赁业务的政策，但是这不能从根本上解决融资租赁过程中存在的矛盾和问题。中小企业与租赁公司发生利益问题时也无法保障双方的合法权益，严重阻碍了融资租赁业务的发展。为进一步促进我国融资租赁业的发展，融资租赁相关法律法规的出台已经成为必然需求。明确融资租赁交易双方的权利和义务，使我国的融资租赁业真正的有法可依，用法律手段保护融资租赁业在健康规范的法律环境下发展，从而更好地为中小企业服务。

7.4.3 中小企业融资租赁前景展望

2014 年中国经济将继续转型的进程。融资租赁作为提高资金利用效率、调整资金和技术结构以及开辟利用外资、引进先进技术的新途径，已经成为国民经济运转中重要的一环。未来，随着中国经济的快速增长，城镇化、工业化的步伐将大力推进，传统行业将更新升级，新兴行业和装备制造业也将迎来快速发展；同时随着“医改”、“教改”的稳步落实，与此相关的固定资产和新增设备的投资需求将持续增长。伴随着国家相关政策的支持，我国的融资租赁行业将会在未来得到快速发展。主要集中在建设、交通、教育、医疗、工业装备以及电子信息等行业的中小企业作为中国经济发展的中坚力量，必将会对新设备呈现出规模更大、更换频率更高的需求。这就为中小企业融资租赁带来了更好的发展契机。

融资租赁行业整体规模发展很快，在天津滨海新区快速发展以及上海自贸区加速建设的背景下，外商投资融资租赁公司成为融资租赁行业中发展速度最快的分支。随着中国人民银行进一步推进利率市场化以及汇率制度改革、包括上海国际能源交易中心等一批面向国际交易平台的挂牌成立以及国内首个跨境贸易电子商务服务平台“跨境通”的上线运营③，外资租赁将会成为中小企业融资租赁新的主要供给力量。

为进一步拓展中小企业融资租赁市场，金融系融资租赁公司逐步与优质的设备供应商深度合作，

---

① 《中国人民银行关于使用融资租赁登记系统进行融资租赁交易查询的通知》。

② 《关于做好融资租赁登记和查询工作的通知》。

③ 《上海自贸区交出 2013 年成绩单九成新设外商项目实行备案管理》，新华网，2014 - 1 - 21。

进一步寻求中小企业融资租赁业务的突破口。厂商系融资租赁公司会在紧跟现阶段制造企业正在进行“转型”战略的背景下逐渐优化融资租赁业务质量并提升规模，同时接触海外市场向国际化转型。第三方融资租赁公司会根据新市场的发展需求积极开拓产业链上下游新细分市场，将中小企业融资租赁市场的覆盖范围进一步扩大。同时，第三方融资租赁公司一定要在保证业绩增长的同时努力建设并完善自身的核心竞争力，为提升自身在中小企业融资租赁行业中的市场占有率确立竞争优势。

未来中小企业融资租赁面临的主要机遇表现为行业内部发展潜力以及行业外部政策利好。融资租赁行业要根据中小企业的生产经营特点，设计出更加符合其发展的融资租赁形式。融资租赁行业的外部法律和政策环境正在逐渐趋于稳定化和完善化，例如 2014 年 2 月 27 日最高人民法院发布了《关于审理融资租赁合同纠纷案件适用法律问题的解释》，分别就融资租赁合同的认定及效力、融资租赁合同的履行和租赁物的公示、融资租赁合同的解除、违约责任以及融资租赁合同案件的诉讼当事人、诉讼时效等问题作出了规定①。可预见，在中小企业对融资租赁服务需求不断上升和融资租赁行业外部环境不断完善利好的背景下，融资租赁将成为中小企业更加重要的融资融物渠道，助力中小企业更快、更健康地发展。

① 《最高法发融资租赁合同司法解释规定诉讼时效等问题》，中国新闻网，2014－2－27。

8 小贷公司：增速放缓中发展分化

2013年，小额贷款行业规模继续扩大，各地区均有增长，不同地域发展差异出现减缓趋势。虽然在2013年全国经济增速放缓、传统金融机构不断下沉贷款客户重心的背景下，小贷公司的经营风险凸显，行业增长疲态初现，但是由于小微企业融资需求仍有很大空缺，加之互联网金融和各省市新出台的鼓励小贷发展政策的助推，小贷行业仍然具有强大的发展活力。各小贷主体中，公益小贷发展差异化，但均受资金来源限制的影响；外资小贷致力于信用贷款和微型贷款，别具特色；各大电商和上市公司继续进入小贷行业，抢占小贷市场。小贷公司的评级和接入央行征信系统工作正稳步推进，部分省市的小贷公司评级已有成效，小贷发展正逐步走向正轨。

8.1 小贷增长放缓　经营风险凸显

8.1.1 主要规模指标增速放缓

2013年，小贷公司发展迅速，机构数量、从业人员、实收资本、贷款余额继续保持了增长的态势，但相比2012年，主要规模指标的增幅均有所下降。

截至2013年末，全国共有小额贷款公司7839家，增幅28.93%，低于上年41.99%的增幅；从业人数95136人，比上年末增加24793人，同比增长35.25%，低于上年49.39%的增幅；贷款余额8191亿元，比上年末增加2270亿元，同比增长38.33%，低于上年51.26%的增幅；实收资本7133亿元，比上年末增加1986亿元，同比增长38.59%，低于上年55.09%的增幅（见图8-1）。

从上述数据可以看出，小贷公司已从前几年爆发式增长逐渐趋于平稳增长。

图 8－1 全国小贷公司主要指标变化（2008—2013 年）

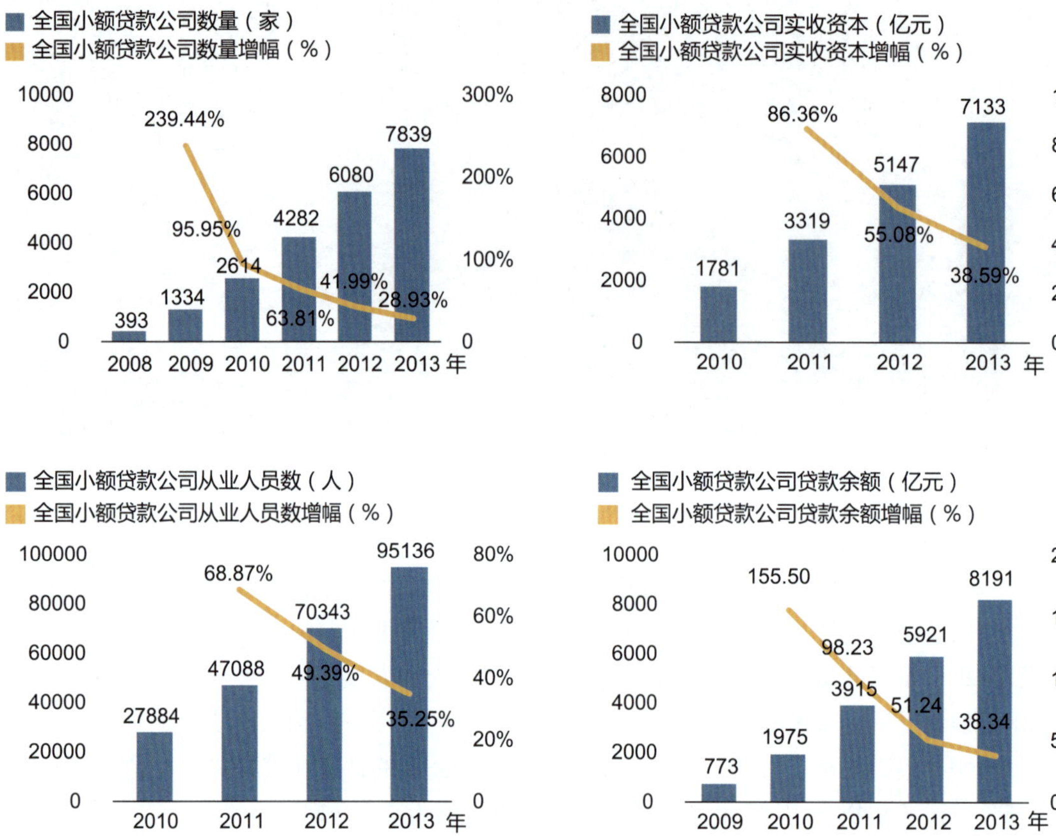

注：折线图摘取自中国人民银行《2013 小额贷款公司分地区情况调查表》、《2012 小额贷款公司分地区情况调查表》、《2011 年小额贷款公司分地区情况调查表》、《2010 年小额贷款公司分地区情况调查表》，并经计算得到。

资料来源：①各年度《小额贷款公司分地区情况调查表》，中国人民银行，2010—2013 年。

②2008、2009 年资料来源：《我国已有小额贷款公司逾 1300 家》，新华网，2010－03－25。

8.1.2 地区发展水平差异依然明显

从小贷公司地区分布来看，2013 年，除西藏自治区小贷公司数量只有个位数增长外，其他各省份、直辖市均有两位数甚至三位数的涨幅，各地区数据都有所突破，其中江苏和辽宁已经突破 500 家，内蒙古、安徽、合肥超过 400 家。此外，有 21 个地区小贷公司总数超过 200 家。

与 2012 年相比，2013 年小贷公司的地区分布比例大致相同，全国各地区分布依然呈现集中的状态，在仅江苏省、辽宁省、内蒙古自治区、安徽省、河北省和云南省 6 个地区就占据了将近全国总量的 40%。尽管排名前六名的地区与 2012 年没有变化，但在排名位次略有改变，辽宁省小贷公司的数量从第四位跃居第二位，而安徽省则从第二位滑落至第四位。

2013 年各地区小贷公司实收资本增长出现了较大的分化，有 14 个地区实收资本总量超过 200 亿元，高于 2012 年的 9 个地区，其中江苏、浙江蝉联前两名，江苏的实收资本量高达 894.82 亿元，远超其他地区，而在2012年位列第三名的内蒙古自治区在2013年整年只增长了15.06亿元，位次下降至第六名，广东则从第六名上升至第四名，山东、安徽更是被四川、重庆替代，跌出了前六位置。

2013年全国各地区小贷公司贷款余额发展更具差异化，江苏省位列榜首贷款余额已达1142.9亿元，浙江稳居第二，贷款余额达899.85亿元，与江苏仍有243.05亿元的差距，而位列队尾的西藏只有2.25亿元，发展仍然缓慢。从贷款余额排名前六位的地区来看，2012年排名第三的内蒙古自治区和排名第五的安徽省2013年均跌出前六位，取而代之的是四川省和广东省，原来排名第六位的重庆市2013年小贷余额增长明显，升至第四位。

此外，小贷公司贷款余额分布也比较集中，仅江苏、浙江、四川、重庆、广东、山东6个地区的贷款余额之和就将近全国总和的5成。

图8-2 小贷公司各项指标全国前六名（2013年）

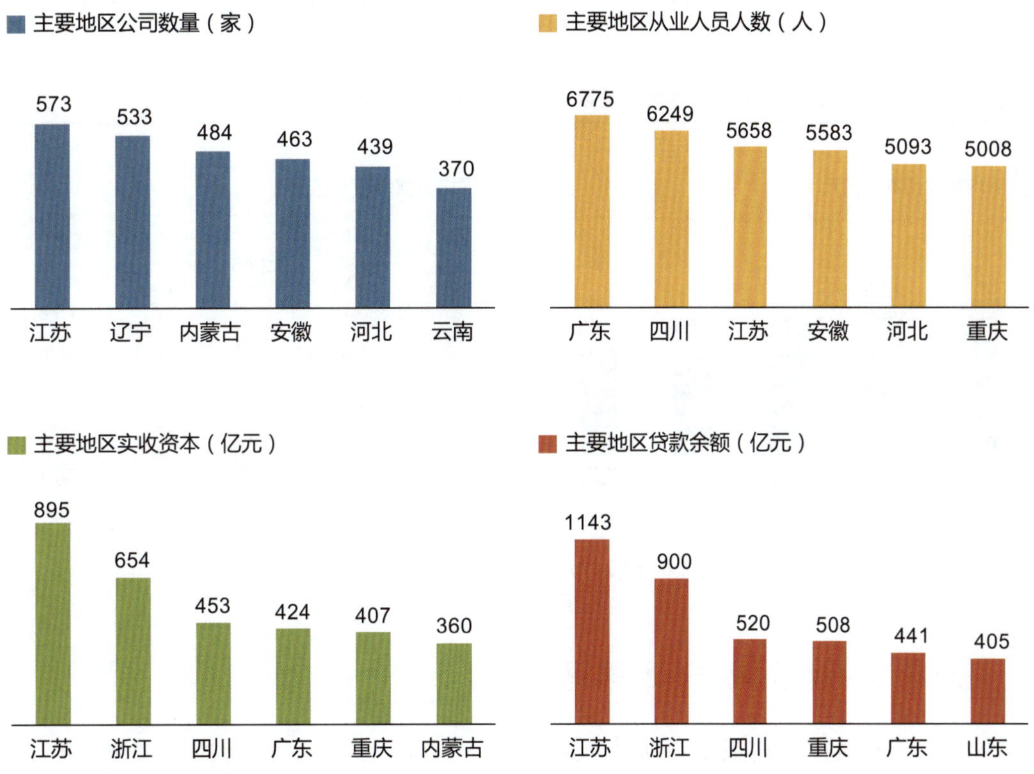

资料来源：《2013小额贷款公司分地区情况调查表》，中国人民银行，2014-01-26。

从小贷公司的经营规模来看，2013年，小贷公司平均从业人数为12人/家，与2012年比小幅增加，全国增幅4.89%，其中重庆、四川、广东、福建、河南位居前五，重庆和四川更是超过20人/家。平均实收资本和贷款余额分别为0.91亿元/家和1.04亿元/家，比之2012年增加了7.49%和7.29%，其中浙江、福建、重庆、江苏、四川在这两项位居前五。值得注意的是，浙江省和江苏省小贷公司平均贷款余额持续下降，分别从2012年的2.93亿元/家和2.14亿元/家下降至2013年的2.87亿元/家和1.99亿元/家（见图8-3，图8-4）。

图 8－3 小贷公司的经营规模及变化（2011—2013 年）

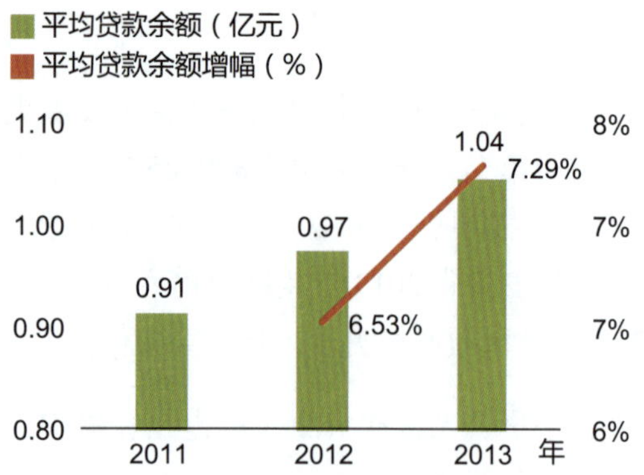

注：折线图摘取自中国人民银行《2013 小额贷款公司分地区情况调查表》、《2012 小额贷款公司分地区情况调查表》、《2011 年小额贷款公司分地区情况调查表》，并经计算得到。

资料来源：各年度《小贷贷款公司分地区情况调查表》，中国人民银行，2011—2013 年。

图 8－4 全国主要地区小贷公司的平均实收资本及平均贷款余额（2013 年）

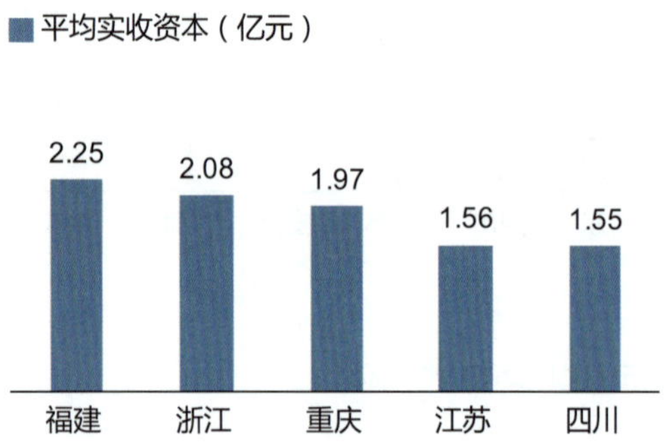

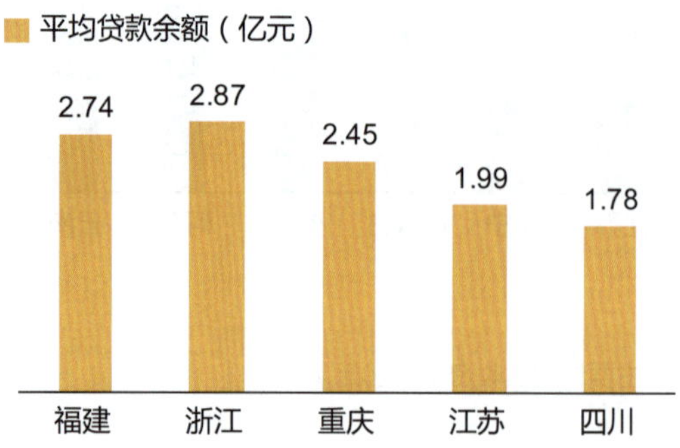

资料来源：《2013 小额贷款公司分地区情况调查表》，中国人民银行，2014－01－26。

8.1.3 地区发展不均衡现象有所缓解

虽然小贷公司发展在机构数量、从业人员人数、贷款余额、实收资本余额等指标上都存在着非常大的“贫富差异”。但与 2012 年的数据相比，小贷公司集中化的发展趋势已经有所缓解。2013 年，机构数量、从业人员人数、实收资本、贷款余额的全国前五省市总数与后五省市相比，比值分别为 10.65、10.77、13.76、17.08，低于 2012 年的 15.36、15.49、16.95、20.54，降低幅度达 30.65%、30.45%、18.83%、16.85%。由此可以看出，小贷公司地区发展差距有所减小。

表 8－1　　小贷公司全国前五省市与后五省市主要指标对比

2013 年	机构数量（家）		从业人员人数（人）		实收资本（亿元）		贷款余额（亿元）	
前五名省市①	江苏	573	广东	6775	江苏	894.82	江苏	1142.9
	辽宁	533	四川	6249	浙江	654.1	浙江	899.85
	内蒙古	484	江苏	5658	四川	452.81	四川	520.09
	安徽	463	安徽	5583	广东	423.79	重庆	508.1
	河北	439	河北	5093	重庆	407.25	广东	441.07
	合计	2492	合计	29358	合计	2832.77	合计	3512.01
后五名省市②	福建	95	上海	1069	贵州	74.39	贵州	71.62
	北京	64	北京	781	宁夏	65.47	宁夏	63.44
	青海	37	青海	437	海南	31.5	海南	34.66
	海南	32	海南	383	青海	29.06	青海	33.68
	西藏	6	西藏	55	西藏	5.4	西藏	2.25
	合计	234	合计	2725	合计	205.82	合计	205.65
③＝①/②	比值	10.65	比值	10.77	比值	13.76	比值	17.08
2012 年	**机构数量（家）**		**从业人员人数（人）**		**实收资本（亿元）**		**贷款余额（亿元）**	
前五名省市①	江苏	485	广东	6569	江苏	798.38	江苏	1036.62
	安徽	454	安徽	5409	浙江	518.83	浙江	731.6
	内蒙古	452	江苏	4614	内蒙古	345.4	内蒙古	356.18
	辽宁	434	内蒙古	4341	安徽	301.96	山东	331.38
	河北	325	辽宁	4116	山东	278.17	安徽	325
	合计	2150	合计	25049	合计	2242.74	合计	2780.78
后五名省市②	福建	58	上海	695	北京	49.95	甘肃	44.95
	北京	41	北京	458	宁夏	45.49	宁夏	43.52
	海南	21	海南	230	海南	21.9	海南	24.3
	青海	19	青海	225	青海	14.44	青海	21.98
	西藏	1	西藏	9	西藏	0.5	西藏	0.65
	合计	140	合计	1617	合计	132.28	合计	135.4
④＝①/②	比值	15.36	比值	15.49	比值	16.95	比值	20.54
（③－④）/④	降幅	30.65%	降幅	30.45%	降幅	18.82%	降幅	16.85%

资料来源：①2013 年资料来源：《2013 小额贷款公司分地区情况调查表》，中国人民银行，2014－01－26。

②2012 年资料来源：《2012 小额贷款公司分地区情况调查表》，中国人民银行，2013－02－01。

图 8－5 小贷公司全国前五省市与后五省市主要指标比值及变化（2012—2013 年）

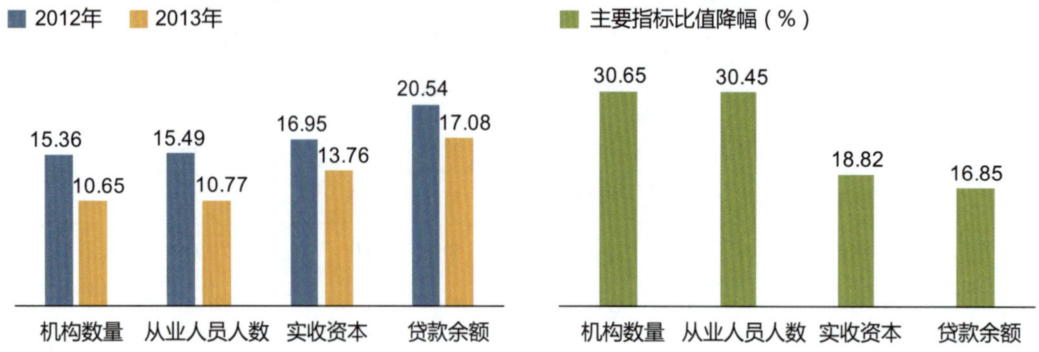

注：指标比值的算法参见表 8－1。

资料来源：①2013 年资料来源：《2013 小额贷款公司分地区情况调查表》，中国人民银行，2014－01－26。

②2012 年资料来源：《2012 小额贷款公司分地区情况调查表》，中国人民银行，2013－02－01。

8.1.4 小贷公司风险凸显

2013 年，部分小贷公司在发展中出现了信贷风险较大，甚至非法吸储，抽逃资本金的问题。据不完全统计，从 2013 年 1 月至 2014 年 1 月，全国已经有 72 家小贷公司退出市场，加上海南省有 3 家小贷公司被取消业务试点资格，共有 75 家小贷公司被勒令退出①。小贷退出的原因主要有三个，一是不达标被取消经营资格；二是融资困难，无款可放，主动退出；三是经营不善，被迫退出。

小贷公司出现经营问题既有内部因素也有外部因素的影响。内部因素主要是指小贷公司成立条件中对股东人数、单个股东最大出资比例和主发起人的限制。众所周知，设立小贷公司有对股东人数和单个股东最大出资比例的限制，然而在小贷高回报的诱惑下，为了满足成立条件，出现了凑股东凑资金盲目成立小贷公司的现象。由于缺乏对小贷经营的理解，再加之部分股东一心只为关联企业发放贷款，成立的小贷公司很多未能达到预期的收益，这引发了股东间的不满，最终导致小贷公司退出市场。

小贷公司主发起人的条件比较苛刻，主发起人一般得满足净资产 3000 万元以上，资产负债率不高于 60%，且权益性投资不得超过净资产 50% 的条件。为了规避监管，主发起人企业往往会将其关联企业、亲朋好友拉来做股东，使得小贷公司内部缺乏互相制约、互相监管，最终导致违规发生。

外部因素主要是指经营环境恶化、市场竞争加剧，利润空间缩小。我国 2013 年 GDP 同比增长 7.7%，连续 3 年放缓，实体经济增速放缓。伴随实体经济的疲态发展，小贷公司面临很大的冲击。据广东金融办统计，2013 年末除深圳外，广东小贷行业资本回报率仅为 4.1%，比 2012 年降低 1.44 个百分点。尤其是部分小贷公司贷大、贷多、贷长现象明显，在经济下行明显的背景下，信用风险凸现。

① 《中国小贷公司违规经营日子已走到尽头》，载《第一财经日报》，2014－04－29。

专题8－1 浙江首家解散小贷公司——广利恒小额贷款公司

成立于2009年最后一天的浙江省金华市广利恒小额贷款股份有限公司（以下简称广利恒），由于公司经营模式存在问题，股东间矛盾爆发，最终于2013年3月27日被法院判令解散。

广利恒2009年12月31日经工商核准登记成立，注册资本8000万元。股东包括：浙江恒辉铁塔制造有限公司、金华市威龙印刷物资有限公司、浙江新华建设有限公司、自然人楼晓红等。其中公司发起人为大股东邵福林，在该公司直接或间接持有30%的股份。

广利恒经营范围为：在金东区范围内办理各项小额贷款，办理小企业发展管理、财务等咨询业务（金融、证券、期货咨询除外）。

但事实上，广利恒从成立伊始，做的就不是真正意义上的小额贷款业务。广利恒的贷款模式基本是由公司股东按投资比例进行一定比例的担保，或股东间联保来对外发放贷款的。但更多的情况是被股东担保自己借出去了。在这种模式下，广利恒的放贷实际成了股东自己融资的平台，而对真正急需短期小额融资的中小企业而言，没有公司的股东担保，想从广利恒实现融资，基本是不可能的。

在这种模式下，隐藏的风险慢慢浮出水面。根据事后调查，原广利恒相关人士表示，只要一个股东担保出去的贷款收不回来，或这笔贷款出了问题，其他股东就会以此为要挟，拒绝把自己名下担保的贷款收回，否则会担心自己的投资血本无归。以"正鹏公司"、"新华公司"、自然人楼晓红为例，他们合计占公司股份30%，出资2400万元，但通过担保变相贷款资金4400万元，几乎贷走了注册资金8000万元的广利恒55%的资本金，而直到广利恒解散，仍拖欠本金和1000多万元利息。

在这种经营模式下，股东之间的矛盾越来越大，最终闹上法庭，被寄予厚望的广利恒就以这种荒诞的形式收场①。

8.1.5 小贷探索拓展资金新渠道

为了解决小贷公司发展中面临的资金不足困难，各地小贷公司坚持探索新的融资渠道，2013年又有新突破，为小贷公司提供了新的发展契机。

一是上市融资。2013年8月13日，位于江苏省吴江市的鲈乡农村小额贷款公司正式登陆纳斯达克，发行137万股普通股，融资890.5万美元，成为国内第一家在海外上市的小额贷款公司。通过上市，小贷公司能得到资本金的补充，也使得小贷公司通过定向增发、债转股等方式融资成为可能。

二是贷款证券化。2013年7月29日，阿里金融将基于阿里小额信贷业务所形成的资产池与东方证券旗下的东方证券资产管理有限公司联合推出东证资管—阿里巴巴专项资产管理计划，并于2013年9月18日将前两期产品东证资管—阿里巴巴01号和东证资管—阿里巴巴02号在深圳交易所正式挂牌上市。阿里小贷通过小额贷款资产的证券化，盘活了资产，使得小贷业务规模得以持续扩大。

以东证资管—阿里巴巴01号（以下简称阿里01）为例。阿里01共募集资金5亿元，并根据不

① 《浙江首家解散的小额贷款公司到底出了什么问题?》，载《今日早报》，2013－05－23。

同的风险特征划分为优先级资产支持证券、次优级资产支持证券和次级资产支持证券。优先级证券和次优级证券由机构投资者进行购买，次级证券由阿里巴巴方面购买。阿里 01 还加入了循环购买的元素，在到期之前，资产包里的多笔贷款有到期归还的，可以用归还的资金（包括利息）重新购买新的等额贷款的资产包。这保证了资产的稳定和安全，规避了资产证券化产品期限较长与小额贷款还款期限短所导致的期限错配风险，最大限度盘活了存量资金。

三是发行私募债。2013 年 7 月 19 日，瑞安华峰小贷发行私募债规模 2 亿元，年化资本成本 8.5%，期限 3 年。继温州发行私募债后，山东、重庆也相继发行了私募债，给其他省市小贷探索市场化的融资渠道提供了借鉴。

8.1.6 上市公司涉水小贷热情不减

继 2012 年上市公司的成立小贷公司浪潮后，据统计，从 2013 年全年，我国共有 48 家上市公司发起、增资、参股或拟设立小额贷款公司，其中 33 家上市公司参股成立了小贷，15 家上市公司对旗下小贷进行了增资。与 2012 年相比，新增的参与小贷的上市公司数量基本持平。小额贷款行业还是上市公司最为热衷的金融细分领域之一。

上市公司之所以热衷于小贷有很多原因。一方面小贷公司有不错的收益率，另一方面上市公司通过参与小贷能够更好地针对公司业务涉及的上下游公司和客户进行服务，从而更好地稳定供应链。此外，由于政府的政策扶持态度逐渐明朗，而且大多数涉足小贷领域的上市公司已经获得了不菲的利润，这更增强了上市公司参股小贷的热情。

根据上市公司发出的公告来看，2013 年长征电气（600112. SH）、现代投资（000900. SZ）、凯撒股份（002425. SZ）、粤传媒（002181. SZ）、亚太股份（002284. SZ）、国创高新（002377. SZ）、中炬高新（600872. SH）、沙钢股份（002075. SZ）等 33 家上市公司宣布发起成立小贷公司。

除发起成立小贷公司外，还有如康恩贝（600572. SH）、利欧股份（002131. SZ）、罗牛山（000735. SZ）、怡亚通（002183. SZ）、华仪电气（600290. SH）、宏磊铜业（002647. SZ）、世联行（002285. SZ）、金磊股份（002624. SZ）等上市公司增资控股小贷公司。

8.2 全国百家小贷公司抽样调查

为了深入了解小额贷款公司业务经营情况，课题组与中国小额信贷机构联席会共同合作开展了全国百家小贷公司抽样调查活动，对小贷公司贷款客户群、行业、额度、期限、担保方式、利率等方面的分布特点进行了数据采集与统计分析。

8.2.1 调查概况

■调查样本分布

本次调查按华北、华东、华中、华南、西南、西北、东北七个地区的小贷公司实际数量比例，提取了 100 家小贷公司样本。其中，华东、华南、西南比例较大，分别占比 29%、15%、18%。抽取的小贷公司中，有 51 家是中国小额信贷机构联席会评选出的百强小贷，数据具有一定的代表性。

图8－6 样本小贷公司地区分布

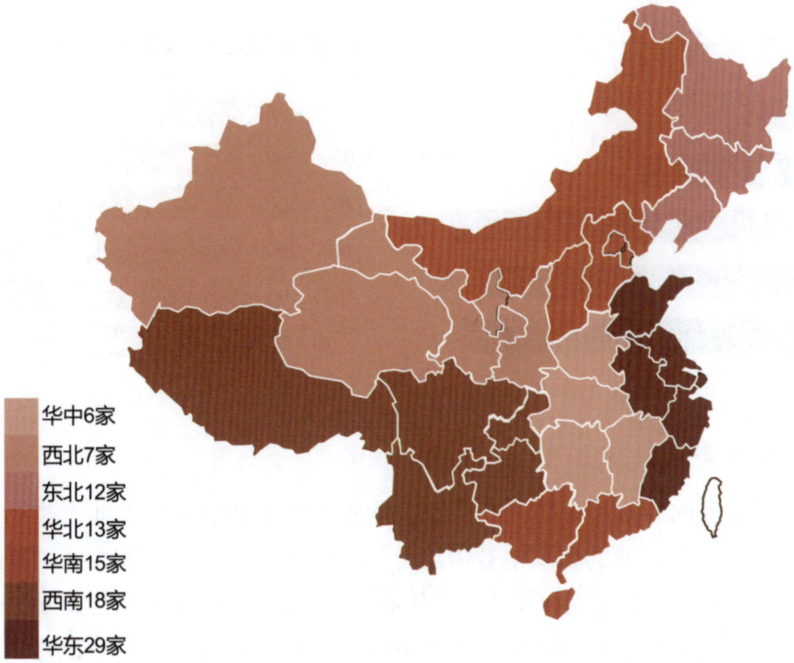

■数据采集说明

本次调查是基于100家样本小贷公司截至2013年9月底的数据，采集了各家小贷公司贷款余额及笔数，贷款对象、贷款行业、贷款额度、贷款期限、贷款担保方式、贷款利率共八个方面的数据。

8.2.2 百家样本小贷公司整体贷款特征

百家样本小贷公司贷款投向的行业集中在制造业、批发零售业和农林牧渔业三类行业，流向房地产等银行贷款受限行业的现象虽然存在，但并不普遍。七成贷款流向广义小微企业（包括小型企业、微型企业和个体工商户贷款以及小微企业主个人经营性贷款）。小贷公司倾向于发放一年期以内的、利率集中在10%～25%之间的万元级信用贷款与百万元级担保贷款。信用贷款的笔数占比超过半壁江山，但金额占比较低。不同额度的单笔贷款的笔数、金额呈正反金字塔分布，虽然从金额分布看，小贷公司的贷款额度还没有全面“小”下来，但笔数分布的特征显示，样本小贷公司已经有意识地拓展万元级别的小额贷款业务。

■高贷款余额、笔数的样本小贷占比不足1成

以样本小贷公司截至2013年9月底的贷款余额及（存量）笔数为统计基础，100家样本小贷公司贷款余额合计323.86亿元（平均3.24亿元/家），贷款笔数51715笔（平均517笔/家）。从分布上看，81%的样本小贷公司贷款余额主要集中在5亿元以下，仅有5家样本小贷公司贷款余额超过10亿元。65%的样本小贷公司贷款笔数未超过200笔，其中17家的贷款笔数在50笔以下，仅有7

家小贷公司贷款笔数超过1000笔①。

图8－7　样本小贷公司贷款分布

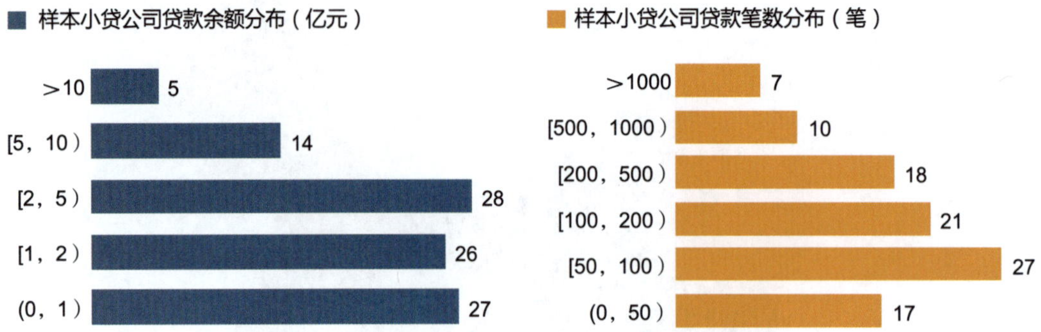

■三类行业备受青睐

样本小贷公司贷款投向的行业集中在制造业、批发零售业和农林牧渔业三类行业，而且笔数和金额的分布基本相近，三个行业的贷款笔数占比分别为16%、16%、14%，金额占比分别为20%、20%、19%。需要说明的是，在行业分布上，“其他”的笔数占比31%，但金额仅占13%，这其中大部分是个人消费性贷款。行业分布反映了样本小贷公司贷款流向房地产等银行贷款受限行业的现象虽然存在，但并不普遍。

图8－8　样本小贷各行业贷款占比

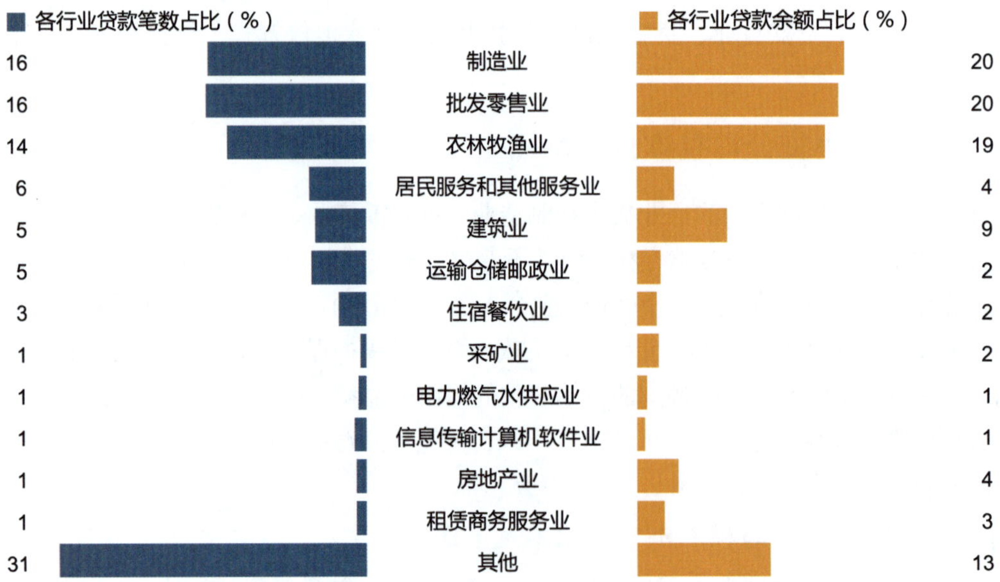

① 尽管占比不高，但这7家小贷公司中，有4家贷款笔数高达4000～10000笔，整体拉高了百家样本小贷公司贷款笔数平均水平。

从笔均贷款余额来看，百家样本小贷公司笔均贷款余额为63万元，其中，农林牧渔业、制造业和批发零售业笔均贷款余额虽然都高于整体，但均小于100万元。笔均大于100万元的行业主要分布在房地产业、采矿业和租赁商务服务业和建筑业，虽然这几类行业的贷款占比不高，但其较高的贷款额度直接拉高了小贷公司的整体笔均贷款水平。

图8－9　样本小贷各行业笔均贷款余额

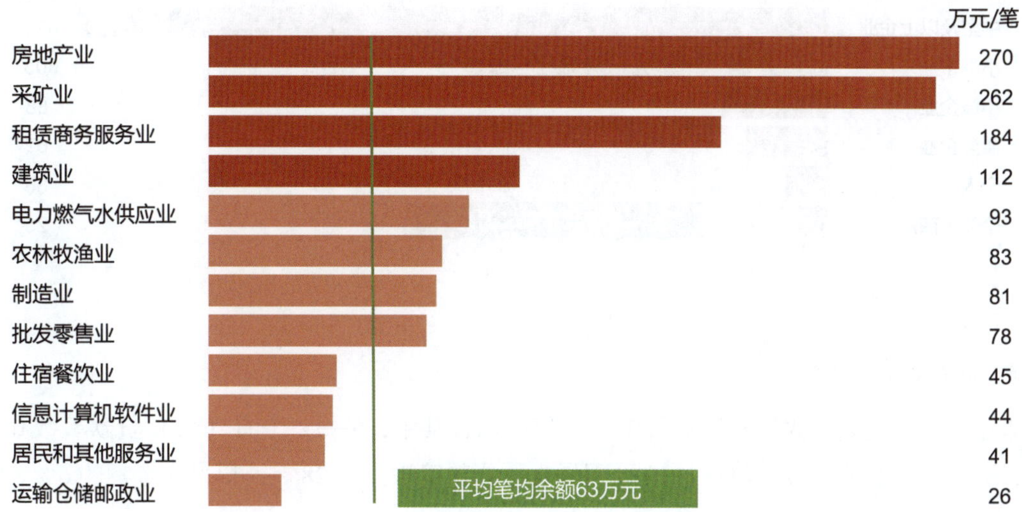

■小微企业贷款占七成

从贷款笔数来看，64%的贷款为个人贷款，34%为狭义的小微企业贷款（含小型企业、微型企业和个体工商户，不含小微企业主个人经营性贷款，下同）。从贷款金额来看，小微企业贷款占48%，几乎占到了小贷公司贷款余额的半壁江山，其次是个人贷款占36%（见图8－10）。

需要指出的是，小贷公司个人贷款包括个人消费性贷款和以小微企业主名义发放的个人经营性贷款。前述行业分布数据显示，由于“其他”类的贷款中还包含少部分其他行业的贷款，所以个人消费性贷款笔数和金额占比水平不会高于31%和13%，也就是说，保守估计，个人经营性贷款的笔数和金额占比水平分别是33%和23%，因此，样本小贷公司广义的小微企业贷款笔数和金额占比分别应该在67%和71%的水平。

图8－10　样本小贷各贷款对象贷款占比

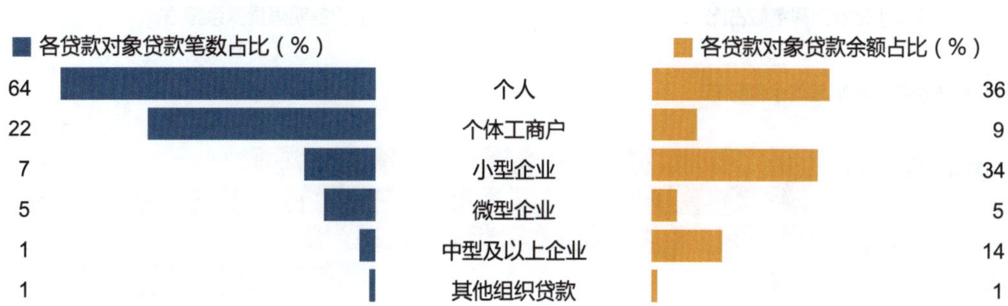

从笔均贷款余额来看，个人笔均贷款余额36万元，狭义的小微企业笔均贷款88万元。其中，个体工商户笔均贷款25万元，微型企业笔均贷款67万元，小型企业笔均贷款303万元。中型及以上企业笔均贷款高达611万元，抬高了小贷公司整体的笔均贷款水平。

图8－11　样本小贷各贷款对象笔均贷款余额

■短期贷款是主流

样本小贷公司绝大多数贷款期限集中在1年以内，其中，6—12个月（含）贷款笔数和金额占比最大，分别占总数的40%、46%。12个月以上的贷款笔数虽占28%，却只占金额的6%，呈现出相对小额化的特征。

在笔均贷款余额方面，3—6个月（含）贷款笔均104万元，其他期限的笔均贷款都小于100万元，12个月以上的贷款笔均余额仅为13万元。

图8－12　样本小贷各期限贷款特征

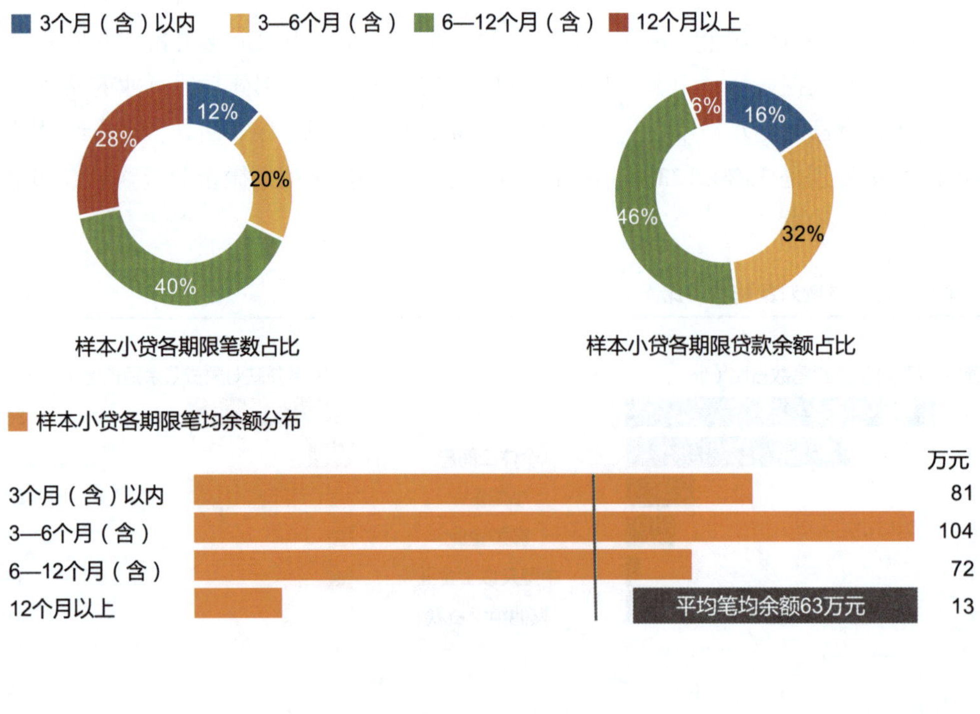

■单笔贷款额度的笔数和金额分布呈正反金字塔状

样本小贷公司单笔贷款额度在笔数和金额上出现了完全相反的分布结构。单笔10万元（含）以下的贷款笔数占比高达59%，却仅占金额的2%；而单笔100万以上贷款笔数仅占12%，在金额中的占比高达74%。虽然从金额分布看，小贷公司的贷款额度还没有全面“小”下来，但笔数分布的特征显示，样本小贷公司已经有意识地拓展万元级别的小额贷款业务，尤其是单笔5万元（含）以下的贷款笔数占总数的47%，已经接近一半。

图8－13　样本小贷单笔贷款额度的笔数和金额分布

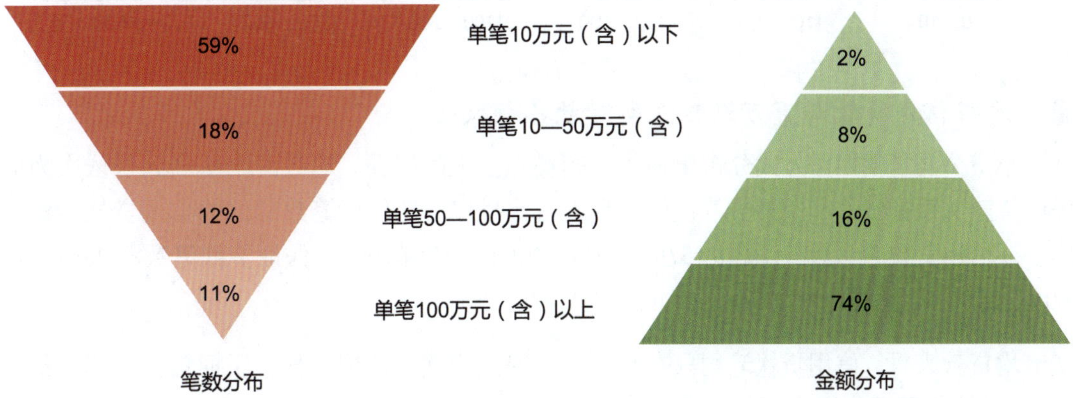

当我们进一步观察各家样本小贷公司不同额度单笔贷款占比的数据，会发现拓展万元级别小额贷款业务的小贷公司依然还是少数，单笔10万元（含）以下贷款笔数占比超过50%的小贷公司仅有6家。当我们将单笔贷款额度放大至50万元，占比超过50%的小贷公司也不过33家。

图8－14　单笔10万元（含）和50万元（含）以下笔数占比区间的小贷公司数量分布

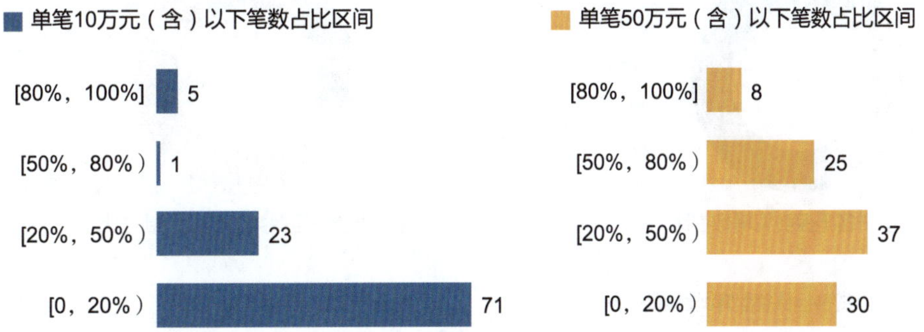

注：左图条形图中数字“5”表示单笔10万元（含）以下的贷款笔数占比在〔80%，100%〕区间的小贷公司数量为5家，其他数据含义以此类推。

从样本小贷公司笔均贷款余额的分布也可以清晰地看到，大部分的小贷公司笔均贷款集中在50万～200万元之间，甚至还有7家小贷公司的笔均贷款超过500万元，而笔均贷款在10万元以下的小贷公司仅有5家。

图 8－15　笔均贷款余额区间的小贷公司数量分布

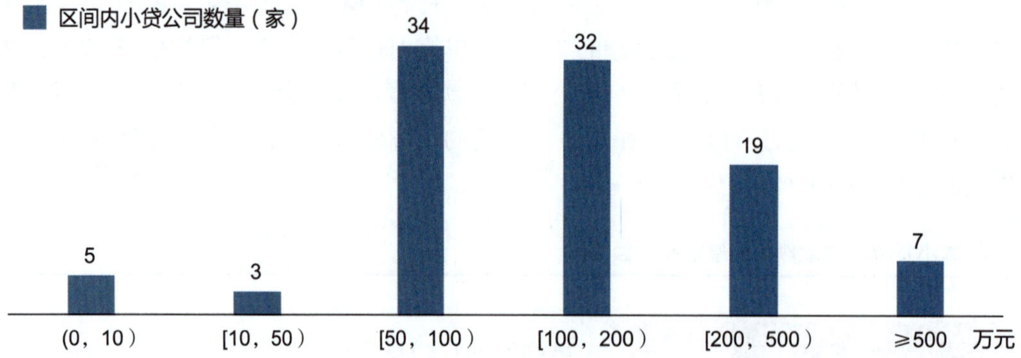

■万元级信用贷款与百万级担保类贷款各领风骚

样本小贷公司贷款担保方式分布出现了个别类型独大的局面。笔数占比从高到低依次为信用贷款、保证贷款、抵押贷款和质押贷款；而在金额占比排序中，位居笔数首位的信用贷款金额却成了倒数第一。信用贷款的笔数占比高达 57%，但金额占比却仅有 9%；保证贷款笔数占 28%，金额却占了 60%，其中，多户联保贷款仅占保证贷款金额的 7%。

从笔均贷款来看，信用贷款笔均只有 9 万元，保证贷款、抵押贷款、质押贷款的笔均都超过了 100 万元。这也解释了信用贷款在笔数占比和余额占比排序上的显著差异，反映出样本小贷公司倾向于对发放 10 万元以下的信用贷款和额度在百万元级别的较大额的担保类贷款。

图 8－16　各担保类型贷款特征

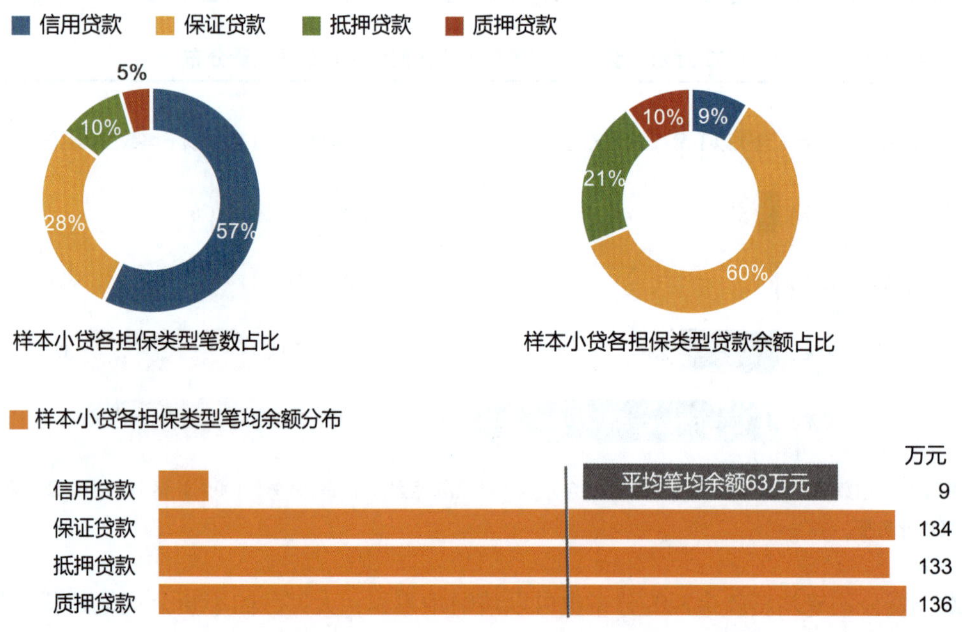

从各家小贷公司信用贷款占比情况来看，77% 的小贷公司的信用贷款余额占比低于 20%，仅有 13% 的小贷公司信用贷款金额占比超过 50%。信用贷款笔数占比区间的公司数量分布也呈现类似的

特征，75%的小贷公司信用贷款笔数占比低于20%，仅有14%的小贷公司信用贷款笔数占比超过50%。

图8－17　信用贷款占比区间的公司数量分布

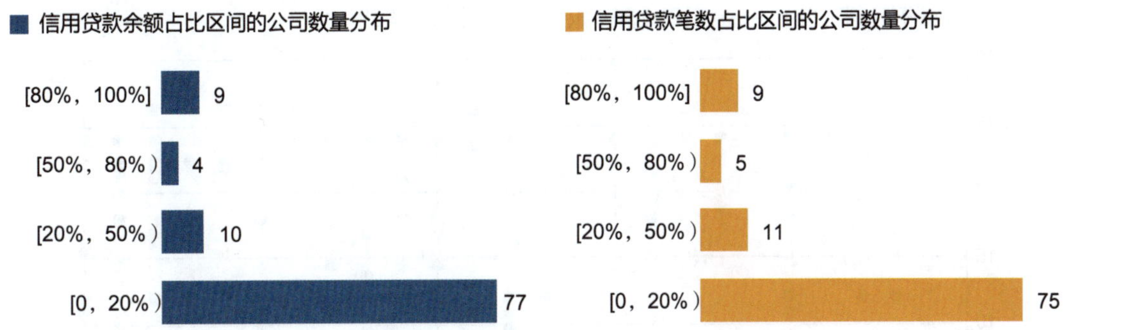

■贷款利率集中在10%～25%之间

样本小贷公司绝大部分贷款利率在10%～25%（含）之间。其中，年利率介于10%～15%（含）的贷款笔数、金额占比分别为43%、29%，年利率介于20%～25%（含）的贷款笔数、金额占比分别为36%、32%，而年利率介于15%～20%（含）的贷款笔数占比15%，金额却占了33%。

不同利率区间的贷款笔均金额有显著的差异，年利率低于10%（含）的贷款、年利率介于20%～25%（含）的贷款笔均金额大于100万元，年利率高于25%的贷款笔均金额只有4万元。

图8－18　样本小贷各利率区间贷款特征

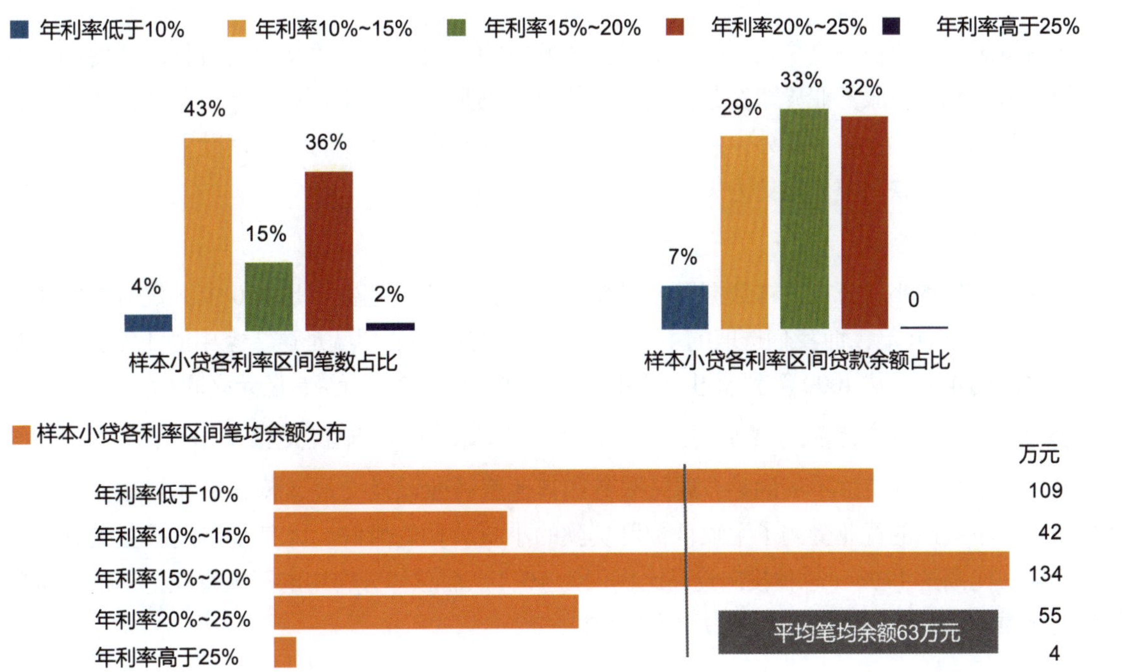

从各家样本小贷公司贷款的最高年利率、最低年利率和年平均利率的分布来看，除了最高年利率相对集中之外，最低年利率和年平均利率的分布没有明显的规律。

图8－19 各省份样本小贷公司最高年利率、最低年利率和年平均利率的分布

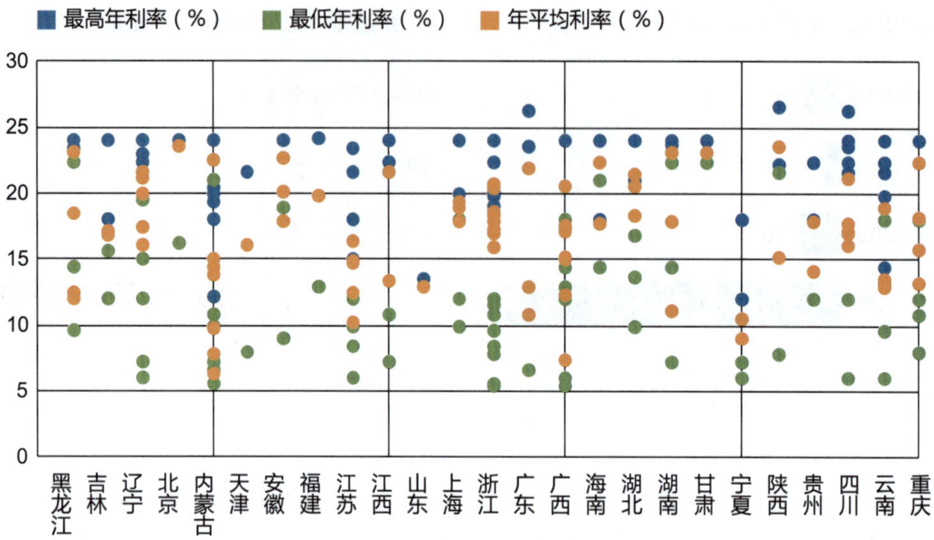

8.2.3 主攻低额度贷款的小贷公司贷款特征

为了更清楚地呈现以低额度小微贷款为主的小贷公司的特征，我们从100家样本小贷公司中，选择同时满足笔均贷款不超过10万元和贷款笔数大于200笔两个条件的小贷公司作为进一步分析的对象，共得到4家样本。

调查发现，主攻低额度贷款的样本小贷公司发放的贷款绝大多数是信用贷款。主要的贷款行业中，居民服务和其他服务业异军突起。主要贷款对象仍是广义小微企业，但与总体样本相比，个人消费性贷款比重大幅上升。此外，主攻低额度贷款的样本小贷公司的一年期以上和一年期以下贷款占比平分秋色，贷款利率分布更为集中。

■贷款笔数抢眼

前述百家样本小贷公司分布数据显示65%的小贷公司贷款笔数不足200笔，仅有7家小贷公司贷款笔数超过1000笔，而我们选取的主攻低额度贷款的小贷公司就是这7家中的4家，而且也是贷款笔数最高的4家，从4000笔到超过万笔不等；贷款余额在2亿元~5亿元之间。

■居民服务和其他服务业比重大幅上升，个人消费性贷款大幅上升

与百家小贷总体贷款不同的是，居民服务和其他服务业以及交通运输仓储和邮政业这两类在总体分布中并不突出的行业受到了主攻低额度贷款的小贷公司的青睐，尤其是居民服务和其他服务业贷款金额占比高达17%（总体投向这一比例仅为4%），而总体分布中的三大行业之一的农林牧渔业贷款的比重大幅下降，笔数和金额占比不足5%。

图8－20 样本小贷各行业贷款占比

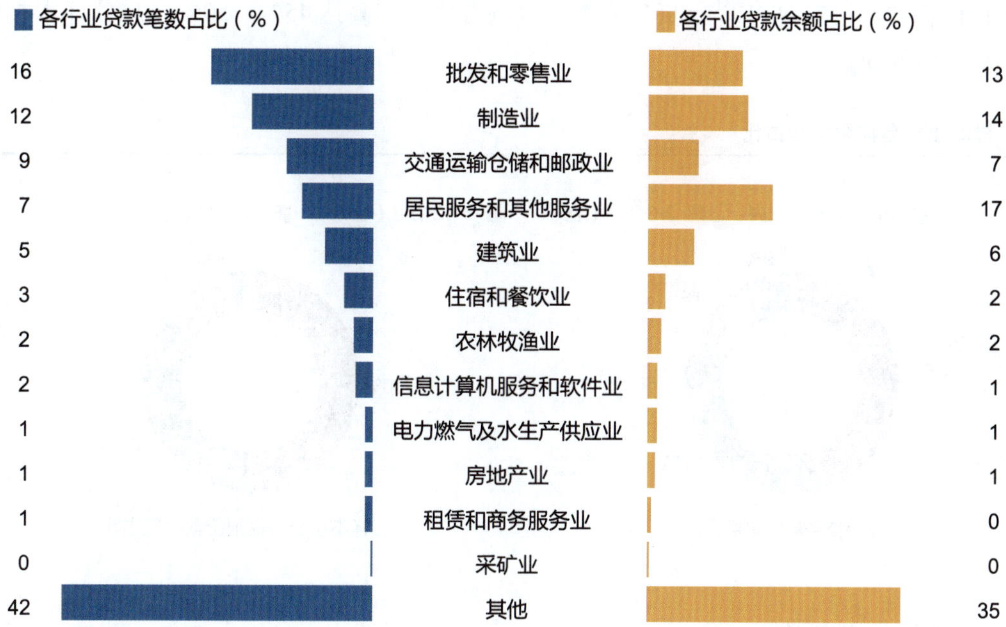

■小微企业贷款占六成

按贷款对象分类的贷款中，个人贷款的笔数、金额占比分别为67%、61%，占据了小贷公司贷款的一大半，狭义小微企业的笔数、金额占比只有32%、33%。

由于行业分类中“其他”类贷款的大部分是个人消费性贷款，根据行业分布中“其他”类贷款，个人消费性贷款笔数、金额占比不超过42%、35%，即个人经营性贷款的笔数、金额占比保守估计为25%、27%，因此，加上个人经营性贷款，广义小微企业贷款笔数和金额占比分别在57%和60%的水平，略低于总体样本的广义小微企业的占比。

图8－21 样本小贷各贷款对象贷款占比

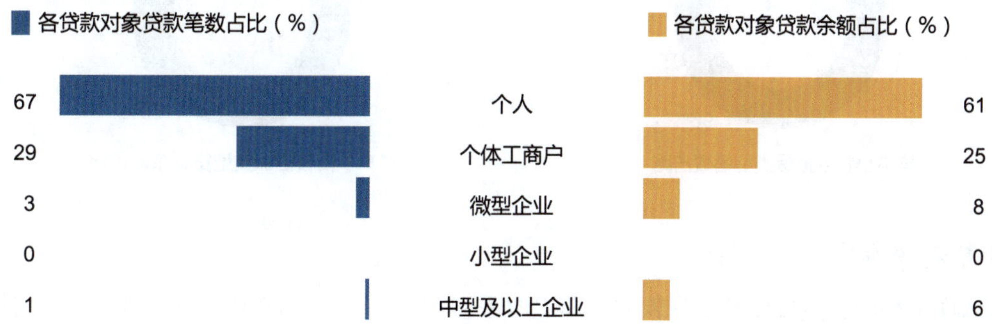

■一年期以上和一年期以下贷款平分秋色

与总体样本小贷公司的贷款期限高度集中在1年以下显著不同的是，主攻低额度贷款的小贷公司更倾向于1年以上贷款，1年以上贷款笔数、金额占比分别高达45%、50%，总体样本相应的两个比例仅为28%和6%。

图8－22　样本小贷各期限贷款占比

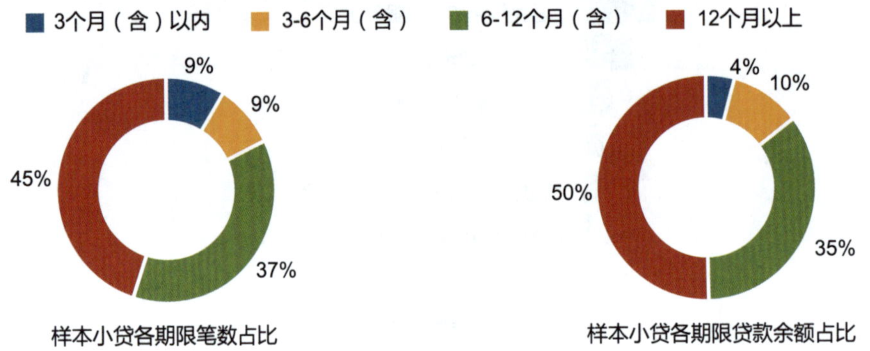

■信用贷款独占鳌头

与总体样本不同的是，主攻低额度贷款的小贷公司的贷款基本以信用贷款为主，信用贷款的笔数、金额占比高达96%、79%。总体样本相应的两个比例仅为57%和9%，尤其是信用贷款余额占比提高了70个百分点。与此相对应的是担保类贷款占比大幅下降，特别是抵押贷款和质押贷款几乎可以忽略不计。

图8－23　样本小贷各担保类型贷款占比

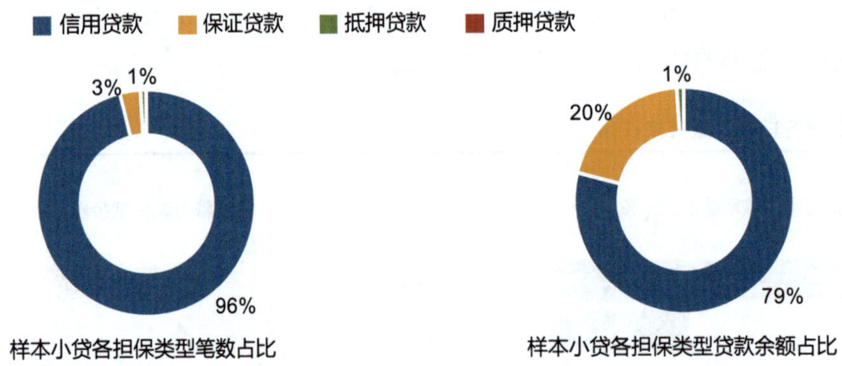

■贷款利率分布更为集中

与总体样本相比，主攻低额度贷款的小贷公司贷款利率分布更为集中。主攻低额度贷款的小贷公司贷款利率普遍集中10%～15%（含）和20%～25%（含）两个区间段。10%～15%（含）的贷款占比达6成，笔数、金额占比分别为58%、63%，而20%～25%（含）的贷款笔数、金额占比分别为38%、35%，略高于总体样本。

图 8 – 24 样本小贷各利率区间贷款占比

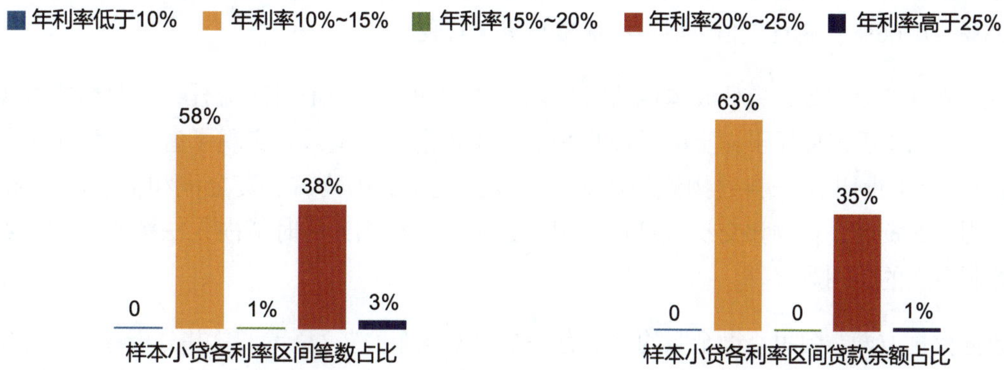

8.2.4 调查小结

理论上，小额分散是小额信贷区别于大额信贷的主要特点，也是小贷公司与传统金融机构差异化经营的方向，因而备受监管层鼓励。但在实际中，小贷公司同样会根据自身的资源禀赋评估贷款的规模经济性，在做大量小额贷款和做少量较大额贷款之间作出选择。

从调查结果来看，总体上，小贷公司在贷款行业、贷款对象、贷款利率已经体现出与商业银行等传统金融机构显著不同的特征，但在贷款期限、贷款额度、贷款担保方式上差异并不十分明显，在传统金融机构不断下沉贷款客户结构重心的背景下，小贷公司普遍面临着直接的竞争。

与此同时，我们也欣喜地看到，在经历近几年的高速发展后，小贷公司这个群体已经开始出现分化的势头，部分具有前瞻性的小贷公司开始脱颖而出，真正坚持小而分散的经营原则，高度注重贷款客户数量而非单纯贷款金额的增长，实现了与传统金融机构的差异化竞争，因而在竞争中更具优势和长远的生命力。

8.3 各类小贷渐显发展特色

8.3.1 电商借助大数据发放小额贷款

2013 年是互联网金融快速发展的一年，电商作为互联网金融最重要的一员，推动了小贷领域的不断变革。以阿里小贷为开端，小贷成为主流电商的“标配”。电商利用其交易平台以及平台上积累的海量客户交易数据在提高风险管理效率、降低管理成本方面有着得天独厚的优势，而为体系内的双边客户（商户和消费者）提供金融服务又进一步提高了交易平台的客户黏性。

电商在小贷市场中拥有自己的优势。它们依附于主营业务，通过自身平台掌握的大量商家经营、销售信息，进行数据处理分析、对企业风险识别和信用评价，在提供小额贷款、服务小微企业方面效率更高、创新更强。以阿里小贷和京东为例。截至 2013 年 12 月底，阿里小贷累计获贷客户数 64.2 万家，累计投放贷款 1722 亿元①。其产品主要有两种，一是针对淘宝商户的淘宝小贷，淘宝商

① 《基于互联网的普惠金融实践》，阿里小微金服，2014 – 03。

户可以凭借已经接收的订单申请额度100万元以内、期限30天以内、日息0.05%的贷款；二是针对阿里巴巴上企业用户的阿里小贷，阿里小贷的贷款为信用贷款，额度在100万元以内，期限1年，日息0.05%~0.06%，并且授信完成后的额度可以循环使用。

阿里之所以能更高效、更低成本地放贷可以总结为两点，一是封闭流程，二是数据挖掘。在数据流程方面，阿里巴巴依托于淘宝电子商户平台、支付宝和阿里云，实现了客户、资金和信息的封闭运行，并且伴随阿里未来自建物流的形成，可以实现平台内物流、资金流和信息流的闭环运行。这意味着用户的资金、货物和交易信息均经阿里过手，并在相当的时滞内无法流出阿里系统，这能更好地控制潜在的信用风险。

在数据挖掘方面，阿里小微金服的内部有一个“数据车间”，负责汇总并分析商户在淘宝上留存的数据，包括交易增长与波动率、店铺星级与流量、广告投入、社区行为以及用户每天交易、付款、收款、收发货这些高活跃性数据。这些数据被打包进阿里所开发的数百个模型中，由模型来自动分析、自动放贷。阿里还有一套客户定价模式，根据客户的已有数据（包括个人信息、征信信息、历史表现、交易信息等）计算违约风险概率，结合利率敏感度的模型，对每个客户制定“最优定价”。同时，还采取了差异化定价思路，对新客户采取“前低后高”的体验式定价模式，对老客户采取“前高后低”的鼓励式定价模式。

京东在小贷方面的工作也有自己的特点，它既提供小微企业贷款、个人经营性贷款（京保贝），也提供个人消费性贷款（京东白条），拥有消费者和商户双方面的客户群体。2013年12月6日，京东“京保贝”业务上线，京东供应商可以凭借采购、销售等财务数据直接获得融资。“京保贝”通过对京东平台上采购、销售、财务等数据进行集成和处理，可以实现自动化审批和风险控制以及在线放款，融资期限可长达90天，融资金额和还款时间还可由供应商自主决定。截至2014年1月，京保贝贷款规模达到10亿元，最小一笔贷款几万元，最大的一笔2000多万元。2014年2月，“京东白条”公测，“京东白条”允许用户先消费、后付款。还款分为两种形式，一种是30天免息延后付款，另一种是3—12个月分期付款，分期付款的手续费为每期0.5%。

需要指出的是，电商体系内有充足而持续的信贷资产生产能力（这种信贷资产不仅限于商户的经营性贷款，还包括个人消费信贷），当P2P还没有大行其道的时候，鉴于金融牌照管制，电商只能选择成立小贷机构来承载这部分金融服务功能，但同样受到不能吸储、杠杆有限的限制，所以，未来不排除电商利用P2P平台做大金融服务规模的可能性。

表8-2　主要电商成立的小额贷款公司

公　司	具体公告或获批时间	注册资金（亿元）
浙江阿里巴巴小额贷款股份有限公司	2010-06	6
重庆市阿里巴巴小额贷款有限公司	2011-06	10
重庆市阿里小微小额贷款有限公司	2013-08	2
重庆苏宁小额贷款有限公司	2012-12	3
京东小额贷款有限公司	2013-09	2~3
上海百度小额贷款有限公司	2013-09	2~3
财付通网络金融小额贷款有限公司	2013-11	0.3

资料来源：根据各媒体网站的不完全统计。

8.3.2 外资小贷信用贷款和微型贷款特色突出

随着我国小微金融市场的开放，越来越多的外资小贷公司加紧布局内地市场，它们依托母公司雄厚的资金实力与成熟的内部运营机制，逐步扩大在内地的发展规模。目前，外资小贷已经遍布全国多个省市和地区，山东、广西、新疆在2013年相继迎来了省内的第一家外资小额贷款公司。

在各外资小贷中，截至2013年末，南充美兴累计发放贷款47565笔，合计约17亿元①；香港亚洲联合财务有限公司在全国开设100多家小贷服务网点，覆盖哈尔滨、沈阳、北京、天津等12个省市；富登小贷在四川、湖北、重庆三个省市成立了24家分公司，截至2013年末，富登小贷为1.3万户提供了融资服务，累计完成放款44.7亿元，贷款余额达到20.5亿元，其中65%为纯信用贷款②。

外资小贷有许多本土小贷无法比拟的优势。首先，大多数外资是独资，股东少，利于公司快速作出决策，自上而下执行既定目标，而本土小贷公司股东多，有的有十几个甚至几十个股东。其次，外资小贷公司有着成熟的资金运作模式，能够有效地分配资金，进行较为精确的风险控制。依托于丰富的发展经验，它们能够更快更好地作出贷款决策。此外，很多外资小贷公司建立了IT平台，提供数据化、系统化的小贷服务，降低了成本，提高了效率。

正是因为外资小贷的上述优势，使得其在经营上与中资小贷有所差异。前者以信用贷款和10万元以下的微小贷为特色，后者倾向于贷给熟人圈的VIP个人与小企业，且多数要求抵押或担保。

外资小贷中，亚联财小贷、邦民小贷、美兴小贷、富登小贷均以信用贷款为主，占比超过80%，10万元以下的微小贷款占比超过70%。其中，美兴小贷主要为上班族、个体工商户、小微企业提供贷款，最低贷款额度为1万元，最高几十万元，90%是10万元以下的微小贷款业务，平均贷款额度约5万元。

尽管外资小贷强调是无抵押、无担保的“双无”贷款，但这种信用贷款是有“保障”的，一方面是外资小贷内部的贷款制度和风控技术，另一方面是借款人相关的资产证明，比如美兴小贷、亚联财小贷均要求贷款客户提供一定的房产证明。

表8-3　外资小贷的地域分布一览表

小贷公司名称	主要投资方	网点分布
亚联财小贷	香港亚洲联合财务有限公司	哈尔滨、沈阳、北京、天津、大连、成都、重庆、武汉、上海、云南、深圳、福州
永旺小贷	AEON信贷财务（亚洲）有限公司	天津、深圳
富登小贷	淡马锡旗下富登金融控股公司	成都、武汉、重庆
美兴小贷	法国美兴集团	南充、成都

资料来源：根据各媒体网站的不完全统计。

① 《南充美兴再次荣膺“中国小额贷款公司竞争力百强”》，南充美兴官网，2014-01-14。

② 《淡马锡旗下富登小贷再扩张，注册资本增至16.7亿》，载《21世纪经济报道》，2014-04-17。

专题8－2 淡马锡旗下富登小贷的新一轮扩张

截至2013年末，富登小贷为1.3万户提供了融资服务，累计完成放款44.7亿元，贷款余额达到20.5亿元，其中65%为纯信用贷款，共有24家小贷分公司覆盖四川、湖北、重庆三省市，预计2014年富登小贷的分支机构将至少扩充至32家，注册资本将达到16.7亿元左右，这是富登小贷继2011年增资8.6亿元扩大四川市场信贷规模并开拓重庆、湖北市场后，再一次增资。

富登小贷未来的发展有两方面，一是在现有的省份继续开更多的分公司，二是争取进入其他的省份，但总体侧重还是在中西部地区。

富登小贷现在的客户主要是中西部的生产内需型产品为主的生产商，其中70%是无抵押客户，且他们大多是贷款20万元左右的小企业主。富登小贷基于“特殊”的客户群体，既能借助于中西部地区强劲的增长动力，又能避免遭受较大的国际市场影响。

和其他快速扩张的小贷公司不同，富登小贷选择深耕模式，即开设更高密度的分支机构。2014年4月，富登小贷在3个省的26家分支机构，员工总数在700人左右，相比之下瀚华小贷在8个省的31家分支机构员工人数才与富登持平。

富登小贷的风控也颇具特色。风控资料的内容包括对客户的现场勘查、上下游核查、左邻右舍拜访等方式，还原其真实经营情况。相关数据会被录入到富登小贷的评级表，连同还款状况、所处行业、从业年限等维度一同产生客户评级，根据不同的客户评级，来决定不同的贷款利率。在风险控制上，富登小贷最为看中还款能力和现金流。此外还要看贷款用途和抵押物。

8.3.3 公益小贷发展差异化

公益型小额贷款又称NGO小额贷款，是通过向低收入群体提供无抵押的小额贷款，达到增加收入、增进福利的小贷主体。NGO不以盈利为目的，运作经费来源于政府扶持、基金会和国际组织资助、企业和个人的捐赠以及机构自身的积累。

公益小贷在我国数量不多，这主要是它的性质决定的。不以盈利为目的使得公益小贷资金积累缓慢，而其他资金来源又仅限于政府及各社会团体的捐助，不具有主动性，这导致公益小贷一直存在资金短缺问题，造成了如今“有心无力”的局面。公益小贷当前有两种存在形式，一种是以中和农信为代表的公司机构形式，另一种是协会形式。

中和农信在2013年发展较快，分支机构数、放款量和员工数都有不小的增幅。截至2013年底，中和农信在覆盖面、业务量、人员三个方面分别达到了46%、38%、51%的增长率，共发放贷款18.2万笔（新增贷款客户10.7万户），贷款金额18.7亿元。但是，融资问题依然是中和农信这类公益小贷机构的制约因素。虽然，国家开发银行、中国农业银行、北京银行、渣打银行都曾为中和农信提供贷款，但是这些贷款授信额度对于农村中低收入群体的小额信贷需求而言，作用依然有限。

协会形式的公益小贷也面临着比较严重的资金问题。协会形式的公益小贷主要存在于偏远山区的贫苦农村，贷款对象主要是农民。以贵州兴仁县农村发展协会为例。该协会成立于1998年，启动资金为114万元，主要面向农户进行小额贷款。由于协会自有资金较少，该协会只能通过发放小额、短期的贷款来使协会资金高效地运作。但根据有关调研，60%左右的农户期望贷款期限在1—3年，20%左右的农户希望贷款期限在3年以上，只有大约10%的农户认为1年以下期限的小贷能够满足日常生活需要①，这就使得公益小贷发放贷款期限与农户需求不一致。但是，从根本上看还是需要解决公益小贷的资金短缺问题。

专题 8－3 中和农信领衔公益小贷

中和农信是我国最大、最具有代表性的公益型小贷公司。截至 2013 年底，中和农信在覆盖面、业务量、人员三个方面分别达到了 46%、38%、51% 的增长率；覆盖了全国 15 个省的 92 个县，其中 60% 是国家级贫困县，20% 是省级贫困县，剩余 20% 是欠发达地区和地震灾区；2013 年，中和农信共发放贷款 18.2 万笔（新增贷款客户 10.7 万户），贷款金额 18.7 亿元，平均单笔贷款余额 6767 元，其中 56.45% 的贷款为 8001—10000 元之间的贷款，64% 的贷款被用于发展农村种养殖业。98.3% 的贷款客户为农户，93.4% 为妇女，24.2% 是少数民族，94.7% 的文化水平在初中及以下。

继 2012 年与甘肃省政府签订“贫困区县项目全覆盖协议”后，2013 年 9 月，中和农信与内蒙古自治区政府签署项目全覆盖协议，计划未来 5 年实现对内蒙古的贫困旗县全覆盖，让金融扶贫惠及更多的农牧民。2013 年，中和农信在甘肃与内蒙古两地新开展分支机构 12 家，均为国家级贫困县，数量占全年新开设分支机构的 41%。

中和农信有一系列风险监控的指标。所有的贷款申请都会先通过信贷打分卡进行信用评估，风险管理部将对风险较大的贷款申请进行远程复核，确保客户不过度负债。其贷款效率很高。52% 的客户在提出贷款申请后，3 天以内得到贷款，93% 的客户在 7 天以内获得了贷款。

此外，中和农信为所有贷款客户提供免费信贷寿险。2013 年，共提供信贷寿险 18 万人次，其中 93 户贷款客户因死亡或意外伤残而被豁免债务，减缓了借款人因意外伤害或死亡带来的还款压力。

8.4 小贷公司涉足互联网金融

2013 年互联网金融快速发展，带动了金融市场中各个主体的发展，其中也包括小贷公司。小贷与 P2P 平台合作或者自己发起成立 P2P 平台正逐渐兴起，这使得一直困于缺少投资标的的 P2P 能与亟待提高融资规模、突破地域限制的小贷公司联合起来，各取所需发展。

8.4.1 小贷公司与 P2P 合作发展

小贷公司既能够通过 P2P 平台为项目提供融资，也能通过 P2P 获取借款人。由于大部分 P2P 平台在信贷资产还严重依赖线下生产，所以有动力寻求小贷机构合作为平台提供项目来源，而小贷机构则可以通过 P2P 平台为需要融资的项目开辟新的资金来源，避免出现因融资杠杆限制“有项目没钱贷”的困境，并从达成融资额提取一定比例的融资中介费作为收益来源。除了 P2P 平台，小贷机构的信贷资产还可以作为理财产品在互联网理财平台上发布。

目前，包括开鑫贷、有利网、人人贷、陆金所、贷帮网等最早一批与小贷公司展开合作的 P2P

① 孙鹏辉：《中部地区农村小额信贷研究——以河南省平顶山市为例》，载《安徽农业科学》，2012（40）。

借贷平台在内，越来越多的 P2P 平台开始和小贷公司合作，形成了线下对接项目端、线上对接资金端的模式。其中，2013 年上半年投入运营的开鑫贷，其线上合作机构是江苏省境内的小额贷款公司，截至 2013 年末，江苏全省 500 家小贷公司中，开鑫贷已与 57 家 A 级以上小贷公司合作，累计撮合交易超过 23 亿元人民币，已还款近 8 亿元人民币，支持小微企业 1000 多家，未发生一笔逾期；2013 年 2 月 25 日，上线的有利网 P2P 平台，其初期合作机构基本全部是小贷公司，业务结构也基本都是小额贷款，首月投资成交量超过 1000 万元，上线一年时间，已经累计完成 9 亿元的贷款规模，日均放款额超过 2000 万元。人人贷 15% 的项目（即机构担保标）来自其合作的小贷机构——中安信业和证大速贷。

在 P2P 与小贷公司的合作模式中，P2P 平台仅担任撮合交易和二次风控的职能，不涉及任何募集资金、承诺还本付息等担保行为。小贷事实上成为 P2P 平台的“助贷”机构①，处于放款的核心环节。不但要负责客户开发、贷前调查、贷后管理，还要承担担保责任，这实质上是放大了小贷公司的贷款杠杆。如果担保杠杆过高，一旦发生大面积违约，小贷和 P2P 借贷平台都会面临风险。为了降低 P2P 平台的风险，各个 P2P 平台会对合作的小贷公司进行必要的筛选。有利网在收到小贷公司推荐过来的项目时，会用风险评分系统对该项目打分；贷帮网对小贷公司除了撮合交易方面的合作外，还通过对小贷公司输出小贷的风控、IT 技术，进而与之建立更为紧密的联系和全面的了解，降低贷款项目的风险；开鑫贷设立了五层风险防控体系，包括小贷公司担保资质的准入、小贷公司融资额度的限制、小贷公司为借款项目提供全额本息担保、小贷公司主发起人承担连带担保责任、建立风险准备金制度。

除了获取资金来源，P2P 平台可以为小贷公司提供线上获取借款人（项目）的渠道，平台对借款人进行初筛，达到一定标准的推荐给小贷机构，由小贷机构进行资金出借，或者将平台的借款债权打包转让给小贷机构。在这种模式下，小贷机构扮演了 P2P 平台资金出借人的角色。此外，金融产品搜索、众筹等互联网金融平台也为小贷公司获取借款人提供了渠道。

8.4.2 小贷公司发起成立 P2P 平台

除与 P2P 平台合作外，一些拥有雄厚股东背景的小贷机构可以直接或间接建立 P2P 平台，如证大速贷和证大 e 贷微金融服务平台、金融联小额贷款公司和深圳联金所金融信息服务有限公司等。

证大速贷和证大 e 贷网均隶属于证大集团，是证大财富的一部分。证大财富创立证大 e 贷网将小额贷款和 P2P 结合起来。其中，理财、信贷销售管理部分别对应小贷的传统业务，而互联网事业部负责线上的 P2P 业务模式，通过公司后台支持，将两者通过证大 e 贷网进行结合。

需要指出的是，发起成立 P2P 平台对于小贷公司也是一个巨大的挑战——做好一个小贷机构和做好一个交易平台需要的技术和人才有很大的差异。小贷机构成立关联的互联网金融平台短期内在信贷资产的供应方面有暂时的优势，但如果继续传统的信用风险管理方式，随着平台上聚集的资金越来越多，线下团队人员的配置跟不上出借人投资需求的增长速度，项目供不应求的情况将变得突出。要使平台保持良好的客户体验，如果不寻求外部合作获得项目源，只有发展线下团队，而大规

---

① 与目前小贷机构和银行的合作相类似，不同的是，由于 P2P 平台上的出借人（资金方）有着更加多元的风险偏好，所以小贷机构与 P2P 平台合作，可能获得比与银行合作更宽的风险区间和更高的风险溢价。

模业务团队带来的是成本的上升和管理难度的增加。

因此，要成立 P2P 的小贷机构需要充分理解互联网的优势不仅仅在于提供了低成本的渠道，更在于在海量数据获取和积累的基础上实现风险管理手段的创新和精准高效的交易撮合。小贷公司应该根据自身的资源特点，判断能否进行高额的 IT 系统建设投入以及获取优秀的数据挖掘、风险管理人才，在自己做平台和利用好主流平台之间作出权衡。

8.5　小贷发展渐趋规范

8.5.1　各省市出台鼓励政策促小贷发展

2013 年，随着社会各界对小贷公司发展的认识加深，各地区金融办逐渐改善了小贷公司的经营环境，出台了一系列鼓励政策。

在融资上限方面，2013 年深圳市将融资比例从 50% 扩大到 200%，山东省于 2013 年 11 月 6 日下发的《关于鼓励和支持小额贷款公司发展有关事宜的通知》（鲁政发〔2013〕34 号）也将山东省小额贷款公司的融资比例提高到 200%，湖北省将融资比例扩大到 100%。

从发起人持股比例的限制和小贷公司进入门槛来看，一些积极的政策也相继出台。

表 8－4　　部分省份对小贷发起人持股比例和进入门槛的相关政策

省份	时　间	政　策
河北省	2013 年 3 月	**《关于全省贫困县和黑龙港流域贫困地区设立小额贷款公司的若干意见》（冀金办函〔2013〕11 号）** 对于燕山—太行山连片特困县（市）设立扶贫小额贷款公司，注册资本金要求 500 万元以上；对于一般贫困县或贫困村在 5 个以上的县（市、区）设立扶贫小额贷款公司，注册地在边远乡镇的（距离县城 10 公里以外，下同），注册资本金要求 1000 万元以上；对于一般贫困县设立扶贫小额贷款公司注册地在县城的，注册资本金要求 2000 万元以上。在放宽股东单一持股比例方面，设立扶贫小额贷款公司的主发起人（法人企业）的单一持股比例不超过总股本的 40%；其他股东的单一持股比例不超过 30%，并且低于主发起人单一持股比例
吉林省	2013 年 5 月	**《加快发展小额贷款公司的意见》（吉发〔2013〕5 号）** 明确了“放宽持股比例”放宽小额贷款公司最大股东或主要发起人持股比例到 50%，允许小额贷款公司在一定程度上分期注资。新设小额贷款公司首期注资可以为注册资本金总额的 20%，且最低额度不能低于 500 万元，其余部分一年内全部缴足，并且允许小额贷款公司随时申请增资扩股，鼓励以企业法人形式增资入股小额贷款公司，且增持比例在一年内的累计变动不超过 35%
山东省	2013 年 11 月	**《关于鼓励和支持小额贷款公司发展有关事宜的通知》（鲁政办发〔2013〕34 号）** 主发起人及其关联方持股比例上限由 49% 提高到 51%，并且具备一定实力的发起人成立的小贷公司（注册资本不小于 2 亿元），不受关联持股、设立家数等限制

资料来源：各省市金融办相关资料。

为了激励小贷公司的发展，一些税收与风险补助方面的优惠政策也相继出台。

表 8－5 部分省份对小贷税收优惠的相关政策

省份	时　间	政　策
四川省	2013 年 3 月	**《关于组织中小企业担保机构和小额贷款公司申请享受所得税优惠政策的补充通知》（川经信财金函〔2013〕229 号）** 企业可减按 15% 缴纳企业所得税，而且在四川省注册的、以中小企业贷款担保为主营业务中小企业担保机构或以小型微型企业、个体工商户、农户等贷款为主营业务的小额贷款公司，满足当年主营业务收入占总额 70% 以上等相关条件，即可申请所得税优惠
浙江省	2014 年 1 月	**《平湖市小额贷款公司扶持政策实施细则》（平政办〔2013〕199 号）** 小额贷款公司自开办起三年内其缴纳的营业税、企业所得税的地方留成部分予以补助；三年期满后，考评为合格以上的可顺延三年予以再扶持，补助政策结合省金融办统一发布的年度考评结果分档执行。其发放的涉农贷款、弱势群体创业贷款、其他领域（消费性贷款除外）等单笔 100 万元（含）以下的小额贷款，自开办起三年内按年度贷款日平均余额的 0.5% 给予贷款风险补助；三年期满后，考评为合格以上的可顺延三年。小额贷款公司获得的补助资金全额用于补充本企业的风险准备金

资料来源：各省市金融办相关资料。

另外，对于外资小贷这一特殊小贷公司主体，2013 年 11 月 4 日山东省政府办公厅下发了《关于鼓励和支持小额贷款公司发展有关事宜的通知》（鲁政办〔2013〕34 号），规定满足一定资产、盈利条件的优质境外机构发起设立注册资本在 2 亿元以上的小额贷款公司，可不受主发起人及其关联方持股比例上限、发起地域、设立家数的限制，为外资企业设立独资小额贷款公司扫清了最后障碍。

可以看出，随着小贷公司在服务小微方面越来越突出的作用，支持小贷公司发展的新规陆续出台，小贷公司的政策环境逐渐得到改善。

8.5.2　小贷公司分批次接入征信系统

为了使小贷公司顺利接入人民银行的征信系统，2013 年 2 月中国人民银行印发《中国人民银行办公厅关于开展小额贷款公司和融资性担保公司信用评级试点工作的通知》（银办发〔2013〕43 号）以及《中国人民银行办公厅关于小额贷款公司和融资性担保公司接入金融信用信息基础数据库有关事宜通知》（银发办〔2013〕45 号），上海、辽宁等六省市最先响应银监会通知，启动小额贷款公司和融资性担保公司信用评级试点工作，小额贷款公司和融资性担保公司开始分批有序接入金融信用信息基础数据库。

据统计，截至 2014 年 4 月，全国范围内小贷公司接入企业征信系统和个人征信系统的数量分别达 255 家和 156 家。其中，四川省、广东省 2013 年 10 月接入央行征信系统的小贷公司数量分别为 42 家、17 家，江西省 2013 年 2 月有超过 30 家小贷公司接入征信系统，山东省截至 2013 年 9 月也有 31 家小贷公司接入。

小贷接入征信系统有 3 种模式。一是集中组织，一口接入。由人民银行省级分支机构征信管理部门组织辖内的小贷公司建立数据统一报送平台，将小贷公司的数据集中统一报送至人行征信系统，数据统一报送平台设在人民银行征信中心各省（自治区、直辖市）分中心。二是直接接入。在人民银行网络条件允许的情况下，小贷公司可通过网间互联平台直接接入征信系统上报数据。三是依托商业银行接入。小贷公司可以和与其有合作关系的商业银行协商，通过商业银行网络接入征信系统。从目前各省市小贷公司接入央行征信系统的情况来看，大部分小贷公司采用集中组织、一口接入的模式。

接入央行征信系统后，小贷公司可以通过人民银行查询客户在银行、小贷公司的贷款偿付情况，与此同时，小贷公司也能将其发放贷款兑付的情况信息上传至央行数据库，完善征信系统，达到小贷公司和央行征信系统的双赢。根据部分地区的小额贷款公司反映，通过使用征信系统使其信贷审批时间由原来的平均10多天缩短到1至2天，信用贷款业务增速较快。接入征信系统后，公司能全面及时地了解企业和个人的信用记录，可以加速发放信用贷款业务。

表8-6　全国部分省市接入央行征信系统小贷数量统计

省份	公告时间	机构数量（含预计数量）
重庆市	2012年末	32
四川省	2013年10月	42
广东省	2013年10月	17
江西省	2013年2月	>30
浙江省	2013年3月	13
湖南省	2013年4月	5
山东省	2013年9月	31
陕西省	2013年5月	≥12
上海市	2013年10月	10

资料来源：根据各省市小额贷款协会的不完全统计。

8.5.3　小贷公司评级在各省市陆续开展

近几年小额贷款公司在我国快速发展，在扶持小微企业、农户发展方面发挥重要作用，因此对其监管以及规范发展的要求也越来越高。小额贷款公司一旦在经营过程中出现问题，将有可能引发局部金融风险，广利恒小额贷款股份有限公司的解散就是最好的案例。随着小额贷款公司行业规模的不断扩大、风险的逐渐暴露，规范小贷公司健康发展，为小额贷款公司建立合理的评级体系的必要性已经凸显。

目前，我国多个省市已经对小贷公司的评级展开工作，其中杭州市已经出炉了第一份小贷评级报告。2013年4月，杭州市公布了对市内成立1年以上的27家小额贷款公司的评级报告。从杭州市公布的评级情况来看，参评的27家小贷公司都达到了可融资级，有9家被评为A+级，6家为A级，7家为A-级，3家为BBB+级，2家为BBB级。

对小贷公司评级的政策支持在多个地区也已经悄然开始。

重庆市人民政府办公厅在2011年4月发布的《关于进一步推进小额贷款公司发展的意见》（渝办发〔2011〕92号），提出建立健全小额贷款公司分类评级管理制度，坚持适度监管原则，加强重庆市小额贷款公司的各项管理。

山东省金融办2011年发布了《山东省小额贷款公司分类评级办法（试行）》（鲁金办发〔2011〕3号），在完善修订该办法后又于2013年3月发布了《山东省小额贷款公司分类评级暂行办法》（鲁金办字〔2013〕9号），要求在分类评级时坚持全面性原则、持续性原则、定量与定性相结合的原则，全面收集小额贷款公司相关信息，整体分析小额贷款公司经营及风险状况，并根据评级结果对其进行分类指导与管理。

此外，云南省也于2013年开始实施《云南省小额贷款公司分类评级管理规则（试行）》（云金办〔2012〕70号），对不同类别的小额贷款公司实施有区别的监管和扶持政策。

但是，与国外的小额贷款公司的评级相比，我国的评级还不成熟，仅从外部环境、公司管理、经营情况、风险管理和发展前景等几个方面来进行评价，而且当前的小贷评级工作是由各个地区的金融办进行管理，并未形成全国统一的监管机构，会造成评级的不统一，这需要各地区的协作，统一评级口径，共同构建完善的小贷公司评级系统。

专题8－4　国际上成熟的小贷评级机构

目前，国际上公认最好的四家小额信贷评级公司包括美国的小额评估公司（Micro Rate）、法国的沛丰评级（Planet Rating）、意大利的小额信贷评级（Microfinanza Rating）以及印度的小额信贷评级国际公司（M－CRIL）。这些评级机构从前期准备到报告发布一般需要四个阶段，共两个月左右的时间。评级人员在前期需要花费两至三周的时间收集评级对象近几年的财务报告等资料，然后利用一至两周的时间通过与客户、监管部门、管理团队等人员进行实地走访交谈，全面了解被评级对象的各项信息。再由评级公司内部的专家、高管，或是外聘的评级专家组成的评级委员会根据前期调查搜集的材料撰写评级报告，完成之后，最终进行评级结果的发表。虽然不同评级机构的考察内容、最终评价级别与符号不尽相同，但它们均有一套特殊的评级方法，有些主流的评级机构还把评级对象的人力资源结构、组织与战略、社会义务等因素作为评级考核的内容。

以沛丰评级为例，沛丰评级的评级内容主要分为两大类：

一是机构评级，主要包括了评级对象的公司治理、信息技术、风险管理、经营情况、资金和流动性、效率与效益六方面考量因素。

二是社会绩效评级，包含了社会绩效管理、金融服务、客户保护、人力资源政策、对社会变革的贡献因素。

沛丰评级的结果共有14个级别，分为优秀（A＋＋、A＋、A、A－），良好（B＋＋、B＋、B、B－），普通（C＋＋、C＋、C、C－）与较差（D、E）。

8.5.4　小额再贷款公司悄然进驻小贷行业

众所周知，小贷公司一直有着很大的资金需求，尽管部分地区融资比例已有所扩大，而且小贷公司能够通过发放资产收益权凭证来融资，但是这依然不能从根本上解决资金空缺问题。在这关键节点，小额再贷款公司的概念就应运而生了。

顾名思义，小额再贷款公司相当于小贷行业的“中央银行”，为小额贷款公司提供资金支持，致力于解决小贷公司的资金问题。目前，全国已有两家小额再贷款公司成立，分别是广州的立根小额再贷款公司和河北建投小额贷款股份有限公司，另外深圳市和重庆市也在计划筹建小额再贷款公司。

以立根小额再贷款公司为例。立根注册资本为10亿元，由广州国际控股集团有限公司作为主发起人与其下属全资子公司广永国资合计持股比例50%。立根一共有23家股东，参股从1000万元至一亿元不等，这些参股的小贷公司多为一些实力较雄厚、成立时间较久的小贷公司。其经营范围包括：对广州市小贷公司放贷；负责小贷公司同业拆借，组织小贷公司头寸调剂；购买及转让广州市小贷公司的不良资产；开展与广州市小贷公司相关的咨询业务；向广州市小贷公司开展票据贴现业务，向金融机构开展票据转贴现业务；其他经许可的业务①。

截至2014年2月底，立根再贷款已经向广东省内10多家小贷累计提供10亿元的贷款，贷款余额8亿元，贷款月息1.3%，而且已经有5家小贷公司通过立根再贷款开展同业拆借，期限主要为15天、1个月和2个月。

小额再贷款公司的成立给小额贷款公司带来了益处，但是小额再贷款公司能否持续按其所述组织负责小贷公司同业拆借来进行头寸管理、开展票据贴现提供资金，依然值得进一步观察。

8.5.5　小贷限制有望获松绑

随着治理影子银行的“107号文”的出台，小贷公司的管理政策将在划定“负面清单”基础上，从“管住机构”转换为“守住底线”。

在“守住底线”的新的监管思路下，“只能向不超过2家银行业金融机构融资”且“融资比例不得超过资本净额的50%”的规定有可能会被取消。这意味着小贷公司利用外源融资的限制可能大幅度放松，小贷公司可以运用较高的杠杆率来提升经营效益。

如果小贷公司外源融资比例限制如上所述被放松，监管部门可能不再寄希望于通过限制小贷公司外源融资比例来控制杠杆率，降低小贷风险，而是希望依靠出资金融机构和市场力量管理风险，那么小贷公司受评级监管的力度会更大——评级较好的公司将获得更大的自主空间，而评级较差的公司则受到更多的约束。这将进一步促进小贷行业的规范化。

---

① 《全国首家小额再贷款公司开业放贷备受业内关注》，载《第一财经日报》，2013-11-01。

9

典当：回归中求发展

2013 年，典当行业整体继续保持增长，虽然受到宏观经济环境、中小企业经营状况的影响，部分地区典当业务出现萎缩，但总体上仍在发挥为中小企业提供周转资金的作用。目前典当行业整体以房地产典当业务为主，在发展上与传统典当相背离，未来在法律的完善和政策的引导下，需要回归其“典”与“当”传统业务的优势，以应对纷繁复杂的市场变化，更好地发挥其独特的融资作用。

9.1 行业规模有升有降

9.1.1 行业规模整体稳步扩大

近年来中国典当行业发展迅速，行业整体规模稳步扩大。2013 年资金流动性一度紧张，典当作为提供短期流动性融资的行业受到中小微企业及普通民众的青睐，整体处于持续增长态势。截至 2013 年底，全国共有典当企业 6833 家，同比增长 12.3%；典当余额增长 22.7%，共计 866 亿元；典当总额增长 20.7%，达到 3336 亿元。此外，从业人员数量也继续增加，达到 5.86 万人，增幅 10.6%。

图 9－1 全国典当企业规模发展情况（2011—2013 年）

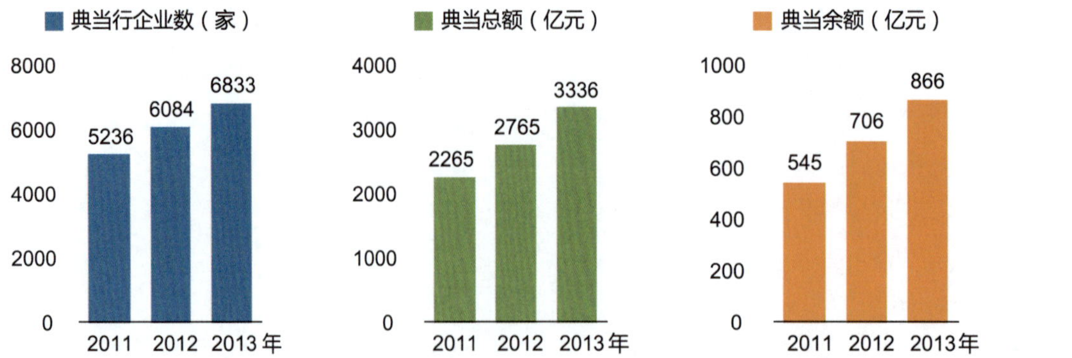

资料来源：商务部：《2012 年中国典当行业发展情况》、《2013 年中国典当行业发展情况》。

2013年6月，银监会下发2013年131号文件《关于防范外部风险传染的通知》，将典当行列为外部风险的五种重要来源之一，并"严禁向典当行和非融资性担保机构提供人授信"。此前五大国有银行不为典当行提供授信已经形成业内共识，此文件下发后，将其他中小银行甚至省级农村信用联社纳入其中，基本阻绝典当合法获得银行贷款支持的可能。

尽管商业银行对典当行业暂时关上了大门，但并没有阻挡住其他资金进入典当业的热情。2013年典当行业注册资本金仍在增加①。以上海为例，2013年全市注册资本金（按251家企业计算）为56.86亿元，同比去年48.40亿元，增长17.47%。一些大型国企或上市公司也新设典当企业或为旗下典当企业进行增资。表9－1列出2013年部分典当行增资的案例，其中前两个为上市公司。

表9－1　2013年部分典当行增资案例

公司名称	浙江香溢元泰典当有限责任公司	上海东方典当有限公司	福建省华兴（莆田）典当有限责任公司
注资方	香溢融通（600830）	益民集团（600824）	福建省华兴集团有限责任公司（2000万元）、福建省融资担保有限责任公司（600万元）、福建省华兴投资管理有限责任公司（400万元）
原有注册资本	1亿元	5000万元	2000万元
新增注册资本	1亿元	5000万元	3000万元
新增百分比	50%	50%	60%

资料来源：中国典当网。

此外，2013年10月28日，主营典当及按揭贷款业务的中国汇融金融控股有限公司（中国汇融，01290）成功在香港主板上市，共募集资金约8.18亿港元。该公司在中国内地的经营实体为苏州市的吴中典当，注册资本5亿元人民币，为全国第二大典当行、江苏省第一大典当行。

9.1.2　部分地区典当出现负增长

2013年，部分省市典当业务出现大幅度下降。以内蒙古为例，2013年典当总额32.7亿元、同比下降9.4%，其中动产6.03亿元、同比下降19.35%，房地产21.62亿元、同比下降10.2%，财产权利5.06亿元、同比增长10.9%；典当笔数9655笔，同比下降9.1%；典当收入1.38亿元，同比下降15.8%；税后利润1717.9万元，同比下降64.4%。② 其主要原因在于内蒙古地区经济增长预期目标下调，企业经营出现困难，特别是当地绝大多数典当企业赖以生存的房地产泡沫依然存在，加之典当行业主要服务对象的中小微企业发展受困，直接影响着典当企业业务的开展。同样，上海也出现一定程度的下降，2013年完成典当总额488.57亿元，同比2012年544.54亿元典当总额下降11.46%；2013年典当业务笔数总计393148笔（其中新当139677笔，续当253471笔），同比2012年下降9.43%；2013年总费收入为11.14亿元（其中息费收入10.75亿元），同比2012年总费收入13.1亿元下降17.67%。典当总额、典当业务笔数、总费收入、应交税金均出现2009年来首次下降。③

① 注册资本金的增加主要是新设典当企业的加入，以及经营较好的典当企业正常发展增资。

② 资料来源：中国典当网：《2013年内蒙古典当业运行情况数据》。

③ 资料来源：上海典当行业协会：《关于2013年度上海典当业数据统计分析报告》。

9.1.3 房地产典当仍占半壁江山

业务结构方面，动产典当占28.7%，房地产典当占所有业务的52.3%，财产权利典当占19%①，与2012年相比，房地产典当占比略有下降，动产质押典当占比连年上升。由于房地产典当业务占比较高，基数较大，动产质押相对房地产业务而言单笔额度较小，难以产生比例上的较大增长。

图9－2 典当业务结构概况（2011—2013年）

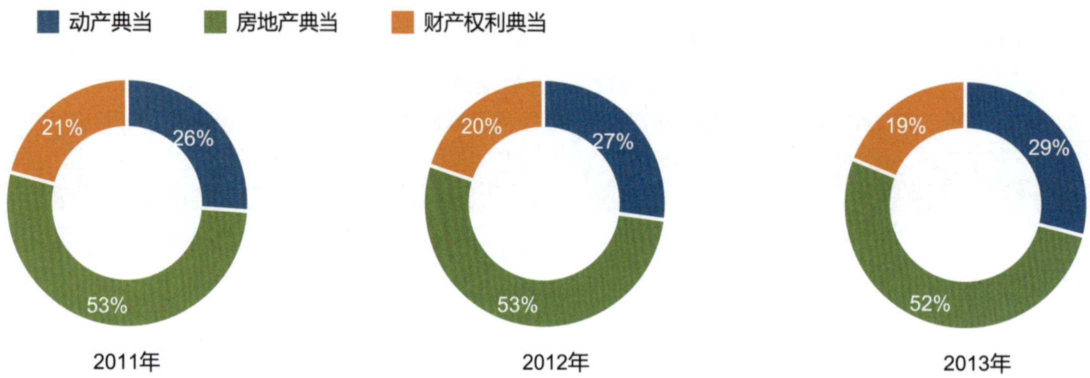

资料来源：商务部：《2012年中国典当行业发展情况》、《2013年中国典当行业发展情况》。

房地产抵押业务主要分为两类。一类是普通企业利用自有房地产作为抵押物获得融资，另一类是房地产企业将在建工程及存货作为抵押。由于2013年房地产市场遵循“宏观稳，微观活”的政策，进入盘整阶段，一、二线城市控制房价过快上涨，三、四线城市出现不同程度的市场委靡，房地产市场受到较大冲击。为控制未来房地产价格下降带来的风险，新增房地产抵押业务在逐渐萎缩。但之前年度的房地产典当项目存在当期尚未结束、办理续当或重新典当的情况，导致2013年房地产抵押业务较2012年略有下降，但仍超过总业务量的50%。

在房地产抵押典当受到房地产市场冲击而出现下降趋势的同时，动产质押业务却保持了连续增长的势头。动产质押主要包括生产资料、机动车和民品典当。生产资料的典当绝大多数用于生产性用途，基本为生产型企业的原材料、存货等，在正规业务流程中，需要将典当的生产材料移库，生产企业时用时取，需要占用典当行一定的仓储成本。但由于中小企业本身能用于典当的资产较少，所以生产资料典当仍是典当的重要组成部分。机动车典当的用途较为广泛，包括生产用途、消费用途、仓储用途等，总体上以生产用途典当为主。民品典当内容最为繁杂，包括金银饰品、艺术品、奢侈品等。其中以广州为代表，由于习俗、文化因素，金银饰品典当较多，但随着2013年下半年金价的低迷，金银饰品典当也受到一定影响；北京、上海等一线城市，平均收入较高，奢侈品典当较多；艺术品典当市场相对其他几类民品发展较慢。

财产权利质押方面，主要包括票据质押、存款单质押、股权质押、应收账款质押、仓单质押、知识产权质押等内容，大多与企业经营周转相关。其中，股票典当变化最大，主要原因在于股票典当本身只需要在典当行登记即可完成，为典当行的经营带来很大风险，难以得到法律保障，且资金

① 资料来源：商务部网站。

用途并非周转应急，而主要用于投资。出于保障典当行经营和资金安全性的考虑，2012 年 12 月，商务部发布《典当行业监管规定》，其中第二十四条规定："加强对股票等财产权利典当业务的监督管理。禁止和预防典当行违规融资参与上市股票炒作，或为客户提供股票交易资金。禁止以证券交易账户资产为质押的股票典当业务。" 2013 年伊始，各典当行即停止股票质押典当业务。目前，企业股权质押的风险过高，需要对企业进行详尽的尽职调查，一般用于企业缺乏合适的抵押或质押资产同时又有较大发展潜力的情况。然而由于典当行自身风险控制要求，股权质押虽然盈利较高，但开展较为谨慎，业务量较小。应收账款质押典当业务市场巨大、前景广阔，且已有较为清晰完备的业务流程，对业务切入点、业务流程、风险控制还需要完善。①

资金流向方面，当金主要用于中小企业盘活存量资产、应急贷款和创业，以及企业与金融机构的过桥资金。在 2013 年房地产市场不景气，金价低迷的情况下，过桥业务量激增，其业务主要分为两类，一类是企业利用典当借款偿还已有银行贷款以获得新贷款以及缴纳银行贷款保证金，另一类是银行承兑汇票业务，即在典当行将未到期的银行承兑汇票贴现，以获得周转资金。其资金量大、周期短、适应典当的资金特点，能为典当行带来高额利润。从自然人和法人比例来看，自然人业务比例上升。以内蒙古为例，由于宏观经济结构持续调整，中小微企业经营风险总体上升，所融资金即使是用于企业经营的，典当行一般也会要求以企业法人代表、高级管理人员等企业所有者或经营者以自然人身份进行典当融资业务。因此，2013 年，内蒙古典当企业直接对法人机构的典当业务笔数很少，大部分典当业务是以风险相对较低的自然人财产为抵押物或质押物进行的，即自然人业务比例较高。

9.1.4 政策出台规范典当发展

2013 年 9 月，商务部下发《关于简化典当行备案工作流程的通知》（以下简称《简化通知》），将企业变更审批、经营许可证发放等工作从商务部下放至省级商务主管部门，并简化原有管理布局和相关流程。这项政策的出台意在将典当发展模式"搞活"，而非按照全国统一的传统模式②。《简化通知》还规定建立"谁审批谁负责"的责任制度，在放权的同时，对省级商务主管单位提出更高效合理的管理要求，防范一放就乱。

2013 年 8 月，国务院下达的国办发〔2013〕87 号文件《国务院办公厅关于金融支持小微企业发展的实施意见》中指出，"切实落实融资性担保公司、小额贷款公司、典当行、投资（咨询）公司、股权投资企业等机构的监管和风险处置责任"。可以看出，典当行虽然不属于金融企业，但是其本质上从事金融服务，仍需要进一步规范发展，而风险控制问题是其监管核心。这说明政府部门已经意识到典当行内部及外部面临的多重风险，需要对典当业进行适当调整或整顿。但由于典当仍然属于商业企业，所以不太可能将其重新纳入到金融监管体系内，只会加强主管商务部门的监管，强调典当行在业务操作上的规范性及谨慎性。

---

① 关于 2013 年度上海典当业数据统计分析报告。

② 美国是现在典当发展最发达的国家，其较为先进的经验在于，将典当交由各州管理，每个州在管理方式甚至监管机构上都有很大差别，充分让典当结合本地要求创新化发展。

9.2 发挥补充作用 服务中小微企业

9.2.1 中小微企业成为典当业主流客户群

中小微企业实力薄弱，大部分尚无法获得银行贷款，更不可能在对资信水平要求更高的债市和股市上得到资金支持。典当充分发挥其“小额、短期、快捷、灵活”的特点，以小微企业或其法人代表为主要客户，为其排忧解难，提供快速便捷的应急资金服务，依靠多种抵押物提供短期贷款，灵活性和时效性较强，填补主流融资渠道的盲区，更适合中小微企业的自身条件和融资需求，已经成为中小微企业融资渠道的有益补充。同时，日益激烈的行业内部及外部竞争也使得典当息费率降低，为中小企业融资降低一定成本。以北京宝瑞通典当行为例，2013 年，其小微企业融资占全部典当业务的九成左右，融资额近年来环比都增长 30% 以上①。

现代典当行的作用基本有三类。第一，资金融通作用，其中以生产性典当居多，即大部分资金用于公司经营周转或短期过桥资金，消费性典当较少。第二，仓储作用，即利用典当行完备的当物保存保管功能，降低客户的保管成本。第三，商品流通作用，与绝当品销售有关。其中，与中小微企业关系最为紧密的是生产性典当支持的资金融通作用，其次为仓储作用。典当行业自古就有“救急不救穷”的经营惯例，发放的短期贷款息费率较高，决定典当行所发放的当金在中小企业中只能发挥资金临时周转的作用，而不能发挥长期资金补充的功能。资金利用周期从隔夜到一年不等（按照《典当管理办法》，以下简称《办法》，当户能且只能续当一次），实际中小企业当期以几十天居多。为节省融资成本，企业也会尽量缩短当期，降低资金使用时间。

利用不动产抵押，特别是房地产抵押获得的周转资金量较大，因此房地产典当业务获得中小企业的青睐。非房地产企业以企业自有房产或地产作为抵押，抵押物价值较高，周转资金的及时注入有助于企业在短期盘活资产，持续正常经营。而近期房地产行业投资和销售增幅快速下滑，行业利润率下降，资金周转压力上升。在政策压力下，中小房地产企业获得银行贷款的难度居高不下。但其资金实力雄厚，抵押物价值较高，有能力承担较高息费，也具备利用典当作为短期融资途径的能力。动产典当相对灵活，只要是有价值的动产，不管是归企业所有还是归企业主所有，都可以通过质押获得融资，且能够任意组合，限制较少，获得资金所需时间较短，灵活方便，更适合急需少量资金的小微企业。财产权利典当属于典当中的创新类型，在不动产、动产均无法实现抵押或质押功能以保障融资时，只要保证风险可控，财产权利质押典当能够为中小微企业改善短期流动性提供有效途径。

① 陈子牧：《服务小微 典当做了啥？——访宝瑞通典当行运营总经理徐云鹏》，载《金融时报》，2014－02－07（B3）。

专题9－1 宝瑞通：中小企业典当融资的“私人专家”①

宝瑞通典当行是北京资金实力较强、经营规模较大、系统化连锁管理的专业典当企业，不断研究市场动态和客户需求的变化，针对需求研发出各类特色的、多元化、人性化产品及服务，并提出了“私人专家”的服务理念。相比于银行的审核过程，只要客户的硬件条件满足，宝瑞通即可放款，速度很快，像民品则可即时放款。以机动车为例，宝瑞通最快一小时就可以放款，放款额度从几万元到几百万元。

此外，典当成本较高，宝瑞通鼓励客户做短期融资。银行融资长期稳妥，成本较低，当客户有长期融资需求的情况，典当行也会把客户推荐到银行。在一定程度上，典当行与银行的差异性合作，会更大化地为中小企业的发展带来希望，助力中小企业做大做强。近两年来，宝瑞通陆续推出的房产典速通、典易通、典银通、典贷通、典车宝、车异通、工程车典当等七大创新业务，在市场上都备受青睐。下面将介绍几个宝瑞通的创新业务产品。

典速通：典速通是宝瑞通短期融资产品之一，通过房产高额抵押实现快速融资，实现房产现金价值最大化融资，授信有效期内实现资金循环利用。其评估额度高，额度内随借随还。主要服务于中小企业流动资金出现缺口，短期急需资金匹配企业运营。抵押物范围主要包括住宅、别墅、四合院、商业、办公、厂房及土地，折当率最高可达70%。

典贷通：这项服务是民生银行与北京宝瑞通典当行有限责任公司为中小企业主及个体工商户联合打造的金融产品。客户以自有或第三人拥有的享有完全产权的房产作为抵押，可先行办理典当借款（12小时内资金到账），同时由宝瑞通典当行及担保公司为客户提供全程担保向银行申请贷款，最短7个工作日即可获得批复，转为银行贷款，折当率最高可达70%。

典车宝：主要针对中高档进口及国产二手机动车，汽车办理典当业务后仍可继续使用。主要针对小微企业主，放款时间最快48小时。折当率最高可达90%。

车异通：对非北京牌照需求的顾客提供车辆处置变现渠道，主要针对天津牌照的高中低档进口及国产机动车，最快30分钟放款，折当率最高可达90%。

工程车典当：针对工程等特殊车种进行质押典当贷款业务，主要服务于承建商、包工头、国企单位、运输公司等自然人或法人，最快24小时放款，折当率介于60%到80%之间。

从宝瑞通的创新产品可看出，其产品大多针对小微企业及企业主。且其分类明确详细，仅汽车典当就有典车宝、车异通、工程车典当，一方面可以将各类客户区分开，执行不同的典当程序，便于业务的办理和风险的控制；一方面便于对不同客户实行不同的营销手段，便于业务的拓展和客户群稳定性、忠诚度的培养。

9.2.2 典当服务中小微企业差异化优势减弱

传统典当以提供“短、频、快”的融资为主，在中小微企业金融服务中具有天然的优势。但是，由于现代典当业法律尚不健全，在绝当物处理、当物法律关系转移还存在诸多问题，再加上小贷公司的迅猛发展以及商业银行近年来不断下沉客户结构重心，改革贷款流程提高贷款

① 资料来源：中国产经新闻。

效率，典当在中小企业金融服务中具有的优势正在逐渐减弱，与银行、小贷公司处于同质化发展阶段。

表 9-2　　银行、小贷公司与典当行经营比较

	银行	小贷公司	典当行
借款方式	抵（质）押贷款、信用贷款	抵（质）押贷款、信用贷款	抵押贷款和质押贷款
考察重点	抵（质）押物价值、借款企业的资信情况、企业主信用水平等与贷款相关重要信息	抵（质）押物价值、贷款人信用、人品等多方面信息	小额：抵押物价值 大额：与银行贷款抵（质）押考查范围基本相同
抵押物范围	房地产及在建工程、有价证券、货物的提单、仓单或其他各种证明物品所有权的单据	比银行能接受的抵押物范围要宽	任何归企业或企业主所有的有价值的不动产、动产或财产权利
放款程序	抵（质）押贷款和大额信用贷款需要经过层层审批、时间成本较高；信用卡开卡需严格审批，之后用款无须审批	放宽程序相对简单，放款较快	小额动产、财产权利典当仅需在鉴定后确定价值即可获得当金；大额不动产和财产权利典当业务需要经过严格前期尽职调查
贷款期限	大多发放中长期贷款，并且按月计息，一般不得提前偿还；信用卡发放短期贷款	以短期贷款为主，多数不超过 12 个月	不得超过 6 个月，当金可在当期内随时结算，按日计息，并可续当
贷款利率	低	较高/高	较高/高
贷后管理	必须用于企业经营，银行会在贷后管理上对企业作出资金运用的严格限制	因机构而异	除房地产抵押典当、股权质押典当等高风险典当外，对中小企业一般没有当金用途限制，并且不干预其融资后的资金使用情况
违约处理	将抵押品进行拍卖，并破坏借款人不良信用，未来借款人将很难获得包括银行贷款在内的各类融资	信用受损	当品价值在 3 万元以下的，典当行自行处理，超过 3 万元须按照《担保法》拍卖；仅破坏借款人在典当行业内部的信用
资金实力	资金实力较强，有较强的能力抵御流动性风险	资金实力较弱，对流动性要求较高	资金实力薄弱，对流动性依赖性较强

资料来源：课题组整理。

表 9-2 显示的是银行、小贷公司和典当行在经营上的比较。在贷前审核上，典当行在发放大额当金时，也需要进行严格的尽职调查，与银行的贷前调查基本类似，逐渐失去在原有的“认物不认人”的典当属性，过渡到“认物也认人”的阶段。由于典当行没有银行层级制的审查制度，组织结构较简单，但也只能有限地缩短审批时间，加大了企业在借款期的时间成本。在发放小额当金时候，需要对抵押物进行评估，不及银行普通信用卡随用随贷的方式灵活。一些银行为企业主推出高信用

额度的信用卡，最高额度可以达到500万元，小微企业大多资金需求量较少，可以随时随地解决小微企业的融资问题。相比之下，典当大多数情况下需要实地勘验质押或抵押物的放款方式黯然失色。同时，银行质押贷款也对典当业务造成一定挤压，以往寻求周转资金而进入典当行的民品、汽车等动产，现在也进入到银行质押品范围。

在贷后管理上，银行对借款人的要求相对较为严格，在一定程度上会干预企业的经营。典当行在发放小额动产典当资金时，几乎不对当金用途作出任何要求，但在涉及股权典当、房地产典当等风险较高、金额较大的典当业务时，典当行通常也会与借款企业签订相关协议以防止企业将所得资金挪用。

在违约处理上，银行贷款一旦违约，借款人将面临严重的信用破坏，以至于难以获得任何与银行信用相关的融资，包括典当行融资、小额贷款融资、线上P2P融资等，后续作用较强。但对于典当，传统意义上，一旦绝当典当行即可进入绝当品销售环节，结合批发和零售方式，尽快获得流动性以保证持续经营，但现在大多数绝当品须根据《担保法》进入拍卖流程，对典当行的时间成本是一个巨大的考验。同时，典当行的征信系统目前仅适用于典当行内部，难以对当户构成有效的违约控制。

在资金实力上，银行资金实力雄厚，可以抵御较大的违约冲击。典当行资金实力薄弱，对流动性的依赖较强。传统典当行一般从事的是小额典当，降低流动性风险，但现代典当行为追求高额利润，大都涉及大额典当，一旦出现此类业务绝当，现有绝当业务流程和典当资金来源难以使得典当行快速补充资金以持续运营，过强的流动性风险为典当行的发展带来较大发展障碍。

典当和小贷公司基本属于同质化竞争。二者的客户群体本身类似，都以中小企业和个人为主，在客户群上有较大重叠。最显著的区别即典当以抵（质）押贷款为主，而小贷公司除了抵（质）押贷款，还发放信用贷款。但由于二者均提供短期融资，中小企业依靠其获得盘活资金。在企业借款动机上，一般以能否偿还作为是否借款的条件之一，即希望且有能力偿还本金。所以企业更希望选择对自身经营干预较小、获得资金更快的途径。典当和小贷现在所开展的业务均能体现这一特点，且小贷公司的信用借款拥有更高的自由度，更能吸引中小微企业。

典当业与其他金融机构和类金融机构同质化竞争的现象出现反映了金融机构争相进入曾经一度被认为是“蓝海”的中小微企业金融服务市场，带来了更多的金融供给，但是由于典当传统的经营优势丧失，更多的金融供给并没有同步带来更为丰富的金融服务选择。换句话说，在一个完善的中小微企业金融服务体系中，应该有差异化的服务机构提供差异化的金融产品以满足不同类型的中小微企业不同的金融服务需求。因此，改善典当行业发展环境，还原典当传统经营优势应提上行业发展的议事日程。

9.2.3 典当需回归本源 开拓创新

随着现代典当发展，与传统典当产生了一定区别，有一定偏离本源的趋势，不利于其为中小微企业提供持续稳定的金融服务。未来，典当应当回归其本源，寻求更适合典当本身发展的途径，同时应找到创新经营、营销模式，以适应未来不断变化发展的中小微企业融资需求。

专题9－2 中国传统、现代典当行与美国典当比较

回顾历史，中国的典当行业始于魏晋南北朝，经过历朝历代和新中国成立后的发展，现代典当和传统相比发生了较大变化。放眼世界，美国典当在现代典当行业中发展最成熟，规模最大，对中国现代典当具有一定借鉴意义。表9－3提供了中国传统典当、现代典当及美国现代典当的经营比较。

表9－3　中国传统典当、现代典当及美国现代典当比较

	中国传统典当	中国现代典当	美国现代典当
客户群体	绝大多数为穷困人群	以中小微企业及企业主为主，及低收入人群和高收入人群	无信用者、中产阶级
当金用途	穷困人群：生活基本需要或应急周转；不排除为小商贩提供用于其初始投资资金或周转资金等生产性当金	中小微企业及其企业主：短期周转的生产性； 低收入人群：生活基本需要或应急周转 高收入人群：消费用途、周转用途及仓储用途	无信用者：不能享受贷款等融资类金融服务，依靠典当行作为资金补充渠道； 中产阶级：消费性当金、周转资金或满足仓储需求
当物范围	衣物、金银首饰、家具等生活资料为主	以房地产、机动车、有价证券为主，民品占比较少	珠宝、古玩、乐器、钟表、服装、汽车、游艇等动产为主，基本不涉及房地产
绝当品管理	批发、零售	拍卖、零售	变卖、拍卖、寄售和零售

资料来源：徐华：《传统典当业务和风险控制》，载《第一财经日报》，2012－12－14。

不难看出，现代典当将主要服务对象放在中小微企业，与传统典当和美国典当存在较大区别。传统工商户规模较小，融资问题也不甚明显；美国金融市场成熟，银行、各类投资公司及各类政府资助计划等可以为中小企业提供较为便利的融资，基本不需要典当这一途径。而我国中小微企业融资难问题凸显，且由于金融市场发展不健全，使得典当成为为数不多的中小企业有效融资途径之一。这一变化有助于典当为中小企业提供融资方案，解决其资金短缺问题，并拓展自身经营范围。相应地，在当金用途上，也由于客户群体的变化发生转移，由和原来的生活性当金为主转化为生产性当金为主。

在当物范围上，传统典当和美国典当的当物基本均属于中国现代典当中动产典当的范畴，且前两者均基本不触及房地产等不动产典当，以动产典当居多。而我国现代典当则以房地产等不动产典当为主。

在绝当品管理上，传统典当可以根据绝当品情况通过批发、零售处理，以保证典当行的流动性，美国典当则更为成熟，结合变卖、拍卖、寄售和零售四种方式，突出绝当品销售差价作为其盈利主要来源。而我国现在由于法律规定不够完善，典当行在绝当品处理上面临较大障碍，只能通过拍卖和零售，处理周期较长，成本较高，与传统发生偏离，同时也不适于典当行的正常合理发展。

目前我国典当业动产典当的占比较低，与传统典当和美国现代典当区别较大。其中，民品典当是典当行的经营特色和拳头产品，其在鉴定、评估等业务环节上具有一定传统优势，经验丰富，是典当行业核心竞争力之一，也是中国传统典当的主营业务。传统典当的当物主要包括衣服、家具、金银首饰、瓷器、漆器、玉器、文房四宝、书籍字画等生活资料，门槛较低，价值跨度较大。美国现代典当也以民品典当和机动车典当为主。目前，中国民品典当被“闲置”，主营民品典当的典当行的数量较少，以武汉为例，专门从事民品典当的典当行，仅占总数的10%左右。其主要原因在于房地产抵押典当业务利润远高于民品典当，典当资本纷纷流出民品典当转投房地产典当业务。同时，民品典当也面临着当物种类繁多、鉴定难度大、人力成本较高、高度专业化人才急缺的问题。中小企业普遍存在资信水平较差的问题，但其企业主拥有资产往往在民品典当涵盖的当物范围中，且部分资产，尤其是艺术品、古玩字画等价值较高，能帮助其为企业带来高额周转资金。因此，大力发展民品典当有助于典当行更好地开展中小企业金融服务。此外，机动车典当作为现代典当中的新型典当方式，也适用于大多数中小企业，其机动车辆、工程车辆通常是企业必需的生产资料，也是抵押价值较高的抵押物。甚至可以借鉴美国典当经验，将拥有较高价值的游艇、私人飞机等私人交通工具用于典当，以满足企业的周转资金需求。

中国传统典当对房屋、土地、田亩的抵押涉及较少，主要原因在于典当行发放当金时更希望将当物收押入库，便于保管，但此类资产无法实现，且中国传统文化排斥占用他人祖产的行为。[①] 美国现代典当也很少对不动产抵押放款，除因为不便于保管外，还在于现代房地产市场过于复杂，如果典当涉及这一行业，需要投入大量的人力成本和研究成本，典当行的小型经营模式难以承受。目前中国典当以房地产抵押典当业务为主，占典当总额的52%，本身就已经为典当行业带来巨大的风险。典当行资金实力并不雄厚，难以承担房地产行业波动带来的流动性风险。所以，未来不动产典当的比例应当适当控制以调整典当行内部风险。

财产权利典当为目前创新的典当类型，目前尚处于起步阶段，且发展速度较快，但规模远不及房地产典当。如果能完善其风险控制机制，或将成为帮助中小微企业解决融资难问题的有效途径。

我们认为，随着中国房地产市场发展将趋于理性和成熟，房地产典当会逐渐萎缩，典当业务中心会回归传统经营优势。针对未来典当主要客户，民品典当和交通工具典当将成为行业未来发展亮点。未来中国人均收入和居民财富提升将为民品典当提供丰富的当物，且客户提供的金银饰品、奢侈品、艺术品等生活资料质押物一般难以被其他金融机构接受，为典当回归传统提供了条件。民品典当的优质化发展有助于促进企业主利用个人资产帮助企业融资，解决企业流动性问题，为中小微企业带来融资便利。在机动车典当上，未来中国人均汽车占有率将继续提升，汽车典当将继续其良好走势。随着业务的拓展和深入，将有更多的中小企业通过机动车典当获得融资，以解决短期周转问题。

此外，典当行业也在吸收创新的发展思路，以更好地为中小微企业提供金融服务，其中，利用互联网开展典当业务也是一种探索和尝试。

---

① 徐华：《传统典当业务和风险控制》，载《第一财经日报》，2012－12－14。

专题9-3　典当与互联网金融的结合

目前典当业与互联网的结合仍在起步阶段，主要集中在线上预约典当、绝当物销售和信息服务。网站可分为两类模式。第一类为门户网站，侧重于综合信息服务、融资项目搜索，个别网站提供线上典当服务。第二类为典当行官方网站，较大规模的典当行一般都在其官方网站上提供线上预约、绝当物销售、产品介绍等服务。中国尚不存在不具有物理网点的纯网上典当行模式。总体而言较为单一，其业务覆盖范围较少，与互联网金融结合的典当行也以较大规模典当行居多。当然其中也不乏一些较好的案例，淘宝绝当品拍卖会就是一次有益尝试。2014年4月，北京两家大型典当行联合淘宝网推出绝当物拍卖，淘宝用户均可通过在线拍卖的方式竞买绝当物，这一方式无疑加快了绝当品的销售，有利于典当行迅速获得回流资金以便支持其他中小企业融资项目或个人业务。

事实上，美国的线上典当业务发展值得中国借鉴。美国最大的线上典当行PAWNGO，其推出半年就已经发放超过200万美元贷款，目前可进行线上估价、线上当金发放、在线赎当以及在线绝当品销售。其为每个客户提供的贷款数额从250美元到5万美元不等，平均数为1800美元，对个人典当和小微企业典当具有一定的借鉴意义。

9.3　典当法律亟待完善[①]

9.3.1　不动产典当法律关系脱离典关系本质

严格意义上，典当分为“典”和“当”，二者从属不同的法律关系。典大多与不动产相关，典物包括房屋、土地、田亩等内容。在典期内出典人对出典财产没有任何处分权，承典人享有对典物的占有权、使用权、收益权，其最核心的标志是典物占有权转移，典权的法律性质是用益物权。传统的典当行由于实现对不动产占有权转移存在困难，加之文化因素影响，所以此类业务较少，且典期较长，为出典人赎回典物提供更多偿付机会。但现行的《中华人民共和国物权法》（以下简称《物权法》）不承认典权，导致典关系只能转化为抵押关系，即典当行只能开展不动产抵押业务，实际土地、房产的占有权、使用权、收益权仍归当户所有，当期内典当行权益得不到保障。所以，现在典当行开展的房地产抵押典当业务实际上只是变相发放抵押贷款，本质上与银行、小贷公司、担保公司等机构的抵押权人性质无异，开展的并非是实质的典当业务。

9.3.2　动产典当法律流程不利于绝当品处理

即使是动产典当，也在法律流程上存在问题。根据《典当管理办法》第四十三条规定，“当物估价金额在3万元以上的，可以按照《中华人民共和国担保法》的有关规定处理，也可以双方事先约定绝当后由典当行委托拍卖行公开拍卖。拍卖收入在扣除拍卖费用及当金本息后，剩余部分应当退还当户，不足部分向当户追索。”“绝当物估价金额不足3万元的，典当行可以自行变卖或者折价处理，损溢自负。”事实上，大多数中小企业用作典当的动产的估价都高于3万元的标准，所以大部分

① 本部分的研究得到了湖北楚华典当研究所的支持。

业务都需要经过前一法律流程。

《物权法》第一百七十八条规定："担保法与本法的规定不一致的，适用本法。"所以，根据《物权法》第一百八十六条、一百九十五条第一款关于抵押物的处置规定："抵押权人在债务履行期届满前，不得与抵押人约定债务人不履行到期债务时抵押财产归债权人所有"；"债务人不履行到期债务或者发生当事人约定的实现抵押权的情形，抵押权人可以与抵押人协议以抵押财产折价或者以拍卖、变卖该抵押财产所得的价款优先受偿"，即绝当后抵押权人仍不能获得抵押物的所有权，抵押权人行使抵押权的方式还需与抵押人协商确定。

当的标的大多是动产，当权的法律性质是担保物权。承当人对当物仅享有占有权，不享有使用权和收益权。出当人赎回当物时，须支付利息和本金。承当人在出当人不履行债务时，不能直接取得当物所有权，只能变卖当物，以卖价和当价差额来充当利息和清偿债务。传统典当行具有一定现代意义上的营业质权，即便当物的实际价值超过债权额，典当行也无须返还；当物的实际价值不足以清偿债务的，债务人也不负清偿责任。但现代法律并未将营业质权写入《物权法》，同时由于流质条款[①]违反担保的原则而被现行法律认为无效，导致现代营业质权缺乏全面的法律保障。所以现代的当关系被演化成质押关系，与抵押权相似，根据《物权法》第二百一十一条、第二百一十九条和第二百二十一条对动产质权的规定："质权人在债务履行期届满前，不得与出质人约定债务人不履行到期债务时质押财产归债权人所有。""债务人履行债务或者出质人提前清偿所担保的债权的，质权人应当返还质押财产。债务人不履行到期债务或者发生当事人约定的实现质权的情形，质权人可以与出质人协议以质押财产折价，也可以就拍卖、变卖质押财产所得的价款优先受偿。质押财产折价或者变卖的，应当参照市场价格。""质押财产折价或者拍卖、变卖后，其价款超过债权数额的部分归出质人所有，不足部分由债务人清偿。"绝当后法律关系并不发生完全转移，典当行无法获得部分或全部所有权、使用权、收益权、处置权，不便于实际操作，也不符合典当特点。[②]

财产权利质押典当作为现代典当创新业务，典当行的权益也受到较大限制。《典当管理办法》规定"典当行处分绝当物品中的上市公司股份应当取得当户的同意和配合，典当行不得自行变卖、折价处理或者委托拍卖行公开拍卖绝当物品中的上市公司股份"，导致典当行在股权典当上没有绝当自主性。

9.3.3 典当行权益缺乏合理法律保护

事实上，由于典当实行抵押贷款，不对当户的信用构成影响，当户没有足够的还款动机，一些当户甚至主动绝当，将包括资金占用成本、运营成本、诉讼成本和时间成本等在内的绝当处理成本留给典当行，同时还能保证自身利益不受损失。而典当行应对大资金客户时宁愿选择为其办理续当或重新寻找抵（质）押物，也不愿意进入绝当程序。在绝当环节的法律不完善导致典当行和当户之间并不平等，加大其经营难度和经营风险。这些规定事实上是对当户的过度保护和对典当行的过分束缚，使得典当业务在法律上难以获得支持。

同时，典当行为保护自身权益，在现有《物权法》框架下，本应可以积极利用留置权获得对当

① 流质条款，是指当事人之间关于债务人届期不履行债务时，债权人有权直接取得抵押财产所有权的约定内容。

② 姚浩、潘婵媛：《绝当后当物处置问题》，http://blog.sina.com.cn/s/blog_6297738a0100fhm2.html。

物的所有权保障。留置权即质权人于被担保的债权受清偿前，可以留置质物，从而构成对债务人心理上的压力，促使其必得其履行债务。但根据《担保法》第八十四条，“因保管合同、运输合同、加工承揽合同发生的债权，债务人不履行债务的，债权人有留置权。法律规定可以留置的其他合同，适用前款规定”。即留置权只限于法律有明文规定的保管合同、运输合同、加工承揽合同的范围内行使，法律未作规定的，不适用留置这种担保方式，留置权的规定并未给典当创造充足的使用空间。

所以，现在典当行在进行大额业务的通行做法是，发放当金前先与当户进行强制执行公证，根据《中华人民共和国公证法》第三十七条，“对经公证的以给付为内容并载明债务人愿意接受强制执行承诺的债权文书，债务人不履行或者履行不适当的，债权人可以依法向有管辖权的人民法院申请执行。”和《中华人民共和国诉讼法》第二百三十八条，“对公证机关依法赋予强制执行效力的债权文书，一方当事人不履行的，对方当事人可以向有管辖权的人民法院申请执行，受申请的人民法院应当执行。”利用强制公正执行，绕开对抵押权、质权、留置权的规定，直接将债务关系作为执行标准。但这种办法仅适用于大额资金业务，对其他业务而言并不适用。

9.3.4　典当法律完善方向

典当相关法律需要逐步完善。我们提出完善方向如下：第一，需要明确典当的具体法律关系，不能简单地将之归为不动产抵押、动产质押或权利质押，赋予典当具有更鲜明行业特性的法律关系，为业务的开展提供法律基础。第二，对留置权的适用范围拓展，为典当创造更大的空间，以保证典当的合法权利。第三，将营业质权这一具有典当行业特点的质权写入典当相关法律中。第四，鉴于我国生产性典当居多，相对生产性用途的典当需求，3 万元的小额质押物绝当处理的上限已经过低，建议予以适当提高，以提高典当行对绝当品的处理效率。

9.4　典当服务中小微企业展望

作为体制内金融的有益补充，典当业一方面适应了民间旺盛的融资需求，另一当面又充当了民间资本进入广义金融体系的载体，在近几年得到了快速的发展。我们认为，这种发展短期内仍将继续，但行业出现结构分化的概率将大大提高。品牌化和连锁化已经成为优秀典当行的战略目标并开始得到实施，一些典当行通过收购、兼并、重组的方式开展连锁经营，建立了较高市场知名度的典当品牌。而在体制内的金融机构纷纷下沉客户结构重心，在小微企业金融以及消费金融市场开展竞争的背景下，那些没有明确的目标客户群和核心竞争能力的典当行将面临洗牌。

典当业的结构分化将促使典当行更加重视保持典当业务的竞争优势，由原来的以房地产典当为主，转变为以民品典当和机动车典当为主，专注于更符合典当行业性质的业务，充分发挥本身的行业优势，以实现差异化发展，为中小微企业提供更便捷、更具竞争力的融资方案。与此同时，互联网金融的热潮也将不可避免地波及典当业，触觉敏锐的典当行也在尝试将互联网渠道与实体典当行渠道相结合，在市场开拓、效率提升等方面寻找创新点。我们认为典当作为中小微企业融资的有效途径，将继续发挥其短期融资优势，助力中小微企业发展。与此同时，我们也期待立法部门对典当行业进行专门立法，理清典当法律关系与法律执行程序，使典当行的经营发展受到合理的法律保护，为典当业服务中小微企业扫清后顾之忧。

10 担保：风险与机遇并存

2013 年，担保行业在政府大力清理整顿过后，逐渐走出“中担”等风险事件的阴霾，恢复增长。然而受国内经济增速放缓，部分行业风险暴露影响，担保机构代偿事件屡有发生，部分民营担保机构处境艰难，多家担保机构开始尝试多角度创新，探求新增长点。全国担保行业协会成立与银监会等八部委下令清理整顿非融资担保机构，推动担保行业环境不断改善。与此同时，再担保机构业务的扩张与担保品管理行业的兴起，为逐渐缓解中小企业融资难困境提供了重要的支持。

10.1 压力有增无减亟待新机遇①

10.1.1 危机后恢复增长 部分民营机构遇困境

受到国内经济增速放缓影响，与中担、华鼎、创富等风险事件的强烈冲击，2012 年担保行业发展遭遇重重困难，全国多省市在保余额及新增融资担保增速大幅下降，部分地区甚至出现负增长。2013 年，经过政府的清理整顿，多地的担保机构数量有所减少，而相对规范的担保机构则不断创新开发新的担保品种与服务模式，加之政府的各项政策扶持，担保行业总体呈现恢复增长趋势。

银监会数据显示，截至 2013 年末，全国共有融资性担保行机构 8185 家，融资性担保在保余额 2.22 万亿元，较上年增长 22.2%，融资性担保放大倍数（融资性担保责任余额/净资产）2.3 倍，较前三年一直维持的 2.1 倍水平有所提升。融资性担保贷款余额 1.69 万亿元（含银行业金融机构融资性担保贷款，但不含小额贷款公司融资性担保贷款），较上年末增长 16.6%。其中，中小微企业融资性担保贷款余额 1.28 万亿元，较上年增长 13.9%；占融资性担保贷款余额的 75.8%，较上年末减少 1.8 个百分点。融资性担保机构为 23 万户中小微企业提供贷款担保服务，占融资性担保贷款企业数的 93.6%。

---

① 在本小节的数据中，北京市年度数据均来自于《2007—2014 年协会工作报告》，北京信用担保业协会网站，2014-04-08；四川省的数据均来自于《我省准金融机构业务规模居全国前三》，四川省人民政府网站，2014-02-25；广东省的数据均来自于《2013 年度广东省融资担保行业发展与监管情况的报告》，广东省金融工作办公室网站，2014-04-14。

以部分省市为例，2013 年末，北京市担保机构由 2012 年末的 129 户降为 107 户，融资担保在保余额却由 1259 亿元升至 1702 亿元，增幅 35.2%，远超于 2012 年 5.2% 的增长率（见图 10－1）；新增融资担保额 1182 亿元，相较于 2012 年的 848 亿元，增长 39.3%，完全扭转了 2012 年负增长的颓势；其中非贷款新增融资担保额 491 亿元，增幅高达 147.9%，这主要是由于其不受银行政策限制，融资担保渠道多元化并受到政府对创新产品的支持。四川省也在压力中大幅发展，融资性担保机构 2012 年末为 442 户，2013 年末升至 444 户，融资担保在保余额由 1968 亿元升至 2338 亿元，增长率 18.8%。广东省担保机构则由 2012 年末 373 户降至 2013 年末的 362 户，融资担保在保余额恢复增长，由 960 亿元升至 1030 亿元，实现 7.3% 增长率。

图 10－1　北京市、四川省及广东省担保机构数量与融资担保在保余额（2011—2013 年）

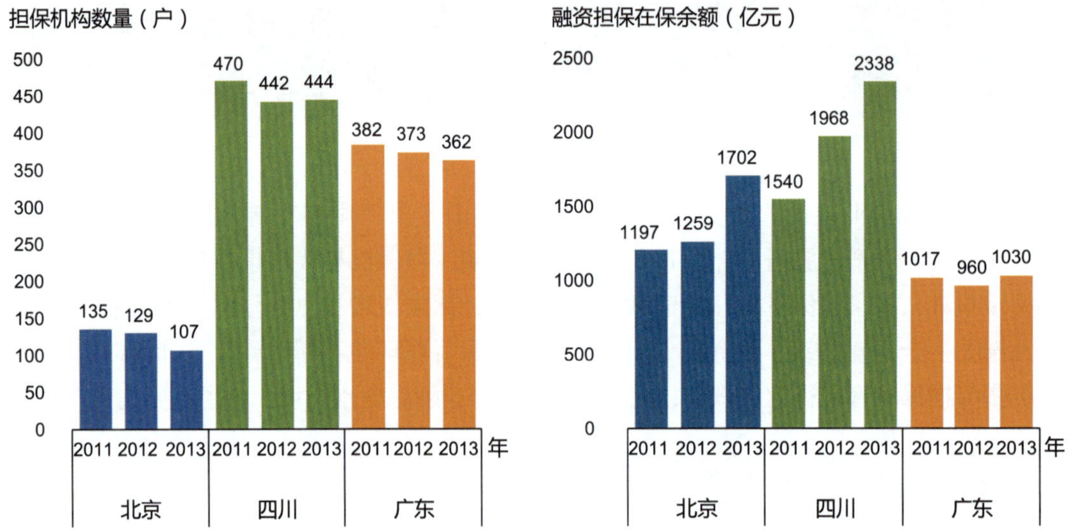

注：担保机构数量中，北京市数据为正常运行担保机构数量，四川省数据为含外省在川分支的融资担保机构数量，广东省数据为不含分支机构的融资担保机构数量。

资料来源：①北京：北京信用担保业协会。

②四川：四川省人民政府。

③广东：广东省金融工作办公室。

2012 年初“中担”等风险事件发生后，多家银行暂停甚至中止与民营担保机构的业务合作。2013 年 6 月，银监会下发《关于防范外部风险传染的通知》（银监办发〔2013〕131 号），融资性担保公司被圈定为五大重点关注对象之一，银行与民营担保机构，特别是与中小型民营担保机构合作更加谨慎。加之政策性担保机构强势进入，市场疲软，代偿频发，民营担保机构面临压力增大，多家中小型民营担保机构面临无银行合作、无新增担保额的窘境，部分机构选择退出市场。

从北京市的情况来看，2013 年北京市政策性担保新增贷款担保 373 亿元，增长率为 31%，而民营担保新增贷款担保 256 亿元，出现约 3.4% 的负增长。新增贷款担保结构上，民营担保机构由 2011 年前占比超过 60%，2012 年不足 50%，2013 年进一步降至约 41%，业务规模呈现逐年萎缩的趋势（见图 10－2）。2013 年上半年对已取得融资担保许可证的 70 户民营担保机构统计结果显示，新增融资担保额排在前 20 位的担保机构上半年新增融资担保 119.4 亿元，占民营担保机构新增融资担保额

129.83 亿元的 92%，其余 50 户仅占 8%，两极分化严重。[①] 在 2013 年末对北京市担保情况的统计中，一批民营担保机构新增贷款担保额为 0，共计有 37 户连续两年新增担保额为 0。部分担保机构虽未注销，但实际已退出或即将退出担保市场。而在 2012 年由于华鼎、创富等风险事件，民营担保机构信誉受到重创的广东省，多家民营担保机构由于“银担合作”持续受限，处境艰难，在 2013 年中有 27 家融资担保公司申请注销经营许可证，主动“退牌”速度加快。[②]

图 10 -2　北京市新增贷款担保构成（2011—2013 年）

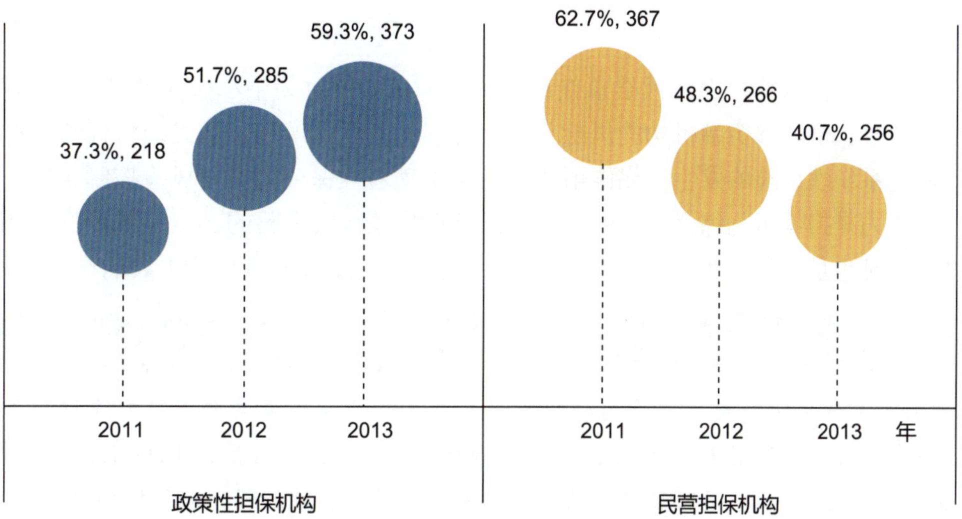

注：①图中气泡大小代表相应类别新增贷款担保额大小，气泡高度代表相应占比。

②“37.3%，218”表示 2011 年政策性担保机构新增贷款担保额 218 亿元，占比 37.3%。其他数据含义以此类推。

资料来源：《优化担保资源配置完善行业体系格局》，北京信用担保业协会网站，2014 -03 -24。

10.1.2　代偿风险高发　客户结构下沉

近几年来，担保公司数量增长迅速，担保公司资本实力等情况出现了一些变化，主要表现在注册资本有所增长，而自身担保业务盈利贡献较小；担保余额增速快于股东权益，担保放大倍数呈上升趋势；担保公司的代偿率提升。2013 年行业担保代偿 309 亿元，同比增长 45.2%；年末担保代偿余额 415 亿元，较上年增长 100.4%，其中融资性担保代偿余额 413 亿元，较上年末增长 100.3%。担保代偿率 1.6%，同比增加 0.4 个百分点。而 2011 年全国担保机构的代偿率平均为 0.42%，2010 年仅为 0.16%。持续攀升的代偿率对于刚有恢复迹象的担保行业无疑是一大考验。

2013 年，由于国民经济增速持续放缓及结构调整，中小企业及部分行业经营风险仍然较大，担保机构代偿事件屡有发生，代偿额不断提高，代偿率大幅攀升。2013 年上半年银行业金融机构融资性担保贷款代偿金额 115.7 亿元，比 2012 年上半年的 70.5 亿元增加 45.2 亿元，增长 64.1%；代偿户数 12670 户，比去年同期减少 4763 户，下降 27.3%。[③] 尽管融资性担保贷款代偿户数减少，但代

① 《北京信用担保业协会常务理事会通报上半年行业运行情况》，北京信用担保业协会网站，2013 -08 -15。

② 该数据由广东省金融工作办公室网站部门文件统计得出，http://www.gdjrb.gov.cn/open.jsp? level_ 3_ id =8&page =3。

③ 《关于 2013 年上半年银行业金融机构融资性担保贷款情况的通报》，银监会融资担保部，2013 -10 -11。

偿金额增速却很快，融资性担保机构代偿压力仍然较大。

担保义务属于或有风险，在发生代偿前，担保业务风险无法在财务报表中体现出来，虽然担保公司能够披露在保余额、担保客户集中度、担保放大倍数等指标，但详细的担保结构、在保客户群体信用状况、内控与风险管理能力等披露较少，导致投资者很难判断担保公司的盈利能力和实际承担的风险，且风险容易受经济下行影响而集中大规模爆发。自身业务盈利实现资本扩张难，担保公司选择通过运用资本金投资实现收益，一旦风险控制不佳，又可能出现较大的投资风险。担保行业整体规范性差，多因素导致担保公司一旦出现代偿风险，很可能遭遇流动性问题，甚至面临倒闭破产的危机。

对于经营风险的担保业，出现代偿事件在所难免。在融资时为中小微企业提供信用增级服务，在风险发生时通过代偿转移金融机构的风险正是担保机构的职能所在，但必须将代偿率控制在一定规模以下，避免系统性风险的发生。代偿事件的发生推动着担保公司提升风险控制水平，优化资金配置，而代偿能力是担保机构综合实力的体现，能抵御代偿风险考验的必然是优质的担保公司，风险发生的过程同时也是担保行业优胜劣汰的过程，能起到促进整个行业健康发展的作用。

专题 10－1　中投保的钢贸业务发生大规模代偿

中国投融资担保有限公司（以下简称中投保）是国内首家成立的全国性专业信用担保机构，截至2013年底，公司注册资本45亿元，资产总额98.39亿元，银行授信1638亿元，资本实力居担保公司前列。[①] 近两年来，由于国内经济下行，钢材贸易业粗放经营，金融机构过度融资及风险控制不力等，钢贸行业的资金链断裂，风险大面积集中爆发。中投保自2003年开始承做“钢贸业务”，累计担保规模约180亿元，在2012年钢贸业务发生大额代偿之前，业务当年余额为34亿元，未发生过代偿和还款违约的情况。[②]

受到“钢贸行业”风险暴露的影响，中投保的“钢贸融资担保”业务发生大规模代偿。截至2013年10月末，扣除减持的准备后，中投保应收代位追偿款净额17.28亿元。受益于整体业务经营稳定，以及大股东的国投公司拨付的10亿元流动性支持，中投保代偿支出压力基本释放，流动性水平正常。[③] 虽然中投保在“钢贸融资担保”业务中设置了较为齐全的反担保措施，但是“钢贸融资担保”业务代偿金额规模较大，可能导致公司净资产规模下降和担保放大倍数进一步上升，而代偿款的追偿进度和实际损失金额存在不确定性，加之中投保担保业务集中度较高，未来三年内将迎来担保项目集中到期高峰，届时可能面临流动性问题，联合资信在2013年11月公告中称，对中投保主体评级，仍维持AA+级，但将其列入信用评级观察名单。

在利率市场化改革逐步深化，金融脱媒趋势下，银行业加大对中小企业特别是小微企业的扶持力度，担保行业也同样面临着客户结构向下调整的问题。银行业特别是中小银行的风险缓释需求加强，由于担保公司具有贴近客户、积累一定的中小企业信用风险识别技术，以及风险处置效率较高等方面的优势，会促进银担合作与担保贷款增长，为担保公司提供了新的发展机会。但随着银行在

① 该数据引自中国投融资担保有限公司网站，http://www.guaranty.com.cn/about/index.asp。

② 《中国投融资担保有限公司关于钢材贸易融资担保业务情况的通报》，中国投融资担保有限公司网站，2013－11－15。

③ 《中投保超17亿元代偿之后》，载《金融时报》，2014－03－27。

中小企业信用风险管理方面的经验积累和能力提高，银行可能会逐步减少对担保公司的依赖，而担保业需要进一步提高风险管理能力并积极探索新的业务领域和品种以获得生存空间。

专题 10－2 中关村“展翼计划”助力小微企业融资

成立于1999年的北京中关村科技融资担保有限公司（以下简称中关村担保）是北京市政府批准设立的国有政策性专业担保机构，定位于服务科技型中小微企业，是中关村国家自主创新示范区科技金融政策的重要实施渠道。中关村担保与全部在京设立分支机构的银行都建立起了合作关系，并与信托、证券等机构合作拓展企业直接融资渠道。自2003年成为“瞪羚计划”①的主要承办机构，截至2012年底已累计为7200家（次）瞪羚企业提供超过400亿元的融资担保支持。②

中关村作为我国的科技创新中心和战略性新兴产业基地，近两万家企业中，60%以上属于收入在2000万元以下的小微企业，是科技创新的重要动力，但却面临着首次融资难的突出问题。2013年5月，中关村管委会出台“展翼计划”工作方案，引导担保、银行等金融机构加强对中关村示范区中小微企业的服务力度。5月17日由人民银行营业管理部、北京银监局、北京市金融工作局、中关村科技园区管理委员会主办，中关村担保承办，召开“展翼计划”支持政策暨合作机构创新金融产品发布大会。大会同时公布了2180家“展翼企业”名单，入围条件为年收入在人民币100万元至人民币2000万元之间，增长率超过10%（含），但尚未达到“瞪羚计划”标准的科技型企业。这些企业将享受中关村科技担保公司专项服务方案，获得最高500万元的贷款担保，并可获得每年最高50万元的贷款贴息。③

为配合“展翼计划”的实施，中关村担保安排2亿元注册资本金专项用于为“展翼企业”提供融资担保；制定专门面向小微企业的受理、审批、决策、风险控制流程，建立贷款担保绿色通道，迅速审批，“展翼企业”无须提供资产抵押，享受优惠担保费率；中关村担保组建小微事业部，定位于“微金融”服务，与合作银行及其他金融机构共同搭建小微企业金融服务平台；搭建综合债权融资平台，引入投资机构、技术交易所等合作伙伴，共同设计风险分担机制，使得科技型小微企业可以通过知识产权抵押、股权抵押等方式获得担保融资；中关村担保与以清华工研院、清华科创为代表的优质孵化器合作，依托知名大学的技术实力与产业资源，搭建战略性新兴产业共性技术的研发平台，将创业投资、创业导师、配套服务、产业资源有机结合，为创业团队提供全方位创业服务。中关村担保的多项举措在拓展自身业务覆盖面与服务深度的同时，将会为切实缓解小微企业融资难问题发挥重要作用。

10.1.3 多方向创新制造发展新机遇

银担合作僵局难破，代偿风险增大，自身资本实力有限，担保公司为寻生存之路，开始尝试从

① 2003年由中关村管委会组织发起，中关村担保、协作银行等联合实施，为收入在1000万～5亿元之间，增长率达到一定标准的中关村科技园区的高新技术产业提供贷款贴息，利率优惠，快捷担保等优惠措施以扶持中小企业成长的计划。

② 《中关村：小小“瞪羚”跑得快》，人民网，2013－07－01。

③ 本段数据取自《中关村破局小微企业发展“死亡谷”》，人民网，2013－05－28。

担保业务、担保模式、融资渠道等多方探索，以期开拓新领域业务，提高风险控制能力，突破发展瓶颈。

2013 年是互联网金融飞速发展的一年，担保行业开始介入互联网金融行业，开发大量银行贷款以外的融资担保。例如平安集团旗下的陆家嘴金融交易所的“稳盈—安 e 贷”、“稳盈—安业贷”业务均由平安融资担保有限公司提供担保，开发“担保 + P2P”模式；国内首家 P2C[①] 互联网小微金融平台爱投资联手国瑞泰、金达担保等 22 家担保机构，采取项目主要由担保机构推荐，担保机构与爱投资双重审核后再签约上线的方式，开发“担保 + P2C”模式；三峡担保采用政府平台未来财政资金收益兜底，为大足国资经营管理集团有限公司 1 亿元资产支持证券化产品提供担保，开创全国首笔资产支持证券化产品担保业务的先河；百度联手中投保开发最低投资门槛 1 元，售后支持快速赎回，即时提现的“百发”产品，开启团购的金融模式等。

多家担保公司也在不断开拓资本市场，发挥评级和资本规模的优势，为企业直接融资发挥更大的作用。例如中投保为股票抵押融资担保，股票定向增发担保，公司债与次级债发行担保，中合中小企业担保股份有限公司（以下简称中合担保）也在信托发行担保、中小企业扶持债等金融产品增信业务领域进行探索。从北京市的情况来看，在市经信委、市财政局等对融资担保创新产品的大力支持下，2013 年北京市包含中小企业集合信托在内的信托计划担保新增担保额达到 116.7 亿元，包含私募债担保在内的债券发行担保 258.4 亿元，合计约占全市新增融资担保额的 1/3，成为担保公司业务的重要组成部分。涉足直接融资担保市场，为中小企业开辟新的融资渠道的同时，担保机构能够不断丰富担保业务品种，创造新的盈利点。

部分民营担保机构开始通过与政策性担保机构合作的模式来打破民营担保困局。2013 年 7 月 8 日，在北京市金融局的推动下，北京首创融资担保有限公司（以下简称首创担保）与中金信诺等 18 家担保公司签约，形成“1 + 18”的担保企业联盟；中关村担保与中鸿基融资担保有限公司等 5 家担保公司签约，形成“1 + 5”的担保企业联盟，并与 2 家市场化运营的资产管理公司签约合作。联盟对外共同开展融资担保业务，通过“推荐、分联保、授权审批”三种模式，共享资源、共担风险。安徽省信用担保集团有限公司则为其合作的担保机构同时提供再担保服务，分担担保机构风险。政策性担保机构信誉良好，但受到一些制度限制，业务容量也有限，而民营担保机构则业务灵活，市场开拓力强，两者的合作能够实现优势互补、合作共赢，共同做大做强担保业。一些担保机构则尝试与多类金融机构合作，通过担保联合体融资模式扶植中小企业发展壮大。例如中合担保与多家银行、担保公司、小贷公司建立批量化风险分担合作。截至 2013 年 6 月底，中合担保运用合作创新担保模式已累计支持 549 家中小企业获得融资额 14.5 亿元。[②]

担保机构的担保规模直接受到资本金的限制。为强化自身实力，扩大业务规模与增强抵御风险能力，一些担保机构开始积极筹划上市，以融资渠道创新突破资本约束。2013 年 11 月 13 日，广东省佛山市的中国集成金融集团控股有限公司（以下简称集成金融）在港交所正式挂牌，上市的主要是融资担保和部分小贷业务，成为内地首家登陆香港资本市场的民营金融集团，也是内地首家登陆资本市场的融资担保公司，为我国其他融资担保公司进军资本市场树立了标杆。

---

① 即 Peer to Company，指个人借贷给中小微企业。

② 《担保业“航母”小贷“舰队”联手护航中小微企业》，中国网，2013 - 07 - 26。

专题 10－3 集成金融登陆 H 股实现担保业上市的零突破

集成金融是集期货投资、保险经纪、融资担保、创业投资、小额贷款等多种非银行金融服务的民营金融控股集团，主要定位为向广东省中小型企业提供全面综合的担保与融资服务。2013 年 11 月 13 日，集成金融在港交所主板正式挂牌，上市的核心资产为其主要营运附属公司广东省集成融资担保有限公司（以下简称集成担保），开辟了担保企业上市的先河。首个交易日交投活跃，成交量约 4681 万股，募集资金约 1.32 亿港元，收市报 2.81 港元，较招股价 2.68 港元高出 4.9%，充分显示了投资者的信心。①

集成金融的上市，为公司开拓了新的融资渠道，同时能够提高公司的知名度、透明度与社会公信力，有利于公司的业务开拓。集成担保在 2014 年 1 月，注册资金由 2.5 亿元增加至 3.3 亿元。② 集成金融上市后业务成果显著，与中合担保订立了批量比例的分保合作协议，对于符合协议规定的担保业务，中合担保承担一定比例的损失补偿的担保责任，同时享有相应的收益分成，开拓公司客户群的同时，降低了其担保风险；与一家国有大型金融租赁有限公司订立合作协议并开展互联网金融平台担保服务，拓展合作机构网络，减轻业务对银行的依赖性。

担保行业经营性质决定其盈利模式不清晰、业绩不稳定、公司治理结构不够规范，且资产负债率严重超出我国对上市公司要求的比例，担保公司选择在 A 股通道上市很难通过审核。担保公司如果能够综合其他金融服务，业务将相对合理稳定，抗风险能力也较强，比较容易获得投资者的认可。从集成金融上市的经验来看，组建集团和转战 H 股将成为未来担保公司上市的一条可行路径。

10.2 全国行业协会成立加强自律发展

2013 年 9 月 17 日，中国融资担保业协会在北京正式成立。协会的宗旨是：在国家对融资担保业实行监督管理的前提下，进行融资担保行业自律管理；发挥政府与融资担保行业间的桥梁和纽带作用；为会员服务，维护会员的合法权益；维持融资担保业的正当竞争秩序，促进融资担保市场的公开、公平、公正，推动融资担保市场的健康稳定发展。截至 2013 年 12 月 31 日，中国融资担保业协会共有 198 家会员单位，包括国有担保公司、民营担保公司、股份制担保公司、外资担保公司和 15 家地方担保协会。③ 中国融资担保业协会的成立，有利于行业自律，同时能够整合优良资源，促进行业内各机构合作，协调与银行等机构跨行业合作，对于提升行业整体发展水平有着重要的意义。另 2012 年启动修订的《融资性担保公司管理暂行办法》经过多方调研与征求意见，2013 年已初步完成，或于 2014 年出台，行业规范发展将有更高层次的制度指引。

10.3 清理整顿非融资性担保公司促行业规范

近年来，多地非融资性担保公司数量急剧增加，其中大量公司不经营担保业务，从事非法集资、

① 《内地首家融资担保公司上市首日受捧》，证券时报网，2013－11－13。

② 该数据引自《中国集成金融集团控股有限公司 2013 年年报》。

③ 该数据引自中国融资担保业协会网站，http://42.96.184.207/xhjj/。

高利贷等违法违规活动，业务混乱，风险不断蔓延，不仅损害了担保市场的整体声誉和经营环境，也对当地社会和金融稳定造成较大影响。截至2012年末，全国融资性担保机构数量8590家，不经营担保业务的担保公司超过1.6万家，逐渐成为担保行业风险的重要根源。[①] 针对混乱的非融资性担保公司，经国务院同意，银监会、发展改革委、工业和信息化部、财政部、商务部、人民银行、工商总局、法制办八部委于2013年12月21日联合发布《关于清理规范非融资性担保公司的通知》（银监发〔2013〕48号，以下简称《通知》）。

《通知》要求各地人民政府在2014年8月底前，对其管辖区域内的非融资性担保公司进行集中清理规范，重点对象为以“担保”命名但不经营担保业务的公司，依法查处和取缔从事非法吸收存款、非法集资、非法理财、高利放贷等违法违规活动的公司。规范非融资性担保公司名称，名称中应体现其实际从事的主营业务，标明其行业或经营特点。《通知》同时指出各地应健全法规制度，明确管理部门，强化对本地区非融资性担保公司的管理，加快非融资性担保公司信用建设，进一步提高行业透明度，构建长效机制。

此前我国对担保行业的监管，仅限于融资性担保公司。融资性担保公司的规范清理工作开展超过3年，行业发展与业务开展都取得显著成效。集中清理规范非融资性担保公司将有助于保护金融消费者利益，净化担保市场环境，促进担保行业健康规范发展，维护金融与社会稳定。

10.4 再担保机构业务规模持续扩张

担保机构成为中小微企业融资重要信用中介的同时也显现出一些问题，资本实力与盈利能力偏弱、系统风险逐年累积、放大倍数偏低都制约着担保行业的发展。2008年金融危机的爆发，造成中小微企业资金链紧张，融资需求加大。在此种形势下，各地纷纷成立再担保机构以分担担保机构的风险，提高资金运用的杠杆比率，扩大企业的信贷额度，扶持当地担保机构与中小微企业健康成长。在各级政府支持引导与不断爆发的风险催生下，近几年再担保机构发展迅速，各区域不断探索适合当地发展的特色担保体系，其中在江苏、广东、北京等地的省级再担保公司已经形成了较为稳定的发展模式。

2013年，全国各省市再担保机构业务规模持续大幅扩张，不断开拓新业务模式，有效地发挥了为融资担保体系增加信用、分散风险、维持稳定的重要作用，继续为中小微企业融资提供支持，推动实体经济发展和区域金融优化。

2013年北京中小企业信用再担保有限公司新增再担保额394.4亿元，同比增长27.3%。其中新增融资再担保额348.6亿元，新增非融资再担保额45.8亿元。[②] 合作担保机构超过40家，合作银行与非银行金融机构达到30家。自2008年11月成立以来，累计实现承保额超过1600亿元。截至2012年底，公司在保项目16962笔，惠及了近12000多家中小企业和农户。[③]

截至2013年末，山东省再担保集团有限公司再担保体系成员已达80家，较2012年增加26家，

① 《融资担保业：规范发展前景可期》，银监会融资担保部，2013-08-30。

② 《2007—2014年协会工作报告》，北京信用担保业协会网站，2014-04-08。

③ 该数据引自北京中小企业信用再担保有限公司网站，http://www.bjcrg.com/_d269175929.htm。

体系成员单位覆盖全省17市，再担保体系的平均信用放大倍数接近5倍，在保业务余额189亿元。2013年体系成员之间的业务合作额达到242亿元，约创造24万个就业岗位，增加地方财政收入34亿元，促进地方GDP增加425亿元；与44家银行、非银行金融机构建立合作关系，取得各类银行授信360亿元；与青岛、滨州、东营、德州、聊城、日照、菏泽等七市签订政企战略合作关系，进一步支持蓝黄经济区建设和全省一圈一带发展战略。①

在再担保业务蓬勃发展的同时，也应注意到我国再担保体系建设仍然存在很多的问题。首先就是再担保机构定位不明，业务对象和范围缺乏规范，一些再担保机构也直接向中小微企业提供担保服务以及投资服务，这不仅不利于自身业务专业化发展，还会与其他担保机构形成竞争，违背了再担保机构设立的初衷。各地区的风险分担比例约为50%，低于再担保体系比较健全的美、日、德等发达国家的60%以上，再担保费率约为担保费的1%，低廉的保费收入与其风险分担比例并不合理。而再担保机构的资金大多来自财政资金，缺乏长效的资本金补偿机制，限制了再担保规模的扩大。对于担保机构的放大倍数约为5至10倍，远低于发达国家的20倍，再担保的增信作用也并不明显。同时，再担保机构的监管与准入退出机制也缺乏规范，并未明确监管部门与其职责，不利于再担保体系的长远稳定发展。

10.5 行业持续支持中小微企业的发展

10.5.1 政策扶持助力担保服务中小微企业

为全力支持小微企业良性发展，国务院办公厅下发了《关于金融支持小微企业发展的实施意见》(国办发〔2013〕87号)，要求加快建立“小微企业—信息和增信服务机构—商业银行”利益共享、风险共担新机制，建立健全主要为小微企业服务的融资担保体系，各地方人民政府推进完善有关扶持政策，参股或控股担保公司和再担保公司，创设小微企业信贷风险补偿基金，规范担保公司收费与业务，全面营造良好的小微金融发展环境。银监会下发了《中国银监会关于进一步做好小微企业金融服务工作的指导意见》(银监发〔2013〕37号)，要求加强与地方政府协调沟通，争取在财政补贴、税收优惠、信息共享平台、信用征集体系、风险分担和补偿机制等方面获得更大支持，充分发挥融资性担保机构对小微企业融资的增信作用。工业和信息化部也发布《扶助小微企业专项行动实施方案》(工信部企业〔2013〕67号)，2013年将支持500家以上担保及再担保机构为小微企业提供担保服务，符合条件的机构给予资金扶持和税收减免，鼓励提高小微企业担保业务规模，降低收费，推进担保机构的整合重组，积极发展再担保机构，探索构建中小企业信用担保建设模式。同时，多省市地区也不断出台新政策帮助中小企业解决融资难问题。

10.5.2 担保机构支持中小微企业融资情况

2013年，中央财政安排中小企业专项资金达到150亿元，拿出18亿元支持816家担保机构，为

---

① 《山东省再担保体系第二届业务合作大会取得圆满成功》，山东省再担保集团有限公司网站，2014-01-14。

15.7 万户中小企业提供低保费融资担保服务，其中小微企业占 85.6%。[①] 在国家及各地政府部门的政策支持下，担保机构持续发挥对中小微企业的融资支持作用。

2013 年，北京市融资性担保机构服务的小微企业突破 9 万户（含部分个贷担保），为小微企业贷款提供担保的余额比 2012 年增长 7%，达到 330 亿元，占贷款担保在保余额 795 亿元的 42%，为新增单户在 500 万元以下的小额贷款担保 164 亿元，与 2012 年相比增长了约 45%。同时，各担保机构为小微企业开发多渠道融资产品，2012 年、2013 年两年北京市中小企业集合信托担保就超过 80 亿元，受益企业超过 600 家。[②]

2013 年底，四川省融资担保余额 2338 亿元，其中小微企业客户贷款余额达到了 1068 亿元，占比 46%；城乡居民（含个体工商户）在保余额 301 亿元，占比 13%，两项占比达 59%（见图 10－3）。对中小企业的担保机构已经达到 388 家，注册资本 393 亿元，为中小企业新增担保额 1520 亿元，较 2012 年增长了 22%。[③]

广东省 2013 年实现新增担保额 1458 亿元，累计为约 1.3 万户中小微企业提供融资支持。融资担保在保余额（不含债券担保）的 984 亿元中，中型企业在保余额 388 亿元，占比 39%；小型、微型企业在保余额 436 亿元，占比 44%；个体工商户、农户等个人在保余额 113 亿元，占比 12%；以上三项合计占比高达 95%（见图 10－4）。

图 10－3　四川省融资担保余额分布（2013 年）

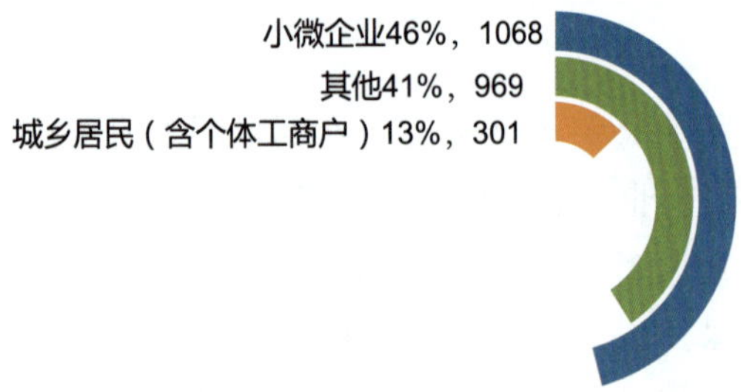

图 10－4　广东省融资担保余额分布（2013 年）

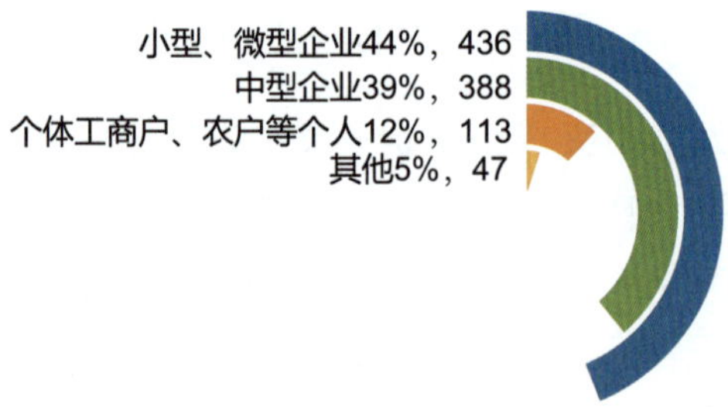

注："小微企业 46%，1068 亿元"是指小微企业担保余额 1068 亿元，占比 46%。其他数据含义以此类推。

资料来源：①四川省：《我省准金融机构业务规模居全国前三》，四川省人民政府网站，2014－02－25。

②广东省：《2013 年度广东省融资担保行业发展与监管情况的报告》，广东省金融工作办公室网站，2014－04－14。

10.6　担保品管理行业渐显融资成效

10.6.1　担保品管理行业多地探索发展

中小企业融资门槛高和融资成本高的问题一直长期存在，除了规模小、信息不对称、产业结构不合理等诸多因素外，最重要的是缺少足值有效的不动产抵押。而动产抵押贷款作为中小企业常用的贷款方式，已在世界上得到广泛使用。据世界银行统计，美国动产担保融资已经占到美国中小企

① 《工信系统两会代表畅谈走新型工业化道路》，中华人民共和国工业和信息化部网站，2014－03－11。

② 《2007—2014 年协会工作报告》，北京信用担保业协会网站，2014－04－08。

③ 《工信系统两会代表畅谈走新型工业化道路》，中华人民共和国工业和信息化部网站，2014－03－11。

业融资的70%，中国中小企业只有12%的流动资金来自银行贷款，而我国中小企业拥有动产超3万亿元，[①] 如果这些动产能够成为抵押物，中小企业融资难问题就可得到有效缓解。担保品管理，是为了保障存货担保融资的安全，受银行等金融机构委托对担保存货实施的监管或监控活动，我国常称为金融仓储。金融仓储公司除了具有一般仓储公司的职能外，还有为金融机构寻找抵押品、对质押品的价值进行维持和变现的功能，能够有效降低金融机构的贷款风险。具体服务模式为金融机构以价格稳定、流通性强等符合抵押品要求的商品质押作为授信条件，金融仓储企业运用物流信息管理系统对质押品进行监管，实现金融机构的资金流与企业的物流整合，为中小企业提供融资、结算等综合服务业务，具体流程如图10-5所示。

图10-5　金融仓储服务模式示意图

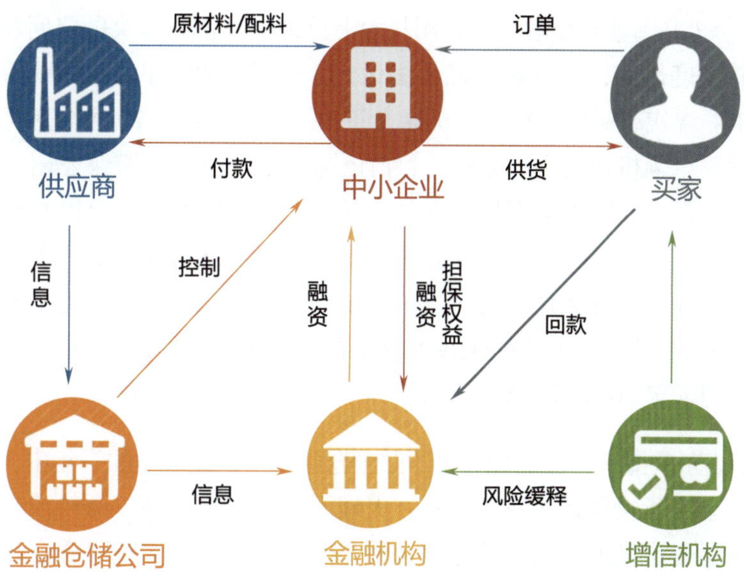

资料来源：叶燕斐：《动产融资的发展需要担保品管理行业的支持》，第二届担保存货管理国际研讨会，2014-5-13。

作为仓储企业的增值服务，金融仓储在我国已经有十多年的发展历史。2007年10月起施行的《物权法》开辟了动产抵押融资新渠道，金融仓储行业开始逐步发展壮大。2008年3月，我国首家金融仓储公司——浙江涌金仓储股份有限公司（以下简称浙江涌金）成立，随之全国多地纷纷效仿。虽然我国金融仓储业处于初始发展阶段，但其发展前景广阔，市场需求量大。由于企业对动产质押贷款有着强烈需求，而缺乏担保品独立管理能力的金融机构又迫切希望拓展客户动产融资，推动着金融仓储业务迅速发展，目前在我国形成了传统物流仓储公司和专业金融仓储公司共同发展的态势。传统物流仓储企业以中国物资储运总公司、中国外运长航集团、南储集团等大型国企为主。专门的金融仓储公司在浙江、江苏、广东、山东等沿海省份也已达数十家，并逐渐向四川、甘肃、贵州等内陆地区扩展。这些金融仓储公司发挥出了专业功能，对解决小微企业融资难问题起到了积极作用。

① 吴金旺、郭福春：《商业银行动产浮动抵押贷款之创新——基于金融仓储的视角》，载《学术交流》，2013（1）。

作为国内运营最成功的金融仓储公司之一，截至2012年底，浙江涌金已陆续在北京、上海、重庆设立了18家分支机构，与30余家银行开展动产监管业务合作，监管产品涉及黑色和有色金属、造纸、化工、纺织、食品等十几个行业，30余个品种。[①] 2013年，浙江涌金不断扩大合作对象范围，与邦信资产管理有限公司、与宁波渤商投资公司等金融与类金融机构签署合作协议的同时，也在不断创新业务渠道，助力水产企业打造冷链仓储、毛竹产业、童装城项目、与杭州文交所合作成为其艺术品托管服务商等。截至2013年8月底，浙江涌金已经累计帮助400余家企业获银行授信165亿元，其中，2008年获得授信1.335亿元，2009年8.17亿元，2010年16.878亿元，2011年44.3112亿元，2012年60亿元，2013年前八个月35亿元，金融仓储服务的规模呈现几何级的增长[②]。

国内第一家以“金融仓储”命名的仓储监管服务公司——鑫联金融仓储公司，于2010年在四川省成立。截至2013年7月，鑫联金融仓储公司共为上百家中小企业解决融资问题，对生产、贸易领域的实体经济的支持力度最大，累计融资额十多亿元。同时，对应的抵质押品种也在不断地扩大，公司涉及监管种类有：煤炭、矿产、粮油、机器设备、汽车、珠宝等20多个大类，小类品种达几万种。公司也积极探索与金融机构的合作方式，目前已与十多家银行、担保公司、小贷公司等金融机构建立了良好的合作关系，共同进行市场和产品的开发，并运用现场与远程的监管方式，协助做好金融机构进行贷后管理。与龙泉区本地贷款公司龙腾小额贷款公司合作是其成功典范，两家公司联手已为几十家中小企业成功融资2亿多元。[③] 争先仿效的四川省，2013年飞速出现多家金融仓储公司。截至2013年12月22日，四川省共有29家注册的金融仓储公司，其中在2013年核准的就有21家，注册资本从200万元至8000万元不等。

2012年11月于山东威海市成立的金猴集团融金仓储公司，在成立的一年中，与威海市6家银行建立战略合作关系，监管货物涵盖貂皮、铝板、大理石、冷冻水产品、原料油、果汁六大类，帮助威海十余家中小企业融资金额近亿元。作为该金融仓储公司第一个客户联合金属科技有限公司，通过原材料和成品抵押，从威海市商业银行成功融资1460万元。其中，联合金属的质押率约为70%，融金仓储公司最低监管货物值为2080万元。[④] 2013年5月，文登市融汇融资仓储公司成立，威海市专业金融仓储公司已达2家，服务中小微企业的融资作用初步显现。

10.6.2 困难重重发展仍待时日

金融仓储的出现，是推进中小企业融资的必然要求。但处于初期探索的金融仓储这一新的融资模式也还存在不少难题。金融仓储使中小企业融资过程中主体由两方增加到三方，在原有的银行和中小企业的信息不对称基础上，增加了银行和金融仓储企业的信息不对称以及中小企业和金融仓储企业信息不对称。金融仓储企业替银行监管货物，银行无法真正转移和占有货物，若借款企业与金融仓储企业合谋欺骗，虚报担保品的数量和金额，或是违反合同规定出售担保品、不提交出售所得，将严重危害贷款人利益。同时，若金融仓储企业不规范，非法侵占或恶意变卖货物，

---

① 该数据引自浙江涌金仓储股份有限公司网站。

② 吴金旺：《浅议金融仓储服务的社会价值》，载《经济研究导刊》，2013（11）。

③ 该数据引自鑫联金融仓储公司网站。

④ 《金融+仓储盘活中小企业“钱袋子”》，威海新闻网，2013-08-28。

也会加深中小企业困难。因此，提升金融仓储企业实力与信誉，加强其风险控制是开拓市场，获取认同的关键。

由于金融机构之间质押信息互不相通以及仓库管理存在漏洞，重复质押或者空单质押在现实操作中并不罕见，上海钢贸风险的爆发体现得最为明显。中国人民银行现已建成“中征动产融资权属统一登记平台”，实现了应收账款质押、融资租赁登记公示服务，2013 年6 月启动二期建设工作，将新增存货/仓单质押、保证金质押、动产质押登记业务。南储集团则将南储商务网建设成大宗商品领域的信息服务平台，提供信息资讯、供求信息、在线融资、交易保障等服务，针对银行的动产质押融资业务，提供信息登记服务。快速完善我国动产融资的登记公示制度建设，形成全国集中登记管理系统，建设担保品管理信息平台，才能从根本上防范重复质押等问题的产生。

目前，银行的动产抵质押业务也处于起步阶段，对质押物的审查还比较严格。虽然理论上可质押物的品种广泛，无论是制造企业里面的原材料、半成品、产成品，还是猪、牛、鱼、长在地里的庄稼等都可以作为抵质押品，但现实中的具体操作还是有不小的难度，增加了监管的风险和成本，对仓储企业的综合能力提出了更高的要求。按照国内金融仓储公司的业务模式，对于物品的选择主要遵循易于仓储保存，价格稳定且易于变现的原则，质押品大部分为金属及资源类的大宗商品、纺织原料及纺织物等，虽然业务品种在不断扩大，但对于很多服务型的中小企业仍不适用，因此，对于中小企业的融资难题仅仅是部分缓解。对于金融仓储行业来说，如何不断拓展监管品种，创新业务模式，保证其全面、高效的服务能力，将成为未来发展方向。

作为一个专业性强的新兴行业，金融仓储业缺乏相应的准入与退出机制，没有明确的设立门槛与行业标准。同时，金融仓储企业虽然能够监督管理银行委托的动产抵押物，并及时向银行反馈相关准确的信息，但其操作经营管理的外部监管体系还没有成型，目前既没有仓储业的行业管理办法和标准，更没有金融仓储行业的监管制度及专业的监督组织。这就使得金融仓储公司良莠不齐，承担的责任并不多，无法发挥市场的优胜劣汰作用，风险爆发时更容易爆发“跑路”事件。

2013 年底，由中国仓储协会组织，浙江涌金、金融仓储研究所及多家银行参与起草的《仓单要素与格式规范》（GB/T 30332－2013）经国家质量监督检验检疫总局、国家标准化管理委员会批准并正式发布，将于 2014 年 7 月 1 日起开始实施，金储仓单将成为面向各银行小微企业专营机构、小贷公司和广大小微企业群体的重要金融产品。《担保存货第三方管理规范》（国标）也在制定中。仓储业的标准化建设将有效促进中国担保存货行业的规范健康发展，进一步扩大存货担保融资规模，保障存货融资安全，推进银行业货押融资风险防范，为金融仓储带来新的发展契机。

11 创业投资：新特征助力新兴产业发展

2013 年，创业投资行业整体呈现在理性中回暖的态势。募资规模的下降并非行业遇冷的表现，而是行业回归理性的体现。行业的新特征在 2013 年集中体现，投资方向集中于新经济行业，私募股权二级市场初步发展。随着 70 后、80 后甚至 90 后创业者开始接掌大旗，年轻的投资人也开始活跃在创投领域，带来了新兴产业资本。新兴产业资本的加入不仅从供给端增加了可投资金量，而且从需求端改变了创业生态。2013 年，机构间的类型分化导致策略分化，领先型机构、潜力型机构、跟随型机构和风险型机构采取不同策略应对行业变化，由此导致行业的分化和整合，形成领先型巨头和潜力型机构与跟随型机构的联盟。基于过往，我们对创业投资行业的未来充满信心，对创业投资行业进一步助力中小企业金融服务充满信心，未来的创业投资行业将更加市场化。

11.1 募投更趋理性　行业总体回暖

2013 年创业投资机构的募资与投资表现出增减相反的态势。募资方面，新增资本量大幅度下降。投资回暖，表现为投资案例数的增加。我们认为，创投行业总体是回暖的，但是与自 2011 年开始的“全民 PE”繁荣不同，2013 年投资端的繁荣是在理性中开始的复苏，表现为创业投资机构回归创业投资的本质，基金募集呈现小型化态势。创业投资机构的投资也越来越早期化和小型化。

11.1.1 创投募资继续下滑

从募资方面看，2013 年，私募股权投资行业[①]整体募资呈回暖态势，2013 年新增资本量相比 2012 年增加 92 亿美元，同比增加近四成。但是，其中创业投资机构新增资本量却大幅度下降。IPO 停闸覆盖 2013 年全年，部分创业投资机构 LP 资金回笼困难，宏观经济增速下滑进一步影响 LP 投资热情，创业投资机构募资渠道收窄。受以上不利因素影响，2013 年全年创业投资机构新增资本量由

---

① 此处的私募股权投资包括 VC 和 PE。

2012 年的 93. 11 亿美元下滑到 2013 年的 69. 19 亿美元，下降 25. 69%，创业投资机构新增资本量连续两年呈负增长，但负增长幅度有所减小。2013 年新募集基金数下降至 199 只，较 2012 年的 252 只下降 21. 03%。

图 11－1　创业投资机构及其他私募股权投资机构资金募集情况（2006—2013 年）

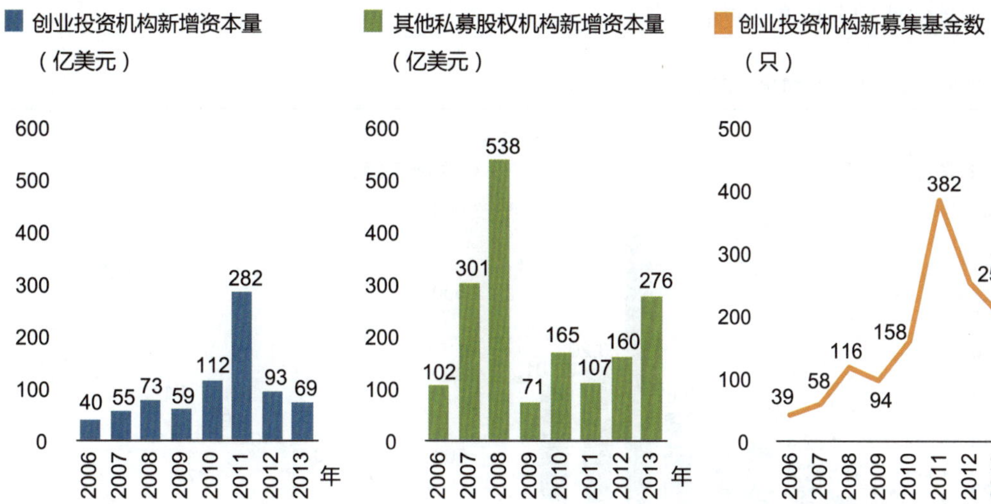

资料来源：清科集团：《2013 年中国创业投资年度研究报告》，《2013 年中国私募股权投资年度研究报告》。

11. 1. 2　本外币基金募资冷暖不一

2013 年，创投基金平均募资规模下降至 3476. 92 万美元/只，较 2012 年微降 5. 9%，但创下自 2005 年来的新低，仅比 2004 年单只基金平均募资规模多 4. 46%。进一步观察，人民币基金和美元基金募资规模有不同的表现，人民币基金平均规模有所增加，而美元基金平均规模明显下降。

从 2013 年新募集基金的情况看，人民币基金新增资本量 63. 77 亿美元，占新增资本量的比例超过九成；美元基金新增资本量则占比不到一成。人民币新募集基金平均规模 3374. 40 万美元/只，美元新募集基金平均规模 5414. 4 万美元/只，人民币基金平均规模比 2012 年提高超过一成，而美元基金则下降超过六成。即使是这样，人民币基金单只平均规模仍然偏小，单只美元新募基金平均规模约为单只人民币新募基金平均规模的 1. 6 倍。

表 11－1　　不同币种新募集基金比较（2012～2013 年）

	人民币基金新增资本量（亿美元）	美元基金新增资本量（亿美元）	人民币新募基金平均规模（万美元/只）	美元新募基金平均规模（万美元/只）
2012 年	69. 38	23. 74	2990. 54	14834. 38
2013 年	63. 77	5. 42	3374. 40	5414. 40

资料来源：清科集团：《2013 年中国创业投资年度研究报告》。

11.1.3 创投投资回暖

从投资的整体情况看，2013 年创业投资行业投资呈现回暖态势。2013 年，中国创业投资机构投资总额从 2012 年的 73.20 亿美元下降到 2013 年的 66.01 亿美元。但是与投资金额持续下滑形成反差的是，2013 年投资案例数比 2012 年却有所增加，共发生投资 1148 起，比 2012 年增加 77 起。可以说，2013 年是创业投资热度恢复的一年。

图 11 -2　创业投资行业投资情况（2004—2013 年）

资料来源：清科集团：《2013 年中国创业投资年度研究报告》。

11.1.4 投资小型化早期化趋势延续

2013 年，创业投资机构的投资明显呈现小型化和早期化的趋势。全行业的平均投资规模从 2012 年的 683 万美元/起，约合 4309 万人民币/起，下降到 2013 年的 575 万美元/起，约合 3533 万人民币/起。

图 11 -3　创业投资笔均投资情况（2004—2013 年）

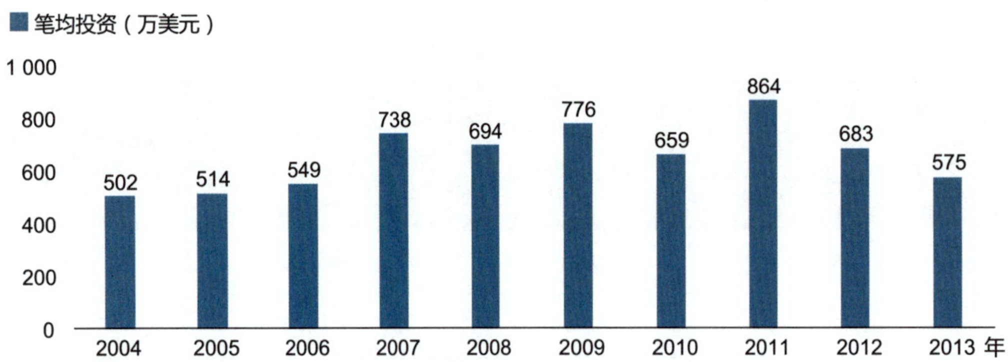

资料来源：清科集团：《2013 年中国创业投资年度研究报告》。

单个项目投资强度的下降反映出创业投资机构的投资策略正在发生变化，从2011年的“全民PE”热潮中主要投资pre－IPO项目的策略开始向投资优质早期项目演变。投资金额小于500万美元的投资案例约占投资案例数的一半，而这一数据在2012年仅为33%。而站在中小微企业金融服务的角度来看，VC机构投资策略早期化，有利于更多初创期的中小企业获得来自VC机构的投资。

2013年创投行业募资和投资的反差是行业回归理性的反映，是创投行业资本更加优化配置的结果。募资减少并没有导致行业萎缩，2013年创业投资行业仍旧是资金净流入行业，募资额69.19亿美元大于投资额66.01亿美元，资本净流入额为3.18亿美元，这一差额创历年最低。2006年至2012年，创业投资行业始终是资本净流入行业，且没有一年资本净流入额低于十亿美元。因此，2013年虽然创投行业的募资金额减少，但行业整体并未遇冷。

创业投资机构的募资一般具有项目先行的特点，即先有一定的项目储备，然后开始募资。因此，从创业投资机构的运行特点来看，一旦有限合伙人的投资到位，现金资产转化为权益资产的周期不会特别长。而行业历年都呈现资金净流入的情况，表明有大量资本没有转化为权益资产，也就是有一些资金没有投到项目上。对于有限合伙人来说，资金没有转化为权益资产，反而沉淀在创业投资行业内，需要承受巨大的机会成本。这种情况在2013年得到改变，募资额的减少在一定程度上反映出有限合伙人更加理性。

从投资的情况看，创业投资机构投资策略的改变造成投资的早期化和小型化，进而造成了创业投资机构投资额下降但是投资案例数增加这一结果。投资策略的改变反映了创业投资行业普通合伙人的理性程度逐步提高。

2011年“全民PE”热潮中有一个显著的特点就是VC和PE概念的区分十分模糊，导致这种模糊原因是投资机构之间的风险偏好没有出现明确分化。从2013年创业投资的早期化和小型化趋势中，我们发现了创业投资机构逐渐回归“创业投资”本质的迹象。创业投资所投资的企业一般都处于初创期、成长期等企业发展的早期阶段。创业投资机构通过增值服务帮助企业成长，追求企业未来增长的不确定性可能带来的高额投资回报。相较于侧重与中后期投资的PE更侧重于资源整合和资本运营的能力，创业投资机构的增值服务更偏重于为创业企业带来成长过程中所需要的个性化资源，帮助企业提高运营能力，这就要求创业投资机构对所投行业的深刻理解，具备深厚的行业资源和丰富的管理经验甚至需要有实际的创业经验等特殊的资源禀赋。

2013年创投行业投资的早期化和小型化反映出了创投机构整体风险容忍度提高和内部风险偏好的分化。创业投资机构开始与其他私募股权投资机构在风险偏好层面出现分化，尤其是与PE机构出现分化。

11.1.5 集中投资新经济行业提质增效

从投资方向看，2013年投资案例最多的领域是互联网行业，达到225起；投资案例最少的行业是广播电视及数字电视行业，仅为4起。从投资金额看，2013年吸金最多的领域是互联网行业，共获得投资10.75亿美元，最少的是半导体行业，仅获得0.22亿美元投资。

图 11－4　中国创业投资一级行业投资分布（2013 年）

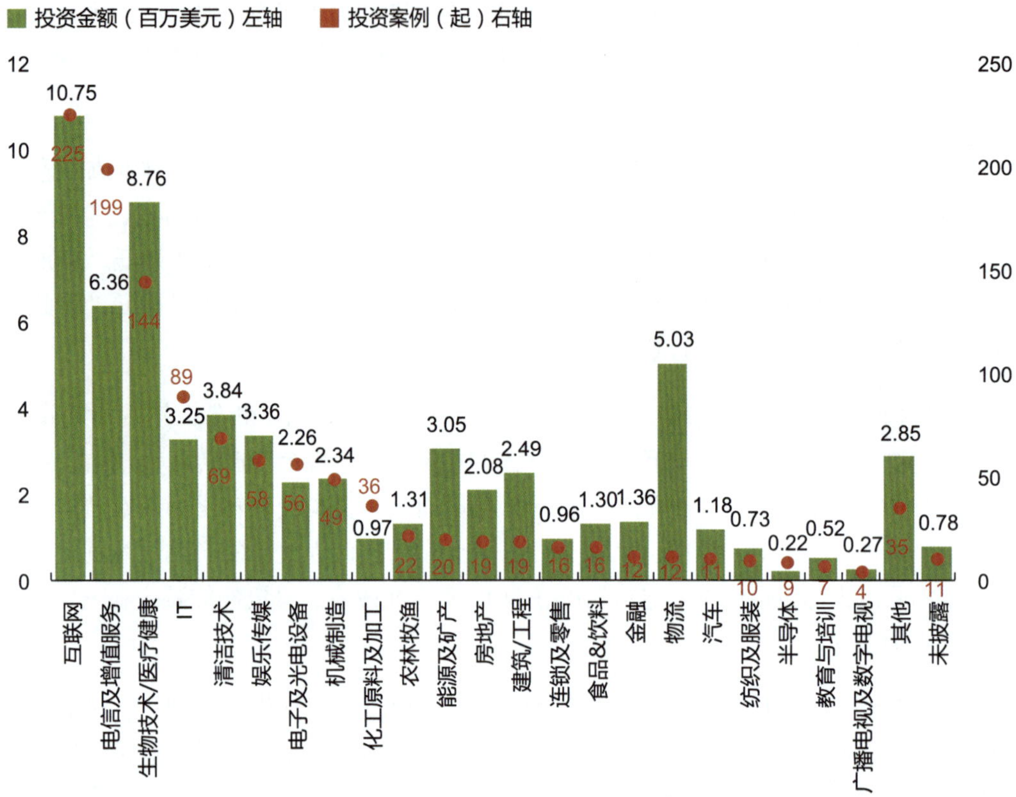

资料来源：清科集团：《2013 年中国创业投资年度研究报告》。

图 11－5　创业投资投资方向占比（2010—2013 年）

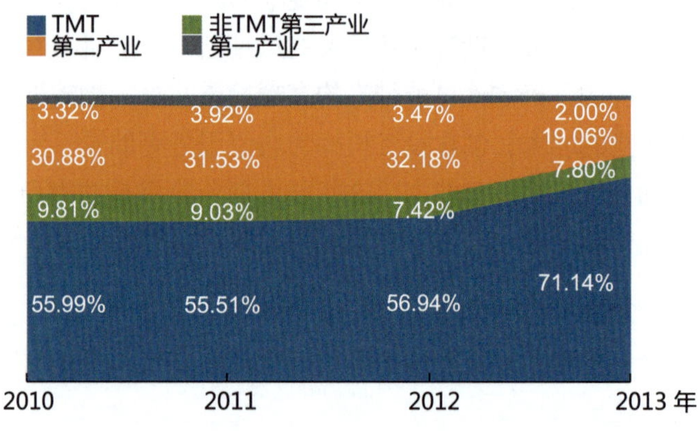

资料来源：清科集团：《2010 年中国创业投资年度研究报告》、《2011 年中国创业投资年度研究报告》、《2012 年中国创业投资年度研究报告》、《2013 年中国创业投资年度研究报告》。

从投资方向来看，2013 年创业投资对 TMT 行业的投资强度明显增强，原有的“一体＋三翼”[①] 投资格局被打破。按照第一产业、第二产业、非 TMT 第三产业和 TMT 行业划分[②]，2013 年，TMT 行业的投资案例数为 4 类中最多的，达到 784 起，占总投资案例数的 71.14%。第一产业、非 TMT 第二产业投资热度大幅下降，在总投资案例数中的占比分别由 2012 年的 3.47%、32.17% 下降到 2013 年的 1.99%、19.06%。非 TMT 第三产业热度与 2012 年基本持平。2013 年，投资案例大幅度向 TMT 行业集聚。

① 一体指 TMT 行业，三翼指第一产业、第二产业和非 TMT 第三产业。

② 非 TMT 第三产业包括房地产、连锁及零售、金融、物流、教育与培训、广播电视及数字电视、清洁技术行业；TMT 行业包括互联网、电信及增值、生物技术、IT、娱乐传媒行业。

中国经济正处于转型期，资本处于从第二产业向第三产业流动的开端，而创业投资机构是这种资本流动的先锋。2013 年创业投资机构的投资集中于 TMT 行业有其必然性。从对创业投资的需求来看，TMT 行业作为新经济的代表，集中了大批初创企业。

2013 年宏观经济下行以及创业投资行业的内部变化导致投资大量向 TMT 行业集中。这种集中是资源得到优化配置的表现，也是行业正在提质增效的体现，实际上是创投行业的一个资产更新换代周期的开始。

11.1.6 互联网金融投资爆发式增长

2013 年被称为互联网金融发展元年，互联网金融受到业界的普遍关注，细分领域越来越多，更多的商业模式获得了 VC 机构的认可。

早在 2011 年，VC 机构就开始投资互联网金融行业。2011 - 2013 年，互联网金融领域共发生 90 起投资事件，被投资企业共 78 家，约有 80% 的被投资企业为天使投资或 A 轮融资，早期创投的介入为处于起步阶段的互联网金融行业和其中的中小创业企业注入了发展动力。在 2013 年，对该领域的投资出现爆发式增长，同比增长 64%。

从投资方向上看，第三方支付被投资案例虽然逐年减少，但依然是较为重要的投资方向。同时，投资方向也向其他细分的互联网金融子行业扩散。对第三方支付投资的案例数由 2011 年占比三分之一下降到 2013 年的两成左右。

图 11 - 6 互联网金融创业细分领域公司数量占比（2013 年）

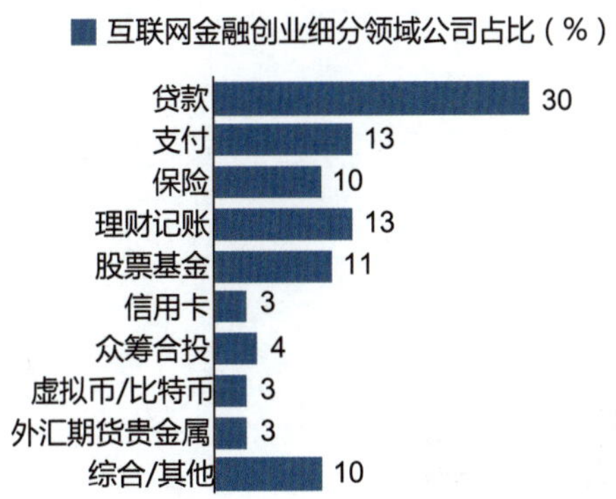

图 11 - 7 互联网金融被投资企业分布（2013 年）

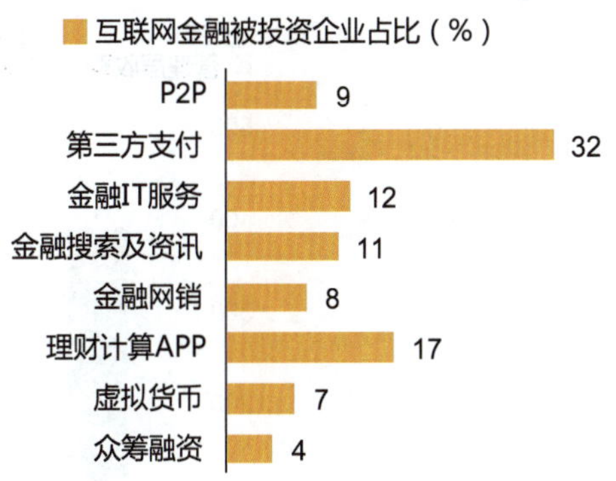

注：统计截至 2013 年 9 月 30 日。

资料来源：IT 桔子数据库；清科集团：《2014 年中国互联网金融行业投资研究报告》。

具体来看 2013 年 VC 机构对互联网金融的投资，天使投资和 A 轮投资占比约为 80%，互联网金融还在起步阶段。

从单笔投资强度来看，1000 万美元以下的投资占比达到 70%，1000 万—5000 万美元的投资占比

图 11－8　互联网金融投资分布领域（2013 年）

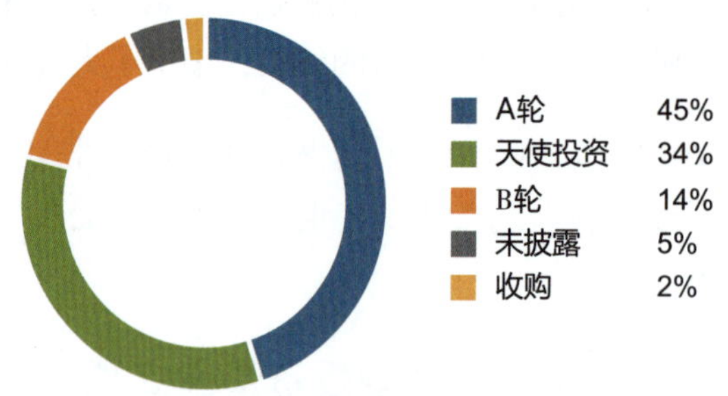

注：统计截至 2013 年 9 月 30 日。

资料来源：IT 桔子数据库。

近 20%[①]。即使以区间的最高上限计算，投资于互联网金融行业的资本仍然只占 VC 总投资额的很小部分，但是互联网金融的发展却对中小企业金融服务的发展提供了强大的动力对该领域的投资用少量权益资本撬动了大量债权资本[②]。

对互联网金融的创业投资间接起到了促进中小企业金融服务的作用[③]。首先，我国的传统金融体系存在空缺，一定规模以下中小微企业难以从我国传统的金融体系中获得金融服务，而这种空缺正在被互联网金融部分填补。其次，互联网金融的发展正逐渐构筑起中小企业的信用体系，进而重塑中国的信用文化。中小企业信用体系的构建帮助中小企业获得更多的金融服务，重塑信用文化夯实了金融市场的基石，反过来促进中小企业获得更加广泛的金融服务。

11.2　并购退出激增

2013 年退出案例共发生 225 起，数量连续 3 年下降。受国内 IPO 在 2013 年全年停闸的拖累和海外上市中概股负面影响，以往作为主要退出方式的 IPO 退出全线回落，仅有 33 起，与 2012 年的 144 起相比，锐减 77.08%；而其他退出方式均有不同程度的增长。从数量上看，2013 年中国创业投资的退出以并购退出为主，并购退出的案例比 2012 年增加一倍以上。

图 11－9　创业投资退出情况（2010—2013 年）

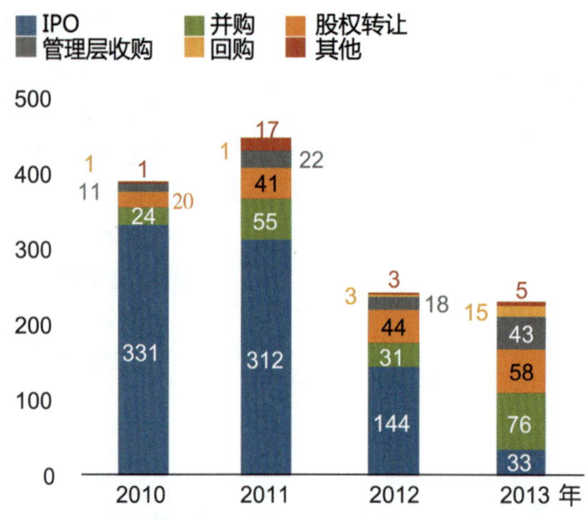

资料来源：清科集团：《2010 年中国创业投资年度研究报告》、《2011 年中国创业投资年度研究报告》、《2012 年中国创业投资年度研究报告》、《2013 年中国创业投资年度研究报告》。

① 数据来自 IT 桔子《2013 年互联网金融创业投资盘点》。

② 详细数据参见本报告第 14 章民间金融部分对 P2P 的研究成果。

③ 观点引自史建平：《互联网金融重塑中国信用文化》，财新网。

11.2.1 并购市场活跃助力私募股权二级市场初步发展

2013 年中国并购市场活跃，并购市场的活跃为私募股权二级市场的发展提供了有力的支持。2013 年私募股权机构支持的相关并购共计发生 446 起，较 2012 年大幅度上升 114.4%；披露交易金额的案例共 413 起，涉及金额总计 346.60 亿美元，较 2012 年涨幅高达 542.5%。

图 11 - 10 中国并购市场 VC/PE 支持并购情况（2007—2013 年）

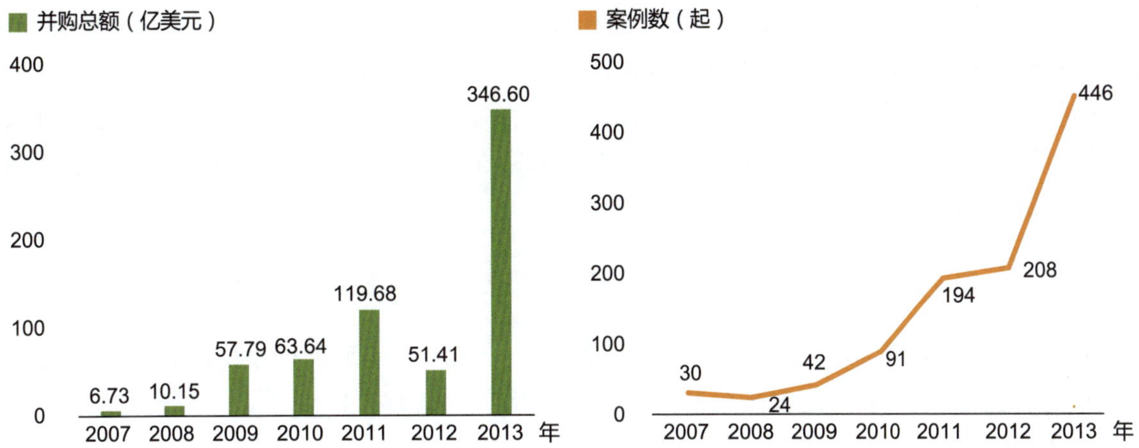

资料来源：清科集团：《2013 年中国并购市场年度研究报告》。

伴随着并购市场的大规模增长，VC 机构通过并购或股权转让的方式退出的情况也越来越普遍，同时也推动了私募股权二级市场的成长。私募股权二级市场解决了投资机构想要出售其私募股权投资以减少收益波动性并重新调整其投资组合的需求。二级市场出售分为两类：一是卖方转让存续合伙企业的有限合伙权益，这种转让不会影响合伙企业的存续；二是卖方转让私募股权投资的正常运营公司组合，即私募股权投资的卖方将其在基金中的投资连同剩余的未缴纳资本承诺一同出售。二级市场上的买方主要是私募股权市场的其他参与者。从私募股权二级市场的交易方式来看，主要有股权转让和并购交易两种，2013 年中 VC 机构通过两种交易方式退出共发生 134 起，比 2012 年增加近一倍①。

2013 年年中，一些私募股权机构在寻求并购退出套现，另一些私募股权机构则积极接盘。典型案例有中信产业基金从 TNT 手中买下天地华宇，红杉资本从其他机构手中接盘中通快递部分股权。目前私募股权二级市场上活跃的买家主要是大型机构及其成立的基金，这些基金的特点是体量大。例如中信产业基金三期基金可投资本量尚有 40 亿元，鼎晖人民币二期基金还有 35 亿元可投资本，弹药充足。而私募股权二级市场目前的主要卖方则是出于三个目的出售项目，一是外资基金为避免在撤销中国分支机构后所投资的项目无人管理而出售项目，二是基金到期面临清算压力，三是基金为了新一轮募资而需要退出以增长业绩。

① 数据来自清科集团《2013 年中国并购市场年度研究报告》、《2012 年中国并购市场年度研究报告》。

2013 年是私募股权二级市场发展的一年，IPO 的停闸增加了私募股权二级市场的供给，改变了投资机构的退出策略，并购市场由于政策等原因的火暴也使得并购和股权转让的环境越发成熟。这些都将构成私募股权二级市场未来继续发展、深化的有利条件。

对于创业投资机构来说，退出渠道不通畅无疑增加了投资的风险。对于企业成长的各个阶段，不同类型的投资机构进行投资可以提高资源配置的效率。目前创业投资机构对某一企业的投资，若该企业成长良好，会采取持续参与后续投资的策略，若该企业成长不好，则前期投资有无法退出的风险。私募股权二级市场的发展为创业投资机构提供了一个可以对冲、转移风险的市场，从这个角度讲，私募股权二级市场具有现代金融市场的主要功能，即风险管理功能。尤其在私募股权二级市场的参与者逐渐分化和增加后，夹层资本、并购资本、重整资本等不同类型的投资者参与其中，创业投资机构的权益资本的流动性就会大大提高，这有利于创业投资机构的可持续发展，创业投资行业对新增资本的依赖程度将逐渐降低，并最终形成一种可持续的资本内部循环机制。

11. 2. 2　互联网投资并购风起云涌　新兴产业资本加快创业节奏

2013 年是广义互联网行业并购爆发式增长的一年。年内广义互联网行业共发生并购 317 起，比 2012 年增长超过一倍；278 起披露金额的交易共涉及交易额 143. 49 亿美元，较去年同期增长达 164. 5%①。并购案例在各子行业中分布较为平均。

BAT 三巨头是 2013 年互联网并购中的主要买家，三巨头在互联网行业进行的并购战争引人关注。盘点三巨头 2013 年的投资收购情况，百度进行了超过 30 亿美元的投资布局，其中收购 91 无线的交易额为 18. 5 亿元，成为 2013 年中国互联网最大手笔的并购案。阿里巴巴的投资方向和投资阶段广泛，交易总额也超过 25 亿美元。腾讯的投资和收购活动同样活跃，但是披露金额仅 10 亿美元。

整体来看，BAT 三巨头共披露国内投资及收购交易 53 起。投资交易中，种子天使投资 2 起，A 轮融资 8 起，B 轮融资 12 起，C 轮融资仅 2 起。从投资阶段的结构来看，BAT 三巨头偏向于对早、中期项目进行投资。从投资方向来看，移动互联网行业的投资、收购共 14 起，占总案例数的近三分之一。

BAT 三巨头共同的特点是手握大量现金、掌握大量互联网资源。而其收购目的也有一定的趋同性，BAT 进行收购的主要目的有三种：收购产品、收购技术、收购人才。从被投资/收购方来看，好的标的公司是稀缺资源。正是由于供需之间的不平衡，导致在 BAT 进行的投资中产生了争夺稀缺资源、估值水平不断提高的现象，BAT 三巨头的投资部门都有过“暗抢”某一项目的经历。

百度在 2013 年共披露投资 6 个项目，披露 11 个收购项目。

---

① 数据来自清科集团《2014 年中国互联网行业并购专题研究报告》。

表 11－2　　2013 年百度投资/收购案例

	时间	公司	领域	交易金额	融资轮次
国内投资	2013－01	乐彩网	彩票	数千万元人民币	A 轮
	2013－03	原点手机	移动互联网	数千万元人民币	A 轮
	2013－04	捷通华声	语音	数千万元人民币	B 轮
	2013－06	传课网	教育	1000 万美元	B 轮
	2013－11	百分之百数码	移动互联网	数千万元人民币	B 轮
	2013－12	YOKA 时尚网	时尚媒体	1500 万美元	C 轮
国内收购	2013－01	Estrongs/ES 文件	移动互联网	数千万元人民币	收购
	2013－01	积木热门视频	视频	N/A	收购
	2013－02	点心移动	移动互联网	1000 万美元	收购
	2013－05	PPS 视频	视频	3.7 亿美元	收购
	2013－08	糯米网	O2O－LBS	1.6 亿美元	收购
	2013－08	悠悠村 UUCUN	移动互联网	5000 万美元	收购
	2013－08	道道通/长地万方	导航地图－LBS	N/A	收购
	2013－08	加速乐	安全	N/A	收购
	2013－08	91 无线	移动互联网	18.5 亿美元	收购
	2013－12	纵横中文网	网络文学	1.915 亿美元	收购
国外	2013－02	TrustGo	安全	3600 万美元	收购

资料来源：IT 桔子数据库。

阿里巴巴是 2013 年最为活跃的投资者，而且投资方向比较杂乱，投资标的范围涵盖上市公司到初创企业。数据显示，2013 年阿里巴巴投资或收购的事件有 22 起，交易总额超过 25 亿美元。

表 11－3　　2013 年阿里巴巴投资/收购案例

	时间	公司	领域	交易金额	融资轮次
国内投资	2013－01	墨迹天气	移动互联网	数千万元人民币	B 轮
	2013－01	360shop 淘店通	电子商务	数千万元人民币	A 轮
	2013－02	众安在线保险	金融	N/A	N/A
	2013－04	新浪微博	社交 SNS	5.8 亿美元	N/A
	2013－04	在路上	旅游	数百万美元	B 轮
	2013－04	快的打车	交通出行	400 万美元	A 轮
	2013－05	高德地图	地图－O2O	2.94 亿美元	N/A
	2013－06	淘淘搜	电子商务	数千万美元	B 轮
	2013－07	穷游网	旅游	数千万元人民币	B 轮
	2013－08	UC 优视	移动互联网	N/A	N/A
	2013－10	天弘基金	金融	11.8 亿元	N/A
	2013－11	拍拍贷	金融	3500 万美元	B 轮

续表

	时间	公司	领域	交易金额	融资轮次
	2013-12	海尔日日顺	物流	28 亿港元	N/A
	2013-12	LBE 安全大师	移动互联网	数千万美元	A 轮
国内收购	2013-01	虾米网	音乐	N/A	收购
	2013-02	声盟	音频广告联盟	N/A	收购
	2013-04	友盟	移动互联网	8000 万美元	收购
	2013-09	酷盘 Kanbox	云计算	N/A	收购
	2013-12	天天动听	音乐	N/A	收购
国外	2013-01	Quixey	移动互联网	5000 万美元	C 轮
	2013-06	Fanatics	电子商务	1.7 亿美元	N/A
	2013-08	ShopRunner	电子商务	7500 万美元	A 轮

资料来源：IT 桔子数据库。

腾讯在 2013 年的投资和收购非常活跃，在移动互联网领域，围绕微信进行投资布局；对搜索引擎等基础工具软件提供商收购活跃。由于披露不多，数据仅显示 24 起投资/收购案例，披露的投资金额超过 10 亿美元，投资类型横跨种子天使投资及 VC/PE 阶段。

表 11-4　　2013 年腾讯投资/收购案例

	时间	公司	领域	交易金额	融资轮次
国内投资	2013-01	365 日历网	移动互联网	数千万元人民币	B 轮
	2013-01	任玩堂	游戏	数百万元人民币	种子天使
	2013-01	晶合思动	游戏	数千万元人民币	A 轮
	2013-02	众安在线保险	金融	N/A	N/A
	2013-02	JiaThis 加网	SNS	数千万元人民币	B 轮
	2013-04	优信拍	二手车	3000 万美元	A 轮
	2013-04	泰捷软件 Togic	移动互联网	数千万元人民币	A 轮
	2013-04	嘀嘀打车	打车-O2O	1500 万美元	B 轮
	2013-05	金山网络	移动互联网	4698 万美元	N/A
	2013-09	搜狗	工具软件	4.48 亿美元	N/A
	2013-09	e 家洁	消费生活-O2O	400 万元人民币	种子天使
	2013-10	Roseonly	电子商务	数千万美元	B 轮
	2013-12	嘀嘀打车	打车-O2O	1 亿美元	C 轮
	2013-12	好买财富	金融	N/A	B 轮
国内收购	2013-01	安管佳科技	移动互联网	N/A	收购
	2013-01	迅影网络 Prayaya	工具软件	N/A	收购
	2013-03	枫树浏览器	工具软件	N/A	收购

续表

	时间	公司	领域	交易金额	融资轮次
国外	2013－06	Snapchat	移动互联网	6000 万美元	B 轮
	2013－06	Fab. com	电子商务	1.5 亿美元	D 轮
	2013－07	Watsi	金融	120 万美元	种子天使
	2013－08	Kamcord	游戏	100 万美元	种子天使
	2013－10	Loom	云计算	140 万美元	种子天使
	2013－12	CyanogenMod	移动互联网	2300 万美元	B 轮
	2013－12	Plain Vanilla	游戏	2200 万美元	B 轮

资料来源：IT 桔子数据库。

从投资类型来看，BAT 的投资横跨天使种子、VC/PE 阶段，以财务投资为目的的较少，战略投资占极大比重。从投资领域来看，移动互联网是投资的重点领域，此外，各家公司都围绕自己的战略和优势进行外延广泛的投资。

BAT 等互联网巨头是产业资本的代表，而且由于它们处于新兴产业的前沿，因此是新兴产业资本的代表。新兴产业资本的行为模式与传统的金融资本有较大反差。从投资方向看，金融资本的投资范围更加宽泛，投资的主要逻辑是未来价值贴现。而新兴产业资本主要围绕自己的战略发展方向进行投资，投资的逻辑是完善自身的生态布局，扩大中枢业务的辐射能力。可以将两种资本概括为财务投资者和战略投资者。

投资者投资的标的一定是某种经济资源，财务投资者投资的目标资源是企业的现金流，战略投资者投资的目标资源是被投资企业掌握的技术、商业模式、用户、人才等。投资就是投资者将自己掌握的资源进行重新配置的过程，财务投资者配置的是资本，战略投资者配置的则是产业资源——具体到互联网行业，目前核心的资源是用户。虽然两者都在进行资源的优化配置，但是由于配置的资源不同，即便两者所从事的都是创业投资，造成的影响也不相同。

两类投资者的投资都会对创业生态造成影响。从影响的路径来看，金融资本背景的创业投资实现的是自下而上的路径，通过在某个正在发展的行业中进行投资，通过行业的竞争，培育出行业中的巨头，进而完成行业的洗牌和整合，是一个将草根培育成参天大树的过程。BAT 的成长过程都是金融资本自下而上的路径对创业生态造成影响的典型案例。而产业资本背景的创业投资实现的则是自上而下的路径，当某个巨头将某一细分行业的某家企业收入囊中，由于有巨头的背书和资源支持，这家企业没有经过行业竞争便天然成长为行业中的巨头。这一点的典型案例是腾讯对嘀嘀打车的投资。腾讯投资嘀嘀打车后，一年之间嘀嘀打车的业务量增加了 100 倍。如果按照传统的行业竞争路径，这样的成长是不可想象的。因此可以说，巨头的每一次出手都将造成某个细分行业的洗牌，并且这种洗牌的节奏非常快。

产业资本的投资加快了细分行业由分散到集中的速度，实质上是资本驱动智力资源以更快的速度进行配置。当巨头完成对某一细分行业的洗牌后，造成的最终结果是该行业人员的急速流出，也就是智力资源的快速流出。这些流出的智力资源重新配置在新的领域，创业者开始新一轮创业。因此，产业资本的创业投资加快了创业的节奏，提高了创业的活跃度，同时在一定程度上也抬高了相关领域创业项目的估值中枢。

此外，由于新兴产业资本的介入，并购退出变得更加容易，早期投资变现期变短，推动天使投资和 VC 投资前移，早期项目受到更多关注，增加了中小微企业在初创期获得创投资本的机会。

11.3 代际更替中年轻创投初露锋芒

2013 年，除了创业投资机构的行为发生了众多变化以外，许多创业投资人也面临新的抉择。2013 年中，原戈壁创投合伙人童玮亮从戈壁资本离职，成为梧桐树资本创始合伙人；原 IDG 资本合伙人高翔、张震离职，共同创办高榕资本；前华兴资本董事总经理黄胜利创办了游戏众筹平台。除了这些成名投资人的人事变迁外，许许多多由原创投机构中层年轻投资人掌舵的新基金已经投了不少项目。创投行业正站在年轻投资人全面走上行业大舞台的开端。

我们发现创业投资行业在 2013 年看似经历了一大批年轻投资人离职自立门户的事件，促成这些事件发生的根本原因在于代际更替已经在经济社会的各个层面发生，而且，其影响比以往任何时候都来得强烈。

从需求端来看，中国的消费主力正在进行代际更替。80 后是现在面临最大量资本性支出和消费性支出的社会群体，90 后的消费需求则更加多样化。消费主力的行为变化导致了需求的变化①。未来 20 年，人们的组织感和权威感会弱化，需求更倾向于“即时可得”，性格更加虚拟化，人际关系更加扁平化，需求也将伴随着“可靠虚拟”技术的发展逐步转移到虚拟空间中。

新生代创业者的创业动机在改变，过往年代常见的生存型创业比例在下降，追求个人价值实现，甚至就是为了“酷”、“好玩”的创业行为越来越多。与此同时，信息技术的普及使得创业的成本也在下降，未来会有越来越多的年轻创业者投身创业大潮。而这些新生代创业者对投资人的需求也在改变，他们不再仅仅需要一笔资金，更需要投资人“能听懂他们的语言”，认同他们的价值取向，这对创业投资机构提出了更高的要求。

如果说 60 后投资人成长的主要年代是中国工业化加速发展的时代，那么 70 后、80 后甚至 90 后投资人成长的年代则涵盖了信息化在中国的开端和火热以及服务消费在中国的蓬勃发展。工业化的思维方式和信息化的思维方式是不同的。工业化要求标准统一，能够大规模生产销售，工业化的创业模式是资本密集型的，工业化的思维方式是从企业能否满足大多数客户的需求的角度理解企业，从企业的上游、生产、下游来理解企业，更多的是一种线性思维。而信息化非标准化的程度更高，需求更加个性化，信息化条件下的创业模式是智力密集型的，信息化的思维方式要求人们以一种非线性的、关注相关性的思维方式来理解企业和未来。因此，创业投资行业代际更替的一个实质影响便是思维方式的切换进而导致投资逻辑的改变。

① 详见《Nine Shift：Work，Life and Education in the 21st Century》，William A. Draves and Julie Coates。

图 11 – 11 代际更替对创投行业的影响

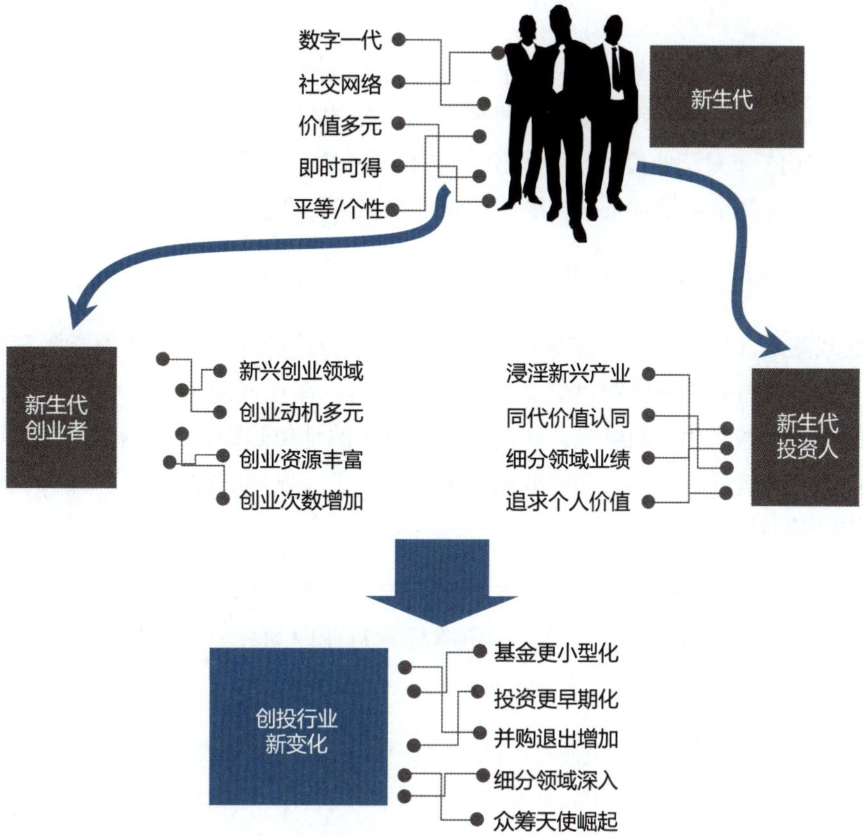

资料来源：课题组研究。

此外，我们也关注到，促成创业投资行业发生代际更替的另一股力量是行业内的利益分配格局。如果从微观考量，促成年轻投资人走上大舞台的一个原因是机构内部利益分配的断层。创业投资机构的收入包括管理费和业绩回报。管理费按照管理资产的规模定比收取，业绩回报则取决于创业投资机构的投资回报。机构高层通常能够从管理费和业绩回报中获取两部分收益，而机构的中下层人员则只能从管理费中获得收入。这样的利益分配格局使得大量已经具备一定经验的投资人选择自立门户，而且对新兴行业的理解力和人脉资源也使得年轻投资人拥有了自立门户的筹码。实践证明，大量新成立的由年轻人掌舵的基金普遍具有小而美的特点，这也是不同年龄阶段投资人的不同理念的体现。

代际更替已经对创业投资行业产生明显的影响。2013 年投资大量向 TMT 行业集中，一方面原因是由于这些行业“钱”景光明，但背景因素却是年轻的投资人更加理解这个行业。同时我们发现，非 TMT 第三产业在总投资案例中虽然占比不大，但却非常稳定，不同于第一、二产业投资案例急速下降的情况。总体来看，2013 年创业投资机构对第三产业的关注程度明显高于以前年度，这种现象主要原因是中国经济结构正处在调整转型的过程中，投资人的代际更替为创投行业紧紧追随经济结构的变化提供了更强劲的动力。

我们认为，创业投资人代际更替的结果是行业的目光将更加超前，具体表现是投资阶段更加早期化，投资领域在新经济这个范围内更加广泛，风险偏好将有一定程度的提高。

11.4 创投行业的变化对中小企业金融服务的影响

2013 年对创业机构而言并非好过的一年：募资艰难限制了行业规模的增长，退出渠道堵塞制约了行业的可持续发展。但同时，我们发现，投资回暖，新的投资方向的发展又令创业投资行业充满生机。我们认为，2013 年对创业投资行业来说，并不是寒冬，而是调整的一年。这一年有两个关键词——分化、整合。这两个关键词未来会给中小企业带来更加优质的金融服务。

11.4.1 资源观的视角看创业投资机构

基于资源的战略观（以下简称资源观）将企业视为一组资源的集合，认为资源在公司之间存在异质性，企业一旦预先占有某种资源就会获得先行者优势，在该资源上获得强势地位，并对随后的资源获取者的成本或收益产生不利影响，从而形成某种资源地位障碍，为企业带来持续的超常收益。因此，资源观强调战略选择，认为公司的战略任务就是识别、发展和配置与众不同的战略相关资源，以谋求最大化的经营回报。

从资源观的视角考察 2013 年的创业投资市场，我们发现，不同的创业投资机构占有不同的资源，从而产生了差异化的策略，这种差异化的策略导致行业内的分工更加明确，并最终为中小企业提供更加优质的服务。

我们认为，创业投资机构的主要资源是团队、过往业绩、资金。其中，团队是基础资源，是决定机构投资业绩和募资能力的首要因素，团队资源的组成要素既包括投资人团队的构建，也包括投资人团队所依靠的机构（如母公司）的声誉。资金和过往业绩则是相互影响的一对资源，过去募集的资金产生过去的投资业绩，过去的投资业绩对未来的募资形成正的或负的反馈效应。从资源的形式讲，团队和过往业绩是创业投资机构的“能力/影响力资源”，资金是创业投资机构的“货币资源”。

我们将创投机构的资源组成分为四类，如图 11－2 所示。

图 11－12 资源观下的创业投资机构四分类

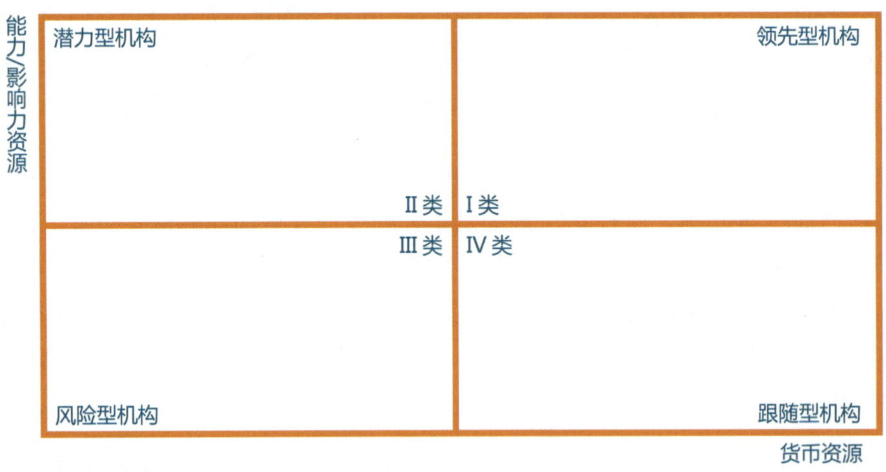

资料来源：课题组研究。

领先型机构是兼具能力/影响力资源和货币资源的机构；潜力型机构是具备能力/影响力资源但由于新近成立没有既往业绩等原因导致募资困难的机构；风险型机构是两种资源皆无的机构；跟随型机构是能力/影响力资源有限，但是货币资源充足的机构。

11.4.2 行业分化带来更优质的金融服务

募资困难使潜力型机构和风险型机构面临流动性压力，退出困难使风险型机构和跟随型机构面临业绩压力。在2013年，领先型机构依然领先，潜力型机构发展的瓶颈是资金问题，因此产生了小型化、天使化、早期化的趋势。跟随型机构面临业绩压力，有两种情况，其一是LP对业绩有要求，跟随型机构会选择通过私募股权二级市场转让项目，其二是LP对业绩没有压力，跟随型机构会选择继续持有自己手中的项目并且投资新的项目。而风险型机构面对两种困境，生存压力十分巨大。

募资困难导致货币资源的集中，掌握在LP手中的货币资源沿横轴从左向右流动。退出困难使得各类退出形式兴起，私募股权二级市场得到发展，项目资源沿纵轴从下向上流动。

在资源观的视角下，由于四类机构掌握不同的资源，导致了四类机构的不同策略和发展方向。领先型机构可以利用有利价格掌握更多的项目资源，LP资金流入和项目流入互相产生正反馈效应，优势进一步扩大。潜力型机构面临募资压力，会参与私募股权二级市场的交易，推动了优质项目的流动，使私募股权二级市场得到发展。跟随型机构或者采取收缩策略，或者迫于业绩压力，参与私募股权二级市场。而风险型机构由于能力/影响力资源的欠缺，手中既没有优质项目资源，也难以通过项目出售获得货币资源，因此很可能被市场淘汰。

掌握资源的区别导致了分化。按照“网络效应”理论，领先型机构会成为创业投资行业网络的中心节点，与之相反，风险型机构会逐渐被网络边缘化。而潜力型机构和跟随型机构则有两个跨越方向，或者向风险型机构跨越，或者向领先型机构跨越。在未形成跨越前，潜力型机构总体上会成为优质项目的净流出方，跟随型机构会主要成为（由于其能力/影响力资源较为欠缺）资金的净流出方。由此产生两种竞争局面，第一是潜力型机构和跟随型机构组建更低一级的网络，表现为机构联盟，跟随型机构采取跟投策略与潜力型机构分享收益；第二是领先型机构的资源越来越集中，形成行业龙头。

2013年中，我们也发现了这些现象。领先型机构的典型代表是诸多外资背景的创业投资机构，例如红杉资本。凭借多年形成的良好过往业绩以及外资充足的资金，无论是投资数量还是退出数量，从单一投资机构的角度看，许多大型外资创业投资机构都具备领先型机构的特质。潜力型机构包括许多原大型投资机构的合伙人离职后成立的新基金，这些基金缺乏过往业绩，规模大多在1亿—3亿美元，按照目前行业的笔均投资规模，投资项目的数量受到限制。一个例子是高榕资本，新近成立的高榕资本由多位年轻投资人主导，投资风格偏向早期项目。跟随型机构的典型代表是大型机构下设的基金，特点是体量大，但是没有优秀的过往业绩，一般会以大型项目的跟投人的身份出现。

这种机构策略的分化会演变为行业分工的分化。我们认为，资源会向两个区域集中。其一是I区域，这个区域的机构是领先型机构，在资源不断集中的过程中，有可能产生巨头。其二是II、IV区域，这两个区域是潜力型机构和跟随型机构，在资源结构调整的过程中，两个区域分别掌握项目资源和货币资源，有形成联盟，取长补短的需要，因此我们认为，未来会产生一批创业投资机构联盟。

而Ⅳ区域是资源净流出的区域，根据二八原则，我们认为随着行业洗牌的不断深化，会有机构倒下，但是倒下的频率和规模要视外部因素而定。

最主要的外部因素便是LP投资的热情和退出的渠道。外部环境的改善会延缓和拉长行业洗牌的过程。在2013年中，我们已经初步发现了行业洗牌的迹象。一方面是大机构投资新项目、收购老项目的火热，另一方面是众多机构募资困难、转让项目。目前的创业投资行业处于一种行业集中度不断提高的趋势中。

这种分工的细化将会为中小企业提供更优质的金融服务。大量实证研究表明，投资机构对企业的投资会影响企业的绩效。随着分工的细化，一方面是企业获得更加专业的投资机构的投资，随之而来的是更加专业化的增值服务。另一方面是有限的货币资源得到重新配置。这两方面的共同作用会形成合力，使中小企业获得更加优质的服务。

11.5 创投发展展望

我们认为，2014年的创业投资市场将是一个“募投退”比2013年更加活跃、更加市场化的市场，行业进一步复苏，但是会出现局部“寒冷”的局面。

从募资和投资两个方面讲，我们认为，2014年内、外资LP都会增加投资，并且创业投资会比2013年更加活跃。中国市场仍然是潜力巨大的市场，我们从宏观经济整体增速放缓的大背景下看到的是行业冷暖不均的表现，伴随着传统制造业没落的是第三产业的兴起以及互联网带动下新兴产业活跃度的提升，这将带来更加丰富的投资机会。此外，经济增速放缓也有助于促进创投行业的洗牌并促使行业理性回归。

从退出端来看，我们认为2014年创业投资行业的退出会更加市场化。在IPO停闸以前，创业投资机构普遍的退出策略便是IPO退出，缺乏其他灵活的退出方式，以IPO退出为主导退出策略的创业投资行业实际上在退出端还没有完全市场化。但是2013年行业出现的一些新现象让我们看到了退出端市场化变革的迹象。首先，私募股权二级市场的起步。我们认为，虽然私募股权二级市场的起步有其偶然性（被IPO停闸倒逼），但一旦起步，其发展的速度将超过预期。在2013年并购退出和股权转让退出的繁荣便已经说明，行业可以接受其他退出策略，也具有促使自身退出策略多元化的动力。我们预计，随着私募股权二级市场的发展，下一步会伴随着市场容量扩大、市场参与主体多元化的变化趋势。其次，新三板市场制度建设进展加快，为创投的退出提供了新的渠道。此外，京东等新兴的创业公司海外上市也引起社会的反思，如何尽快完善我国资本市场层次结构，为有潜力的创业企业提供直接融资渠道，留住优质的上市资源，已经成为监管层不得不面对的课题。

在行业整体复苏的同时，我们认为会有不少机构倒下，这是行业分化的体现，也是行业理性复苏的表现。因此2014年的创业投资行业将会是整体升温、局部寒冷的格局。

对中小企业来说，创投行业的理性复苏会使更多中小企业享受创业投资带来的服务。我们认为投资端的复苏是两个方向的复苏。纵向来看，对某些行业，如TMT行业的服务深度会加强；横向来看，创业投资会服务于更多的细分行业。并且，创业投资行业的内部革新会在推动创业投资机构进步的基础上，为中小企业带来更加优质的增值服务。

12

股权交易市场：结构化行情下的创新发展

2013年，中国资本市场一波三折，呈现新的格局：主板、中小板和创业板不再齐涨齐跌，而是走出冰火两重天的行情；各行业板块之间的分化加剧，政策冲击特色明显；同时，全年没有新股发行，IPO重启从数次传闻到年末方尘埃落定。在2013年特殊的形势下，中小企业通过股市获取金融服务的形式由往年的IPO融资为主转变为增发、配股为主，全年在中小企业板、创业板和新三板通过增发再融资的中小企业共有163家，募资总额为534.58亿元①，虽然再融资规模比2012年增长35.15%，但受IPO融资颗粒未收的拖累，中小企业2013年通过股权交易市场的融资额较2012年大幅下降51.65%。与此同时，借助政策东风，新三板正式扩容，将迎来跨越式发展。此外，一些地方产权交易所的打包金融服务也开始出现，为拓展中小企业金融服务进行了探索。

12.1 股市一波三折 改革新政频现

2013年的最后一个月，IPO重启得以实现。11月30日，中国证监会发布《关于进一步推进新股发行体制改革的意见》，证监会也明确了IPO重启的时间，在2014年1月陆续安排公司上市。同时，新三板全国扩容方案正式推出。此外，区域性股权交易市场蓬勃发展，政府的鼓励政策陆续出台。

12.1.1 IPO新政推出 改革且行且思

2012年10月，IPO遭遇第八次暂停②，A股市场于2012年12月4日探底至1949.46，随后在2013年2月18日反弹至2444.80，期间最高涨幅达到25.41%。自2013年3月以来，证监会对排队的IPO企业进行财务自查、抽查，市场开始预期新一轮的IPO重启。

---

① 中小企业板有71家上市公司进行增发再融资，募资总额达473.30亿元；创业板有14家上市公司通过并购重组进行增发再融资，募资总额达47.01亿元；新三板有78家挂牌企业进行增发再融资，募资总额为14.27亿元。

② 第一次：1994年7月21日至1994年12月7日。第二次：1995年1月19日至1995年6月9日。第三次：1995年7月5日至1996年1月3日。第四次：2001年7月31日至2001年11月2日。第五次：2004年8月26日至2005年1月23日。第六次：2005年5月25日至2006年6月2日。第七次：2008年12月6日至2009年6月29日。第八次：2012年10月10日至2013年11月。

2013年6月7日，中国证监会公布了《中国证监会关于进一步推进新股发行体制改革的意见（征求意见稿）》，开启新一轮的新股发行体制改革。2013年11月30日，证监会发布《关于进一步推进新股发行体制改革的意见》，这是证监会继2013年6月7日就《意见（征求意见稿）》向社会各界公开征求意见以后正式出台的新股发行改革指引。对于广大希望上市融资的中小企业来说，开闸在即的IPO为它们开启了资本市场的大门。但令人遗憾的是，直到2014年1月17日，纽威股份（603699）在上交所挂牌上市，成为IPO重启后首只挂牌上市的股票，而2013年全年没有一家中小企业得以在沪深股市实现IPO融资。并且，此次IPO新政在诸多方面也一直饱受市场批评，如市值配售制度容易造成市场大幅波动、存量股发行制度为包装上市的原始股东高位减持套现大开方便之门、新的承销询价制度被指容易滋生利益寻租等。2014年1月10日，奥赛康发布公告称，公司新股将暂缓发行，暂缓的原因是“本次发行规模和老股转让规模较大”。在本次IPO重启中，高市盈率、巨额老股转让、暂缓发行等一系列问题预示着新股发行体制改革远未结束，改革之路依然漫长。

12.1.2 新三板制度取得重大突破 全国大规模扩容启动

全国中小企业股份转让系统（以下简称股转系统）是经国务院批准设立的全国性证券交易场所，主要为创新型、创业型、成长型中小微企业发展服务。2006年1月23日，国务院批准设立股份报价转让系统。同年，中关村科技园区非上市股份有限公司进入证券公司代办股份转让系统，进行股份转让试点，中关村也成为经国务院批准的第一个新三板①试点园区。2012年8月3日，证监会表示，经国务院批准决定扩大非上市股份公司股份转让试点，首批扩大试点除北京中关村科技园区外，新增上海张江高新技术产业开发区、武汉东湖新技术产业开发区和天津滨海高新区。

2013年1月16日，全国中小企业股份转让系统揭牌仪式举行，这是全国场外市场建设的标志性事件。自此，非上市公司股份转让的小范围、区域性试点将开始渐次走向面向全国的正式运行。2013年，新三板管理机构在制度、政策、业务、技术和组织等方面进行了充分的准备工作。2013年12月13日，国务院发布《关于全国中小企业股份转让系统有关问题的决定》，新三板全国扩容方案正式出台。随后，2013年12月27日，证监会发布了《关于修改〈非上市公众公司监督管理办法〉的决定》、《股东人数超过200人的未上市股份有限公司申请行政许可有关问题的审核指引》等7项配套规则，标志着股转系统试点扩大至全国工作正式启动。

新三板扩容方案的出台以及相关配套规则的陆续发布，拓宽了新三板公司的范围，有利于发挥股转系统服务中小微企业发展的功能。凡是在境内注册的、符合挂牌条件的股份公司，均可以经主办券商推荐申请在全国股份转让系统挂牌公开转让。挂牌公司不再受高新园区的限制，不受所有制的限制，也不限于高新技术企业。

此外，从2013年开始，新三板的各项规章制度也逐步完善。包括非上市公众公司相关法规、全国中小企业股份转让系统业务规则、主办券商相关规定、挂牌公司相关规定、投资者规定、收费规则等均有大量文件出台，具体如表12-1所示。

① 新三板市场特指中关村科技园区非上市股份有限公司进入代办股份系统进行转让试点，因为挂牌企业均为高科技企业而不同于原转让系统内的退市企业及原STAQ、NET系统挂牌公司，故形象地称为“新三板”。

图 12－1　新三板扩容大事记

2012-09-07　上海张江高新区、武汉东湖高新区、天津滨海高新区及北京中关村科技园区的8家企业在北京集体挂牌，新三板扩容正式拉开帷幕

2012-09-20　新三板交易平台——全国中小企业股份转让系统有限责任公司注册成立

2012-10-11　证监会发布《非上市公众公司监督管理办法》，确定了非上市公众公司的范围，提出了公司治理和信息披露的基本要求，明确了公开转让、定向转让、定向发行的申请程序

2013-01-08　证监会公布《监管办法》的配套规则《非上市公众公司监管指引第1号——信息披露》、《非上市公众公司监管指引第2号——申请文件》和《非上市公众公司监管指引第3号——章程必备条款》

2013-01-16　全国中小企业股份转让系统揭牌仪式举行，非上市公司股份转让的小范围、区域性试点将开始渐次走向面向全国的正式运行，挂牌公司的准入和持续监管将纳入证监会非上市公众公司监管范围

2013-02-08　全国中小企业股份转让系统公司发布《全国中小企业股份转让系统业务规则（试行）》，标志着新三板的交易规范化

2013-05-28　全国中小企业股份转让系统新规公布后的首批企业挂牌仪式举行，来自三个高新园区的七家企业挂牌新三板

2013-12-16　国务院发布《关于全国中小企业股份转让系统有关问题的决定》，新三板全国扩容方案正式出台

资料来源：新三板扩容大事记根据公开资料整理。

表 12－1　　新三板相关政策梳理

新三板相关制度规定	出台时间	施行时间
一、非上市公众公司相关法规（证监会出台）		
《关于修改〈非上市公众公司监督管理办法〉的决定（征求意见稿）》	2013－12－17	2013－12－17
《非上市公众公司监管指引第 1 号——信息披露》	2013－01－04	2013－01－04
《非上市公众公司监管指引第 2 号——申请文件》	2013－01－04	2013－01－04
《非上市公众公司监管指引第 3 号——章程必备条款》	2013－01－04	2013－01－04
《非上市公众公司监督管理办法》	2012－09－28	2013－01－01
二、系统业务规则（全国中小企业股份转让系统公司出台）		
《全国中小企业股份转让系统申请材料接收须知》	2013－03－20	2013－03－20
《全国中小企业股份转让系统业务规则（试行）》	2013－02－08	2013－02－08
三、主办券商相关规定（全国中小企业股份转让系统公司出台）		
《全国中小企业股份转让系统主办券商推荐业务规定（试行）》	2013－02－08	2013－02－08
《全国中小企业股份转让系统主办券商尽职调查工作指引（试行）》	2013－02－08	2013－02－08
《全国中小企业股份转让系统主办券商管理细则（试行）》	2013－02－08	2013－02－08

续表

新三板相关制度规定	出台时间	施行时间
四、挂牌公司相关规定（全国中小企业股份转让系统公司出台）		
《全国中小企业股份转让系统股票挂牌业务操作指南（试行）》	2013－08－22	2013－08－22
《全国中小企业股份转让系统挂牌公司持续信息披露业务指南（试行）》	2013－07－15	2013－07－15
《全国中小企业股份转让系统挂牌公司暂停与恢复转让业务指南（试行）》	2013－07－15	2013－07－15
《全国中小企业股份转让系统挂牌公司半年度报告内容与格式指引（试行）》	2013－07－11	2013－07－11
《全国中小企业股份转让系统股票挂牌条件适用基本标准指引（试行）》	2013－06－20	2013－06－20
《全国中小企业股份转让系统挂牌公司定向发行备案业务指南》	2013－04－25	2013－04－25
《股份公司申请在全国中小企业股份转让系统公开转让、定向发行股票的审查工作流程》	2013－03－19	2013－03－19
《全国中小企业股份转让系统挂牌申请文件内容与格式指引（试行）》	2013－02－08	2013－02－08
《全国中小企业股份转让系统挂牌公司信息披露细则（试行）》	2013－02－08	2013－02－08
《全国中小企业股份转让系统挂牌公司年度报告内容与格式指引（试行）》	2013－02－08	2013－02－08
五、投资者规定（全国中小企业股份转让系统公司出台）		
《买卖挂牌公司股票委托代理协议》	2013－02－27	2013－02－27
《全国中小企业股份转让系统投资者适当性管理细则（试行）》	2013－02－8	2013－02－8
六、收费规则（全国中小企业股份转让系统公司出台）		
《关于全国中小企业股份转让系统有限责任公司有关收费事宜的通知》	2013－02－08	2013－02－08

资料来源：根据公开资料整理。

国务院《关于全国中小企业股份转让系统有关问题的决定》对制约新三板发展的准入、转板制度进行了原则性规定。在新三板定位上，明确新三板是为创新型、创业型、成长型中小微企业发展服务，且是为企业发展、资本投入与退出服务，不是以交易为主要目的。挂牌准入明确不设财务门槛，没有盈利要求，而且挂牌公司不再受高新园区、所有制、高新技术企业限制，比市场此前预期的要求挂牌企业是高新园区相比要更加宽松。投资准入门槛上，并没有如市场此前期待的那样降低门槛，而是明确主要针对机构投资者，对于个人投资者从财务状况、投资经验、专业知识三个方面提高门槛。在转板制度上，明确新三板转主板、区域股权市场转新三板的条件。在审批程序上，新三板市场更加简化，对于股东在200人以下的挂牌以及挂牌后实施定向增发股东人数仍达不到200人的两种情况，证监会豁免核准，由全国股份转让系统自律审查。除此之外的其他情况，则需证监会核准，但也比场内市场上市程序要简化很多，不需发审委审核。

表12－2　　国务院《关于全国中小企业股份转让系统有关问题的决定》解读

新三板定位	服务对象：主要是为创新型、创业型、成长型中小微企业发展服务
	服务方式：是中小微企业与产业资本的服务媒介，主要是为企业发展、资本投入与退出服务，不是以交易为主要目的
挂牌准入条件	不设财务门槛。只要股权结构清晰、经营合法规范、公司治理健全、业务明确并履行信息披露义务的股份公司均可挂牌
	挂牌公司不受高新园区、所有制、高新技术企业限制。凡是在境内注册的、符合挂牌条件的股份公司均可挂牌公开转让

续表

投资准入条件	主要针对机构投资者。鼓励证券公司、保险公司、证券投资基金、私募股权投资基金、风险投资基金、合格境外机构投资者、企业年金等机构投资者参与市场
	个人投资者严格准入。个人投资者从财务状况、投资经验、专业知识等三个维度严格准入条件
转板制度	新三板可以转主板。前提是挂牌公司必须符合《证券法》规定的股票上市条件，在股本总额、股权分散程度、公司规范经营、财务报告真实性等方面达到相应的要求
	区域股权市场可以转主板。必须满足两个条件：一是区域性股权转让市场必须符合《国务院关于清理整顿各类交易场所切实防范金融风险的决定》；二是股份公司必须符合全国股份转让系统的挂牌条件
简化行政许可	证监会豁免核准情形。“股东人数不超过200人的股份公司申请在全国股份转让系统挂牌公开转让”和“挂牌公司向特定对象发行证券后持有人累计不超过200人”两种情形，证监会豁免核准，由全国股份转让系统进行自律审查
	证监会简化核准情形。“股东人数已超过200人的股份公司申请在全国股份转让系统挂牌公开转让股票”和“挂牌公司定向发行证券且发行后证券持有人累计超过200人”两种情形由证监会实施核准，但简化程序，证监会审核后不提交发审委审核

资料来源：根据公开资料整理。

12.1.3 政府政策支持 促进区域性股权交易所发展

自2011年11月和2012年7月国务院发布《关于清理整顿各类交易场所 切实防范金融风险的决定》（国发〔2011〕38号文，下称“38号文”）和《国务院办公厅关于清理整顿各类交易场所的实施意见》（国办发〔2012〕37号，下称“37号文”），为区域股权交易市场的业务运作划定基本红线之后，证监会和证券业协会也积极参与区域市场监管，规范券商参与区域性股权交易市场建设。

在清理整顿各类交易所的基础上，2013年8月，国务院办公厅发布《国务院办公厅关于金融支持小微企业发展的实施意见》，将区域性股权市场纳入多层次资本市场体系，促进小微企业改制、挂牌、定向转让股份和融资，支持证券公司通过区域性股权市场为小微企业提供挂牌公司推荐、股权代理买卖等服务。

政策导向为区域性股权交易市场的发展提供了契机，区域性股权交易市场被很多地方政府寄予解决当地融资问题和推动金融改革的厚望，相关支持区域性股权交易市场建设的政策陆续出台。如上海为吸引中小企业到上海的股权托管登记中心挂牌，对挂牌成功的企业给予150万元的补贴；重庆也对挂牌企业补助一般的挂牌费用。2013年7月26日，南昌市人民政府办公厅印发《南昌市关于促进区域性股权交易市场发展的若干政策》，鼓励南昌市暂不具备进入沪深证券交易所和全国中小企业股权转让系统的中小企业进入江西省股权交易所挂牌交易。对在省股交所挂牌的企业，于2014年12月31号之前挂牌的，给予30万元的奖励；于2014年12月31号之后挂牌的，给予20万元的奖励。而对在省股交所以外的其他区域性股权交易市场所挂牌的企业，于2014年12月31号之前挂牌的，给予25万元的奖励；于2014年12月31号之后挂牌的，给予15万元的奖励。

表 12－3　　区域性股权交易市场相关政策

颁布时间	文件名	内　容
2011－11	《关于清理整顿各类交易场所　切实防范金融风险的决定》（国发〔2011〕38 号）	除依法设立的证券交易所或国务院批准的从事金融产品交易的交易场所外，任何交易场所均不得将任何权益拆分为均等份额公开发行，不得采取集中竞价、做市商等集中交易方式进行交易；不得将权益按照标准化交易单位持续挂牌交易，任何投资者买入后卖出或卖出后买入同一交易品种的时间间隔不得少于 5 个交易日；除法律、行政法规另有规定外，权益持有人累计不得超过 200 人
2012－07	《国务院办公厅关于清理整顿各类交易场所的实施意见》（国办发〔2012〕37 号）	违反下列规定之一的交易场所及其分支机构，应予以清理整顿。 1. 不得将任何权益拆分为均等份额公开发行。 2. 不得采取集中交易方式进行交易。 3. 不得将权益按照标准化交易单位持续挂牌交易。 4. 权益持有人累计不得超过 200 人。 5. 不得以集中交易方式进行标准化合约交易。 6. 未经国务院相关金融管理部门批准，不得设立从事保险、信贷、黄金等金融产品交易的交易场所，其他任何交易场所也不得从事保险、信贷、黄金等金融产品交易
2012－08	《关于规范证券公司参与区域性股权交易市场的指导意见（试行）》	区域性市场是为市场所在地省级行政区域内的企业特别是中小微企业提供股权、债券的转让和融资服务的私募市场，接受省级人民政府监管。 区域性市场原则上不得跨区域设立营业性分支机构，不得接受跨区域公司挂牌。确有必要跨区域开展业务的，应当按照 37 号文要求分别经区域性市场所在地省级人民政府及拟跨区域的省级人民政府批准，并由市场所在地省级人民政府负责监管
2013－02	《证券公司参与区域性股权交易市场业务规范》（中证协发〔2013〕17 号）	证券公司参与区域性市场应按《业务规范》要求将相关材料报协会备案，备案方式目前暂采用纸质材料备案，待备案系统启用后将采用远程电子备案。对尚未完成清理整顿工作并通过验收的区域性市场，证券公司不得参与，协会不受理备案。证券公司参与区域性市场应遵循《业务规范》，并做好投资者适当性管理工作，建立隔离墙制度。证券公司参与区域性市场过程中，如遇重大事项或问题，应及时向协会报告
2013－08	《国务院办公厅关于金融支持小微企业发展的实施意见》（国办发〔2013〕87 号）	在清理整顿各类交易场所基础上，将区域性股权市场纳入多层次资本市场体系，促进小微企业改制、挂牌、定向转让股份和融资，支持证券公司通过区域性股权市场为小微企业提供挂牌公司推荐、股权代理买卖等服务

资料来源：根据公开资料整理。

12.2　板块冰火共存　创业板一枝独秀

2013 年，A 股市场主板的表现冷清疲弱，2013 年全年，上证综指累计跌幅达 6.75%，深证成指累计下跌 10.91%，中小板指累计涨幅 17.54%，而创业板则飙涨 82.73%。深证市场上，深圳主板

(不包括中小板) 流通市值占比下降，而中小板和创业板流通市值占比上升，市场资金由主板流向中小板和创业板。另外，由于 IPO 融资暂停，股权再融资成为中小企业融资的主要渠道。

12.2.1 创业板异军突起　市场现结构性行情

2013 年，在整个 A 股市场下跌的情况下，创业板则逆势上涨，全年总市值增加 6360.78 亿元，增幅达 72.85%。以 2012 年 12 月 31 日为基期，分别用上证综指、深证成指、创业板指数和中小板指数代表上海主板、深圳主板、创业板和中小企业板，可以看出：2013 年全年，上海主板和深圳主板分别下跌 6.75% 和 10.91%，创业板和中小板则双双上升，与主板市场呈现出冰火两重天的格局。其中，创业板一枝独秀，全年涨幅达 82.73%；中小板稳中有升，全年上涨 17.54%。

图 12－2　A 股、创业板、中小板涨跌幅（2012—2013 年）

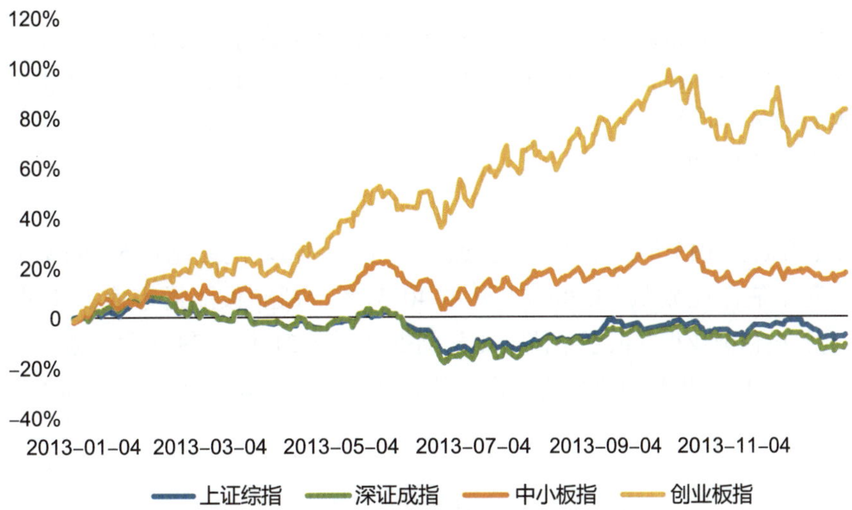

注：图中涨跌幅数据以 2012 年 12 月 31 日为基期。

资料来源：Wind 资讯。

实际上，2013 年，创业板的整体盈利与其他板块相比，并无明显优势。然而，市场对经济转型的预期使得主板资金持续流入创业板，使创业板出现了逆势上涨的格局。

12.2.2 市场资金流向创业板和中小板

板块资金流向是对市场上板块资金面状态的描述。国内最普遍的一种对板块资金流入流出的描述是持有某个板块股票的资金量在某个时间段内的变化，也就是板块的市值变化。

图 12－3 显示了 2012 年和 2013 年深圳市场上市公司流通市值的构成和变动。2013 年，深圳市场流通市值为 63053 亿元，比 2012 年的 47364 亿元上升 33.13%。其中，中小企业板的流通市值为 25544 亿元，同比上升 57.25%；创业板的流通市值为 8219 亿元，同比上升 146.42%，二者均远高于深圳市场总体流通市值的上涨幅度。

图 12－3　深圳市场上市公司流通市值及占比（2012—2013 年）

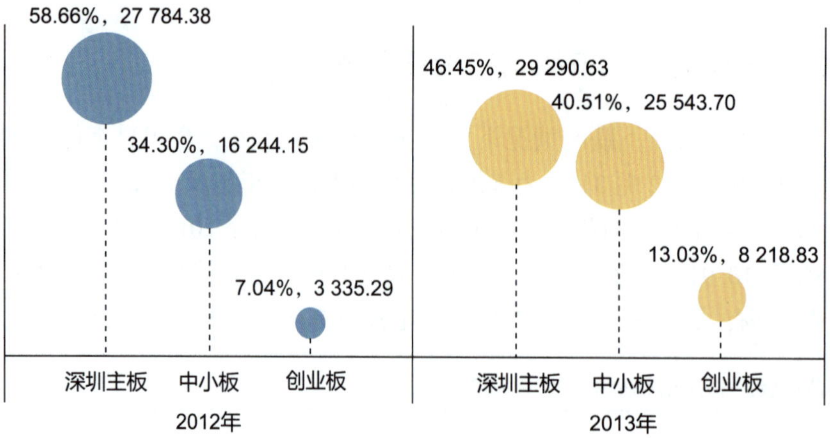

注：①图中气泡大小代表相应类别板块上市公司流通市值，气泡高度代表相应板块流通市值占比。

②“58.66%，27784.38”表示 2012 年深圳主板上市公司流通市值为 27784.38 亿元，占深圳市场上市公司流通市值的比例为 58.66%。其他数据含义以此类推。

资料来源：深圳证券交易所网站。

流通市值占比方面，2013 年，深圳主板流通市值在深圳市场的占比从 58.66% 下降至 46.45%，而中小企业板流通市值占比则从 34.30% 上升至 40.51%，创业板流通市值占比从 7.04% 上升至 13.03%。中小企业板和创业板的流通市值占比分别提升了 6.21 和 5.99 个百分点，而深圳主板则下降了 12.21 个百分点。中小板和创业板的流通市值首次超过了深圳主板，占深圳市场市值的半壁江山。

12.2.3　IPO 融资暂停　增发成再融资主要渠道

■创业板再融资规模扩大

目前，我国上市公司股权再融资的工具主要有增发、配股和发行可转换债券①。Wind 数据显示，2013 年没有创业板上市公司进行配股，也没有创业板上市公司发行可转换债券，因此，在创业板再融资中，增发成为最主要的融资渠道。

2013 年，证监会仍没有开放创业板上市公司以募资为目的进行再融资的闸门，但是，由于证监会《关于修改上市公司重大资产重组与配套融资相关规定的决定》允许企业在进行重大资产重组时进行配套融资，这为创业板公司提供了一条再融资的变通渠道。继 2012 年立思辰（300010）、红日药业（300026）、蓝色光标（300058）和恒泰艾普（300157）四只股票通过创业板增发募集资金之后，2013 年，又有 14 家上市公司通过创业板增发募集资金，增发规模总计为 47.01 亿元，同比增长 358.23%；平均募资规模为 3.36 亿元，同比增长 30.92%。创业板企业进行并购重组的需求旺盛，通过配套融资募集的资金为并购重组提供了所需的流动资金。

---

① 可转换债券是一种被赋予股票转换权的公司债券，其发行和交易均在债券市场进行，但从我国资本市场历史实践来看，除个别案例外，可转债发行人主要是将可转债作为一种延迟股权融资工具，促进可转债转股的意愿较为强烈。

表 12－4　　创业板上市公司配套融资情况（2013 年）

证券代码	证券简称	所属证监会行业名称	首发上市年	首发募集资金（亿元）	增发上市日	增发募集资金（亿元）
300006. SZ	莱美药业	制造业	2009	3. 80	2013－10－18	1. 10
300025. SZ	华星创业	信息技术业	2009	1. 97	2013－09－25	0. 96
300038. SZ	梅泰诺	制造业	2010	5. 98	2013－03－15	1. 75
300054. SZ	鼎龙股份	制造业	2010	4. 58	2013－11－13	0. 91
300058. SZ	蓝色光标	租赁和商务服务业	2010	6. 77	2013－09－18	5. 34
300071. SZ	华谊嘉信	租赁和商务服务业	2010	3. 25	2013－12－05	0. 52
300080. SZ	新大新材	制造业	2010	15. 19	2013－05－16	8. 90
300090. SZ	盛运股份	制造业	2010	5. 44	2013－10－28	4. 86
300157. SZ	恒泰艾普	采矿业	2011	12. 67	2013－11－13	3. 51
300236. SZ	上海新阳	制造业	2011	2. 38	2013－10－18	3. 90
300256. SZ	星星科技	制造业	2011	5. 25	2013－12－30	7. 14
300263. SZ	隆华节能	制造业	2011	6. 60	2013－11－06	4. 05
300292. SZ	吴通通讯	制造业	2012	2. 00	2013－09－06	1. 38
300315. SZ	掌趣科技	信息技术业	2012	6. 55	2013－08－15	2. 70
总计						47. 01

资料来源：Wind 资讯。

目前，创业板通过并购重组方式进行的再融资并未受到政策限制，因此，上述 14 家公司均属于用股权或现金置换资产的并购重组模式。2014 年 5 月 16 日，中国证监会正式发布《创业板上市公司证券发行管理暂行办法》，标志着创业板以募资为目的的再融资开闸。随着监管层政策的进一步明晰，创业板再融资制度将不断完善，从而为新兴企业融资提供制度保障。

从行业分布来看，2013 年创业板增发的上市公司分布于 4 个行业。其中，增发最集中的行业是制造业，共有 9 家，占全年增发上市公司总数的 64. 29%；行业募资总额为 33. 98 亿元，募资总额占比 72. 28%，行业平均募资额为 3. 78 亿元/家。此外，信息技术业、租赁和商务服务业以及采矿业的上市公司也有一定的扩张需求，行业募资总额分别为 3. 66 亿元、5. 86 亿元和 3. 51 亿元。

表 12－5　　创业板上市公司配套融资行业分布及募集资金概况（2013 年）

行　业	增发数量	数量占比（%）	行业募资总额（亿元）	募资总额占比（%）	行业平均募资额（亿元/家）
制造业	9	64. 29	33. 98	72. 28	3. 78
信息技术业	2	14. 29	3. 66	7. 78	1. 83
租赁和商务服务业	2	14. 29	5. 86	12. 46	2. 93
采矿业	1	7. 14	3. 51	7. 48	3. 51

资料来源：Wind 资讯。

从地区分布来看，2013 年创业板上市公司增发分布于 8 个省市，其中北京数量最多，其次是河南、浙江等地（见图 12－4）。

图 12－4　创业板配套融资上市公司地区分布（2013 年）

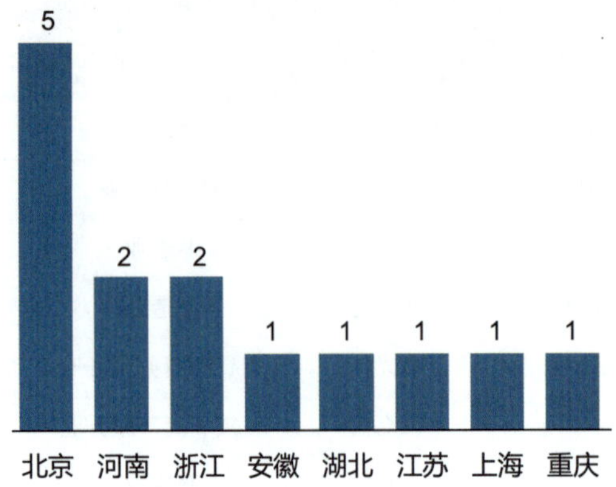

资料来源：Wind 资讯。

■中小板再融资步伐加快

中小企业板是深圳证券交易所为了鼓励自主创新，而专门设置的中小型公司聚集板块。板块内公司普遍具有收入增长快、盈利能力强、科技含量高的特点，而且股票流动性好，交易活跃。中小企业板定位于为主业突出、具有成长性和科技含量的中小企业提供融资渠道和发展平台，促进中小企业快速成长和发展，是解决中小企业融资困境的重要探索。中小企业板是现有主板市场的一个组成部分，其发行上市条件与主板相同，但发行规模相对较小，成长较快，而且上市后要遵循更为严格的规定，目的在于提高公司治理结构和规范运作水平，增强信息披露透明度，保护投资者权益。

目前，中小企业板股权再融资的方式主要有增发、配股和可转债发行①。2013 年，共有 71 家上市企业通过中小企业板进行增发再融资，相对于 2012 年的 38 家大幅增加，增发募资额共计 473.30 亿元，较 2012 年的 390.76 亿元增长了 21.12%（见图 12－5）。

图 12－5　中小企业板上市公司增发募资规模和增发家数（2009—2013 年）

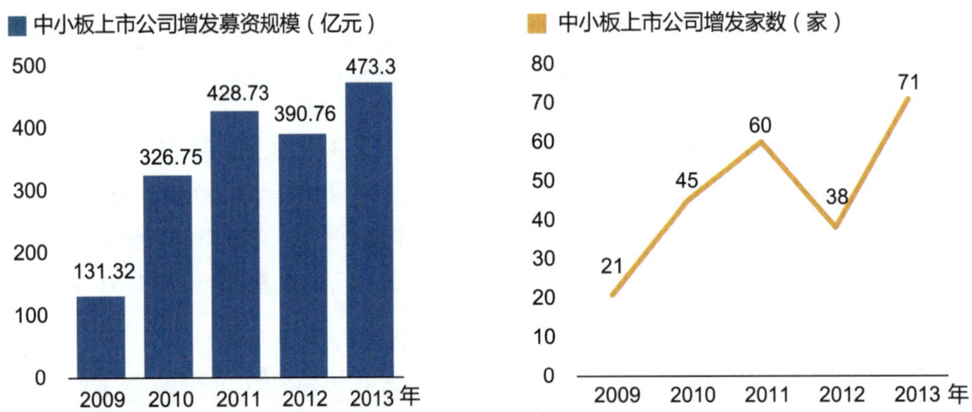

资料来源：Wind 资讯。

2009 年至 2011 年，上市公司通过中小企业板进行增发再融资的数量和规模不断上升，增发企业家数从 2009 年的 21 家上升至 2011 年的 60 家，再融资规模从 2009 年的 131.32 亿元上升到 2011 年

① 可转换债券融资情况将在债券市场融资中进行分析，此处不纳入统计范围。2013 年，中小企业板没有上市公司通过配股募资，有 3 家上市公司东华软件（002065）、华天科技（002185）和泰尔重工（002347）通过发行可转换债券募资。

的428.78亿元；2012年，中小板再融资的数量和规模双双回落；2013年，中小板股权再融资数量和规模均大幅上升，在零IPO的惨淡市场中显得尤为突出。

从增发再融资在全部主板（包含中小企业板）的占比来看，中小板市场近几年来稳步扩容，发展壮大。2009年到2013年，中小企业板上市公司增发家数从21家增长到71家，增发家数占全部主板总增发家数的比例从16.67%上升至31.14%；增发融资额从131.32亿元增加到473.30亿元，在全部主板的占比从4.80%上升至15.09%。

图12-6 中小企业板增发家数及融资额占比（2009—2013年）

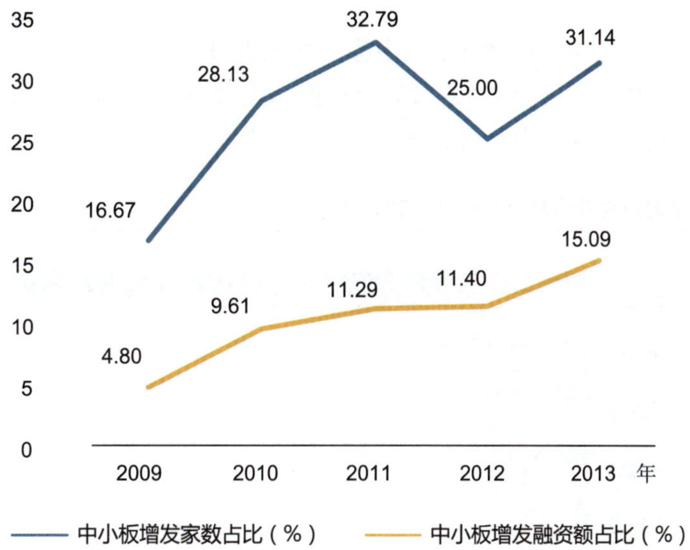

资料来源：Wind资讯。

从行业分布来看，2013年中小企业板增发的上市公司分布于9个行业。其中，增发最集中的行业是制造业，全年共有57家公司实施增发，占全年增发上市公司总数的80.28%；行业募资总额为353.28亿元，募资总额占比为74.64%，在9个行业中最高；行业平均募资额为6.20亿元/家。建筑业是中小企业板上市公司增发的第二大行业，全年共有4家公司实施增发，占比5.63%；行业募资总额为45.04亿元，占比9.52%；行业平均募资额为11.26亿元/家，在9个行业中最高。

表12-6 中小企业板上市公司增发行业分布及募集资金概况（2013年）

行业	增发数量	数量占比（%）	行业募资总额（亿元）	募资总额占比（%）	行业平均募资额（亿元/家）
制造业	57	80.28	353.28	74.64	6.20
建筑业	4	5.63	45.04	9.52	11.26
信息技术业	3	4.23	24.79	5.24	8.26
批发和零售业	2	2.82	18.08	3.82	9.04

续表

行　业	增发数量	数量占比（%）	行业募资总额（亿元）	募资总额占比（%）	行业平均募资额（亿元/家）
金融业	1	1.41	9.69	2.05	9.69
科学研究和技术服务业	1	1.41	3.40	0.72	3.40
农、林、牧、渔业	1	1.41	6.13	1.29	6.13
水利、环境和公共设施管理业	1	1.41	6.57	1.39	6.57
租赁和商务服务业	1	1.41	6.32	1.34	6.32

资料来源：Wind 资讯。

在行业募资方面，主板与中小板增发企业中募资额比重最大的均为制造业，2013 年制造业募资额占比在两板中都达到五成以上（见图 12－7）；在建筑业、信息技术业和批发零售业，中小板增发募资额的占比则高于主板，体现出中小板对这些行业中小企业融资的支持作用。

图 12－7　主板和中小板增发行业募资额分布情况（2013 年）

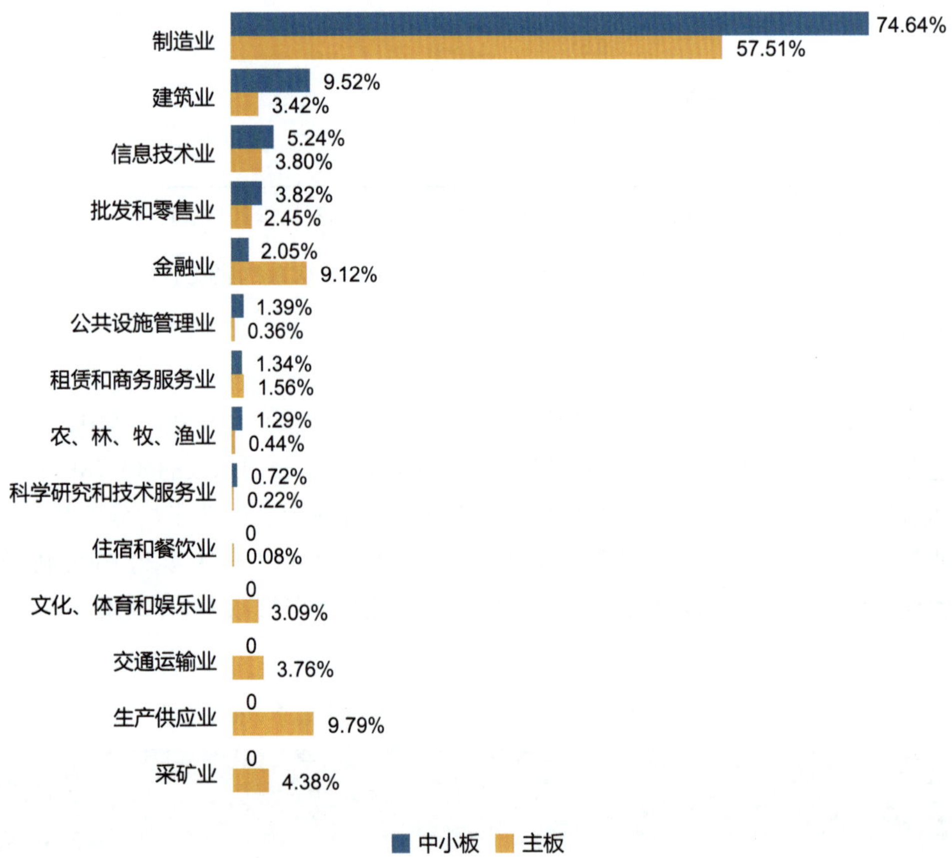

资料来源：Wind 资讯。

从地区分布来看，2013 年中小企业板上市公司增发分布于 20 个省市，主要集中在南方沿海地区。其中，广东数量最多，有 18 个上市公司在中小板增发，其次是浙江、江苏等地（见图 12－8）。

图 12－8 中小企业板增发上市公司地区分布（2013 年）

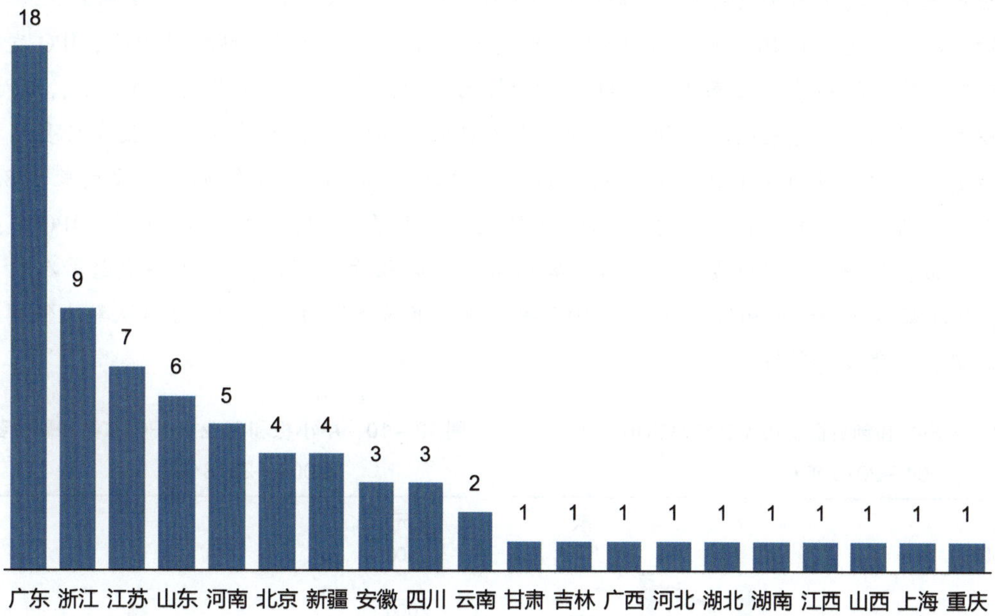

资料来源：Wind 资讯。

专题 12－1 创业板五年回眸 中小板十年浮沉

中小企业板是深圳证券交易所为了鼓励自主创新，而专门设置的中小型公司聚集板块。板块内公司普遍具有收入增长快、盈利能力强、科技含量高的特点，而且股票流动性好，交易活跃。中小企业板定位于为主业突出、具有成长性和科技含量的中小企业提供融资渠道和发展平台，促进中小企业快速成长和发展，是解决中小企业发展瓶颈的重要探索。自 2004 年 6 月 25 日，中小板首只个股——新和成上市以来，中小板经历了十年的风雨，其发展历程可谓一波三折。其中，由于种种原因还一度停止新股发行。随着各项配套措施的不断完善，中小企业板也在波折中不断成长，截至 2013 年末，其上市公司达 701 家，总市值为 37163.74 亿元，为中小企业的融资和发展作出了重要贡献，也为创业板市场的设立和发展积累了监管经验及运作经验。

创业板又称二板市场，即第二股票交易市场，是指主板之外的专为暂时无法在主板上市的中小企业和新兴公司提供融资途径和成长空间的证券交易市场，是对主板市场的有效补充。2009 年 10 月 23 日，证监会举行创业板开板仪式，宣布创业板市场正式启动；10 月 30 日，创业板首批 28 家公司挂牌亮相，市场期盼十年的创业板终于迎来开市钟声。这是我国多层次资本市场体系建设的重要里程碑。创业板推出 5 年以来，其上市家数和总市值稳步增长，截至 2013 年底，创业板上市家数达 355 家，总市值为 15091.98 亿元。创业板的推出和发展，适应了中小创新型企业的多元化融资要求，完善了科技型中小企业的投融资链条，促进了一批发展潜力大、带动作用强的高成长、高科技中小企业和自主创新企业加速发展。

从 IPO 融资情况来看，创业板和中小板的 IPO 融资可谓一波三折。2004 年是中小板设立初年，IPO 家数达 38 家，融资总额为 91.08 亿元；2005 年，由于 IPO 发行遭遇第六次暂停，IPO 融资家数和融资总额急剧下跌；2006 年 6 月，在市场复苏的情况下，中小板恢复了发行新股，在市场行情火暴的刺激下，其扩容速度惊人，2006 年和 2007 年，中小板新股发行数量分别为 52 家和 100 家，融资总额分别达 161.46 亿元和 390.91 亿元；2008 年，受宏观经济环境的影响，IPO 发行数量和规模双双下降；2009 年，受第七次 IPO 发行暂停的影响，中小板 IPO 家数继续下跌，然而，IPO 融资规模则开始上升，与此同时，创业板 IPO 开始启动；2010 年，弱市中的新股发行受到资金持续的热烈追捧，中小板 204 家新上市公司 IPO 融资总额达到 2027.73 亿元，同比增长 378.64%，创业板 117 家新上市公司融资总额达到 963.34 亿元，同比增长 372.02%；2011 年，IPO 发行开始降温，中小板、创业板的 IPO 发行数量和规模均出现不同程度的下跌；2012 年遭遇第八次 IPO 发行暂停，IPO 家数和融资总额继续下跌；2013 年，新股市场交了白卷，IPO 重启从数次传闻到年末方尘埃落定，全年没有新股发行。

图 12-9　中小板和创业板上市家数和总市值（2004—2013 年）

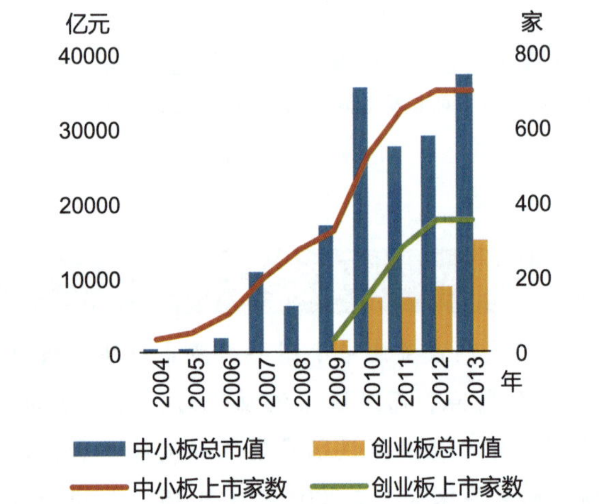

图 12-10　中小板和创业板 IPO 家数和融资额（2004—2013 年）

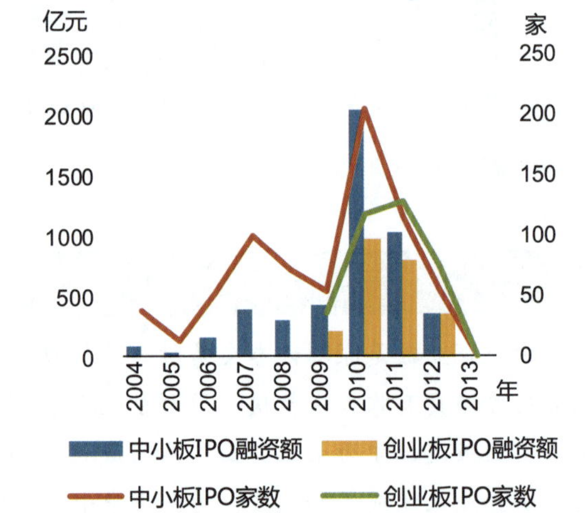

资料来源：2004—2013 年中小板和创业板上市家数和总市值数据来自深圳证券交易所网站，2004—2013 年中小板和创业板 IPO 家数和总市值数据来自 Wind 资讯。

在首发市盈率方面，创业板和中小板均呈现出先增后降的趋势。2004—2010 年，中小板的首发平均市盈率不断上升，2010 年达到 54.59，高市盈率的现象非常严重；2011 年开始，中小板首发平均市盈率开始下降，2012 年为 28.71，新股发行的高市盈率现象得到有效遏制，这与 2012 年以来证监会一系列新股发行改革政策①有关。创业板首发平均市盈率的变化与中小板类似，但整体来看，其首发平均市盈率始终高于中小板，反映出创业板上市公司更高的溢价水平。

① 2012 年 4 月 28 日，证监会正式发布《关于进一步深化新股发行体制改革的指导意见》，从适当调整询价范围和配售比例、加强发行定价的监管、增加新上市公司流通股数量等六方面深入改革；5 月 17 日，证监会颁布《关于餐饮等生活服务类公司首次公开发行股票并上市信息披露指引》，意味着一度中断的餐饮类企业 IPO 正式放行；5 月 21 日，证监会公布修订后的《证券发行与承销管理办法》提出，首次公开发行股票，除可以询价方式定价外，也可以通过发行人与主承销商自主协商直接定价等其他合法可行的方式确定发行价格；5 月 30 日，证监会发布《关于进一步提高首次公开发行股票公司财务信息披露质量有关问题的意见》和《关于新股发行定价有关问题的通知》，明确发行人承担 IPO 财务信息披露第一责任人，发行市盈率超过行业平均市盈率 25% 的新股出现 3 种情况将被退回重审。

图 12－11 中小板和创业板首发平均市盈率（2004—2013 年）

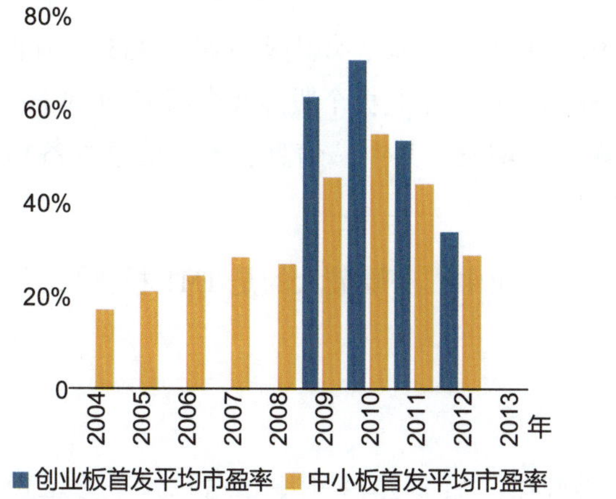

图 12－12 中小板和创业板首发平均超募比例（2004—2013 年）

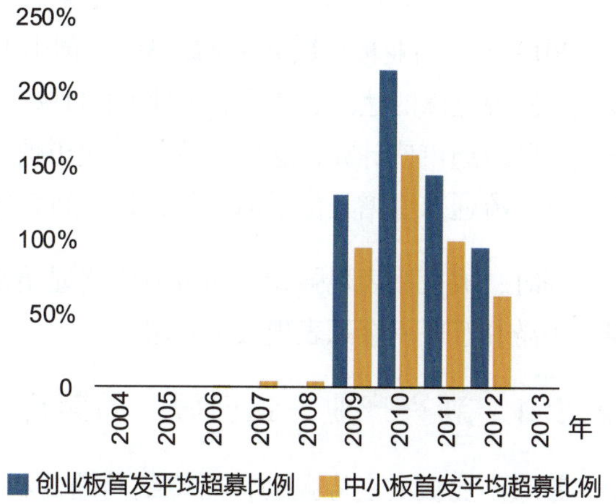

资料来源：Wind 资讯。

超募资金方面，2008 年以前，中小板首发的超募比例[①]很低；2009 年以来，超募比例大幅增加，2010 年中小板和创业板 IPO 的平均超募比例分别达到 157.55% 和 213.11%，说明中小板和创业板上市公司的估值过高，超募现象非常严重；2011 年开始，超募现象有所缓解，中小板和创业板 IPO 的平均超募比例分别下降至 99.19% 和 144.01%；2012 年，随着新股发行改革政策的出台，A 股市场的估值回归理性，中小板和创业板的超募比例进一步下降，分别为 62.13% 和 94.48%。

股权再融资方面，创业板和中小企业板上市公司股权再融资的主要渠道均是增发。目前，创业板以募资为目的的再融资尚未开闸，上市公司均是用股权或现金置换资产的并购重组模式来进行增发，2012 年和 2013 年增发家数分别为 4 家和 14 家，增发融资总额分别为 10.26 亿元和 47.01 亿元，在 IPO 暂停的背景下，增发已成为上市公司融资的主要渠道。2004 年至 2013 年，中小企业板上市公司增发数量和规模不断增加，2013 年全年，增发家数达 71 家，募资总额为 473.30 亿元。

图 12－13 中小板和创业板增发家数和融资额（2006—2013 年）

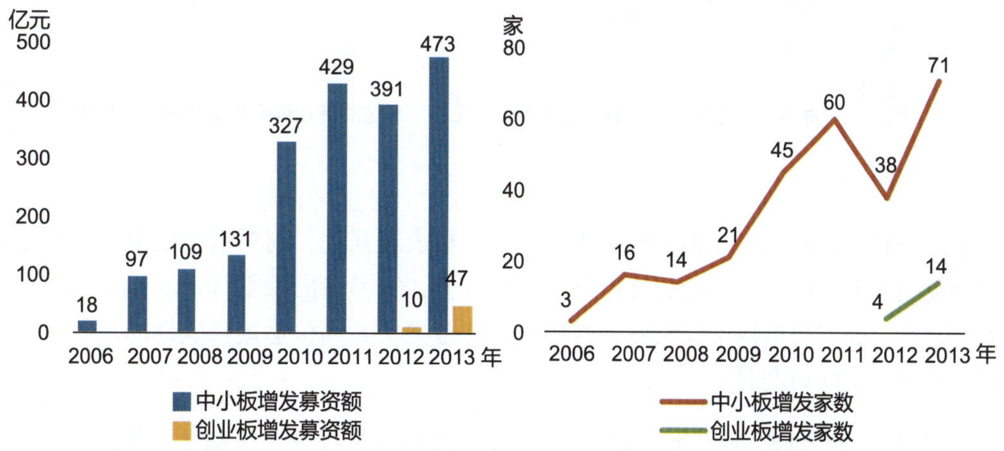

资料来源：Wind 资讯。

① 超募比例＝（实际募集资金额－预期募集资金额）/预期募集资金额。

12.3 结构性行情明显　行业内分化加剧

2013年，创业板指数大涨82.73%，创出1423.97点的历史新高，年内有交易的355只创业板个股中，实现上涨的达到327只，占比92.11%。从行业角度看，创业板个股涉及全部17类Wind二级行业，以流通市值计算，这些行业的流通市值均实现大幅增长。其中，信息服务、信息设备和电子等三行业流通市值增长位于前三位，行业间表现分化明显。

同时，成长股表现强劲，而价值股略显暗淡。新兴产业中，涨幅最大的是TMT板块①，其中传媒、手游和互联网金融表现最为抢眼。

12.3.1 新兴产业一路向好　周期行业表现不佳

新兴产业板块走势强劲，而传统周期性板块走势低迷，加上2013下半年市场对于改革预期增强，由此催生了成长股的牛市行情。

在行业表现方面，Wind信息技术指数、Wind医疗保健指数、Wind电信服务指数等新兴行业指数2013年全年的累计收益率分别达到57.09%、36.11%、34.87%，涨幅居Wind系列行业指数前三位。

图12－14　Wind系列行业指数阶段表现（2013年）

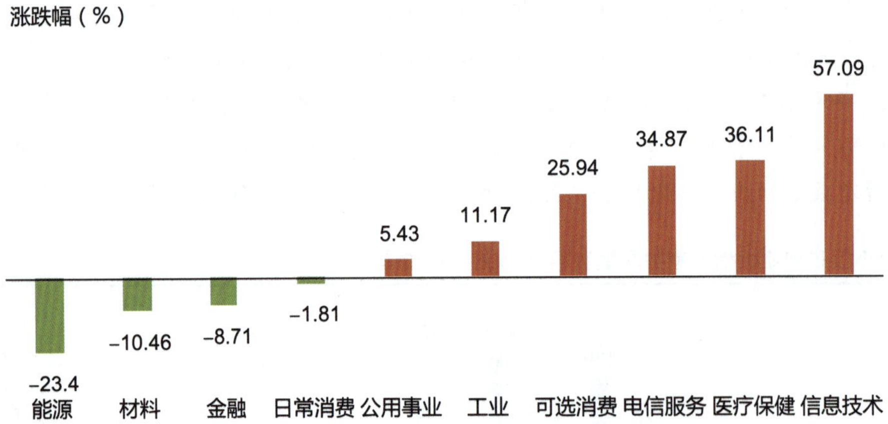

资料来源：Wind资讯。

受益于经济转型，新兴产业集中的创业板和中小板表现强劲，周期板块集中的上证指数则走势委靡；另外场内有限的存量资金无法支撑市场整体行情，容易走出独立行情的小市值股成为这部分资金的无奈之选，在弱势市场中成长股变得稀缺，资金更愿意高价追逐稀缺性的成长股，而不是抄底估值中枢逐渐下沉的周期股。

2013年的成长股行情囊括了绝大部分新兴产业，几乎每个细分行业都有所表现，其中涨幅最大

① TMT（Technology，Media，Telecom），是科技、媒体和通信三个英文单词的缩写的第一个字头，整合在一起，实际是未来（互联网）科技、媒体和通信，包括信息技术这样一个融合趋势所产生的大的背景，这就是TMT产业。

的是TMT板块。该板块中表现最抢眼的当属传媒、手游和互联网金融。例如，凭借《泰囧》全年股价实现高达300%涨幅的光线传媒，依靠手游概念在短短9个月内最大涨幅达到900%的中青宝，它们都是TMT板块中具有代表性的股票，带动了整个板块的暴涨行情。

12.3.2 成长指数涨势强劲　价值指数略显黯淡

在表征A股全市场的巨潮系列风格指数中，分别有四只指数实现正收益，分别是巨潮小盘价值、巨潮小盘成长、巨潮中盘价值和巨潮中盘成长，累计收益分别是7.73%、20.07%、7.55%和13.67%，可以明显看出成长指数高于价值指数的累计收益，风格特征差异化明显。

图12－15　巨潮系列A股市场风格指数阶段表现（2013年）

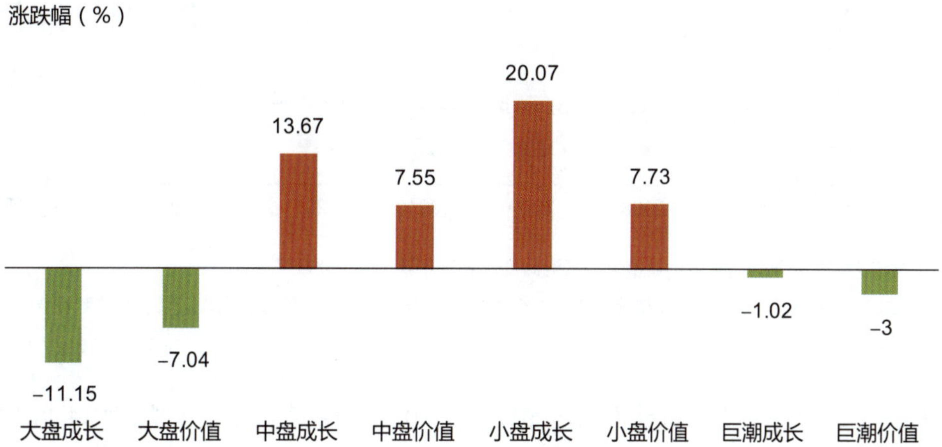

资料来源：Wind资讯。

12.4 借力政策东风　新三板迎跨越发展

2013年12月14日，《国务院关于全国中小企业股份转让系统有关问题的决定》出台，批准境内符合条件的股份公司申请在全国中小企业股份转让系统挂牌，政策中“无地域限制、无行业限制、无财务指标要求”的挂牌标准，为广大中小企业敞开资本市场大门。新三板的审核以信息披露为核心，从理论上讲，近似于注册制①。这使得绝大多数非上市企业能够通过全国中小企业股份转让系统实现企业规范运作、提高社会知名度，从而获得企业发展所需资金和资源。经过2013年的发展，新三板总市值逼近4000亿元，二级市场上园区、创投和券商股表现良好。扩容后全国中小企业股份转让系统将成为联结广大中小企业与资本市场的纽带，对我国中小企业的发展和我国资本市场的改革将产生深远的影响。

12.4.1 挂牌家数增速明显　新三板业务空间巨大

从2006年至今，新三板已经发展了八年多，但发展很缓慢。其中，2006年至2011年，每年新

① 在制度安排上，新三板体现了国务院要求的“简政放权”，市场在资源配置中发挥决定性作用理念。体现在：减少行政审批，证监会豁免了行政许可，把审核职能交给市场本身。只要股东人数不超过200人，全部由场所来进行审核核准，挂牌公司何时进行融资，以什么价格进行融资，完全由市场、由公司来决定，政府不干预。

挂牌企业数量只有20家左右，截至2011年底挂牌企业总共只有95家，2012年首次扩容以来，挂牌企业数量显著增加，2012年新挂牌105家，2013年新挂牌156家，截至2013年底，新三板一共有356家企业挂牌，总市值415.63亿元。

图12－16　新三板历年挂牌企业数量和企业市值（2006—2013年）

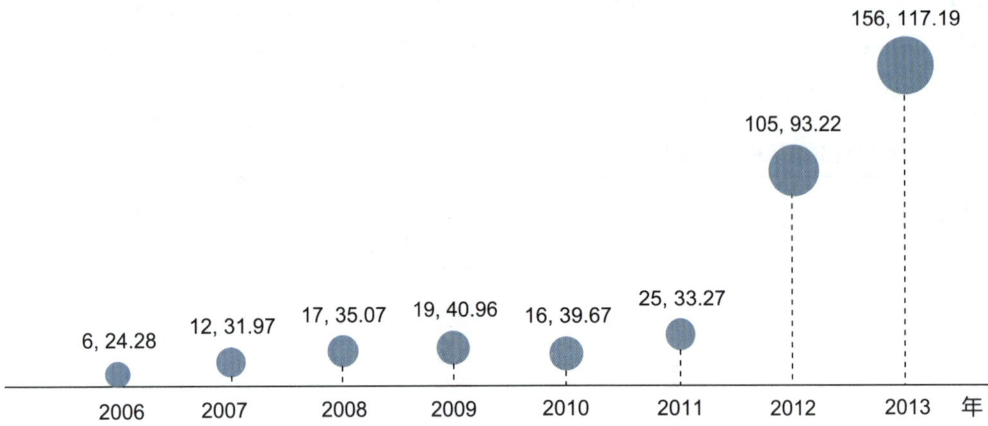

注：①图中气泡大小代表每年新挂牌企业市值，气泡高度代表每年新挂牌企业数量。

②“6，24.28”表示2006年每年新挂牌企业为6个，2006年新挂牌企业市值为24.28亿元。其他数据含义以此类推。

资料来源：Wind资讯。

值得一提的是，2013年新三板建设工作的成果在2014年得到了集中体现，2014年1月22日集中挂牌266家，截至2014年5月8日，新三板挂牌企业数量上升至740家，比2013年底的356家增长一倍多；总市值达1434亿元，比2013年底的415.63亿元增长245%。

与其他板块相比，新三板规模偏小。截至2013年底，中国主板市场（包含中小板）挂牌企业数量是2183家，二板市场（创业板）挂牌企业数量是379家，新三板挂牌企业数量只有356家，从市值规模上看，新三板市值415.63亿元，规模远小于一板市场（主板＋中小板）的255705.03亿元和二板市场的15097.61亿元。

图12－17　各板块挂牌企业数量及市值（2013年）

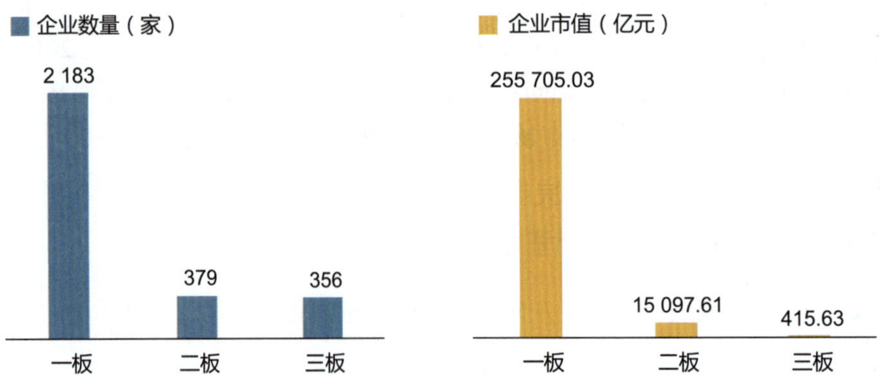

注：一板是指“主板＋中小板”，二板是指“创业板”。

资料来源：Wind资讯。

与金融市场更发达成熟的美国相比，我国资本市场结构呈现倒金字塔形状。我国资本市场的建设并未遵循从低级到高级的自发演进顺序，而是将最先形成的场外交易市场搁置在国家资本市场正式制度安排之外，首先致力于发展和完善以证券交易所为代表的高级资本市场形式，然后才逐步向低级资本市场层次有计划延伸。在现阶段，我国主板市场规模最大，其次是中小板和创业板，新三板市场规模微小。缺乏更低层次的交易市场造成中小企业直接融资困难。因此，加快新三板的建设，支持创新型的中小微企业的发展，在我国还有很大发展空间。

图 12－18 中国证券市场“倒金字塔”格局、美国证券市场“正金字塔”格局（2013 年）

资料来源：Wind 资讯、中信证券研究报告《新三板扩容短中期对股市影响中性》（数据截至 2013 年底）。

金融市场微观结构理论（Market Microstructure Theory）认为，一个市场微观结构由技术、规则、信息、参与者和工具组成。市场微观结构对市场的流动性和交易成本等产生极其重要的影响，进而影响市场吸引资本和配置资本的能力。基于市场结构理论，结合我国资本市场发展的历史背景和改革趋势，我们认为，新三板市场发展将经历以下三个阶段，如表 12－7 所示。

表 12－7　　新三板市场发展的三个阶段

阶　段		初创期	扩张期	平稳发展期
制度与技术		重点关注流动性	根据市场运行情况不断修正交易制度和技术	重点关注交易成本、公平竞争和保护投资者利益
主要参与者	挂牌公司	数量少；科技型中小企业为主	数量增幅显著；公司行业及规模分布逐渐多元	数量多但增幅下降；公司分化显著，形成稳定的分层
	投资者	单一	逐渐丰富	以机构投资者为主、风险偏好多元化
	中介	主办券商	主办券商、做市商	主办券商、做市商
金融工具		单一普通股	普通股、私募债	普通股、优先股、私募债、金融衍生工具
市场规模		小	快速扩张，增速不稳定	进出有序，保持平稳发展态势
流动性		低	有所提高，但不稳定	保持较高的流动性
市场层次		单一	规模和类型出现自然分层	市场分层，针对不同子市场设定差异化的挂牌标准和交易制度

12.4.2 新三板完善转板机制　增厚创投退出收益

新三板的转板机制已经完善，这将有效增加创投的退出渠道，加快资金周转周期，并具备较高的估值溢价。同时，新三板的估值溢价不断提高，2012 年和 2013 年新三板定向发行的市盈率分别为 31 倍和 53 倍，略高于创业板估值，这将增厚创投的退出收益。

表 12－8　　新三板定向发行将产生接近创业板的估值溢价

	2013 年	2012 年
新三板	53.46	30.65
深证主板 A 股	20.53	16.45
中小企业板	34.76	22.57
创业板	53.35	28.39
上海区域股权挂牌中心	11.39	—
天津区域股权挂牌中心	14.24	—

注：表中数字表示溢价倍数。

资料来源：长江证券 2013 年 12 月 28 日研究报告《新三板正式扩容，创投企业率先受益》。

与此同时，创投还积极参与新三板的转让与定向发行业务。2012 和 2013 年，新三板定向发行家数为 24 和 68 家，而参与的创投公司和基金分别为 58 家和 101 家。

表 12－9　　新三板 2012 年和 2013 年分别吸引大批创投企业入驻

	2012 年	2013 年
定向发行家数	24	68
引入创投公司家数	58	101
认股股份数（亿股）	1.01	2.03
平均认购比例（%）	4.10	6.30

资料来源：长江证券 2013 年 12 月 28 日研究报告《新三板正式扩容，创投企业率先受益》。

12.5 单纯融资到全面服务　区域性交易所探索中前行

区域性股权交易市场是指为特定区域内的企业提供股权、债权的转让和融资服务的私募市场，是中国多层次资本市场的重要组成部分。在现阶段，区域性股权交易市场对于促进企业特别是中小微企业股权交易和融资，鼓励科技创新和激活民间资本，加强对实体经济薄弱环节的支持具有积极作用。此外，区域性股权交易市场在小额贷款公司融资及小贷资产证券化方面也做了一定的探索，目前，在这方面比较活跃的交易所主要有深圳前海股权交易所、重庆金交所、天津金交所、北京金交所等。

12.5.1 区域性股权市场谋划因地制“异”

Wind 资讯数据显示，截至 2014 年 1 月 4 日，我国一共建成 24 个区域性股权交易市场①，还有 5 个正在筹建或尚未开市。总共挂牌企业达 7421 家，约为 A 股上市公司 3 倍。

按目前规定，新三板的直接监管主体是中国证券业协会，受证监会监督；对于区域性股权交易市场，省级政府进行属地监管，部级联席会议督导协商。不过从具体制度设计来看，各地情况有所不同。

从自身股权性质进行区分，形成了以重庆和天津为代表的两种模式。重庆股份转让中心在 2013 年 2 月改制增资后，引入西南证券和深圳证券交易所两大股东，由券商直接主导运作，证监会通过监管两大股东对其进行间接管理。而天津股权交易所是由天津产权交易中心主导成立，联合区域内大型国有投融资平台、投资公司、金融机构等共同设立，市场化程度高。

从交易制度上看，天交所和重庆股份转让中心采取多元化策略，均引入竞价和协商交易机制，而且天交所是目前唯一引入做市商制度的市场，其余的市场则采取单一交易制度，或委托或协商。

业界看来，区域性和地域特色在一定程度上是地方股权市场相较新三板的“短板”，但另一方面也提高了本地投资者的投资便利性和灵活性。比如，区域性股权融资市场挂牌门槛更低，机构可以帮助条件有限的企业提供融资的“私人定制”。

表 12－10　主要区域性股权交易市场基本情况

项　目	天津股权交易所	重庆股份转让中心	上海股权托管交易中心	广州股权交易中心	齐鲁股权托管交易中心	浙江股权交易中心
成立时间	2008－09	2009－12	2012－02	2012－08	2010－12	2012－10
注册资本	—	0.4 亿元	1.2 亿元	1.8 亿元	—	1 亿元
累计挂牌公司	289	97	56	206	140	68
做市商（推荐机构会员）	99	140	48	42	40	66
专业服务机构会员			77	87	220	56
注册投资人	16714	—	—	—	—	—
覆盖区域	26 省市	西南	长三角	珠三角	山东	浙江
投资者	机构投资者、自然人股东（金融资产 10 万元以上）	机构投资者、特定自然人股东	机构投资者、特定自然人股东	机构投资者、自然人股东（50 万元以上）	机构投资者、自然人股东（20 万元以上）	机构投资者、自然人股东
交易制度	竞价＋做市＋协商	竞价＋协商	委托代理	委托代理	协商转让	委托代理

① 区域性股权交易市场不同于新三板。表现在：区域性的股权交易市场在法律上是非公开的市场，国务院有专门文件进行政策限定，即不能搞集中竞价的交易，不能向不特定对象转让股份，不能转让以后股东人数超过 200 人，实行“T＋5”的交易制度，挂牌的企业应该是区域性的，等等；而新三板是全国性市场，可以公开转让。

续表

项　目	天津股权交易所	重庆股份转让中心	上海股权托管交易中心	广州股权交易中心	齐鲁股权托管交易中心	浙江股权交易中心
总市值	244.13 亿元	96.33 亿元	—	—	112 亿元	约 150 亿元
平均市盈率	10.34%	—	—	—	—	
累计交易额	约 25 亿元	56.97 亿元	约 1 亿元	—	—	
累计私募融资	45.5 亿元	78.92 亿元	0.72 亿元	10.07 亿元（含融资）	64.3 亿元	

资料来源：Wind 资讯。

图 12－19　各省市区域股权交易中心分布图

资料来源：http://www.zhihu.com/question/23144915。

12.5.2　发展普惠金融　重庆金交所扶持“小贷”

在小微企业融资需求的驱动下，各地金交所在上一轮交易所整顿清理潮中得以幸存。一时间金交所遍地开花，目前规模和业务能力较强的主要有重庆金交所、天津金交所、前海股交中心、前海金交所、广东金交中心、广州金交中心等。

目前金交所基于小微金融的主要业务类型包括通过应收账款受益权等形式实现的定向直接融资、小额贷款定向融资工具，以及中小企业私募债等。与定位股权融资的新三板相比，各地金交所目前偏向债权融资，且以小微金融为主；尽管业务形式已突破地域和牌照限制，但仍由地方政府监管。由于各地客观因素及地方政府对金融创新的定位不同，金交所的监管处于混乱状态，业务创新的底线和风险管理无序。2014 年以来监管高层频频调研各地 OTC，将之纳入“建设多层次资本市场”的大局，可能对“四板市场”进行重新定义。

部分地区金融办放开小额贷款融资杠杆[①]后，前海金交所、前海股交中心、广州金交所、天津金交所近期纷纷针对小贷公司推出小额贷款定向融资工具。其中前海股交中心上线了小额贷款同业拆借、短期融资凭证和收益权凭证三款产品。广州金交所、前海金交所、天津金交所也推出了小贷资产收益权业务，其业务模式与前海股交中心的小贷资产收益权凭证类似，均属于资产证券化业务。事实上，小贷资产收益权的鼻祖是重庆金交所。重庆金交所在成立之初的 2011 年便推出小贷资产收益权业务。

重庆金交所，全名为重庆金融资产交易所，成立于 2010 年 12 月 29 日，在重庆首批七个要素市场中是成立最晚的一家。尽管起步较晚，2012 年 11 月，重庆金交所却率先成为全国首批经清理整顿各类交易场所部际联席会议同意通过备案的交易所之一。

截至 2013 年末，重庆金交所已经发行了 282 只小贷产品，金额达 51.46 亿元，累计交易量达 144.83 亿元，累计兑付产品 173 只，本息达 33.99 亿元[②]。三年来，依靠独创的“小贷公司资产收益权”创新金融产品，破解小贷公司融资难，进而服务小微企业。

图 12-20　重庆金交所的交易结构（以小贷产品为例）

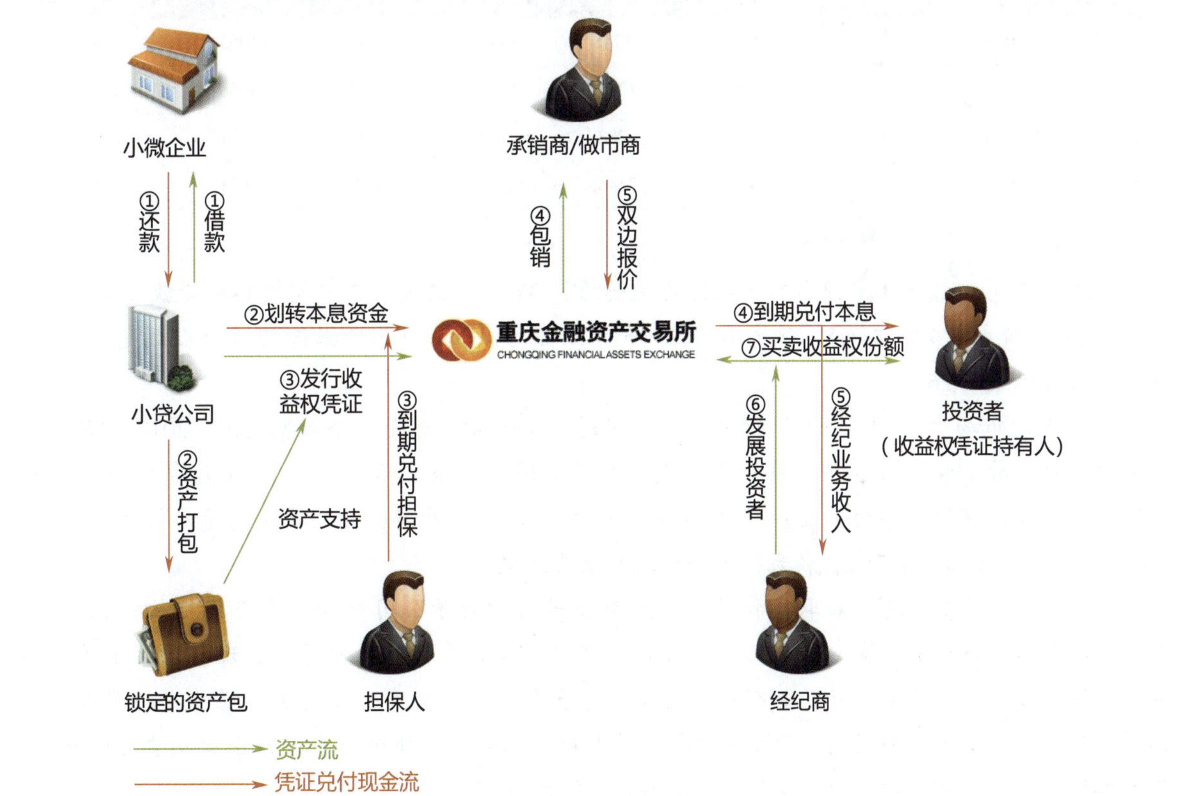

① 在放开小额贷款融资杠杆之前，小额贷款公司的融资比例被限制在 0.5 倍之内，即小额贷款公司在银行等其他金融机构的融资额度最高是注册资本或净资产的 0.5 倍。

② 资料来源：《重庆晨报》，2014-03-27。

专题 12－2　上市公司委托贷款盛行　影响实体经济发展

自 2010 年之后，货币政策由宽松转变为稳健，随着银行放贷规模明显缩减，市场资金供给一度相对紧张，银行贷款成为一种稀缺资源。许多企业特别是房地产企业和中小企业面临融资困境，但是部分上市公司拥有大量存款，自由现金流丰富，却找不到更好的投资机会。于是，市场中资金的供求双方为了逐利，求得共赢，拥有大量存款的上市公司开始积极开展委托贷款这一投资理财业务。

据人民银行统计，2013 年全年社会融资规模为 17.29 万亿元。人民币贷款、委托贷款、信托贷款、企业债券依次为对社会融资规模贡献最大的前四名。人民币贷款占 2013 年全年社会融资规模的 51.4%，为历史最低水平；外币贷款比上年下降较多；企业债券融资少于上年，股票融资继续处于较低水平；全年实体经济以委托贷款、信托贷款和未贴现银行承兑汇票方式合计融资占全年社会融资规模的 29.9%，占比较上年高 7.0 个百分点。2013 年委托贷款规模 25465 亿元，相比于 2012 年同期的 12838 亿元，同比约增长近 100%。

表 12－11　　2013 年社会融资规模　　单位：亿元

时期	社会融资规模	其中：						
		人民币贷款	外币贷款（折合人民币）	委托贷款	信托贷款	未贴现银行承兑汇票	企业债券	非金融企业境内股票融资
2010 年	140191	79451	4855	8748	3865	23346	11063	5786
2011 年	128286	74715	5712	12962	2034	10271	13658	4377
2012 年	157631	82038	9163	12838	12845	10499	22551	2508
2013 年	172904	88917	5848	25465	18448	7751	18021	2219

资料来源：人民银行 2013 年第四季度货币政策报告。

据统计测算，2013 年末国内影子银行的规模约为 32.7 万亿元，其中包括委托贷款（8.3 万亿元）、民间借贷（7.4 万亿元）、融资类信托（5.8 万亿元）等。在影子银行 32.7 万亿的总规模中，委托贷款占比达到 26%。①

作为 A 股市场“放贷第一股”的股票香溢融通（600830）就是一个典型案例。2012 年该公司业绩曾大幅下滑 4 成，2013 年业绩预增 5 成。香溢融通三季报显示，公司 1—9 月净利润为 1.52 亿元，对外委托贷款取得的损益 1—9 月累计 6777.8 万元。对外委托贷款收益属于非经常性损益，占公司全部净利润的 44.7%，成为公司净利润的重要组成部分。

除了对外发放委托贷款获取高收益外，上市公司为控股子公司对外获取委托贷款提供担保、上市公司向非上市公司融资，或者上市公司非关联方之间的委托贷款亦开始出现。虽然上市公司利用委托贷款的方式管理闲置资金有利于提高自身资金的利用效率，但是实际操作中却存在各种各样的问题。一些上市公司热衷于委托贷款，将本应投入主业以便进一步增强企业竞争力的资金，投入委托理财，导致自身主业空壳化，影响实体经济的发展。

这也是市场流动性看似充裕，而中小企业却从金融机构难以获得资金支持的原因之一。

① 资料来源：大智慧阿思达克通讯社报告《2013 年委托贷款规模翻倍，借贷性上市公司或将受益》。

上市公司通过高息委托贷款赚取了丰厚的收益，委托贷款的年利率大多分布在7%～12%之间，平均年利率约为10%。因此，当费尽心思获得的经营成果还不如通过委托贷款获得的利息收入时，越来越多的上市公司开始热衷于委托贷款。

然而，近年来委托贷款的风险也开始显现。上市公司热衷放贷，偏离其主业，这势必导致其主业资金匮缺，将对实体经济造成冲击。同时，上市公司利用其融资的便利性从银行方面获得较低利息的贷款，用于发放较高利率的对外委托贷款，这种倒腾资金的现象，本身就有架空实体经济之嫌。这是因为大多数企业所放贷款并非是真正的闲钱，而是利用上市公司的优势和信誉从银行获得的贷款。再将这些款项委托银行转手贷出去获利，这种做法占用了银行贷款额度，而且众多上市公司参与高利贷将抬高社会融资成本，让一些急需融资的中小企业难上加难。

12.6 股权交易市场服务中小企业展望

12.6.1 新“国九条”出台 多层次资本市场大发展

2014年5月8日，国务院印发《关于进一步促进资本市场健康发展的若干意见》（以下简称“新国九条”），作为资本市场发展的顶层设计，“新国九条”的出台将引领多层次资本市场迎来大发展。

“新国九条”提出，到2020年，基本形成结构合理、功能完善、规范透明、稳健高效、开放包容的多层次资本市场体系。在股权市场建设方面，新“国九条”明确指出要加快多层次股权市场建设。“强化证券交易所市场的主导地位，充分发挥证券交易所的自律监管职能。壮大主板、中小企业板市场，创新交易机制，丰富交易品种。加快创业板市场改革，健全适合创新型、成长型企业发展的制度安排。增加证券交易所市场内部层次。加快完善全国中小企业股份转让系统，建立小额、便捷、灵活、多元的投融资机制。在清理整顿的基础上，将区域性股权市场纳入多层次资本市场体系。完善集中统一的登记结算制度。”

中小企业是多层次资本市场的发展的主要受益者。处于创业阶段的中小企业由于规模小、产品不够成熟、风险性大，通过主板市场进行融资是不现实的，因此多层次资本市场中中小板、创业板和新三板市场的发展将直接促进中小企业的直接融资。

12.6.2 十年风雨路 中小板改革创新再出发

2014年5月27日，中小企业板迎来十周年纪念日。经过十年的探索实践，中小板已经发展成为多层次资本市场中一个特色鲜明、运作规范的重要层次，成为支持中小企业发展的重要投融资平台。深交所统计数据显示，截至2014年4月30日，中小企业板共有719家上市公司，市场规模逐步扩大；融资规模达到7305亿元，其中IPO融资规模4864亿元，再融资规模2441亿元，资源配置功能得到发挥；中小板股票总市值3.76万亿元，市场示范效应逐步显现，有效地支持中小企业的长远发展和做优做强。

中小板诞生于特殊的历史时期，作为多层次资本市场建设分布走战略的重要一步，中小板从成立之日起就扮演着中国证券市场制度创新试验田的角色，在解决中小企业融资难的同时，还肩负着为多层次资本市场探路的历史使命。历经十年，中小板来到一个新的发展关口。

2014 年 5 月 8 日，“新国九条”出台，明确指出要加快多层次股权市场建设。深交所将坚持“服务中小企业”的定位不动摇，持续优化壮大中小企业板。目前，中小板仍然存在一些问题，中小板服务中小企业的广度、深度和效率有待提升，中小板上市公司的诚信、规范意识有待提高，监管转型过程中的监管有效性和中小投资者的权益保护有待完善。针对中小板存在的问题，未来可能通过以下几方面促进中小板更好地发展：一是进一步放宽中小板上市门槛，二是进一步完善中小板的再融资制度，三是进一步完善中小板制度机制，建立符合中小企业特点的并购以及股权激励制度安排。

12. 6. 3　再融资开闸　创业板进入发展关键期

创业板推出 5 年以来，其上市家数和总市值稳步增长。截至 2014 年 4 月 30 日，创业板上市公司数达 379 家，总市值为 16172. 44 亿元。创业板的推出和发展，适应了中小创新型企业的多元化融资要求，完善了科技型中小企业的投融资链条，培育了一批发展潜力大、带动作用强的高成长、高科技中小企业和自主创新企业，推动了战略性新兴产业和创新经济的发展。

然而，目前创业板的阶段性发展成果与其设计初衷和市场期待还存在很大距离。首先，创业板服务中小企业的覆盖面较窄。在创业板上市要求业绩持续增长，财务准入指标较高，缺乏一定的灵活性和包容性，且其行业覆盖面较窄，部分新兴业态的企业没有进入创业板市场。其次，并购制度不够灵活，不适应上市公司发展的需求。创业板的并购制度未针对创业板企业的特点，在审核、定价机制、支付手段等方面作出差异化的安排。最后，创业板退市制度的警示作用尚未有限发挥。目前，创业板尚无公司触发退市条件而被退市，容易给市场造成“只进不出”的误解。另外，创业板上市公司的信息披露质量不高，有效性和可读性不强。

2014 年 5 月 16 日，中国证监会正式发布《首次公开发行股票并在创业板上市管理办法》和《创业板上市公司证券发行管理暂行办法》（以下简称《再融资办法》），标志着以募资为目的的创业板再融资正式开闸。修订后的办法除了放宽创业板公司再融资财务条件外，还推出了“小额快速”等创新机制以降低行政门槛。创业板《再融资办法》的出台，弥补了该板块近五年来再融资机制缺失的问题，建立了为创新型企业服务的小额快速融资制度，符合新兴企业对投资决策效率要求高的特点。目前，创业板正处于发展关键期，未来在准入制度、并购制度、退市制度和信息披露等方面仍需不断完善。

12. 6. 4　挂牌常态化　新三板有望突破 1000 家

截至 2014 年 4 月 30 日，全国中小企业股份转让系统挂牌 727 家企业，稳步进入“700 后”时代。

数量仅是衡量全国中小企业股份转让系统发展的一个维度，截至 2014 年 4 月 18 日，全国中小企业股份转让系统的行业覆盖面已由 12 个增至 17 个，达到证监会划分的 19 个门类行业的 89%。物流、融资担保、基因药物、涉农、区域经济等领域的挂牌企业数量大增。

全国中小企业股份转让系统首批挂牌企业中，18 家来自区域股权市场，涉及广东、重庆、山东等13 个符合国务院 38 号文要求的区域性股权转让市场。1 月 23 日，创业板新贵安控科技(300370. SZ) 来自全国中小企业股份转让系统。这意味着，国务院文件提及的多层次市场有机联系正在稳步推进。

2014 年是新三板发展的元年，新三板挂牌将逐步常态化，预计年内突破 1000 家已经没有悬念。首先，新三板转创业板 IPO 路径逐步打通。2014 年 5 月 19 日，证监会主席肖钢就当前资本市场改革发展提出十一条要求，其中特别提到将“研究在创业板建立单独层次，支持尚未盈利的互联网和高新技术企业在新三板挂牌一年后到创业板上市。”这是真正意义上对于转板通道打开的政策前提，而此前新三板挂牌企业转主板或者创业板均是常规 IPO 路径。截至 5 月 21 日，新三板挂牌企业成功转至主板或者创业板的企业有 8 家。其次，新三板融资记录不断被刷新，募集资金堪比 IPO。2013 年，新三板挂牌公司定向增发融资 60 次，融资总额 10. 02 亿元。而进入 2014 年以来，新三板交易异常活跃 2014 年 1—2 月新三板定增的金额便达 7. 15 亿元，已超过 2013 年全年融资额的半数。再次，2014 年 5 月 9 日，中国证监会就《非上市公众公司收购管理办法（征求意见稿)》、《非上市公众公司重大资产重组管理办法（征求意见稿)》向社会公开征求意见。这两个办法征求意见稿中创新内容颇多，新三板挂牌企业的并购将拥有较大的制度便利①。

新三板市场已于 2014 年 5 月 19 日启动了全新的交易系统，实施的措施包括放开定增股份的限售期以提高市场上流通股份的供应量；实行协议交易、做市交易和竞价交易三种交易模式。2014 年 6 月 5 日，全国股转系统官网公布了《全国中小企业股份转让系统做市商做市业务管理规定（试行)》，这意味着股转系统做市商制度终于正式出台。做市商制度被广泛认为是提高场外市场流动性和市场效率的重要措施，是否能够充分发挥作用还取决于做市商的素质及其在市场上的信誉、市场组织者的监管水平等因素。因此，我们对新三板市场做市商制度寄予厚望的同时也持相对谨慎的观点，其作用的充分释放可能需要一个较长的过程，而在此期间，交易制度的调整②将伴随市场成长的每一个阶段。虽然各方面的变化都预示着新兴市场良好的发展前景，然而，刚度过周岁生日的全国中小企业股份转让系统，要走的路还很长。

---

① 本次征求意见稿不要求非上市公众公司实施强制要约收购制度，并对自愿要约价格、支付方式和履约保证能力进行了适度放宽，增加了收购人的自主性和操作灵活性；同时，重大资产支付手段也得到了丰富，除发行股份外，还可使用优先股、可转债等支付方式，并允许交易各方自主协商定价。

② 国际主流场外市场发展历程表明，场外市场交易制度一直沿着两条线索在发生变化：一是通过持续的技术革新改善交易容量、交易规模和指令处理速度；二是因势利导地修正交易规则，引入新的市场竞争者以促进公平竞争和保护投资者利益。同类市场交易制度变革的经验教训为我国新三板市场交易制度改革提供了有益的借鉴。

13

债券市场：暗流涌动

2013 年，债券市场跌宕起伏，创新与变革不断出现，中小微企业债务融资仍在探索。在为中小微企业提供直接融资方面，中小企业私募债继续快速发展，在品种上出现了可交换私募债品种，从形式上出现了股权交易平台私募债，发行规模大幅增长；区域集优票据已成为中小企业集合票据的主流，创新此模式的中债信用增信投资股份有限公司包揽了当年发行的所有中小企业集合票据的担保业务；“前端集合、统一担保”中小企业集合债发行继续萎缩，“单一募集、后端集合”的小微企业扶持债券姗姗而来。在为中小金融机构提供债券融资渠道，使其具备扩大中小微企业融资服务规模的能力方面，小微企业专项金融债一统商业银行金融债江湖，规模相对较小的区域性银行债券融资占比逐渐提升。然而，中小企业私募债的到期高峰即将到来，多少发行人的信用风险行将暴露？募集资金真的用在小微企业自身的生产经营上了吗？股交平台私募债是否会迎来清理整顿？政策性的区域集优票据发展空间还有多大？小微企业扶持债券能在多大程度上改变中小企业集合债行将就木的现状？小微企业专项金融债有多少体现在新增小微企业贷款投放上？债券市场给中小微企业的融资似乎解决了一些问题，但似乎问题还是比答案多。在貌似平静的表面下，不确定性的暗流正兀自涌动。

从国内外的中小微企业债务融资发展实践来看，债券市场服务中小微企业主要有三种途径：一是促进金融脱媒从而推动商业银行进一步下沉客户结构重心，提升风险定价能力，为中小微企业提供更为丰富的融资服务；二是直接将中小微企业的债务融资需求与合适的投资者相匹配，为中小微企业提供直接融资服务；三是为中小金融机构提供债券融资渠道，使其具备扩大中小微企业融资服务规模的能力。本次报告债券市场部分则是遵循了债券市场支持小微企业融资的三个路径来展开的。

13.1 企业债券融资比重显著回落

13.1.1 企业债券融资增速下滑 拖累社会融资规模增速

2013 年，社会融资规模为 17.29 万亿元，较 2012 年增长 9.69%，虽然再创历史新高，但在经历了2012年高达22.87%的增长后，2013年的社会融资规模增速出现了明显放缓的迹象。新增外币贷款规模大幅减少、新增未贴现银行承兑汇票持续收缩固然对社会融资规模增速下降有所贡献，但最主要的原因还是企业债券融资规模的大幅减少。2013年，社会融资总量中的企业债券融资①增速由2012年的65.11%降至2013年的-20.18%。这一统计数字揭示了两个层面上的含义：在总量上，2013年企业债券融资的增长额较2012年减少了约1/5，即经济体通过债券市场获得的融资规模在下降；在结构上，企业债券融资在社会融资规模中的比重下降。2013年社会融资规模统计口径下的企业债券融资额约1.8万亿元，较2012年减少了约0.46万亿元，企业债券融资规模占比由2012年的14.31%下降至10.41%，降幅达3.9个百分点（见图13-1）。

图13-1 社会融资总量中各类融资形式占比变化（2006—2013年）

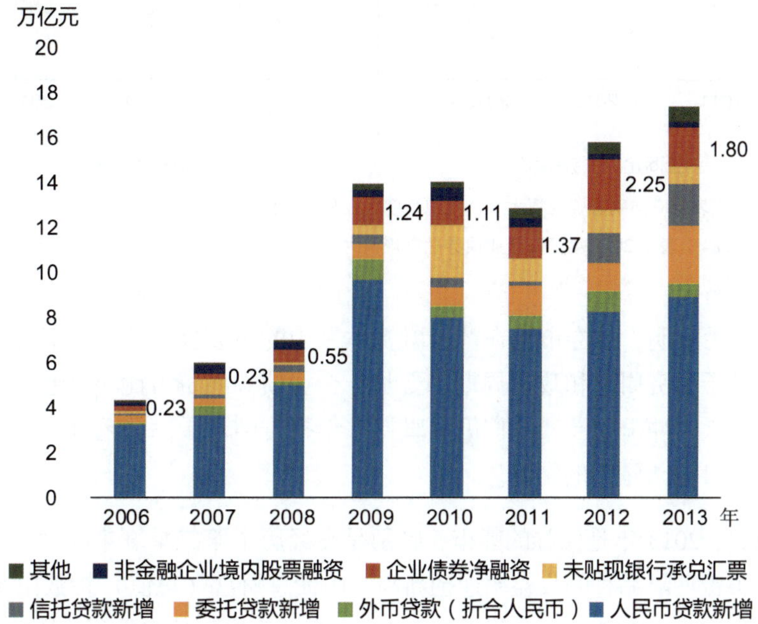

资料来源：中国人民银行、Wind资讯。

13.1.2 工商企业债券融资占比下滑

虽然债券融资在社会融资体系中扮演着重要角色，但是工商企业债券融资的比重却维持继续下滑的走势。2013年，非金融企业在一级市场新发行各类企业债、公司债、中期票据和短期融资券共2355只②，融资规模约为2.96万亿元③（见图13-2）。其中，剔除644只城投债④后，工商企业共发行债务融资工具1711只，融资规模约为2.20万亿元，约占非金融企业融资规模的74.18%，而在

---

① 根据中国人民银行对于社会融资总量的统计口径，此处的企业债券不同于一般意义上的“企业债”，还包括公司债、短期融资券、中期票据等债券类投资品种。社会融资总量中的企业债券融资额是一个增量概念，为当期发行或发生额扣除单期兑付偿还额的差额，且为了避免金融资产的市场价格波动扭曲实体经济的真实筹资规模统计，企业债券融资额均采用发行价或账面价值进行计值。

② 同时在银行间市场和交易所市场交易的债券虽有两个代码，但是按一只债券计算。

③ 此处统计的融资规模为一级市场新发债券融资金额，由于未剔除统计期内的到期债券金额，因此数值上大于中国人民银行在社会融资总量中的相关统计。

④ 城投债标准取自Wind资讯。

2011年和2012年，这一比例曾为83.22%和74.79%。换言之，地方融资平台在债务融资方面的发展，使得工商企业在债券融资中的比重继续下滑了0.6个百分点。

图13-2　非金融企业债券融资额成分表（2011—2013年）

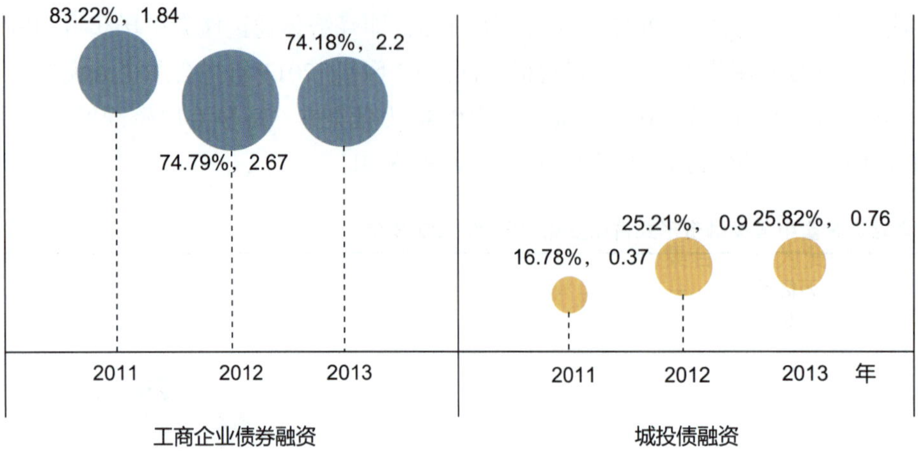

注：①图中气泡大小代表相应类别融资规模大小，气泡高度代表相应占比。

②"83.22%，1.84"表示2011年工商企业债券融资规模为1.84万亿元，占比83.22%。其他数据含义以此类推。

资料来源：Wind资讯。

上述统计数字是否表明，债券市场在社会融资体系中的重要性在下降？答案是否定的。社会融资规模增速的放缓源于经济周期和政策周期的叠加，企业债券融资占比下滑也只是因为其对利率较为敏感而受到相对较大的冲击而已。我们仍然坚持去年报告中对于"债券市场在为企业提供直接融资服务方面的重要性日益凸显"的结论。

理由有二：首先，2013年是债券的熊市，特别是在经历了第二季度末的"钱荒"后，债券收益率曲线普遍上行、关键期限品种的收益率连创新高，中债总财富（总值）指数由5月28日146点的高位阶梯型跌落，年末收于140点，全年下跌2.1%。在熊市中，债券发行人因为融资成本高企而收缩融资计划、暂缓甚至取消债券发行，债券投资者因为投资损失而通过降久期、去杠杆来降低利率风险敞口，供需两弱的背景下，企业债券融资规模减小实为投融资双方作出的理性选择所致，同样的情形2010年也曾出现，受2009年"四万亿"刺激政策影响，2010年CPI同比增速迅速上升，年内人民银行两次上调存贷款基准利率，作为债券市场标杆品种的10年国债收益率水平全年上行了24bp至3.88%，而2009年，10年国债的日算数平均收益率水平仅为3.34%。债市走弱、无风险基准利率的上升推升了企业的融资成本，新增债券融资规模也随之下降——2010年企业债券融资规模同比下降11%。对比2012年与2013年的企业债券融资情况（见图13-3），可以看出2013

图13-3　企业债券融资累计值（2012—2013年）

资料来源：Wind资讯。

年上半年债券的融资规模仍然是大幅增长，下半年的成本高企使得融资规模出现负增长。其次，2013 年社会融资规模中新增委托贷款约 2.55 万亿元，同比增长 98.63%，新增信托贷款约 1.84 万亿元，较 2012 年增长约 0.55 万亿元，与之对应的背景是监管层对基金公司子公司特定客户资产管理业务、券商资管计划和保险资金进行非标投资的放开①，可见，委托贷款和信托贷款的快速增长对债券融资的替代在一定程度上是监管制度变革所带来的短期冲击所致。

企业债券融资在 2013 年，尤其是下半年受到了融资成本的冲击，拖累了社会融资规模，但我们相信企业债券融资占比下滑的现象不会成为趋势。在促进金融脱媒、推动商业银行下沉客户结构重心方面，债券市场的发展已经对商业银行产生了促进作用，这将是不可阻挡的趋势。

13.2 中小企业私募债带动中小微企业直接债券融资增长

尽管没有真正意义上的新品种出现，中小微企业的债券融资规模在绝对规模和在企业融资规模中占比上均有所提升。2013 年，中小微企业的直接债券融资规模为 324.04 亿元（中小企业私募债 259.65 亿元，中小企业集合票据 60.39 亿元以及中小企业集合债 4.00 亿元），较 2012 年的 221.39 亿元增长了 102.56 亿元，占当年工商企业债券融资总额的比重也由 2012 年的 0.83% 提升至 1.47%（见图 13－4）。从结构上看，除中小企业私募债增长了 141.09 亿外，中小企业集合票据融资额减少了 32.63 亿，中小企业集合债减少了 5.81 亿。可见，正如我们在去年报告中所预见的，中小企业私募债已成为中小微企业直接债券融资中最为活跃的板块，中小微企业直接债券融资规模总量和占比的提升皆有赖于此。

图 13－4　中小企业直接债券融资规模（2011—2013 年）

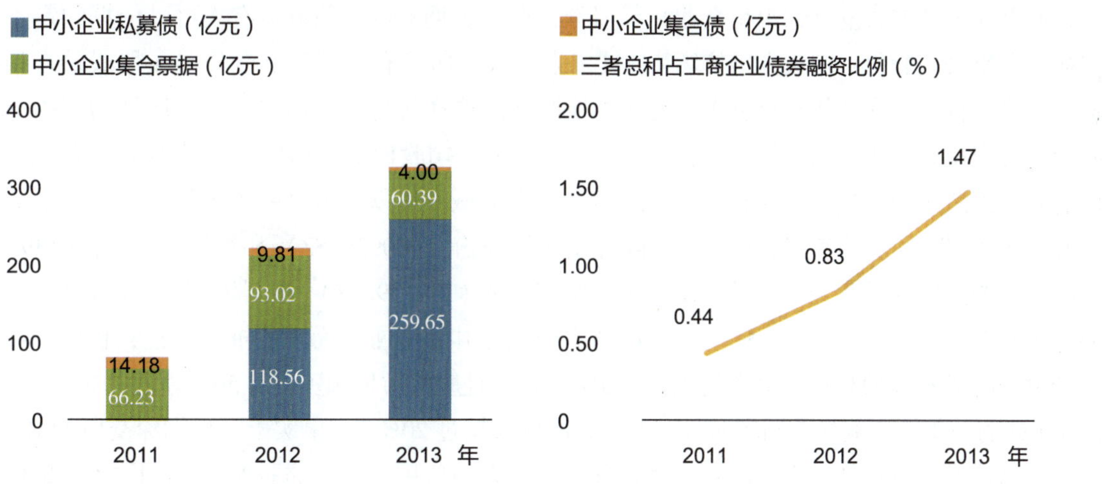

资料来源：Wind 资讯。

① 2012 年 9 月 26 日，证监会发布《基金管理公司特定客户资产管理业务试点办法》（证监会令第 83 号），在这个办法中，"未通过证券交易所转让的股权、债权及其他财产权利"首次被纳入证券投资基金的投资范围；2012 年 10 月 18 日，证监会发布《证券公司客户资产管理业务管理办法》（证监会令第 87 号），券商从事非限定性集合资产管理计划由审批制改为备案制，发行周期缩短，投资范围扩大，且允许份额转让；2012 年 10 月 12 日，保监会发布《关于保险资金投资有关金融产品的通知》（保监发〔2012〕91 号），将银行理财、信托公司集合资金信托计划、券商专项资产管理计划、基础设施计划、不动产投资计划和项目资产支持计划纳入保险资金投资范围。

13.2.1 中小企业私募债喜忧参半

2013 年，中小企业私募债进入第二个年头，虽然历史不长，但发展规模却维持了较高的增速。当年共有 208 只中小企业私募债起息发行（101 只上交所中小企业私募债、102 只深交所中小企业私募债以及 5 只深交所创业板私募债），共筹集资金 259.65 亿元。无论是发行数量还是发行规模均超过 2012 年的 2 倍，因此即使考虑到 2012 年中小企业私募债仅面世半年的因素，其发展势头也不算弱。当然，中小企业私募债的发展绝不仅限于规模和数量层面，在备案场所和运作模式上也有新的变化，但也伴随着隐忧。

表 13－1　　中小企业私募债发行情况（2012—2013 年）

私募债类型	2012 年		2013 年	
	发行只数	发行规模（亿元）	发行只数	发行规模（亿元）
上交所私募债	50	51.08	101	142.04
深交所私募债	45	51.98	102	109.41
创业板私募债	6	15.5	5	8.2
合计	101	118.56	208	259.65

注：由于各地股交中心挂牌的中小企业私募债统计信息不够完备，故此表中未予统计。

资料来源：Wind 资讯。

■中小企业私募债出现新品种

2013 年，国内首只中小企业可交换私募债——13 福星债发行成功。根据深交所《关于中小企业可交换私募债券试点业务有关事项的通知》，中小企业可交换私募债券是指符合工信部标准的中小微型企业以非公开方式发行的中小企业私募债券，在一定期限内，债券持有人可以依据约定条件将其交换为上市公司股份。在债券增信环节，要求发行人将所持有的深市上市公司 A 股股份在结算后台进行股份质押，并允许债券持有人在约定的换股期内选择将持有的债券与用于质押增信的上市公司股份进行交换。利用流动性好、具有增值潜力的上市公司股份提供增信来源是不错的选择。13 福星债的发行人武汉福星生物药业有限公司虽然是一家区域性的以输液产品为主的小型民营企业，但其控股股东福星集团控股有限公司却是实际控制福星股份（000926.SZ）和福星晓程（300139.SZ）的规模较大的区域性民营企业。通过设计针对福星晓程（300139.SZ）的换股条款，其成功地将票面利率降至 6.7%，这在平均票面利率高达 9.3% 的深交所中小企业私募债中非常突出，也低于进行股权质押融资的成本（股权质押融资的成本在 9% 左右，且股权质押融资还有 50% 左右的折让），即使相比于 6% 的一年期贷款基准利率而言，上浮比例也未超过 20%①。事实上，根据深交所的规定，“可交换私募债券自发行结束之日起六个月后方可交换为预备用于交换的股票”，由于 13 福星债的期限只有短短的 1 年，因此留给投资者转股的时间窗口实际上非常短暂；同时，在福星晓程（300139.SZ）的流通股股东结构中，除福星集团实际控制的湖北联赢投资管理有限公司（持股 12.35%）和武汉福星生物药业有限公司（持股 9.12%）持股比例较高外，第三大股东持股比例不足 2%，因此即使换股也不会影响到公司的实际控制人结构。因此，对于福星集团而言，通过私募债

① 未考虑承销费等与中小企业私募债发行相关费用。

条款设计，在风险可控的前提下实现了融资成本的大幅降低，在事实上也推动了中小企业私募债的多元化发展。

中小企业集合私募债正在酝酿。正如我们在去年报告中所提到的，“规模不经济”是中小企私募债的发行人所普遍面临的问题，《深交所中小企业私募债券业务试点办法》规定，两个或两个以上的发行人可以采取集合方式发行私募债券。虽然2013年尚未见证集合私募债的成功发行，但是据我们了解，由国泰君安证券股份有限公司承销的西安市浐灞生态园林景观有限公司、西安浐灞贸易有限责任公司2013年中小企业集合私募债曾一度以陕西首只中小企业私募债的称号开展路演，后虽因种种原因未能发行成功，倒也不啻为摊低单个中小企业融资成本的一种尝试。然而，考虑到该集合债两个发行人的全资股东均为西安市浐灞河发展有限公司，而该股东又是本债券的担保人，因此中小企业集合私募债有可能在日后成为控股公司“化整为零、化大为小”的私募融资手段。同时，集合私募债由于涉及多个融资主体，其产品设计较为复杂，申报时需要多方协调利益关系，后期存续期间对主承销商的后续督导提出较高要求，且多个融资主体的存在使得投资人较难判断债券风险，未来大幅推广的空间有限。

■中小企业私募债发展中隐忧不断

2012年6月中小企业私募债开闸之初，仅有北京、天津、上海、广东、浙江和江苏六个试点地区。之后湖北、重庆等省市加入，试点区域逐渐从东部沿海经济发达省市向中西部扩展，呈现出全国铺开的局面。事实上，各省市当地政府与沪深交易所签订《中小企业私募债券业务试点合作备忘录》后，即可被纳入中小企业私募债试点区域。在中小企业私募债正式开闸之后，各地政府反响都相当积极，希望本地企业能够使用这种相比银行信贷更为灵活便捷的融资手段。根据深交所的介绍，深圳市政府以财政贴息方式一次性对深圳地区私募债券发行主体前10家首个存续年度进行贴息，贴息利率1%，贴息总金额1000万元，采取“先发先得，用完即止”的方式，目前深圳地区已发行私募债券的企业有4家；北京市中关村管委会对中关村园区内发行私募债券的企业每年利息补贴30%，每家企业每年贴息不超过50万元，年限不超过3年。可见地方政府对于中小企业私募债的支持。随着试点区域不断扩容至全国，地方政府对中小企业私募债政策支持力度的跟上，道德风险也难免随之产生——与政府官员存在紧密关系的中小微企业更容易获得政策支持，由此导致的在融资资源上的不公平竞争，都有可能带来区域内同行业其他中小微企业生存环境的恶化。

在试点区域扩大的同时，山寨版“中小企业私募债”也登陆了各地区的区域性股交平台。从积极的角度看，这对建设多层次资本市场具有重要意义。但是冷静下来一看，可能还不是那么回事。与在证券交易所发行私募债相比，各股交平台的山寨版私募债市场发行门槛较低，对投资者的要求很低。比如，上交所和深交所中小企业私募债对投资者的要求是“个人资产总额不低于500万元，具有2年以上证券投资经验”，而在浙江股权交易中心挂牌的中小企业私募债对合格个人投资者的要求则是“提供个人名下各类金融资产总额不低于30万元的证明”，这里的金融资产范围也十分宽泛，包括“最近三个月内的银行存款、股票、股权、基金、期货权益、债券、黄金、理财产品（计划）证明；第二套房产证明；最近一年内的价值超过30万元的汽车购买证明”。也就是说，相较于沪深交易所，股交平台不仅大幅降低了合格投资者的资产规模要求，甚至不要求投资者拥有相关的投资经验。此外，各股交平台的山寨中小企业私募债甚至不要求承销商是证券公司。因此从本质上讲，地方产权交易所的山寨版“中小企业私募债”和交易所中小企业私募债并不完全一致。另一方面，各地股交平台备案的私募债具有更大的灵活性，在“定制化”服务方面具有一定优势，各股交平台也形成了各自的特征，如前海股权交易中心遵循了去中介化的思路，在规范私募债发行的基础上使私募债要件“模块化”，从而降低融资成本。然而问题也随之产生，各股交平台对私募债的备案审核重形式而非实质，对投资者的要求又放得极低，投资者是否有能力充分识别中小企业私募债的信用风险存有很大疑问，股交平台私募债是否会演化成一种变相的民间集资？这都是股交平台中小企业私募债所面临的问题。

此外，中小企业私募债的用途已经出现了异化现象。目前市场上已经出现了一种新的业务模式：需要资金的中小房地产企业请具备发私募债资格的企业作为通道，并以融资额（扣除自用部分）的1.3%/年奖励合作企业及相关推荐人，私募债发行企业在获得募集资金后，投资于基金公司子公司的资产管理计划，资产管理计划再以委托贷款的形式放给需要资金的中小房地产企业使用。这样一来，对中小企业私募债发行人类型的约束便形同虚设，即使是工商企业募集的资金，其最终流向也不知所踪了。

专题13－1　鱼龙混杂的中小企业私募债

地方政府融资平台为财权和事权不对等的地方政府在寻求跨越式发展的问题上提供了一个可行解。然而，其资金用途和融资期限上的不匹配也增大了整个金融体系的信用风险。因此，监管部门出台了多项规定对其融资加以约束。《中国银监会关于加强2013年地方政府融资平台贷款风险监管的指导意见》（银监发〔2013〕10号）自2013年4月9日起施行。该指导意见中，银监会要求各银行业金融机构遵循“总量控制、分类管理、区别对待、逐步化解”的总体原则，继续推进地方政府融资平台的信贷风险把控，具体而言，在该指导意见的第三条第七款中明确指出“（七）控制平台贷款总量。按照‘保在建、压重建、控新建’的基本要求，继续坚持总量控制。各银行业金融机构法人不得新增融资平台贷款规模”。银行业金融机构法人对平台房贷受控，平台企业发债也不便利。早在2012年银监会发布《关于加强2012年地方政府融资平台贷款风险监管的指导意见》（银监发〔2012〕12号）后，负责企业债发行审批的发展改革委就表达了被银监会纳入“监管类平台”名单的发行人，发展改革委原则上不再受理其发债申请，而被列为“监测类平台”名单的发行人，则可以继续申请发债。不单如此，为了合理控制城投债规模，发展改革委还对城投债发行主体执行“211原则①”，虽然发展改革委对于融资平台债券发行申请的松紧程度会随着经济环境的变化而变动，但对于所在地区经济实力较弱或同区域内有多家平台的融资平台而言，通过企业债融资的渠道总归不算顺畅。

由于中小企业私募债发行不需要公布募集资金用途，不需要公开披露发行信息，因此对于在获取新增信贷支持以及发行企业债均有较大困难的融资平台而言，通过中小企业私募债融资相对便利。以尚未列入平台名单的兄弟公司、子公司、孙公司等融资平台的关联公司作为主体发行中小企业私募债，并为其提供担保以增强投资者的接受程度，获得融资后再将募集资金转移至融资平台使用，从而很好地规避了银监会以及发展改革委的监管。

① 所谓“211原则”即1个省会城市（含副省级城市）最多同时可有2家融资平台申请发债；1个地级市（含自治州）最多同时可有1家融资平台申请发债；1个全国百强县最多同时可有1家融资平台申请发债。除此之外，国家级开发区、保税区可单独申报城投债项目，不占用“211原则”中的指标；北京、天津、上海和重庆四个直辖市亦不受上述限制，但直辖市所属任一区仅可同时有1家融资平台申请发债。

对于投资者而言，一般的中小企业私募债发行人资产规模有限，经营稳定性差，财务报表的可靠性也不高，无担保中小企业私募债的信用风险很大，也乐见已经公开发行企业债券的融资平台提供担保。由于公开发行的城投债期限一般在5—7年，而中小企业私募债期限多在3年以内，不履行代偿义务对融资平台自己发行的债券会产生较大的影响①，因此这类并非服务中小企业融资需求的平台类中小企业私募债反而更受欢迎。

针对这一现象，为了使中小企业私募债更好地服务于真正的中小企业融资需求，深交所在试点期间“不受理城投公司、地方融资平台或其子公司发行私募债券的备案申请，包括保障房私募债②”。相比之下，上交所似乎并未对此进行限制，融资平台类担保人出现的频率更高。由于私募债的募集说明书并不公开，因此我们无从逐一判断发行人与融资平台类担保人之间或明或暗的关系，但从一个数据便可看到两个交易所在受理中小企业私募债备案时的差异：2013年，在上交所备案的101只中小企业私募债中，有担保债券共94只，占比93%；在深交所备案的102只中小企业私募债中，有担保债券仅30只，占比仅29%。

从融资平台对中小企业私募债的渗透不难发现，在严重依赖投资拉动的经济增长模式下，在政府把持金融资源的市场环境中，不通过简政放权的方式从根本上改善中小微企业的生存环境，纵使债券市场有再适合中小微企业融资的金融产品，也可能被患有“融资饥渴症”的融资平台钻了空子，挤占本已稀缺的中小微企业融资资源。

截至2013年12月31日，尚未出现中小企业私募债违约的情形。这主要是因为2012年年中开始发行的中小企业私募债期限以2—3年为主，大规模到期的时点集中在2014年。相比在证券交易所上市的企业，发行私募债的中小企业在信息披露上的要求相对较低。交易所实施备案制也是默认参与中小企业私募债的投资者拥有分析、判断和监测发行人信用风险的能力，然而考虑到中介机构收费相对较少，充分履行尽职调查义务的动力有限，投资者也尚未适应“买者自负”的投资模式，在这种背景下，信息披露的不健全无疑增大了中小企业私募债的信用风险。12江南债遭遇提前清算给市场发出了警惕信号。虽然此次提前清算有市场流动性的关系，但投资者对发行人信用的担忧才是最根本的原因。

2014年，随着中小企业私募债的集中到期，其信用风险也将逐渐暴露，当投资者面临损失本息的风险之时，其与中介机构以及发行人之间的纠纷可能成为新的一年里中小企业私募债继续快速发展的重要掣肘。

13.2.2 中小企业集合票据发行规模回落

2013年中小企业集合票据未能延续2012年的发展态势，全年中小企业集合票据的发行数量减少至30只，减少了14只，发行人数量也骤减了约40%。来自江苏、山东、浙江等14个省（自治区、

① 2011年7月25日云南省投资控股集团公司（以下简称云投集团）发布公告称将会把旗下所属的优质电力资产划转至新组建的云南省能源投资集团有限公司，此举将极大地降低了云投集团的信用质量，此消息一出，10云投债大幅下跌，年内跌幅达3%，云南地区的其他城投债也纷纷大幅下跌，云南省国资委迫于市场压力只好暂时搁置原有的资产划转计划。可见对于公开发行债券市场影响的忌惮，有助于提升发行人履行其他债务的意愿。

② 深交所：《中小企业私募债券试点业务相关问题解答》，2013－12－09。

直辖市）的83家企业共募集资金60.39亿元。相比2012年，新增了辽宁、广西、重庆、四川的发行人。其中，辽宁、广西是首次发行中小企业集合票据的区域。经过5年的发展，中小企业票据发行人区域从最初试点的少数省份开始向全国大部分地区推广，目前已经覆盖了22个省（自治区、直辖市）。

表13－2　　集合票据发行概况（2009—2013年）

	2009年	2010年	2011年	2012年	2013年
发行集合票据数量（只）	4	19	22	44	30
发行企业数量	23	72	98	137	83
分布地区	2	11	11	17	14
发行总金额（亿元）	12.65	46.57	66.23	93.02	60.39
平均票面利率（%）	5.33	4.46	6.47	6.37	6.16

资料来源：Wind资讯。

在经历了约5年的发展后，中小企业集合票据的合理期限、参与企业数量和适度融资规模已经成熟。2013年发行的中小企业集合票据以3年期为主。在30只新发中小企业集合票据中有25只3年期票据、5只2年期票据（见图13－5）。3年期品种的融资额达50.12亿元，占全部融资额的82.99%，这一数据在2012年为79.34%。相对于银行短期限的贷款，中小企业集合票据为中小企业提供了有效的中期融资渠道。单只票据的平均参与企业数从2012年的3.11家逐步降至2013年的2.77家，单只票据融资金额均值也相应地从2012年的3.11亿元降至2013年的2.01亿元。

图13－5　中小企业集合票据期限分布（2010—2013年）

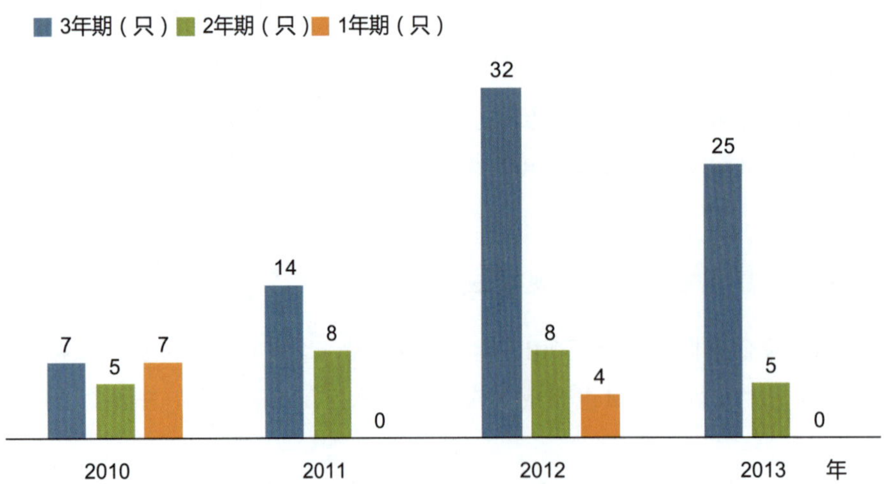

资料来源：Wind资讯。

■中小企业集合票据信用增进手段

尽管中小企业集合票据已经形成了“一般性担保”、“联合担保”、“一般担保 + 偿债风险准备金”和“一般性担保 + 偿债风险准备金 + 票据分层”等多层次的担保模式，以及“回购承诺”和“政府补贴支持”等信用增进手段，但是，随着此前担保主体代偿风险的暴露，中小企业集合票据的增信模式和担保主体似乎正在趋于单一。2013 年发行的中小企业集合票据全部由中债信用增进投资股份有限公司实行不可撤销连带责任担保，2012 年中小企业集合票据发行过程中作为担保方的省级担保平台（如江苏省信用再担保有限公司、山东省再担保集团有限公司、安徽省信用担保集团公司等）、四大资产管理公司（如中国信达资产管理股份有限公司、中国长城资产管理有限公司、中国东方资产管理公司等）以及其他专业融资担保公司（如北京首创投资担保有限责任公司、重庆市三峡担保集团有限公司、中国投资担保有限公司等）都不见了踪影，使得中债信用增信投资股份有限公司包揽了囊括普通中小企业集合票据以及区域集优票据在内所有集合票据增信。究其原因，中小企业集合票据发行体量小、代偿事件自 2012 年期频繁发生等因素或许是导致担保公司对此业务退避三舍的主要原因。相较之下，中债增已垄断了区域集优票据的担保业务，并包办了 2013 年发行的所有普通中小企业集合票据的担保业务。考虑到该业务的盈利性较弱，政治意义大于经济意义，作为在中小企业集合票据业务领域唯一具有规模优势和政治优势的增信机构，中债增将在中小企业集合票据的担保增信领域扮演越来越重要的角色。

■中小企业集合票据融资成本

尽管 2013 年货币政策总体中性偏紧，但 30 只集合票据发行时平均票面利率还是较 2012 年下降了 21bps，降至 6. 16% 的水平。单从票面利率来看，与间接融资成本相比（见图 13 - 6），中小企业集合票据在降低企业融资成本方面似乎具有一定优势，但如果仔细观察中小企业集合票据的发行分布情况就不难发现，较低的票面利率是因为在 60. 39 亿元发行规模中，有 43. 6 亿元（占全年发行量的 72. 2%）发行于 1—5 月，而这恰好是 2013 年融资成本最低的时期，也是社会平均融资成本低于 2012 年同期的时期。

如果将当月中小企业集合票据的发行票面利率与贷款基准利率和主要经济区域票据直贴利率这两种间接融资成本相比较（见表 13 - 3），我们就不难发现，1—7 月，中小企业集合票据发行时的平均票面利率低于同期限贷款基准利率，而到了 10—11 月，中小企业集合票据发行时的平均票面利率就开始显著高于同期限贷款基准利率，且利差从 63bp 一直上升到 160bp。值得注意的是，2013 年两次“钱荒”对中小企业集合票据融资成本的影响不尽相同：在 6 月“钱荒”中，尽管票据直贴利率均值飙升至 7. 39% 的高位，但是当月中小企业集合票据的平均发行票面利率仍仅为 5. 8%；但在 12 月“钱荒”中，7. 52% 的票据直贴利率均值与 6 月基本持平，但是当月中小企业集合票据的平均发行票面利率确高达 8%。原因何在？6 月发行的三期集合票据和 12 月发行的两期集合票据均属于中债信用增进投资股份有限公司（以下简称中债增）担保的区域集优票据，所以无法用信用利差解释。可能的解释是：6 月，“钱荒”的冲击更多是时点性质的冲击，短期资金成本变化较为明显，债券收益率仅小幅上行，当月发行的债券成本并未出现大幅上行，随后人民银行在公开市场持续中性偏紧的政策操作，使得债券收益率持续上行，并在 12 月达到极端，当月货币市场资金面极其紧张，债券收益率也达到年内高点，大量企业的中票、公司债等推迟发行或者取消发行。在这种情况下，“区域集优 + 强增信 + 短期限”融资模式对于降低融资成本的优势也随之被弱化。

图 13－6　商业汇票直贴/转贴利率走势

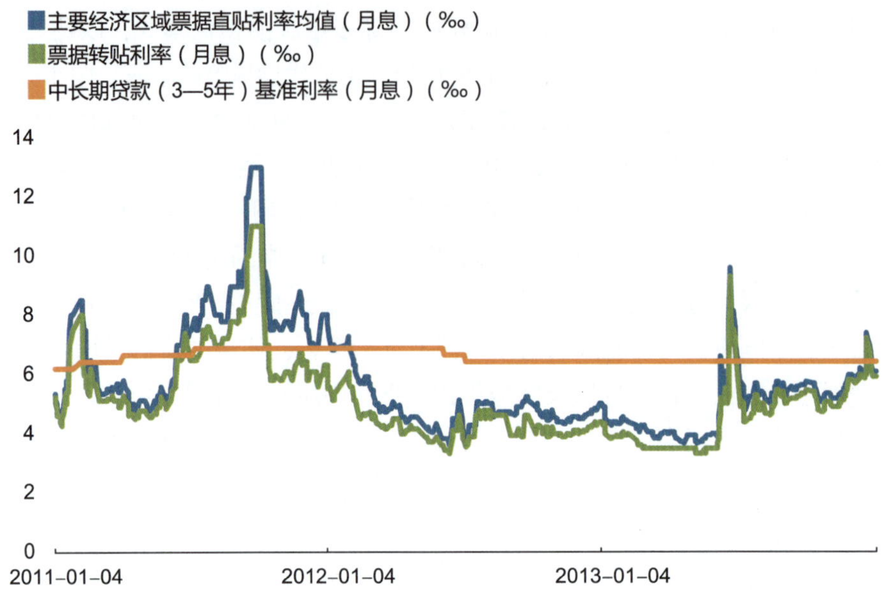

注：①主要经济区域票据直贴利率均值由环渤海、中西部、长三角和珠三角地区的票据直贴利率算数平均得到。

②为数据可比，在作图时已按照月息将中长期贷款（3—5 年）基准利率进行了转换。

资料来源：Wind 资讯。

表 13－3　　　　中小企业集合票据发行分布及融资成本对比（2013 年）

发行月份	发行规模（亿元）	票面利率（%）	主要经济区域票据直贴利率均值（%）	贷款基准利率（%）
1 月	19. 16	5. 89	5. 38	6. 40
2 月	9. 34	5. 68	5. 12	6. 40
3 月	2. 55	5. 80	4. 78	6. 40
4 月	9. 50	5. 63	4. 64	6. 40
5 月	3. 05	5. 70	4. 62	6. 40
6 月	5. 00	5. 80	7. 39	6. 40
7 月	1. 30	5. 75	6. 52	6. 40
10 月	3. 31	7. 03	6. 38	6. 40
11 月	3. 68	7. 50	6. 59	6. 40
12 月	3. 50	8. 00	7. 52	6. 40

注：图中黄色代表平均票面利率高于主要经济区域票据直贴利率。

资料来源：Wind 资讯。

■中小企业集合票据地区分布

分布地区方面，中小企业集合票据发行在 2013 年延续了向中西部区域扩张的趋势，同时印证了我们在 2012 年对中小企业集合票据发行的主体区域的判断。2013 年，辽宁、广西首次涉足中小企业集合票据融资，将中小企业集合票据的发行区域扩大到了22个省（自治区、直辖市）。然而，由于中小企业集合票据在经济欠发达地区和市场化程度很高的经济发达地区略显尴尬的作用和地位，江苏、山东和浙江等财政实力较强、中小企业密集且政府控制力和主导意愿较强的东部发达省区仍然是发行中小企业集合票据的主体区域。2013年，中小企业集合票据在经济发达的上海市的发行数为0只，在广东省为1只。而对于不具备足够多市场化程度高且有活力的中小企业的江西、安徽、内蒙古地区，在2012年有过发行（江西1只，安徽2只，内蒙古1只）之后，2013年的发行量都降至0。

■“区域集优”票据成主流

以“政府资金支持、中介机构让利、工作流程集优”的“区域集优”融资模式近两年不断发展，相较于普通的中小企业集合票据具有一定优势。2012年，区域集优票据融资规模达29.15亿元，占全部中小企业集合票据融资额的31.34%。2013年，区域集优票据融资规模则增长到了52.62亿元，占全部中小企业集合票据融资额的87.13%。在2013年发行的30只中小企业集合票据中，区域集优票据达到了25只。其中，在江苏省发行的7只集合票据，福建省发行的3只集合票据，河南省发行的2只集合票据以及重庆发行的2只集合票据全部都为区域集优票据。

从实践结果来看，由地方政府、人民银行分支机构、主承销商与增信机构共同建立的“统一认可的业务标准、统一行动的工作机制、统一执行的审批流程”确实提高了中介机构的工作效率，实现了区域内中小企业的批量化、规模化债务融资。由于地方政府设置偿债准备基金与人民银行的参与在事实上起到了隐性担保的效力，因此一方面通过降低担保费率的方式降低了发债企业的融资成本，另一方面也增加了投资者的认可度，因此这一模式已成为中小企业集合票据的主流模式，甚至有可能在未来成为唯一具备持续发展能力的模式。从项目筛选到信用增进到注册发行都具有人民银行的背景，这也算是一种具有中国特色融资方式。

■中小企业集合票据信用风险初现

值得注意的是，2013年中小企业集合票据的信用风险开始涌现。“宁波市中小企业2012年度第一期集合票据”的发行人之一的太平洋海运有限公司以及“2012年芜湖中小企业集合票据”发行人之一的安徽精诚铜业股份有限公司因市场波动导致主体信用降级，引起了市场警惕。虽有担保公司担保，但发行人主体信用降级暴露出中小企业集合票据在发行人筛选、对发行人后续信用风险跟踪以及保护债权人方面所存在的疏漏和风险。

正如我们在2013年的报告中分析的那样，由于担保人承担了发行人违约时的代偿责任，担保公司的信用代替了集合票据发行人的信用，成为了投资人进行投资决策的重要参考因素。

13.2.3 中小企业集合债名存实亡

以“统一冠名、分别负债，统一担保、集合发行”为特征的中小企业集合债券业务模式打破了单一企业发行债券的惯例，在2007年诞生之时曾被寄予厚望。6年之后，中小企业集合债带给市场的却只有失望。相对于2009年起步却发展迅猛的中小企业集合票据，中小企业集合债的发展却不断下滑。2013年，只有1只中小企业集合债发行，融资规模为4亿元，为2007年中小企业集合债诞生以来的最低值（详见表13－4）。中小企业集合债作为中小企业融资途径的功能和地位似乎已经名存实亡。

表 13-4　　中小企业集合债发行概况（2007—2013 年）

	2007 年	2009 年	2010 年	2011 年	2012 年	2013 年
发行集合债数量（只）	2	1	2	3	3	1
参与发行企业数量	24	8	18	26	21	6
发行总金额（亿元）	13.05	5.15	5.83	14.18	9.81	4
平均票面利率（%）	6.19	6.53	4.91	6.54	7.31	7.60

资料来源：Wind 资讯。

显然，发展改革委、地方政府和承销商也意识到了中小企业集合债发行进度缓慢、融资成本偏高、市场认可度下降等问题。作为中小企业集合债的一种演化形式，小微企业扶持债券（又名“小微企业增信集合债券”）于 2013 年 3 月 7 日粉墨登场。首批四期小微企业扶持债券分别由镇江市城市建设投资集团有限公司、天津保税区投资控股集团有限公司、无锡市新区经济发展集团有限公司和盐城市国有资产投资集团有限公司发行，期限均为 3 年，除“13 盐城国资小微债 01”发行规模为 5 亿元外，其余三只的发行规模均为 10 亿元，所募集资金均由发行人委托民生银行以委托贷款的形式支持当地的小微企业。在这种模式下，由于偿债主体是信用等级相对较高的地方融资平台，可显著降低小微企业的融资成本——四只债券的票面利率分别为 5.4%、5.1%、5.4% 和 5.4%，显著低于 2013 年中小企业集合债 7.6% 的票面利率。同时，由于将集合模式由前端改为后端，极大地降低了信息披露和综合协调成本，显著提升了发行效率。但这种模式并非十全十美，由于市政建设的经济性总体较弱，盈利能力较为有限，大部分融资平台的经营性现金流本就捉襟见肘，已是资产负债率高企，正是“泥菩萨过江”，自己尚且不能自保，指望这些融资平台增加负债规模来服务当地中小微企业的融资需求，显然是预期太高了。此外，委托贷款的形式决定了募集资金的分配原则并无一定之规，与地方城投平台乃至国资委关系密切的中小微企业是否真的是具有扶持价值的企业皆不由市场说了算，站在中长期的角度，这种模式对于债券市场更好地服务于中小微企业融资并无大的裨益。

13.3　债市为中小金融机构提供直接融资能力增强

13.3.1　进入债市的金融机构更加多元

2013 年，我国金融机构共发行金融债 23847.68 亿元（图 13-7），其中政策银行仍是最大的发债主体，融资 20588.95 亿元，商业银行债 1115 亿元，商业银行次级债 17 亿元，保险公司债 160 亿元，证券公司债 1179.6 亿元，其他金融机构债 787.13 亿元。相比 2012 年的 25959.1 亿元，金融债总规模下降了 8 个百分点，但相比 2011 年的 23074.3 亿元仍略有上升。这一发展态势与企业债券融资的发展情况基本一致。

从金融债的具体结构来看，商业银行债、证券公司债以及其他金融机构债都获得了突破性发展，通过债市获得融资的金融机构呈现多样化。在其他金融机构债中，金融租赁公司金融债券摆脱了往年的颓势，发行额达到了 48 亿元。自 2010 年获准发行以来，金融租赁公司金融债表现一直不尽如人意，获准发行当年尚且还有 35 亿元的发行量，但 2011 年发行量则降到了 10 亿元，2012 年更是销声匿迹。发行金融债券的融资租赁公司目前比较单一，到 2013 年为止，总共只有华融金融租赁股份有限公司、交银金融租赁有限公司、招银金融租赁有限公司、江苏金融租赁有限公司 4 家公司参与发行。

图 13－7 金融机构债市融资（2008—2013 年）

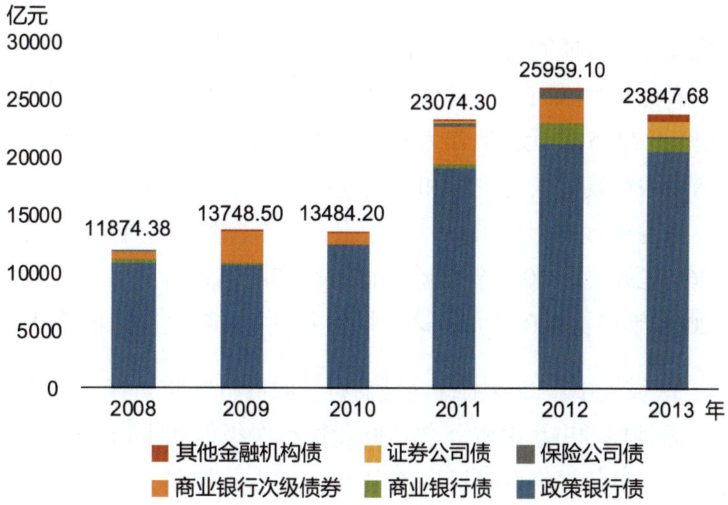

资料来源：Wind 资讯。

13.3.2 小微企业专项金融债一统商业银行金融债

由于具有对应贷款可不计入存贷比分子项的优势，小微企业专项金融债在 2012 年全面迅猛发展。2013 年，小微企业专项金融债的发展势头印证了我们在去年报告中关于“小微企业专项金融债对于饱受资金和存贷比例制约的中小银行的吸引力最为明显[①]”的判断。

2013 年，共有 33 只小微企业专项金融债发行，为 22 家商业银行募集了 1115 亿元资金。继 2012 年迅猛发展之后，2013 年专项金融债发展势头不减，成为促进商业银行支持中小企业融资的重要途径。值得注意的是，2013 年发行的 33 只商业银行金融债（不含次级债和可转债[②]）全部为中小企业专项金融债。

图 13－8 商业银行金融债（不含次级债和可转债）发行情况（2008—2013 年）

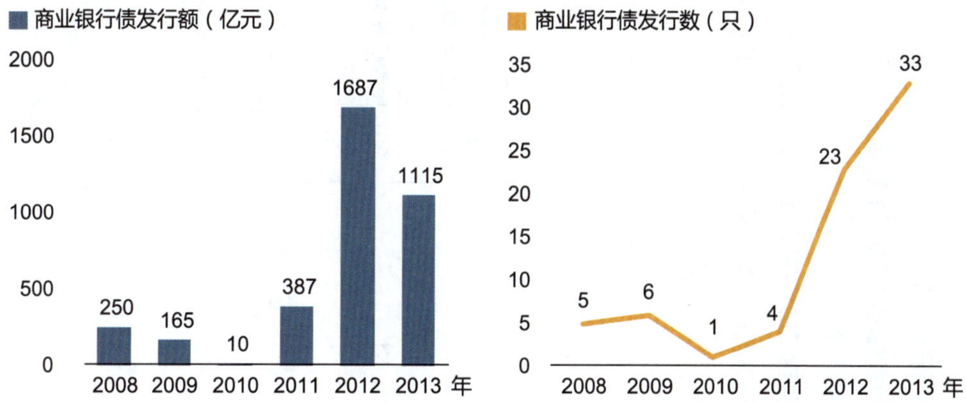

资料来源：Wind 资讯。

① 史建平：《中国中小企业金融服务发展报告（2013）》，北京，中国金融出版社，257 页。

② 次级债和可转债均属于具备一定补充资本性质的债券融资工具。

13.3.3 区域性中小商业银行发债大幅增加

2013年，小微企业专项金融债的发展直接带动了以城市商业银行为代表的区域性中小商业银行的债券融资，从而为其更好地开展小微企业信贷业务提供了有效支撑。虽然商业银行金融债的融资规模由2012年的1686.5亿元降至1115亿元，但作为发行主体的商业银行数量由2012年的12家增加至22家，而且中小区域性商业银行发行人的数量和融资规模明显增多——2012年发行的小微企业专项金融债在剔除民生银行、浦发银行、招商银行、光大银行等全国性股份制商业银行后，其他城商行和外资行的发行额仅为265亿元，而2013年，除交通银行和中信银行外，其他城商行和外资行的发行额高达865亿元，较2012年增长600亿元。这一结构上的可喜变化很好地印证了我们此前的判断。

在2009—2011年，区域性中小商业银行（城商行、农商行等重点经营范围在省域或部分省域内的非全国性商业银行）通过债券市场融资（包括商业银行次级债和上市商业银行发行可转债）的规模十分有限，在全部商业银行债券融资总量中仅占10%左右。但是，在中小企业专项金融债的带动下，这一占比在2012年达到了19%附近。2013年，没有商业银行可转债发行，商业银行次级债发行规模也大幅缩水，在此背景下，区域性中小商业银行在全部商业银行债券融资总量中的占比大幅提升至72%。不可否认，这里有一定的偶然成分——大型商业银行和全国性股份制商业银行在发行次级债和可转债的发行计划方面存在周期性，但从小微企业专项金融债在商业银行金融债发行额中100%的占比来看，中小商业银行债券融资的绝对规模和相对规模的大幅提升无疑归功于小微企业专项金融债。

图13-9 商业银行债券（含金融债、次级债和可转债）融资结构（2008—2013年）

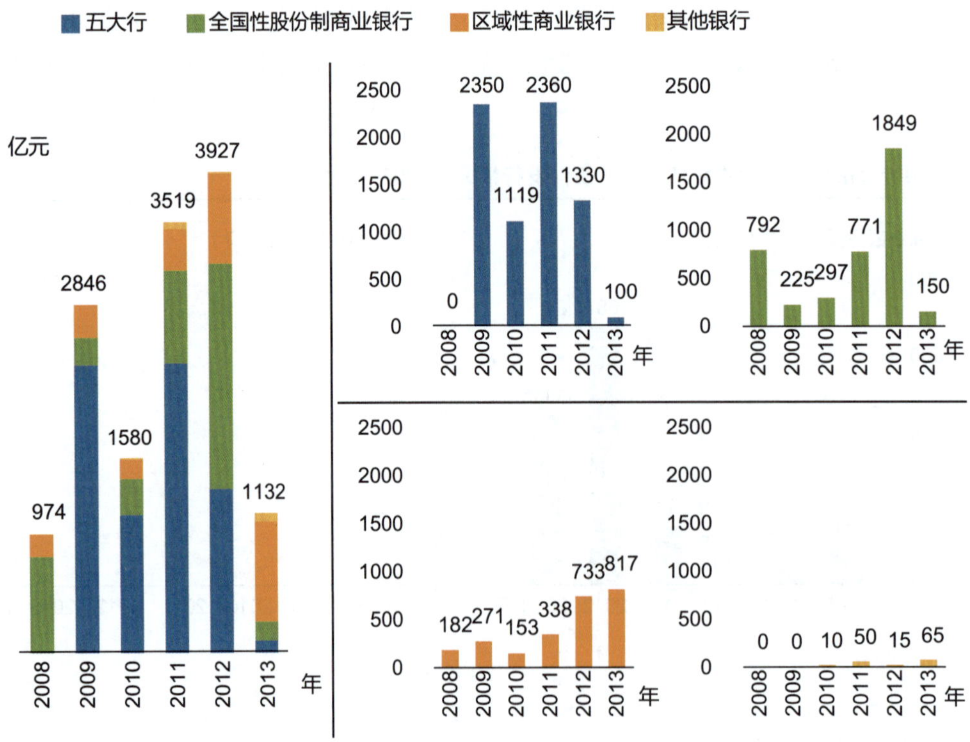

资料来源：Wind资讯。

在融资者结构方面，在发行小微企业专项金融债的22家商业银行中包括五大行1家（交通银行），全国性股份制商业银行1家（中信银行），外资商业银行2家（星展银行和渣打银行），以及城市商业银行17家（北京银行、北湾银行、滨海农商行、福建海峡银行、徽商银行、莱商银行、兰州银行、乐山银行、民泰银行、南昌银行、宁波银行、青岛银行、泉州银行、石嘴山银行、郑州银行、重庆银行、浙商银行）。结合2012年发行小微企业专项金融债的12家商业银行来看，2013年只有兰州银行和星展银行的发行属于续发，其余的19家商业银行的小微企业专项金融债都是初次发行，也就是说，2013年发行小微企业专项金融债的商业银行新增了19家。新增的19家商业银行中，城市商业银行达到了16家。从小微企业专项金融债的发行人结构来看，小微企业专项金融债为更多的中小商业银行打开了债市融资的大门（见图13－10和图13－11）。

图13－10　商业银行金融债融资规模（2011—2013年）

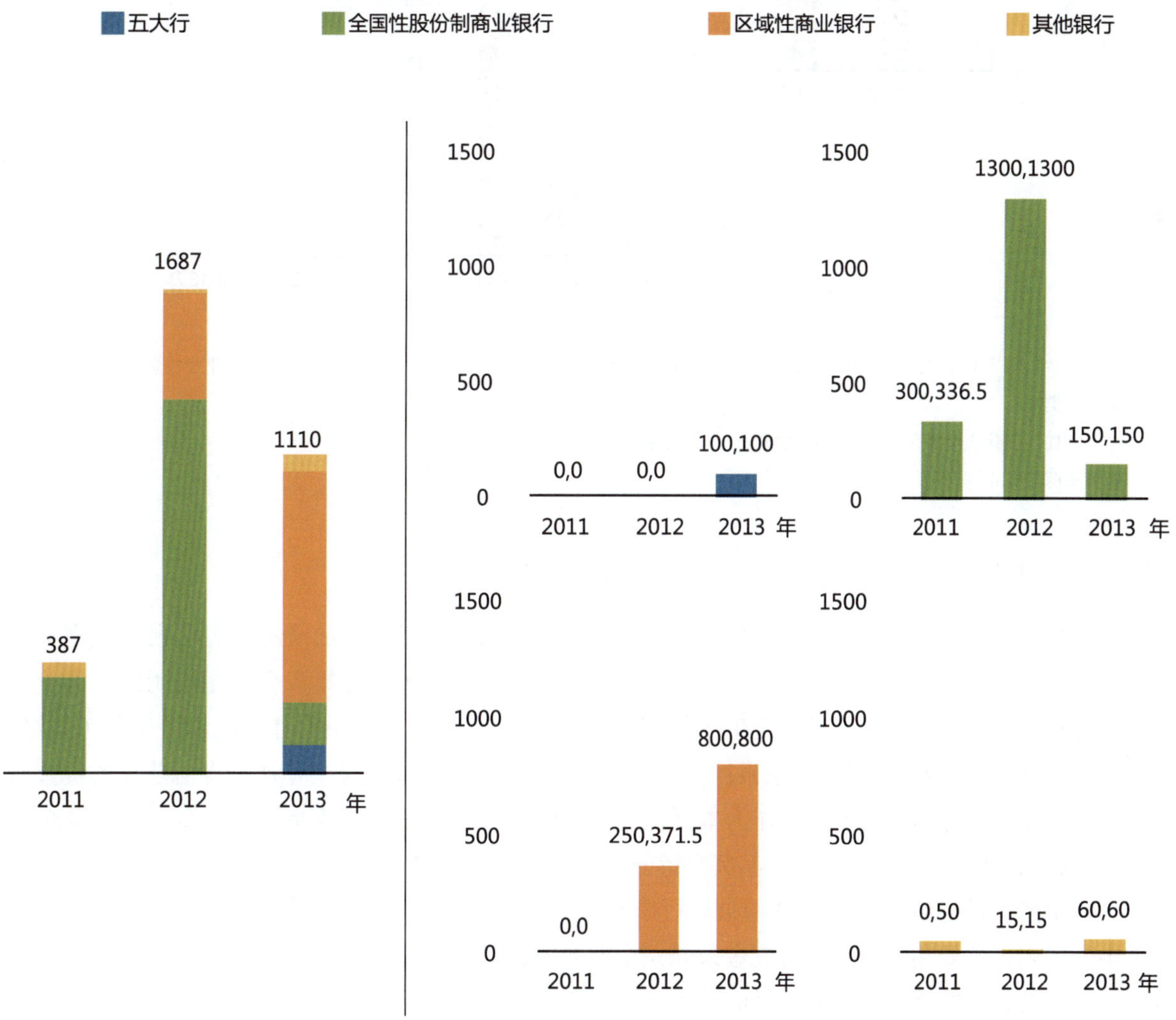

注：①“300，336.5”代表2011年全国性股份制商业银行发行金融债336.5亿元，其中发行小微企业专项金融债300亿元。其他数据含义以此类推。

②柱形图代表金融债规模情况，单位为亿元。

资料来源：Wind资讯。

图 13－11　商业银行金融债融资主体数量（2011—2013 年）

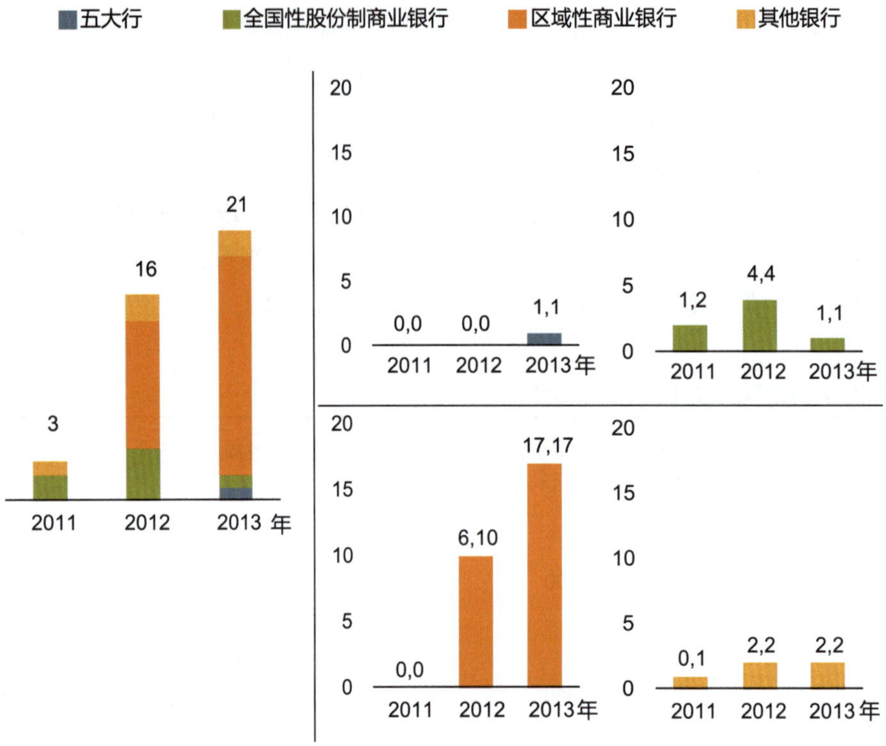

注：①“1，2”代表2011 年全国性股份制商业银行发行金融债主体数量为2 家，其中1 家发行小微企业专项金融债。其他数据含义以此类推。

②柱形图代表金融债融资主体数量情况，单位为家。

资料来源：Wind 资讯。

13.3.4　小微企业专项金融债信息披露亟待完善

需要指出的是，根据公开资料，监管部门并未要求小微企业专项金融债的发主体跟踪披露募集资金的实际使用情况。在小微企业专项金融债券募集说明书中，关于募集资金使用说明，各商业银行的表述也不尽相同：大部分发行人在募集说明书中均表述为“本期债券的募集资金将专项（全部）用于发放小型微型企业贷款”；北京银行在募集资金用途方面的表述则是“本次债券所募集的资金将依据适用法律和监管部门的批准，作为本行稳定的负债来源，运用于发放小型微型企业贷款及个人经营性贷款”，相比于其他发行人，其突出特征是在募集资金用途中增加了“个人经营性贷款”；表述最含糊不清的是星展银行，在13 星展银行债的募集说明书中，只提及“本期债券募集资金将全部用于中国境内，主要用于扩大本行资金来源，拓展业务，并支持发展中小企业的信贷业务，以满足国家政策支持行业的重点客户和本行优质客户（特别是中小企业）的资金需求”，在这一表述中，一方面未使用已有明确界定标准的“小型微型企业”这一称谓，另一方面也并未承诺所募集资金会“全部”用于发放小型微型企业贷款。至于债券信息披露事宜，监管机关和主管部门的要求是真实、准确、充分、及时地对与本期债券有关的信息予以披露，主要包括定期报告、跟踪信用评级报告和重大事件披露以及《全国银行间债券市场金融债券信息披露操作细则》规定的其他披露细则，通过跟踪2012年发行的小微企业专项金融债的后续公告，我们也未发现关于募集资金实际使用情况的信息披露。因此，小微企业专项金融债是否全部用于发放小微企业贷款？贷款发放进度如何？贷款到期后续作情况如何？在公开披露的信息中找不到答案。鉴于小微企业专项金融债的定向用途要求，我们认为加强对融资用途与效果的披露与监测是必要的。

太阳总是照常升起，可每一天都有不同。我们深知，尽管愿望美好而急切，但是路总要一步一步地走。前途固然光明，却也不乏曲折。对于债券市场能够为中小企业提供哪些融资服务，提供多少融资服务，我们总是充满忐忑的期许。2013年，无论是直接为中小微企业提供资金支持的中小企业私募债，还是通过商业银行间接服务中小微企业信贷融资需求的小微企业专项金融债，都维持了较好的发展势头，但债券市场为中小微企业融资服务所作出的贡献仍然十分有限，融资规模的数量级并未出现显著变化。展望2014年，“11号文”、“127号文”的陆续出台，加速了非标治理，利好债市，但此前不断积聚、潜藏的信用风险仍使我们隐隐地感觉到了一丝凉意。监管部门有意识地允许非系统性的违约出现固然对于债券市场长久的健康发展有利，但在短期来看，资产规模小、公司治理通常不够完善、经营抵御经济周期波动能力弱的中小微企业恐怕将首当其冲。地处债券市场边缘的中小微概念类债券，也很可能将面临一次洗礼。享受政策的阳光雨露易，经历市场选择的风吹浪打难，我们将且行，且观察。

14 民间金融：规范化演进

2013 年，民间金融在规范化发展的道路上高歌猛进。合会、地下钱庄等传统民间借贷活动继续活跃在正规金融体系“不经济”的领域，合会自改革开放以来首次在大陆地区被地方法律明确界定为民间借贷的一种形式，地下钱庄阳光化转型期待政策突破。以互联网技术为依托的民间金融迅猛发展，P2P 借贷平台的发展热潮在市场的检验中逐渐回归理性，众筹融资平台开始起步。地方金融改革从温州辐射全国各大城市，地方民间金融基础设施建设进展空前，中国第一部民间借贷的地方法律出台。正如历史上各类金融机构、产品、市场出现的逻辑规律一样，民间智慧不断地在不同领域探索资金活动中信息不对称问题更有效的解决方法，当在风险、成本、效率管理等方面取得一定成果时，新的金融活动形式出现了，这种新的金融活动形式会通过时间的考验或发展壮大或走向消亡。

14.1 民间金融发展前景向好

民间金融作为小微企业获得信用支持的重要渠道，不仅在经济活跃时期助力小微企业发展，在经济进入调整期、正规金融机构流动性紧张时期，民间金融对小微企业更像是救命稻草。

14.1.1 民间借贷规模逆势扩张

2012 年下半年以来，中国经济进入改革阵痛期。经过多年的快速增长，部分行业产能严重过剩，存货滞销，企业还本付息能力下降。在银行不良贷款率上升、贷款意愿下降的形势下，小微企业更难从银行获得信用支持。陷入困境的中小微企业只能更多地通过民间借贷获得流动性以缓解资金压力和调整经营。与此同时，由于部分地区房地产等行业银行贷款受限，更多的民间资本通过抬会、地下钱庄等民间金融活动汇聚到房地产等大额投资中来，形成一定的替代效应。此外，在被称为“互联网金融元年”的 2013 年，依托互联网技术的 P2P、众筹等民间金融活动形式成为社会各界关注的焦点，交易规模较 2012 年成倍数增长，互联网技术在改善信息不对称和扩张营销渠道等方面强力助推民间金融发展。在经济增长放缓、银行信用收缩和贷款投向限制、互联网金融发展的共同作用下，2013 年民间借贷规模继续增大。据招商证券测算，截至 2013 年末，我国民间借贷规模为 7.4 万亿元，占影子银行规模（32.7 万亿元）的 22.6%。

图 14－1 民间借贷规模及占比（2012—2013 年）

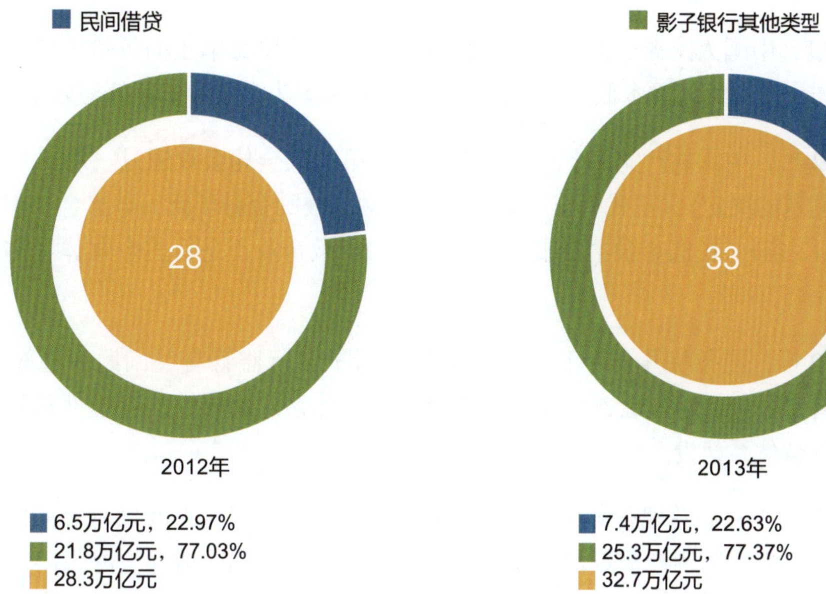

注：①2012 年为第三季度末数据。

②图中黄色圆圈大小代表影子银行规模大小，圆圈中的数字为当年影子银行规模，单位为万亿元。

③“6.5 万亿元，22.97%”表示 2012 年民间借贷规模 6.5 万亿元，占比 22.97%；“28.3 万亿元”表示 2012 年影子银行规模为 28.3 万亿元。其他数据含义以此类推。

资料来源：招商证券。

14.1.2 互联网金融发展促民间金融版图重构

2013 年，“互联网金融”成为社会各界关注的热词。中国正在经历的经济结构调整和社会变革为互联网金融铺下了发展的热土，大数据、云计算等互联网技术在提高金融活动效率方面的应用更加成熟和广泛，民间金融版图也在互联网金融的火热发展中重构。目前来看，除了民间自发的金融活动以及传统的合会和地下钱庄，P2P 和众筹成为民间金融与互联网金融交汇领域的主要金融活动。此外，互联网理财和金融产品搜索往往同时涉及了正规金融体系和民间金融的金融服务。随着互联网在不同社会群体中的深入普及，以互联网为平台的民间金融活动有望发展成为民间金融的重要组成部分。本章的 14.3、14.4、14.5 三节将介绍互联网金融中属于民间金融范畴的具有代表性的 P2P 和众筹的发展情况。

图 14－2 民间金融与互联网金融主要构成关系

2013 年 8 月，国务院的两个重要文件都正式写入了互联网金融。国务院办公厅《关于金融支持小微企业发展的实施意见》提出：“充分利用互联网等新技术、新工具，不断创新网络金融服务模式”。国务院《关于促进信息消费扩大内需的若干意见》提出：“推动互联网金融创新，规范互联网金融服务”。

2013 年第二季度，中国人民银行货币政策执行报告给予互联网金融正面评价，认为互联网金融具有透明度高、参与广泛、中间成本低、支付便捷、信用数据更为丰富和信息处理效率更高等优势。

2013 年 11 月 12 日，中国共产党第十八届中央委员会第三次全体会议通过《中共中央关于全面深化改革若干重大问题的决定》，正式提出“发展普惠金融，鼓励金融创新，丰富金融市场层次和产品。”（第三部分第 12 条）。民间金融主要服务的个人和中小微企业正是目前金融体系需要突围而实现普惠的领域。

2013 年 12 月 10 日，国务院办公厅下发《关于加强影子银行监管有关问题的通知》（国办发〔2013〕107 号），肯定了包括网络融资平台在内的影子银行体系的创新性、合理性和积极性，鼓励影子银行数据纳入征信体系建设。

2014 年 3 月 5 日，李克强总理在所作政府工作报告中首次谈到“促进互联网金融健康发展，完善金融监管协调机制，密切监测跨境资本流动，守住不发生系统性和区域性金融风险的底线。让金融成为一池活水，更好地浇灌小微企业、‘三农’等实体经济之树。”

来自官方政策的肯定和鼓励为民间金融、尤其是互联网金融范畴中的民间金融的规范化发展奠定了良好的政策基础，也为其指明了致力于普惠金融探索的方向。

14.2 传统民间金融需“疏堵同归”

近年来，合会①、地下钱庄②等传统民间金融活动随着各地经济金融的发展经历了潮起潮落的发展历程。金融业界和学界对传统民间金融活动的看法更趋于合理的疏导和监管。然而，在国内相关法治尚未健全的背景下，活跃的民间金融活动常会引来社会各界对风险的担忧。2013 年以来，人民银行正逐步推进利率市场化改革，市场期盼的小额放贷人条例渐行渐近。无论“疏堵”，对民间金融活动的管理最终都要回归到促进经济金融效率和安全的本源上来。

14.2.1 传统民间金融仍具小微企业金融服务优势

纵观改革开放以来民营经济的发展，潮起间从不难觅传统民间金融活动的踪迹。在我国金融体系尚未健全的经济环境下，合会和部分地下钱庄对小微企业发展所提供的及时高效的金融服务是不可忽视的。传统民间金融形式在解决本土范围内的信息不对称问题上仍然具有明显的效率优势。

---

① 合会：ROSCA（Rotating Savings and Credit Association），意为“轮转储蓄与信贷协会”，是协会内部成员的一种共同储蓄活动，也是成员之间的一种轮番提供借贷的活动。既是成员之间资金互助的民间借贷方式，同时涉及了储蓄服务和信贷服务。

② 地下钱庄：一种游离于金融监管体系之外的特殊金融组织，利用或部分利用金融机构的资金结算网络，从事民间资金存储借贷等金融业务或非法买卖外汇、跨国（境）资金转移活动。

■社会关系网络维系合会风控纽带

合会作为历史悠久的民间金融活动，从靠天吃饭的古代社会发展至今，经久不衰的生命力主要源自其简单方便的运作方式——既不需要借助复杂的智慧加以规范，不需要借助任何外在的权力保护，也不需要其他任何的外部资金支持，完全依赖民间既有的本土社会关系网络，就可以非常方便地在民间融通资金，调剂余缺。① 如此基于本土社会关系网络的风控模式使合会兼具了互助性和盈利性的特点。

近年来，随着市场经济的发展，相较传统的合会会金主要用于生活消费，活跃于江苏、浙江、福建、广东等经济发达地区的合会更多地服务于小微企业生产经营。形式上，目前合会更多地采用为标会②的形式，利率通常高于银行贷款利率，但低于民间借贷的整体平均水平，整体市场化特点更加明显。根据相关学者在2009年至2012年在福州市台江区、连江县和永泰县的调查，受调查者所参与的合会会息大多为10%。③

■从事放款业务的地下钱庄为本土小微企业提供资金支持

从事放款活动的地下钱庄④通常出现在民营经济活跃地区，近年来以非法吸存放贷为主要业务的地下钱庄按所在地域经济发展特点可分为两类，一类是鄂尔多斯、神木、大庆等资源型城市，另一类是江苏、浙江、福建、广东等中小微企业繁多的地区。此外，东北、四川、湖南、湖北、云南、新疆等地区从事吸存放贷的地下钱庄也较为活跃。以非法典押和高利贷为主要业务的地下钱庄主要出现在江西、湖南等地区。⑤

从事非法放款活动的地下钱庄通常以典当行、寄卖行、投资公司、房地产中介公司等形式为掩护，而在鄂尔多斯、神木等地区地下钱庄极度火热时期，数以千计的地下钱庄往往租用宾馆房间为办公场所，无任何挂牌。许多地下钱庄最初是以互助为目的、以合会的形式存在的。随着成员内部资金需求减少、外部资金需求增加，逐渐转化为对外吸存放贷的地下钱庄。此类地下钱庄运作和盈利模式较为简单——将资金低息吸入、高息放出赚取息差，同样通过熟人信用控制风险。相关学者及课题组调研结果显示，地下钱庄利率水平通常为借入资金月利率2%～3%、借出资金月利率3%～5%，高位时期可达到借入资金月利率4%～5%、借出资金月利率6%～7%，资金紧缺时期短期急用的高利贷借出月利率甚至超过10%。就资金来源而言，既包括自有资金、熟人的积蓄，也有部分来自非法所得和企业资金，甚至也有来自银行的资金流入地下资金市场。在放出资金时，不同地下钱庄通常拥有自成体系的授信条件，例如，熟人通常可凭信用借入资金，不是熟人的需要担保或抵押，而事业单位工作人员和公务员则可免去担保或抵押。地下钱庄的借出凭证通常只是简单的借条，且表现为贴现凭证——借款人拿到手的资金已扣除了利息，借条上不体现利息，借款人到期

---

① 参考中央财经大学经济学院徐华老师《中国传统金融机构的风险控制及其现代余绪》系列讲座内容。

② 从会脚获得会金的顺序和方式来看，合会可以分为轮会、摇会和标会：轮会中，会首与会脚协商确定轮流获得会金的顺序；摇会中，由希望先得会金的会脚通过摇骰子确定谁获得会金；标会中，由竞标时出利息更高的会脚获得会金。

③ 郑启福：《民间合会的法律规制研究》，北京，法律出版社，2013，51～52页。

④ 地下钱庄根据各地经济发展特点形成了不同的业务类型。从提供的金融服务来看，地下钱庄可以分为两大类：一类是从事放款活动，其中既包括非法吸收存款、发放贷款的，也包括通过典押和高利贷放款的；另一类是从事非法跨境汇兑和非法跨境结算活动，涉黑的走私、贩毒、洗钱常通过此渠道转移资金，但地下钱庄涉黑部分不是我们关注的焦点。部分地下钱庄同时提供两类金融服务。

⑤ 参考段育文：《借贷危机》，北京，电子工业出版社，2013，49～122页。

按全额还款。同时，大量的地下钱庄借给熟人的借款可能连借条都没有，通过一个电话就能完成一笔交易。

值得一提的是，来自银行的低成本资金通过银行工作人员非正常操作、大企业贷款等渠道出现在地下资金市场的现象并不罕见。从事非法放款业务的地下钱庄之所以能发展火热，正是因为在民营经济活跃地区，大量的中小微企业常常因为达不到授信所需资质或手续烦琐而难以从银行融入急需的资金。然而，无法通过正常渠道从银行获取的资金，却通过地下钱庄大幅度升水后由中小微企业高成本借入，这不得不让人反思当前正规金融体系存在的问题。

■从事跨境汇兑结算业务的地下钱庄服务中小贸易企业

从事非法跨境汇兑和非法跨境结算活动的地下钱庄通常出现在劳务输出、跨境贸易频繁的边境地区。我国拥有辽阔疆土，近年来在靠近漫长的海岸线和边境线地区几乎都有此类地下钱庄分布。有的地下钱庄以投资咨询公司、担保公司等形式进行掩护，也有大量的地下钱庄表面上经营文具、五金、烟酒等各种小生意，实际从事的却是地下的非法汇兑、结算活动。根据相关学者对靠近边境线、海岸线地区的地下钱庄的调研，虽然不同地区地下钱庄操作手法略有不同，但运作模式类似，主要通过赚取汇率价差和佣金盈利[①]，佣金比率从0.3‰[②]～2‰[③]不等，熟客具有更强的议价能力。以人民币汇往境外并兑换成外币为例，通常从事非法跨境金融服务的地下钱庄都有境外合伙人，在境内收到客户的人民币并商定汇率和佣金后，即通知境外合伙人将约定数额的外币划转至客户指定的境外账户，反之亦然。因此，地下钱庄提供的跨境业务实际上并没有实时的跨境资金流动，仅在一定时间段后进行对冲轧差结算。在实际的跨境资金流动时，常通过货物流与资金流不匹配的正常贸易渠道、跨境电子商务渠道或各种非法携带形式过境。从外币币种来看，北部黑龙江省的中俄边境以卢布交易为主、吉林省的中朝边境以朝圆交易为主、山东省与韩国相望的海岸地区以韩圆和美元交易为主，南部福建省、广东省与台湾、港澳地区相望的海岸地区以日元和港元交易为主，云南省的中缅边境以缅币交易为主。

地下钱庄的跨境汇兑、结算模式与银行提供的跨境服务雷同，但为什么众多中小贸易企业仍旧选择通过地下钱庄进行跨境汇兑和结算？在此我们排除掉对黑色交易部分的探讨，部分地下钱庄确实帮助客户走私、洗钱，但相当规模的地下钱庄服务于中小贸易企业。地下钱庄的优势既体现在体量上，也体现在效率上。一方面，边境地区银行在外币清算中心建设不完善、部分接壤国家对跨境转移现钞按比例收取税费的情况下，为规避汇率风险、降低成本，所持外币常常“以支定收”尽可能保持零头寸，无法满足边境地区贸易需求，相应的官方兑换机构覆盖面亦不足[④]。另一方面，地下钱庄在进行跨境汇兑和结算时，相较银行手续简便、效率高，甚至能形成覆盖不同地区的总庄、分庄体系，报出比银行更加优惠的汇率，吸引了广大的中小贸易企业通过地下钱庄实现资金跨境转移。此外，地下钱庄普遍采用“只做熟人生意”的风控原则，以信用维系地下

---

① 也有部分地下钱庄将非法资金“合法”转入有结汇量考核指标的银行，获取银行返点。

② 2010年，东莞市，洗钱佣金比率为0.3‰～0.5‰，参考段育文：《借贷危机》，北京，电子工业出版社，2013，113页。

③ 黑龙江省中俄边境地区，换汇佣金比率1.5‰～2‰，参考国家外汇管理局黑龙江省分局课题组：《中俄边境地下钱庄新动向》，载《中国金融》，2014（5），85～86页。2007年，深圳市（杜氏钱庄案），换汇佣金比率1.5‰～2‰，参考段育文：《借贷危机》，112页，北京，电子工业出版社，2013。

④ 参考国家外汇管理局黑龙江省分局课题组：《中俄边境地区地下钱庄成因、运作模式与发展新动向》，载《金融发展评论》，2013（11），136～140页。

经营、赢得客户信任。

14.2.2 经济失衡背景下传统民间金融发生风险变异

中国经济经过三十多年的快速发展，经济结构欠合理的弊端逐渐显现出来。近年来，部分地区出现实体经济产业空心化现象，大量民间资本非理性地转投房地产业导演了合会、地下钱庄等传统民间金融活动的别样兴衰。在民间资本杠杆不断扩大的过程中，合会和地下钱庄扮演的经济角色、提供的金融服务都发生了一定的变异，不仅使原本赖以生存的信用纽带受到威胁，也抬高了中小微企业通过传统民间金融活动融资的成本。

■合会开始呈现地缘弱化和复杂化特点

为了实现资本的规模效应，尤其是在利用合会会金参与高利贷、投资房地产的案例中，参会成员为获得更多的会金，常常通过熟人介绍将本不熟悉的，甚至并非当地的“熟人的熟人”邀请入会，传统的重血缘、地缘的特点有所弱化。此外，合会还呈现出复杂化的趋势。一方面，会金规模和参会成员人数的不断扩大，得标会脚一次获得的会金可能高达百万元、千万元甚至更大数额，参会成员在 50 至 100 人的合会成为常见规模；另一方面，一些合会参与者为加入更高会金的会而组织相对规模较小的会来筹得会金，通过会套会赚取息差。如此以会养会的形式常见于媒体报道的倒会案中，一旦其中一个会倒会，往往引起连锁的大面积倒会，不仅让许多参与者血本无归，也直接影响通过合会筹集资金的小微企业生产经营。

■民间资本转投房地产导演合会和地下钱庄别样兴衰

谈到合会和地下钱庄，人们可能更多地会想到高利贷，想到温州、鄂尔多斯、神木和泗洪……这些地区都经历了因大量民间资本转投房地产而导致民间金融活动先盛后衰的过程——在房地产泡沫开始膨胀之前，活跃的民营经济使民间借贷十分普遍，实力逐渐雄厚的民间资本开始寻找更加有利可图的增值途径。在投资渠道单一的限制下，房地产作为传统的高利润行业吸引了资本的关注。来自民间的众多的小额资金经过通常不只一次借贷升水最终汇集成足以投资房地产业的资金量级，而由此形成的资金成本则达到了“高利贷”的水平。一旦资金前端出现信用风险或操作风险，或是所投资的房地产市场因供过于求无法套现、无法支撑资金成本，资金链出现断裂的合会成员或地下钱庄庄主往往只能跑路。当投资向好时这些合会和地下钱庄以良好的信用著称，而通过调研可以证实温州、鄂尔多斯等地在发生借贷危机之前的民间金融信用确实是非常好的，没有借条也会按月付息、按期还本。但再好的信用环境都禁不起大笔违约的发生，尤其是来自信用链条之外的经济风险，无论是楼市崩盘，或是鄂尔多斯、神木地区因煤炭市场价格降低而无法覆盖高利贷成本，大量的民间资本被套牢将直接影响当地民营经济的发展。

14.2.3 传统民间金融亟待传承和规范

传统民间金融不可小视而风险犹存，其高效率的资金运作和自成体系的风控模式值得我们反思和传承，而在经济发展“国退民进”的趋势下，如何让传统民间金融活动更好地发挥活力成为当前亟待解决的问题。

让发展规范的地下钱庄阳光化转型许是可以考虑和尝试的。近年来，温州、鄂尔多斯等地的地下钱庄转型为小额贷款公司已有先例，地下钱庄怎样合法化转型才能更好地服务中小微企业，这些都还有待考量和商榷。

合会作为流传上千年的传统民间金融智慧的结晶，在市场经济逐利特质的影响下，其发展有待进一步规范。2014 年 3 月 1 日起施行的《温州市民间融资管理条例实施细则》自改革开放以来首次在中国大陆地区将合会明确界定为民间借贷的一种形式。然而，合会在运作模式上与一般民间借贷往来计息的方式有所不同，一个合会过程往往涉及诸如会首权责、标会日期、出标方式等一系列问题，相应的借贷合同也应对此有所体现。从民商事的角度对合会进行更加明确的法律规范不仅有利于这种传统民间金融活动的传承，在合会发展更加市场化、地缘弱化和复杂化的背景下，也有利于控制风险，引导其更好地为中小微企业发展服务。中国台湾地区自 1999 年起将传承自大陆地区的非营业性合会纳入台湾地区民法规制，对会首和会员的权责以及合会合同应包含的事项等进行了较为全面的规定，可作为参考。

专题 14－1　台湾地区的合会法制

我国台湾地区的合会分为营业性合会和非营业性合会。营业性合会源自日本，国民政府接收台湾后改组为合会储蓄公司，至 20 世纪 70 年代后期逐渐改制为中小企业银行。目前台湾地区中小企业银行和信用合作社仍然经营合会业务。非营业性合会传承自我国大陆地区，在台湾地区存在时期早于营业性合会，纳入法制前按照台湾地区民法第 1 条“民事，法律未规定者依习惯，无习惯者，依法理”加以规范。1999 年，台湾地区在修订民法时，增订了“第十九节之一合会”，自此台湾地区非营业性合会纳入法律规制。以下为我国台湾地区民法典中关于合会的规定。

台湾地区民法典（2010 年修订）

第十九节之一　合会

第 709 条之 1（合会之意义）称合会者，谓由会首邀集二人以上为会员，互约交付会款及标取合会金之契约。其仅由会首与会员为约定者，亦成立合会。

前项合会金，系指会首及会员应交付之全部会款。会款得为金钱或其他代替物。

第 709 条之 2（会首及会员身分之限制）会首及会员，以自然人为限。会首不得兼为同一合会之会员。

无行为能力人及限制行为能力人不得为会首，亦不得参加其法定代理人为会首之合会。

第 709 条之 3（合会之要式性及会单之应记载事项）合会应订立会单，记载左列事项：

一、会首之姓名、住址及电话号码。

二、全体会员之姓名、住址及电话号码。

三、每一会份会款之种类及基本数额。

四、起会日期。

五、标会期日。

六、标会方法。

七、出标金额有约定其最高额或最低额之限制者，依其约定。

前项会单，应由会首及全体会员签名，记明年月日，由会首保存并制作缮本，签名后交每一会员各执一份。

会员已交付首期会款者，虽未依前二项规定订立会单，其合会契约视为已成立。

第709条之4（标会之进行）标会由会首主持，依约定之期日及方法为之。其场所由会首决定并应先期通知会员。

会首因故不能主持标会时，由会首指定或到场会员推选之会员主持之。

第709条之5（首期合会金之取得）首期合会金不经投标，由会首取得，其余各期由得标会员取得。

第709条之6（标会之方法）每期标会，每一会员仅得出标一次，以出标金额最高者为得标。最高金额相同者，以抽签定之。但另有约定者，依其约定。

无人出标时，除另有约定外，以抽签定其得标人。每一会份限得标一次。

第709条之7（会款之交付、会首收取会款之义务及偿还请求权）会员应于每期标会后三日内交付会款。

会首应于前项期限内，代得标会员收取会款，连同自己之会款，于期满之翌日前交付得标会员。逾期未收取之会款，会首应代为给付。

会首依前项规定收取会款，在未交付得标会员前，对其丧失、毁损，应负责任。但因可归责于得标会员之事由致丧失、毁损者，不在此限。

会首依第二项规定代为给付后，得请求未给付之会员附加利息偿还之。

第709条之8（会首权利义务之移转及会员之退会）

会首非经会员全体之同意，不得将其权利及义务移转于他人。

会员非经会首及会员全体之同意，不得退会，亦不得将自己之会份转让于他人。

第709条之9（会首及已得标会员之连带责任）因会首破产、逃匿或有其他事由致合会不能继续进行时，会首及已得标会员应给付之各期会款，应于每届标会期日平均交付于未得标之会员。但另有约定者，依其约定。

会首就已得标会员依前项规定应给付之各期会款，负连带责任。

会首或已得标会员依第一项规定应平均交付于未得标会员之会款迟延给付，其迟付之数额已达两期之总额时，该未得标会员得请求其给付全部会款。第一项情形，得由未得标之会员共同推选一人或数人处理相关事宜。

14.3　P2P热潮经历市场检验逐步理性回归

P2P借贷行业的火热得益于国内巨大的市场需求，一方面大量的手有余钱的小额金融消费者投资无门，另一方面消费信贷和小微企业信贷需求巨大。P2P借贷通过互联网技术提高效率、降低成本，让曾经高高在上的金融服务更加草根化和平民化。在2013年的互联网金融热潮中，P2P借贷行业的火热不仅体现在雨后春笋般的增长上，2013 年 10 月以来大量问题平台被曝出也让行业处于监管当局、业界、学界关注的风口浪尖。金融活动自始以来便是和风险相生相伴的，新兴的民间金融形式必要经历市场的检验方能走得稳健和长远。

14.3.1　公众互联网金融思维觉醒助推 P2P 借贷爆发式增长

2013 年，中国 P2P 借贷行业总成交金额 1058 亿元，年末借款余额 268 亿元，较 2012 年规模增长近 4 倍，平台数量也从 2012 年末的 200 家增长到 2013 年末的 800 家平台。虽然年内 P2P 借贷行业经历了“倒闭潮”、“跑路潮”等行业清出整合的波动，但在公众互联网金融思维觉醒的助推下，依旧保持了爆发式增长的态势。

图 14－3　中国 P2P 借贷行业增长趋势（2011—2013 年）

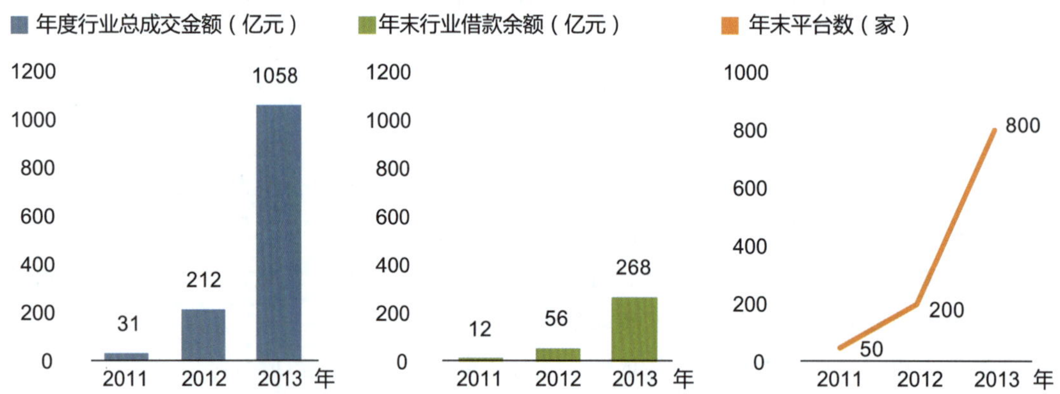

资料来源：网贷之家①。

参考网贷之家以人人贷、拍拍贷、红岭创投、陆金所、E 速贷、808 信贷、易贷 365、温州贷、宜人贷、微贷网、团贷网、万惠投融共 12 家主流 P2P 借贷平台为成分计算的 P2P 借贷行业指数，2013 年内，P2P 借贷成交指数和人气指数呈明显的震荡上升趋势。虽在 2 月春节和 10 月“倒闭潮”两个阶段出现了明显的下降，但随后又恢复上升势头。利率指数在 10 月“倒闭潮”后出现了下降趋势，显示出 P2P 借贷市场的理性回调（见图 14－4 至图 14－6）。

网贷之家统计了 90 家有详细成交数据的活跃 P2P 借贷平台。2013 年，90 家平台共成交 56.14 万笔借款交易，总成交金额达 490.22 亿元，几乎占到全行业交易金额的一半。

从年度成交金额来看，行业占比排名前 10 位是温州贷、盛融在线、合拍在线、陆金所、中宝投资、红岭创投、人人贷、团贷网、808 信贷、365 易贷 10 家平台，其中，排名前 3 位的温州贷、盛融在线和合拍在线都呈现出明显的单笔借款金额大、借款期限短的特点，为数众多的金额高至几十万元、期限短至 1 天的借款成就了这些平台的高额的交易量。部分 P2P 借贷平台为了提升网站人气而大量发布高收益、超短期限的满标后即还本付息的“秒标”，也有一些借款人为了提高信用积分而发

① P2P 借贷行业门户网站：http：//www.wangdaizhijia.com/。

布一天内还本付息的“天标”，或为了体验 P2P 借贷而进行短期尝试性借款，此类借款并不是真实借款需求，因此 P2P 借贷平台上的实际借款需求往往比成交金额更小（见图 14－7）。

图 14－4 P2P 借贷成交指数（2013 年）

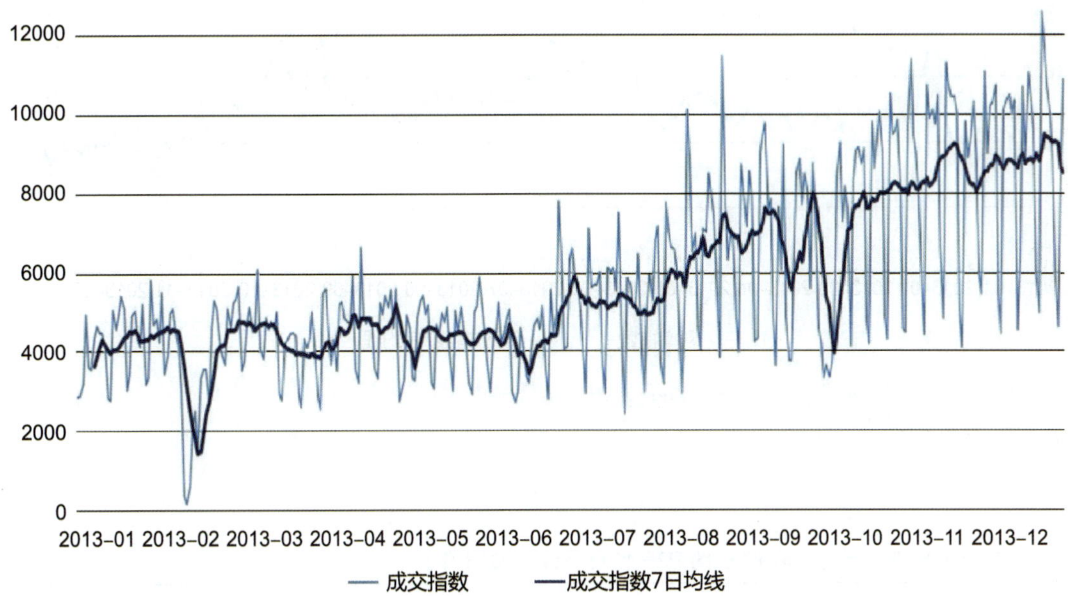

注：成交指数＝成交平台单日成交量的总和÷10000 元。

资料来源：网贷之家。

图 14－5 P2P 借贷人气指数（2013 年）

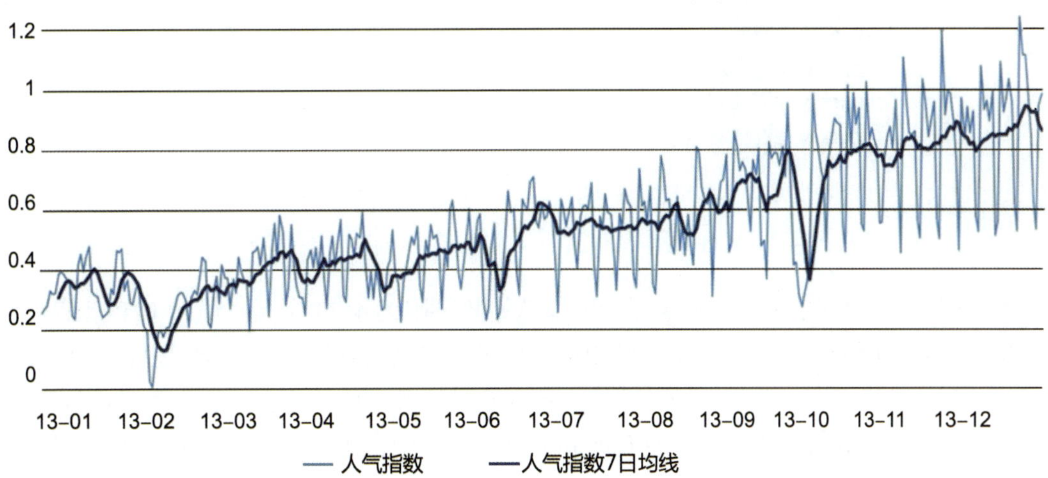

注：人气指数＝成交平台单日投资人数÷成交平台个数÷1000 人。

资料来源：网贷之家。

图 14－6　P2P 借贷利率指数（2013 年）

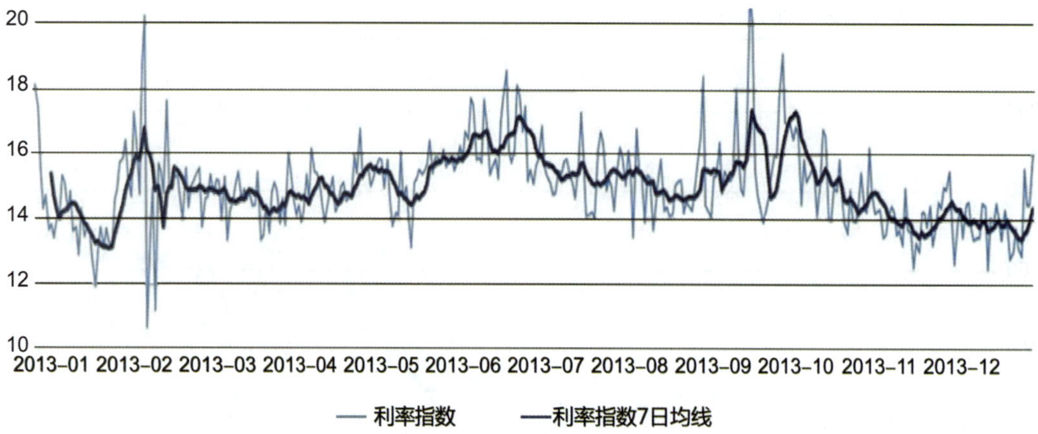

注：利率指数＝成交平台单日平均投资综合年化收益率×100。

资料来源：网贷之家。

图 14－7　成交金额行业占比排名前 10 位的 P2P 借贷平台（2013 年）

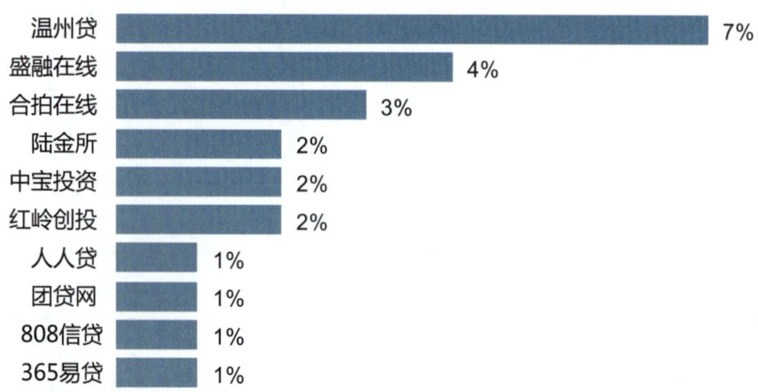

资料来源：网贷之家。

从借款期限来看，2013 年上述 90 家平台的借款平均期限为 4.73 个月。虽然 P2P 借贷平台与传统民间借贷期限较短的情况类似，目前以温州贷为代表的平均借款期限在 2 个月以内的平台超过半数，但通过几年来的实践，一些借款期限较长的平台发展起来。90 家平台中，平均借款期限超过 12 个月的包括陆金所、宜人贷、人人贷、有利网和点融网，其中，排名前 3 位的陆金所、宜人贷和人人贷平均借款期限甚至超过了 24 个月。虽然更长的期限会否带来更高信用风险还有待时间检验，但拉长还款期限可以有效地降低资金实力本不雄厚的借款人的每期还款压力，在小微借贷领域这是一种有效的尝试。

从借款利率来看，2013 年上述 90 家平台按成交金额加权平均的年化利率①为 19.67%，不同平台相差较大，从 6% 到 40% 以上不等，加权平均年化利率在 20% 以上的占到六成。而 P2P 借贷平台主要依靠按比例收取服务费或管理费获利，目前主流 P2P 借贷平台收取的期初服务费率大多在 2% 以上，部分平台还按月收取管理费，因此借款人实际付出的年化资金成本比上述利率还要高。

从成交金额地区分布来看，2013 年上述 90 家平台所在地按成交金额占比排名前 10 位的多为平台数量较多的地区，包括广东、浙江、上海、北京、江苏、湖北、山西、贵州、山东、湖南。排名前 5 位的广东、浙江、上海、北京和江苏 5 个地区在 90 家平台中成交金额占比超九成，这些地区拥有得天独厚的发展 P2P 借贷的优势——活跃的经济金融环境和互联网技术基础孵化出了一批具有全国影响力的 P2P 借贷平台。相较而言，很大一部分 P2P 借贷平台是在公众互联网金融思维觉醒的热潮中创建的，管理者往往同时面临着金融风险管理和互联网技术突破的挑战，目前来看，这些平台依靠线下团队地区化发展的特点明显，发展模式较为粗放。

图 14－8　P2P 借贷成交金额地区分布（2013 年）

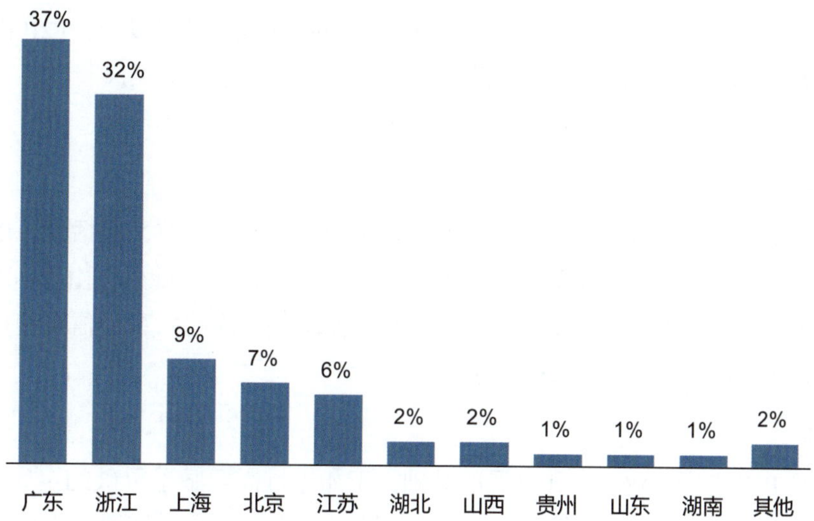

注：本图基于 90 家有详细成交数据的活跃 P2P 借贷平台数据。

资料来源：网贷之家。

在目前国内征信体系尚未完善的情况下，除了拍拍贷，绝大部分 P2P 借贷平台采用了线上与线下相结合的模式开展业务，并提供担保、风险准备金等形式的风险垫付机制②。相较英国 P2P 借贷平台 Zopa 在 2013 年仅有 45 名员工，国内 P2P 借贷平台大量的线下团队抬高了 P2P 借贷平台的运营成本，行业人均收益较低，P2P 借贷行业在互联网平台建设方面还有很大的提升空间。

---

① 此处利率为出借人获得的收益率，采用网贷之家统计的以本金投放、奖励发放、每期本金和利息回收过程的现金流流动计算出内部收益率后，按照借款金额加权平均得到的收益率。

② 据不完全统计，目前仅有拍拍贷和点融网没有设置风险垫付机制，但两家平台均对一定时期内在平台交易达到一定笔数以上的投资者提供阶段性的本金保障优惠政策，参考拍拍贷和点融网官方网站。

14.3.2 行业洗牌有助厘清 P2P 借贷行业风险识别

2013 年，共有 74 家 P2P 借贷平台出现提现困难或关停，占到行业平台总数的近 10%。根据网贷之家统计，74 家问题平台中，综合收益率超过 40% 的占到近九成（见图 14－9），支撑高收益的高风险显然已将危险带临。从平台存续时间来看，平台成立 3～4 个月后出现问题的占比超过一半。从地区分布来看，50% 的问题平台来自浙江、广东、安徽三省，14 个出现问题平台的地区大部分有较多的 P2P 借贷平台分布，显示出区域性的行业风险传染。

图 14－9　问题平台综合收益率分布

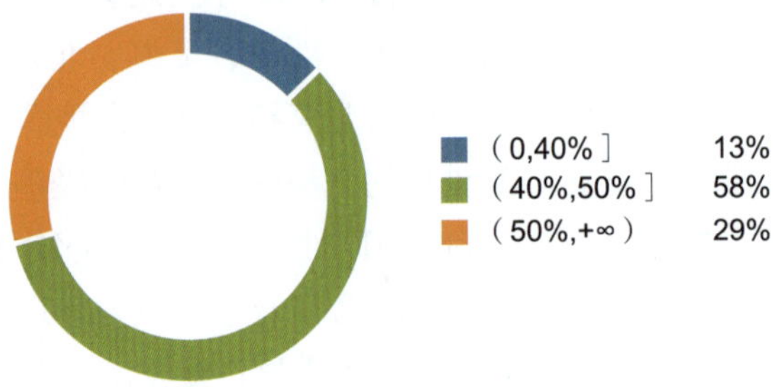

资料来源：网贷之家。

通过分析问题平台特点和近年来 P2P 借贷行业在中国的发展演进可发现，P2P 借贷平台可能面临的风险主要分为以下四类，而以下四类风险都可能导致平台遭遇流动性风险（尤其是对设有风险偿付条件的平台）。

■操作风险

截至目前，大部分出现问题的平台都是因内部人员的操作风险所致，包括发布虚假投资标，建立资金池并违规挪用资金，甚至是毫无真实借款需求的“庞氏骗局”。此外，由于中国大部分 P2P 借贷平台都包含线下业务，在借款需求发布到平台网站之前所需完成的一系列信息搜集、审核以及与第三方机构的合作过程都蕴含着操作风险发生的可能。

■技术风险

互联网技术是 P2P 借贷行业产生和发展的基础，正如银行需要坚不可破的金库一样，P2P 借贷行业需要牢固的互联网防线。P2P 借贷平台的技术风险可能来自因平台遭遇黑客攻击失去投资者信任而遭遇挤兑、账户资金被盗以及消费者信息被盗等。2013 年 10 月以来，大量 P2P 网站遭遇黑客以天量访问攻击而致网站塞滞，网赢天下等部分平台在遭遇黑客事件后倒闭；作案人盗用 P2P 借贷平台客户电子身份证图片办理银行卡以支取平台资金的情况也有发生；而因为投资了一家 P2P 借贷平台而不断收到贷款推销电话或短信等消费者信息被盗案例则不在少数。此外，做纯线上信用借贷的平台还会在信用评价模型的建立过程中面临技术风险。P2P 借贷平台尤其需要打好技术基础、做好技术风险防控，让技术真正为提高效率、降低成本和创造价值服务。

■信用风险

不同模式的 P2P 借贷平台可能面临的信用风险不同。设置了风险垫付机制的平台在借款人因各种原因违约而无法偿付时将不得不承担相应的信用风险；未设置风险垫付机制的平台虽然不直接承担借款人违约带来的损失，但 P2P 平台的核心竞争力来源于对借款人信用风险的有效识别、度量和披露，如果借款人信用风险超出平台所披露的程度，而且这种情况一再发生将导致投资者对平台信任度下降直至撤离。2012 年以前，国内成立不多的 P2P 借贷平台多以信用借款模式为主，由于国家征信体系和当时的平台信用评价系统尚不完善，行业发展初期平台之间也缺乏沟通，一些信用借款人在不同平台上东拆西补以新还旧。2011 年末至 2012 年初，当部分平台发现问题开始收缩授信时，这些借款人因不能再借得足够的资金填补旧贷而集中违约，个别平台逾期额超千万元。随着 2012 以来线上融资、线下放贷模式的迅猛发展和线上信用放款风控模式的逐渐成熟，P2P 借贷行业的信用风险得到更加有效地控制，主流 P2P 平台公布的逾期率大多在 3% 以下。然而，在目前经济增长放缓、中小微企业经营困难的经济大环境下，P2P 借贷平台可能因为借款人遭遇市场风险违约而面临信用风险，因此，在线下审贷或线上信用评级环节，对借款人所处宏观、行业环境进行分析判断应是不可或缺的。

■**政策风险**

在我国目前发展变革的大背景下，P2P 借贷行业所处政策环境尚好，其目前从事的小微企业和个人金融服务因为市场所需而得政府之鼓励。行业近期可能面临的政策风险主要来自即将出台的监管规则，行业规范过程中必然伴随着清退整合。

除了上述具体的风险，P2P 借贷行业在歆享时代机遇的同时，亦不应忘记在小微金融和普惠金融领域所具备的优势和使命，不应成为提高社会融资成本、将大量经济主体引向追逐短期利益的推手，健康发展的经济环境才是行业远拓长存的基础。

14.3.3 行业自律先于监管落地

虽然目前中国 P2P 借贷行业的准入门槛、监管机构、行业标准尚未明确，但经过近两年的高速发展和市场竞争，市场的检验逐渐勾画出了可持续发展的 P2P 借贷平台所需具备的特质——明确的中介性质、平台本身不提供担保、不归集资金形成资金池、不非法吸收公众资金。就管理团队而言，P2P 借贷平台的管理者既要懂互联网，也要懂风险管理，能够把握住金融的本质。在投资者习惯了“刚性兑付”的金融环境下，P2P 借贷平台还需要充分做好投资者风险教育。

行业自律方面，2011 年以来，北京、上海、广东等多地 P2P 机构试图通过设立行业自律组织、制定自律公约的方式整顿鱼龙混杂的 P2P 借贷市场，防控系统性风险。在官方监管规则尚未出台的情况下，行业自律组织的作用有大有小，但整体而言对行业规范发展和相关规则的探索起到了正面作用。

2013 年 8 月 9 日，中关村互联网金融行业协会正式成立，首批会员单位共 33 家，包括电商平台、第三方支付企业、互联网金融平台服务等企业。为解决互联网金融模式下企业信用管理问题，中关村互联网金融信用信息平台于当日同时启动。该平台将为行业企业提供能更快接入权威机构信息的模式和平台，在公安身份信息、工商企业信息、教育学历等信息方面，向企业提供信息核查比对服务，鉴别用户基本信息真假的服务，防范欺诈出现和金融风险。

2013 年 8 月 26 日，中国小额信贷联盟正式发布《P2P 小额信贷信息咨询服务机构行业自律公约》，对 P2P 机构服务出资人、借款人、行业管理要求、行业企业退出机制、行业从业人员等方面提出了相关自律要求。针对《自律公约》中有关“建立安全可靠的 IT 系统”的要求，小额信贷联盟还发布了《P2P 网络借贷平台技术白皮书》，按照“推荐配置”和“最低配置”两个档次，对 P2P 网贷平台功能、平台部署技术、平台运营技术等方面作出了详细规定。同时，发布会强调了信息公开透明、支付和清结算账户分离、征信系统建设为P2P借贷行业急需解决的事务。截至发布日，共有55家P2P借贷平台签署了该自律公约。

图14-10　P2P借贷平台清结算账户分离与否的比较

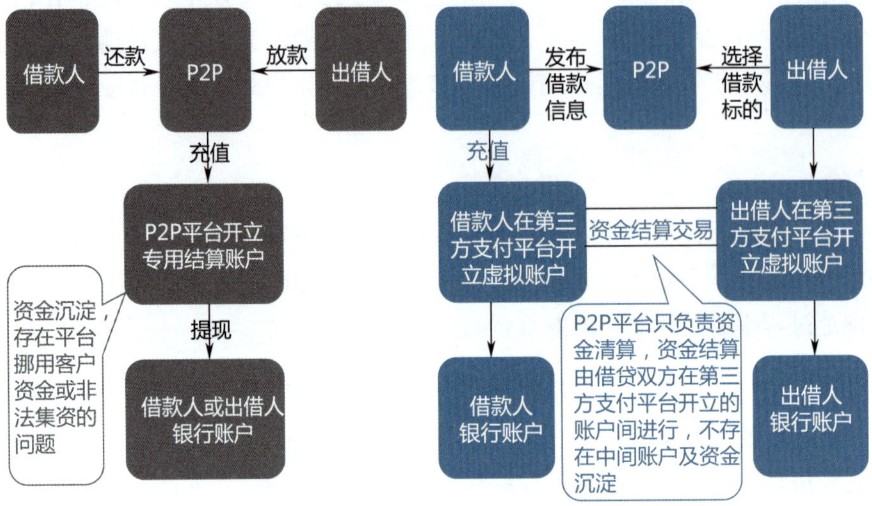

资料来源：中国小额信贷联盟《P2P小额信贷信息咨询服务机构行业自律公约》发布会会议材料。

2013年12月3日，由中国人民银行领导的中国支付清算协会牵头，在京发起成立了互联网金融专业委员会，包括银行、证券、第三方支付及P2P等75家机构共同参与并审议通过了《互联网金融专业委员会章程》、《互联网金融自律公约》，明确了协会促进行业研究、交流、服务、自律等主要职责。由人民银行牵头成立互联网金融专业委员会促进行业自律，体现了官方对互联网金融健康发展、有效监管的重视。

2013年12月18日，上海市网络信贷服务业企业联盟在2013上海金融信息服务业年度峰会暨互联网金融高峰论坛上发布了《上海市网络信贷服务业企业联盟网络借贷行业准入标准》（以下简称《标准》），首次对P2P借贷行业准入标准进行了规范，虽然《标准》只针对上海地区的P2P借贷平台，但在国内是关于P2P借贷行业准入标准的零突破。《标准》既包括对资金的第三方存管、清结算分离、风险管理制度、定期信息披露、出借人利益保护的要求，还对高管任职资格、从业人员信息备案等内容做了详细规定。中国人民银行此前提出的"平台本身不得提供担保，不得归集资金搞资金池，不得非法吸收公众存款，更不能实施集资诈骗"等要求均写入了《标准》。

2014年4月2日，中国人民银行牵头组建的中国互联网金融协会已正式获得国务院批复。该协会由人民银行条法司牵头筹建，旨在充分发挥行业自律管理作用，推动形成统一的行业服务标准和规则，引导互联网金融企业履行社会责任。目前，该协会正上报民政部批筹。

2014年5月18日，广东32家互联网金融企业共同发起成立了广东互联网金融协会，成为全国首家由政府批准成立的省级互联网金融行业社会组织。在揭牌仪式上发布签署的《广东互联网金融协会自律公约》着重强调了会员单位要提高内部风控能力、保障金融消费者资金安全。

表 14-1　　P2P 行业自律组织发展情况

自律组织	成立时间	牵头方	与 P2P 借贷行业相关的重要举措
中国小额信贷服务中介机构联席会	2011-10-17	人人贷、贷帮、宜信、北京大学立法学研究中心、北京大学金融信息化研究中心	2011 年 10 月 17 日，签署《中国小额信贷服务中介机构行业自律公约》；2013 年以来，与北京大学法学院共同研究 P2P 立法课题
中国小额信贷联盟 P2P 行业委员会	2012-11-04	中国小额信贷联盟	2013 年 8 月 26 日，发布《P2P 小额信贷信息咨询服务机构行业自律公约》
上海网络信贷服务业企业联盟	2012-12-21	上海市信息服务业行业协会	2013 年 12 月 18 日，发布《上海市网络信贷服务业企业联盟网络借贷行业准入标准》
中关村互联网金融行业协会	2013-08-09	京东商城、当当网、拉卡拉等 33 家企业	2013 年 8 月 9 日，中关村互联网金融信用信息平台启动，将为行业企业提供公安身份信息、工商企业信息、教育学历等信息服务
互联网金融专业委员会	2013-12-03	中国支付清算协会	2013 年 12 月 3 日，通过《互联网金融专业委员会章程》、《互联网金融自律公约》，10 家 P2P 平台纳入专业委员会
中国互联网金融协会	2014-04-02	中国人民银行条法司	目前，该协会正上报民政部批筹
广东互联网金融协会	2014-05-18	广东地区互联网金融企业	2014 年 5 月 18 日，发布签署《广东互联网金融协会自律公约》

资料来源：各自律组织网站及主流媒体报道。

2013 年以来，中国监管当局也在逐步介入规范 P2P 借贷行业发展。

2013 年 6 月 28 日，中国人民银行征信中心旗下上海资信有限公司（以下简称上海资信）宣布全国首个基于互联网提供服务的征信系统——网络金融征信系统（NFCS）正式上线，目标是将数量众多的网贷企业征信数据纳入该系统，从而达到网络借贷企业征信共享。网络金融征信系统的建立和完善将为 P2P 借贷平台的风险控制提供有力的数据支持。在国家征信体系和民营信用评级市场同时成长的时代节奏中，是否处理好了信用评价效率、信用数据安全、信用服务定价等问题将成为检验信用体系建设实效性和信用评级技术有效性的标尺。

2013 年 11 月 25 日，由银监会牵头的九部委处置非法集资部际联席会议上，中国人民银行条法司相关人士明确了 P2P 借贷平台业务边界的四条红线：一是明确平台的中介性质，二是平台本身不得提供担保，三是不得归集资金搞资金池运作，四是不得非法吸收公众资金。

2014 年 4 月，根据国务院部署，P2P 借贷行业已明确将由银监会牵头监管，中国人民银行、银监会、证监会、保监会、工信部等多个部委共同制定的针对互联网金融的监管办法正呼之欲出，预计 2014 年将是中国互联网金融走向规范法制的一年，市场普遍期待有关 P2P 借贷平台第三方资金托管和平台资金沉淀问题的管理办法能够尽快落地。

值得一提的是，2014年4月1日起，英国金融行为监管局（Financial Conduct Authority，FCA）发布的《关于网络众筹和通过其他方式发行不易变现证券的监管规则》[①] 正式施行，成为全球第一部P2P借贷行业法案。英国的银行体系结构和所占信贷市场份额与中国类似，相应的小微企业融资问题同样困扰着英国政府。作为P2P借贷的发源地，英国P2P借贷行业监管的发展历程亦有可借鉴之处。

专题14－2　英国P2P借贷行业监管的发展历程

与美国银行体系拥有为数众多的社区银行不同，英国的情况更类似中国银行体系——排名前五的英国大银行占据了该国借贷市场几乎90%的份额。[②] 在大银行普遍收缩消费贷款和小微企业贷款规模、消费者和小微企业几乎融资无门的背景下，英国政府曾尝试向五大银行提供低成本资金以鼓励其向小微企业放款，但却以失败告终。2012年底，英国商业创新和技能部发起了企业金融伙伴关系倡议（Business Finance Partnership Initiative），通过该倡议向替代性借贷平台[③]投资1亿英镑以缓解消费者和小微企业融资问题，其中两家领先的P2P借贷平台Funding Circle和Zopa分别获得了2000万英镑和900万英镑投资。在第一次1亿英镑投资获得成功后，英国商业创新和技能部又追加了3亿英镑投资。通过该倡议，英国政府既为资信尚好、有资金需求的消费者和小微企业提供了信用支持，也提高了替代性借贷平台的社会知名度和可信度。

英国P2P借贷行业的发展也经历了先自律、后监管的过程。2011年，三家领先的P2P借贷平台Zopa、RateSetter、Funding Circle成立了名为"P2P金融协会"（P2P Finance Association，P2P FA）的自律组织，此后不断有新的P2P借贷平台加入进来。P2P FA制定了包括高级管理层选拔、最低运营资本要求、客户资金隔离、信用风险管理、反洗钱和反诈骗规则、平台使用规则、客户信息披露要求、系统基础建设、客户意见处理、有序破产处理在内的共十条平台运行原则[④]。此外，该协会还主动向英国政府提请作为单独行业进行监管。

英国政府最初将P2P借贷行业划分为消费信贷市场，交由英国公平交易局（Office of Fair Trading，OFT）监管。P2P借贷平台需遵守《消费信贷法1974》（*Consumer Credit Act* 1974），并获得"消费者信贷许可证"（Consumer Credit License）。2013年初，英国政府宣布OFT将于2014年3月末关闭，对P2P借贷行业的监管转移到英国金融行为监管局（Financial Conduct Authority，FCA）。FCA于2013年10月1日发布了《众筹及类似活动监管规则》征求意见稿，对意见的反馈及最终规则——《关于网络众筹和通过其他方式发行不易变现证券的监管规则》（以下简称《规则》）于2014年3月6日发布，2014年4月1日起正式施行。《规则》对P2P借贷平台的最低资本要求、客户资金管理规则、投诉解决和补偿、信息披露、定期汇报等方面提出了具体要求。目前

---

① 英国将众筹分为债务众筹和投资众筹，其中债务众筹即P2P借贷。

② Peter Renton：New UK Regulation Provides a Best Practices Template for P2P Lenders，http：//www.lendacademy.com/new－uk－regulation－provides－a－best－practices－template－for－p2p－lenders/，2013－10－24.

③ 英国将P2P借贷归为替代性金融（Alternative Finance）的一种，因此P2P借贷平台也常被称为替代性借贷平台（Alternative Lending Platform）或债务众筹平台（Loan－based Crowdfunding Platform），强调其作为正规金融体系的替代选择。

④ P2P FA：Peer－to－Peer Finance Association Operating Principles，http：//www.p2pfinanceassociation.org.uk/rules－and－operating－principles，2013－7－2.

国内关于P2P借贷平台风险准备和客户资金管理问题的争议颇多，官方规则尚未出台，以下为FCA对英国P2P借贷平台设定的最低资本要求和客户资金管理规则，可供参考和比较。

■最低资本要求

FCA要求P2P借贷平台必须持有一定数额的金融资源以支撑平台可能面临的各种风险。在最低资本要求的确定上，采用静态最低资本和动态最低资本孰高原则。静态最低资本在2017年4月1日前为2万英镑，2017年4月1日后为5万英镑；动态最低资本按照平台借贷资产总规模采用差额累进制计算。

图14－11　英国P2P借贷平台静态和动态最低资本计算方法

资料来源：英国金融行为监管局：《关于网络众筹和通过其他方式发行不易变现证券的监管规则》。

■客户资金管理规则

FCA要求P2P借贷平台在管理客户资金时主要遵照FCA监管范围内普遍适用的《客户资产管理指南》①。其中，P2P借贷平台适用的主要规则②如下，FCA对P2P借贷平台运营过程中可能遇到的特殊情况进行了补充：

- P2P借贷平台必须每年向FCA通告平台持有客户资金的最新额度③，以确认其公司规模（大/中/小）和适用的客户资金管理规则（包括客户资金汇报频率、高级管理层对客户资金管理程序的责任等）
- 大型和中型公司必须设专人承担客户资金管理职责，小型公司的客户资金管理须由公司管理层的一员负责
- 持有客户资金的公司对客户负有受托责任，只能在履行受托义务时动用客户资金
- 公司必须设立完备的组织要求来维护客户权利
- P2P借贷平台必须将客户资金存放在银行，并对该银行履行相关的尽职调查

① Financial Conduct Authority：Client Assets Sourcebook（CASS），http：//fshandbook. info/FS/html/FCA/CASS/7，2013－4－1，2014－4－1.

② Financial Conduct Authority：The FCA's Regulatory Approach to Crowd Funding（and Similar Activities）Consultation Paper，P23：http：//www. fca. org. uk/static/documents/consultation－papers/cp13－13. pdf，2013－10－1.

③ 根据英国金融行为监管局《客户资产管理指南》规定，持有客户资金小于100万英镑的公司被定义为小型公司，大于等于100万英镑、小于等于10亿英镑的公司被定义为中型公司，大于10亿英镑的公司被定义为大型公司，参见http：//fshandbook. info/FS/html/FCA/CASS。

- 公司必须保存好交易记录和账户以便始终能清楚地区分所持有的不同用户的资金。为达此目的，公司必须同时执行内部和外部对账
- 客户资金必须由法定信托持有
- 在银行开立客户账户时，公司必须获取银行的承认书，确认该账户里的资金是公司代客户持有，银行不得动用客户账户的资金以偿还公司债务
- 关于公司出现破产风险或代公司托管客户资金的银行出现破产风险时的处理程序参照FCA《客户资金管理指南》第7A章
- 公司必须能够在需要时启用事先设定好的客户资金管理解决办法，以帮助破产管理人完成破除处理工作

此外，当遭遇破产时，P2P借贷平台应该继续对处于存续期间的借款合同进行管理，在归还客户资金时所产生的费用可以由客户资金来承担；采用质押模式的平台需隔离从投资者处获得的资金，而不仅仅是已经质押的资金，如果在获得投资者资金前已经完成了质押程序，平台需在将资金转给借款人前得到持有投资者资金的许可；采用完全不持有客户资金模式的平台应确保资金流动过程符合相关规定；对用于慈善和社会事业的不以营利为目的的投资应该同其他类别投资一样做好投资者资金保护工作。

观察上述监管规则可发现，英国监管当局对不同规模P2P借贷平台的最低资本要求和客户资金管理规则采用了层次化的监管办法，对客户资金的管理权责和托管办法进行了明确的规定，并对平台面临破产时的客户资金处理环节提出了要求。与英国的情况不同，目前国内实现了资金托管的P2P借贷平台大多选择与第三方支付平台合作，与银行合作的平台相对较少，P2P借贷平台、第三方支付平台和银行三方都还存在一定的合作顾虑。考虑到国内近年来因客户资金管理不规范而出现问题的平台在所有问题平台中占比不小，即将出台的监管规则应着重明晰客户资金管理要求，无论是第三方支付平台托管还是银行托管，都要让客户资金从汇入到返还的全过程流动通道明确、管理权责有规可循。承诺风险垫付的平台应建立合适的风险准备和关联风险隔离机制；即使完全不持有客户资金、不承担借款人违约风险的平台，也应建立相应的平台风险保障措施和破产保护机制。

14.3.4 P2P借贷行业受创投青睐

2013年以来，P2P借贷行业的热闹还体现在部分主流平台囊获来自创投的大额注资上。据不完全统计，至今国内P2P借贷行业已发生多次创投注资事件。获得注资的平台各有特点：人人友信拥有大量的线下网点和业务人员，绝大部分投资标来自线下的销售、审核和授信活动；拍拍贷坚持做纯线上信用借贷平台；点融网拥有Lending Club和国有的东方资产管理公司双重雄厚背景，本土化地对大额借款加入了线下审核环节；有利网、爱投资、积木盒子模式类似，采用与小贷公司或担保公司合作、分成的模式。来自不同类型的、在金融和互联网领域具有丰富经验的公司的风险注资也让市场对风险频出的P2P借贷行业发展前景增添了信心。

表 14－2　　　　部分 P2P 借贷平台获得创投注资情况

时间	获得注资的平台	注资金额	投资方
2011－08	拍拍贷 ppdai.com	百万元人民币级别	清华大学金信投资基金
2012－09	拍拍贷 ppdai.com	千万美元级别	红杉资本
2013－12	点融网 Dianrong.com	千万美元级别	北极光创投
2013－11	有利网 YOOLI.COM	千万美元级别	软银中国
2014－01	itouzi.com 爱投资	未公布	中援应急
2014－01	人人友信	1.3 亿美元	挚信资本（6500 万美元）、未具名投资方
2014－02	积木盒子 本息安全的优质投资理财选择	千万美元级别	银泰资本
2014－04	拍拍贷 ppdai.com	千万美元级别	光速创投、红杉资本、诺亚财富

注：此表为截至报告期国内 P2P 借贷平台获得创投注资的情况，表内信息根据平台官方网站及主流媒体报道整理，部分报道中的注资数额说法较为模糊。

资料来源：P2P 借贷平台官方网站及主流媒体报道。

值得注意的是诺亚财富在 2014 年 4 月 9 日拍拍贷 B 轮融资发布会上提到的在业务上与拍拍贷展开合作的可能。诺亚财富是 2010 年在纽约证券交易所上市的诺亚控股（NOAH. NYSE）旗下的财富管理公司，服务于个人可投金额 600 万元人民币以上的客户。在拍拍贷 B 轮融资发布会上，诺亚财富发言人提到与拍拍贷合作可以为其客户提供不同层次的理财服务，这让市场察觉到机构投资者对 P2P 借贷这块热土的垂涎。在“P2P”中融资方的“P”不断丰富的趋势下，投资方的“P”在可预见的未来也将添兵加将。实际上，美国 P2P 借贷的高回报率已经吸引了机构投资者的参与。Lending Club 早在 2012 年以前就成立了全资子公司 LC Advisor 以接受机构投资者投资，2012 年最低投资额度调整为 50 万美元，为投资者提供宽泛消费者信用基金①和保守消费者信用基金②两个不同风险级别的基金。同样，2011 年也有机构投资者宣称将在 Prosper 上投资 1.5 亿美元。2013 年初，Prosper 聘请了前富国银行执行董事和美林证券的全球销售总监 Ron Suber 担任 Prosper 的全球机构销售总监，充

① the Broad Based Consumer Credit Fund，投资于所有级别的贷款。

② the Conservative Consumer Credit Fund，仅投资于评级为 A 级和 B 级的贷款。

分体现了Prosper吸引机构投资者的发展方向。机构投资者的参与将为P2P借贷开辟新的融资渠道，而高净值投资者的加入也对投资项目额度提高了要求。如果P2P借贷平台没有针对机构投资者提供相对独立的高净值板块或平台，可能会对个人投资者形成挤出效应，这也为以促进金融普惠发展著称的P2P借贷提出了“不忘初心”的挑战。

14.4 P2P借贷平台提供差异化小微企业金融服务

目前国内大部分P2P借贷平台服务的融资方以小微企业为主，专注于企业融资的平台（P2C①）也已出现。相较传统的商业银行和小额贷款公司，P2P借贷在融资额度、期限、利率等方面为小微企业提供了新的选择。与此同时，中国的P2P借贷行业在本土化的进程中衍生出了许多与目前经济金融环境相适应的业务模式。不同模式的平台在客户群体、借款额度、借款期限、借款利率和业务发展区域等方面的不同为小微企业提供了差异化的金融服务。

14.4.1 P2P借贷平台填补部分小微企业金融服务市场空白

在小微企业金融服务方面，P2P借贷平台与传统商业银行和小额贷款公司形成了差异化的市场定位，填补了部分小微企业金融服务市场空白。

从客户群体来看，P2P借贷平台凭借其低成本、高效率的运营方式让更多的网店卖家等微型企业借款人获得了金融服务。而以互联网为平台的借贷也开始打破地域的限制，一个注册地在上海的P2P借贷平台可以为天南海北的小微企业提供融资服务。

从借款额度来看，P2P借贷平台上低至千元级的借款通常是传统商业银行贷款难以触碰的，而大部分的小额贷款公司借款额度也至少为几万元。

从借款期限来看，除去“秒标”、“天标”等非实际借款需求，不同的P2P借贷平台提供短至1个月、长至36个月的小额借款，呈现出短期灵活方便、长期还款压力小的特点，与商业银行和小额贷款公司小微企业借款以12个月以下为主形成差异。

从借款利率来看，由于P2P扮演着平台的角色，借贷双方有了更多议价的空间，具有更为市场化的风险定价机制，这一点在纯线上信用借贷平台上表现得尤为突出。

14.4.2 不同模式P2P各显所长

在目前我国征信体系尚不健全的环境下，P2P的发展有别于英美等国P2P借贷行业“纯线上”的模式，除了拍拍贷，国内绝大部分P2P借贷平台都包含线下部分。不同模式的P2P借贷平台因借款需求获取渠道、授信依据和风险管理理念等方面的不同，为小微企业提供了差异化的金融服务。

从借款需求获取渠道和信用风险管理方式的角度，可将P2P借贷模式分为两类。

① 本报告将P2C视为P2P中融资方的“P”的层次化扩充，仍属于P2P借贷的范畴。

■**借款需求完全来自线上，信用风险管理完全依靠线上信用数据审核**

以拍拍贷为唯一代表的纯线上信用借贷平台依赖其对多渠道数据的整合分析能力，实现了从借款需求获取、审核、融资到还本付息的全过程线上完成。平台仅对借款人提供的电子版信用资料进行线上审核和公布，并通过平台自建的信用评价模型对借款人进行信用评分。借款人根据自身需求和市场行情选择借款额度、期限和利率，出借人根据平台上公布的借款人资质材料和信用评分进行自主投资。对于发生违约的借款平台仅在网站上进行曝光，不提供催收等后续服务，出借人自担风险。

■**借款需求主要来自线下，信用风险管理主要依靠传统风险管理手段**

此模式下的P2P借贷平台借款需求大部分来自线下，主要依靠传统手段获取借款需求和管理信用风险，需要一个与业务规模相适应的营销和信用管理团队。在营销和信用管理团队的建设上，可分为自建团队和合作外包两种形式。其中，合作外包又分为与小贷、担保、信用调查机构合作获取借款需求，或通过线下门店加盟的方式获取借款需求。由于该模式下大部分借款需求在发布到平台网站之前需要线下团队参与完成一系列流程，无论是自建团队或是合作外包，都可能因为内部或合作机构和加盟机构线下工作人员的有意或无意的不当操作而使平台遭遇风险。

整体而言，借款需求完全来自线上与借款需求主要来自线下的平台所提供的小微企业金融服务有较为明显的差异。借款需求完全来自线上的平台的小微企业借款人呈现出地缘弱化和年轻化的特点，借款额度、期限和利率的确定更加市场化、多层次，借款额度以千元级额度为主，亦有万元级额度，借款期限大部分短于一年，借款利率分布较为分散。借款需求主要来自线下的平台的小微企业借款人地区分布则由平台或平台合作机构和加盟机构的线下网点分布直接决定。由于线下环节成本较高，而P2P借贷平台主要依靠按比例收取服务费或管理费盈利，因此借款需求主要来自线下的平台上发布的借款标额度一般至少为几万元，借款期限整体较以线上业务为主的平台上的借款标更长，借款利率变动幅度较小。

在行业迅速发展演进的过程中，何种模式更高效、更安全、更适合中国国情目前尚无定论，对于P2P借贷线上线下模式的争论，我们倾向于认为，在坚持不触碰监管底线的前提下，同样的市场环境中，不同的机构可以根据自己不同的核心竞争力在不同的细分市场提供差异化的金融服务，不同的模式在盈利水平、可扩展性和可持续发展能力上有所不同，哪一种能走得更远，时间会给出最公正的评价。

专题14－3　什么样的小微企业寻道P2P借贷——基于人人贷、拍拍贷数据的调查分析报告

作为传统金融业的“搅局者”之一，P2P是否动了银行的奶酪？作为普惠金融的探索者，P2P为什么样的小微企业提供了什么样的金融服务？为深入了解不同P2P模式为小微企业提供了如何差异化的金融服务，报告课题组与新浪财经联合发起了针对国内主流P2P借贷平台的小微企业金融服务调研。下面以人人贷和拍拍贷为例，尝试探析什么样的小微企业寻道P2P借贷，并比较不同P2P模式为小微企业提供金融服务的异同。

2013 年，在人人贷平台上，3.2 万户借款人获得了 3.3 万笔、共 15.7 亿元借款。其中，1.1 万户为小微企业主，占借款人总数的 34%，借款 1.1 万笔、共 6.5 亿元用于经营，占平台交易金额的 42%。在拍拍贷平台上，近 4 万户借款人获得了 9.6 万笔、共 10.5 亿元借款（全部为无抵押、无担保的信用借款）。其中，1.6 万户借款人为小微企业主，占借款人总数的 41%，借款 3.4 万笔、共 7 亿元用于经营，占平台交易金额的 67%。

相较做纯线上借贷的拍拍贷平台，人人贷的小微企业借款呈现出户均借款笔数少、户均和笔均借款金额高的特点。那么，是什么原因导致了这样的差异呢？

图 14－12　人人贷与拍拍贷平台上用于经营的小微企业借款总体情况（2013 年）

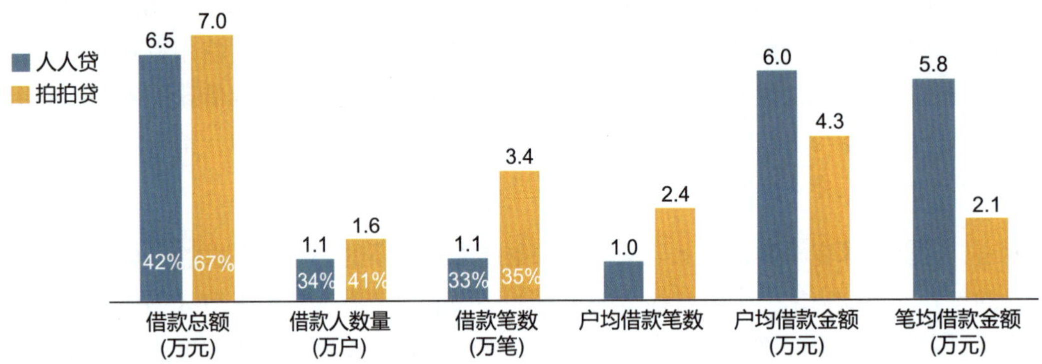

资料来源：人人贷、拍拍贷。

■获客渠道不同导致小微企业借款人类型、地区分布和年龄分布差异

从借款人类型来看，人人贷平台上 99% 的小微企业借款人为私营企业主，网店卖家仅占 1%，而拍拍贷平台上网店卖家则占到了 28%。

根据人人贷官网介绍，目前人人贷提供了三种不同类型的产品：实地认证标、机构担保标和信用认证标。其中，“实地认证标”① 是人人贷与友众信业金融信息服务（上海）有限公司（以下简称友信）共同推出的产品，申请人通过友信门店提交申请贷款资料，友信前端工作人员对借款人情况的实地走访、审核调查并提供后续的贷中、贷后服务环节；“机构担保标”② 是人人贷与中安信业和证大速贷合作推出的产品，申请人都是中安信业或证大速贷的客户，由中安信业或证大速贷承担审核责任并提供连带担保；“信用认证标”③ 是借款用户通过人人贷网站申请并提供信用资料，人人贷对借款用户的个人信用资质进行全面审核后，允许用户发布的借款标。

① 参考人人贷官网：http：//www. renrendai. com/bbs/posts/list/16419. page。

② 参考人人贷官网：http：//www. renrendai. com/bbs/posts/list/8264. page。

③ 参考人人贷官网：http：//www. renrendai. com/help/invest. action#what－is－credit－loan。

图 14－13 人人贷平台借款标类型分布（2013 年）

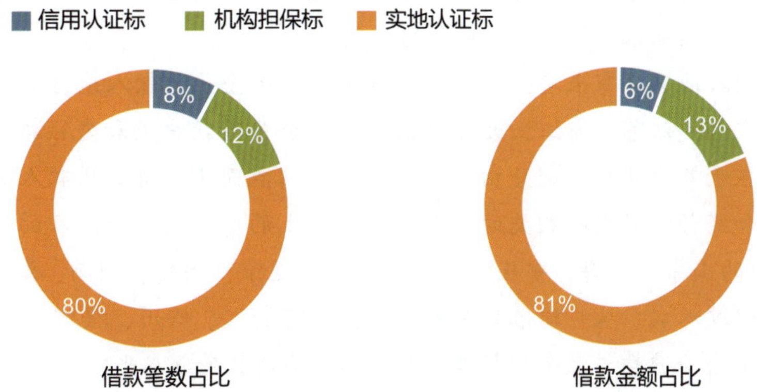

资料来源：人人贷 2013 年年报。

这三类标分别代表了三种借款人来源渠道——线下门店、合作机构推荐和线上获客。人人贷 2013 年年报数据显示，该平台的“信用认证标”占比不到一成，“实地认证标”无论借款笔数还是金额都占到八成。也就是说，线下门店是目前人人贷借款人的主要来源，这与完全从线上获客的拍拍贷形成了鲜明的对比。

图 14－14 人人贷与拍拍贷平台上用于经营的小微企业借款人类型及户均借款金额（2013 年）

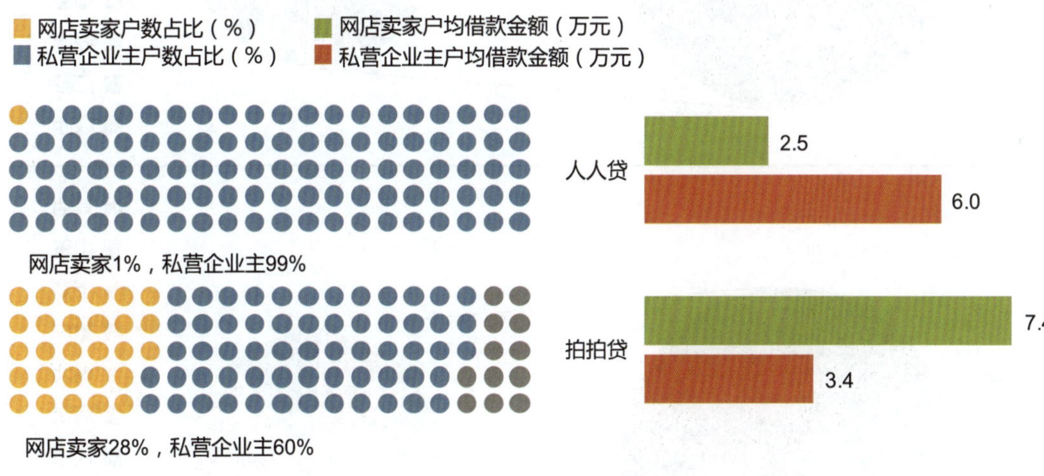

资料来源：人人贷、拍拍贷。

获客渠道的差别解释了为什么人人贷作为互联网借贷平台，网店卖家借款人占比却很小。由于有线下门店调查团队的支持，人人贷能够对缺乏网络活跃度或信用数据的小微企业进行风险识别和评价，其服务可以覆盖到更为传统的小微企业借款人。拍拍贷平台上有大量的借款人来自淘宝网等网店卖家群体，他们的借款能力也与人人贷平台上的网店卖家借款人有所区别。人人贷平台上私营企业主的户均借款金额为 6 万元/户，显著高于拍拍贷的 3.4 万元/户；而拍拍贷平台上网店卖家的户均借款金额达到 7.4 万元/户，显著高于人人贷的 2.5 万元/户。从笔均借款金额来看，人人贷平台上的小微企业笔均借款金额与户均借款金融几乎无差别，整体平均为5.8万元，而拍拍贷平台上的小微企业笔均借款金额仅为2.1万元。总体而言，人人贷和拍拍贷平台上的借款额度远远低于大部分商业银行的小微企业笔均贷款。

从小微企业借款人地区分布来看，人人贷平台上的小微企业借款人地区分布与地区经济发展活跃程度弱相关，广东、江苏、浙江三大经济强省小微企业借款户数和金额排名并不靠前。人人贷平台的特别之处在于其借款人大部分由合作机构线下网点而来，那么借款人分布也是与合作机构线下网点的分布和经营情况直接相关的。人人贷平台上的小微企业借款人的地理区域分布较为集中，排名前10位的山东、上海、重庆、湖北、河南、辽宁、福建、湖南、江苏、陕西借款户数和金额合计占比均超过八成。从户均借款金额来看，仅有浙江、四川、福建、广东、天津、山东、江苏7个地区的小微企业户均借款金额超过了整体的户均借款金额水平。

图14－15　人人贷平台上用于经营的小微企业借款户数及金额地区分布（2013年）

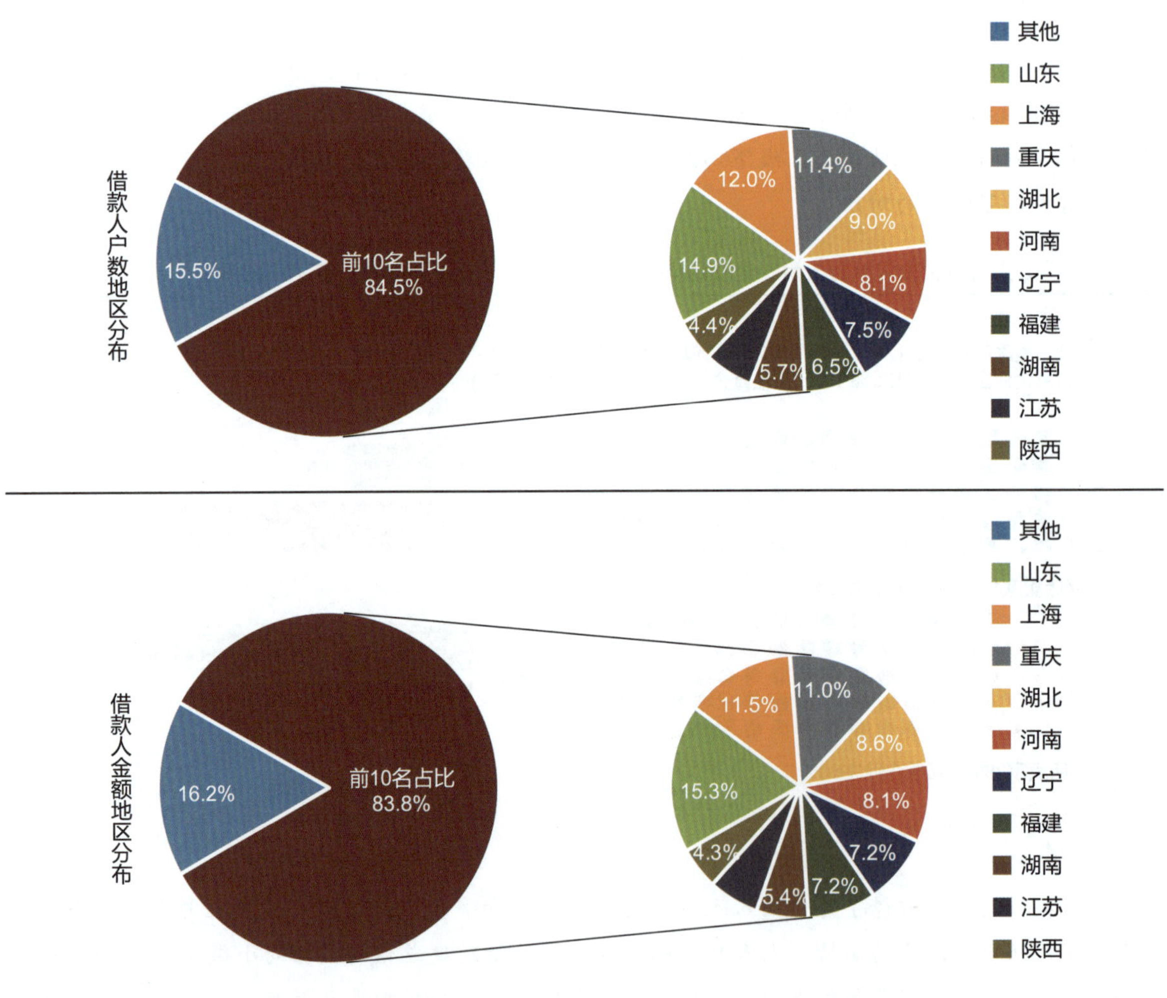

资料来源：人人贷。

相较而言，拍拍贷平台上的小微企业借款人地区分布与地区经济发展及活跃程度有很强的相关性，借款金额、借款人户数排名前10位的均为地方GDP排名15位以内的经济大省，这十大地区的小微企业借款人占全部小微企业借款人的七成，借款金额占比高达86%。其中，排名前5位的广东、浙江、山东、江苏、福建均为我国沿海经济发达地区，来自这些地区的小微企业借款人占到了借款人总户数的一半，借款金额占到六成以上。从户均借款金额来看，仅有上海、北京、浙江、江苏、河南、山东、福建7个地区的小微企业户均借款金额超过了整体的户均借款金额水平。

图14－16 拍拍贷平台上用于经营的小微企业借款户数及金额地区分布（2013年）

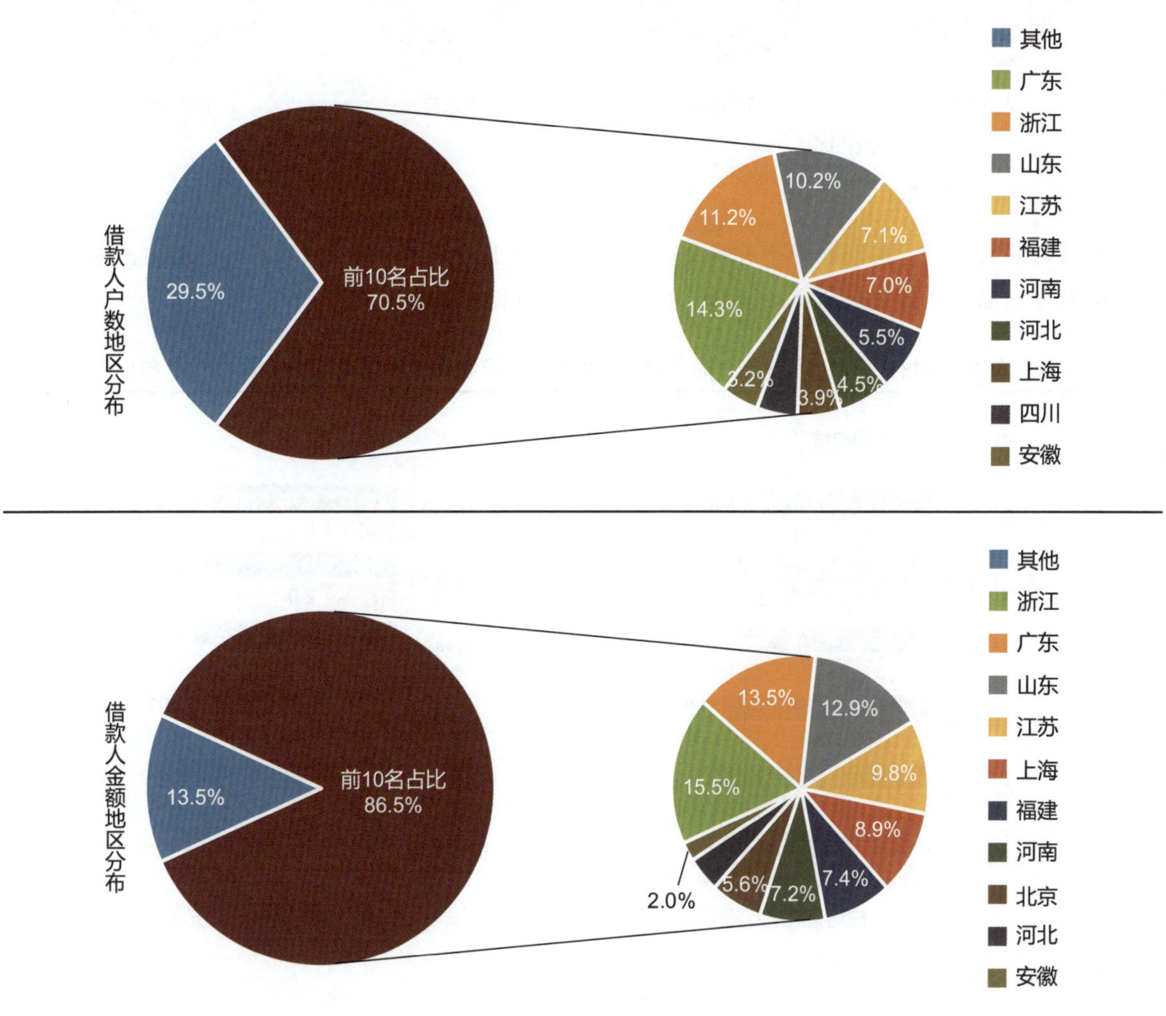

资料来源：拍拍贷。

人人贷和拍拍贷小微企业借款人的地区分布排名前10位的仅有山东、上海、河南、福建、江苏5个地区是重叠的，广东、浙江、河北、四川、安徽均未进入人人贷小微企业借款人占比前10位，取而代之的是重庆、湖北、辽宁、湖南、陕西。

从小微企业借款人年龄分布来看，与拍拍贷平台上30岁以下借款人占半数、35岁以下借款人超七成的情况不同，人人贷平台上21～30岁区间80后的小微企业借款人虽然占比最大，但借款笔数和借款金额占比均不到总体的四分之一，整体而言小微企业借款人年龄分布较为均匀，这与人人贷的小微企业借款人主要来源于线下有直接的关系。

图 14－17　人人贷与拍拍贷平台上用于经营的小微企业借款户数及金额年龄分布（2013 年）

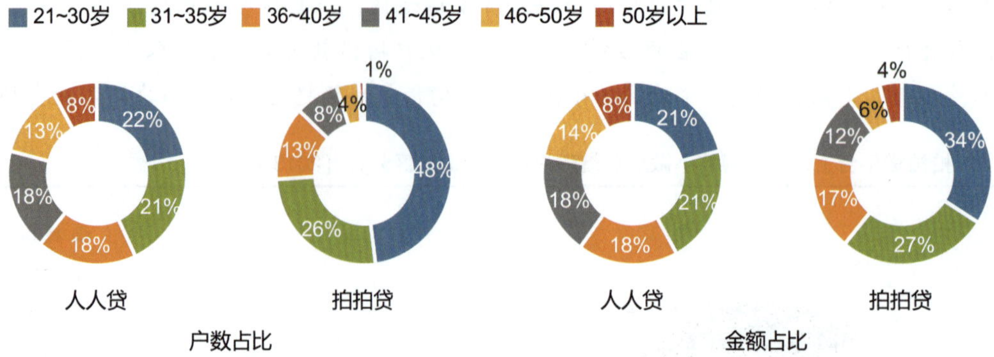

资料来源：人人贷、拍拍贷。

从借款能力来看，同拍拍贷平台类似，人人贷平台上虽然不同年龄段借款额度相差不大，但户均借款金额随着年龄段的提高而增加，呈现出一定的长者信用优势。

图 14－18　人人贷与拍拍贷平台上用于经营的小微企业借款户均及笔均借款金额年龄分布（2013 年）

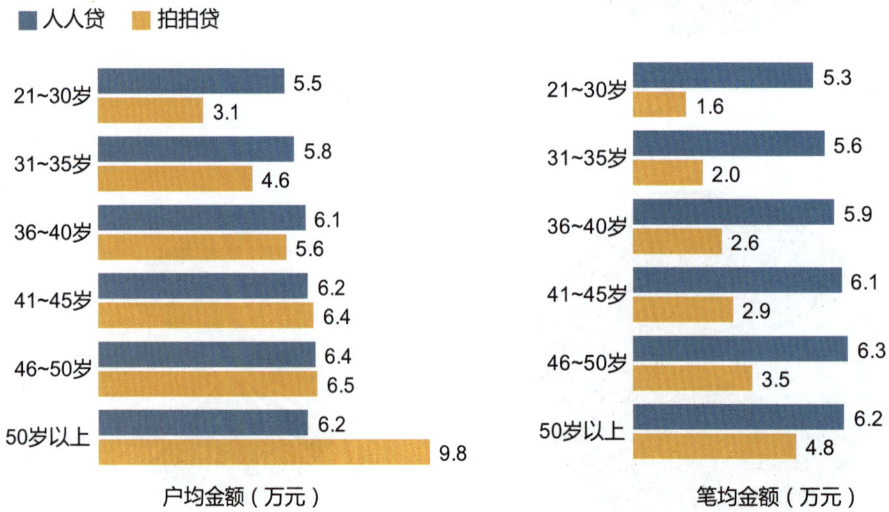

资料来源：人人贷、拍拍贷。

■获客成本不同导致小微企业借款额度差异

从小微企业借款额度分布来看，人人贷平台上 5 万元以下借款占借款总笔数的 42%，但仅占借款总金额的 27%；5 万元以上借款占借款总笔数的 58%，占借款总金额的 63%。相较而言，拍拍贷平台上 5 万元以下借款占到近九成，5 万以上借款笔数占比仅为 11%，但占借款总金额的 68%。从人人贷网站上发布的投资标额度以及万元起投的理财计划来看，目前为止该平台上借款额度几乎都是万元以上级别的，明显高于拍拍贷平台上的大部分借款额度。我们认为，借款额度的差异源自两家平台线上线下模式的差异，线下实地调查需要依赖门店资源及人力物力，只有当单笔借款额度达到一定规模才可能覆盖实地认证的成本，而线上获客线上评估的模式大大降低了小额信贷的成本，因而可以在传统线下调查“不经济”的低额度借款区间拓展业务。

图 14－19　人人贷与拍拍贷平台上用于经营的小微企业借款额度分布（2013 年）

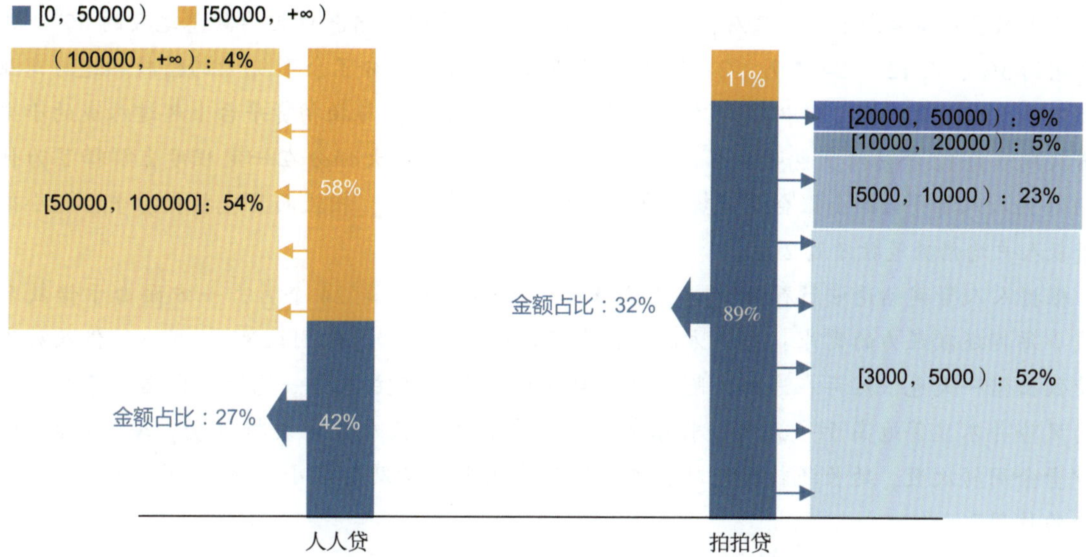

资料来源：人人贷、拍拍贷。

■借款信用类型不同导致小微企业借款利率分布差异

从小微企业借款利率分布来看，人人贷平台上借款笔数和金额都高度集中。91%的交易金额的年化利率分布在13%～15%之间，该区间借款笔数为1万笔，占小微企业全部借款笔数的88%。相较而言，拍拍贷平台上的借款利率八成以上分布在16%～24%区间，即使人人贷平台借款利率加上每月向借款人收取的0.3%的借款管理费，整体的实际利率水平也相对低于拍拍贷。由于拍拍贷平台上全部为纯信用贷款，并且借款利率由借款方和出借方自行决定，所以呈现出相对更高的信用溢价和更为分散的利率分布。

图 14－20　人人贷与拍拍贷平台上用于经营的小微企业借款利率分布（2013 年）

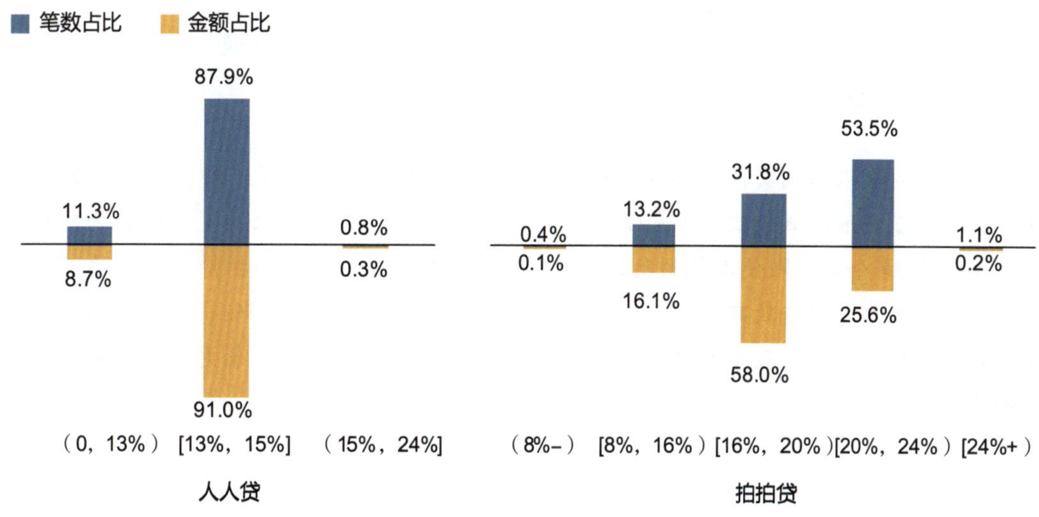

资料来源：人人贷、拍拍贷。

■借款额度及风险管理理念不同导致小微企业借款期限分布差异

从小微企业借款期限分布来看，人人贷平台上12个月以下借款仅占借款总笔数的5%、借款总金额的3%，而12至24个月、24至36个月期限区间几乎平分了余下95%的借款。这与商业银行大部分小微企业贷款都集中在12个月以下形成了显著差异，与拍拍贷平台上超过八成的小微企业借款期限为12个月以下也明显不同。12个月以上借款占绝大部分在一定程度上解释了为什么2013年内人人贷平台的小微企业借款人户均借款笔数仅为1笔，相较而言，拍拍贷平台的小微企业借款人户均借款笔数超过2笔。

根据人人贷网站论坛解释①，“实地认证标”大部分期限是24个月，一方面由于借款客户有减小每期还款压力的需求；另一方面是出自其风险管理理念，他们认为：“当一笔借款放出后即使仅出借一天也依然存在违约风险，当面对同样一个借款主体将一笔资金出借一年时，这种违约风险并不显著地高于一天。较长期限的借款有利于借款人合理安排资金，增强还款能力。减少资金周转次数，延长还款周期对于整个资产管理来讲特别是在小额贷款领域有明显的降低风险的作用”。

图14－21　人人贷与拍拍贷平台上用于经营的小微企业借款期限分布（2013年）

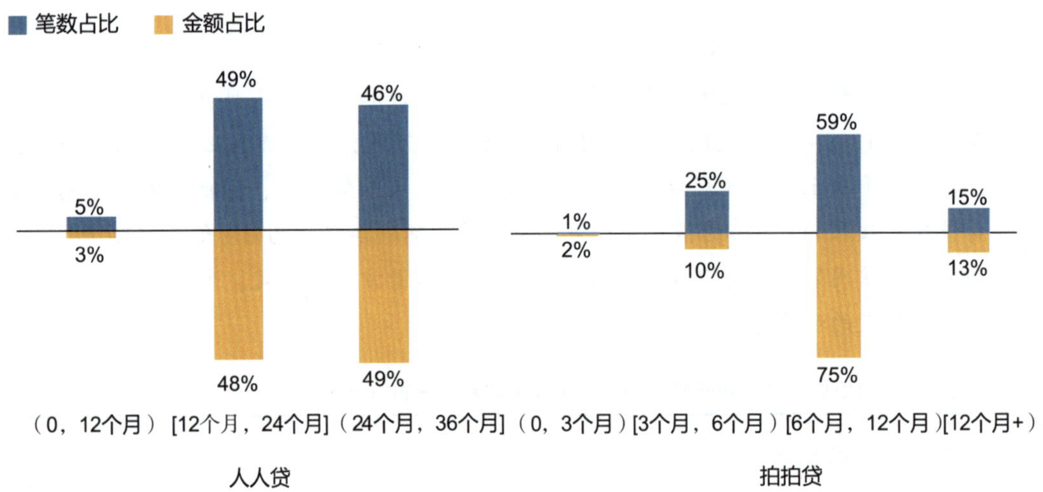

资料来源：人人贷、拍拍贷。

我们认为这种期限结构安排主要源于对借款人每期还款压力的考量，即相对大额的借款额度可以通过拉长还款期限降低借款人每期还款压力。2013年人人贷平台上的笔均借款金额为5.8万元，假设期限为24个月，即使不算利息每月也需还款2400余元，而拍拍贷平台上的笔均借款金额虽然仅为2.1万元，但借款期限为12个月以下的占到借款总笔数的84%，因此，两个平台上小微企业借款人平均每月还款几乎在相同的量级。但至于拉长期限是否带来更大的不确定性，还有待时间的检验。

① 参考人人贷官网：http：//www.renrendai.com/bbs/posts/list/16419.page。

此外，人人贷平台上不同期限区间借款呈现出期限越长、笔均借款金额越高的特点，这与上述降低每期还款压力的分析推断亦是相合相应的。

图 14－22　人人贷平台上用于经营的小微企业借款不同期限的笔均金额（2013 年）

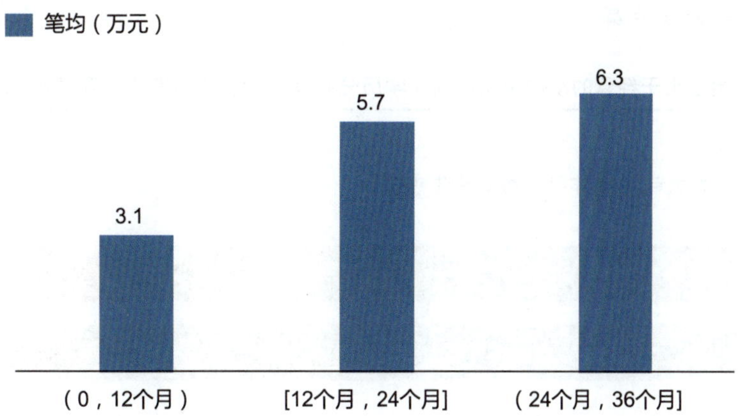

资料来源：人人贷。

■同为低学历草根创业者获融资新渠道，借款额度与学历高低呈正相关

从学历分布来看，人人贷和拍拍贷的情况基本相同，呈现出低学历借款人和借款金额占比高、高学历借款人户均借款额度高的特点。人人贷平台上，近八成小微企业借款人为大专及以下学历，借款金额占比也近八成，小微企业户均借款金额呈现出按学历从低到高依次递增的特点，本科和研究生学历的借款人户均借款金额均超过了小微企业平均 6 万元的户均借款水平，其中，研究生学历的借款人户均借款金额达 8.2 万元，高出大专及以下学历借款人户均借款金额的 40%。

图 14－23　人人贷平台上用于经营的小微企业借款人学历分布及户均、笔均借款金额（2013 年）

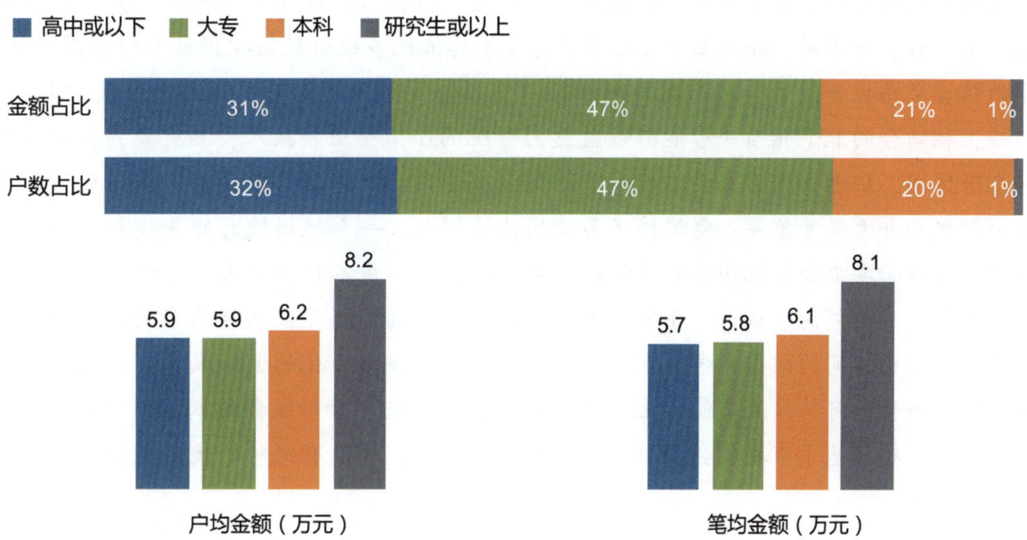

资料来源：人人贷。

拍拍贷平台上，大专及以下学历的小微企业借款人超过八成，借款额度占比超七成，小微企业户均借款金额也呈现出依学历从低到高依次递增的特点，研究生学历的借款人户均借款金额达7.5万元，远超总体4.3万元的户均借款金额水平，更是大专以下学历借款人户均借款金额的2倍。可以看出，P2P平台为低学历草根创业者提供了一个新的融资渠道，而这些草根创业者通常是传统银行覆盖不到的客户群。

图14－24 拍拍贷平台上用于经营的小微企业借款人学历分布及户均、笔均借款金额（2013年）

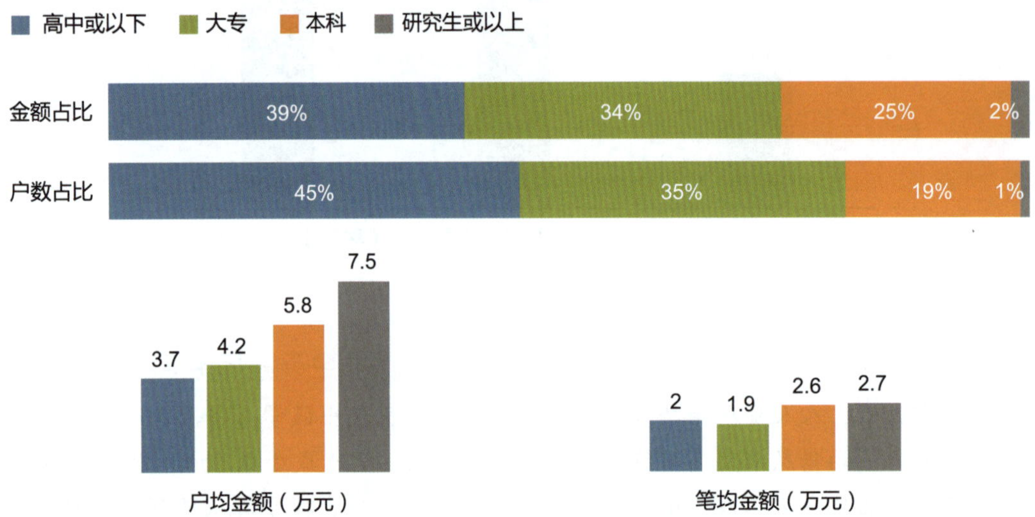

资料来源：拍拍贷。

总体来看，P2P借贷平台提供的是相对小额的草根企业借款服务，为原本难以借到款的小微企业借款人提供了新的融资渠道。与此同时，我们也可以清楚地看到，线上与线下相结合的P2P借贷平台在借款人类型、借款额度、借款期限和频度、借款人地区分布及借款客户群特点等方面都与纯线上平台有所不同。纯线上平台的运营得益于其依托多渠道数据挖掘技术所获得的低成本、高效率的信贷交易撮合能力，从而在传统银行“不经济”的业务领域形成利基市场。相较而言，线上与线下相结合的P2P借贷平台能够覆盖更为传统的小微企业借款人、具有差异化的借款额度区间和期限区间。但也正因为主要依赖线下信用调查手段，在降低信贷成本、提高交易效率方面与传统金融机构并无显著差异，要维持交易额的快速增长，一个规模较大的营销和信用调查团队不可或缺，这势必要求合作机构具有很强的信用风险管理和成本控制能力。对于P2P借贷线上线下模式的争论，我们倾向于认为，在坚持不触碰监管底线的前提下，同样的市场环境中，不同的机构可以根据自己不同的核心竞争力在不同的细分市场提供差异化的金融服务，不同的模式在盈利水平、可扩展性和可持续发展能力上有所不同，在坚持P2P金融服务的本质，不触碰监管底线的前提下，这是机构基于市场机会和自身优势的自我选择，并没有绝对的优劣之分，而时间会给出最公正的评价。

14.5 众筹创中小企业融资新途径

14.5.1 众筹模式方兴未艾

众筹融资（Crowd Funding）是指通过网络平台为项目发起人筹集从事某项创业或活动的小额资金，并由项目发起人向投资人提供一定回报的融资模式。2013 年，随着互联网金融的兴起，众筹投资平台进入发展的起步阶段，目前约有 21 家众筹融资平台[①]。从投资者（或支持者）投资标的上看，国内的众筹可分为项目众筹、债权众筹和股权众筹三类。债权众筹更类似于上一节讨论的 P2P 及其扩展，本部分不再展开。

■项目众筹

项目众筹是指发起人发布某一产品、活动或项目作为支持者的筹资项目，所筹集的资金只用于该项目的众筹形式。按照支持者是否获得回报可分为回报众筹和捐赠众筹。

回报众筹一般是发起人在众筹平台上发布项目，规定所需支持者人数或所需资金量范围与融资时间，在获得预付资金后，提供相应产品或活动。其形式比较类似与团购和预购的结合，不同之处在于，发起人提供产品或活动，在平台上先进行宣传和推广，能提前以低成本获得支持者的认同和参与。如果能够筹资成功，在项目推进过程中通过与支持者沟通，按照用户个性化和细化的需求，能够对项目进行改进或调整，有效降低风险，节约资金。对投资人而言，众筹网和点名时间为国内比较典型的回报众筹平台。

1. 众筹网。众筹网 2013 年 2 月正式上线，为网信金融集团旗下的众筹网站，与第一 P2P、原始会、中国融资租赁有限公司、联合担保、中国信贷、东方信贷、中锋保理、联合财富、先锋资产、壹金融等多种涉及 P2P、股权众筹、融资租赁、担保、典当、小额信贷、保理、理财、资产管理、金融创新产品等行业的公司共同打造一站式投融资平台。众筹网目前分为科技、音乐、影视、艺术、设计、动漫、出版、公益、公开课、游戏十个品类的项目作为主营业务，主要以回报众筹为主，图 14－5 为众筹网项目类型数量分布。项目发起人在众筹网平台发起的项目，由众筹网作为代收款方，收取项目投资人基于项目投资明细单而支付的众筹金额。项目众筹成功后，平台留存项目众筹总金额的 20% 作为保证金，发起人兑现其回报承诺则返还给发起人。若发起人未兑现其回报承诺，则由众筹网支配保证金用于兑现对项目投资人的回报承诺。而如果在预设时间内没有达到目标筹资金额，已筹得的款项将全部退还给投资人。根据众筹网公开数据，截至 2014 年 5 月 8 日，众筹网累计经手 846 个众筹项目，共 7.6 万人次参与项目支持[②]，累计筹集资金 2310 万元。网站所显示的众筹中或已成功的所有 533 个项目中，音乐类项目最多，占 36.21%，其次为设计，占 13.51%，两项占比高达 49.72%。具有代表性的项目为 2013 快乐男声主题电影众筹项目，获得近 3 万名支持者支持，票房预售达到 508 万元，达成率达到 102%。另外众筹网还推出与众筹与保险的结合产品爱情保险，产品承诺投保 520 元保单一份，众筹网赠送 20 元保费，即购买支付 500 元，期满（2017 年 11 月 11 日至

---

① 中国人民银行金融稳定分析小组：《中国金融稳定报告 2014》，北京，中国金融出版社，2014，148 页。

② 含未成功筹得预设筹资金额的项目数及支持人次。

2018 年 11 月 11 日内）后凭结婚证领取 999 元婚姻津贴，获得 5392 名支持者，保金达到 627 万元，其本质更具有保险性质，只是采用了众筹的营销手段，具有一定的团购性质，所以也可以算作是回报众筹的一种。

图 14－25　众筹网众筹中或已成功的项目类型数量分布（截至 2014 年 5 月 8 日）

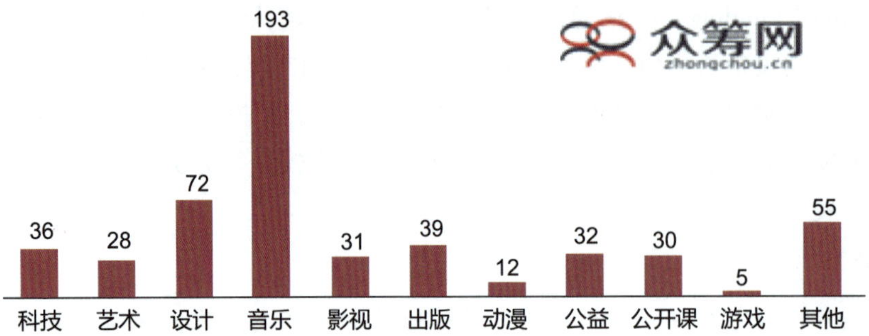

资料来源：众筹网网站。

2. 点名时间。点名时间 2011 年 7 月正式上线，其项目主要分为科技类产品和艺术类产品，并以前者作为其经营中心，定位于中国最大智能产品首发平台，不接受个人公益、创业或“个人资助”类型项目，保证平台的回报众筹模式。项目发起人需要提交本人信息、项目信息、融资金额、期限、支持者回报、潜在风险及补救措施等内容，并有责任履行其对项目的承诺。平台要求其融资金额高于 1000 元，不设上限，通过包括发起人能力、项目完整性、可行性及其他合规问题在内的实名审核，将项目投放至平台待支持者投资。在融资期限内若达到融资金额则筹资成功用于项目运营，平台继续完成监督和督促功能，并在完成后获得事先约定的回报；反之则将投资额退还给支持者。同时不管筹资成功与否，除第三方支付平台手续费外，点名时间作为众筹平台不收取任何手续费。从 2011 年 7 月点名时间上线至 2012 年底，共有 6000 多个项目提案，600 多个项目上线，接近一半项目已筹资成功并顺利发放回报。其中，单个项目的最高筹资金额为 50 万元人民币①。2013 年其业务量也在继续增加，并有一些筹资结果较好的案例。

在艺术类产品中，2013 年 6 月 24 日，国内原创动画《十万个冷笑话》电影版众筹项目资金突破 100 万元，参与人数超过 5000 人，项目达成，成为首个超过 100 万元筹资额度的项目，并最终以 5534 名支持者提供的 1373526 元，完成 137% 的达成率。预计于 2014 年夏上映。支持者回报包括 DVD、首映票、原稿绘本、专场看片会等相关产品或活动。其投资额分布如图 14－26 所示，投资额较少的人数居多。投资额在 52 元、62 元、122 元的支持者分别占总支持者的 29.47%、16.41% 和 26.13%，占总人数的 72.01%。项目在投资 32 元的支持者 200 人的人数限制，最终满额，若无限制可能会突破这一人数。投资 520 元、1 万元、3 万元的支持者的人数限额为 888 人，100 人和 20 人最终完成率仅为 39.98%，20% 和 10%。说明该项目吸引的较大额支持者较少。从筹资额上看，如图 14－26 所示，在 520 元以上的投资额占总投资额 66.30%。所以，投资额较少的支持者起到的更多是项目的宣传推广作用，而投资额较多的支持者则更多起着资金支持作用。

---

① 施俊：《众筹模式与 P2P 应深度合作》，http://www.xincaijing.com/html/201307/12818.html，2013－07－05。

截至2014年5月，艺术类产品中，获得最高筹资额的是动画电影《大鱼·海棠》，获得1582650元项目资金，《十万个冷笑话》电影版项目筹资金额居于第二位，二者分别居所有项目筹资总额的第二、三位。

图14-26　《十万个冷笑话》电影版众筹项目支持者人数分布

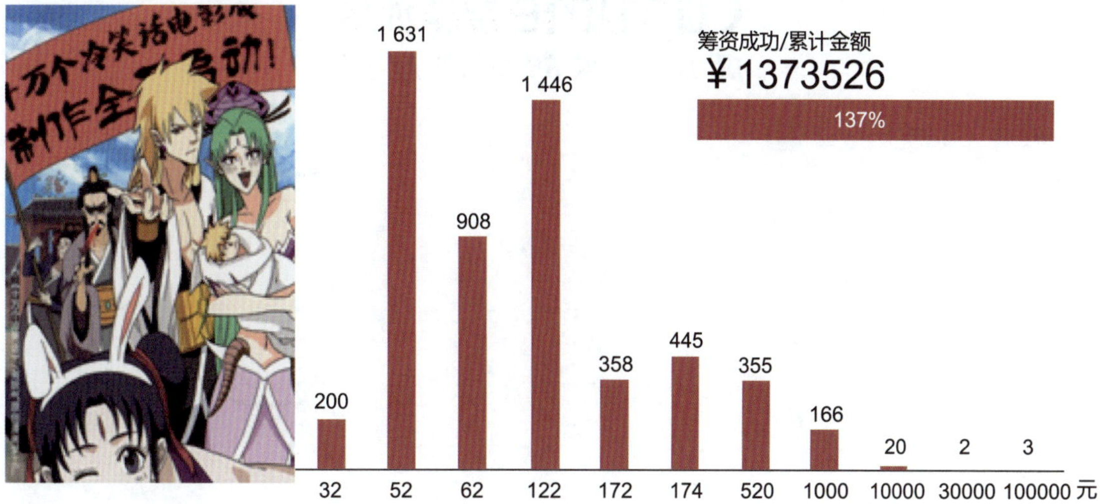

资料来源：点名时间网站。

在科技类产品中，2014年1月16日，Cuptime智能水杯众筹项目获得2668位支持者的支持，筹集到1358583元，达成率高达13585%。与上述案例不同，本项目规定Cuptime的预售定价为399元，即所有支持者出资均等，获得的回报也相同，包括产品与相关赠品，体现智能、健康概念。融资完成后，其发起人麦开团队细致完整的公布其项目进度，并已于2014年3月开始发送产品，顺利完成其项目目标。截至2014年5月，科技类产品中，获得最高筹资额的是Smart Plug最小无线WIFI智能插座众筹项目，获得1709502元项目资金，Cuptime智能水杯项目筹资金额居于第二位，二者分别居所有项目筹资总额的第一、四位。

在筹资金额最高的40个项目中，26个项目为科技类产品，占65%，剩余为艺术类项目。由于科技类项目基本为设计某类产品，并且获得较高筹资金额的产品一般也已经完成前期研发，众筹项目本身团购性质较突出，筹资目标较低，意图以变相的饥渴式营销方式吸引支持者的消费欲望，一般达成率较高，最高达到170950%，最低为126%。而艺术类产品由于预售性质较突出，筹资目标与项目完成所需资金相差较少，其达成率也相对较低，普遍在100%～150%之间，最高达到339%。

与回报众筹的区别在于，捐赠众筹不强调支持者的回报，而强调支持者的参与性和活动的公益性。目前国内具有代表性的捐赠众筹平台为公益众筹网，具有一定官方性质，目前仅有11个项目在线上可查。这种众筹性质与中小企业融资关系不大，此处不再赘述。

图 14－27　Cuptime 智能水杯项目

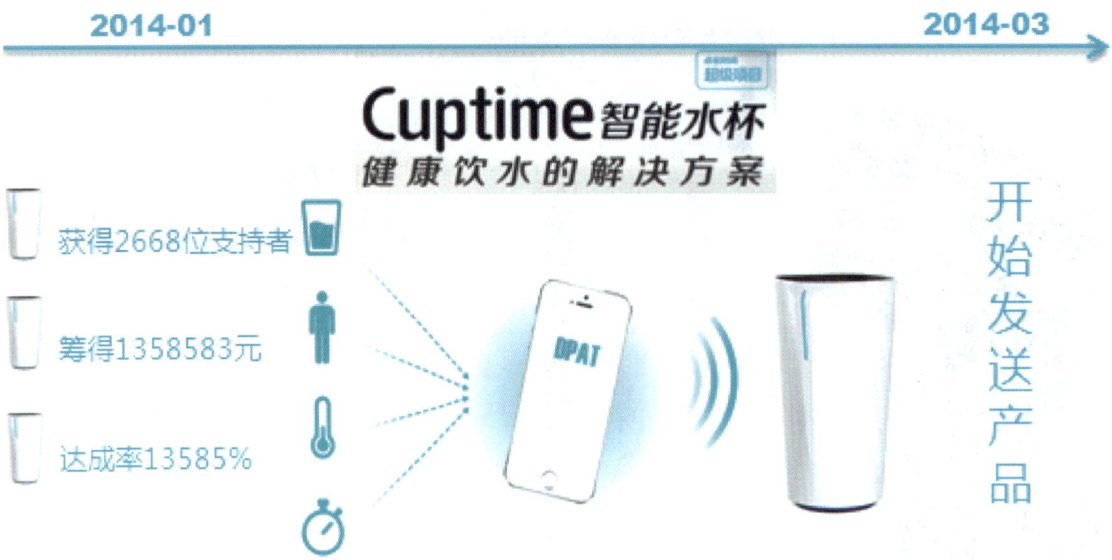

资料来源：点名时间网站。

图 14－28　Smart Plug 最小无线 WIFI 智能插座众筹项目

资料来源：点名时间网站。

专题 14－4 Kickstarter 领跑美国众筹

Kickstarter 于 2009 年 4 月在美国纽约成立，是一个专为具有创意方案的企业筹资的众筹网站平台，包括艺术、漫画、舞蹈、设计、时装、电影、美食、游戏、音乐、摄影、出版、科技与戏剧等 13 个项目分类。标的必须是一个项目，且有一个明确的目标，不允许慈善事业。Kickstarter 不能为项目或企业提供发行股票、财务收益或寻求贷款，是绝对的项目众筹网站。

项目发起者方面，Kickstarter 要求发起者必须年满十八岁，并且有所在国家的信用卡或借记卡，目前只对美国、英国、加拿大、澳大利亚、新西兰和荷兰开放，项目发起者拥有项目 100% 所有权。在项目审核方面，Kickstarter 对每个项目种类有特定的审核人，通常对发起人提供的项目视频、说明、回报等内容进行审核，大多数项目需要经过 48 到 72 小时的审核，硬件和产品设计项目则需要将近一周。在筹资期限上，要求低于 60 天，Kickstarter 鼓励项目将期限设置为 30 天及以下，以激起支持者的紧迫感，顺利完成筹资。对于成功筹资的项目，Kickstarter 要收取筹资额的 5% 作为佣金。

2012 年该网站共获得 3.2 亿美元的融资，为 1.8 万个项目提供了资金支持，提供资金的网民人数为 220 万人，平均每分钟便获得 607 美元的网民资金支持。通过 Kickstarter，很多没有机会得到大笔投资的草根项目得以实现，众筹这一新兴筹资模式也逐渐受到越来越多的关注。2013 年 Kickstarter 共获得 4.8 亿美元融资，平均每天融资 1315520 美元，每分钟获得 913 美元。其项目得到 3 百万人次的支持，支持者覆盖 214 个国家、七大洲。其中，807733 人支持超过一个项目，81090 人支持超过 10 个项目，975 人支持超过 100 个项目。19911 个项目筹资成功。截至 2014 年 5 月 15 日，Kickstarter 共获得 1115279866 美元融资金额，发布了 146671 个项目，其中 61729 个筹资成功，成功率达到 42%。根据 Entrepreneur 独家发布的众筹公司 100 强中显示，这 100 个项目或企业中，有 86 个项目的融资途径是 Kickstarter。获得筹资最高的公司 Ouya，其产品为视频游戏，在 Kickstarter 上获得 860 万美元。

Kickstarter 的成功源于以下几点。第一，经济形势的推动。美国在 2008 年金融危机后，经济衰退明显，中小企业融资问题再次被放大，众筹成为运用民间资本解决企业融资有效途径，Kickstarter 借助这一趋势，迅速发展，成为最大规模的众筹平台，建立起其独特的用户体验。第二，专注于项目众筹。从发起者方面，Kickstarter 为其提供了一个低资金门槛的筹资平台，只要项目能够获得市场认同，发起者就可以得到项目启动资金，降低其融资难度。平台还为发起者提供发起项目“教程”，从项目申请、发布、筹资、完成及后续过程为发起者提供指导。同时，Kickstarter 更是一个宣传广告平台和用户互动平台，利用项目筹资过程，直接公开的向市场推介产品并获得市场反馈，大大降低其项目成本。从支持者方面，项目在平台上所筹集资金均用于项目投入，支持者也能获得确定的、非资金式的产品回报承诺，具体性较强，相对于 P2P 等方式更具投资吸引力。另外，Kickstarter 不触及股权众筹，避免了法律障碍和未来退出环节的收益分配问题，降低对支持者投资经验的门槛，扩大支持者范围。第三，注重项目质量。在平台上发布的项目大多质量较高，且具有一定的特性，否则一般不会通过平台审查，直接避免低质量项目混杂以降低平台质量的情况，做到以项目吸引支持者。这些经验都值得国内的众筹网站，尤其是项目众筹网站借鉴。

■股权众筹

股权众筹类似 VC 中的部分融资过程，创业者向众多投资人融资，投资人主要用资金或其他资源作为对价换取创业企业的股权。在互联网金融领域，股权众筹通过网络进行较早期的私募股权投资，是对 VC 的一个补充。国内股权众筹的代表为天使汇和大家投。

天使汇于 2011 年 11 月上线，是国内首家发布天使投资人众筹规则的平台。主要针对的创业者基本为 TMT 企业（电信、媒体和科技行业中与互联网相关企业）、尖端技术背景的项目和企业以及传统产业转型升级过程中具有技术创新和商业模式创新的企业。其融资时限为 30 天，允许超募。在投资人方面，天使汇对投资人资质审核非常严格，需要有天使投资经验，并对领头人有更严格的规定，比如一年领投项目不超过 5 个，有充分的时间可以帮助项目成长；至少有 1 个项目退出等。在收益方面，领头人协助项目完成跟投融资，获得项目 1% 的股权奖励，并获得跟投人 5% ~20% 的利益分成。在平台收费上，平台对项目方收取 5% 的服务费，对投资人收取投资收益的 5% 。

截至 2013 年 12 月底，天使汇审核通过的投资人接近 900 人，注册创业项目达到 8000 个，通过审核挂牌的企业超过 1000 家，创业者会员超过 22000 位。其中，100 多个创业项目完成融资，融资总额超过 3 亿元人民币，有些企业已经进入 C 轮融资。天使汇平台上已经出现 2 家快速成长的公司，仅用 18 个月，从零开始，增长到 1 亿美元估值。① 在天使汇成功的项目中，较为成功的案例有嘀嘀打车（现更名为“滴滴打车”，融资总额 15000000 元）、LavaRadio（融资总额 2500000 元）等。

2013 年 2 月初，第一个快速合投项目（LavaRadio）上线一天即收到 100 万元人民币的天使投资，原计划 30 天融资 250 万元，最后仅用 14 天就超额融资 335 万元，不到半月就完成了中国首个天使众筹项目的融资。

图 14－29　LavaRadio 项目

资料来源：tech2ipo 网站和 LavaRadio 网站。

① 资料来源：天使汇网站。

专题 14－5 代际更替背景下的民间金融发展趋势

在时间岿然无声的大潮中，曾经被视为“非主流”的90后开始步入职场，而80后早已撑起一片天。未来十年，在互联网时代成长起来的80后、90后们将成为社会的中流砥柱，作为互联网时代的“原住民”，即时的信息沟通、虚拟化的社交网络和更以自我为中心的扁平化的人际关系似乎已成为80后、90后们理所当然的认知。我们认为在如此“快、直接、平等”的社会认知主位化的过程中，民间金融发展趋势将主要体现在以下四个方面。

■基于“组织感”和“权威感”弱化的民间金融整体活跃

无论人们是否将告别以办公室为基础的工作状态，或与等级森严的机构组织架构说再见，80后、90后们的“组织感”和“权威感”弱化都是不可否认的存在。社交网络让他们能够轻而易举地接触到名人“大V”，扁平化的人际关系改变了上一代人眼中具有高高在上神秘感的人群的距离感。美国的千禧一代①同样也在演绎着同样的潜移默化的改变。根据皮尤研究中心②的调研，美国进入成年期的千禧一代呈现出明显的与有组织的政治和宗教信仰分离而通过社交网络相互联结的特点。在此基础上，金融体系的门槛问题可能将遭到更加快速直接的抵触，而通过“体系之外”的、好玩的方式满足资金需求也更符合这一代人“自我”的特质，代际更替背景下的民间金融整体将更加活跃。

■基于“即时可得”需求的P2P交易高效化和复杂化

在社会老龄化和更高学历、更大失业可能的社会背景下，80后、90后们的债务负担较上一代人有所加重。根据课题组对纯线上信用借贷P2P平台的调研，参与交易的借款人已呈现出明显的年轻化趋势，35岁以下的小微企业借款人占比已超过七成。这一方面体现了互联网“原住民”对P2P借贷这般以互联网为依托的新兴业态的高接受度，另一方面也体现了这个年龄段人群饥渴的资金需求。为了满足这一代人“即时可得”的资金需求，P2P借贷不仅将更多地从线下转为线上，交易撮合能力也不得不大大提升。P2P借贷的额度和期限区间将呈现更多样化的维度，交易的效率和方式也将不断革新。目前，P2P借贷的标准化程度还相对较低，但也绝不会将脚步停在原始粗放的状态。借贷交易归根结底是基于信用的买卖，当征信体系和信用评价技术足够成熟时，资金供需的自动撮合系统或许可让P2P借贷的交易速度提升到目前难以想象的程度。实际上，已有部分P2P借贷平台启用了自动投标功能，虽然目前的自动撮合功能还相对低频，但随着相关基础设施的完善和P2P借贷供需的增加，不仅P2P交易效率将不断提升，也可能出现以信用为标的的衍生交易。

■基于“自我”需求的众筹细分化和网络社区化

习惯于虚拟化社交网络和扁平化人际关系的一代，在工作领域或执行目标任务时将更倾向于形成“自我闭环”，即更倾向于通过自我和社交网络的力量完成任务。这不仅体现在现实生存立命的需求上，在社交网络中形成的虚拟人格所设定的目标也需要通过互联网途径实现。在此背景下，无论股权众筹还是项目众筹都将倾向细分化，这种细分将体现为比行业分化更细小的子域，并通

① Millennials，由作家Williams Strauss和Neil Howe最早于1987年提出，指在千禧年（2000年）及以后进入学龄前年龄的一代。Millennials同时也被称为Millennial Generation或Generation Y，不同学者对这一代人出生的起止年份观点不尽相同。Williams Strauss和Neil Howe将其界定为1982年到2004年之间出生的一代。

② Pew Research Center，www. pewresearch. org。

过互联网形成全球化的不同子域的网络社区，将在某一子域拥有类似偏好或兴趣点的人联系起来，这些人可能在不同的项目中充当投资方、融资方或合作伙伴，而一个子域的网络社区将充当着类似“行业协会”的功能。股权众筹将促成更多的小微型企业创业，项目众筹将随着其理念的普及而更加活跃，帮助80后、90后们实现来自现实和虚拟人格的各种“小想法”。

■基于“可靠虚拟”需求的民间金融基础设施强化

一个服务于民间金融活动的网络社区所需要的将不仅是互联网技术的支持——可以想象一个发生在网络社区的合会，从起会到每次投标都通过互联网进行——这个过程将涉及相关制度规则的规范程度、征信信息的可得性、信用评价技术的可靠性以及电子化金融凭证的安全性等一系列问题。因此，民间金融领域的虚拟必须是以基础设施强化为基础的可靠虚拟，相关的监管规则将很难一蹴而就而需逐步跟进，目前尚且薄弱的征信体系和尚未广泛应用的信用评价技术亟待攻坚克难，诸如时间戳服务中心等保障电子化金融凭证安全性的基础设施建设也还有待进一步完善。

14.5.2 法律完善有助众筹发展

目前，我国众筹面临潜在的法律风险。《最高人民法院关于审理非法集资刑事案件具体应用法律若干问题的解释》第一条规定，非法集资应同时具备“未经有关部门依法批准或者借用合法经营的形式吸收资金”；“通过媒体、推介会、传单、手机短信等途径向社会公开宣传”；“承诺在一定期限内以货币、实物、股权等方式还本付息或者给付回报”；“向社会公众即社会不特定对象吸收资金”四个条件。众筹平台的设立在事实上已经违反了这一规定，在本质上缺乏法律保障。具体到股权众筹，《公司法》要求非上市公司股东人数不能超200人，有限责任公司股东人数不得超过50人。从零开始的小项目往往需要经过多轮融资，尤其在众筹平台上的第一轮融资可能获得多方投资人支持，虽然现在大部分项目通过控制投资额和超募规定能够将股东控制在允许范围内，但这一规定仍是股权众筹的一大阻碍。从公开发行证券问题上，《证券法》规定，向“不特定对象发行证券”以及“向特定对象发行证券累计超过200人”的行为属于公开发行证券，必须通过证监会核准，由证券公司承销，众筹项目在众筹平台上处于开放状态，事实上已经背离《证券法》相关规定。众筹需要得到法律上的认可，才能获得根本发展。

借鉴国际经验，各国对众筹融资的发展通常持鼓励、支持态度，但监管尺度有所不同，在一定程度上体现了适度监管的理念。美国《创业企业融资法案》（*Jumpstart Our Business Startups Act*，简称JOBS法案）允许中小企业通过众筹融资获得股权资本，对符合条件的众筹融资可以豁免证券法下的发行注册要求。英国目前认可众筹股权融资的合法性，但并没有针对众筹融资的特别立法，而是将其纳入现有的金融监管框架监管。法国金融市场监管局和银行监管局于2013年5月联合发布了《众筹融资指引》，规定涉及证券认购或股权投资的，应遵守证券法律；涉及贷款的，应遵守银行法规。德国《资本投资法》规定，任何机构接受委托帮助他人发行证券或投资产品，都必须申请金融业务牌照。2013年3月，欧盟委员会公布“欧洲经济长期融资绿皮书”，提出要支持众筹融资等非传统融资方式。日本对众筹融资的监管主要适用《金融商品销售法》及《金融商品交易法》。[①]

① 中国人民银行金融稳定分析小组：《中国金融稳定报告2014》，北京，中国金融出版社，2014，150页。

2014 年 4 月，中国人民银行发布的《中国金融稳定报告 2014》提出，“P2P 和众筹融资要坚持平台功能，不得变相搞资金池，不得以互联网金融名义进行非法吸收存款、非法集资、非法从事证券业务等非法金融活动”，说明众筹逐渐进入金融监管系统的视线。同时，认为“电子商务所需的创业融资、周转融资需求和客户的消费融资需求，促进了网络小贷、众筹融资、P2P 网贷等互联网金融业态的发展”，事实上体现了政府对众筹的肯定、鼓励与支持的态度。在股权众筹方面，报告中提到“众筹股权融资也体现了多层次资本市场的客观要求”，说明未来股权众筹规范化、合法化将成为发展方向。证监会也表示正在对股权众筹模式进行调研，适时出台股权众筹相关意见。关于众筹的专门法律法规能出台，将有利于解决众筹平台的法律风险，使其加快发展，为中小企业融资提供更便捷、丰富的服务。

14.6 地方金融体制改革摸索前进

自 2012 年温州、广东、泉州等地推出金融改革方案以来，辐射全国各地的金融改革之火业已点燃。截至目前，全国大部分地区纷纷根据本土经济金融特点制定了省级金融改革方案。虽然基于不同的金融业基础和积淀，不同地区改革方案的可行度和执行力还有待实践的检验，但在实体经济经历阵痛变革的大环境下，地方金融改革的逐步推进和完善有利于经济的长远健康发展。

14.6.1 温州金改待去杠杆化转身

2013 年，温州地区发放了第一笔中小企业集合贷，发行了第一只国家发展改革委核准的民营企业债券，创建了两家商业保理公司、两家中小企业票据服务公司、一家小微企业融资再担保中心和一家中小企业应急转贷中心，首批优质中小企业成功实现浙交所“创新版”挂牌。2014 年 3 月，银监会公布的首批试点 5 家民营银行也有一家落地温州。然而，举措繁多的金改尝试并未让温州再次成为改革的榜样，随着温州地区 90% 以上担保公司倒闭①，企业陷入互保联保资金链中，大量优质企业因部分企业失信而无法脱身，空前的信用危机使温州金改方向遭到质疑。危机“宜解不宜结”，勒住杠杆化悬崖边的疯马，解开企业互保联保的风险链条，或许是温州金改应该首先着手解决的问题。

2013 年以来，温州地区在金融基础设施建设方面取得了一定的进展。

■出台全国首部金融地方性法规和首部专门规范民间金融的法规

2013 年 11 月 22 日，浙江省人大常委会审议通过《温州市民间融资管理条例》（以下简称《条例》）。2014 年 2 月 28 日，温州市人民政府第 35 次常务会议审议通过《温州市民间融资管理条例实施细则》（以下简称《细则》）。2014 年 3 月 1 日起，《条例》和《细则》正式施行，成为我国首部金融地方性法规和首部专门规范民间金融的法规。《条例》和《细则》对民间融资活动中可能涉及的民间融资服务主体、民间借贷、定向债券融资和定向集合资金、风险防范和处置以及法律责任进行了具体的规定，首次提出大额民间借贷强制备案要求，改革开放以来首次在大陆地区将“合会”明确界定为民间借贷的一种形式，为民间私募债权和私募基金阳光化做好了合法铺垫，并积极引导

① 谭浩俊：《温州金改须防信用失控》，http：//jjckb. xinhuanet. com/opinion/2014 - 05/29/content_ 506432. htm，2014 - 05 - 29。

民间金融活动服务于实体经济发展。在民间借贷利率方面，规定“民间借贷利率由借款人和出借人双方协商确定；国家对利率限制有规定，从其规定”，维持了最高法院1991年发布的《关于人民法院审理借贷案件的若干意见》的限制，即“民间借贷利率最高不得超过银行同类贷款利率的4倍(包含利率本数)，超出此限度的，超出部分的利息不予保护”。总体而言，《条例》的出台为温州地区民间金融规范化发展提供了法律参照，也在全国范围内起到一定的示范作用，但在民间借贷强制备案方面的规定可能触及立法权限问题，法律的适用性也还有待实践的检验。

■民间资本管理公司发行全国首单私募融资并率先试水银行不良资产处置

2013年1月4日，温州瑞安华峰民间资本管理公司面向8个自然人和1个企业法人定向募集首期2000万元资金成功，1月6日资金全部到位，成为全国首单民间资本管理公司私募融资。此次募集资金共计1亿元，分期进行，首期2000万元资金募集期限3个月，预计税前年化收益率10%。募集资金由中国工商银行瑞安支行进行第三方托管，资金定向投到瑞安当地的服务业、汽摩配和鞋类制造业三个产业，用于企业技术升级和设备改造等，增加了民间资本支持实体经济发展的渠道。此后，华峰民间资本管理公司再领全国之先与工行温州市分行达成协议，打包收购该行2.7亿元不良资产，拉开了民资处置银行资产的序幕。

■启用全国首个地方金融组织非现场监管系统

2013年9月26日，温州市民间金融组织非现场监管系统上线试运行，成为全国率先推动民间金融组织监管从“手工监管”向“信息化监管”转变、“事后管理”向“提前发现”转变、“粗放式检查”向“精细化监管”转变的地区，目前已取得初步成效。

■成立全国首个地级市人行征信分中心

2013年11月27日，中国人民银行征信中心温州分中心宣布获批成立，温州成为全国首个拥有征信分中心的地级市，为重塑借贷危机后的温州信用奠定了基础。

■“温州指数”走向市场化和全国化

2014年1月9日，温州市金融办与汤森路透集团签订数据合作协议，汤森路透的金融信息终端Eikon即日起同步上线中英文版“温州民间融资综合利率指数”，“温州指数”自此走向市场化。此外，温州民间融资利率指数自2014年1月起通过温州商会、外地金融办及温州金融机构省外开设的村镇等扩容建立“温州·中国民间融资综合利率指数”，目前涵盖30个城市、200个跨省监测点，每周采集的样本量均在300笔左右。其中：当地金融办主要负责采集当地小额贷款公司利率数据，温州商会和省外村镇银行则主要负责采集当地民间直接借贷利率数据。同时，为进一步扩大样本数据来源，目前部分全国性P2P机构也已成为“温州·中国民间融资综合利率指数”样本数据来源。采集的样本经审核后根据专家确认的综合权重计算出周价格指数。① 虽然目前“温州·中国民间融资综合利率指数”样本量有限，但作为国内首创的中国民间融资综合利率指数，其为今后民间融资利率的监测和相关体系的完善奠定了基础。

14.6.2 民间借贷服务中心蔚然成风

在2012年全国成立12家民间借贷服务中心的基础上，2013年以来，各地纷纷将开设民间借贷

① 温州指数官方网站，http：//www.wzpfi.gov.cn/About.aspx。

服务中心纳入地区金融发展规划。据不完全统计，截至2014年5月20日，全国共开设民间借贷服务中心40家，较2012年末增长超过两倍，覆盖了15个省、26个地级市，尚有部分地区在酝酿筹划中或已经开始试运行。在此趋势下，预计民间借贷服务中心将成为民营经济活跃地区的“标配”机构。

根据温州金改两周年之际温州市公布数据显示，截至2014年3月27日，民间借贷备案已达598笔，共计10.76亿元，其中单笔300万元以上的121笔，总金额7.56亿元。民间借贷服务中心服务覆盖并推广到全国30多个地市，截至3月26日累计登记借入借出需求总额95.08亿元，成交总额34.19亿元，场内借贷成功率41.53%。虽然目前成交金额还不及万亿元级别的民间借贷总规模的1%，但若配套的民间金融制度和所需信息技术能够逐渐优化，各地能够以民间借贷服务中心为依托，因地制宜地引导金融、会计、法务等专业机构服务于民间借贷活动，促进民间借贷不断规范化发展，有可能解决民间借贷长期不能解决的信息不对称、监测无途径、预警无方法等问题①。

表14－3　全国民间借贷服务中心开设情况

中心名称	开业时间	所属地区
温州民间借贷服务中心	2012－04－26	浙江省温州市
广州民间融资服务中心	2012－06－28	广东省广州市
镇江民间借贷服务中心	2012－07－18	江苏省镇江市
苍南县民间借贷服务中心	2012－09－09	浙江省温州市
平阳县民间借贷服务中心	2012－10－12	浙江省温州市
鄂尔多斯民间借贷服务中心	2012－11－18	内蒙古自治区
东营市黄河三角洲民间借贷服务中心	2012－11－29	山东省东营市
东营市利津县津利民间借贷服务中心	2012－11－30	山东省东营市
东营市金河口民间借贷服务中心	2012－12－13	山东省东营市
东营市恒信民间借贷服务中心	2012－12－27	山东省东营市
东营市乐安民间借贷服务中心	2012－12－28	山东省东营市
乐清市民间借贷服务中心	2012－12－28	浙江省温州市
文成县民间借贷服务中心	2013－03－25	浙江省温州市
长沙民间借贷服务中心	2013－04－23	湖南省长沙市
晋中市民间借贷登记服务中心	2013－05－22	山西省晋中市
安阳市民间借贷服务中心	2013－05－28	河南省安阳市
岳阳民间资金登记服务中心	2013－06－14	湖南省岳阳市
寿光民间借贷服务中心	2013－07	山东省潍坊市
宁海县民间借贷登记服务中心	2013－10－16	浙江省宁波市
成都民间借贷服务中心	2013－10－24	四川省成都市
株洲民间金融中心	2013－11－13	湖南省株洲市
涧西民间借贷服务中心	2013－11－22	河南省洛阳市
晋江民间借贷登记中心	2013－12－03	福建省泉州市
曲阜市民间借贷服务中心	2013－12－17	山东省曲阜市

① 黄震：《民间借贷服务中心将彰显重要意义》，http：//kuaixun.stcn.com/2013/0530/10513813.shtml，2013－05－30。

续表

中心名称	开业时间	所属地区
泛亚民间资金登记服务中心	2013－12－28	云南省
长治市民间融资综合服务中心	2013－12－31	山西省长治市
诸暨市民间投融资管理服务中心	2014－01－02	浙江省诸暨市
资兴市诚金民间借贷登记服务中心	2014－01－10	湖南省郴州市
贵州民间借贷服务中心	2014－02－24	贵州省
永嘉县民间借贷服务中心	2014－02－28	浙江省温州市
富阳市民间融资服务中心	2014－03－05	浙江省杭州市
盘县民间借贷服务中心	2014－03－10	贵州省六盘水市
椒江区民间融资服务中心	2014－03－17	浙江省台州市
神木县金融综合服务中心	2014－03－19	陕西省榆林市
湖州市民间融资服务中心	2014－03－19	浙江省湖州市
路桥民间融资规范管理服务中心	2014－03－25	浙江省台州市
西宁民间投融资服务中心	2014－04－03	青海省西宁市
温岭民间融资服务中心	2014－04－12	浙江省台州市
济南恒安财富民间借贷登记服务中心	2014－04－20	山东省济南市
大庆市民间借贷服务中心	2014－05－11	黑龙江省大庆市
泗阳县民间借贷服务中心	试运行	江苏省宿迁市
莆田民间借贷登记服务中心	试运行	福建省莆田市
吉安民间借贷登记服务中心	组建中	江西省吉安市
杭州市拱墅区民间融资服务中心	组建中	浙江省杭州市
西安市民间借贷服务中心	组建中	陕西省西安市

资料来源：各地民间借贷服务中心网站及主流媒体报道。

图 14－30　全国民间借贷服务中心分布图

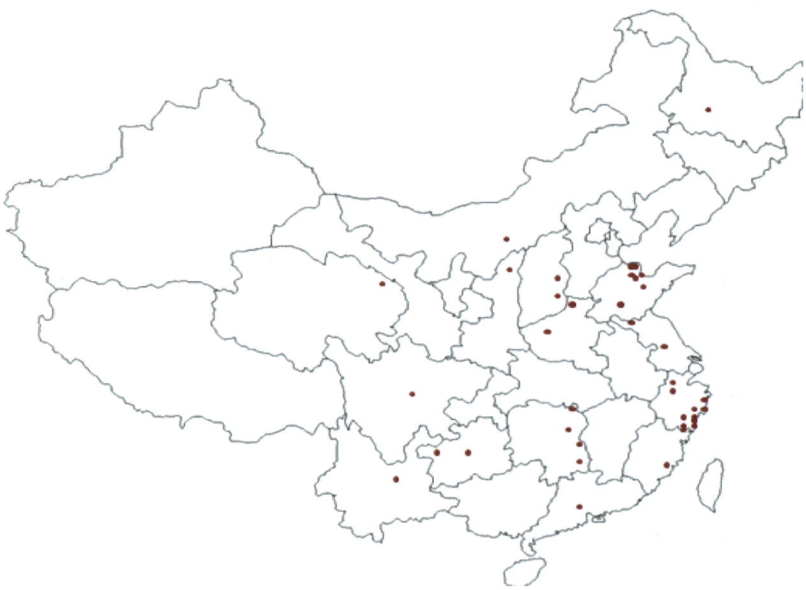

资料来源：各地民间借贷服务中心网站及主流媒体报道。

14.6.3 民间金融街促进民间金融产业集聚

继2012年广州民间金融街开业以来，佛山、成都、东莞、武汉四地民间金融街相继开业，广州民间金融街启动三期建设工程，西安、唐山、天津等地的民间金融街也已获批进入筹建阶段，各地政府纷纷出台租金补贴、入驻奖励等政策引导金融机构入驻民间金融街。

在民间金融街如火如荼开门迎客的同时，各地也先后经历了店多客少的尴尬局面。一方面是民间金融街开业时间不长，宣传效应有限，而有资金需求的中小微企业和个人的融资习惯转变也需要缓冲期；另一方面是在互联网金融极度火热的背景下，大规模建设实体民间金融街的效率属性也遭到了质疑。

然而，从现实来看，以门店形式存在的线下金融业态仍将在未来一段时期内担当起服务实体经济发展的重任。民间金融街的建立在一定程度上有助于地方民间金融产业的集聚，随之产生的地方民间金融价格指导效应和更高效的产业协作将促进民间金融更好地服务于地方经济发展。

表14-4　全国民间金融街开设情况

民间金融街	地　址	开业时间
广州民间金融街一期	广州市越秀区长堤大马路	2012-06-28
广州民间金融街二期	广州市越秀区长堤大马路	2013-06-23
广州民间金融街三期	广州市越秀区以长堤大马路、靖海路、海珠南路为核心，并向沿江东路、海珠广场等周边纵深发展	筹建中
佛山民间金融街	佛山市南海区夏西国际商务区	2013-09-01
成都民间金融街	成都市锦江区东大街	2013-10-24
东莞民间金融街	东莞市南城区三元里社区综合楼	2013-10-30
武汉民间金融街	武汉市江汉区前进四路	2014-05-28
西安民间金融街	西安市新城区民乐万达广场中心街区	拟2014-06开业
唐山民间金融街	唐山市丰南区通达韩国城	筹建中
天津中北民间金融街	天津市西青区南运河水街	筹建中

资料来源：各地民间金融街网站及主流媒体报道。

■广州民间金融街

截至2014年5月，广州民间金融街二期已入驻各类金融机构及配套服务机构118家，其中小额贷款公司35家、融资担保公司4家，总注册资本超过120亿元，累计提供融资6926笔，资金总额达364.23亿元①。随着入驻机构的不断增加，广州民间金融街二期工程着手建立了广州民间金融指数发布平台，编制了利率、费率走势图，并研发了小额贷款利率指数和民间金融景气指数，为观测和判断民间金融形势提供参考。广州民间金融街三期建设工程于2013年8月启动，预计将于2014年底完成交付使用，届时将可提供5万多平方米的办公用地，容纳200多家企业进驻。

① 钟辉：《广州民间金融街成立互联网金融基地小贷嫁接P2P新空间》，http：//epaper.21cbh.com/html/2014-05/09/content_98081.htm，2014-05-09。

■佛山民间金融街

截至2014年5月，已有包括新成立的17家小额贷款公司在内的60家金融及服务机构入驻佛山民间金融街，汇聚民间资本40多亿元人民币，累计投放贷款金额达43.2亿元，惠及3000多个企业及个体工商户①。此外，佛山市拟参照广州市做法，以民间金融街内的机构为主，建设融资信息管理平台，引导形成佛山民间金融指数。

■成都民间金融街

成都民间金融街与目前国内其他地区的民间金融街的不同之处在于其所在的成都市锦江区东大街原本就是四川省和成都市打造的西部金融聚集区，民间金融街是在原有近200家银行、证券、保险、信托、小贷、担保、融资租赁司、基金、典当行、财富理财等各类金融机构的基础上建立的，引入了成都民间借贷服务中心，进一步汇集了100余家从事民间金融或投融资服务的公司。目前成都民间金融街正在加强信息平台建设，逐步推进价格公布机制实现、征信系统建设和相关自律与监管机制研究。

■武汉民间金融街

新开业的武汉民间金融街选址于已有50多家典当寄售行、小贷公司以及银行和保险公司云集的江汉区前进四路，旨在通过民间金融街的建设引导处于灰色地带的民间借贷走向规范化。为监测和防范风险，民间金融街专门成立了管委会，对小贷公司试行在线实时监管系统，并计划逐步对担保、典当等行业推开。同时还将成立民间融资服务中心和民间金融研究院，创建网上信息发布平台，定期发布民间金融武汉指数。

民间金融的发展归根结底是围绕着民间资金需求运转的。当金融体系的资金供给量级或服务方式无法满足民间资金需求时，正规金融体系之外的资金活动应运而生。这种需求与供给的差别又着重体现在成本、时效和便捷性上——民间金融似乎是用野蛮生长在证明着所谓正规金融体系的不完善，演示着资金效率可提升的空间，指引着一些金融管理体制的改革方向。那些为中小微企业提供服务的民间金融活动要走向阳光化、规范化，关键是在高效可靠的风控前提下，实现低成本、便捷、可持续的运转。2013年以来，我们已经见证了P2P等新兴民间金融活动在中小微企业金融服务中绽放的活力、增添的光彩。展望2014年，经济改革阵痛仍将继续，《放贷人条例》七年之箭能否离弦，又能否开启传统民间金融发展的光明之门？P2P和众筹监管规则会否落地？民间征信体系建设能否踏实铺开？基于数据挖掘的信用评价技术能否得到更加广泛的应用？民间金融活动能否进一步推动利率市场化纵深发展？民间金融价格能否实现更大范围的全国性监测？让我们拭目以待。

---

① 唐贵江：《金融及服务机构入驻佛山民间金融街》，http：//finance. inewsweek. cn/20140516，81464. html，2014－05－16。

15

中小微企业金融服务发展趋势展望

2013 年接近尾声之时，十八届三中全会隆重召开，会议审议通过的《中共中央关于全面深化改革若干重大问题的决定》明确提出，紧紧围绕使市场在资源配置中起决定性作用深化经济体制改革。进一步释放改革红利，开启中国经济新局面再一次成为社会各界的广泛期待。然而，在经济发展的特殊时期，进入深水区的改革需要有更大的勇气和智慧。2014 年，经济增速换档期、结构调整阵痛期和前期刺激政策消化期“三期叠加”的效应将进一步显现，不同区域不同行业的增长呈现冰火两重天的局面。长三角信贷风险的释放仍在持续，并向其他地区蔓延；经济转型过程中产业结构的变迁和区域间转移将使小微企业及其金融服务的发展产生分化，让人心生“三十年河东，三十年河西”的感慨。但所幸的是，在经历高落差的变化后，回归实体成为越来越多人的共识。

2014 年，在“让市场在资源配置中起决定性作用”的方针引领下，有望看到更多市场化的改革出台，在金融领域，利率市场化的进程将进一步推进，金融市场准入和退出机制将进一步完善，监管层在加强监管的同时，也将对互联网金融等新金融业态带来的“鲶鱼效应”寄予更高的容忍度。无论是间接融资还是直接融资领域，客户结构重心下沉的现象日渐明显。我们有望看到一个日渐多层和丰富的小微金融业态出现，为小微企业带来更加多元和个性化的金融服务。

2014 年，商业银行小微企业金融服务整体上将保持增长的态势，市场竞争日益激烈。但小微企业金融服务分化的势头也将进一步明显。这种分化带来了风险也带来了机遇，2014 年，在妥善管理好小微企业信贷风险的同时，商业银行更需要在新兴产业和新增长区域积极拓展小微企业金融服务，以实现更加可持续的增长。与此同时，不同类型的商业银行在小微企业金融服务领域的竞争也将进一步分化，从“中小”到“小”再到“小微”，从“公司金融”到“零售银行”再到“大零售”，小微企业金融服务每一步发展都离不开战略眼光和执行能力兼具的商业银行的身体力行。探索者在付出代价的同时也将收获先行优势，而那些不愿意或没有能力作出变革的商业银行在利率市场化以及互联网金融的冲击下日子将越来越难过。我们也期待试点落地的民营银行能够在小微金融市场崭露头角。总体来看，商业银行客户结构重心进一步下沉仍是大势所趋。在市场需求的推动和信息技术的引领下，2014 年商业银行将在互联网金融、移动金融、社区金融、直销银行等领域加快探索和创新的步伐，而这些与小微金融息息相关的领域的发展无疑将为小微企业金融服务增添活力与内涵。与此同时，在代际更替的影响下，商业银行小微企业金融服务的主体和客体都将逐步向新生代过渡，因而服务的内容、形式以及渠道都将发生变化，2014 年这样的变化有望引起商业银行的重视。

农村金融方面，由于我国农业农村发展水平相对滞后，推进现代农业体系和新农村建设，农村金融任重道远。随着城镇化进程的推进、农村经济发展和农户生活水平的提高，农村金融服务需求将进一步增长并趋于多元，农业生产模式及格局的变化也将对农村金融服务的专业化和综合化水平提出更高的要求，农村金融服务发展将迎来良好的发展机遇。在加大农村金融服务供给方面，促进内生型金融服务机构发展始终是重中之重，放宽农村金融机构，尤其是新型农村金融机构准入门槛的趋势不会改变。深入推进农村金融机构体制机制改革仍将是主旋律，但对如何发挥合作金融的“合作性”优势将引发更为广泛的思考。此外，需要特别关注的是技术的力量对农村小微金融发展的推动作用。依托发展互联网支付、移动支付改善农村金融服务环境，弥补金融基础设施不足、替代传统物理网点将成为业界共识，这将为农村金融，尤其是农村小微金融贷款带来巨大的创新空间。

受经济增速放缓、信贷风险上升的影响，2014 年小贷行业整体增速将继续回落，我们将看到数量更多的小贷机构主动或被动地退出市场，行业发展渐趋理性。与此同时，小贷行业的监管将在划定“负面清单”基础上，从“管住机构”转换为“守住底线”，在新的监管思路下，将更多地依靠市场力量促进行业的良性竞争和优胜劣汰。面对商业银行下沉客户结构重心和互联网金融蚕食小微客户的双重夹击，没有客户定位、缺乏特色的小贷机构将会面临严峻的挑战，行业分化的势头更加明显，在特定领域拥有专业能力的小贷机构将拥有更广阔的发展空间。与此同时，积极主动地拥抱互联网金融，充分利用互联网带来的平台、成本及数据等优势，也是小贷机构需要高度重视的战略。

产业结构调整一方面是传统产业更新升级，另一方面是新兴产业生产能力的形成，从而带来固定资产和新增设备的投资需求的持续增长。建设、交通、教育、医疗、工业装备以及电子信息等行业的中小企业将对新设备的需求将大量出现，这为中小企业融资租赁带来了发展契机。随着融资租赁行业发展环境的改善，融资租赁有望逐步成为中小企业融资融物的主流渠道之一。

2014 年，典当行业出现结构分化的概率将大大提高，品牌化和连锁化已经成为优秀典当行的战略目标并开始得到实施。随着体制内的金融机构纷纷下沉客户结构重心，进入小微企业金融以及消费金融市场开展竞争，那些没有明确的目标客户群和核心竞争能力的典当行将面临严峻挑战。典当业的结构分化将促使典当行更加重视保持典当业务的竞争优势，专注于更符合典当行业性质的业务，以实现差异化发展，为中小微企业提供更便捷、更具竞争力的融资方案。与此同时，我们也期待立法部门对典当行业进行专门立法，理清典当法律关系与法律执行程序，使典当行的经营发展受到合理的法律保护，为典当业服务中小微企业扫清后顾之忧。

每一次信贷风险的大规模爆发都不可避免地将一批担保公司拖下水，2014 年民营担保公司的日子依旧不易，担保行业洗牌仍将继续。尽管政策性担保公司的代偿也将有所上升，但由于有政府财政的风险补偿和信用背书，市场份额将进一步扩大，信用担保行业回归政策性担保的趋势变得更加清晰。随着商业银行创新中小微企业信用类金融产品，对担保公司的依赖或将逐步降低，担保行业也面临着客户结构向下调整的压力，同时还需要进一步提高风险管理能力并积极探索新的业务领域以获得生存空间。此外，在经历钢贸风波后，存货担保品管理行业的监管将得到重视，标准化和规范化管理成为业界的共识。随着金融仓储业行业标准建设进程的推进，我们有望看到更多的金融机构与金融仓储机构合作开展动产质押贷款服务中小微企业。

2014 年，创业投资行业将进一步回暖，募投退趋于活跃。经济转型过程中，伴随着传统制造业没落的是第三产业的兴起以及 TMT 等新兴产业活跃度的提升，这将带来更加丰富的投资机会，嗅觉灵敏的 VC 们将加大对新兴产业的配置，从而使得这些领域的中小微创业企业获得更多的融资机会以及由此带来的增值服务。与此同时，也难以避免在某些领域出现过多资本注入抬高估值中枢的现象。代际更替对创投行业格局的影响愈发明显，创投的风险偏好将有所提高，投资阶段前移的趋势仍将持续，种子期和初创期的中小微创业企业获得投资的几率加大，而且细分行业将得到资本更多的关注。随着并购市场的活跃和新生代创业者创业动机的多元化，并购退出将成为常态，创投行业资本循环增值的效率在一定程度上得以提高。我们期待创投行业抓住中国经济转型的机遇，真正通过价值创造分享行业成长带来的红利。

在经历跨越式的发展之后，信托业面临的瓶颈与挑战也愈发突出，金融自由化进程和泛资产格局的加速形成为信托行业的转型提供了良好的契机，发力主动投资类信托业务、深耕核心资产管理能力、培育项目挖掘和风险控制能力，成为信托业寻找增长动力的重要突破方向之一。2014 年，信托融资企业结构重心下移以及融资区域由中心大型城市向外围辐射的趋势将进一步明晰。随着信托业务覆盖的广度和深度不断加强，信托公司在拓宽和深化中小企业的融资通道上也将迎来更广阔的发展空间，通过中小企业信贷资产证券化盘活金融机构存量信贷资源有望成为信托公司新的业务方向。

股权交易市场方面，借“新国九条”东风，多层次资本市场建设进入快车道，新三板一路高歌猛进，年底挂牌公司过千已无悬念，中小企业股权融资的渠道进一步打开。相对于新三板的快速发展，其他板块的进展略显保守。尽管 IPO 已经开闸，但市场呼声甚高的“注册制”仍未能落地，2014 年中小企业通过 IPO 融资的形势仍无法让人乐观。京东、阿里等新兴的创业公司远赴海外上市势必引起监管层的反思，如何完善市场准入机制，为有潜力的创业企业提供直接融资渠道，留住优质上市资源，已经成为监管层不得不面对的课题。所幸的是，创业板再融资制度取得突破，为创新型企业服务的小额快速融资机制得以建立，同时中小板再融资的工具也进一步丰富，因此，再融资可能仍将是 2014 年中小企业股权融资的主要手段。在经济结构调整的过程中，股权交易市场的并购重组将继续保持活跃。与此同时，在 P2P、众筹以及资产交易平台等互联网金融蓬勃发展的背景下，区域性股权交易市场何去何从可能会成为一个纠结的问题，如果仍依赖行政而不是市场化的手段发展，缺乏交易量的交易市场终会出局。让市场在资源配置中发挥决定性作用，多层次资本市场在助力传统产业的转型、促进创业创新、加速新产业兴起方面将发挥越来越重要的作用。

债券市场方面，展望 2014 年，在相对宽松的货币政策环境下，企业债券融资在社会融资总量中的占比有望得到提升，金融脱媒对商业银行下沉客户重心的压力将进一步加大。与中国债券市场鲜有违约的历史相比，“信用风险”是 2014 年债券市场无法回避的关键词，在经济下行、整个金融体系信用环境恶化的大背景下，中小企业由于抗风险能力差，信用风险更容易爆发。即使信用事件没有发生在中小企业概念债券上，投资者风险偏好的下降也会弱化其对于中小企业概念债券的需求。中小企业私募债发展增速放缓是大概率事件，而依赖非市场化机制设计的中小企业集合债和中小企业集合票据的发展空间将进一步萎缩，不过，在监管机构“开正道，堵邪路”背景下，中小企业私募债仍存在迎合金融机构将“非标”转“标”的发展机遇，成为中小企业债市直接融资的主要渠道。至于小微企业专项金融债，其“对应贷款可不计入贷存比考核分子项”的优势也会随着监管部门对小微贷款普惠政策的扩展而弱化，但在商业银行一般性存款增速大幅放缓的背景下，小微企业专项金融债仍有望继续成为中小商业银行做大负债业务的重要渠道。通过为中小型金融机构提供融资从而支持其对中小企业的间接融资，无论是在规模上还是在效率上，仍将是2014年债券市场服务中小企业融资需求的主流。此外，我们也期待着小微企业专项金融债不只服务于银行类金融机构，如果更多的中小型金融机构和准金融机构能够通过发行专项金融债获得融资，那么债券市场在为中小企业融资提供服务方面或将扮演更为积极的角色。

在过去的几年中，产能过剩行业、房地产和钢贸等领域风险大量积聚，当体系内的金融机构收紧信贷投放，作为替代性融资渠道，民间金融大量涉足其间，也正是这些大额高息融资显著抬高了民间利率的水平，使得中小微企业民间融资的难度和成本都在加大。2014年，这些领域的风险将进一步发酵和爆发，民间金融将面临残酷的洗礼，民间投资盲目跟风的情况将得到一定的遏制，民间金融利率水平的回落也将更加有利于中小微企业获得融资。与此同时，我们更加期待《放贷人条例》七年之箭能够离弦，明确民间金融活动主体的法律地位和权利义务关系，为经过洗礼后的民间金融走向规范化发展奠定法律基础。2014年，民间金融与互联网金融结合催生出的新兴民间金融活动在经历良莠不齐的野蛮生长后，在市场淘汰机制和监管加强的双重作用下，将迎来大规模的洗牌。虽然洗牌结果可能在年内还难见分晓，但可以预见的是，只有尊重金融的本质并能充分利用互联网海量数据和降低交易成本优势的机构才能在竞争中走得更远。在“赢者通吃”的互联网竞争中，胜出的交易平台将汇聚绝大多数的金融交易需求，剩余的市场将由在金融服务细分市场有鲜明特色的精品平台所占据，而平庸的交易平台终将难逃被淘汰的命运。由于这些新兴的民间金融活动天然地与小微金融有着密切的联系，行业的规范化发展也将有利于小微企业以及小微企业主们获得差异化的金融服务。

最后，仍需强调的是，健康稳健的实体经济是金融服务良性发展的基础。在不断推进中小微金融服务发展的同时，改善中小微企业经营环境，激发创业与创新活力，释放经济增长潜力仍是一项需长期坚持的重要工作。2014年，享受税收优惠的小微企业范围进一步扩大，但改变中小微企业税费负担沉重的现象仍有待时日。此外，公平的发展机会和更为市场化的竞争环境也是以中小微企业为主体的民营经济发展的迫切需求。我们期待2014年出台更加实打实的改革措施，真正让中小微企业群体受益，进而促进中小微企业金融服务的可持续发展。

16 完善中小微企业金融服务的政策建议

基于对中小微企业金融服务的持续跟踪研究，按照本报告惯例，我们重点从完善中小微企业金融服务统计口径与信息披露制度、完善中小微企业金融服务激励机制、大力发展中小金融机构和多层次资本市场、持续完善金融基础设施建设、加快推进民间金融健康发展和切实改善中小微企业生存与发展环境六个方面跟踪2013年的政策进展，提出仍需强化或补充的要点。

16.1 完善中小微企业金融服务统计口径与信息披露制度

16.1.1 进一步完善中小微企业划型标准

2011年，新的企业划型标准出台，新标准根据经济发展和劳动生产率的变化相应调整了划型门槛①；简化了划型指标②，更加易于操作；还提出了“微型企业”的划型标准。这些重要的改进可圈可点，也为统一中小微企业金融服务监测统计口径奠定了基础。但仍有不足③。调查也显示，中小微

① 主要是降低了从业人员数量的上限，提高了营业收入的上限。

② 从原标准的3个简化为2个或1个。

③ 其一，从业人员数量与企业规模不一定正相关。除了农、林、牧、渔业，建筑业和房地产开发经营的企业划型标准不含从业人员数量之外，其他主要行业的企业划型标准均包括从业人员数量和营业收入两个指标，而其他未列明行业（包括科学研究和技术服务业，水利、环境和公共设施管理业，居民服务、修理和其他服务业，社会工作，文化、体育和娱乐业等）的企业划型标准只有从业人员数量这一单一标准。也就是说，对于这些采用了从业人员数量指标作划型标准的行业，只要一个企业人员足够少，无论其营业收入高低，都有可能被划入中小微企业。众所周知，由于技术发展、业务外包及资本运营手段的运用等综合因素，在很多行业，企业从业人员数量与其规模不一定正相关，由此可能造成事实上规模不小的企业“降级”到中小企业，甚至微型企业。事实上也已经出现一些政府融资平台、基建分包公司等特殊类型的企业由于从业人员较少而被划入中小企业甚至微型企业的现象。其二，大型集团下属的中小企业与一般意义上的中小企业所面临的问题有相当的差异。在我国，包括央企和国企在内的大型企业集团通常有众多的子公司，这些中小型子公司虽然符合现行的中小企业标准，但由于有集团母公司的支持，其面临的经营、融资等环境与一般意义上处于弱势的中小企业有很大的差异。如果不能排除这个因素，有可能造成由大企业集团控股支配的企业也搭了中小企业的政策便车。

企业划型标准的合理性在实务工作中也存在很大的争议①。

我们建议进一步完善中小微企业划型标准，对人员少、营收高的情况较为普遍的特殊行业作出特别的划型规定，从而使划型标准更加接近中小微企业的实际情况。使各种以此为基础分类的统计更加客观真实，促进有关中小微企业发展的政策资源真正导向那些“正牌”的中小微企业。

2013年，在中小微企业划型标准方面没有进一步的政策出台，鉴于近年来国家支持中小微企业发展及其相关的金融服务差异化监管及财税激励政策从“务虚”进一步转向“务实”，政策的含金量提高，所以，为了尽可能避免非“正牌”中小微企业②搭政策便车，在划型标准修订到位之前，应将实质是政府融资平台而因某些指标界定为中小企业的投资公司以及大型企业集团绝对控股的中小微企业排除在政策支持对象范围之外，以确保有限的政策资源发挥出最大的作用。

16.1.2 统一中小微企业金融服务监测统计口径

在进一步完善中小微企业划型标准的同时，尽快统一中小微企业金融服务监测统计口径也迫在眉睫。自2012年起，银监会年报披露的“小微企业贷款”明确包括小型微型企业贷款、个体工商户贷款和小微企业主贷款，此口径除了包括小型微型企业贷款（狭义的“小微企业贷款”）之外，还包含了贷款对象为个体工商户和小微企业主的个人经营性贷款。但是，另一个金融监管部门——人民银行年报披露的小微企业贷款余额③却与银监会披露的数据有较大的差异，我们推测监管部门可能存在小微企业贷款统计口径不一致的问题。除了监管部门，各家金融机构对小微企业贷款统计口径的标准也是五花八门④，导致披露数据的可比性受到很大的影响。

虽然由于市场定位的不同，各金融机构制定符合本行特点的小微企业贷款统计口径是合理且有必要的，但前提是涉及公开披露的数据应该有统一的统计口径。尤其是2014年人民银行对“三农”或小微企业贷款达到一定比例的商业银行推出定向降准⑤的政策；在信贷政策支持再贷款类别下创设支小再贷款，专门用于支持金融机构扩大小微企业信贷投放，小微企业贷款统计口径不统一带来的问题更加凸显。要使结构化的货币政策能够真正起到调节信贷结构、促进国民经济重点领域和薄弱环节发展的作用。执行统一的统计口径已经无法回避。

---

① 2012年，我们特别就新划型标准中某些行业（如科学研究和技术服务业，水利、环境和公共设施管理业，居民服务业，文化、体育和娱乐业等）的划型标准只有从业人员数量这一单一标准的这一现状，征询了商业银行小微企业经理人的看法。问卷调查结果显示，63%的受访者认为这会造成规模不小的企业“降级”到小微企业，50%的受访者认为“仅根据从业人数划型不太合理，我行有更细化的补充标准”或者“企业报来的从业人数一般都不太准确，我行一般不采用从业人数作为小微企业贷款分类的标准”，仅有不足10%的受访者认为“根据从业人数划型挺合理”。

② 这类中小微企业往往由于与政府有着更为紧密的关系或者被关联企业作为获取政策支持的载体等原因，在利用政策方面显示出较强的能力。

③ 中国人民银行2013年年报披露“金融机构人民币小微企业贷款余额13.21万亿元”，而银监会2013年年报披露“小微企业贷款余额达17.76万亿元”。

④ 各银行披露的统计口径差异可参见本报告第3章商业银行部分。

⑤ 中国人民银行决定从2014年6月16日起，对符合审慎经营要求且“三农”和小微企业贷款达到一定比例的商业银行（不含2014年4月25日已下调过准备金率的机构）下调人民币存款准备金率0.5个百分点。“三农”和小微企业贷款达到一定比例是指：上年新增涉农贷款占全部新增贷款比例超过50%，且上年末涉农贷款余额占全部贷款余额比例超过30%；或者，上年新增小微贷款占全部新增贷款比例超过50%，且上年末小微贷款余额占全部贷款余额比例超过30%。

为此，再次建议监管部门推行统一的中小微企业金融服务监测统计口径，明确狭义和广义两种小微企业贷款统计口径，狭义小微企业贷款指小型企业和微型企业贷款（指法人企业贷款），广义小微企业贷款包括小型企业和微型企业贷款（指法人企业贷款）以及个体工商户贷款和小微企业主贷款。通过统一中小微企业金融服务监测统计口径，结合中小微企业金融服务信息披露制度，以客观真实地反映中小微企业金融服务发展状况，制定针对小微企业金融服务的政策措施，监测政策的实施效果。

16.1.3 建立金融机构中小微企业金融服务信息披露制度

建议实施“2+2+2”强制披露，即强制披露2类口径①（狭义小微企业和广义小微企业）、2方面（贷款余额和贷款户数）、2种信息（绝对值和占比），以此为基础建立金融机构服务小微企业的外部监督机制②。除了强制披露以外，鼓励金融机构根据其客户群的特点选择性地披露其他口径的中小微企业贷款信息，比如中小企业贷款信息、特定规模区间的小型企业或微型企业的贷款信息、特定贷款额度区间的中小企业贷款信息等。

2013年，监管机构没有出台有关金融机构小微企业金融服务信息强制披露制度。从2013年主要商业银行信息披露情况来看，目前信息披露在规范性和完整性上仍存在较大的问题，离全面反映中小微企业贷款发展状况仍有相当的距离，各机构披露的数据之间可比性受到很大影响。我们始终认为，信息公开是最好的监督，也是促进金融机构之间竞争的手段，再次建议在信息披露上尽快出台规范，促进全社会对金融机构服务小微企业的情况进行监督，对鼓励小微企业金融服务的公共政策实施效果进行评估。

16.2 完善小微企业金融服务激励机制

16.2.1 对小微企业金融服务实行监管激励

在小微企业金融服务实施监管激励方面，继2011年不错的进展③之后，2013年出台了更加丰富的差异化监管政策，主要体现在人民银行综合运用差别存款准备金率、再贷款、再贴现等多种货币

---

① 相比过往年度报告关于信息披露的建议，本报告将强制披露的2类企业（小企业和小微企业）调整2类口径（狭义小微企业和广义小微企业）。

② 在美国，根据《社区再投资法案》，主要金融机构必须统计并按年报告它们发放小企业和小农场贷款以及发放社区发展贷款的情况。监管部门将每个机构报告的数据汇总，纳入“社区再投资法案报告”，每个报告机构的资料以及汇总的每个大城市和每个县的资料，都向社会公开，从而形成了良好的外部监督机制。

③ 《中国银监会关于支持商业银行进一步改进小企业金融服务的通知》（银监发〔2011〕59号）要求优先受理和审核小企业金融服务市场准入事项的有关申请。对连续两年实现小企业贷款投放增速不低于全部贷款平均增速且风险管控良好的商业银行，积极支持其增设分支机构。对于小企业贷款余额占企业贷款余额达到一定比例的商业银行，支持其在机构规划内筹建多家专营机构网点。《中国银监会关于支持商业银行进一步改进小型微型企业金融服务的补充通知》（银监发〔2011〕94号）对于小型微型企业授信客户数占该行辖内所有企业授信客户数（原则上授信客户数占比东部沿海省份和计划单列市不应低于70%，其他省份应不低于60%）以及最近六个月月末平均小型微型企业授信余额占该行辖内企业授信余额达到一定比例以上的商业银行，各银监局在综合评估的基础上，可允许其一次同时筹建多家同城支行。《中国人民银行关于开展中小企业信贷政策导向效果评估的通知》（银发〔2011〕185号）提出从2011年起建立中小企业信贷政策导向效果评估制度，从定量和定性两方面综合评估各金融机构中小企业信贷政策实施效果，促进金融机构进一步改进和提升对中小企业的综合金融服务水平。《金融企业绩效评价办法》（财金〔2011〕50号）将金融机构发放较多中小企业贷款纳入绩效评价酌情加分的范畴。

政策工具，鼓励金融机构增加小微企业信贷供给；放宽中小银行及分支机构准入以及完善小微金融服务考核指标体系等多个方面。

虽然在2013年，对深度涉农的金融机构实施差别化存款准备金政策这种积极的做法仍未能推广至主要从事小微企业金融服务的中小金融机构。但2014年6月对特定类别的商业银行定向下调存款准备金的政策首次将上年新增小微贷款占全部新增贷款比例超过50%，且上年末小微贷款余额占全部贷款余额比例超过30%的商业银行包括在了定向降准的银行之列。2013年，人民银行将中小金融机构再贷款更名为“支小再贷款”，发放对象调整为小型城市商业银行、农村商业银行、农村合作银行和村镇银行等四类金融机构，用途明确调整为支持发放小微企业贷款。贷款条件设定为小微企业贷款增速和增量“两个不低于”①。此外，人民银行再贴现政策也明确要求通过票据选择将再贴现支持的重点导向小微企业和“三农”信贷投放。

2013年，银监会《关于中小商业银行设立社区支行、小微支行有关事项的通知》简化了中小商业银行社区支行、小微支行行政审批流程，取消社区支行和小微支行单次申请数量限制、取消高管任职审批、筹建开业一次审核等方式简政放权鼓励中小商业银行明确定位、发挥比较优势，实现差异化经营和特色化发展。

在加强小微企业金融服务监管考核方面，2013年也有不错的进展，《中国银监会关于进一步做好小微企业金融服务工作的指导意见》（银监发〔2013〕37号）首次将小微企业贷款覆盖率、小微企业综合金融服务覆盖率和小微企业申贷获得率3项指标纳入监测指标体系，并按月进行监测、考核和通报，以此增强对商业银行小微金融服务的激励和约束作用。与此同时，中国人民银行发布《关于金融债券专项用于小微企业贷款后续监督管理有关事宜的通知》，提出了中国人民银行及其分支机构对商业银行发行金融债券专项用于小微企业贷款进行后续监督的内容，确保商业银行发行金融债券所募集资金用于小微企业贷款。2014年2月，《中国人民银行办公厅关于做好2013年度涉农和小微企业信贷政策导向效果评估有关事项的通知》（银办发〔2014〕36号）明确要求从中小企业信贷政策导向效果评估平稳过渡到小微企业信贷政策导向效果评估，评估的针对性得以加强。

近两年来在小微企业金融服务差异化监管方面取得的进展令人欣喜，但仍有遗憾的是，这些政策的系统性和透明性没有得到显著的改善，监管激励的经验也未能拓展至小额贷款公司、融资租赁公司等其他准金融机构。我们再次建议，在现有政策的基础上，提高政策的系统性和透明度。

在系统性方面，建议银监会和人民银行将目前有关政策进行整合，进一步完善并统一监管激励指标，为商业银行提供准确有效的激励导向。具体可以借鉴美国《社区再投资法案》的实施经验②，

---

① 即上季度末小微企业贷款增速不低于同期各项贷款平均增速、贷款增量不低于上年同期水平。

② 在美国，基于储蓄机构有责任服务于社区的理念，为了鼓励储蓄机构满足它们社区的贷款和发展需求，特别是中低收入社区或个人、小企业和小农场的需求，20世纪70年代出台实施《社区再投资法案》，力求为商业银行等储蓄机构提供激励机制以使其满足社区贷款需求。根据该法案建立了社区再投资评级体系，重点是储蓄机构向中低收入人群、中低收入地区、小企业和小农场发放贷款的记录，其中，通过向小生意人或小企业提供融资以促进经济发展是社区再投资评级中非常重要的一项内容。监管部门公开发布储蓄机构实施该法案情况的书面评级报告以促进外部监督；在审批储蓄机构扩大业务范围申请时要考虑其社区再投资评级情况。因此，有意成立金融控股公司或从事其他扩展型金融业务的储蓄银行必须确保它们自身以及分支机构在《社区再投资法案》评级中达到合格的标准。

建立独立的小微企业金融服务评级制度，将该评级纳入商业银行监管评级体系和现行金融机构绩效评价体系，同时作为中小微企业信贷政策导向效果评估制度的重要组成部分。对于小微企业金融服务评级好的金融机构，在市场准入、再贷款、再贴现、支付结算，以及征信管理等方面给予倾斜，引导和鼓励金融机构及其分支机构为机构所在地的小微企业提供金融服务，切实促进各地区小微企业金融服务满足率、覆盖率和服务满意率的提升。

在透明度方面，建议监管部门公开小微企业金融服务评级指标和评级方法，并且每年公开发布小微企业金融服务评级结果，以此促进小微企业金融服务良性竞争，同时推动建立小微企业金融服务的社会监督机制。

此外，我们建议在对其他准金融机构实施监管以及通过行业协会加强行业自律管理方面，也可以借鉴商业银行小微企业金融服务监管激励的经验，引导这些准金融机构加大对小微企业服务的资源配置。

16.2.2 落实小微企业金融服务差异化监管标准

继2011年出台的差异化监管标准①之后，2012年《商业银行资本管理办法（试行）》（银监会2012年第1号令）明确规定了在商业银行资本充足率计算时，权重法下对同时符合一定条件的微型和小型企业债权风险权重要求降为75%，内部评级法下允许采用其他零售贷款风险权重公式计算。2013年，小微企业贷款不良率差异化考核终于出台明确规定，《中国银监会关于进一步做好小微企业金融服务工作的指导意见》（银监发〔2013〕37号）规定，对小微企业贷款不良率高出全辖各项贷款不良率2个百分点以内的银行业金融机构，该项指标不影响当年的监管评级。与此同时，财政部《金融企业呆账核销管理办法（2013年修订版）》将小企业贷款自主核销金额由500万元上调至1000万元，首次允许对500万元以下的个人经营贷款自主核销。金融企业对单户贷款余额在1000万元及以下的，经追索1年以上，仍无法收回的中小企业贷款和涉农贷款，可按照账销案存原则自主核销。该办法的调整使得金融机构对小微企业贷款拥有更为宽松的自主核销权限。

经过3年的磨合，截至目前，小微企业金融服务差异化监管标准已经包括了小微企业贷款风险权重差异化计算方式；对商业银行小微企业专项金融债债项对应的小型微型企业贷款实行差异化的存贷比考核；以及对小微企业不良贷款实行差异化考核与核销管理。总体来看，基于小微企业金融服务特点所制定的差异化监管标准的政策已经比较完备。

16.2.3 对小微企业金融服务实行差异化的财税激励

鉴于小微企业金融服务的发展对扩大金融服务覆盖面、改善民生具有长期的重要作用，我们建议针对特定规模以下的小微企业金融服务，在不良贷款快速核销、贷款损失准备金税前扣除、

---

① 《银监会关于支持商业银行进一步改进小企业金融服务的通知》（银监发〔2011〕59号）提出，根据商业银行小企业贷款的风险、成本和核销等具体情况，对小企业不良贷款比率实行差异化考核，适当提高小企业不良贷款比率容忍度。《中国银监会关于支持商业银行进一步改进小型微型企业金融服务的补充通知》（银监发〔2011〕94号）规定，商业银行在计算资本充足率时，对符合相关条件的小型微型企业贷款，在权重法下适用75%的优惠风险权重，在内部评级法下比照零售贷款适用优惠的资本监管要求。获准发行小型微型企业贷款专项金融债的商业银行，该债项所对应的单户授信总额500万元（含）以下的小型微型企业贷款在计算"小型微型企业调整后存贷比"时，可在分子项中予以扣除。

营业税优惠、风险补偿等方面给予更大力度、更长期限的政策支持，提高财税激励的有效性和稳定性。

1. 加强对金融机构小微企业不良贷款处置的税收政策倾斜，建立小微企业不良贷款呆账自主快速核销机制。鉴于小微金融近年来的快速发展，小微企业贷款规模增长迅速，尤其是小额贷款的迅猛增长，建立小微企业不良贷款呆账自主快速核销机制已经迫在眉睫。尽管财政部《金融企业呆账核销管理办法（2013 年修订版）》已经放宽了金融机构对小微企业不良贷款的自主核销权限，但由于呆账核销损失所得税税前扣除政策系税务总局制定，而 2011 年出台的《企业资产损失所得税税前扣除管理办法》对出现债权投资损失应出具的证据材料的规定强调呆账认定的外部形式要件，但未能充分考虑到小微企业贷款呆账认定形式要件获取的难度以及付出成本相对于贷款额度的非经济性，这也导致在实际操作中，小微企业贷款呆账核销程序仍然烦琐，效率依旧低下。因此，需要财政部和税务总局以及银监会共同协作推动建立小微企业不良贷款呆账自主快速核销机制，这样才能真正促使金融机构根据自身的风险偏好确定不良贷款容忍度，真正落实小微企业贷款尽职免责，真正放开手脚做好小微企业金融服务。

2. 对一定规模以下的小微企业贷款损失准备金实行长期的税前扣除政策。《财政部国家税务总局关于延长金融企业涉农贷款和中小企业贷款损失准备金税前扣除政策执行期限的通知》（财税〔2011〕104 号）曾将金融企业涉农贷款和中小企业贷款损失准备金税前扣除的政策时限延长至 2013 年 12 月 31 日，但仍然过于短期。建议将政策对象从中小企业缩小为一定规模以下的小微企业，同时将政策时限调整为长期。

3. 参照农户小额贷款利息收入税收优惠的做法，对金融机构一定规模以下的小微企业，尤其是微型企业和个体工商户小额贷款的利息收入免征或减征营业税；在计算应纳税所得额时，按 90% 计入收入总额。

4. 适当扩大小微企业金融服务差异化财税激励政策的覆盖范围，对小额贷款公司、典当企业和融资租赁公司等机构开展的小微企业金融服务给予相应的财税政策激励，降低这些机构的运营成本，将更多的资源投入小微企业金融服务，惠及更多的小微企业。目前，对符合条件的中小企业信用担保机构计提的部分准备金予以在税前扣除，但对绝大多数的准金融机构而言，不仅享受不到政策优惠，还无法与金融机构享有公平的税收政策待遇。比如，《财政部、国家税务总局关于金融企业贷款损失资金准备金企业所得税税前扣除政策有关问题的通知》（财税〔2012〕5 号）、《国家税务总局关于金融企业贷款利息收入确认问题的公告》（国家税务总局公告〔2010〕第 23 号）和《国家税务总局关于延长金融企业涉农贷款和中小企业贷款损失准备金税前扣除政策执行期限的通知》（财税〔2011〕104 号）三个文件均适用于金融企业，而小额贷款公司没有金融许可证，虽然从事贷款业务，但国家有关部门未按金融企业对其进行管理，因此，在没有新政策规定之前，不得执行上述三个文件。即小额贷款公司不得按财税〔2012〕5 号文件和财税〔2011〕104 号文件的规定，在税前扣除贷款损失准备金。也不得按照国家税务总局公告〔2010〕第 23 号公告的规定，将逾期 90 天的利息收入冲抵当期利息收入应纳税所得额。

16.3 大力发展中小金融机构[①]和多层次金融市场

16.3.1 改善中小金融机构的发展环境

1. 加快推出存款保险制度，营造公平公正的竞争环境，促进商业银行经营机制的市场化，增加商业银行在金融业务创新及风险承担机制方面的灵活性，迎接利率市场化的挑战。存款保险制度的建立也是放松金融业准入管制，促进中小金融机构培育和发展，推动形成更加竞争、多元、开放的金融体系的必要前提。

2. 继续放松金融业的准入管制，大力发展由民间资本发起设立自担风险的内生型中小金融机构。在2013年民营银行试点的基础上，进一步落实民间资本进入金融业的鼓励政策，引导民间资本投资中小金融机构，实现中小企业金融机构的数量和规模的有效增长，进一步丰富小微企业金融服务主体，真正增加中小企业金融服务的有效供给。

3. 重视发展中小型准金融机构。明确小额贷款公司的性质，在加强监管的前提下，适当放宽小额贷款公司的融资渠道限制，提高融资比例，比照金融机构给予融资利率优惠。加快典当行业立法进程，改善典当行业发展环境，还原典当传统经营优势，更好地为小微企业提供差异化的金融服务。加快融资租赁立法，改变租赁物的权属登记在立法上存在缺位的现状，明确融资租赁交易双方的权利和义务，为融资租赁行业服务中小微企业创造良好的环境。顺应存货担保品管理行业发展的需要，建立行业准入和退出机制，加强行业监管；加快推进金融仓储业行业标准的建设，推动各类金融机构与金融仓储机构合作开展动产质押贷款业务，服务中小微企业。

16.3.2 对中小金融机构实施差异化监管

1. 对于中小银行，在保证有效性的前提下尽可能地简化监管，豁免非关键监管报告，降低中小银行的监管成本；继续实施差异化的资本充足率和存贷比监管政策，适度降低对中小银行的资本充足率和存贷比要求；继续实施差异化的存款准备金率政策，适度降低对中小银行的存款准备金率要求。如前所述，2013年在这方面出台了值得肯定的差异化政策，期待政策进一步深化和持续。

2. 对于小额贷款公司、典当行、融资租赁公司等开展金融业务的准金融机构，根据其不同于一般工商企业的业务特点，并综合考虑这些机构资源的有限性，制定适度的监管制度，实施相对灵活、宽松的非审慎监管，既做到规范发展，又不制约其发展活力。

3. 推动包括小贷公司在内的准金融机构参与市场化的评级，将服务客户数量、户均贷款余额、风险管理水平等指标纳入评级体系，更多地依靠市场优胜劣汰来推动准金融机构的良性发展。

4. 确定对中小金融机构适度的监管边界，在遵循法律的基本前提下充分发挥内生型金融机构自我管理的能动性，避免过度监管带来的高成本和对机构发展的压制。比如，对于内生于农村社区的农村资金互助社等小型金融机构，如果业务范围仅在一个村或镇，服务的客户数量有限，利用熟人

---

① 此处的中小金融机构泛指中小规模的金融机构和准金融机构，如小额贷款公司、典当企业、融资租赁公司等。

社会充足的社会资本、互联合约、担保抵押等机制可以实现有效风险管理，监管的力度可以适当放松。

16.3.3 扩大中小金融机构资金来源

1. 放松中小金融机构进入金融市场融资的限制，为其提供合理的资本补充渠道和稳定的负债来源。

（1）继续优先支持符合条件的中小商业银行发行小微企业贷款专项金融债。按中小商业银行上年末小微企业贷款余额的一定比例给予其发行金融债的额度，完善发债募集金额投放的监管。2013年，这方面的政策有了值得肯定的进展，发行小微企业贷款专项金融债的中小商业银行比例上升，与此同时，监管层也对金融债券专项用于小微企业贷款加强了后续监督管理。

（2）积极鼓励包括中小银行在内的中小金融机构上市融资。适当放宽限制，重新打开中小金融机构 IPO 大门，为中小金融机构补充资本金提供稳定的渠道，吸引更多的社会资金投入中小金融机构，有效增加中小微企业融资的供给。

（3）重新启动中小微企业贷款资产证券化，盘活中小金融机构的存量贷款，节约表内资金用于满足中小企业新的贷款需求。

2. 加强准金融机构和非正式金融组织与商业银行等正式金融机构的合作和联系，扩大其融资渠道，维持其可持续发展。放开小额贷款公司的融资杠杆。鼓励大型商业银行或政策性银行通过市场化招标的方式，为运营良好的村镇银行、小额贷款公司、农村资金互助社提供批发贷款。鼓励信托公司发挥信托工具的优势帮助准金融机构和非正式金融组织通过信托的方式募集资金。

3. 由财政出资设立小微企业贷款基金，为一定资产规模以下的中小金融机构提供融资，并将融资成本与中小金融机构发放小微企业贷款余额及其增长率挂钩，即贷款利率随中小金融机构小微企业贷款余额的增加而降低，激励中小金融机构增大对小微企业的信贷支持力度①。

16.3.4 大力推动多层次金融市场建设

1. 深化多层次股权交易市场的建设，改变资本市场长期“倒三角”的状态。加快创业板市场改革，简化中小企业上市流程，降低上市准入门槛，完善适合具有高成长性的创新型中小企业上市发展的制度安排；加快推进“新三板”的扩容以及新交易制度的实施，充分利用信息技术对日益增加的挂牌公司实施高效监管，发挥做市商制度的作用提高市场流动性；总结现有区域性股权交易市场的发展经验，鼓励场外市场积极探索以中小企业和创业投资机构为目标客户对象的服务创新，提高中小企业股权的流动性。

2. 大力推动债券市场的建设，改变银行间债券市场和交易所债券市场相互割裂、多头监管的现

---

① 美国总统奥巴马于 2010 年 2 月 2 日号召国会通过一项规模为 300 亿美元的小企业贷款计划，鼓励社区银行向中小企业提供贷款以促进小企业的发展。计划规定，拥有少于 100 亿美元资产的中小银行能够从该小企业贷款基金中借入不超过其资产总额 5% 的资金用于发放中小企业贷款，且贷款利率会随中小银行对小企业贷款余额的增加而降低，以鼓励中小银行增加小企业贷款。如果中小银行对小企业贷款余额增幅超过 10%，就可以将从基金的贷款利息降至 1%。

状，加快建设一个和经济体量相匹配的债券市场，特别是提高非金融企业债券融资的规模，推动金融脱媒以释放更多的银行信贷资源投向中小微企业。提高债券市场投资者风险偏好的多元性，发展不同信用等级的信用类债券，丰富包括中小企业私募债、小微企业贷款专项金融债在内的债券品种。充分发挥债券市场在服务中小金融机构以及服务中小微企业方面的应有作用。

16.4 持续完善金融基础设施建设

16.4.1 大力推进征信市场发展

在已出台的《征信管理条例》和《征信机构管理办法》基础上，切实推进征信行业的规范发展。鼓励民间资本进入征信行业，特别是引导和支持拥有海量客户信用数据的互联网平台参与征信市场建设，加快征信产品的开发和推广，使个人和企业的信用记录在小微企业融资中真正发挥作用。

16.4.2 完善征信系统及配套制度建设

完善征信系统建设，增强信用记录信息的全面性、完整性和及时性，加快完善个人与企业信用评分体系，为小微企业金融服务创新提供良好的信用信息基础。加快小额贷款公司接入征信系统的进程，在小额贷款公司接入征信系统试点的基础上，扩大征信系统的接入机构范围，将融资租赁公司、中小企业担保机构等纳入征信系统接入范围。提高中小微企业信用信息的可得性，降低中小微企业金融服务因信息不对称导致的风险。

进一步完善动产融资统一登记公示系统，实现动产抵押登记信息在全国范围内的互联和共享；同步加快动产融资公示系统制度建设，推进动产融资登记公示法律效力的确认，有效保护交易各方的利益，切实推动动产抵押融资的发展及其在中小企业金融服务中的应用。

16.4.3 加快金融信息化建设进程

加快金融信息化建设进程，洞察新时期金融发展对金融技术与基础设施提出的新需求，并作出前瞻性的战略部署。建立富有弹性、高效的支付清算系统，为包括移动支付在内的等各种支付形式/工具的高效安全运行提供基础性技术保障；加快移动金融基础设施建设速度，促进金融机构利用移动金融开展小微企业及农村地区的小微金融服务，提高金融普惠服务水平。

16.5 加快推进民间金融健康发展

正规金融供给远未能满足小微企业融资需求的问题是长期存在的现实，并且也将是我们必须长期面对的事实。在不断推进正规金融服务小微企业的同时，只有同步推进民间金融的健康发展，充分发挥其在小微企业资金融通中的作用，才有可能最大限度地缓解小微企业融资难的问题。

16.5.1 完善民间金融发展环境

转换民间金融的监管思路，由“管住机构”转向“守住底线”，坚持在法制体系框架下解决民间金融活动出现的问题。加快研究出台《放贷人条例》，明确民间金融活动主体的法律地位和权利义务关系；加强法制建设和执法力度，提高民间金融活动主体的法律意识和契约精神。支持自下而上，内生于经济体的民间金融发展与创新，吸取过往在发展村镇银行、小额贷款公司方面所积累的经验教训，尊重民间投资主体合理的投资意愿，尊重民间金融已经形成的行之有效的做法，允许经营规范、发展良好的民间金融组织进行注册登记，转变为合法的金融中介机构，稳步推进民间金融的合法化进程。建立健全民间融资监测体系，推进民间金融持续、稳定发展。

16.5.2 与时俱进推进民间金融新发展

高度重视技术发展和代际更替对民间金融形式创新带来的深远影响，以不触碰法律底线为前提，尊重金融本质和运行规律，鼓励包括P2P网贷、众筹在内的民间金融有益创新，支持利用新技术和新手段发展新型的民间金融形态，缓解小微企业融资难题。与此同时，通过严格执法对民间金融活动中的违法行为，特别是对披着互联网金融“创新”外衣的违法金融行为进行整顿治理，创造公平公正透明的竞争秩序，促进市场优胜劣汰机制的形成。

16.6 切实改善中小微企业生存与发展环境

实体经济是金融服务发展的基础，中小微企业金融服务要保持良性发展，宏观经济和中小微企业的持续健康发展是前提。改革开放带来了民营经济的快速发展，催生出一个庞大的中小微企业群体，为经济社会的发展作出了重要的贡献。然而，实事求是地说，我国民营中小微企业的生存与发展环境并没有因为其重要作用而得到明显的改善。长期以来，中小微企业普遍面临税负沉重、法律不健全、执法不透明、行政低效等问题。

近年来，国务院及各部委陆续出台了一系列文件减低税费负担，2013年暂免征收部分小微企业增值税和营业税，2014年拓宽了享受减半征收所得税的小微企业受益范围，但对于5600万户小微企业（含个体工商户）而言，能真正获益的仍然有限。除了税收，那些在实际经营中面临的“潜在”的费用负担也让企业为难。加之企业经营成本不断攀升，严重挤压有限的利润空间，中小微企业经营的不确定性进一步加大。特别是在经济转型过程中，大量传统行业的中小微企业如果无法越过转型这道坎将不得不面临被淘汰的命运，客观地说，这也是造成金融机构对中小微企业融资态度再一次趋于谨慎的重要原因。

实体经济是金融活力的源泉。只有中小微企业发展好了，中小微企业金融服务才能有坚实的基础，金融机构才能通过服务中小微企业实现自身的可持续发展。因此，在建议改善中小微企业金融服务的同时，我们更需要呼吁切实改善中小微企业生存与发展环境，要从法制环境、行政规范、财税政策、行业准入、金融支持等多方面多管齐下进行综合治理，对中小微企业给予更加公正的待遇，为中小企业创造新的市场空间和发展机遇。尤其是在经济转型的新形势下，特别建议通过更大力度的结构性减税等政策减轻中小微企业的经营压力，为其生存和调整适应新的经济形势留出空间；大力推进服务业等新兴产业的健康发展，建立公平的竞争环境，吸纳中小微企业进入新兴产业发展，平稳渡过“转型坎”，继续保持活力，在中国经济新的发展进程中扮演更为重要的角色。

附录

商业银行小微金融经理人调查报告（2014）

一、调查活动简介

（一）调查概况

本次小微金融服务经理人问卷调查活动由中央财经大学民泰金融研究所与新浪财经合作开展，调查时间从2013年4月15日起至5月21日共持续了37天，最终获取有效问卷总计131份。

调查主要分为“2013年小微金融市场发展回顾”、“2013年所在银行小微金融发展回顾”和“2014年小微金融服务发展展望”三大模块，内容涵盖丰富，就小微企业金融服务行业竞争、贷款利率水平和风险状况、产品创新、专营机构发展、客户服务质量、业内新政策的认识、经理人业务压力、利率市场化、互联网金融、社区金融等方面的问题征询了小微金融经理人的看法和意见。这些来自我国商业银行小微金融业务一线的声音为读者了解小微金融服务发展现状和趋势提供了新的视角，同时也为本年度报告的编写提供了重要的依据和启发。

（二）受访者分布

在本次调查受访的小微金融经理人中，超过9成来自于五大国有商业银行、全国性股份制商业银行、城市商业银行，这三类银行的受访者占比较为均衡。剩余的受访者来自农村商业银行、外资银行、邮储银行等机构。有近6成受访者目前工作于商业银行小微企业金融服务专营机构（见图1、图2），受访者较好地代表了我国商业银行中活跃于小微企业金融服务一线的经理人。

纵向来看，受访者更多地来自于小微金融服务业务的前端，7成以上受访者来自于商业银行的分行和支行。

图 1　受访者所在银行类型的分布

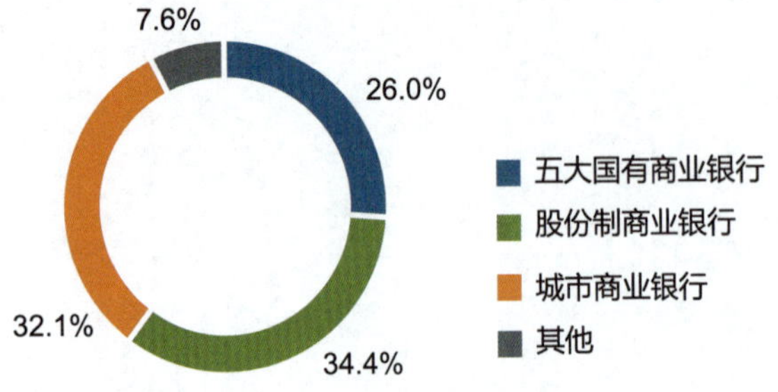

图 2　受访者中在小微专营机构的比例

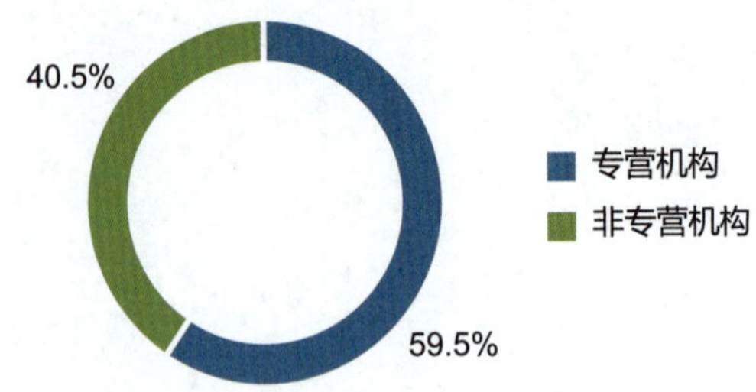

图 3　受访者所在银行分支机构类型的分布

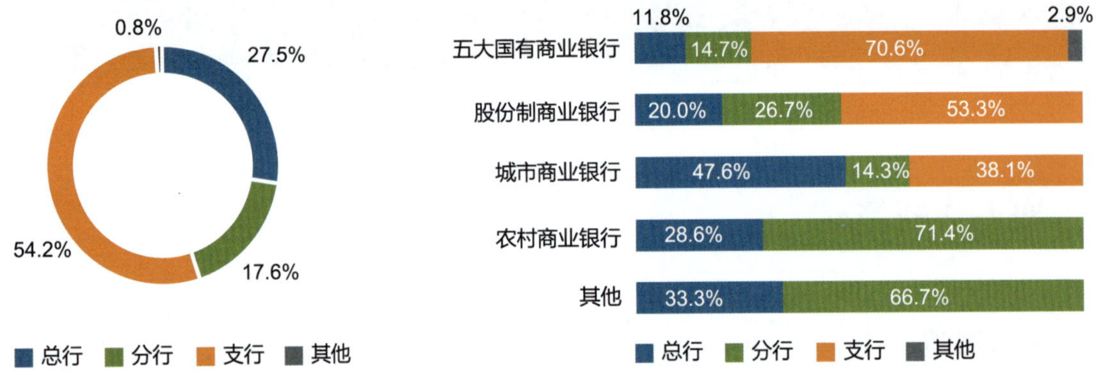

此外，近一半的受访者拥有超过 3 年的小微企业金融服务经验，1 年以下服务经验的受访者仅占 9.9%；年龄结构上，44.3% 的受访者位于 21～30 岁区间，42% 的受访者位于 31～40 岁区间，两者合计 86.3% 的比例构成了服务于小微企业的主体。

图 4　受访者从业时间的分布

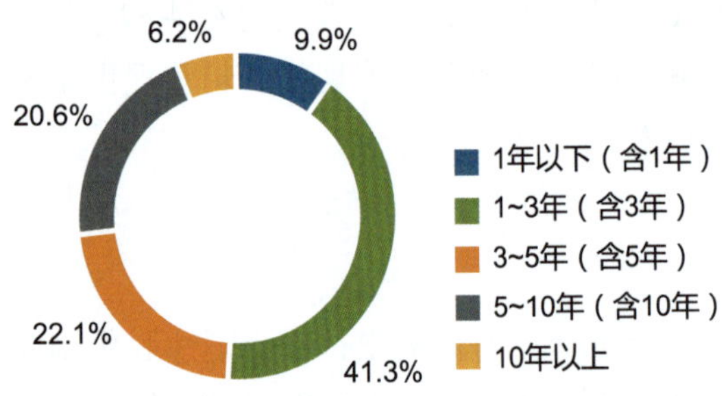

图 5　受访者年龄分布

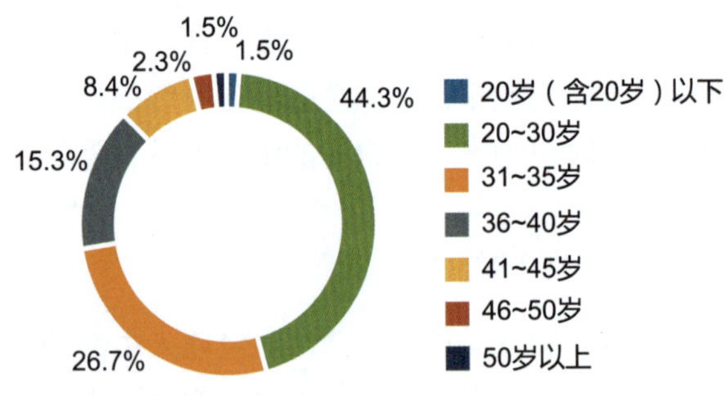

受访者工作岗位多样，涵盖了小微金融服务的各主要环节，有超过 5 成的受访者是直接面对并服务小微企业的小微企业部门负责人和小微企业客户经理。受访者区域分布[①]基本均衡，东部三大经济区域、东北、中西部的受访者占比差异不大。

① 区域划分为五大块，将东部沿海地区按经济圈划分为环绕渤海区域（简称环渤海），长江三角洲区域（简称长三角），珠江三角洲区域（简称珠三角），剩余区域，划分为东北区域和中西部区域。

图 6　受访者的岗位分布

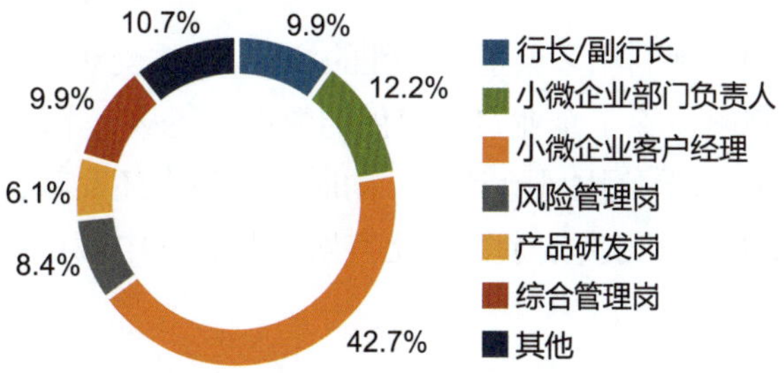

图 7　受访者过去一年工作的地域分布

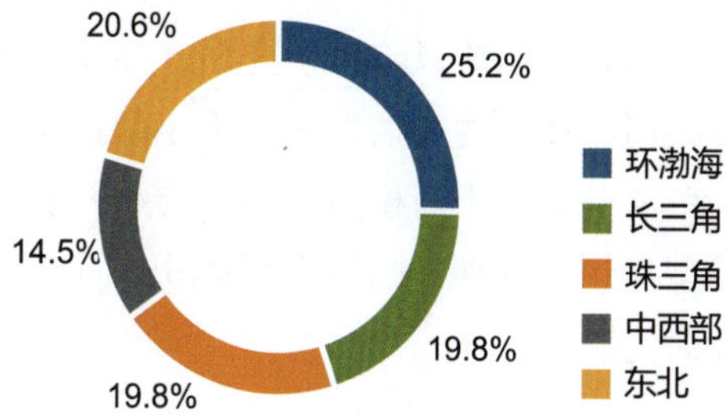

（三）调查主要发现

■小微金融服务竞争激烈，局部地区风险显著增加

2013 年，小微企业贷款需求更加旺盛，商业银行对小微金融重视程度不断提升，为小微企业安排的贷款额度有所增加，但增幅放缓，小微企业金融服务产品创新更加活跃，多数银行进一步提高了对小微企业不良贷款的容忍度。与 2012 年类似，在小微企业金融服务市场竞争变得日益激烈的同时，同质化竞争依然突出，超过 8 成的受访者认为存在严重的同质化竞争。调查还发现，股份制银行和五大国有商业银行的受访者倾向于将股份制商业银行视为最大竞争对手，而城市商业银行的受访者则倾向于把同类型的银行视为最大竞争对手。五大国有商业银行在小微金融领域竞争力尚有待提高。

对于 2013 年商业银行小微企业金融服务的表现，大多数受访者们都给出了"竞争激烈"、"稳步增长"、"有所改善"的概括。受访者普遍认为，小微企业金融服务蓬勃发展，创新频出，呈现出百花齐放的特点，但仍存在同质化竞争加剧、部分银行缺乏进步等问题。商业银行需要转型升级，不断提升小微企业金融服务效率和产品多元化程度，才能在激烈的竞争中抢占一席之地。

2013 年小微贷款利率上浮水平较 2012 年更为显著。对于所在行 2013 年小微企业贷款平均利率水平较基准贷款利率上浮情况，超过 8 成的受访者反馈上浮 20% ~40%，这一比例与去年调查结果基本持平。不同的是，选择 40% ~50% 以及 50% ~100% 区间的受访者比例明显提高。

尤其需要关注的是小微金融快速发展的过程中产生的风险，8 成以上的受访者认为 2013 年小微企业贷款风险高于 2012 年，超过 5 成的受访者反映所在行小微企业贷款不良率增加。调查结果显示不同地区的小微企业贷款风险分化明显，其中，长三角的受访者最为悲观，100% 的受访者均认为小微企业贷款风险增加。与此对应，2013 年商业银行审批小微企业贷款的谨慎程度显著提高，有接近 5 成的受访者认为所在行 2013 年小微企业贷款审批通过率较 2012 年增加，与去年调查结果相比，这一比例大幅下降，此外，认为有所降低的受访者占比较去年的调查结果有显著增加。如何平衡好效率与风险的关系，如何在风险不断增加的小微金融市场中审慎发展，如何不断下沉客户结构重心，服务实体经济，实现银企共赢等，这一系列的问题将有待于商业银行在发展小微企业金融服务的过程中不断探索。

■小微金融服务不断完善，形式日益丰富

调查显示商业银行已经开始对小微企业客户进行细分管理，针对不同类型的客户展开专门的营销和服务。总体上超过 8 成受访者反映所在银行重视客户细分管理。面对激烈的竞争，实施交叉营

销、完善服务提供更好的客户体验以及提供业务优惠已经成为大部分商业银行增加小微企业客户黏性的主要措施。其中，五大行受访者提到交叉营销的比例显著高于其他两类银行。

在小微企业信用风险评价方面，商业银行普遍重视利用多渠道综合性的信息。7成受访者倾向于选择多渠道、多角度的信息来评价小微企业信用风险，除了企业自己提供的数据，还从上下游客户、电商平台、商会、工商税务等第三方机构获取数据用于信用风险评价。同时，受访者还反映，信用评分模型在风险管理中已经得到应用，而且小微企业信用贷款余额占比有所增加，其中城市商业银行增加最为明显。

在贷款审批效率方面，2013年商业银行小微企业贷款审批效率较高，6成受访者反映所在银行小微企业贷款所需时间在一周以内，但仍有13%的受访者反映需要半个月以上的时间。城市商业银行的审批效率最快，高达8成的受访者反映仅需一周以内的时间就可以完成审批。

2013年，社区银行是近年来除互联网金融之外的另一大热点，接近一半的受访者表示2013年所在银行刚启动社区金融业务。其中，股份制商业银行走在了前列，受访者表示2013年刚启动的比例更高，接近7成。调查还发现，尚未启动社区金融的受访者更倾向于看好社区金融，这一比例占到表示所在银行正在讨论社区银行的受访者的50%；而所在银行2013年已启动社区银行的受访者，则更为谨慎，其中仅有33.3%的比例继续看好社区金融，更多的受访者表示社区金融的未来说不好，要看什么银行做、引入什么资源、提供什么样的服务，不能一概而论。社区银行的发展仍有待时间的检验。

■**商业银行发展小微金融的内在动力进一步增强，各类银行各有所好**

去年我们提出在利率市场化不断推进、金融进一步脱媒的市场压力下，商业银行发展小微金融作为战略转型的重要内容已经成为自身发展的内在需要。其中，小微企业业务的定价优势、客户结构稳定性优势以及带来的交叉销售机会被小微金融经理人列为商业银行发展小微企业金融服务的三大动力来源。今年的调查更突显这一特征，相较2012年，2013年认同前述三个因素为小微企业金融服务的三大动力来源的受访者占比进一步提高。超过8成的受访者认为所在银行2013年对小微企业业务的重视程度较2012年增加。

国有五大行受访者选择定价优势的比例显著低于其他两类银行受访者的选择比例，而选择交叉销售机会的比例相对更高。这在一定程度上反映出国有大银行由于拥有广泛的服务网络和多元化的产品和服务，更看中小微企业业务带来的交叉营销机会，并且也更有条件实施交叉营销以提高小微企业业务的综合收益，而不仅限于贷款利息收入。与此同时，国有五大行受访者选择“拥有为数众多的小微企业客户有利于银行稳定发展”的比例也明显偏低，反映出拥有庞大客户群的大型银行对于借助小微企业客户来稳定客户基础的需求迫切性不如其他两类银行那么强烈。此外，有意思的是，国有五大行受访者选择“响应国家号召和监管层要求，其实没有多大动力”的比例也显著偏高，这从另一个角度显示大型银行发展小微业务仍有相当潜力。

此外，还有显著差别的是，来自股份制商业银行的受访者选择“大中型客户脱媒进一步加剧，只能开发小微企业”的比例明显高于五大国有商业银行和城市商业银行，与国有五大行固有大客户优势和城市商业银行本来就少有大客户只能做小微有所不同的是，股份制商业银行对大客户流失的体会更加深切，市场竞争迫使其下沉客户结构重心，发展小微客户建立更为稳定的客户基础。

■小微金融经理人承受的工作强度中等偏大，报酬满意度不高

由于传统意义上的小微企业金融服务具有劳动力密集的特点，给小微金融服务经理人带来更多的管理压力。今年的调查显示，受访的小微金融经理人2013年总体工作强度仍然是中等偏上，“每天工作8～10小时，偶尔加班”是常态，还有24.6%的受访者更是表示“每天工作10～15个小时，几乎天天加班”，但这一比例较去年调查结果有所下降。其中，小微企业部门负责人的工作强度超过了总体水平，受访小微企业部门负责人每天工作时间在10～15个小时的比例大幅高于整体比例。这反映出小微企业部门业务压力及管理工作量之大。

相对于较大的工作强度，小微金融经理人对报酬的满意程度普遍不高，一半的受访者认为报酬不合理。其中，五大国有商业银行的受访者满意度最低，超过6成的受访者认为报酬不合理。

■推动小微金融发展的政策效果仍不够理想，期待政策与技术变革

设立专营机构发展小微金融是监管层一直以来积极推动的政策，但目前认为专营机构有影响的受访者比例在减少，认为没影响的受访者比例在增加。值得注意的是，五大国有商业银行有超过2成的受访者反映现在不怎么提专营机构了。此外，在小微企业金融服务中推行尽职免责制度也是监管层鼓励的方向，但调查显示，反映落实的受访者比例较去年调查结果没有发生太大变化，商业银行小微企业信贷尽职免责制度离真正落实尚有距离。

在提高小微企业贷款容忍度方面，接近5成的受访者认为所在银行对于不良贷款的容忍度增加，相较去年调查有所提高，认为不良贷款的容忍度没有变化的受访者占比也出现了显著降低。但是，问题在于支行层面受访者观点的分布明显不同于总行和分行，大多数支行的受访者认为所在行小微企业不良率的容忍度没有变化。由于小微企业不良贷款容忍度是影响小微企业贷款投放的关键因素，而这种影响作用的发生不仅仅需要总行层面提高不良贷款容忍度，更重要的是这种变化需要传递到业务一线，让基层能够感知并落实到具体的业务考核中。从目前调查结果来看，这方面仍有可以提高的空间。

在促进小微企业金融服务发展方面，小微金融经理人最期待的政策及技术变革是征信体系建设、数据共享平台和互联网金融。同时也期待政府的支持，主要包括风险补偿政策、放宽市场准入机制、调整存贷比考核、政府小微融资平台；此外，受访者们非常期待自身银行内部的革新，如抵押担保方式创新、产品多样化、提高审批效率、线上审批等。

■小微金融经理人积极看待互联网金融发展

2013年互联网金融成为金融领域的一大热点，互联网技术带来的信息可得性和服务成本降低促进了金融服务的下沉，对于小微金融而言是利好。这一年，接近9成受访者感觉到了互联网金融对商业银行的影响。其中，超过5成受访者表示这一影响明显或很明显。16%的受访者表示所在银行2012年已启动互联网金融业务，29.6%的受访者则表示所在银行2013年刚启动互联网金融业务。针对互联网金融给商业银行带来了哪些影响这一问题，受访者的观点集中在认为互联网企业推出的余额宝等理财产品对小微企业及小微企业主储蓄存款产生分流和互联网金融在理念上对商业银行的冲击较大，商业银行不得不更加注重小微企业的客户体验。认同上述两种观点的受访者占比均超过了6成。

关于余额宝等互联网金融理财产品分流银行储蓄，对于实体经济特别是小微企业的影响的争论，接近6成的受访者同意“目前小微企业贷款相比大企业贷款已经实现了较为充分的市场化定价，‘宝宝’们的出现在一定程度上加速了利率市场化，但对小微企业融资的影响有限”这一观点。

而针对 P2P 网贷融资平台对于小微金融的影响这一问题，在表示了解 P2P 网贷平台的受访者中，多数人持积极的态度。认为 P2P 网贷平台是在做传统银行无法覆盖的细分市场，有助于小微企业获得金融服务，有利于小微金融服务的发展。

■2014 年小微企业金融服务将持续升温

展望 2014 年商业银行的小微企业金融服务发展趋势，小微金融经理人普遍反映市场热度将持续升温。小微企业贷款需求将愈加旺盛，小微企业金融服务产品创新更趋活跃。商业银行对小微金融重视程度将继续提升，为小微企业安排的贷款额度将有所增加，这给小微金融经理人带来了更大的业绩压力。与此同时，小微企业贷款风险增加仍不容回避。与上次调查时类似，受访者对 2014 年小微企业贷款风险的预期普遍偏负面，认为与 2013 年相比风险将增加的比例接近 9 成。2014 年，如何在小微金融业务扩张和风险管理之间取得平衡需要引起各家银行的高度重视。

在未来 3 年的小微金融产品研发与创新方面，多数银行的受访者认为未来创新会集中在商圈产业链信贷产品、网络融资产品、纯信用贷款产品，尤其是商圈产业链信贷产品高居榜首，并且获得了三类银行受访者的一致认可，而上次调查时居于第三的综合金融服务则被纯信用贷款产品所替换。伴随互联网技术与大数据技术的发展，网络融资产品和纯信用贷款产品将成为未来新的方向。

可以预见，各商业银行将在为摆脱同质化竞争局面、不断拓展新的客户渠道、提供专业化的产品、提升自身银行小微金融服务核心竞争力等方面继续加大力度。因此，如何妥善地处理好竞争、收益、创新和风险的关系势必成为未来各商业银行小微金融业务聚焦的主题。

二、 2013 年小微企业金融服务市场发展回顾

（一）小微企业经营状况

有 5 成的受访者认为小微企业经营状况改善①，较上次调查结果下降 10.3 个百分点，其中认为有所改善的受访者占比显著降低。另外值得注意的是，认为小微企业经营状况变差②的受访者占比较上次调查结果显著增加。对比去年的调查数据，今年受访者的态度比去年的乐观程度有所降低，悲观程度有所增加。

图 8　受访者对小微企业经营状况的评价

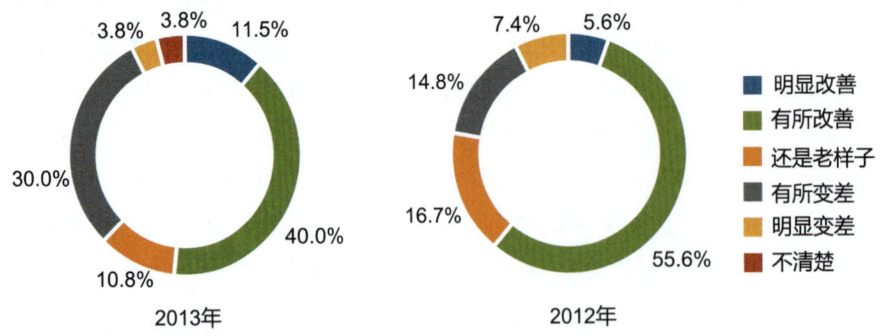

① 下文如不加特殊说明，改善均指“有所改善或明显改善”。
② 下文如不加特殊说明，变差均指“有所变差或明显变差”。

来自不同区域的受访者对小微企业经营状况的看法存在差异。环渤海、东北、中西部的受访者整体乐观，但小微企业集中的珠三角和长三角的受访者相对更加悲观，认为状况变差的受访者比例均高于总体的比例。

图 9 不同区域受访者对工作区域的小微企业经营状况的评价

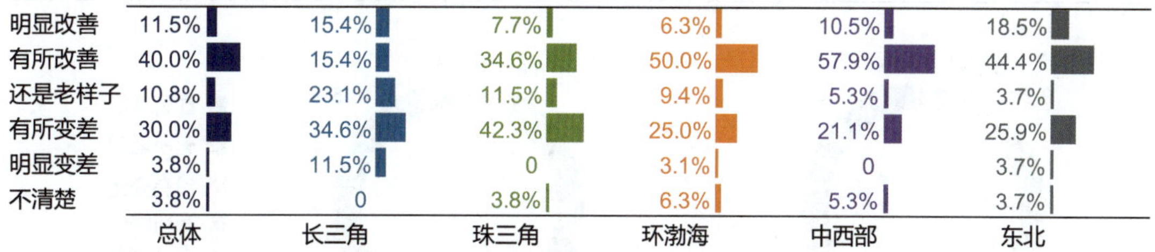

（二）小微企业金融服务市场整体发展状况

■小微企业贷款需求旺盛程度

接近 8 成的受访者认为 2013 年小微企业贷款需求旺盛程度增加①，较 2012 年的比例略有增加，这主要是因为认为“有所增加”的受访者比例增加了 5.3 个百分点。此外，认为有所降低的受访者占比出现显著下降。

图 10 受访者对小微企业贷款旺盛程度的评价分布

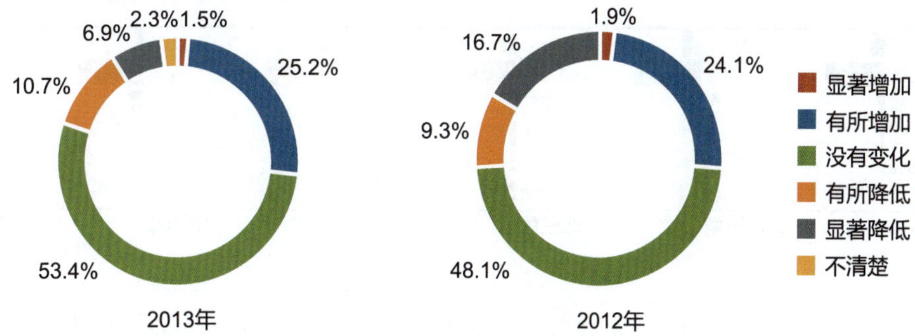

来自不同区域的受访者对小微企业贷款需求旺盛程度的评价呈现出较大的差异。除了长三角，其余区域有接近或超过 8 成的受访者认为小微企业贷款需求旺盛程度增加。单独看长三角的样本分布，认为贷款需求旺盛程度增加的合计不到 4 成，在其他区域接近或超过 8 成的数据对比下，长三角的这一差异引人深思。

图 11 不同区域的受访者对小微企业贷款需求旺盛程度的评价

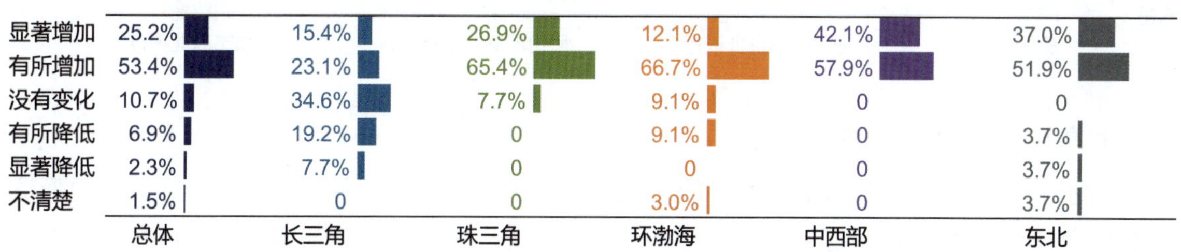

① 下文如不加特殊说明，增加均指“有所增加或明显增加”。

■小微企业贷款风险状况

受访者对于2013年小微企业贷款风险的评价普遍呈负面，超过8成受访者认为风险增加，但这一比例较去年下降了7.9个百分点。

图12　受访者对小微企业贷款风险的评价分布

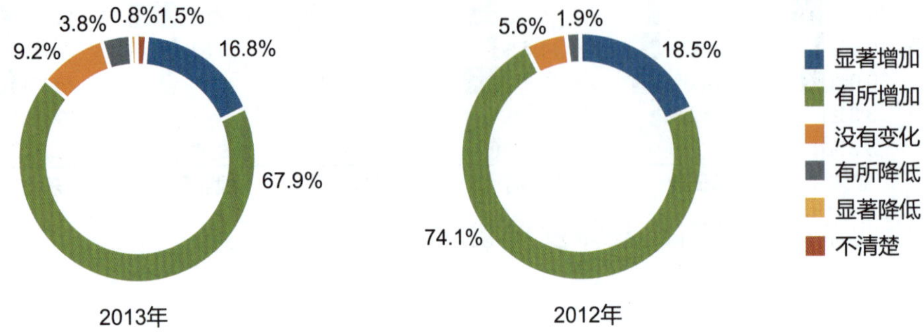

从区域分布来看，长三角的受访者更为悲观，认为小微企业贷款风险增加的受访者比例达到了100%。相比之下，东北的受访者这一比例不足8成。

图13　来自不同区域的受访者对小微企业贷款风险的评价

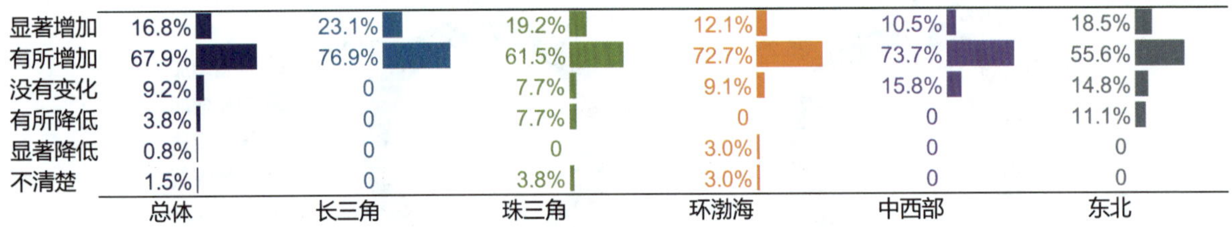

不同类型银行的受访者对小微企业贷款风险变化表现出一致的看法，没有呈现出太大的差异。

图14　来自不同类型商业银行受访者对小微企业贷款风险的评价

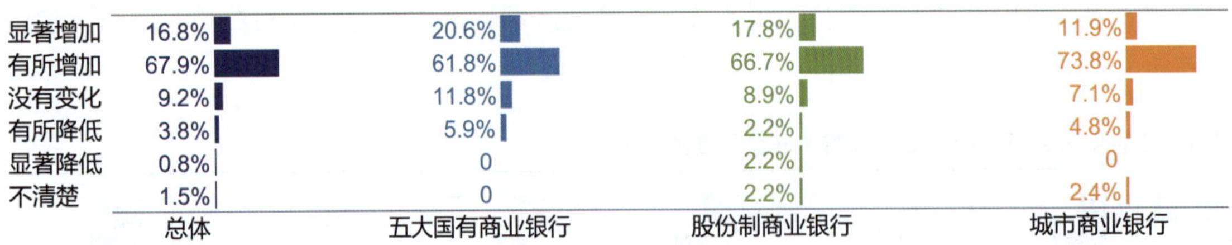

■小微企业贷款利率水平

今年受访者对小微企业贷款利率水平的看法与去年相比出现了显著的变化。超过7成的受访者认为2013年比2012年提高，这一比例较去年大幅度提高，其中认为显著增加的受访者比例提高了13.5个百分点，认为有所增加的受访者比例提高了15.3个百分点，而认为有所降低的受访者仅有3.1%，较去年大幅下降了28.4个百分点。

图 15　受访者对小微企业贷款利率水平的评价

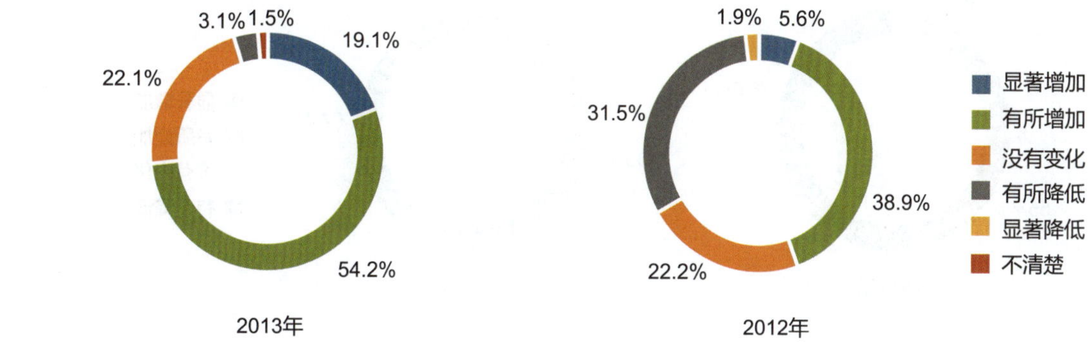

来自不同区域的受访者对小微企业贷款利率水平的看法呈现较大的差异。环渤海、珠三角、东北均有接近或超过 8 成的受访者认为小微企业贷款利率水平增长，其中环渤海和东北的受访者认为利率水平显著增长的比例相对更高，超过 3 成。中西部受访者认为利率水平增长的比例略低于前述三个地区，但也接近 7 成。相比之下，长三角受访者的观点显著异于总体，认为利率水平增长的比例仅占 5 成。

图 16　来自不同地域的受访者对小微企业贷款利率水平的评价

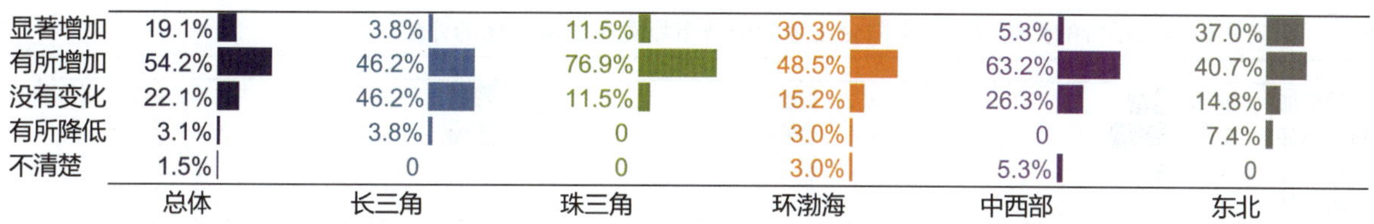

从银行类型来看，五大国有商业银行、全国性股份制商业银行超过 8 成的受访者认为小微企业贷款利率水平增长，而城市商业银行持这一观点的受访者不到 6 成。

图 17　来自不同类型商业银行受访者对小微企业贷款利率水平的评价

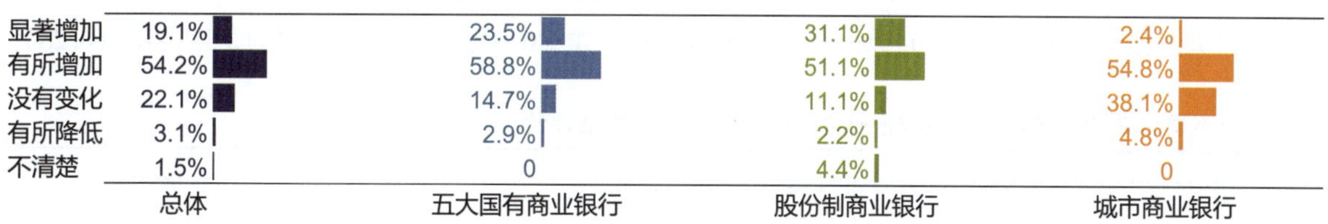

另外，如果将长三角地区的城商行受访者单独拿出来看，则仅有 35.3% 的受访者认为利率水平增加，高达 58.8% 的受访者认为利率水平不变。而非长三角地区的城商行有 72% 的受访者认为利率水平增长，24% 的受访者认为没有变化，这与总体水平没有显著差异。

■小微企业金融服务市场竞争程度

调查显示，超过 9 成的受访者认为 2013 年小微企业金融服务市场竞争程度呈增加态势，这一比例与去年调查结构持平，但认为显著增加的受访者占比较去年出现了明显的下降。

图 18　受访者对小微企业金融服务市场竞争程度变化的评价

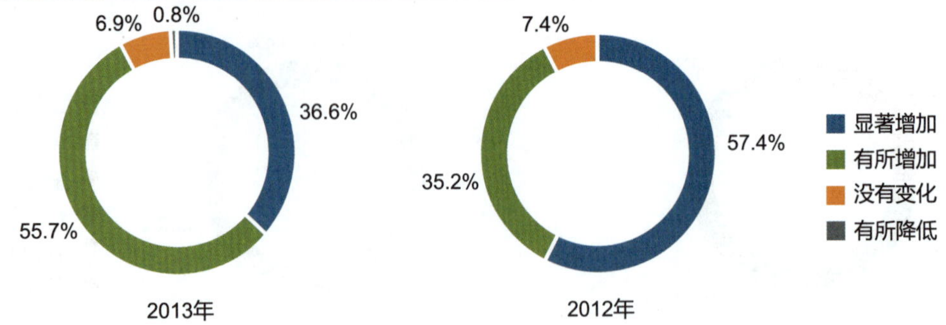

同时，来自不同区域、不同类型银行的受访者对于小微企业金融服务市场竞争程度变化的看法不存在显著的差异。

图 19　来自不同区域的受访者对于小微企业金融服务市场竞争程度变化的评价

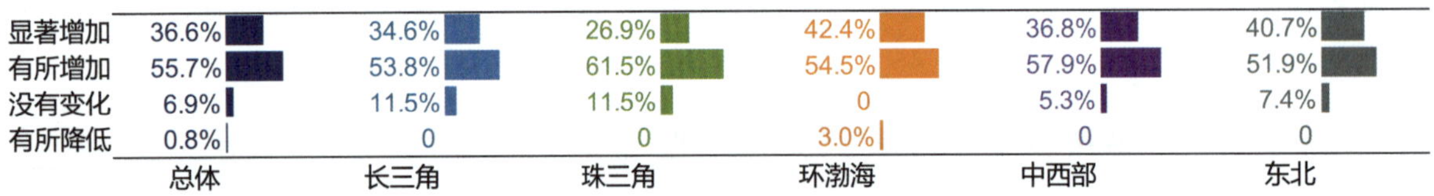

图 20　来自不同类型银行的受访者对于小微企业金融服务市场竞争程度变化的评价

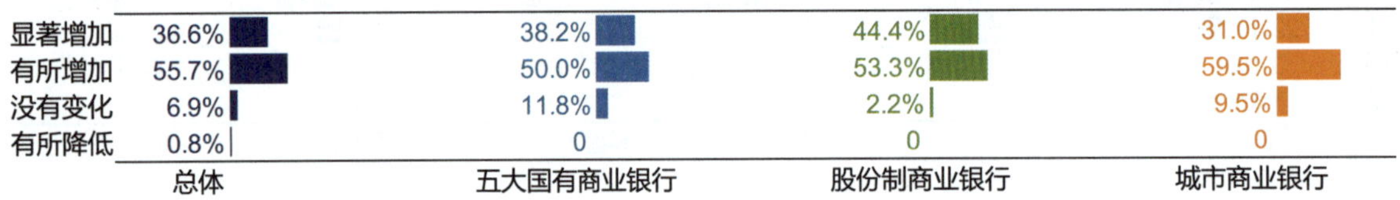

为了进一步了解小微企业金融服务市场竞争程度，我们请受访者用打分的形式描述竞争程度，从 0 分到 10 分，分值越高竞争越激烈。调查结果显示，竞争程度中等偏上，接近 9 成受访者选择 5 分以上（含 5 分）来形容竞争程度，平均值是 6.66，中值是 7。

来自不同区域的受访者的打分略有差异，由图 21 可以看出，受访者所在区域按金融服务的竞争程度从大到小排列，依次是东北（7.11）、环渤海（6.69）、长三角（6.62）、珠三角（6.48）、中西部（6.28）。

图 21　来自不同区域的受访者对于小微企业金融服务市场竞争程度评价

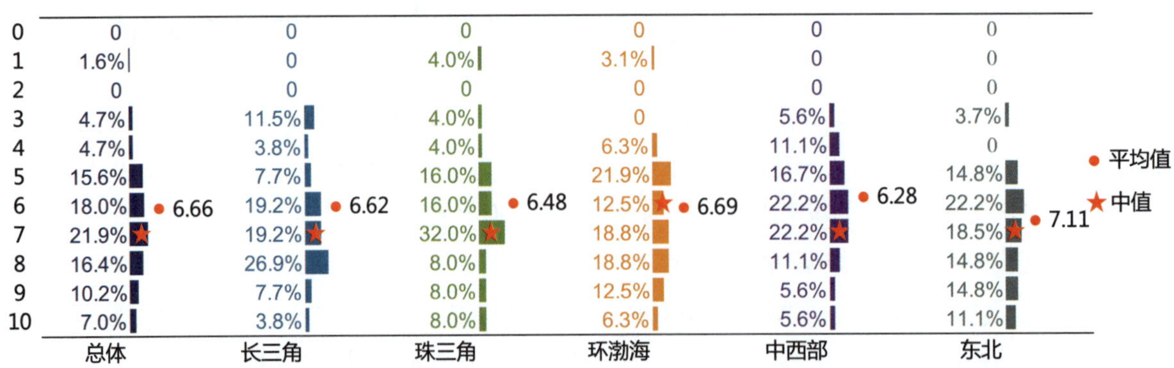

不同类型银行的受访者对小微企业金融服务市场竞争激烈程度的评价的差异十分明显。来自五大国有商业银行的受访者的打分分布十分分散，并且不具有明显的连续性，反映出五大国有商业银行的受访者对于市场竞争激烈程度的评价不统一；股份制商业银行的受访者的打分则分散在5分以上，以6分为频数最高点，不断向高分处递减，递减速度慢；而城市商业银行的受访者的打分最为集中，主要集中在6～8分之间，以7分为频数最高点，快速向两端递减。将均值排序，发现在市场竞争激烈程度上的评价上，五大国有商业银行最低（5.81）；城市商业银行居中（6.55）；股份制商业银行最高（7.13）。

图22　来自不同类型银行的受访者对于小微企业金融服务市场竞争程度评价

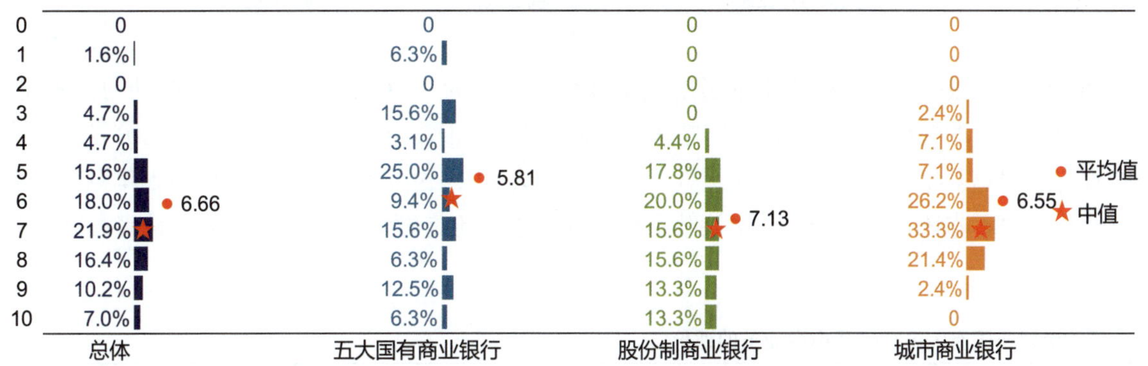

同时我们还请受访者同样以打分形式来描述商业银行小微企业金融服务同质化竞争的程度。调查结果显示同质化竞争程度中等偏上，有超过8成受访者选择5分以上（含5分）来形容竞争程度，平均值是6.75，中值是7。来自不同区域的受访者的打分分布存在差异，由图23可以看出，特别是长三角、环渤海和东北地区，选择高分值的受访者比例最大（平均值都约为6.85），而珠三角地区选择低分值的受访者占比较高（平均值6.48）。

图23　来自不同区域的受访者对于小微企业金融服务市场同质化竞争程度的评价

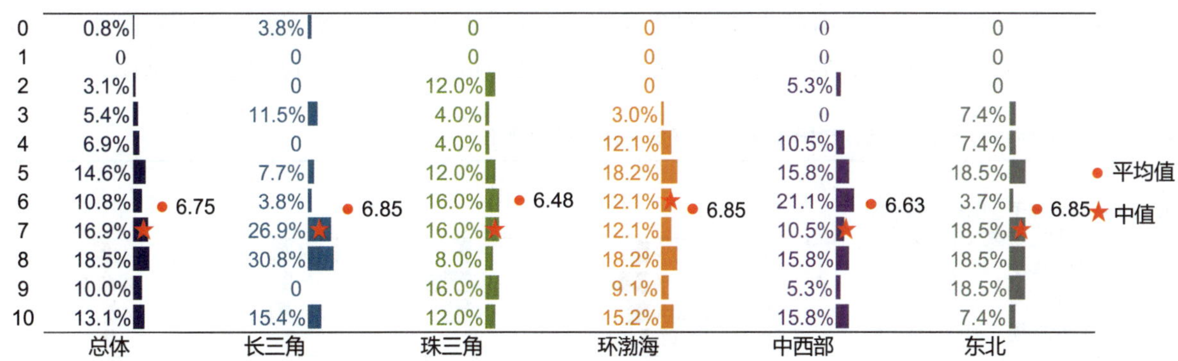

不同类型银行的受访者对于小微企业金融服务市场同质化竞争程度的评价也表现出一定差异。股份制商业银行的受访者的打分最高（平均值7.16），其次是城市商业银行（平均值6.62），而五大国有商业银行的受访者的打分最低（平均值6.30），并且明显异于前述两类银行。

图 24　来自不同类型银行的受访者对于小微企业金融服务市场同质化竞争程度的评价

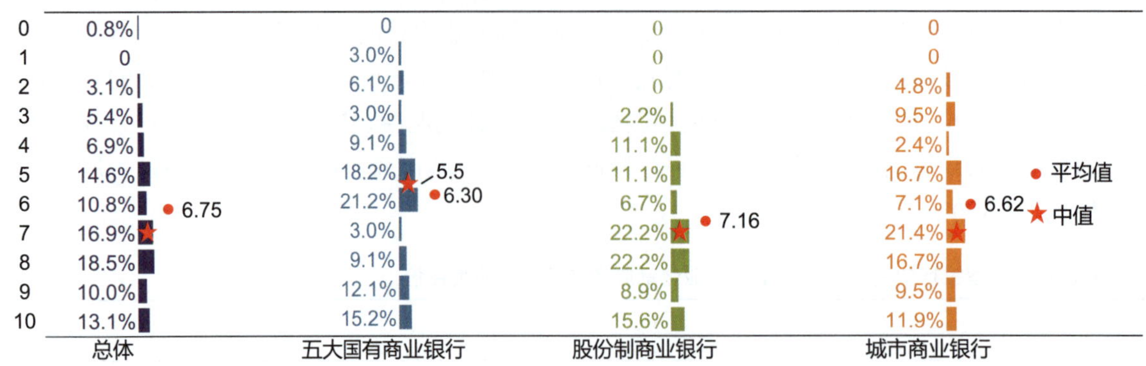

在问到国有大银行开展小微企业业务的情况变化时，认为“这几年有些变化，但动力仍不足，进展不是很明显”的受访者占比最高，略超 4 成，但与去年相比，占比下降了近 10 个百分点。占比次之的观点是“这几年变化明显，现在是真正有动力要做了”，约占 3 成，这一比例与去年调查结果持平。而认为“基本还是老样子，国家让做不能不做，主要还是做大中型企业”的受访者占比略微增加。

图 25　受访者对于国有大银行开展小微业务的评价

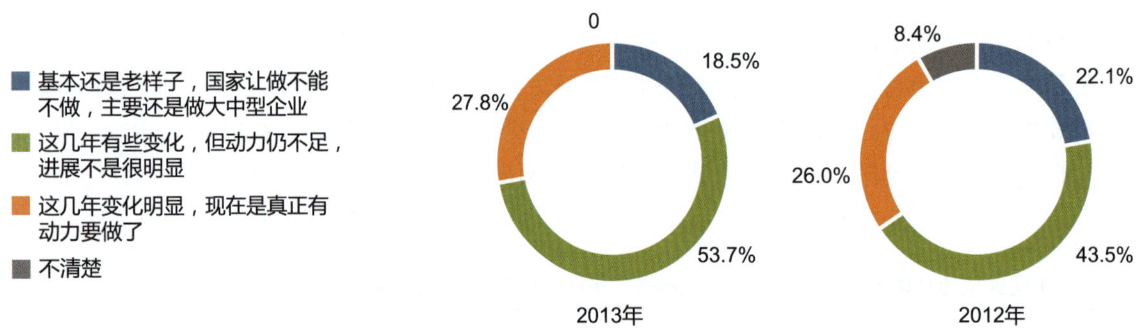

分银行类型来看，五大国有商业银行对自身的评价更为积极，超过 8 成的五大国有商业银行受访者认为这几年国有大银行开展小微企业业务有变化，其中超过 3 成的受访者认为变化明显。

图 26　来自不同银行类型的受访者对于国有银行开展小微业务的评价

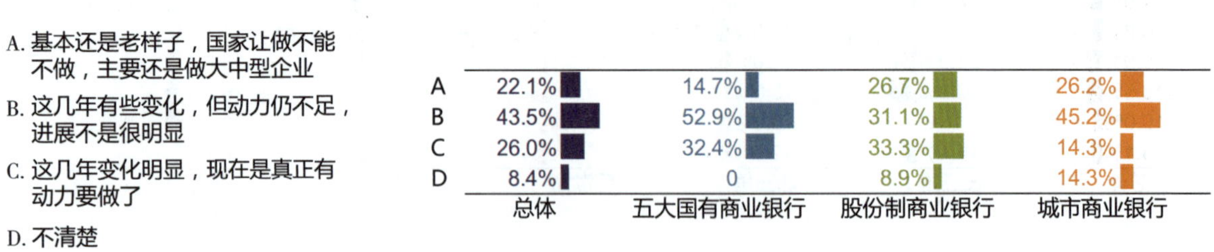

■小微企业金融服务产品创新活跃度

有接近 8 成的受访者认为小微企业金融服务产品创新活跃度增加了，这一比例与去年基本持平。

图 27　受访者小微企业金融服务产品创新活跃度的评价

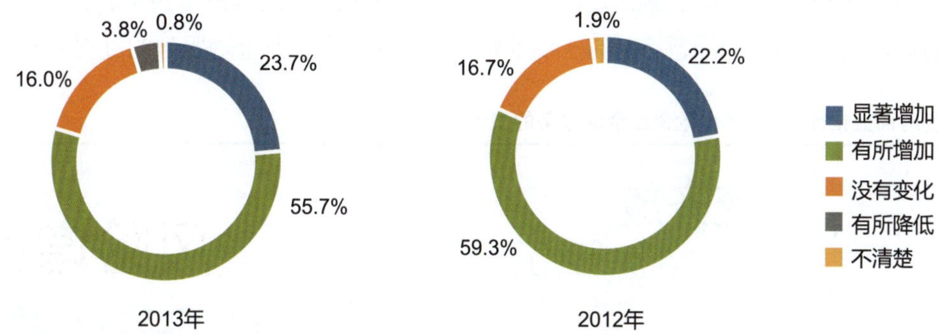

不同区域的受访者对小微企业金融服务产品创新活跃度的评价有一定的差异。环渤海地区的受访者认为创新活跃度增加的比例接近 9 成，是所有区域中最高的；而长三角地区和东北地区的受访者认为创新活跃度增加的占 7 成，是所有区域中最低的。另外其他区域的受访者的看法则与总体水平一致。值得一提的是，东北地区的受访者认为创新活跃度显著增加的占比最高，达到 4 成，远远高于总体水平。

图 28　不同区域的受访者对小微企业金融服务产品创新活跃度的评价

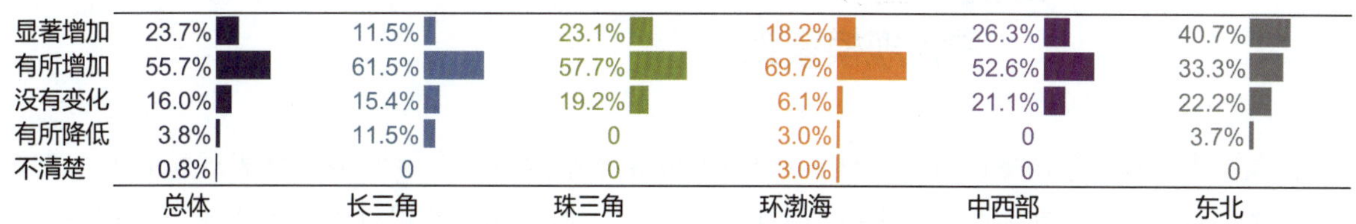

不同类型银行的受访者对小微企业金融服务产品创新活跃度的评价略微有所差异，股份制商业银行认为创新活跃度增加的受访者比例最大，超过 8 成；其次是五大国有商业银行，占比不到 8 成；而城市商业银行持相同观点的受访者比例在三类银行中最低，略大于 7 成，并且城市商业银行的受访者中，认为显著增加的人的比例显著低于另外两类银行。

图 29　不同类型银行的受访者对小微企业金融服务产品创新活跃度的评价

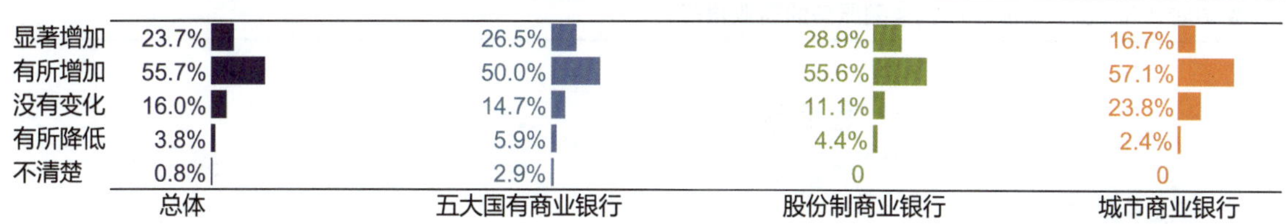

（三）2013 年商业银行小微企业金融服务的表现评价

对于 2013 年商业银行小微企业金融服务的表现，大多数受访者们都给出了“竞争激烈”、“稳步增长”、“有所改善”的概括。受访者普遍认为，小微企业金融服务蓬勃发展，创新频出，呈现出百花齐放的特点。随着金融脱媒、利率市场化的不断推进，商业银行对小微企业金融服务的重视程度不断提高，竞争正日渐激烈。小微金融服务领域仍存在同质化竞争加剧，部分银行缺乏进步等问题。商业银行需要转型升级，不断提升小微企业金融服务效率，产品多元化，才能在激烈的竞争中抢占一席之地。此外，小微金融的风险 2013 年有明显的增加迹象，商业银行如何平衡好效率与风险的关系，如何在风险不断增加的小微金融市场中审慎发展，如何不断下沉客户结构重心，服务实体经济，实现银企共赢等，这一系列的问题将有待于商业银行在发展小微企业金融服务的过程中不断探索。

图 30　受访者对商业银行 2013 年小微企业金融服务的表现评价

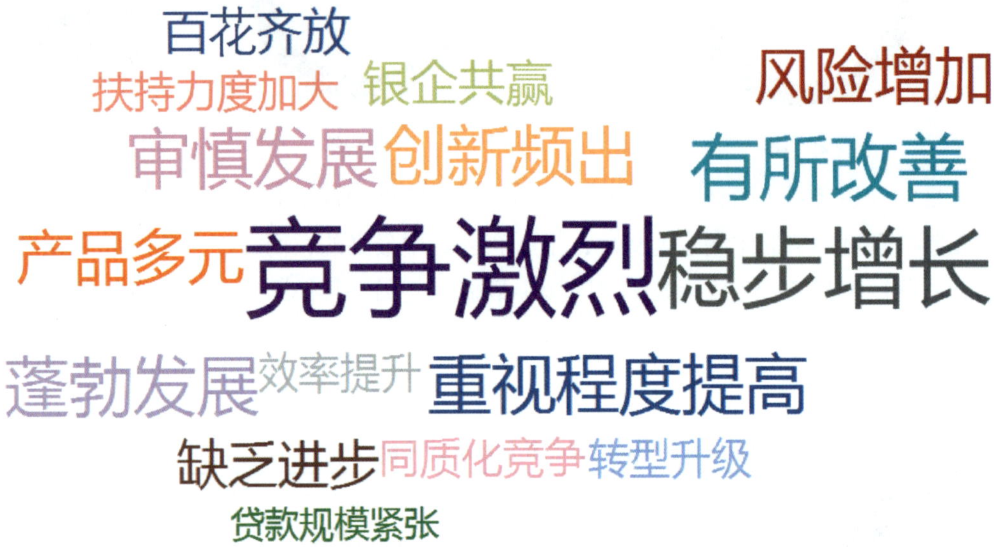

在调查中，我们还请受访者写出他们心目中 2013 年小微企业金融服务领域表现最好的 3 家银行，各类型银行中，得票前两位的银行与去年完全一致。股份制商业银行中的民生银行和招商银行被受访者评价最高，排在所有被提及的银行业金融机构的前两位，这从一定程度上反映了这两家银行在我国小微金融服务方面的竞争力和突出的表现。在国有大型商业银行中，大部分受访者认为建设银行、工商银行和中国银行表现更为出色，其中建设银行得票是工商银行的一倍以上，反映出小微金融服务领域，建设银行走在了其他国有大型商业银行的前列；而在城市商业银行中，浙江泰隆商业银行、北京银行是被受访者提及较多的商业银行。

图 31　受访者评价 2013 年最佳小微金融服务的商业银行

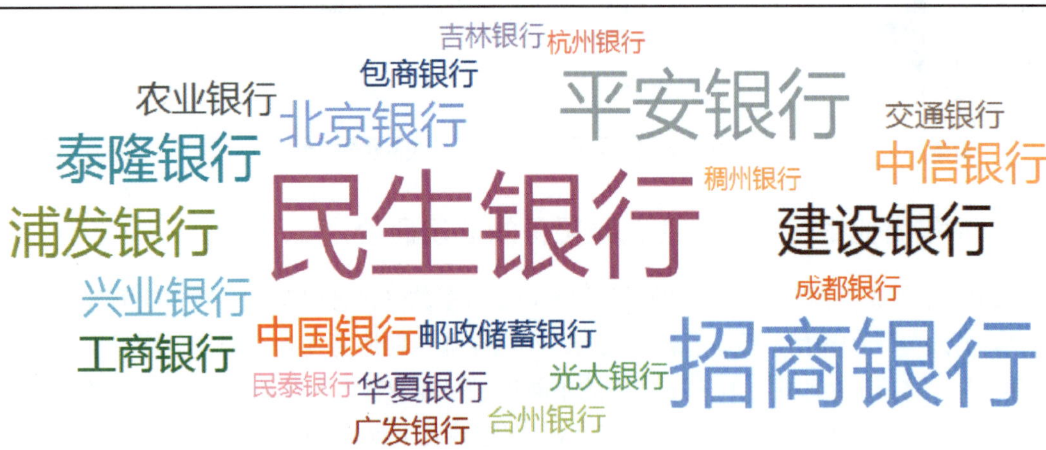

三、 2013 年所在银行小微企业金融服务发展回顾

（一）小微企业金融服务发展状况

■对小微企业业务的重视程度

超过 8 成的受访者认为所在银行 2013 年对小微企业业务的重视程度较 2012 年增加，这一比例与去年持平。其中，认为重视程度显著增加的受访者比例略有上升。

图 32　受访者对小微企业业务受重视程度的评价

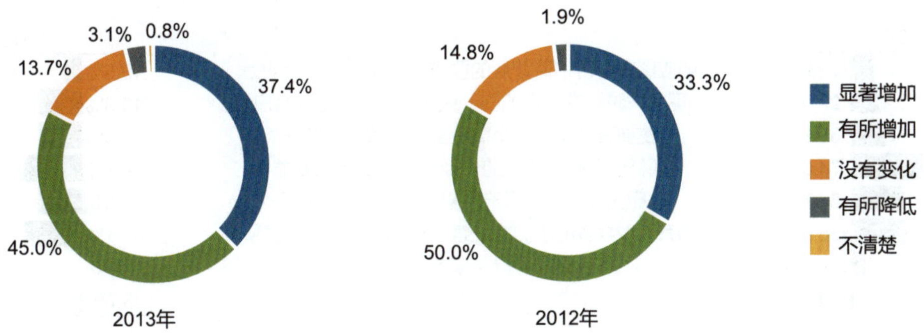

来自城市商业银行的受访者有高达 9 成比例认为所在银行小微企业业务的重视程度增加，这一比例较去年调查结果（53.4%）显著增加。股份制商业银行和五大国有商业银行的这一比例明显低于城市商业银行，分别为 77.8% 和 76.5%，而且也低于这两类银行去年的调查结果。

图 33　来自不同银行的受访者对小微企业业务受重视程度的评价

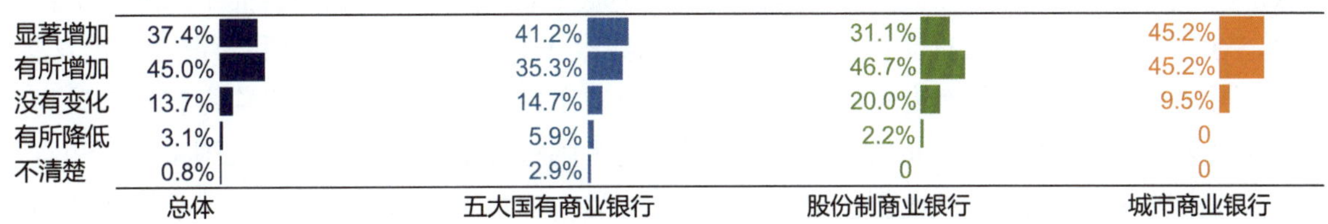

令人感到意外的是，经济发达的东部沿海地区（环渤海、长三角和珠三角）的受访者中认为小微企业业务重视程度增加的比例低于中西部和东北地区的受访者，而认为没有变化的受访者的比例均高于后者。

图 34　来自不同区域的受访者对小微企业业务受重视程度的评价

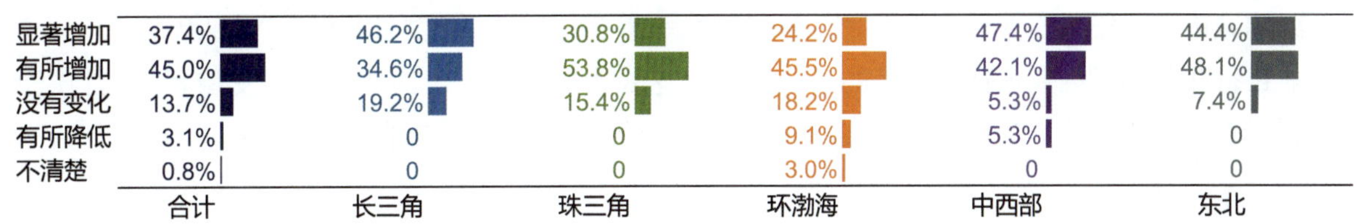

■开展小微企业业务的动力来源

关于银行开展小微企业业务的主要动力来源，如图35所示[①]，与去年调查结果相近的是，“小微企业有定价优势，能够带来更高的收益”仍高居榜首，“拥有为数众多的小微企业客户有利于银行稳定发展”和“小微企业业务可以产生更多的交叉销售机会”分别列第二和第三位。发生较大变化的是：(1) 认同“大中型客户脱媒进一步加剧，只能开发小微企业客户资源”的受访者比例大幅减少；(2) 认同“主要客户本就是小微企业，把擅长的做好”的受访者占比小幅减少；(3) 认同“小微企业有定价优势，能够带来更高的收益”的受访者占比小幅增加。(4) 认同“小微企业业务可以产生更多的交叉销售机会”的受访者占比小幅增加。

图35　受访者对于所在银行开展小微业务动力来源的评价

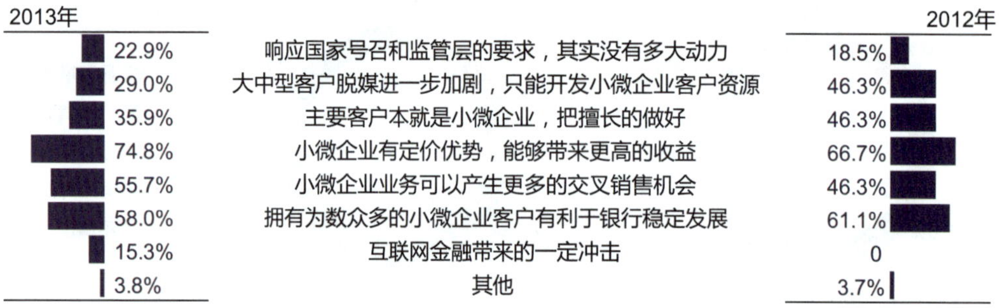

来自不同类型银行的受访者对于所在银行开展小微企业贷款的主要动力来源的看法不尽相同。虽然定价优势是三类银行受访者一致认可的主要动力来源，但五大国有行受访者选择定价优势的比例显著低于其他两类银行受访者的选择比例，而选择交叉销售机会的比例相对更高。这在一定程度上反映出国有大银行由于拥有广泛的服务网络和多元化的产品和服务，更看中小微企业业务带来的交叉营销机会，并且也更有条件实施交叉营销以提高小微企业业务的综合收益，而不仅限于贷款利息收入。与此同时，五大国有行受访者选择“拥有为数众多的小微企业客户有利于银行稳定发展”的比例也明显偏低，反映出拥有庞大客户群的大型银行对于借助小微企业客户来稳定客户基础的需求不如其他两类银行那么强烈。此外，有意思的是，五大国有行受访者选择“响应国家号召和监管层要求，其实没有多大动力”的比例也显著偏高，这从另一个角度显示大型银行发展小微业务仍有相当潜力。

此外，还有显著差别的是，来自股份制商业银行的受访者选择“大中型客户脱媒进一步加剧，只能开发小微企业”的比例明显高于五大国有商业银行和城市商业银行，与五大国有行固有大客户优势和城市商业银行本来就少有大客户只能做小微有所不同的是，股份制商业银行对大客户流失的体会更加深切，市场竞争迫使其下沉客户结构重心，发展小微客户建立更为稳定的客户基础。有接近6成的城市商业银行的受访者选择“主要客户本就是小微企业，把擅长的做好”，大幅高于五大国有商业银行和股份制商业银行受访者的选择比例，这表明大部分城市商业银行的受访者认同自己所在银行一直把小微企业作为自己的核心客户，小微企业业务是自己的核心业务。

① 此类图形专门用于描述多选题分布，所以所有观点的比例加起来会大于1。

图 36　来自不同类型银行的受访者对于所在银行开展小微业务动力来源的评价

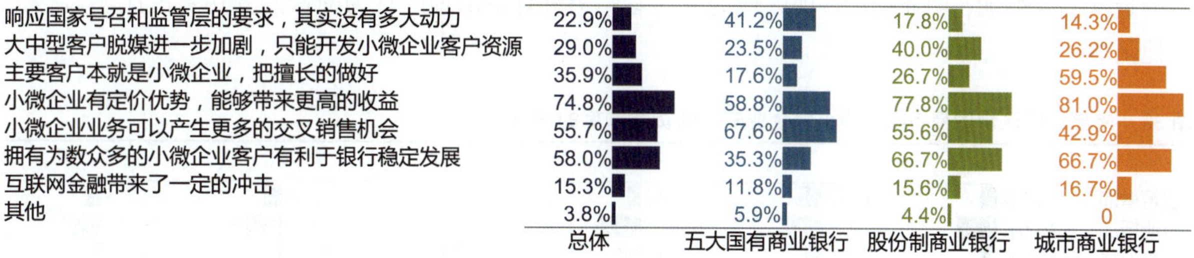

注：此问题为多选题，所有观点的比例加起来会大于 1。

来自不同地区的受访者对于所在银行开展小微企业贷款的主要动力来源的看法不尽相同。长三角地区的受访者显著异于其他地区，选择“主要客户本就是小微企业，把擅长的做好”的比例明显高于总体；珠三角、环渤海、中西部和东北地区的受访者选择排在前三位的因素一致，但相较珠三角和环渤海地区而言，中西部和东北地区的受访者更看重“小微企业业务可以产生更多的交叉销售机会”和“拥有为数众多的小微企业客户有利于银行稳定发展”。

图 37　来自不同区域的受访者对于所在银行开展小微业务动力来源的评价

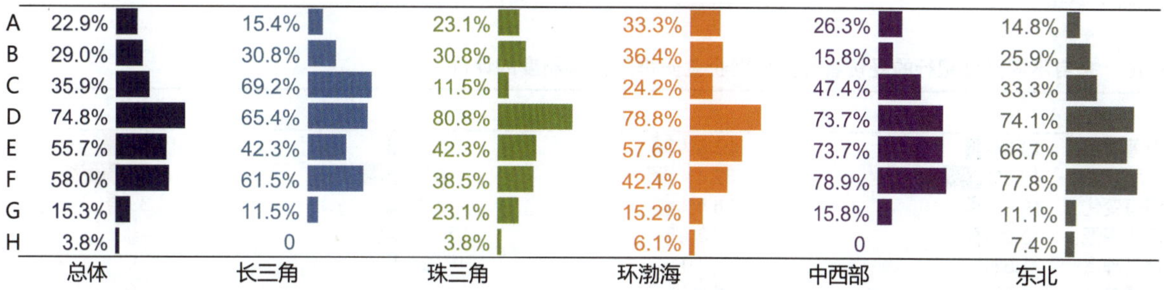

A. 响应国家号召和监管层的要求，其实没有多大动力
B. 大中型客户脱媒进一步加剧，只能开发小微企业客户资源
C. 主要客户本就是小微企业，把擅长的做好
D. 小微企业有定价优势，能够带来更高的收益
E. 小微企业业务可以产生更多的交叉销售机会
F. 拥有为数众多的小微企业客户有利于银行稳定发展
G. 互联网金融带来了一定的冲击
H. 其他

注：此问题为多选题，所有观点的比例加起来会大于 1。

■为小微企业安排的贷款额度

超过 6 成的受访者认为 2013 年小微企业贷款额度增加，但这一比例显著低于去年调查的比例，下降了 20 余个百分点。此外，还有 1 成左右的受访者认为 2013 年为小微企业安排的贷款额度有所降低。

图 38　受访者对为小微企业安排的贷款额度的评价

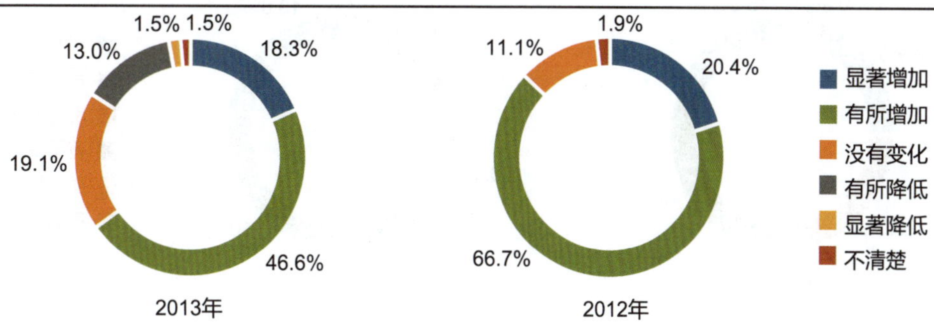

除环渤海地区，来自其他不同区域的受访者的观点基本一致。来自环渤海地区45.5%的受访者认为贷款额度增加，明显低于其他区域的受访者；另外环渤海地区认为降低的受访者占比明显高于其他区域。

图39　来自不同区域的受访者对为小微企业安排的贷款额度的评价

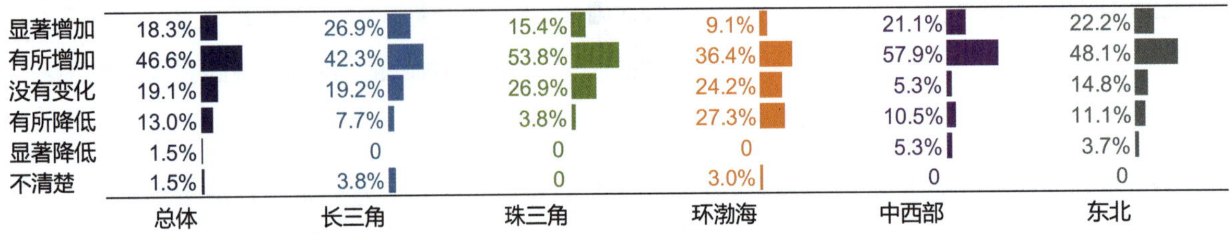

来自不同类型银行的受访者对于本行为小微企业安排的贷款额度的看法不尽相同。城市商业银行的受访者更多地反映贷款额度增加，持这一观点的受访者占比高于总体，也高于其他两类银行的受访者占比。而相较整体而言，股份制商业银行的受访者更多地反映贷款额度降低。值得注意的是，五大国有行的受访者中，有26.5%的人反映2013年小微企业贷款额度显著增加，这一比例显著高于其他两类银行。

图40　来自不同类型银行的受访者对为小微企业安排的贷款额度的评价

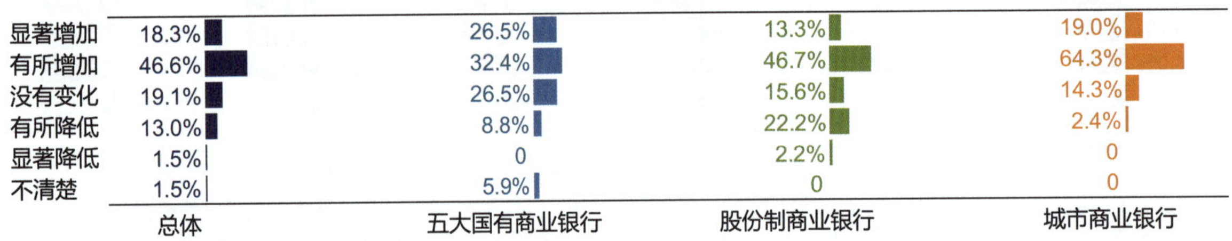

■小微企业贷款审批通过率

整体有接近5成的受访者认为所在行2013年小微企业贷款审批通过率较2012年增加，与去年调查结果相比，这一比例大幅下降了14个百分点，此外，认为有所降低的受访者占比较去年的调查结果有显著增加。这反映出2013年商业银行审批小微企业贷款的谨慎程度显著提高。

图41　受访者对小微企业贷款审批通过率的评价

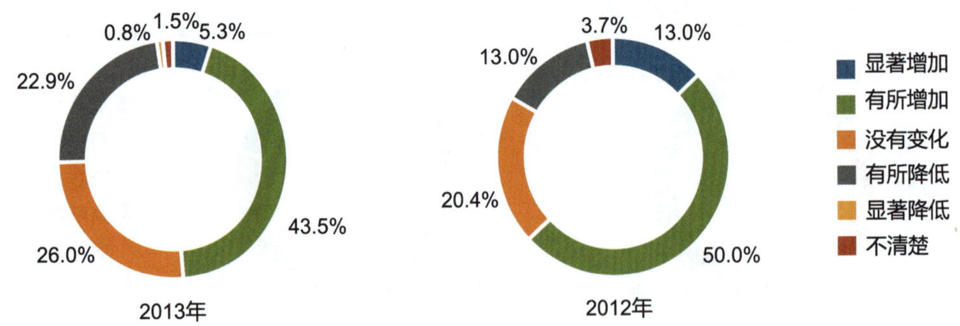

来自不同区域的受访者的观点表现出较大的差异。来自长三角地区不到4成的受访者认为本行小微贷款审批通过率增加，比总体水平48.8%低了10.4个百分点，显示出长三角地区银行的谨慎度提高得最为明显。而来自珠三角地区的受访者有57.7%认为本行小微贷款审批通过率增加，较为明显地高于总体水平。同时认为降低的受访者占比明显低于总体水平。

图42　来自不同区域的受访者对小微企业贷款审批通过率的评价

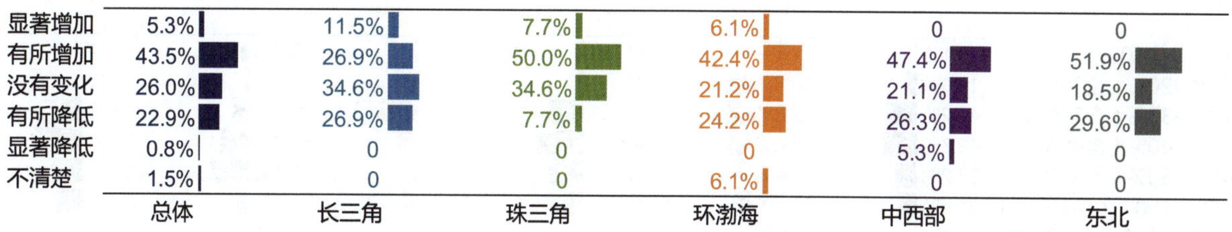

来自不同类型银行的受访者的观点也呈现一定差异。五大国有商业银行的受访者中表示所在银行小微企业贷款审批通过率增加的比例最高，其次是城市商业银行。而股份制商业银行的受访者中表示通过率降低的比例则明显高于其他两类银行。

图43　来自不同类型银行的受访者对小微贷款企业审批通过率的评价

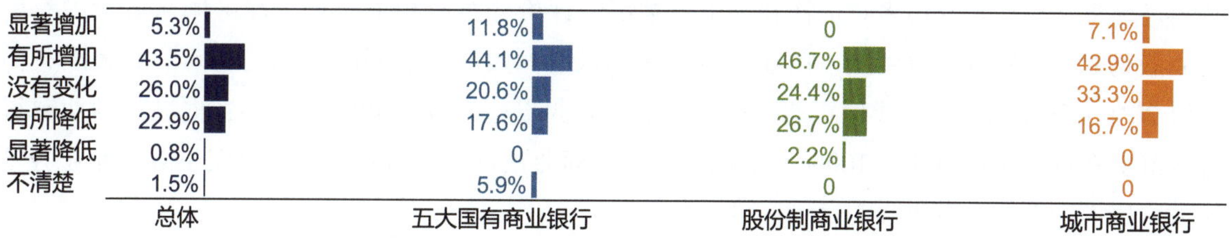

■小微企业贷款成本状况

1. 小微企业贷款的平均利率水平较基准贷款利率上浮的区间段。对于所在行2013年小微企业贷款平均利率水平较基准贷款利率上浮情况，超过8成的受访者反馈上浮20%～40%，这一比例与去年调查结果基本持平。不同的是，选择40%～50%以及50%～100%区间的受访者比例明显提高，分别比去年调查增加了11.5和17个百分点，反映出2013年小微贷款利率上浮水平较2012年更为显著。这在受访者对两年上浮水平的评价调查中也得到了证实，有超过6成的受访者反映上浮水平增加。

图44　受访者对小微企业贷款利率上浮情况的评价

不同区域的受访者反映所在行 2013 年小微企业贷款平均利率水平较基准利率上浮情况存在差别。长三角和环渤海地区上浮区间相对要低一些，在 11% ~40% 之间，最集中的上浮区间是 20% ~30%；珠三角和东北地区上浮区间在 20% ~50%，最集中的上浮区间是 30% ~40%；中西部地区的上浮区间最高，集中在 30% ~100%，最集中的上浮区间是 40% ~50%。

图 45　来自不同区域的受访者对小微企业贷款利率上浮情况的评价

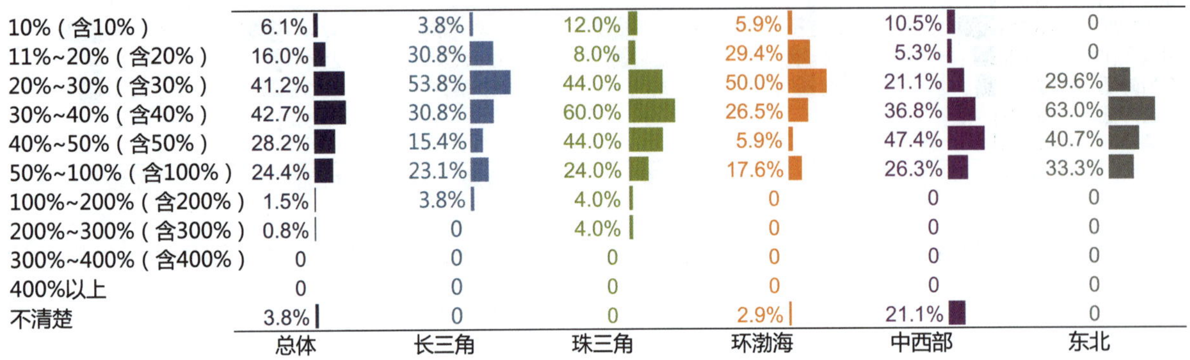

注：此问题为多选题，所有观点的比例加起来会大于 1。

值得注意的是，今年受访者对贷款利率上浮情况的评价分布延续了去年上浮区间从五大国有商业银行到股份制商业银行，再到城市商业银行依次由低区间段向高区间段移动的特点。五大国有商业银行以 20% ~30% 为中心，类似正态分布；股份制商业银行 30% ~40% 的最多；而城市商业银行的上浮区间更多地集中在 30% ~100%。这反映出城市商业银行和股份制商业银行在小微企业业务领域相比五大国有商业银行有更强的定价优势。

图 46　来自不同类型银行的受访者对于利率上浮水平的评价

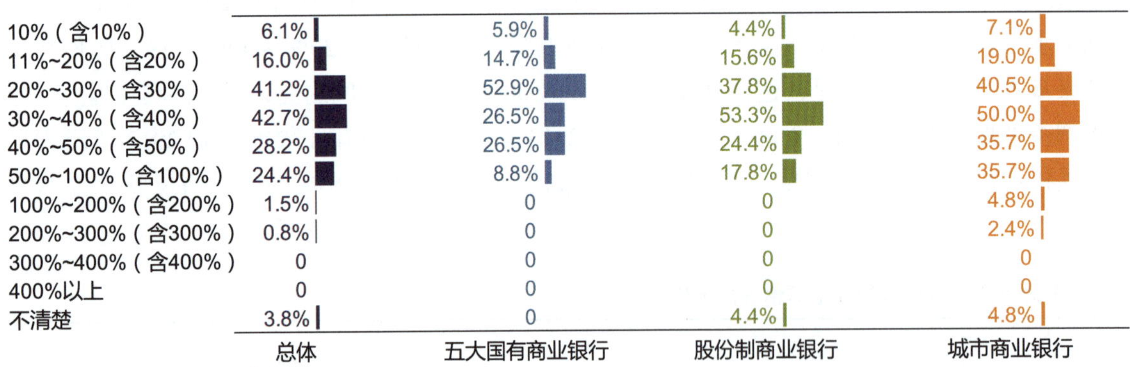

注：此问题为多选题，所有观点的比例加起来会大于 1。

2. 小微企业贷款的年化综合成本主要集中的区间段。对于小微企业贷款的年化综合成本，9 成受访者的选择集中在 6% ~12% 之间，与去年的调查结果（87.1%）基本持平。但其中选择 8% ~10% 的受访者占比显著增加。这与受访者对于今年年化综合成本是否增加的评价结果也较为吻合，有超过 6 成的受访者反映年化综合成本增加。

图 47　受访者对小微企业贷款年化综合成本的评价

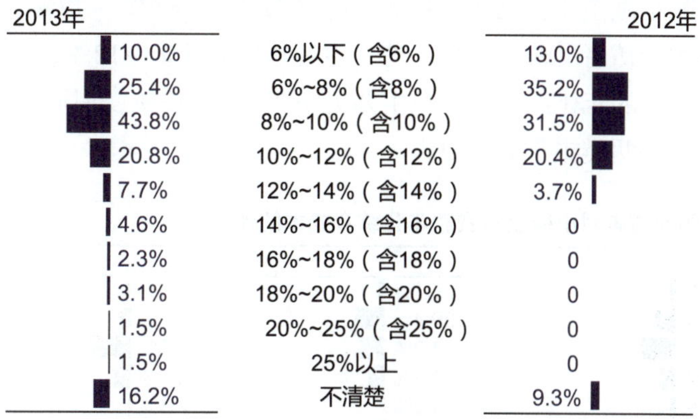

对于造成这种变化的影响因素，根据受访者的选择，排在第一位的影响因素是市场资金面松紧，有 61.1% 的受访者均选择了这一影响因素；排在第二位的影响因素是小微企业金融服务市场竞争激烈程度，有 46.6% 的受访者均选择了这一影响因素。排在第三位的影响因素是储蓄存款成本的变化（39.7%）。

图 48　受访者对小微企业贷款综合成本的评价及影响利率水平变化最主要因素的看法

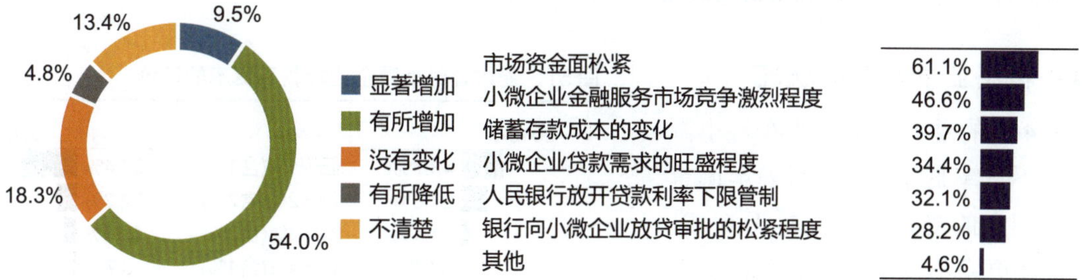

注：此问题为多选题，所有观点的比例加起来会大于 1。

不同区域的受访者反映所在行小微企业贷款年化综合成本的分布存在一定差异。长三角、珠三角和东北地区的受访者反映小微企业贷款年化综合成本分布相似，主要集中在 6% ~ 12%；环渤海地区受访者反映的要低一些，主要集中在 6% ~ 10%；而中西部地区受访者反映的分布比较分散，6% 以下和 8% ~ 10% 的比例较大。

图 49　来自不同区域的受访者对小微企业贷款年化综合成本的评价

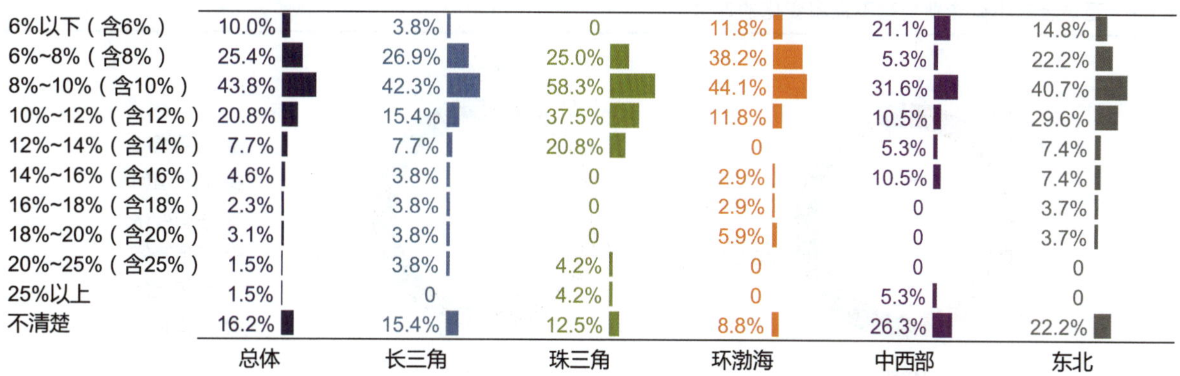

注：此问题为多选题，所有观点的比例加起来会大于 1。

来自不同类型银行的受访者对于所在银行小微企业贷款年化综合成本的评价略有差异，五大国有商业银行的受访者反映小微企业贷款年化综合成本主要集中在6%～12%，其中6%～8%的比例最高；股份制商业银行的受访者反映的要高一些，主要集中在8%～12%；类似于股份制商业银行，城市商业银行的受访者反映的年化综合成本也主要集中在8%～12%，但城市商业银行的受访者选择更高成本区间的比例较另外两类银行而言更大。

图50　来自不同类型银行的受访者对小微企业贷款年化综合成本的评价

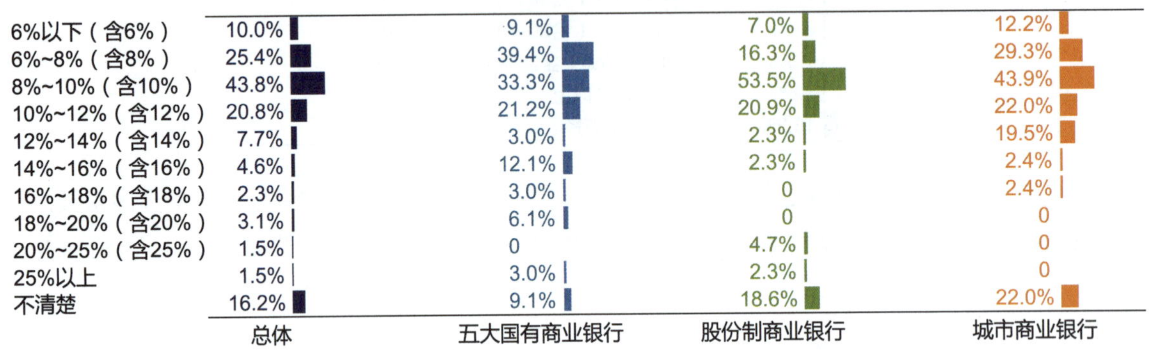

注：此问题为多选题，所有观点的比例加起来会大于1。

■小微企业贷款风险状况

超过4成的受访者反映所在行小微企业贷款不良率低于1%，而去年调查中持这一观点的受访者占比接近6成。而且，选择更高不良率区间的受访者占比较去年调查略有增加。

图51　受访者对小微企业贷款不良率的评价

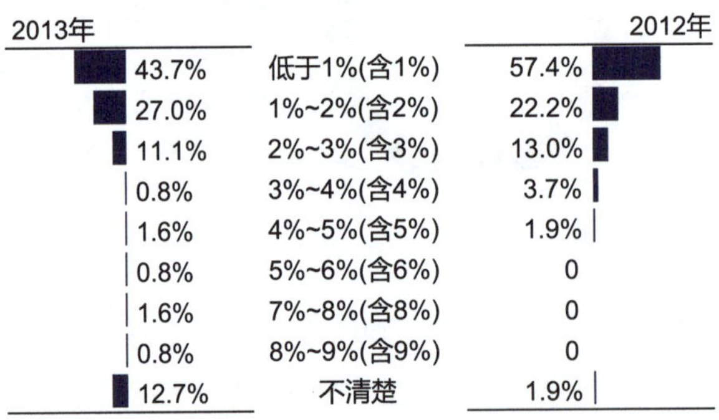

对于2013年小微企业贷款不良率较2012年的变化情况，超过5成的受访者反映所在行2013年小微企业贷款不良率增加，但这一比例相较去年调查结果有所下降，另外反映没有变化的受访者占比相较上次调查出现了增加。

图52　受访者对小微企业贷款不良率变化的评价

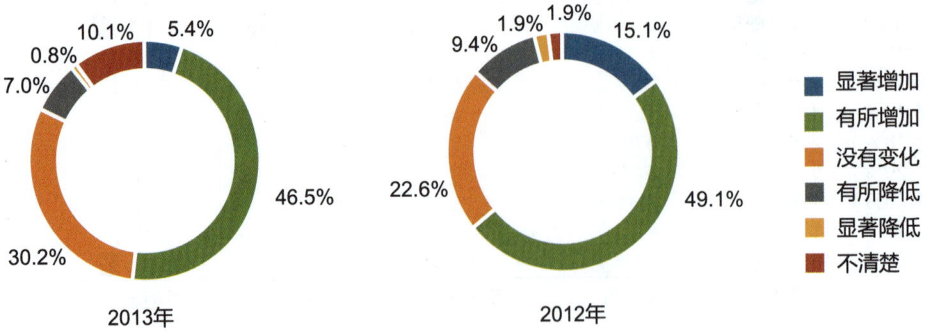

不同类型银行的受访者关于不良率的反馈不尽相同，五大国有商业银行的受访者反映所在银行的小微企业不良率低的受访者相对更多，认为不良率低于 1% 的受访者占比最高，但在 2% ~3% 这一区间上，股份制商业银行的受访者选择的占比低于五大国有商业银行。从整体分布的比较和受访小微金融经理人的选择结果来看，股份制商业银行的小微企业贷款不良率水平与五大国有商业银行不分伯仲，甚至稍优于五大国有商业银行，而城市商业银行的小微企业贷款不良率水平明显高于其他两类银行。

图 53　来自不同类型银行的受访者对小微企业不良率的评价

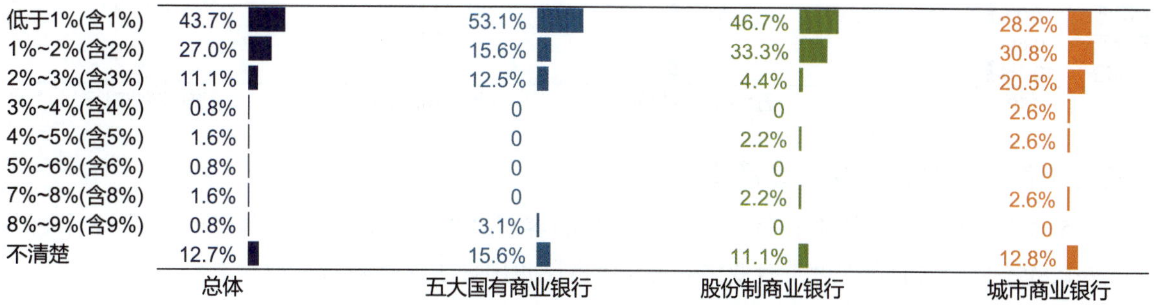

从不同区域受访者反馈的不良率分布来看，长三角和珠三角的商业银行小微企业贷款不良率水平相对较高，而且珠三角比长三角还略高一些。不良率水平最低的是中西部地区，其次是东北地区。

图 54　来自不同区域的受访者对小微企业不良率的评价

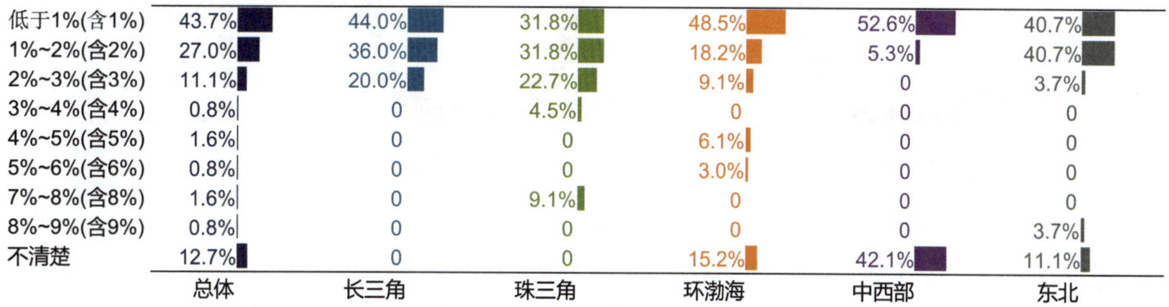

在问到 2013 年所在行小微企业贷款不良率与 2012 年相比的变化时，不同区域的受访者回答的结果有显著差异。长三角和珠三角的受访者反映不良率增加的比例分别是 76.9% 和 66.7%，显著高于其他三个区域的比例。其中，长三角的受访者反映不良率显著上升的比例达到 1 成，显著高于其他区域的受访者。

图 55　来自不同区域的受访者对小微企业贷款不良率变化的评价

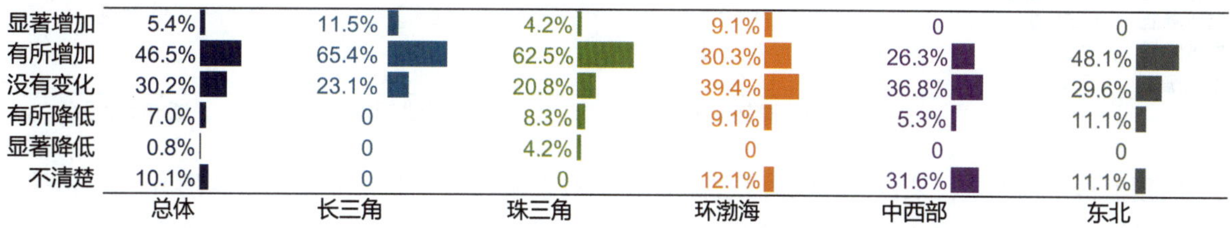

来自不同类型银行的受访者中，对于所在银行小微企业贷款不良率的变化的看法存在较大差异。五大国有商业银行较为稳健，有不到4成的受访者反映不良率增加，超过4成的受访者反映没有变化；而股份制商业银行和城市商业银行均有约6成的受访者反映所在银行不良率增加。这反映出相较五大国有商业银行而言，股份制商业银行和城市商业银行面对的小微企业信贷风险更为突出。

图56　来自不同类型银行的受访者对小微企业贷款不良率变化的评价

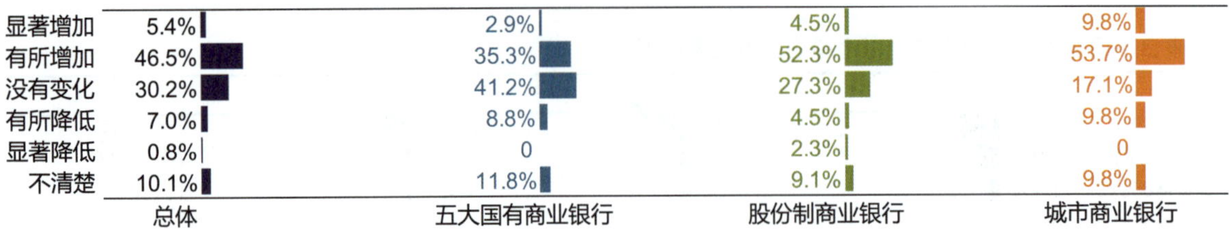

■对小微企业不良贷款的容忍度

接近5成的受访者认为所在银行对于不良贷款的容忍度增加，相较去年调查提高了11个百分点。此外认为不良贷款的容忍度没有变化的受访者占比也出现了显著降低。

图57　受访者对所在银行小微企业不良贷款容忍度的评价

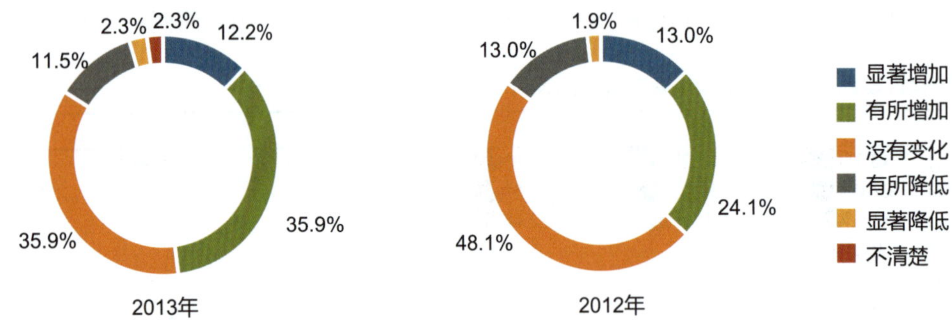

不同类型银行的受访者对于所在银行小微企业不良贷款容忍度的看法有所不同，五大行和股份制商业银行的受访者认为容忍度增加的占比均超过5成，其中认为显著增加的受访者也接近或达到2成，均高于总体水平。而城市商业银行的受访者中，认为容忍度没有变化的占比最高，达45.2%，这一比例也显著高于其他两类银行。此外，有一小部分的五大行受访者反映容忍度显著降低，其他两类银行没有出现这种情况。

图58　来自不同类型银行的受访者对所在银行不良贷款容忍度的评价

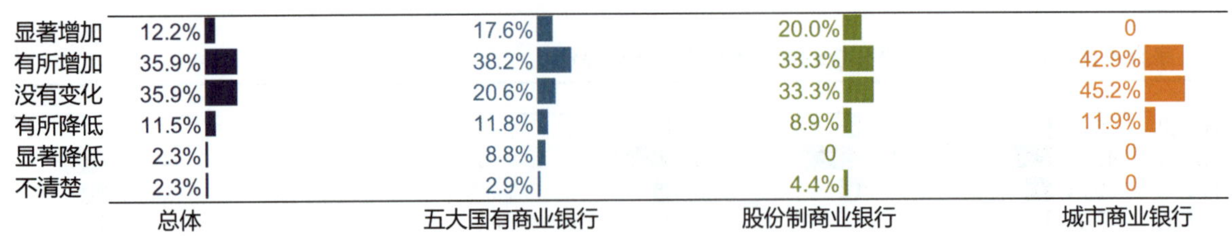

特别值得一提的是，来自不同机构类型的受访者对于所在行小微企业不良贷款的容忍度的看法也存在差异。来自总行和分行的受访者观点的分布相对比较接近，但支行层面受访者观点的分布明

显不同于总行和分行，大多数支行的受访者认为所在行小微企业不良率的容忍度没有变化。由于小微企业不良贷款容忍度是影响小微企业贷款投放的关键因素，而这种影响作用的发生不仅仅需要总行层面提高不良贷款容忍度，更重要的是这种变化需要传递到业务一线，让基层能够感知并落实到具体的业务考核中。从目前调查结果来看，这方面仍有可以提高的空间。

图 59　来自不同机构类型的受访者对所在银行不良贷款容忍度的评价

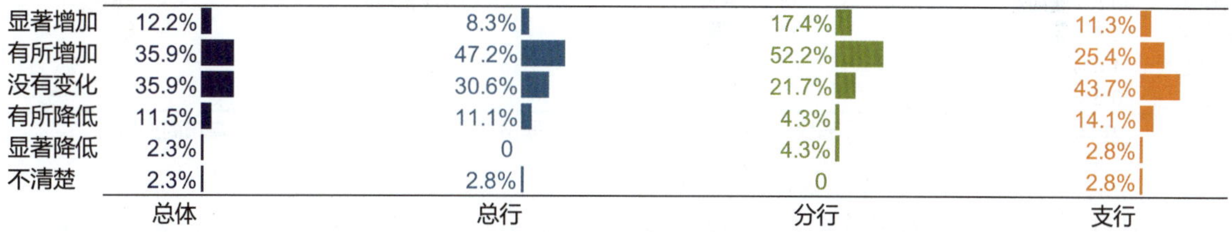

来自不同区域的受访者的观点完全不同，环渤海地区的受访者主要认为不良贷款的容忍度没有变化，此项占到了48.5%。而来自长三角和珠三角的受访者则表达了另一种观点，他们主要认为容忍度是有所增加，占比分别为53.8%和46.2%。中西部和东北地区认为增加的受访者的比例与长三角、珠三角地区的比例基本一致，但对增加程度评价的分布有较大差异。中西部和东北地区认为所在银行不良贷款容忍度显著增加的受访者占比远高于长三角和珠三角地区。

图 60　来自不同区域的受访者对所在银行不良贷款容忍度的评价

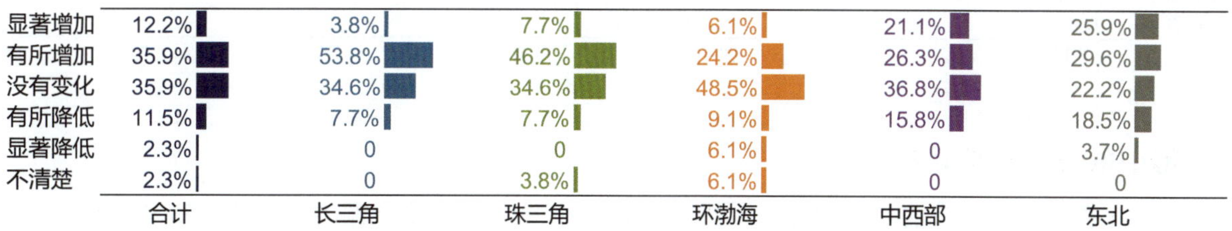

■小微企业金融服务产品创新

8成受访者认为所在银行的小微企业金融服务产品创新增加，其中认为显著增加的占到20%。这与去年调查的结果基本保持一致。

图 61　受访者对所在银行小微企业金融服务产品创新的评价

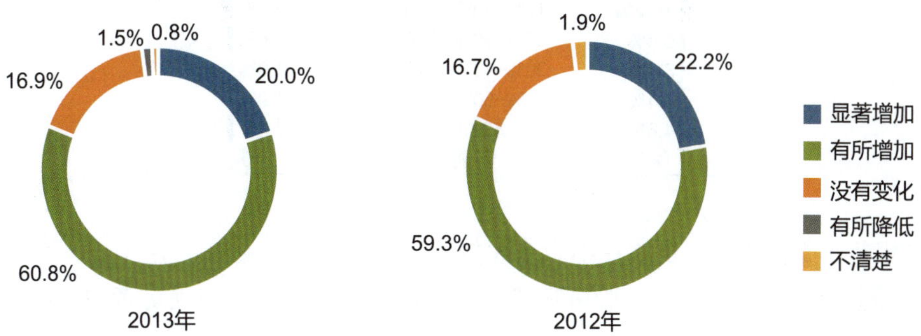

在不同类型的银行中，来自城市商业银行近9成受访者认为所在银行2013年小微企业金融服务产品创新增加，其中28.6%的受访者认为显著增加，这两个比例均双双高于五大国有商业银行和股份制商业银行，同时在增加程度上更胜于股份制商业银行。

图62　来自不同类型银行的受访者对所在银行小微企业金融服务产品创新的评价

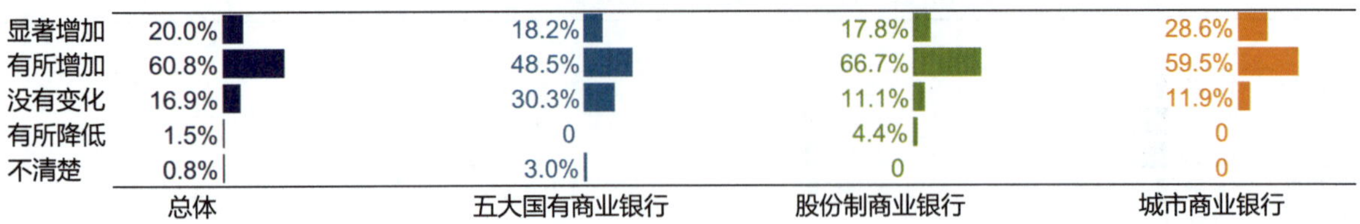

来自不同区域的受访者对于所在银行小微企业金融服务产品创新的评价存在一定差异。珠三角地区认为所在银行小微企业金融服务产品创新增加的受访者占比仅不到7成，剩下的其他地区都有超过8成的受访者认为创新增加，其中以长三角和东北地区的程度最大，分别有38.5%和25.9%的受访者认为显著增加。

图63　来自不同区域的受访者对所在银行小微企业金融服务产品创新的评价

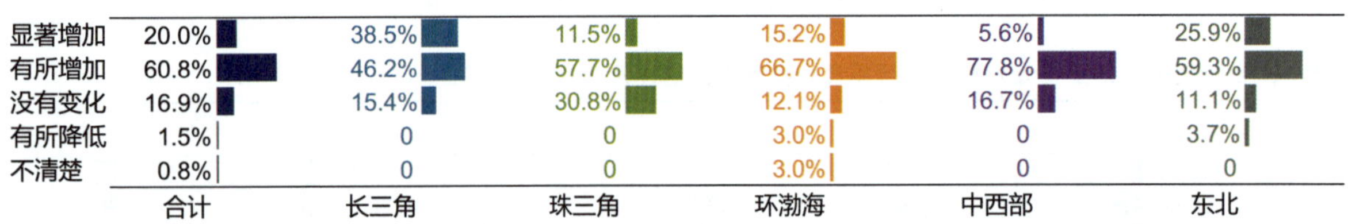

■小微企业信用贷款占比

关于小微企业信用贷款（无担保、无抵质押）在小微企业贷款余额中的占比，55.4%受访者选择10%以下，剔除回答“不清楚”的样本，受访者比例提高至63.2%，较去年的调查结果略有下降。选择10%~20%区间的受访者比例略有上升，选择其他区间的受访者占比则没有出现显著变化。

图64　受访者对小微企业信用贷款（无担保无抵质押）在小微企业贷款余额中的占比的评价

不同类型银行小微企业信用贷款在小微企业贷款余额中的占比存在一定差异，五大国有银行选择10%以下的受访者占了6成以上；股份制商业银行和城市商业银行的受访者中，选择高区间的人数占比明显大于五大国有商业银行。

图 65　来自不同类型银行的受访者对小微企业信用贷款在小微企业贷款余额中的占比的评价

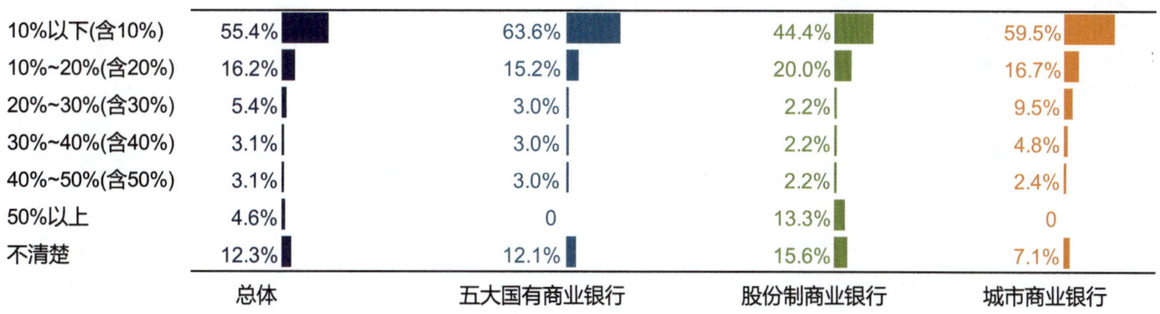

地区分布来看，东北地区反映信用贷款占比水平高的受访者比例最高，接近 2 成的受访者反映在 50% 以上；其次是珠三角地区超过 1 成的受访者反映 30% ~40%；除去表示不清楚的受访者，长三角和环渤海地区类似，大部分受访者反映信用贷款占比低于 10%；最后是中西部地区，反映信用贷款占比低于 10% 的受访者的比例最高。

图 66　来自不同区域的受访者对小微企业信用贷款在小微企业贷款余额中的占比的评价

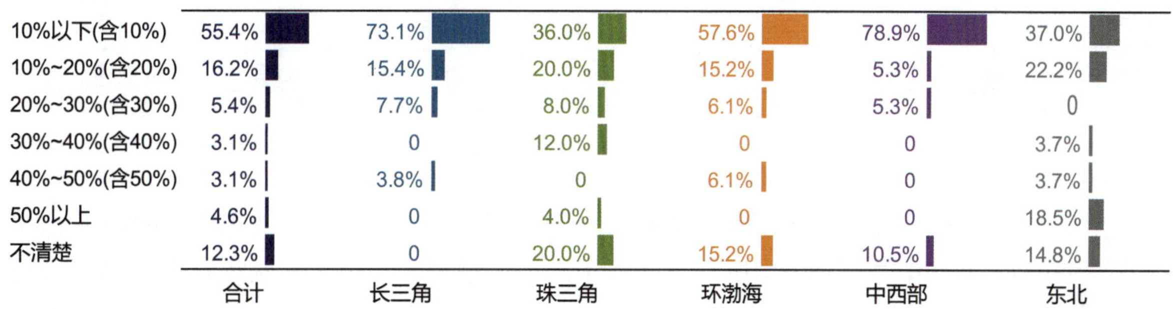

另外，我们还做了信用贷款占比相较 2012 年变化的调查，反映信用贷款占比增加和没有变化的受访者各占 37. 3% 和 36. 6% 。

图 67　受访者对信用贷款占小微企业贷款余额占比变化的评价

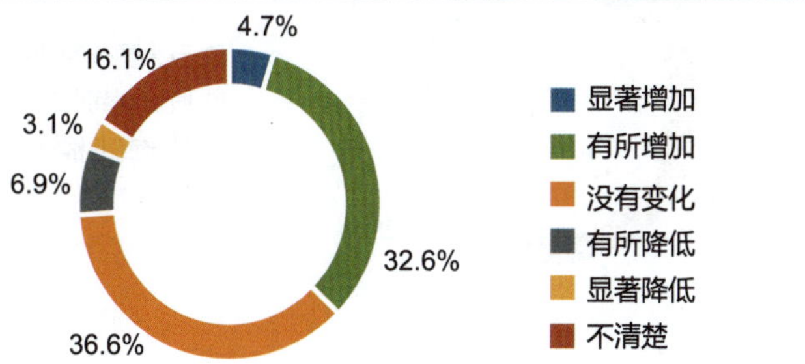

来自不同类型银行的受访者的观点呈现一定差异。来自五大国有商业银行的受访者认为所在银行信用贷款占比增加的受访者比例明显低于其他两类银行。而城市商业银行反映信用贷款占比增加的受访者比例最大，有超过一半的受访者认为占比增加。

图 68　来自不同类型银行的受访者信用贷款在小微企业贷款余额中的占比变化的评价

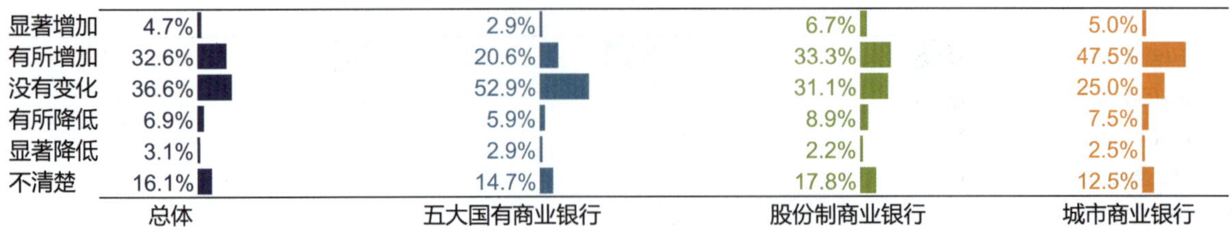

来自不同区域的受访者对于所在行信用贷款占比变化的评价与前述不同区域信用贷款占比的评价呈现正相关，即反映信用贷款占比增加的受访者多的地区，反映信用贷款占比高的受访者也相对更多。最大的是珠三角和东北地区，分别有 45.8% 和 48.1% 的受访者表示信用贷款占比增加，其中认为显著增加的分别占 12.5% 和 7.4%；长三角地区也有高比例的受访者认为增加，但没有受访者表示显著增加；排在最后的是环渤海和中西部地区，表示信用贷款占比增加的受访者比例略超过 2 成，同时还有 15% 左右的受访者反映所在银行信用贷款占比降低。

图 69　来自不同区域的受访者信用贷款在小微企业贷款余额中的占比变化的评价

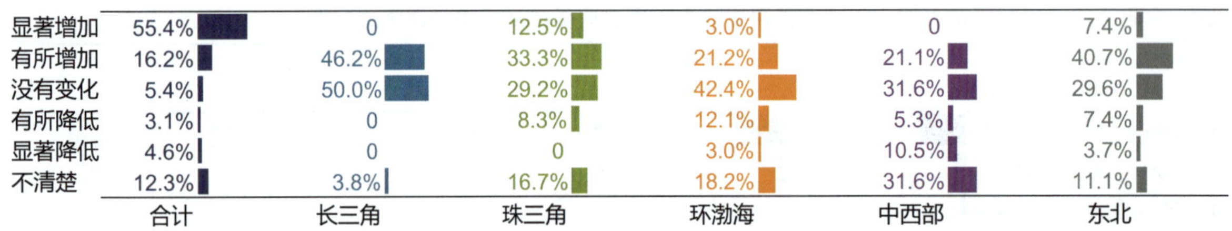

小微企业金融服务领域同业竞争对手

总体而言，超过一半的受访者把股份制商业银行视为自己所在银行在小微金融服务领域当地最大的同业竞争对手，相较去年调查增加了 16 个百分点。而选择五大国有商业银行为最大的同业竞争对手的受访者的比例显著下降；选择城市商业银行为最大的同业竞争对手的受访者的比例也略微下降。

图 70　受访者对小微企业金融服务领域同业竞争对手的评价

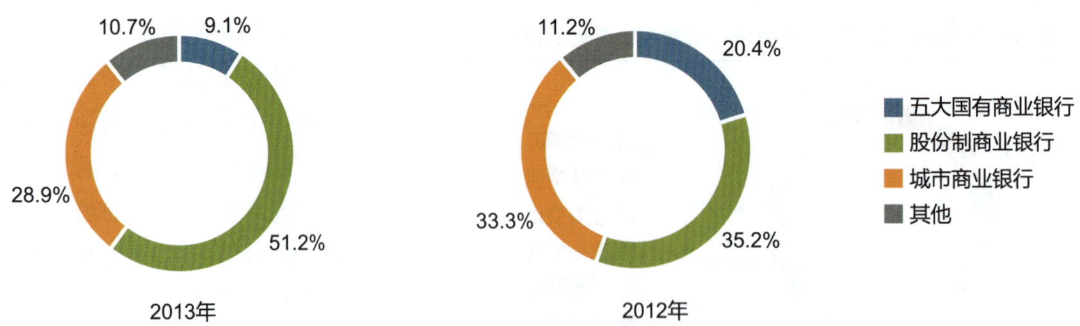

按银行类型来划分，多数五大国有商业银行的受访者和多数股份制商业银行的受访者把股份制商业银行视做自己所在行在当地小微企业金融服务领域的同业竞争对手，而多数城市商业银行的受访者则把城市商业银行视做自己所在行的同业竞争对手。

图 71　来自不同类型银行的受访者对小微企业金融服务领域同业竞争对手的评价

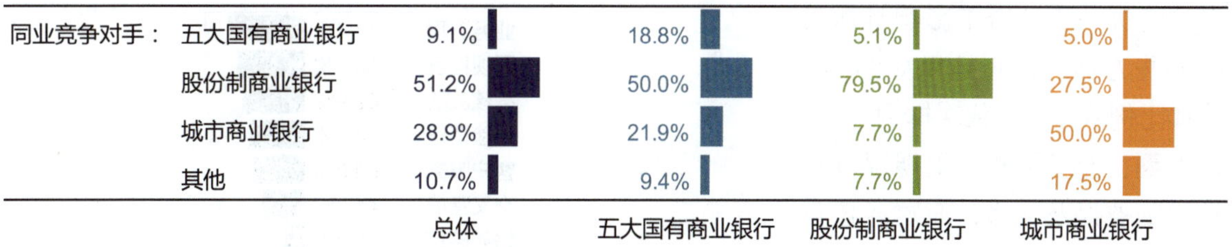

（二）小微企业金融服务工作状况

■小微企业金融服务专营机构设立后对工作的影响

2013 年和 2012 年两次调查的结果出现了巨大的变化，表现为认为有影响的受访者比例在减少，认为没影响的受访者比例在增加。认为基本没有什么影响的受访者比例大幅增加，认为有一些影响的受访者比例明显降低，认为有很大影响的受访者比例在大幅减小。而且还有 1 成的受访者反映“现在不怎么提专营机构了”。

图 72　受访者对小微企业金融服务专营机构设立后影响的评价

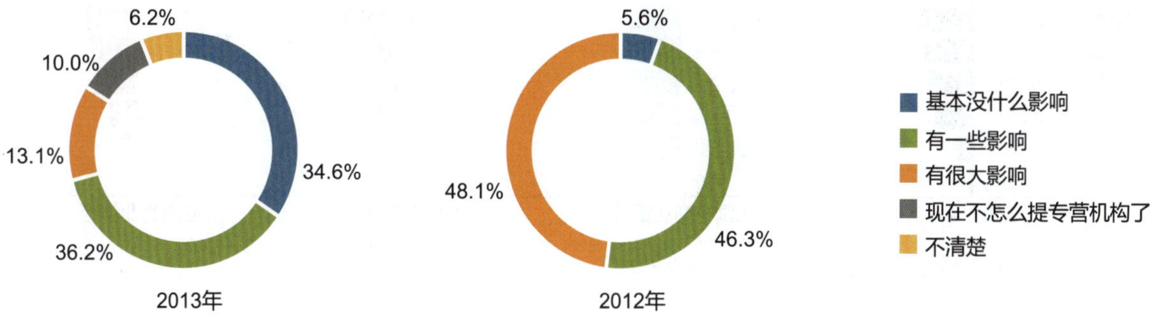

各类银行中，五大国有商业银行有高达 23.5% 的受访者认为现在不怎么提专营机构了，这一比例显著高于其他两类银行。考虑到五大国有商业银行受访者有 58.8% 来自于银行小微企业金融服务专营机构，这一比例是很高的。

图 73　来自不同类型银行的受访者对小微企业金融服务专营机构设立后影响的评价

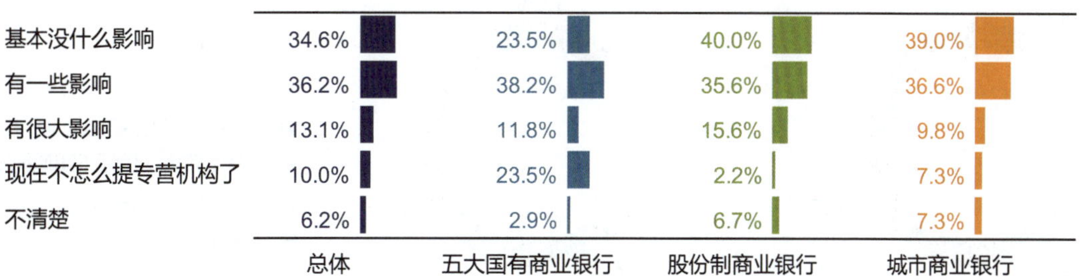

我们还针对认为小微企业金融服务专营机构设立后对工作有影响的受访者进一步调查了影响具体表现在哪些方面。调查结果如图 74，按选择比例从高到低依次排列显示，可以看到，业务流程、重视程度和考核激励被提及最多，而财务核算占比最低，这也表明，目前绝大多数的专营机构并没有实行完全独立的财务核算。

图 74　来自不同类型银行的受访者对小微企业金融服务专营机构设立后影响的评价

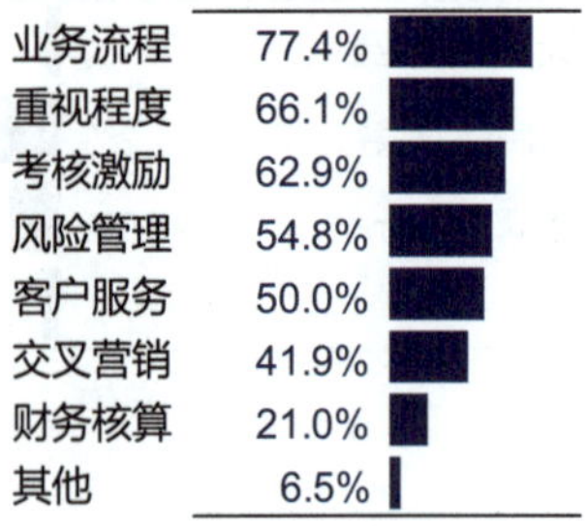

注：此问题为多选题，所有观点的比例加起来会大于 1。

不同类型银行的受访者对专营机构的影响的评价整体来看基本类似，排在前四位的前四项与总体无异。略有不同的是，五大国有商业银行的受访者选中考核激励的比例较其他两类银行要低一些；而股份制商业银行的受访者选中重视程度、考核激励的比例高于其他两类银行。

图 75　来自不同类型银行的受访者小微企业金融服务专营机构设立后影响的评价

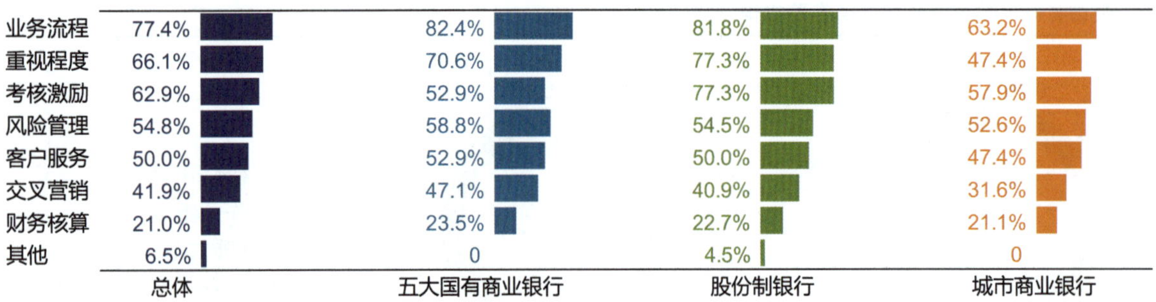

注：此问题为多选题，所有观点的比例加起来会大于 1。

■小微企业信贷尽职免责制度

在小微企业信贷尽职免责制度的落实上，反映落实的受访者比例较去年调查结果没有发生太大变化。剔除回答“不清楚”的样本，反映“只是说说，没有实施”的受访者比例有所降低，反映“刚开始实施，但还不知道能不能持续”的比例在增加。

图 76　受访者对所在银行实施小微企业信贷尽职免责制度的评价

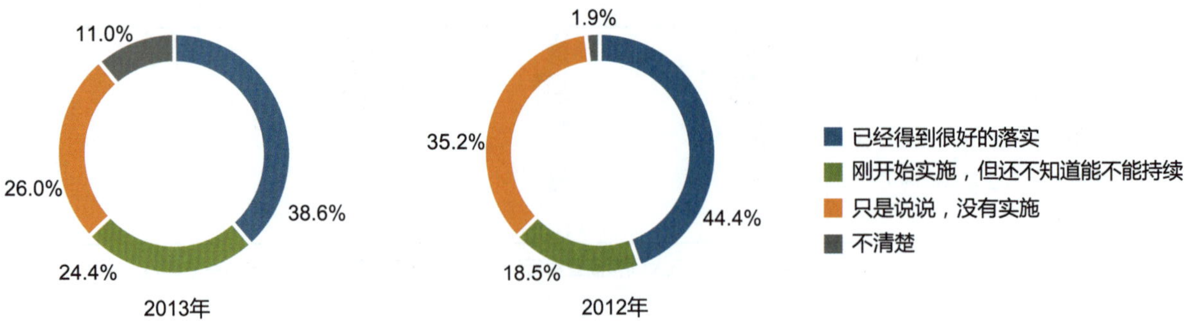

来自不同类型银行的受访者对所在银行小微企业信贷尽职免责制度推行情况的评价存在差异，来自股份制商业银行的受访者对此的评价最高，接近5成的股份制商业银行的受访者认为小微企业信贷尽职免责制度已经得到很好的落实，而五大国有商业银行和城市商业银行的这一看法占比仅为4成和3成。同时有2成股份制商业银行的受访者认为信贷尽职免责制度只是说说，没有实施；而五大国有商业银行和城市商业银行的受访者认为信贷尽职免责制度只是说说，没有实施的比例均达3成。由此可以看到，商业银行小微企业信贷尽职免责制度离真正落实尚有距离。

图77　来自不同类型银行的受访者对所在银行实施小微企业信贷尽职免责制度的评价

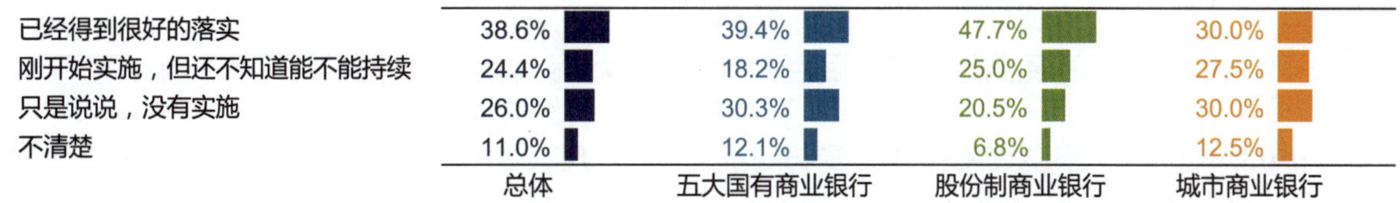

■小微金融经理人工作压力状况

1. 2013年贷款业绩压力变化程度。接近9成的受访者表示自己2013年承担的小微企业贷款业绩压力增加，较去年调查结果有所降低，并且程度趋缓，表示显著增加的受访者占比出现了明显的减少。

图78　受访者对小微金融经理人工作压力的评价

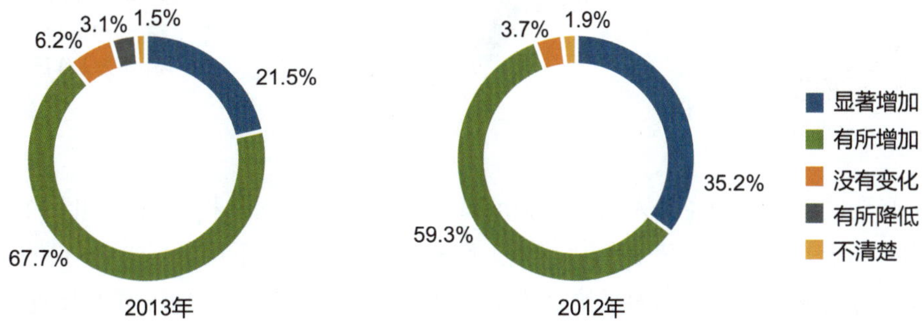

来自不同类型银行的受访者的观点存在一定的差别，按压力增加的程度从大到小依次排序为股份制商业银行、五大国有商业银行、城市商业银行。其中，超过3成股份制商业银行的受访者表示自己承担的小微企业贷款业绩压力显著增加，这一比例高于其他两类银行；同时五大国有商业银行表示显著增加的受访者比城市商业银行高出6个百分点。

图79　来自不同类型银行的受访者对小微企业贷款业绩压力的评价

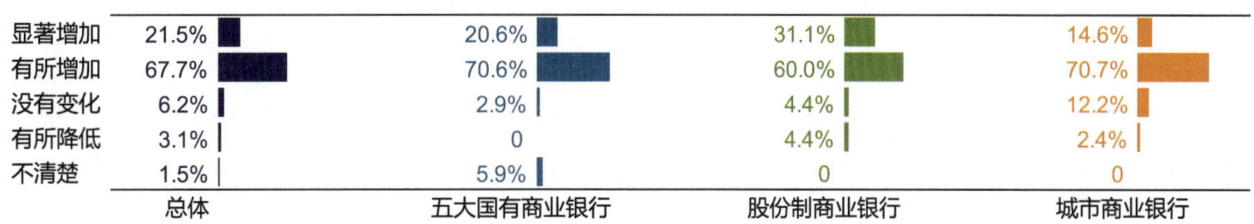

来自不同区域的受访者的观点存在一定的差别，环渤海、长三角、中西部的受访者的观点与总体分布基本一致，但来自珠三角和东北的受访者则表现出不同于总体的观点分布。珠三角地区的受访者认为业绩压力显著增加明显低于总体水平，而东北地区的受访者认为业绩压力显著增加的比例高达4成，显著高于总体水平。

图80　来自不同区域的受访者对小微企业贷款业绩压力的评价

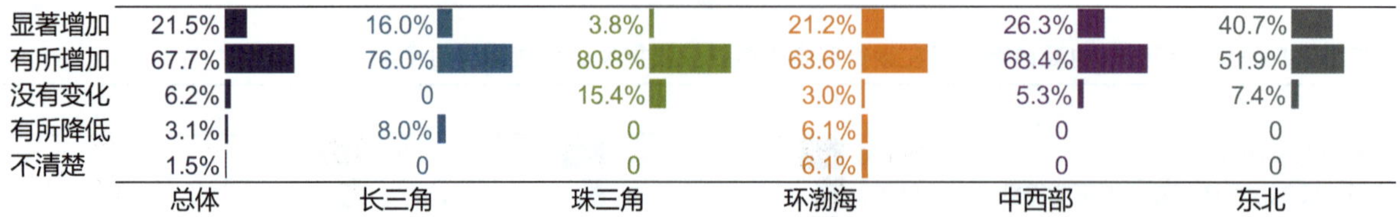

2. 2013年里平均一天的工作强度。受访的小微金融经理人2013年总体工作强度中等偏上，“每天工作8~10小时，偶然加班”是常态，还有24.6%的受访者更是表示“每天工作10~15个小时，几乎天天加班”，但这一比例较去年调查结果下降了近10个百分点。

图81　受访者对工作强度的总体评价

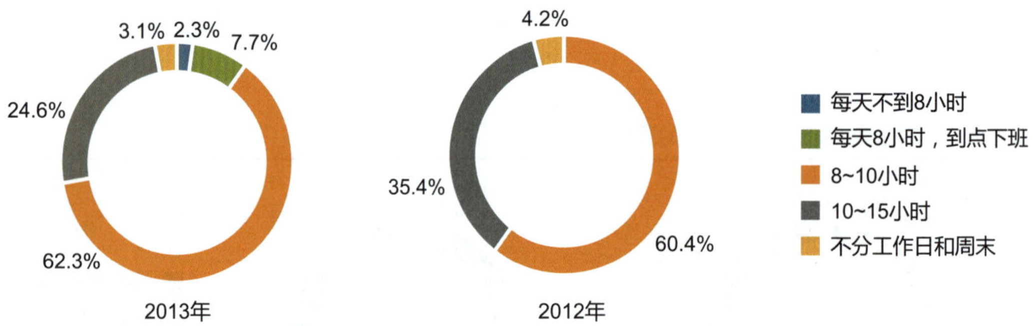

不同地区受访的小微金融经理人的工作强度有些许差异。珠三角和中西部地区的受访者的工作强度稍弱，均有高于15%的受访者表示“每天工作8个小时，到点下班”，这一比例明显高于其他地区。而长三角、环渤海和东北地区的受访者的工作强度则较高，这三个地区均有接近3成的受访者表示“每天10~15个小时，几乎天天加班”。

图82　来自不同区域的受访者对总体工作强度的评价

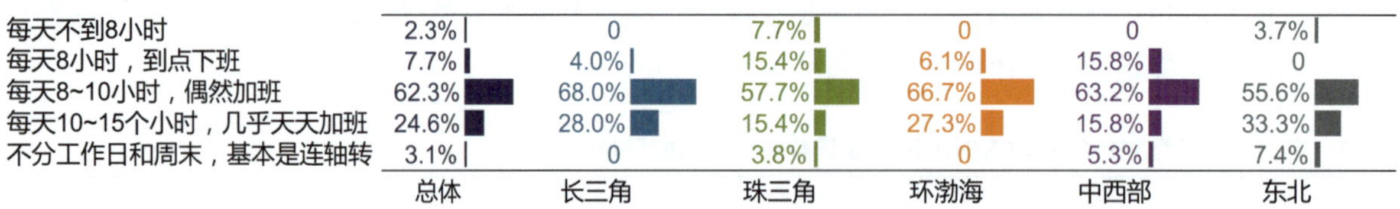

不同类型银行受访的小微金融经理人的工作强度存在差异。相较而言，城市商业银行工作强度稍低，而五大国有商业银行和股份制商业银行的工作强度则较高，各有32.4%和28.9%的受访者表示“每天10~15个小时，几乎天天加班”。对比去年的调查结果，五大国有商业银行受访者反映的工作强度比2012年要有所提高，而城市商业银行略有下降。

图 83　来自不同类型银行的受访者对总体工作强度的评价

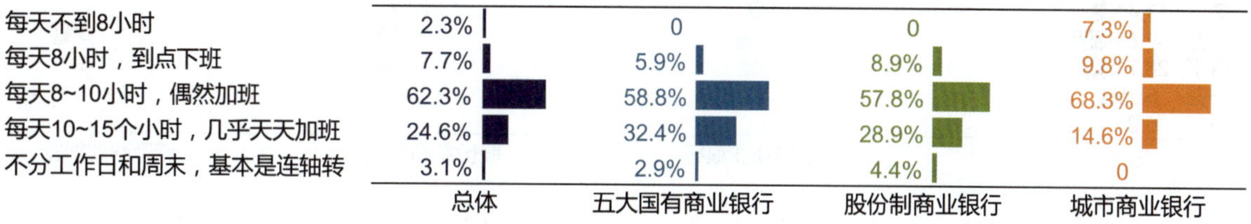

来自不同岗位的受访者中，小微企业部门负责人的工作强度超过了总体水平，受访小微企业部门负责人每天工作时间在 10 ~ 15 个小时的比例大幅高于整体比例。这反映出小微企业部门业务压力及管理工作量之大。

图 84　来自不同岗位的受访者对总体工作强度的评价

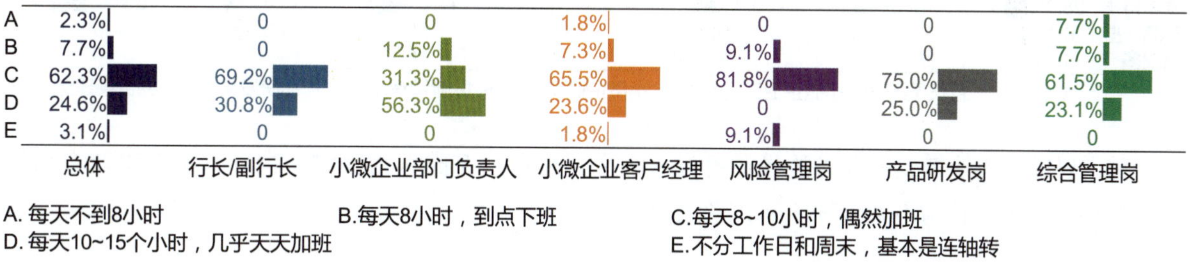

■从事小微企业金融服务收入报酬

对于小微金融经理人与主要做大中型企业客户的同事的收入水平相比较的问题，接近 6 成的受访者认为他们的收入水平低于主要做大中型企业客户的同事的收入水平，其中 17.4% 的受访者认为低很多。

来自不同地区的受访者在这一问题的差异较为明显。环渤海地区有接近 8 成的受访者认为他们的收入水平低于主要做大中型企业客户的同事。同时长三角地区有 30% 的受访者表示收入水平低很多，这一比例明显大于其他地区。

图 85　来自不同区域的受访者对从事小微企业金融服务收入报酬水平的评价

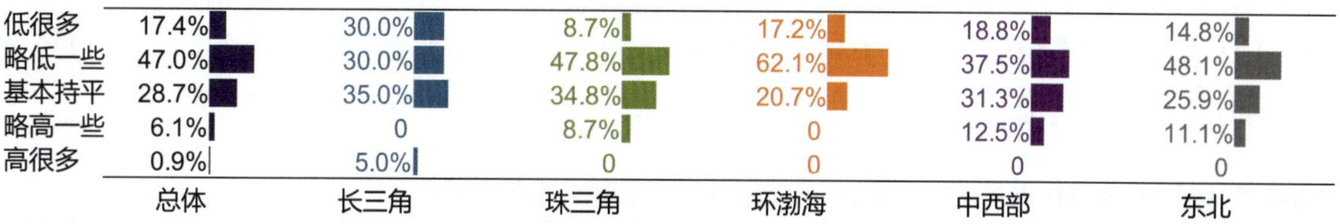

来自不同类型银行的受访者在这一问题上也存在差异。五大国有商业银行有 25% 的受访者认为收入水平与主要做大中型企业客户的同事相比低很多，持这一观点比例明显高于其他两类银行；而股份制商业银行和城市商业银行有少部分受访者认为收入水平略高一些。

图 86　来自不同类型银行的受访者对从事小微企业金融服务收入报酬水平的评价

来自不同岗位的受访者对于上述问题的看法存在些许的不同。小微企业客户经理中，认为他们的收入低于对公同事的受访者占比最高；相反的，小微企业部门负责人中，认为他们的收入低于对公同事的受访者占比最低。而其他岗位的看法与总体看法的差异不是很明显。

图 87　来自不同岗位的受访者对从事小微企业金融服务收入报酬水平的评价

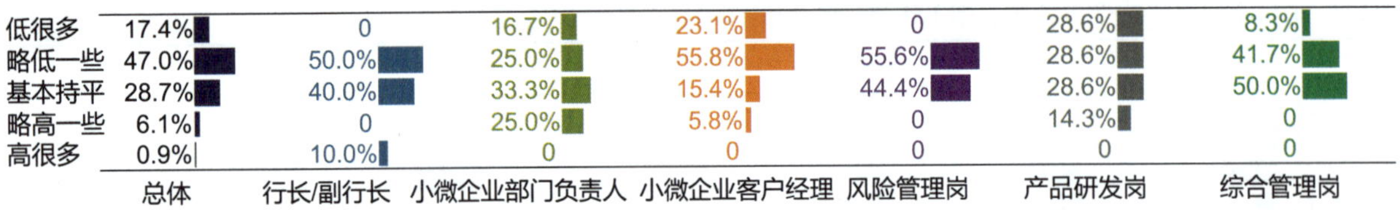

对于目前从事小微企业业务的受访者收入水平，有超过 5 成认为报酬不合理，比去年调查结果略有上升，其中，认为不太合理的受访者比例显著上升。

图 88　受访者对从事小微企业金融服务收入报酬合理性的评价

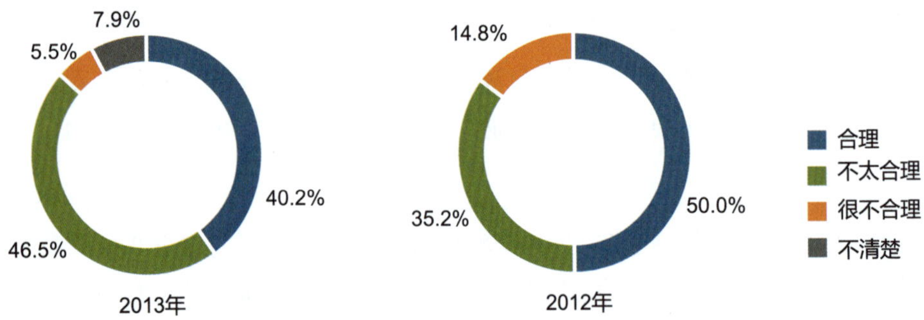

将受访者认为收入是否合理这一特征与受访者其他信息结合，我们发现五大国有商业银行的受访者认为收入合理的比例最低，同时认为不合理的比例最高；而股份制商业银行受访者认为收入合理的比例最高，同时认为不合理的比例最低。值得一提的是，来自于支行的受访者相较于总行和分行，更倾向于认为其报酬不合理；来自于环渤海地区的受访者相较于其他区域，更倾向于认为其报酬不合理；同时来自于东北地区的受访者相较于其他区域，更倾向于认为其报酬合理。

图 89　来自不同类型银行的受访者对从事小微企业金融服务收入报酬合理性的评价

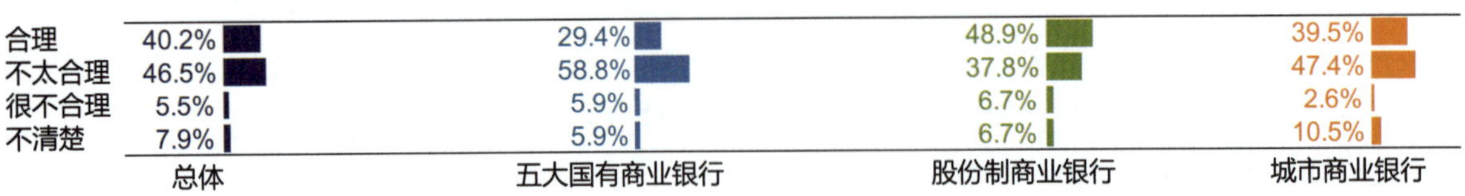

图 90　来自不同类型机构的受访者对从事小微企业金融服务收入报酬合理性的评价

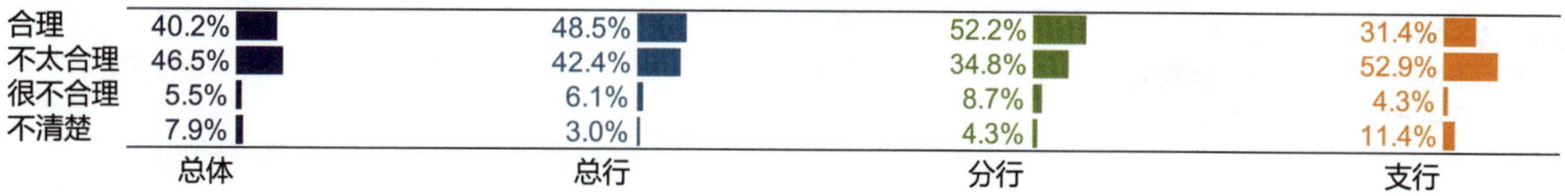

图 91　来自不同区域的受访者对从事小微企业金融服务收入报酬合理性的评价

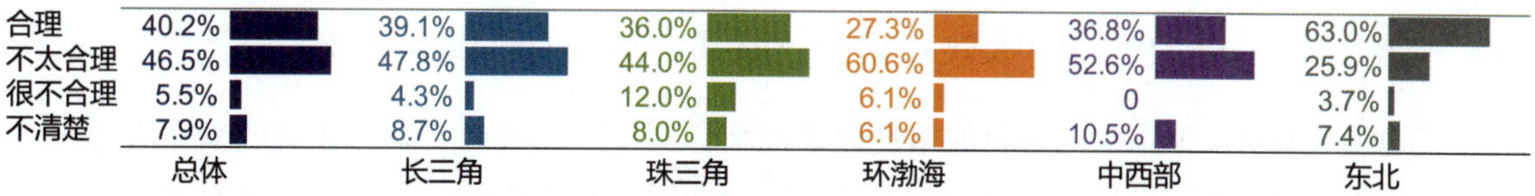

我们还对小微经理人收入水平状况和报酬合理性评价做了交叉分析，发现两者高度相关。收入低的受访者倾向于认为报酬不合理，而收入高的受访者倾向于认为报酬合理。

图 92　对受访者从事小微企业金融服务收入水平与报酬合理性评价的交叉分析

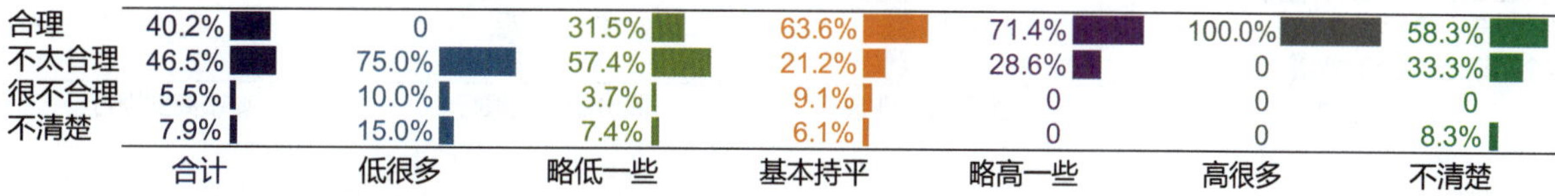

■小微企业业务的条线归属

总体而言，多数受访者表示所在银行小微企业业务部分归属公司业务线，部分归属零售业务线，一定规模以下的小微企业已划到零售业务线管理，持这一看法的受访者比例为 43.5%，而表示属于公司业务线的受访者和表示属于零售业务线的受访者各占四分之一。

来自不同类型银行的受访者反映所在银行小微企业业务的归属有所不同，来自五大国有商业银行的受访者和来自城市商业银行的受访者中，均有超过半数反映归属于公司和零售都有，一定规模以下的小微企业已划到零售业务线管理。而来自股份制商业银行的受访者中，主要反映归属于零售业务线。

图 93　来自不同类型银行的受访者对于所在银行小微企业业务的归属的评价

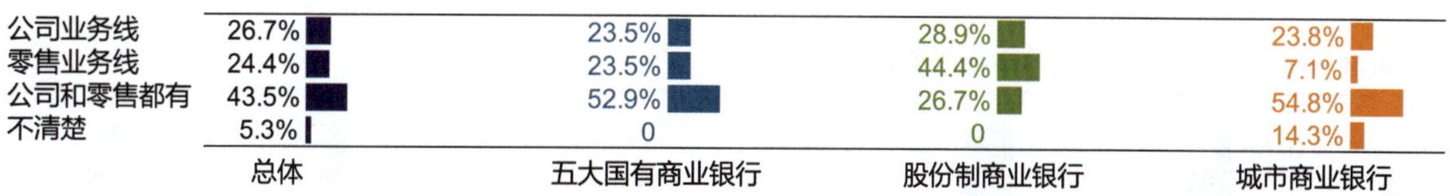

在反映小微企业业务属于公司业务线的受访者中，大多数的受访者表示小微企业业务与零售业务有一些合作，但不是很多。分银行类型来看，五大国有商业银行的观点的分布则明显异于其他两类银行，选择“没有合作联动，各干各的”以及“有很多合作与联动”的占比均是三类银行中最高的。

图 94　来自不同类型银行的受访者对小微企业业务与零售业务合作的评价

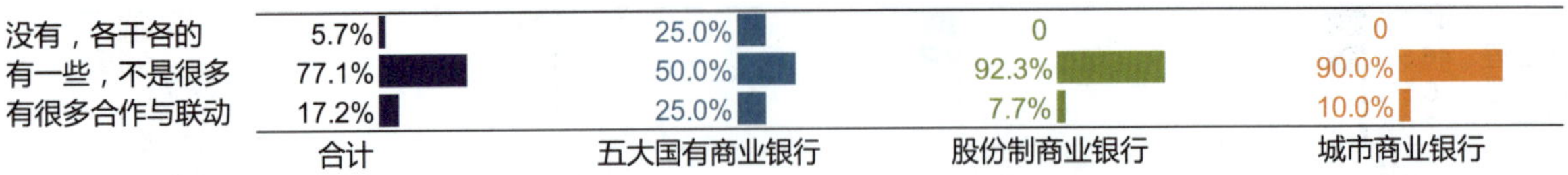

■贷款审批所需时间

银行小微企业贷款审批时间较短，超过 6 成的受访者反映所在银行小微企业贷款审批（从收齐资料起）所需时间在一周以内，其中反映一周左右的受访者占比最高，为 43.1%。

按银行类型来划分，城市商业银行的审批效率最高，所需时间最少，高达 8 成的受访者反映本行仅需一周以内的时间就可以完成审批；而五大国有商业银行和股份制商业银行仅各有 5 成和 6 成的受访者反映所在银行一周之内就能完成审批。

图 95　来自不同类型银行的受访者对贷款审批所需时间的评价

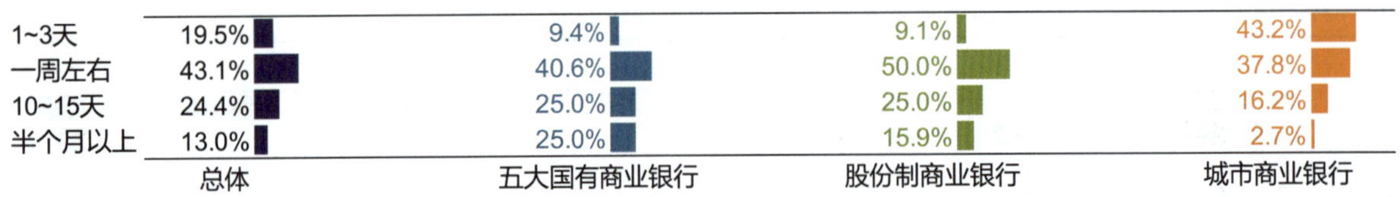

按银行机构类型来划分，总行和分行要快于支行，总行和分行有接近 3 成的受访者反映本行仅需一周以内的时间就可以完成审批。

图 96　来自不同类型机构的受访者对贷款审批所需时间的评价

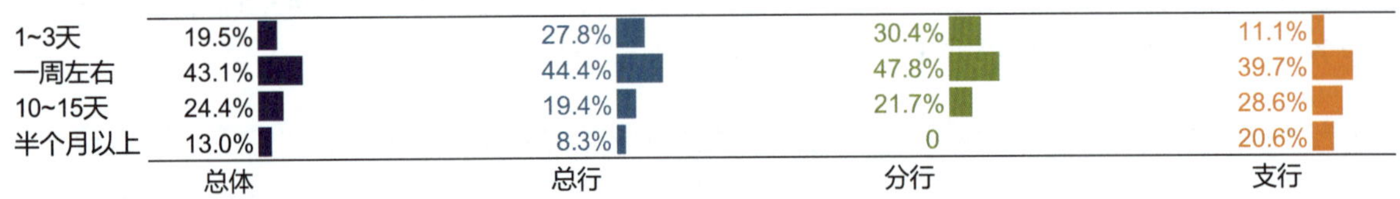

按区域来划分，长三角地区的商业银行审批效率最高，来自长三角接近 5 成的受访者反映所在银行小微企业贷款审批仅需 1～3 天，另有 5 成的受访者反映需要一周左右。相反的，中西部地区的审批效率最低，来自中西部超过 4 成的受访者反映所在银行需要 10～15 天审批小微企业贷款。除此之外，其他区域与全体样本的分布不存在显著的差异。

图 97　来自不同区域的受访者对贷款审批所需时间的评价

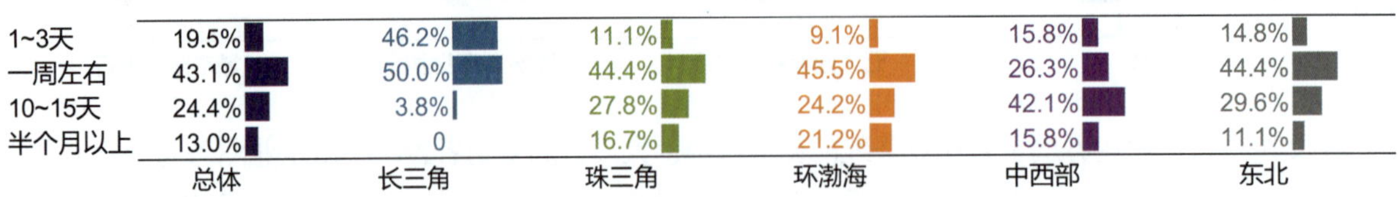

按是否为专营机构来划分，可以看出专营机构的效率相对要高于非专营机构。

图 98　来自不同类型机构的受访者对贷款审批所需时间的评价

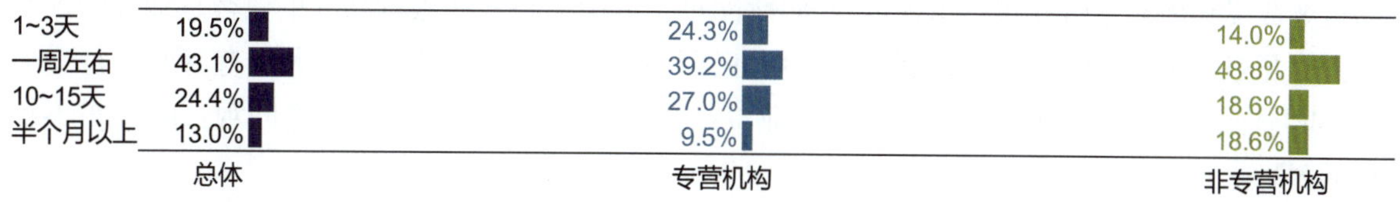

小微企业信用风险评价

当问及所在银行目前小微企业信用风险评价主要使用哪方面的数据和信息，大多数的受访者反映所在银行越来越重视多维度数据的价值，除了企业自己提供的数据，还从上下游客户、电商平台、商会、工商税务等第三方机构获取数据用于信用风险评价，同时认为“小微企业和小微企业主信息同等重要，没有特别侧重哪方面”观点的受访者比例也超过了 5 成。

图 99　受访者反映所在银行小微企业信用风险评价使用的数据和信息来源

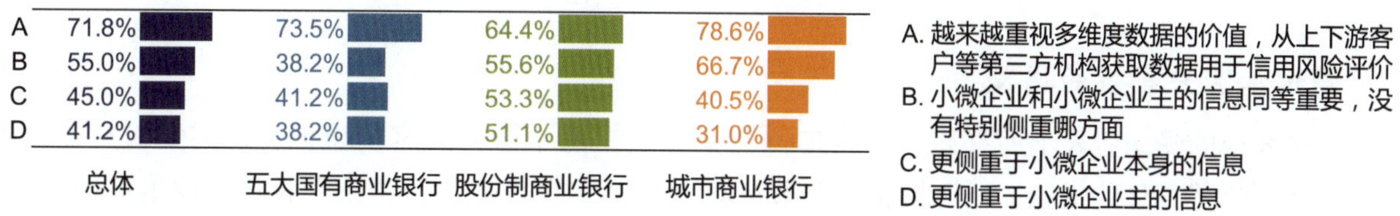

注：此问题为多选题，所有观点的比例加起来会大于 1。

在小微企业信用风险管理中使用模型这一问题上，多数受访者反映所在银行初步引入了打分卡或量化模型，但是还需结合人工作为辅助。即“已经使用打分卡，能量化的指标自动打分，不能量化的指标人工打分，以综合得分为依据作判断”和“已经针对特定的小微客户群建立了量化模型，但部分客户的评分结果仍需要人工调整”。这表明商业银行对小微企业信用风险的管理正逐步从单凭经验判断向指标化和模型化过渡。但仅有不到 2 成的受访者反映所在行已经可以利用量化模型对特定的小微客户群实现自动的信用评分和批量审批。

来自不同类型银行的受访者对于目前小微企业信用风险管理中使用模型这一问题的评价基本一致。但高达 7 成城市商业银行的受访者选择“已经使用打分卡，能量化的指标自动打分，不能量化的指标人工打分，以综合得分为依据作判断”，远远高于其他两类银行。

图 100　受访者对所在银行小微企业信用风险管理中使用模型情况的评价

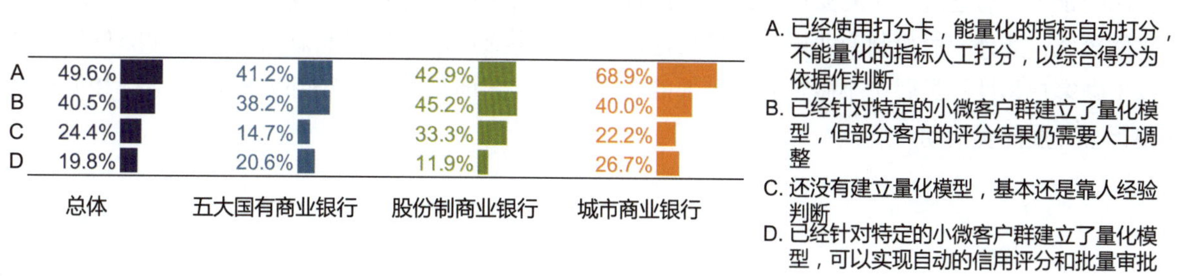

注：此问题为多选题，所有观点的比例加起来会大于 1。

■小微企业客户细分管理进展

超过 8 成受访者表示所在银行重视客户细分管理①，其中反映所在银行高度重视客户细分管理的受访者占比超过 2 成。分银行类型来看，表示所在银行重视客户细分管理的五大国有商业银行受访者的比例明显低于另外两类银行，而股份制商业银行和城市商业银行的受访者之间观点的分布不存在明显的差异。

图 101　来自不同类型银行的受访者对小微企业客户细分管理进展的评价

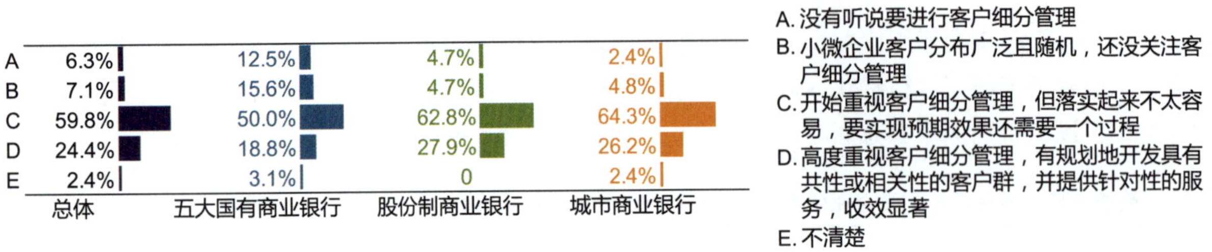

■增加客户黏性的措施

超过 8 成的受访者表示所在银行有采取一些措施来提高小微企业客户忠诚度，增强客户黏性。对于选择了哪些具体的措施，所选措施排在第一位的是“实施交叉营销，让企业和企业主更多地使用本行的金融产品和服务”；排在第二位的是“完善网络银行等服务，提供更好的客户体验”；第三位是“提供其他业务优惠（如理财、结算业务）”。此外按所选比例从大到小依次是“针对重点小微企业客户推出 VIP 服务”、“提供贷款费率优惠”、“适当降低贷款条件”、“建立小微企业俱乐部等组织，定期开展活动”。

按银行类型划分，在“实施交叉营销，让企业和企业主更多地使用本行的金融产品和服务”这一措施上，来自五大国有商业银行的受访者选中的比例明显高于股份制商业银行和城市商业银行，这与我们在银行从事小微企业业务的动力来源中发现的五大国有商业银行倾向于交叉营销是一致的；在“完善网络银行等服务，提供更好的客户体验”这一措施上，五大国有商业银行的受访者选中此项的比例远低于股份制商业银行和城市商业银行的。这表明在网络银行客户体验上，来自五大国有商业银行的受访者表现出来的重视比例没有其他两类银行那样高；而提供其他业务优惠（如理财、结算业务）这一措施上，五大国有商业银行受访者选中的比例明显低于股份制商业银行和城市商业银行；“针对重点小微企业客户推出 VIP 服务”这一措施均为股份制商业银行和城市商业银行所青睐，两类银行均有超过一半的受访者选中了此项，而五大国有商业银行的受访者对于此项措施选中的比例较低；此外，股份制商业银行相较其他两类银行明显倾向于提供贷款费率优惠和降低贷款条件以增强客户黏性；最后，小微企业俱乐部的普及率不高，而且也仅仅是部分股份制银行和城市商业银行会开展此类活动。

① 包括“开始重视客户细分管理，但落实起来不太容易，要实现预期效果还需要一个过程”和“高度重视客户细分管理，有规划地开发具有共性或相关性的客户群，并提供针对性的服务，收效显著”。

图 102 来自不同类型银行的受访者对所在银行增加客户黏性措施的评价

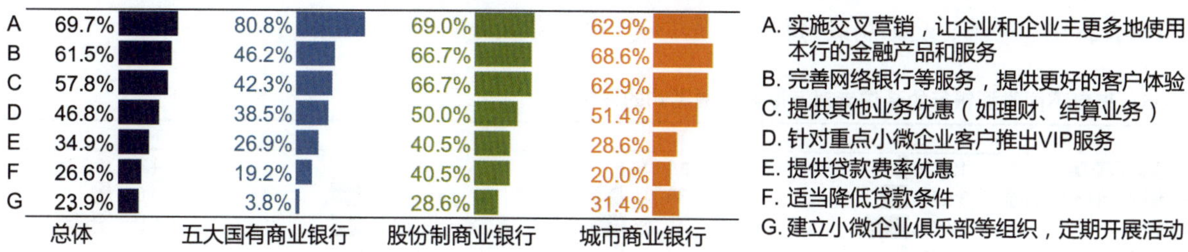

注：此问题为多选题，所有观点的比例加起来会大于 1。

■利率市场化的影响

2013 年超过 9 成受访者感觉到了利率市场化对商业银行的影响。其中，超过 5 成的受访者表示有感觉，但不太明显，仅有不到 4 成的受访者感受明显或很明显。

按银行类别划分受访者来看，股份制商业银行的受访者表示感觉明显或很明显的比例大幅高于其他两类银行，合计超过一半。换句话说，股份制商业银行更明显地感受到了利率市场化带来的影响。

图 103 来自不同类型银行的受访者对利率市场化影响的评价

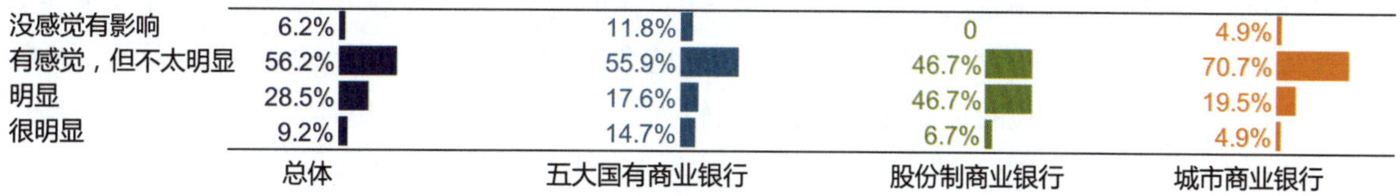

按区域划分受访者来看，环渤海地区有接近 5 成的受访者表示感觉明显或很明显，这一比例大幅高于其他地区。来自中西部地区受访者对于利率市场化影响的感觉最不明显，仅有 2 成多一点的受访者表示感觉明显或很明显。表示感觉明显或很明显的人数的比例从高到低排序，依次是环渤海地区（48.5%）、珠三角地区（38.4%）、东北地区（37%）、长三角地区（36%）、中西部地区（21%）。

图 104 来自不同区域的受访者对利率市场化影响的评价

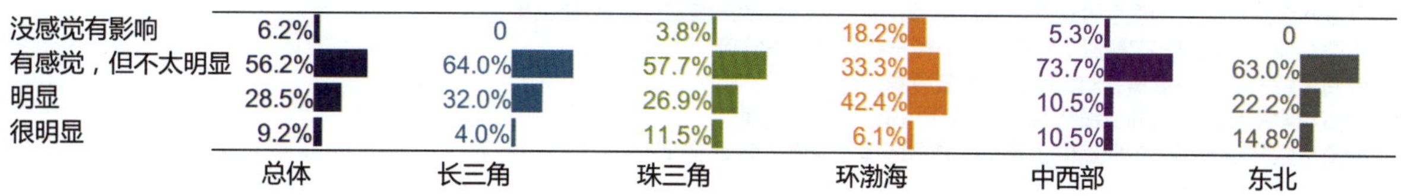

■互联网金融的影响

接近 9 成受访者感觉到了互联网金融对商业银行的影响。其中，超过 5 成受访者表示这一影响明显或很明显。这表明多数受访者明显感觉到了互联网金融对商业银行的影响，这比利率市场化的影响明显了不少。

来自不同银行的受访者看法不尽相同。城市商业银行有超过 6 成的受访者认为互联网金融对商业银行影响明显或很明显，显著高于五大国有商业银行和股份制商业银行，表明在互联网金融带来的金融普惠化趋势下，受影响最为明显的是主做小微企业业务的城市商业银行。

图 105　来自不同类型银行的受访者对互联网金融影响的评价

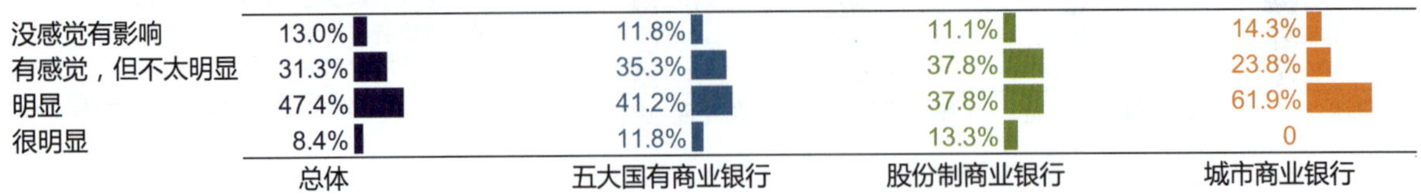

而根据不同区域受访者的反映，大部分区域的受访者有接近或超过 6 成的比例认为互联网金融对商业银行影响明显或很明显。仅珠三角和东北地区稍低。

图 106　来自不同区域的受访者对互联网金融影响的评价

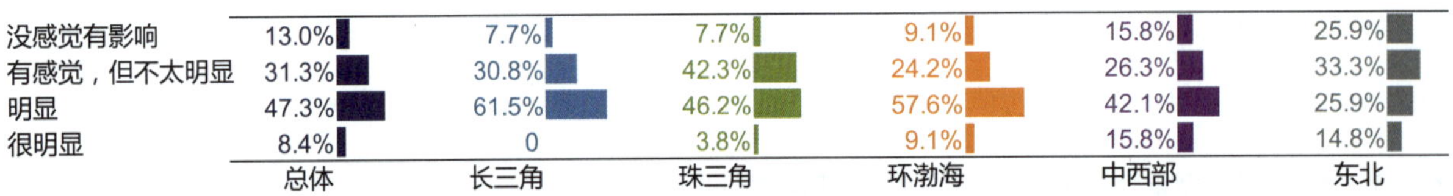

针对感受到互联网金融影响的受访者，我们进一步具体询问了互联网金融给商业银行带来了哪些影响。调查结果显示，排在第一位的是“互联网企业推出的余额宝等理财产品对小微企业及小微企业主储蓄存款产生分流”；排在第二位的是“理念上的冲击较大，商业银行不得不更加注重小微企业的客户体验”；排在第三位的是“小微企业可以通过 P2P 融资，对银行的小微贷款客户产生分流”。

图 107　来自不同类型银行的受访者对互联网金融给商业银行带来具体影响的评价

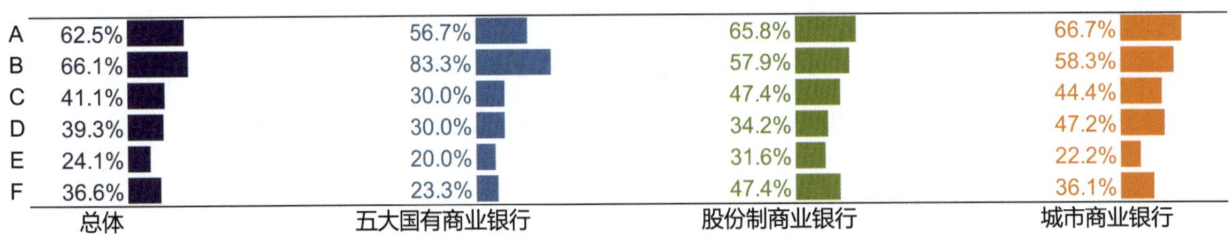

A. 理念上的冲击较大，商业银行不得不更加注重小微企业的客户体验
B. 互联网企业推出的余额宝等理财产品对小微企业及小微企业主储蓄存款产生分流
C. 小微企业可以通过P2P融资，对银行的小微贷款客户产生分流
D. 电商金融提供的小额贷款对银行的小微贷款客户产生分流
E. 融资搜索平台能够为商业银行带来更多的小微企业客户增量
F. 融资搜索平台为小微企业提供了更多的融资选择，促进了商业银行之间竞争

注：此问题为多选题，所有观点的比例加起来会大于 1。

来自不同类型商业银行的受访者对于互联网金融带来的具体影响认识有一定差异。五大国有商业银行受访者中，选择“互联网企业推出的余额宝等理财产品对小微企业及小微企业主储蓄存款产生分流”的比例超过 8 成，这一比例显著高于其他两类银行，表明相较其他两类银行，五大国有商业银行由于存款产品缺乏吸引力，客户黏性不够，在余额宝等互联网理财产品的冲击下，银行存款被较为显著地分流。而相比互联网金融对存款端的影响，五大行受访者感知互联网金融对贷款端的影响（即对小微贷款客户的分流）明显不如其他两类银行。

股份制商业银行超过6成的受访者选择了“理念上的冲击较大，商业银行不得不更加注重小微企业的客户体验”；排在第二位的才是“互联网企业推出的余额宝等理财产品对小微企业及小微企业主储蓄存款产生分流”，值得一提的是，还同时有接近一半的股份制商业银行的受访者选中了“小微企业可以通过P2P融资，对银行的小微贷款客户产生分流”和“融资搜索平台为小微企业提供了更多的融资选择，促进了商业银行之间竞争”，表明股份制商业银行的受访者更倾向于认为互联网金融正在多个方面对商业银行产生影响。

与股份制商业银行类似，城市商业银行的受访者也持有基本相同的观点。略有不同的是，“电商金融提供的小额贷款对银行的小微贷款客户产生分流”这一观点在城市商业银行的受访者中被选中比例排在第三位，明显高于股份制商业银行和五大国有商业银行，这表明除了互联网金融对商业银行的共性影响外，“电商金融提供的小额贷款对银行的小微贷款客户产生分流”这一现象在城市商业银行的客户中更为普遍。

根据不同区域受访者的反映，互联网理财产品对小微金融储蓄的分流在全国都较为普遍，其中长三角和环渤海地区得影响相对更大，而在东北的影响要小一些；P2P网贷平台对于小微贷款客户的分流，东北地区比较多，珠三角地区则较少；电商金融对于小微贷款客户的分流，长三角地区的情况较突出；东北地区认同融资搜索平台为银行带来客户增量的受访者占比4成，明显高于全国其他地区；值得一提的是中西部和东北地区的受访者选中“融资搜索平台为小微企业提供了更多的融资选择，促进了商业银行之间竞争”的比例明显高于比其他地区。这个调查结果显示P2P网贷以及融资搜索平台这类互联网金融业态在东北和中西部的影响程度比其他地区相对更大。

图108　来自不同区域的受访者对互联网金融给商业银行带来具体影响的评价

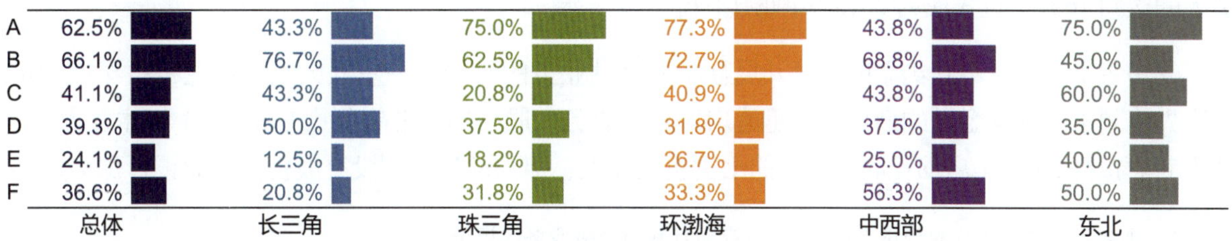

A. 理念上的冲击较大，商业银行不得不更加注重小微企业的客户体验
B. 互联网企业推出的余额宝等理财产品对小微企业及小微企业主储蓄存款产生分流
C. 小微企业可以通过P2P融资，对银行的小微贷款客户产生分流
D. 电商金融提供的小额贷款对银行的小微贷款客户产生分流
E. 融资搜索平台能够为商业银行带来更多的小微企业客户增量
F. 融资搜索平台为小微企业提供了更多的融资选择，促进了商业银行之间竞争

注：此问题为多选题，所有观点的比例加起来会大于1。

但是再进一步具体到融资搜索平台，我们询问受访者所在银行2013年与融资搜索平台开展合作的情况。接近8成的受访者表示还没接触过或不清楚。说明融资搜索平台对商业银行的渗透还十分有限。其中，23.5%的五大国有商业银行的受访者表示所在银行与融资搜索平台有过接触，但表示进一步开始了合作的比例仅为 2.9%；股份制商业银行则表现得相对更为开放，有 24.4% 的股份制商业银行的受访者表示所在银行与融资搜索平台有过接触，表示进一步开始了合作的比例为 13.3%；而城市商业银行的受访者中，表示还没接触或不清楚的占比超过 8 成，是三类银行中最高的。

图 109　来自不同类型银行的受访者对所在银行 2013 年与融资搜索平台开展合作情况的评价

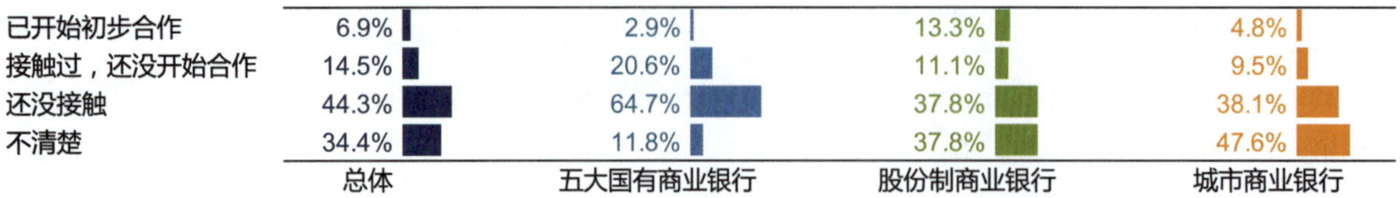

为数不多的合作中，超过 4 成受访者反映合作非常好或较好，为银行带来了不少客户。值得注意的是，一半多的受访者反映合作效果一般，平台导流过来的客户最后通过审批的比例不高。

图 110　受访者对银行与融资搜索平台开展合作效果的评价

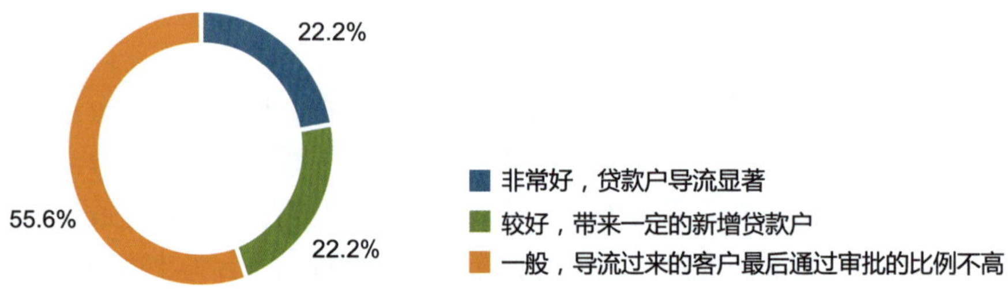

■互联网金融方面的动作

4 成以上的受访者表示所在银行 2013 已启动互联网金融业务，其中 2012 年启动且 2013 年动作更大的达到 16%，近 3 成为 2013 年刚刚启动。

受访者反映出来不同类型的银行开展互联网金融业务的快慢不一。五大国有商业银行早在 2012 年率先嗅到了互联网金融的商机，并迅速启动相关业务。股份制商业银行则是在 2013 年才发力。而城市商业银行 2013 年启动互联网金融的比例也在加大，但启动的比例没有股份制商业银行那么多。

图 111　来自不同类型银行的受访者对 2013 年启动互联网金融业务的评价

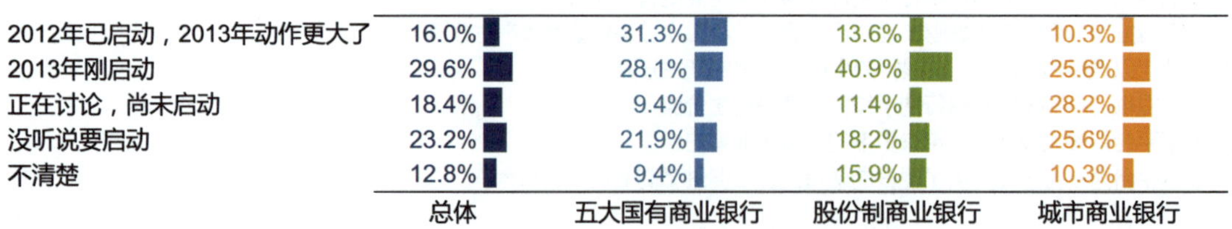

■社区金融方面的动作

接近 5 成的受访者表示所在银行 2013 年刚启动社区金融业务，另有接近 2 成正在讨论。来自不同类型银行的受访者对于本行在社区金融业务的情况反映存在明显差异。表示所在银行 2013 年刚启动社区金融业务的受访者占比，股份制商业银行明显高于城市商业银行，而城市商业银行又大幅高于五大国有商业银行。

图 112　来自不同类型银行的受访者对所在银行 2013 年启动社区金融业务的评价

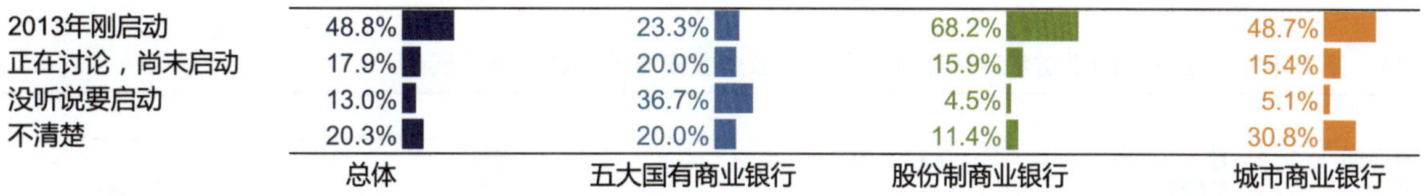

四、 2014 年小微企业金融服务市场发展展望

（一）所在银行小微企业金融服务展望

■对小微企业业务的重视程度

超过 8 成受访者预期 2014 年所在银行对小微企业业务重视程度将增加，其中预期会显著增加的受访者达到 3 成。三类银行中，五大行和股份制商业银行的受访者预期相近，城市商业银行的受访者预期重视度增加的比例接近 9 成，是三类银行中最高的，但同时预期显著增加的比例明显低于其他两类银行。

图 113　来自不同类型银行的受访者对所在银行未来小微企业业务受重视程度的展望

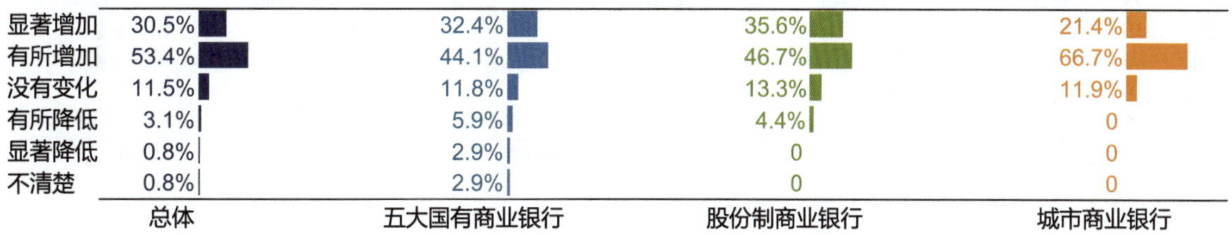

不同区域的受访者中，都有接近或超过 8 成预期所在银行对小微企业业务重视程度将增加，但不同地区受访者的观点分布存在差异。相对而言，来自中西部和东北地区的受访者预期重视程度增加的比例要高于其他区域。

图 114　来自不同区域的受访者对所在银行未来小微企业业务受重视程度的展望

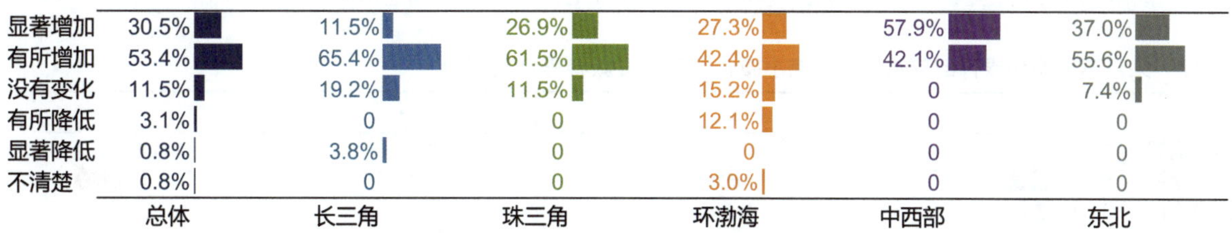

■对小微企业安排的贷款额度

超过 7 成受访者预期 2014 年所在银行对小微企业安排的贷款额度将增加，其中，预期显著增加

的受访者占比接近 2 成。从银行类型来看，城市商业银行的受访者的观点显著地异于其他类型的银行。有 9 成城市商业银行的受访者预期所在行为小微企业安排的贷款额度将增加，是三类银行中最高的，但同时预期显著增加的比例明显低于其他两类银行。这表明来自城市商业银行的受访者更倾向于预期本行的贷款额度将增长，但在预期增长的显著度上低于其他两类商业银行。

图 115　来自不同类型银行的受访者对所在银行未来小微企业安排的贷款额度的展望

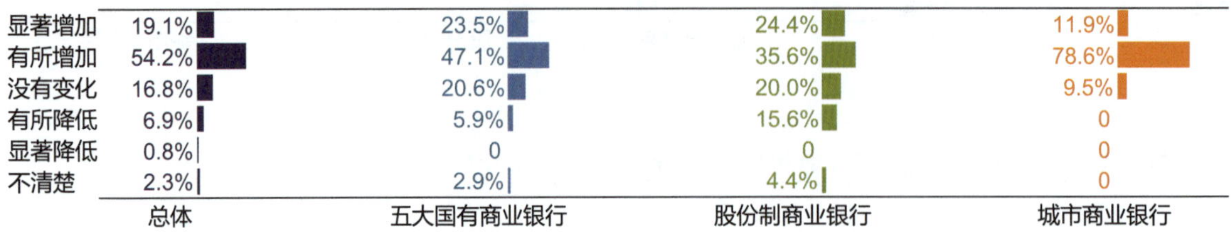

从区域类型来看，不同地区的受访者中，大部分受访者预期所在银行对小微企业安排的贷款额度将增加，但增加程度不一致。长三角地区的受访者在这一问题上的观点异于其他区域，所有地区认为额度将显著增加的受访者的比例均超过了 15%，而长三角地区仅有 3.8% 的受访者认为额度将显著增加，显著低于其他地区。珠三角和东北各有接近 3 成的受访者认为额度将显著增加，这一比例高于其他区域。

图 116　来自不同区域的受访者对所在银行未来小微企业安排的贷款额度的展望

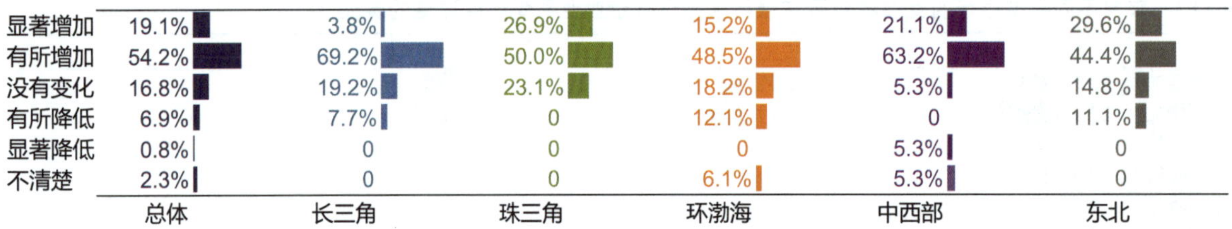

■对小微企业不良贷款的容忍度

预期所在银行 2014 年对小微企业不良贷款的容忍度将上升的受访者占比为 55.8%。从不同银行类别来看，超过 4 成的五大国有商业银行的受访者预期所在银行对小微企业不良贷款的容忍度将会增加，这一比例低于股份制商业银行和城市商业银行，而且还有 2 成的五大行受访者预期不良贷款容忍度会下降。城市商业银行认为容忍度将增加的比例与股份制商业银行基本相同，但是程度却不一样，城市商业银行受访者预期容忍度将显著增加的比例明显低于股份制商业银行。

图 117　来自不同类型银行的受访者对未来小微企业不良贷款容忍度的展望

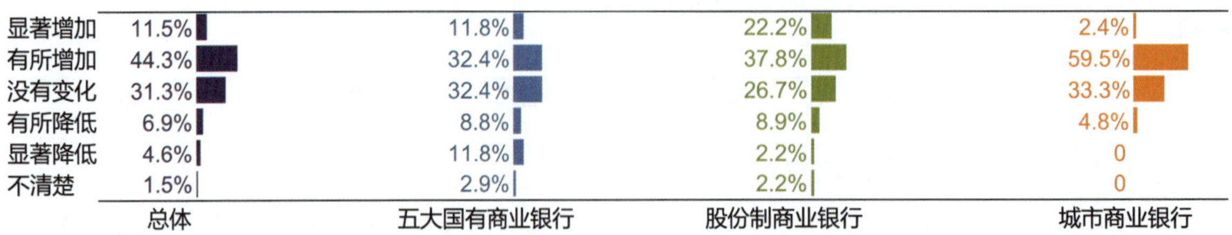

从不同区域类别来看，不同地区的受访者对于容忍度的预期完全不一致，按预期增加的比例来排名，从高到低依次是东北地区（74.1%）、珠三角地区（65.4%）、长三角地区（50%）、中西部地区（47.4%）、环渤海地区（42.4%）。而来自环渤海地区、中西部地区和东北地区的受访者还有15%左右的受访者预期容忍度将下降，显著高于长三角和珠三角地区。

图 118　来自不同区域的受访者对未来小微企业不良贷款容忍度的展望

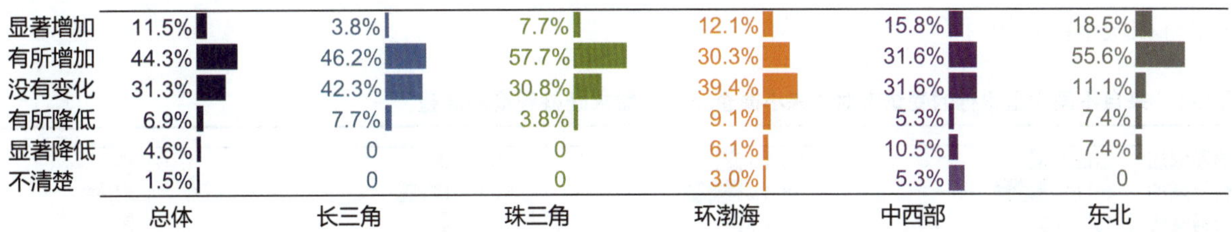

与重视程度和安排贷款额度的预期相对乐观不同的是，对小微企业不良贷款容忍度变化的预期不那么集中，而且不同类型银行和不同区域的受访者观点分化也更为明显。这在一定程度上反映出商业银行在经济增速放缓，不良贷款增加的环境中发展小微企业金融服务所面临的抉择并不轻松。

■承担的小微企业贷款业绩压力

超过9成的受访者预期2014年自己所承担的小微企业贷款业绩压力将比2013年增加，不同类型银行受访者对业绩压力的预期有一定差异。城市商业银行的受访者中，预期小微企业贷款业绩压力显著增加的占比明显低于其他两类银行。

图 119　来自不同类型银行的受访者对未来承担的小微企业贷款业绩压力的展望

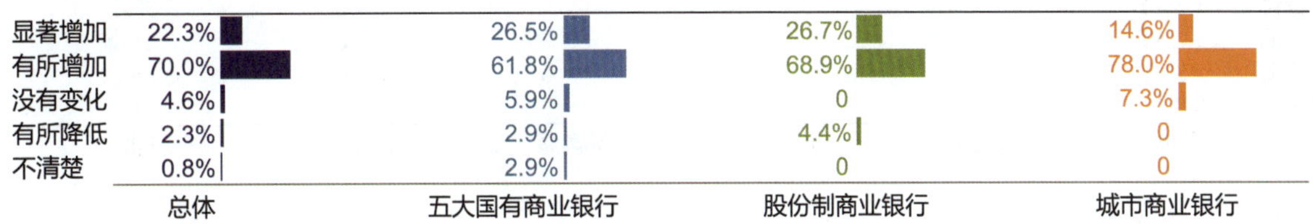

不同区域的受访者对业绩压力的预期有一定差异。中西部和东北地区的受访者预期小微企业贷款业绩压力显著增加的占比明显高于其他地区。

图 120　来自不同区域的受访者对未来承担的小微企业贷款业绩压力的展望

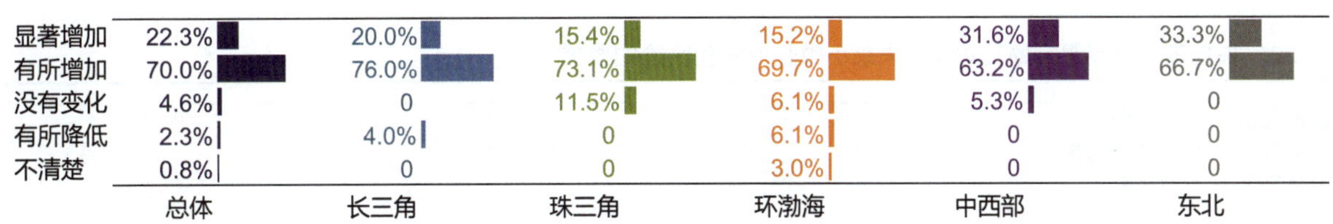

（二）小微企业金融服务市场发展展望

■小微企业贷款需求旺盛程度

8 成受访者预期 2014 年小微企业贷款需求旺盛程度将增加，其中预期需求将显著增加的受访者比例达到 2 成。分银行类型来看，接近 9 成五大国有商业银行的受访者预期 2014 年小微企业贷款需求旺盛程度将增加，其中高达 3 成的受访者预期旺盛程度将显著增加，这一比例明显高于股份制商业银行和城市商业银行。

图 121　来自不同类型银行的受访者对未来小微企业贷款需求旺盛程度的展望

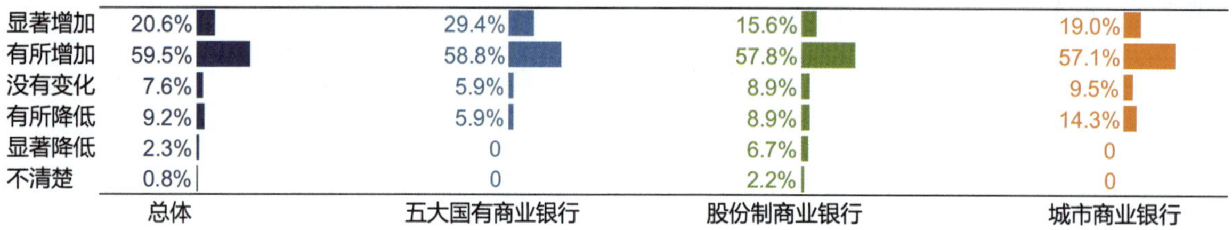

来自不同区域的受访者对于 2014 年小微企业贷款需求旺盛程度的预期存在差异。长三角的受访者预期需求增加的比例不到 6 成，并且没有一位受访者预期需求会显著增加，明显低于其他区域，还有 26.9% 的受访者预期需求会降低。环渤海、珠三角和中西部地区类似，有接近或超过 9 成的受访者预期需求旺盛程度将增加，明显高于长三角和东北地区。

图 122　来自不同区域的受访者对未来小微企业贷款需求旺盛程度的展望

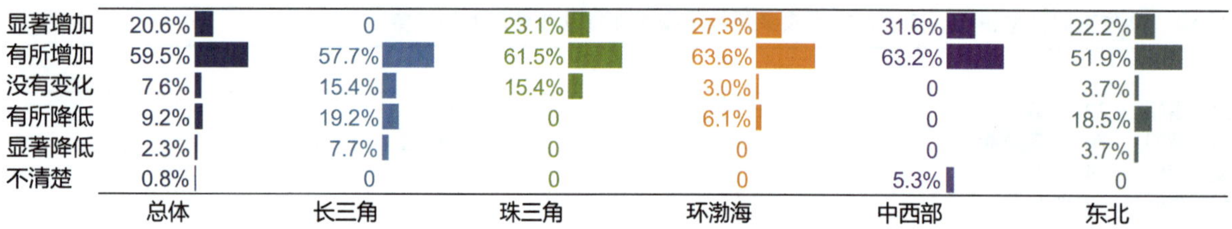

■小微企业贷款风险状况

受访者对 2014 年小微企业贷款风险的预期普遍偏负面，接近 9 成的受访者预期小微企业贷款风险将增加，其中预期会显著增加的受访者超过 2 成。

按银行类型来划分受访者，股份制商业银行和城市商业银行有约 9 成的受访者预期 2014 年小微企业贷款风险将增加，明显高于五大国有商业银行。其中接近 3 成股份制商业银行的受访者预期贷款风险将显著增加，高于其他两类银行。

图 123　来自不同类型银行的受访者对未来小微企业贷款风险的展望

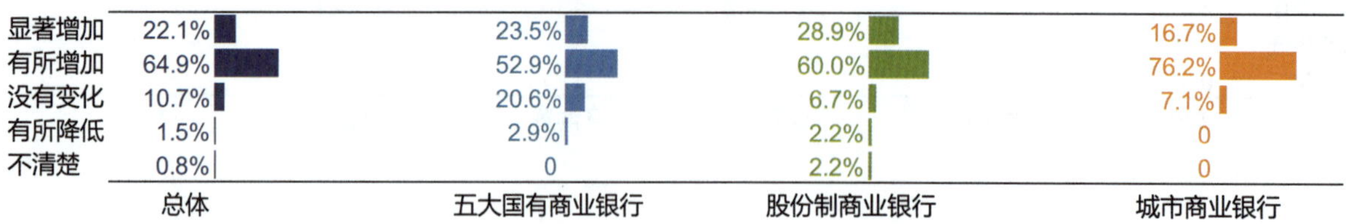

按区域类别来划分受访者，长三角地区接近全部的受访者预期小微企业贷款风险将增加，是所有区域中比例最高的。而比例最低的是中西部地区，有不到8成的受访者预期风险将增加。

图124　来自不同区域的受访者对未来小微企业贷款风险的展望

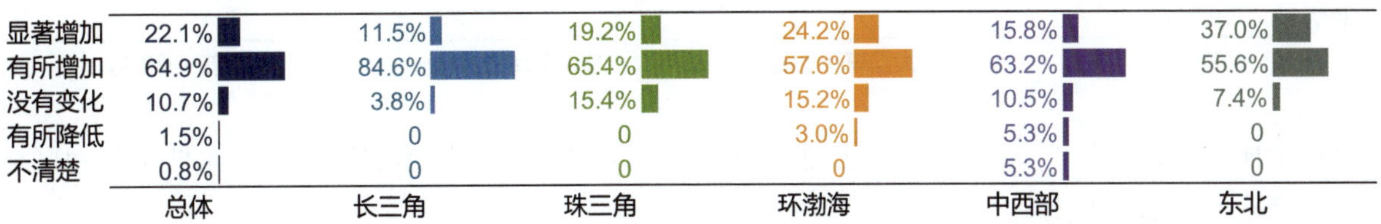

■小微企业贷款利率水平

超过7成受访者预期2014年小微企业贷款利率水平将会上升。分银行类型来看，五大国有商业银行和城市商业银行的受访者关于贷款利率水平的预期是基本一致的。超过2成股份制商业银行的受访者预期小微企业贷款利率水平将显著增加，这一比例明显高于其他两类银行。

图125　来自不同类型银行的受访者对未来小微企业贷款利率水平的展望

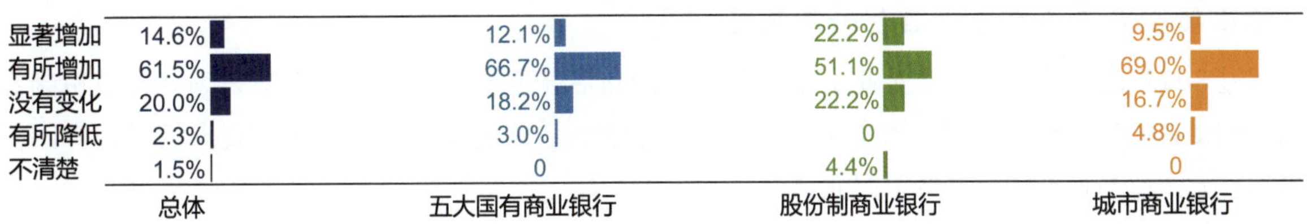

来自不同区域受访者的预期呈现差异。来自珠三角、环渤海和东北地区的受访者预期基本一致，这些地区有接近或超过8成的受访者预期小微企业贷款利率水平将上升。而长三角和中西部地区的受访者中，预期利率水平上升的比例明显低于上述区域。

图126　来自不同区域的受访者对未来小微企业贷款利率水平的展望

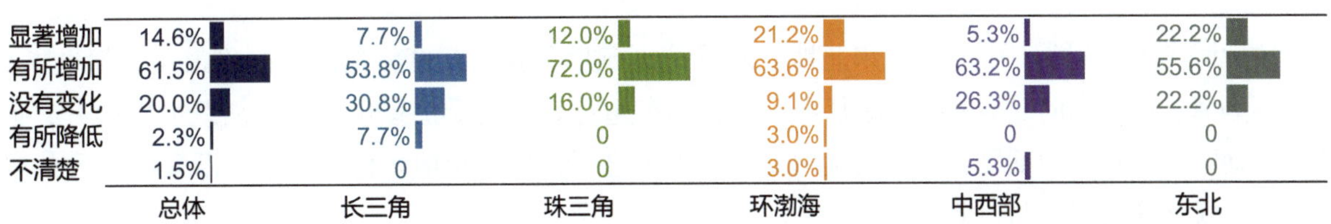

■小微企业金融市场服务竞争程度

受访者普遍预期2014年小微企业金融服务市场竞争激烈程度将会增加，持这一观点的受访者的比例超过9成，其中认为竞争激烈程度将显著增加的受访者比例达到26.7%。按银行类型来划分，股份制商业银行接近全部的受访者预期竞争激烈程度将增加，高于五大国有商业银行的和城市商业银行。由此可以看出，股份制商业银行的小微金融经理人对市场竞争激烈的感知相对更为强烈。

图 127　来自不同银行的受访者对小微企业金融市场服务竞争程度的展望

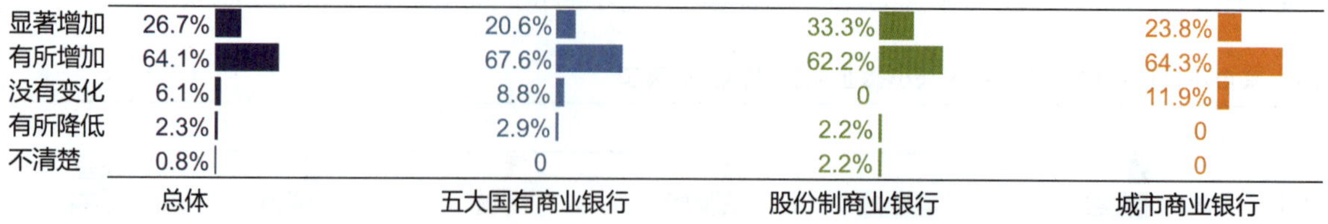

按地域类别来划分，长三角地区预期小微企业金融竞争程度会增加的受访者占比低于其他区域持这一看法的受访者的比例。

图 128　来自不同区域的受访者对未来小微企业金融市场服务竞争程度的展望

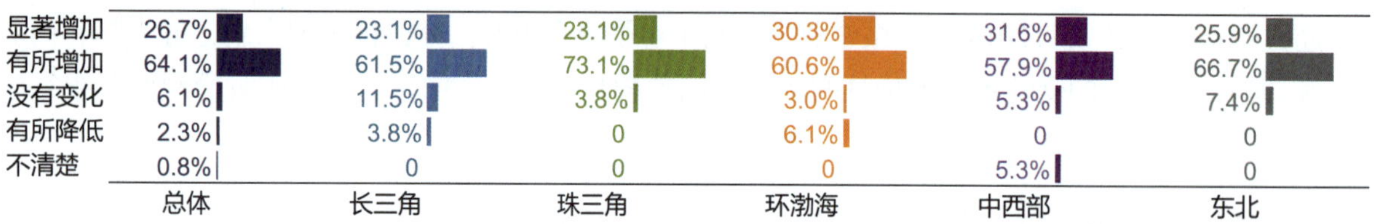

■小微企业金融服务产品创新活跃度

超过 8 成的受访者预期小微企业金融服务产品创新活跃度增加。按银行类型来划分，股份制商业银行的受访者更倾向于预期小微企业金融服务产品创新活跃度将提高，持这一观点的受访者比例明显高于五大国有商业银行和城市商业银行。

图 129　来自不同类型银行的受访者对未来小微企业金融服务产品创新活跃度的展望

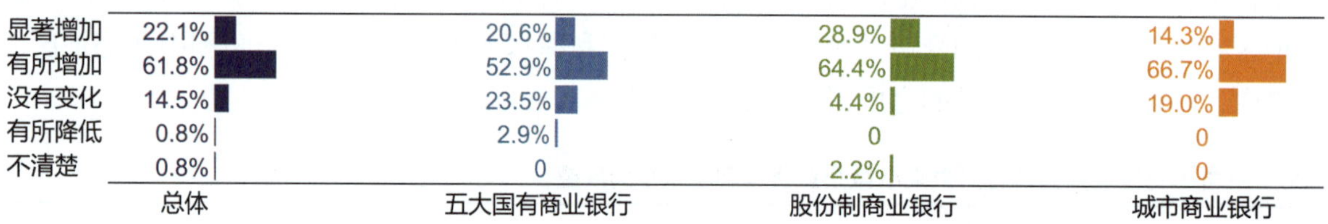

按地域类型来划分，中西部和东北地区的受访者预期创新活跃度将增加的比例最高，超过了 9 成；环渤海、珠三角的受访者的看法基本一致，均有超过 8 成的受访者预期创新活跃度将提升，但环渤海地区的受访者预期显著增加的比例更大。相比之下，长三角地区预期创新活跃度将上升的受访者占比仅略超 7 成，明显低于其他区域。

图 130　来自不同区域的受访者对未来小微企业金融服务产品创新活跃度的展望

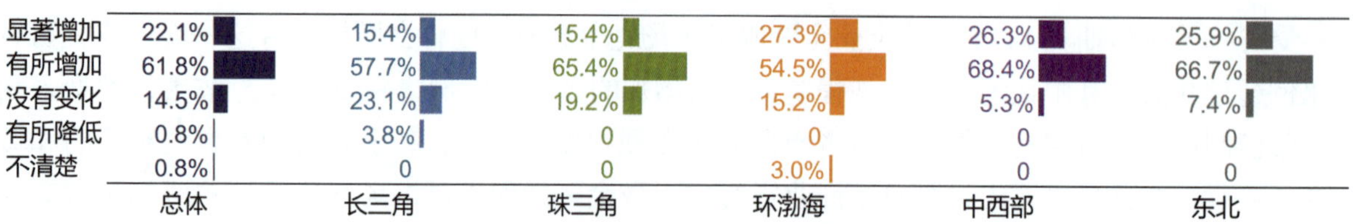

■小微企业金融产品研发创新情况

对于未来3年商业银行小微企业金融产品的研发创新方向，2013年的调查与2012年相比，存在较大的不一致。围绕商圈、产业链开发的信贷产品以及网络融资产品是两年调查受访者共同认为的产品研发创新方向，但去年被选中排在第三位的"综合金融服务"，今年已经跌到倒数第二位，被"纯信用贷款产品"所替代。此外考虑到互联网金融的影响，今年调查增加了"基于移动终端的小微金融服务APP"和"小微企业现金管理产品"两个选项，选择这两个选项的受访者比例也都超过了2成。

图131　受访者对未来小微企业金融产品研发创新情况的展望

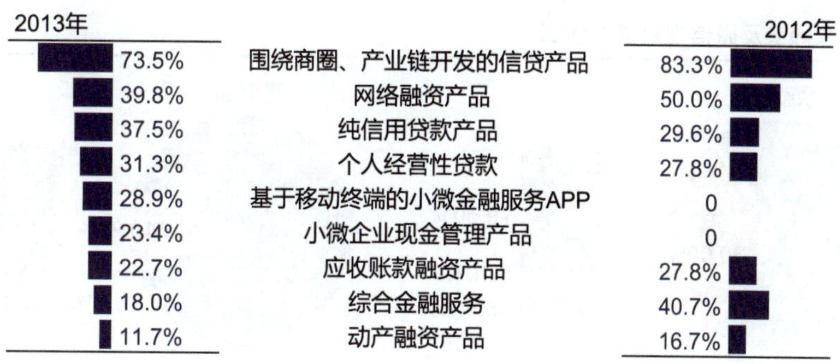

注：①对于2012年的调查，没有关于"基于移动终端的小微金融服务APP"和"小微企业现金管理产品"的选项，故比例为零。

②此问题为多选题，所有观点的比例加起来会大于1。

来自不同类型银行的受访者一致看好围绕商圈、产业链开发的信贷产品。除此之外，五大国有商业银行的受访者还倾向于预期网络融资产品和应收账款融资是未来3年的一个创新方向；股份制商业银行的受访者则倾向于纯信用产品和个人经营性贷款；而城市商业银行的受访者还倾向于预期网络融资产品和纯信用贷款是未来3年的一个创新方向。

图132　来自不同类型银行的受访者对未来小微企业金融产品研发创新情况的展望

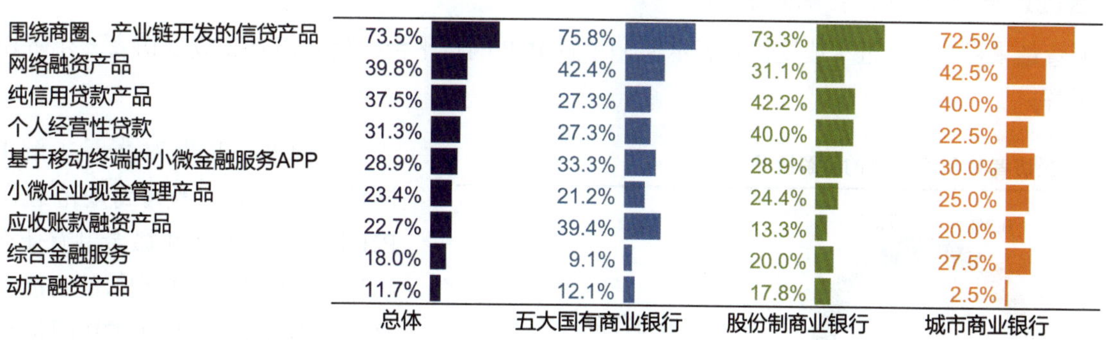

注：此问题为多选题，所有观点的比例加起来会大于1。

（三）对互联网金融及社区金融的展望

■使用互联网金融理财工具的情况

在接受调查的小微金融经理人中，30%的受访者目前在使用阿里余额宝，10.2%的受访者目前已经在使用微信理财通，比例并不及想象的高。但是，在问及未来是否会继续使用时，使用余额宝的受访者有79.5%表示未来会继续使用，而使用理财通的受访者有100%的人表示未来会继续使用。而那些没有使用这些互联网理财工具的受访者中，均有接近一半比例表示未来不打算用，只有2成多比例的受访者表示准备试试看。这一方面反映出互联网金融理财工具在小微金融经理人群中渗透率并不高，但由于具有较好的客户体验，客户黏性很高。

图 133　受访者使用余额宝及微信理财通的情况

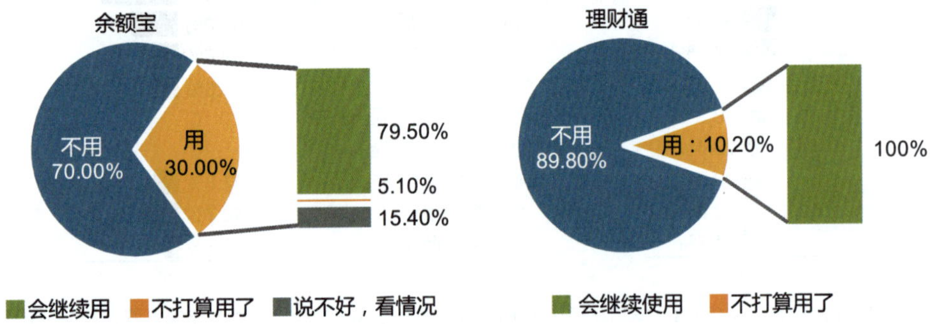

针对之前关于余额宝等互联网金融理财工具的争论，我们也做了一个调查。大部分的受访者同意“目前小微企业贷款相比大企业贷款已经实现了较为充分的市场化定价，‘宝宝’们的出现在一定程度上加速了利率市场化，但对小微企业融资的影响有限”这一观点。

图 134　受访者对互联网金融理财产品的评价

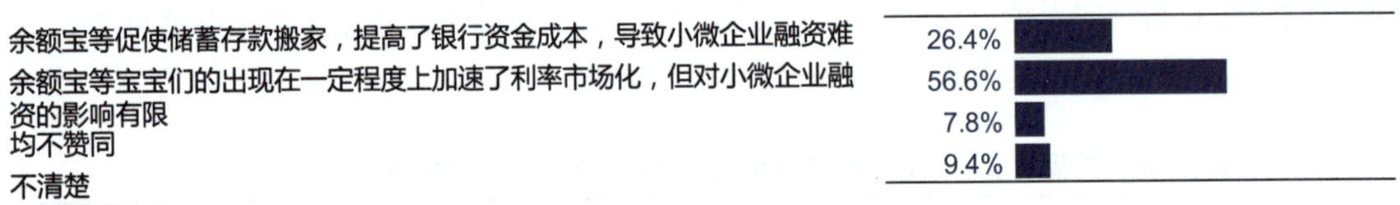

■P2P平台对小微金融的影响

调查结果显示，接近7成受访者表示他们了解P2P网贷平台，另外还有2成受访者表示听说过但不了解。

图 135　受访者对 P2P 平台的了解情况

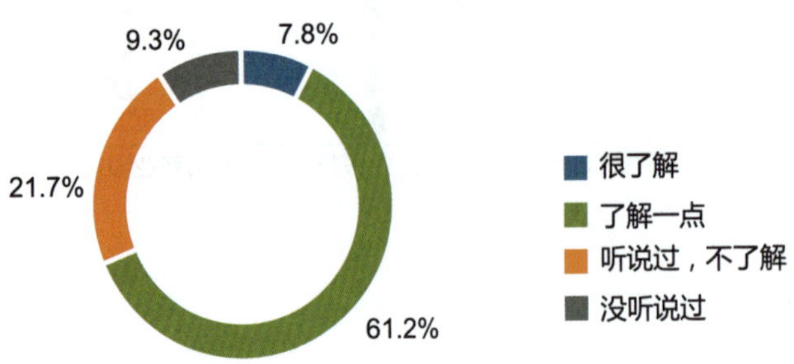

我们进一步针对表示了解P2P网贷平台的受访者问到规范运作的P2P网贷平台对于小微金融有什么影响时，多数受访者持积极的态度。这表明多数受访者认为P2P网贷平台是在做传统银行无法覆盖的细分市场，有助于小微企业获得金融服务，

有利于小微金融服务的发展。同时，也有6成的受访者认为相对于庞大的传统金融机构，P2P平台的影响有限。

图136 受访者对P2P平台的评价

A. P2P平台使资金供求双方直接配对，不需要银行做中介，在小微金融领域与商业银行是竞争关系
B. 在P2P平台上贷款的小微企业普遍达不到银行贷款条件，与商业银行是互补而不是竞争关系
C. P2P平台扩大了小微企业的融资渠道，但相较于庞大的传统金融机构，影响有限
D. P2P平台如能充分利用大数据技术优势，对提高小微金融服务效率扩大金融服务覆盖面具有积极影响
E. 其他

注：此问题为多选题，所有观点的比例加起来会大于1。

■对互联网为代表的信息技术改变商业银行小微金融服务的看法

我们调查了小微经理人对互联网为代表的信息技术改变商业银行小微金融服务的看法，发现受访者倾向于认为以互联网为代表的大数据等信息技术有利于商业银行特别是小型商业银行的发展，同时还倾向于认为商业银行小微金融服务的优势不可能撼动。

图137 受访者对互联网为代表的信息技术改变商业银行小微金融服务的评价

A. 互联网金融将给商业银行带来颠覆性的改变，小微金融服务将越来越不好做
B. 更多是理念上的冲击，商业银行小微金融服务的优势不可能撼动
C. 互联网金融将拉大中小银行与大银行竞争差距，大银行由于资金和技术雄厚在竞争中更具优势
D. 互联网金融将给一些小银行带来机会，在一些细分市场做得比大银行还要好
E. 商业银行在判断小微企业风险时将更重视其在银行体系之外的互联网金融平台上的借贷情况
F. 大数据技术的应用将有助于提高商业银行小微金融服务的效率和风险管理水平

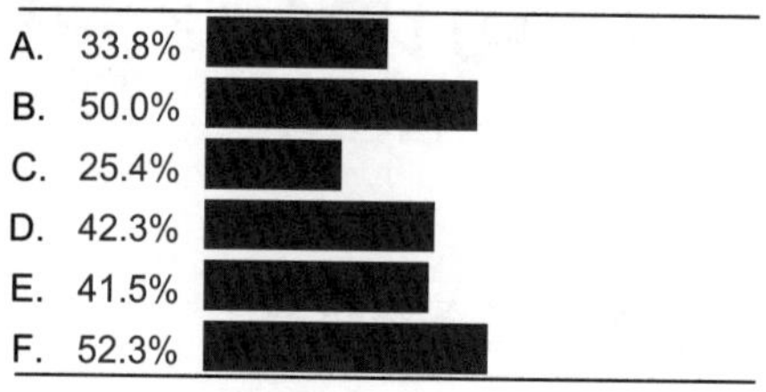

注：此问题为多选题，所有观点的比例加起来会大于1。

■最看好的前三家互联网金融机构

小微金融服务经理人“最看好的前三家互联网金融机构”调查结果依旧显示了腾讯、阿里两巨头之间的竞争①，其中支付宝选中率最高，其次是微信支付，第三是阿里小贷，第四是京东小贷。值得一提的是在P2P网贷公司中，人人贷的选中率远远高于其他网贷公司。

图138 受访者最看好的前三家互联网金融机构

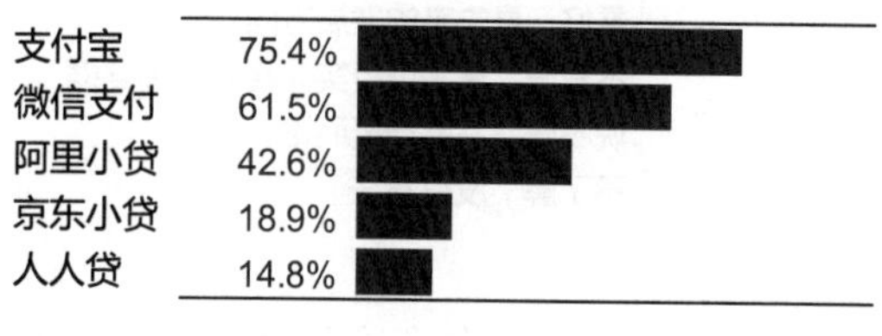

注：此问题为多选题，所有观点的比例加起来会大于1。

① 腾讯于京东上市前收购了其15%的股份。

■有望在互联网金融领域有所作为的三家银行

在调查中，我们还请受访者写出他们心目中最有望在互联网金融领域有所作为的3家商业银行，股份制商业银行中的招商银行和民生银行被受访者评价最高，排在所有被提及的银行业金融机构的前两位，这从一定程度上反映了这两家银行在我国互联网金融服务方面的竞争力和突出的表现；此外，同为股份制银行的平安银行也得到了受访者的肯定，认为有望在互联网金融领域有所作为。在国有大型商业银行中，大部分受访者认为建设银行和工商银行表现更为出色；而在城市商业银行中，北京银行、浙江泰隆商业银行是被受访者提及较多的商业银行。

图139　小微金融经理人认为最有望在互联网金融领域有所作为的商业银行

■对社区金融的看法

调查结果显示，有不到4成的受访者持乐观态度，看好商业银行发展社区金融，认为这是未来的发展方向；而多数受访者比较谨慎，认为发展社区金融要看什么银行做、引入什么资源、提供什么样的服务，不能一概而论。明确不看好商业银行发展社区金融观点的受访者不到1成。

图140　受访者对未来社区金融的展望

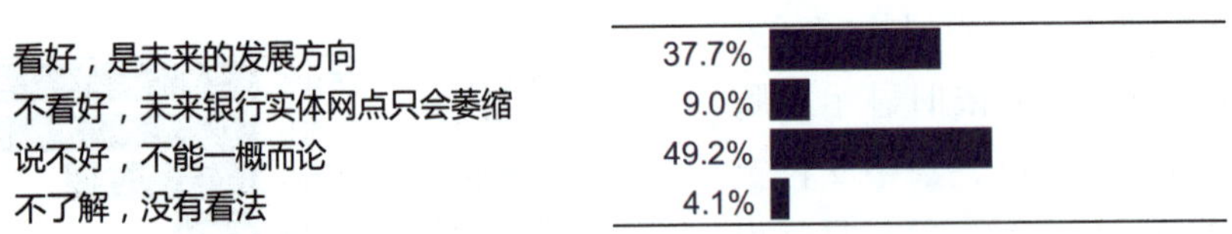

有趣的是，将2013年所在行社区金融进展的情况与对社区金融展望作交叉分析，会发现所在银行正在讨论，尚未启动社区金融的受访者，更倾向于看好社区金融，这一比例占到表示正在讨论社区银行的受访者的50%；而所在银行2013年已启动社区银行的受访者，则更为谨慎，其中仅有33.3%的比例继续看好社区金融，并且明确不看好的比例也超过了总体水平。这揭示出了目前银行发展社区金融的进展并不尽如人意，使得已经启动此项业务的银行的受访者更倾向于谨慎看待发展社区金融。

图 141　社区金融不同进展程度的银行受访者对社区金融的展望

	总体	2013年刚启动	正在讨论，尚未启动	没听说要启动	不清楚
看好，是未来的发展方向	37.7%	33.3%	50.0%	37.5%	37.5%
不看好，未来银行实体网点只会萎缩	9.0%	13.3%	4.5%	6.3%	4.2%
说不好，不能一概而论	49.2%	50.0%	45.5%	56.3%	45.8%
不了解，没有看法	4.1%	3.3%	0	0	12.5%

（四）在促进小微企业金融发展方面最期待的政策或技术变革

在促进小微企业金融服务发展方面，小微金融经理人最期待的政策或技术变革是征信体系建设、数据共享平台和互联网金融，一是关于小微企业征信、多维数据平台的建设，增强信息透明度；二是发展互联网金融促进小微金融发展。此外，受访者们还对利率市场化、放宽市场准入机制、风险补偿政策以及调整存贷比考核等政策变革有所期待。同时，受访者们还非常期待自身银行内部的革新，如抵押担保方式创新、产品多样化、提高审批效率、线上审批等。此外，大数据、云计算等技术手段也出现在小微金融经理人期待的技术变革中。

图 142　小微金融经理人最期待的政策或技术变革

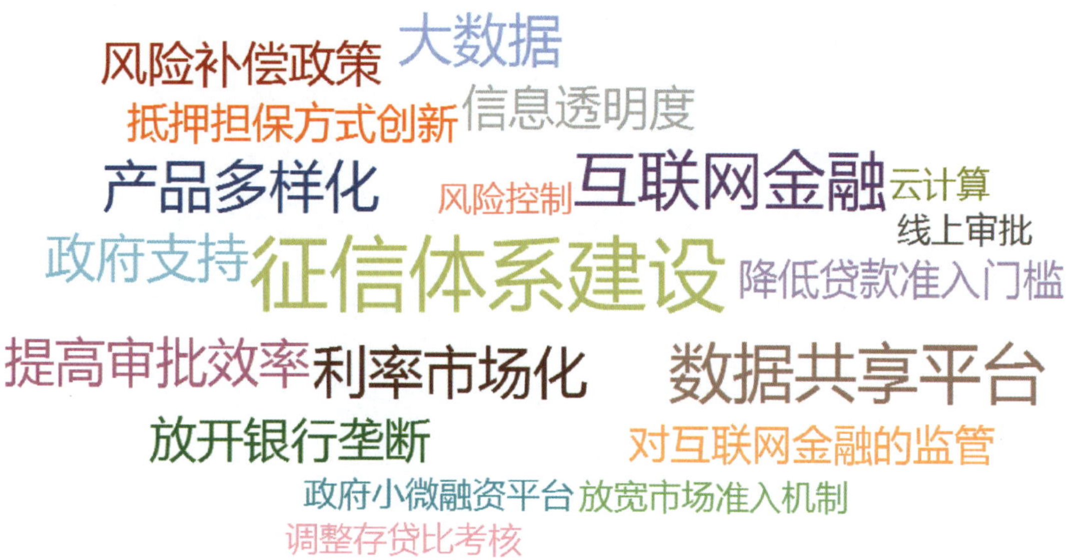